KB060268

인권의 딜레마

인권의 기원과 실체
인간은 존귀하지만 인권의 남용은 인간을 파기한다

김 영 길

도서출판
보담

인권의 딜레마

인권의 기원과 실체
인간은 존귀하지만 인권의 남용은 인간을 파기한다

김 영 길

추천사

오늘날 한국 사회에 사는 우리들은 참인권과 가짜인권의 분별이 중요한 시대에 살고 있다. 우리 헌법이 인정하는 전통적인 참인권에 도전하는 가짜인권이 등장해서 참인권을 부정하고 대신 그 자리를 차지하려는 시도가 일어나고 있기 때문이다. 참인권은 진리에서 나온 것이다. 그래서 참인권과 가짜인권을 분별할 수 있는 기준이 정립되어야 한다.

따라서 인권의 연구는 결코 쉬운 일이 아니다. 법률, 정치, 경제, 역사, 철학, 사상, 문화 뿐 아니라 특히 신학의 분야 등 폭넓게 알아야만 가능한 일이다. 저자는 이 책을 통해 인권의 기원에서부터 전개 과정, 그리고 4가지 형태의 인권 유형을 다루고 있다. 무엇보다 구체적인 사례를 통해 오늘날 우리 사회에 미치는 영향을 분석함으로써 독자에게 도움을 주고 있다.

이 책은 인권 분야를 연구하는 일반인은 물론, 기독교 신자와 목사님들, 그리고 미래에 한국교회를 이끌어 갈 신학생들이 읽어보면 무엇이 참인권인지 분별하는데 내는 데 큰 도움이 되리라 생각된다. 오랜 연구의 산물인 김영길 박사의 '인권의 딜레마'라는 이 책을 꼭 읽어보도록 추천드리는 바이다.

- 한국기독문화연구소장 김승규
(前 법무부장관 / 前 국정원장 / 現 법무법인 로고스 상임고문 변호사)

김영길 목사님은 모두가 잠들어 있는 깊은 밤에 홀로 망루에 앉아 사면을 살피는 우리시대의 파수꾼(Watch man)이라 확신한다. 파수꾼의 존재는 어둠이 깊을수록 더욱 간절하게 요청된다. 목사님은 여러해 동안 인권의 역사를 주제로 삼아 씨름해 왔다. 이론에 해박하면서 동시에 남이 따라 올 수 없는 현장성도 가지고 있다.

목사님은 한결같이 주님의 마음을 품고 달려왔으며 미래세대를 복음의 영광스런 세대로 세우고자 하는 부담감을 가지고 계신다. 단언하기로 목사님은 우리 시대의 예레미야 선지자이다. 이 책은 잉크로만 써내려간 것이 아니라 목사님의 가슴에 담겨 있는 주님 사랑과 민족 사랑의 눈물로 써내려간 책이다.

본서는 인권을 빙자하여 교묘하게 성경적인 원리를 무너뜨리는 무리가 가진 사상의 민낯을 진리의 빛으로 환하게 드러낸다. 그들의 숨겨진 정체성을 직시하도록 통찰력을 제공한다.

한국 교회에 김영길 목사님을 은혜의 선물로 허락하신 주 예수 그리스도를 찬양한다. 과연 누가 영적 전투의 최전선에 서서 진리의 깃발을 흔들 수 있을까?

목회자와 평신도 그리고 자신의 삶을 가치있게 세우기 원하는 젊은이를 진리의 전사로 세우는 야전 교범(Field manual)으로 본서를 강력하게 추천한다.

- 오정호 목사
(새로남교회 / 미래목회포럼 대표)

인권 개념은 추상적이고 무척 포괄적 개념이다. 인권에 대한 연구는 '지뢰밭' 연구라고 할 정도로 어려운 분야 중 하나이다. 인권의 보편성과 객관성이 논의되면서 더욱 그러하다. 이런 와중에 눈에 띄는 책이 등장하여 주목되고 있다.

이 책은 인권의 역사적 흐름, 개념 분석과 인권의 실체에 대하여 시대별로 정리했다. 정치사상적, 법률적, 신학적, 철학적, 경제적으로 다양한 시각에서 접근한 점은 많은 사람들로부터 공감을 얻고, 그 가치를 인정받을 것으로 보인다. 무엇보다 인권의 특징과 유형을 네 가지 – 천부적, 보편적, 상대적, 자의적 인권으로 분류함으로써 복잡한 인권 개념을 쉽게 접근한 점이 주목된다.

또한 이 책은 최근 인권정책 기본법과 일명 평등법 즉 포괄적 차별금지법 등의 제정을 둘러싸고 찬반의 논란이 격해지는 가운데 지자체의 인권조례, 학생 인권조례 시행과정에 나타난 문제점 등을 실제적이고 구체적으로 분석하고 있다.

오늘날 세계는 포스트모더니즘과 인본주의를 따라 기독교적 가치관이 훼손되면서 유럽 교회들이 무너지고, 다음 세대들의 가치관이 혼돈 속에 갈 바를 알지 못하는 시점에 성경적 해결 방안을 제시한 점도 이 책의 특징이다. 일독을 추천한다.

– **안창호 변호사**
(前 헌법재판관)

　김영길 박사의 저서는 다수인 정상적 시민들의 천부적 보편인권이 소수자 (동성애자, 각종 중독자 등)의 상대적 자의적 인권 주장으로 침해받아 딜레마에 빠져 있는 혼란 속에 있는 한국 사회를 향하여 올바른 보편적 인권의 개념과 실천을 제시하고 있다. 저자는 목사요 시민운동가로서 단지 시민운동의 차원에 머물지 않고 학문적 접근을 하면서 오늘날 우리 시대에서 딜레마에 빠진 인권 상황을 학문적 연구를 통한 해결의 방향을 제시하고 있다. 또한 인권의 딜레마를 해결하기 위하여 인권 개념의 본질로 다가간다.

　오늘날 우리 한국 사회와 교회가 직면하고 있는 인권의 딜레마(상대적이고 자의적 인권 사상)를 지적하면서 인권의 보편성 회복을 역설하고 있다. 전 인류에게 타당한 인권의 보편성 개념을 옹호한다. 인권의 보편성은 천부적 인권사상이요 기독교 사상에 근거하고 있음을 천명한다. 본래 인권 시작은 천부 인권이다. 창조주로부터 위임받은 권리로 사람이면 누구나 가지는 인권이다. 그러나 하나님을 배제한 인권의 과정이 진행되면서 인간 중심으로 권리만을 논하게 되었고 현대 인권 개념이 인본주의화되어 상대적이고 자의적이 되었음을 명료하게 지적한다. 또한 하나님 없는 자기 결정권(인권)은 선악의 판단 기준을 하나님 대신 인간이 가지고자 함으로써(원죄) 방종과 타락의 인권이 될 수밖에 없음을 올바르게 지적하고 있다. 인권 개념의 본질 회복은 성경과 기독교가 천명한 인권의 원천이신 창조주 하나님의 천부적 인권(자연법)으로 되돌아감으로써 이루어진다는 저자의 주장은 인권 사상의 본질을 신학적으로까지 깊이 성찰한 올바른 통찰이다.

　본서는 오늘날 시대적으로 중요한 언어인 인권 개념을 학문적으로 연구하고 인권의 보편적 유형을 제시하고 기독교적 인권 개념을 제시하고 있는 시의적절한 연구서이며, 우리 사회와 한국 교회 지도자들의 인권에 대한 분별력을 높이는데 크게 기여할 것이다.

– 김영한
(살롬나비 회장 / 기독교학술원장)

한국뿐 아니라 전 세계가 동성애와 젠더 현상이 인권의 이름으로 보호되며, 청소년들에게서 혼란과 방종 현상이 나타나고 있다. 심지어 교회 안에도 침투하여 더욱 논란이 가중되고 있다.

이 책은 인권의 역사적 흐름과 개념 분석, 인권의 실체를 시대별로 정리하였고, 이를 통해 인권의 특징과 유형을 사례를 통하여 구체적으로 저술하였다. 이는 성경적 차원에서 객관적으로 정리한 최초의 인권 관련 책이라 할 수 있다. 또한 평등법과 인권법의 제정을 둘러싸고 논란이 격해지는 가운데, 우리 사회에 미칠 영향을 구체적으로 분석하고 있어 매우 의미가 깊다.

무엇보다 포스트모더니즘 시대에 인본주의를 따라 기독교 가치관이 훼손되면서 유럽교회들이 인권과 평등의 이름으로 무너지며 복음이 약해져 가는 이유에 대하여 구체적으로 정리하고 있다. 이를 통해 '복음'이 무엇인지 정확히 제시하고 있기에 성경적이다.

내가 아는 김영길 목사님은 하나님 중심, 말씀 중심, 예배 중심으로 살려고 목숨 걸고 애쓰는 신실한 주의 종이다. 군인 경력을 살리신 군복음화 사역은 물론이요, 예배 회복을 위해 거룩한 몸부림을 치는 사명자이다. 그러한 그가 기독교적 세계관으로 바라본 인권에 대한 통찰력 있는 해석은 한국교회에 시사하는 바가 크기에 이 책을 기쁨으로 추천한다.

- 양병희 목사
(영안교회 / 백석대 실천신학대학원장)

오늘날 한국 사회의 화두는 〈인권〉이다. 정부는 〈국가인권위원회〉라는 우산아래 정치, 경제, 사회, 문화, 예술, 군사, 종교를 두고 그것을 국민통제의 수단으로 쓰고 있다. 정부는 입만 열면 〈인권〉이나 〈평등〉이란 말을 앞세워 한국 사회의 가족파괴를 일삼는 이데올로기를 만들어냈다. 이들은 〈성평등〉, 〈소수자 인권〉을 들먹이면서 〈차별금지법〉을 만들려고 시도하고 있다. 그러니 이를 배후에서 조종하고 가정해체와 사회적 혼란을 초래하는 〈건강 가정 기본법〉을 제정하려는 못된 시도를 중단해야 한다.

〈인권〉을 들먹이며 인권운동하는 대부분의 단체들은 정부 압력 단체로서 비논리적 비정상적 인본주의요, 유물론에 기초한다고 볼 수 있다. 이 사람들이 인권을 내세워 〈국가인권위원회〉라는 우산 밑에 극단적 페미니스트들이 모여 동성애를 주장하고, 가정파괴, 인권파괴, 성차별을 없애고 여성을 피해자로 부각시키고 있다. 우리나라에는 전 세계 유일하게 여성가족부(Ministry of Gender Equality and Family)가 있다. 이들이 쓰는 일 년 예산이 무려 1조 2천억이라 한다.

그런데 이번에 김영길 박사께서 〈인권의 딜레마〉란 탁월한 저서를 내셨다. 이 책을 쓴 저자는 백석대학에서 〈인권의 담론과정에 나타난 자기 파기적 현상 연구〉라는 제목으로 박사학위를 얻었다. 이 책은 모든 영역의 분야에서 노출되는 인권의 실체와 사상, 철학, 정치, 법률, 경제, 종교, 국제정치, 문화, 신학에 미치는 영향을 구체적으로 지적하고 있다. 특히 그는 인권의 남용이 자칫하면 한국 사회와 가정과 국가를 망칠 수 있다고 경고하고 있다. 이 책은 오늘날 이슈가 되고 있는 인권운동이 던지는 동성애, 소수자 문제 등을 학문적으로, 역사적으로, 성경적으로 분석 정리하고 비판한 탁월한 저서이므로 이 책을 강력히 추천하는 바이다.

- 정성구 박사
(前 총신대 총장)

김영길 목사는 저와 함께 같은 교회에서 동역하고 있는 목사로서 기쁘고 감사하는 마음으로 이 책을 추천합니다. 그 이유는 김영길 목사를 잘 알고 있기 때문입니다. 가까이 가서 보거나 오래 사귀다 보면 실망하기 쉬운데 김영길 목사는 보면 볼수록 더 믿음이 가고 성실합니다. 열정이 넘치는 사람임을 보게 됩니다.

김영길 목사는 하나님이 훈련하시고 준비하여 놓으신 국가적 인재요 하나님 나라의 일꾼입니다. 가난한 농촌교회 목사님의 아들로 태어나 온갖 고난과 갈등을 통하여 정금 같이 연단 받은 하나님의 사람입니다. 대전시 성평등 조례, 충남 인권조례 등 수 많은 악법과 조례를 막는 것에 앞장서 왔으며 최근에는 예자연 사무총장으로 한국 교회의 예배 회복을 위해서 동분서주하고 있습니다.

국방대학원을 수석으로 졸업한 엘리트 장교로서 군 정보 분야에서 수년간 일한 경험으로 나라의 안보를 위하여 귀하게 쓰임 받을 준비된 일꾼이라고 생각합니다. 인권이란 이름으로 인권이 유린되는 안타까운 현실을 보면서 바른군인권연구소를 설립하여 바른 인권을 위한 사역을 하고 있습니다.

인권에 관계된 박사학위 논문을 중심으로 인권에 관한 책을 출간하게 된 것을 진심으로 축하드립니다. 인권의 역사, 인권의 개념, 현대 인권에 대한 비판, 인권의 유형, 인권정책의 한계와 문제점을 다룬 책입니다. 본서는 저자의 깊은 고뇌와 아픔에서 잉태되고 출간되는 책이기에 더 큰 울림이 있으리라 생각합니다.

가짜 인권이 판을 치는 세상에서 진짜 인권이 무엇인지를 안내하는 좋은 책이라고 생각합니다. 공부하는 학생들과 가르치는 교수님들에게도 좋은 자료와 바른 길잡이가 되리라 생각합니다. 이 책을 통하여 천부적 인권이 존중되는 사회, 바른 인권이 정립되기를 바라며 기쁜 마음으로 추천합니다.

- 박경배 목사
(송촌장로교회 / 한국정직운동본부장)

오늘 우리가 말하는 인권(人權)이라는 개념은 17세기 이후 서구의 사회과학적 개념으로 사용되기 시작했지만 따지고 보면 인권 개념은 기독교, 특히 성경의 가르침에서 비롯되었다고 할 수 있다. 하나님은 사람을 만드시되 자기 형상(imago dei)을 따라 지으셨고, 모든 삶의 환경을 조성하신 후 그 가운데 살게 하셨고, 영화와 존귀로 관을 씌우시고, 하나님의 창조세계를 다스리게 하시고 만물을 그 발아래 두셨다(시8:1-9). 이점은 인권 곧 인간의 가치와 존엄성을 보여준다. 그러기에 우리는 천부적(天賦的) 인권이라는 말을 하게 된다.

성경적 세계관에 기초하여 기독교적 가치를 추구하는 김영길 박사는 이 책에서 17세기 이후 논의된 서구사회의 인권 논의를 섭렵하고 오늘 우리 사회에서 인권의 문제가 지니는 한계와 제한, 오용과 딜레마가 무엇인가를 깊이 천착하고 진정한 인권이 무엇인가를 제시하고 있다.

이 책은 소위 '인권'을 말하는 오늘 우리 사회의 거짓과 위선, 반인권적인 행태에 대한 비판적 성찰이라고 할 수 있다. 진정한 의미의 공정과 정의, 의와 사랑에 대한 저자의 깊은 식견이 도처에 드러나 있다. 저자가 법과 사회, 인문학과 신학에 대해 깊이 연구한 결과 인류의 보편적 가치라고 할 수 있는 인권의 문제를 기독교적 관점에서 성찰하고 있다. 이런 점에서 이 책은 우리 시대 인권 상황을 조망하는 크리테리아를 제시하고 있다.

- 이상규 박사
(고신대 및 백석대학교 석좌교수)

오늘날 인권은 좌파 지식인의 전유물이나 진보의 상징처럼 여겨진다. 인권을 반대하거나 무시하면 "반 인권론자" 혹은 "혐오주의자"로 낙인 찍히기도 한다.

그러나 인권에 대한 시각 차이가 나면서 오늘날 사회는 어마어마한 갈등과 전쟁을 방불한 싸움이 일어나고 있는 것도 주지의 사실이다.

재소자의 인권을 중시하면 교도관의 인권은? 학생의 인권이 강조되면 교사의 인권은? 여성의 인권은 있고 남성의 인권은 없는가? 인권을 명목으로 평등법을 만들어 놓았지만 또 다른 논쟁과 갈등만 유발시키고 있다. 개인의 자유가 지나치게 억압되고는 있지는 않는지 우려스럽다!

이런 문제와 갈등을 인권 분야에서 실제적으로 일하면서 해결해 왔고, 공부해 왔던 김영길 박사님께서 "인권의 딜레마"라는 책을 출판하게 된 것은 혼란스러운 시대에 한 줄기 빛이 될 것이라 믿는다!

- 손현보 목사
(세계로 교회 / 예자연 예배회복실행위원장)

다른 나라에서도 마찬가지이지만 최근 한국 사회 속에서도 인권이라는 이름으로 결국은 인권을 무시하고, 결과적으로 인간의 참모습을 제거해 버리는 모습이 곳곳에서 나타나고 있는 것을 경험하면서 많은 분들이 인권의 딜레마(the dilemma of the human rights)를 생각하게 됩니다.

인권(人權)은 귀한 것입니다. 그런데 그 인권을 참으로 귀하게 보존하기 위해서는 인간 존재의 특성을 제대로 볼 수 있어야 합니다. 진화론을 허용하면 결과적으로 동물권을 강조하고, 그 하위 개념으로 인권을 말할 수밖에 없음을 깊이 생각했으면 합니다. 인간을 정확하고 바르게 이해한 토대에서만 참다운 인권을 말하고 진정 인권을 보호할 수 있습니다. 그렇게 하지 않으면 인권에 대해서 말하지만 결과적으로 진정한 인권을 무시하고 박탈해 버리는 결과를 내는 것입니다.

수천 년의 아름다운 문화를 드러내던 우리들의 옛 사회도 그것을 실증했고, 100년 이상의 마르크스주의적 실험이 그것을 입증하고 있으며, 근대와 현대, 그리고 포스트모던의 인권 이해도 이 점을 드러내고 있습니다. 이 책은 그 모습을 잘 드러내는 작업의 하나입니다.

많은 분들이 이 책과 깊이 대화하면서 인권이 과연 무엇이고, 어떻게 해야 진정 인권을 드러내고 보호할 수 있는지 생각해 보셨으면 합니다. 진정으로 자신과 다른 분들이 인권을 위하십니까? 그러면 그 인권의 토대가 과연 무엇인지를 생각해 보시기 바랍니다. 그렇게 하지 않으면 결국 우리들이 인권을 파괴하는 사람들이 되고 맙니다. 인권을 말하면서 결국 인권을 파괴하는 수많은 사람의 모습이 안타깝지 않습니까? 부디 모두가 인권의 토대는 사람이 "하나님의 형상"이라고 생각하는 데에 있음을 명심했으면 합니다.

− 이승구
(합동신학 대학원대학교 조직신학 교수 / 한국복음주의 신학회 회장)

프롤로그

　인권은 지식인의 전유물이나 진보의 상징으로 여겨진다. 그리고 권력의 희생자로 민주화를 위한 도구로 활용되기도 하였다. 오늘날 인권을 반대하거나 무시하면 '반(反) 인권론자' 혹은 '혐오주의자'로 몰리기도 한다. 그러나 과연 사람을 존중하는 것이 인권을 존중하는 것과 같은 의미인지 의문이 들기도 한다. 또한 최근에 '인권 감수성'이란 용어가 등장하여 감성적인 호소를 하고 있지만, 이는 인간 사회를 더 복잡하게 하는 것 같다. 다양성을 추구하면서도 상호 갈등과 불신이 넘치는 포스트모더니즘 시대에 오히려 개인의 권리 문제를 다루면서 분명한 원칙과 기준이 확실히 필요하다는 생각이 든다.

　2020년 말, '인권 정부'로 불리는 문재인 정부가 유엔 인권대표사무소로부터 18차례의 경고성 의견 개진을 요구받았고, 미국 의회 내 초당적 인권 기구와 국무부로부터 인권청문회 대상으로 경고를 받았다는 내용을 접하였다. 이 뿐인가! 대한민국 정부가 코로나에 대응한다는 명목으로 종교·표현의 자유 및 대통령을 향한 비판을 무조건 억제하고 있다하여 '인권 감시국'의 대상이 되었다. 2021년 4월에는 역사상 최초로 미국 의회 내 초당적 인권 기구 '톰 랜토스 인권위원회'가 남북관계발전법 개정안인 이른바 '대북전단금지법' 관련 청문회를 개최하였다. 이 청문회는 한국에서 표현의 자유를 포함한 특정 시민적·정치적 권리를 제한하는 것으로 보이는 정치권의 일부 조치에 대해 '국제적 인권탄압세력'으로 우려를 제기하였다.

　또한 국내적으로 이른바 '정인이 사건'에 모든 국민이 분개하면서도 낙태와 관련해서는 등한시한다거나, 5세 미만 아동 사망률이 우리보다 600% 높은 북한 어린이가 죽어가는 현상에는 관심이 덜하다. 왜 이런 이중적인 현상이 나타나는 것일까? 이는 인권의 원칙과 인간이 가지는 권리 중 최우선적 가치이자 권리인 생명권과 자유권을 등한시하거나 무시하기 때문일 것이다.

저자는 이런 현상을 보면서 '인권은 과연 누가 준 권리이며, 인권 보장은 어디에서 해 주는가? 나의 권리가 침해되면 신고하고 구제받을 곳은 경찰 또는 검찰인가? 법원인가? 국가인권위원회인가? 아니면 교회인가?' 같은 의문이 든다. 우리는 인권에 대해 알고 있는 것 같지만 정작 잘 모르고 있다. 그래서 인권은 여러 가지 논쟁을 던져주고, 그 자료도 방대하다. 학자들마다 끊임없이 각자의 주관적 논리를 추론하고 있기 때문이다.

인류 역사상 인권 침해가 없는 완전무결한 국가나 사회는 존재한 적이 없다. 오히려 대부분의 인권 침해는 국가로부터 발생하였다. 또한 인간의 권리는 문명과 역사가 발전할수록 권리의 유형에서 지속적 분화가 일어나고 있을 뿐이다. 그러면서도 어떤 인권인지를 정의하고 규정화하는 것은 별개의 문제로 여기고 있다.

이런 역설적 현상 때문에 사람들은 인권에 공감은 하면서도 '인권 운동은 너무 엘리트적이다', '인권은 집단이기주의와 같은 것이다', '동성애자의 인권을 진정으로 생각한다면 그들을 돌아서도록 해야 한다', '서로 권리를 주장하는데 어느 것이 진짜인지 모르겠다', '사람들은 모두 자기권리만 주장하면서 서로 싸우는 일밖에 하지 않는다', '술 취해 난동을 부리는 사람들에게 어떻게 인권을 보호해 줄 것인가?', '제소자 인권만 중시되면 교도관 인권은 없는가?', '학생의 인권만 중시되면 교사의 인권은 어떻게 되는가?', '여성 인권은 있고 남성 인권은 없는가?' 등 끊임없는 의문을 가지는 것이 사실이다.

최고의 이념이자 가치라고 여기는 인권이 사람들을 혼란스럽게 하고 있다. 인권을 명목으로 평등법을 만들었지만 또 다른 논쟁과 갈등만 발생하고, 특정 집단에 의한 독재화가 일어나면서 인간의 자유가 억압되고 있기 때문이다. 이는 인권에 기준과 원칙이 없기 때문에 나타난 현상으로 볼 수 있다.

종교적인 신앙도, 철학적인 이성도, 자연법 사상도 인권의 보편적 근거가 되기에는 불확실하다. 이론이 허약한 현대에서 인권의 기준과 원칙은 어디에서 찾아야 하는가? 보통 법이나 도덕적 규범에서 근거가 될 만한 토대를 찾고, 이를 통해서 합리성을 인정받으려 한다. 그래서 인권하면 1948년 유엔 세계 인권 선언을 들먹이고, 1966년 인권 협약이나 인권 헌장 혹은 국가인권위원회 법을 근거로 제시한다. 그러면 인권의 근거는 '하나님이 준 것이 아니라 유엔 총회 또는 국가인권위원회가 주었다'라고 해야 할 것이다.

인권 논의가 본격적으로 나타난 시점은 1960년대 이후로, 유럽에서 미디어의 전폭적인 지원으로 '권위'에서 벗어나고자 했던 때라고 할 수 있다. 인간에 주어진 자유권을 명분으로 모든 자연적·도덕적 제약으로부터 해방되는 자유의 외침으로 나타난 것이다. 타고난 본성에서 해방을 바라는 마음은 규범 자체를 제거하는 편이 낫다고 보았기 때문이다.

여기에 사용된 주장은 남녀의 성별 파괴, 사회 구성원들 특히 청소년의 사회 규범과 태도 변화, 동성 파트너쉽과 결혼 제도 안에서의 완전한 법적 평등의 보장, 나아가 이러한 규범을 반대하는 사람에 대해 형법상 범죄시하는 것까지 포함되었다. 자유의 이름으로 자유를 파괴하는 현상이 나타난 것이다.

그러면 '정확한 인권의 개념과 정의는 어떻게 설명할 것인가?', '인권의 역사는 어떤 담론 과정을 거쳤고, 어떤 권리가 인권으로 발전되어 왔는가?', '인권의 구체적 권리는 어떤 것이 있는가?'에 대한 의문이 생길 것이다. 이 책은 그 의문에 대하여 인권의 개념 및 고전과 현대 인권 이론으로 구분하여 정리해보았다. 특히 현대 인권 이론의 등장과 논란이 되고 있는 부분을 중점적으로 살펴보았으며, 국제 인권 운동이 일어나면서 인권의 순수성이 훼손되는 사항을 저술하였다.

1844년, 마르크스가 주장한 '사회 구조 속에 존재하는 인권'이라는 개념은 기존의 자연권과 다른 인위적이고 상대적인 개념으로 전개되고 있다. 먼저 신마르크스주의 또는 Neo-Marxism으로 불리며, 사회적으로 전 세계에 확산하고 있다. 또한 문화 상대주의는 젊은 대중들에게 신세계 가치관으로 자리매김 하면서 폭발적인 확산이 일어났다. 동시에 해방신학이 주장한 소수자·약자 인권론이 대중의 지지를 얻으면서 많은 신학자와 교회 지도자가 분별력을 상실한 채, 인간의 이성과 지식에만 의존하는 한계를 보이고 있다. 그래서 인권 담론

과정에 나타난 현상을 인권의 기준과 특징을 통해 유형을 정립하고자 하였다. 인권 논란에 대한 정리 차원도 있지만, '하나님을 떠난 인간의 이성적 논리가 결국 인간을 파멸하게 한다'라는 인권의 변질론적 과정을 담고 있다.

마지막으로 많은 논란이 되고 있는 인권이 우리 사회에 미치는 영향을 살펴보았다. 2007년을 시작으로 7번의 차별금지법, 인권 및 평등 기본 법안, 혐오표현방지법안과 국가인권위원회의 권고에 의해 각 지방자치 단체별로 진행 중인 각종 인권조례 등에서 논란이 발생하고 있으며, 이에 대한 논란의 이유와 공동체에 미치는 주요 영향을 분석하였다.

무엇보다 마르크스가 사회 구조 속에서 인권론을 제기하면서 핵심 주제로 다룬 '인간 해방' 논리를 분석하였다. 이는 기독교의 '영혼 구원'을 모방하여 만든 주제이다. 오늘날 자의적 인권은 자기결정권으로 정당화되어 철저히 인간 중심, 개인 중심으로 흘러가고 있다. 이는 공동체를 떠나 우리의 영혼을 병들게 하며, 복음의 본질을 흐리고 있다. 그래서 현대 인권이 가정과 교회 공동체에 미치는 영향을 구체적으로 살펴보았다.

현대 인권은 자신의 정체성을 이분법으로 생각하게 한다. 이는 양심의 이중성으로, 가정과 사회에서 선택적 행동을 취하는 이중성으로 나타나고 있다. 이로 인해 거짓과 위선이 인권과 평등, 정의로 둔갑하는 시대가 된 것이다. 그래서 인권의 실체를 정확히 아는 것이 필요하다. 이 책은 저자의 박사학위(Ph. D) 논문 '인권 담론 과정에 나타난 자기파기적 현상연구'를 기초로 실제 현상과 사례를 보완하여 집필하였다.

목 차

제 1 부

권력이 된
인권 연구를 시작하며

제 1 부

권력이 된 인권 연구를 시작하며

1. 왜 인권 딜레마인가?

21세기 인권은 권력의 상징이 되고 있다. 이른바 '인권 대통령'이 등장하고, 국가인권위원회 같은 인권 기관에 근무하거나 관련 활동을 하면 감히 반항하지 못하는 풍조이다. 국가인권위원회의 권고는 정부 기관이 수용하지 않을 수가 없고, 지방자치 단체의 인권센터에서 정부 지원을 받는 모든 기관은 직접 조사가 가능하도록 하고 있기 때문이다.

2018년 8월, 저자는 정부가 추진하는 국가 인권 정책(NAP)의 문제점에 대한 조율 과정에서 법무부 인권 국장을 직접 만난 적이 있다. 그는 젠더, 성소수자, 성 인지 교육 등 인권 관련 정책에 대하여 "인권이니까 가능하다. 인권은 헌법보다 상위의 초법적인 근거"라는 대답을 듣게 되었다.

인간이 태어날 때부터 갖는 권리를 인권이라고 한다. 그렇다면 인권은 누가준 권리이며, 어디에 근거하는가? 헌법보다 더 높은 권위를 가졌다는 법적 근거는 어디에 있는가? 사람을 존중해야 하니까 자유권, 평등권 등으로 인권을 이해했다면 그나마 납득이 가능하다. 그런데 요즘은 인권이 환경권, 자아실현권, 행복추구권 등으로 권리가 확대되면서 대체 이런 권리를 누가 주었고, 누가 보장하는가? 하는 질문까지 더해진다. 그냥 '인권이니까'라고 생각할 수도 있고, '유엔 인권 선언' 아니면 '국가인권위원회'로 주장하는 이도 있을 것이다.

우리나라에서는 포괄적 차별금지법 일명 평등법 제정을 두고 논쟁이 되고 있다. 찬성하는 측은 '소수자도 인권이 있기 때문에 모두가 평등한 차원에서 차별하지 말아야 한다'며, 법으로 보호해주어야 한다는 논리를 펼치고 있다. 그럼 '젠더(Gender)'라고 하는 성별 자기결정권도 아이가 태어날 때부터 가지는 권리가 맞는가? '성적지향'이라면 청소년의 성적 자기결정권을 무조건 인정해야 하는가? 등의 논쟁이 발생하게 된다.

일반적으로 인권은 아주 오래된 주제이면서 동시에 새롭게 다가오기도 한다. 인간의 이성과 정신 현상에서 인권은 투쟁적인 공격 수단이 되기도 하고, 때로는 자기방어 수단이면서 강제력을 지닌 보장 수단이 되는 이중성을 지니고 있다. 사람들은 권력 기관으로부터 존중받을 수 있기에 인권을 환영한다. 또 사람을 존중해야 한다는 것을 인권으로 알고 있기에 누구나 좋아한다. 그러나 이념적으로 선동하는 수단이 되기도 한다.

인권은 소수자와 약자의 권익을 보호한다는 명분 아래 인권운동가와 정치가에게 최고의 무기가 되어 정치적 혜택까지 향유하고 있다 있다. 아동 인권, 여성 인권, 이주민 인권, 성소수자 인권, 노동 인권, 학생 인권, 군대 인권, 성 인권 등 바야흐로 '인권의 홍수 시대'가 되었다. 그러나 약자를 의미하는 소수자 인권 주장이 확산하면서 인권에 반대하면 도덕적 비난과 더불어 혐오 집단으로 매도당하는 부작용도 발생하고 있다.

우리 사회는 인권의 이중성을 조금씩 알아가고 있다. 최고의 가치라 여기는 인권이 보편적 인권을 넘어 특정 집단 중심의 인권으로 변질하여 다수의 피해가 발생하고, 또 다른 소수에게 피해를 주고 있기 때문이다.

여성주의는 전통적 가족 관계가 자본주의의 산물이거나 가부장 제도의 일환이라는 전제로 출발한다. 인권과 평등이라는 언어 프레임 속에 가치관의 혼란이 야기되는 것이다. 성소수자의 권리 때문에 종교, 학문, 표현 등 헌법상의 기본적인 자유권마저도 침해되고 있으며, 이슬람의 테러 집단이 '문화적 인종'으로 둔갑하고 있다. 우리나라는 국가의 존재 자체를 부정하는 여호와의 증인이 '소수와 양심의 종교'로 인정받고 있다.

더욱 심각한 것은 개인의 내밀한 동성애 행위가 '성적지향'으로 인정되어 '성적 자기결정권'으로, 남성 및 여성을 마음대로 바꿀 수 있는 '성정체성'은 성별 자기결정권으로 인정되고 보호받는다. 그리고 이것을 교과서에서도 가르친다. 또한 서울시 학생인권조례 교육 중에 '인권을 두려워하는 것은 내가 주인 되는 것을 두려워하는 것이다'라는 내용이 있다. 이제 스스로 자신의 권리를 설정하고 인정하는 자의적 인권 시대가 되었다. 이것은 자신의 행위에 자신이 옳고 그름을 구별하는 주체가 되겠다는 것이며, 하나님의 권위에 대한 도전이라고 할 수 있다.

인간이 존귀한 것은 하나님이 자기의 형상대로 인간을 만들었기 때문이다. 그리고 이 세상을 다스리도록 권리를 위임해주셨다는 성경의 말씀에 따라 사람의 권리가 정당하고, 그 권리가 보장된다. 인권의 출발은 창조주이다.

그런데 중세와 계몽시대에 신(God)의 존재 대신 자연권에 인권의 기원을 두었다. 이는 프랑스 혁명과 칸트, 홉스, 로크, 루소 등의 합리주의와 계몽주의에 바탕을 둔 사상이 큰 역할을 한 것으로 대부분 알고 있다.[1] 그러나 홉스, 로크가 주장한 계약설과 루소가 주장한 계약설은 정반대의 정치체제에 영향을 미쳤다. 자연권에서 인간의 가장 기초적인 신앙의 자유, 양심의 자유, 표현과 언론 출판의 자유 등은 인간이 본래 타고난 권리이기 때문에 국가 권력이 침해할 수 없다는 사상이 정당성을 얻게 된 것이다. 이는 오늘날 공권력이 침해할 수 없는 주요 권리로 자유권, 생명권, 참정권, 사회권으로 확대되어 나갔다. 이를 두고 인권을 투쟁의 역사로 보고 발전되어 간다고 주장하고 있다.

이제 인권 문제를 명확히 하지 않으면 인권의 권리 충돌로 인해 점차 혼란

---

1) Immanuel Kant의 "계몽이란 무엇인가?", John Locke의 "정부에 관한 두 논문", Jean J. Rousseau의 "사회계약설" 등이 이성에 기반을 둔 인권 사상 발전에 크게 기여했다.

과 무질서의 세계가 될 것이다. 예를 들어, 법과 정의를 실천한다는 법무부 장관 부인이 법원에 출두할 즈음 자신에게만 적용되는 인권 원칙을 내세우며, 논란이 된 경우도 있었다. 일부에서는 이를 선택적 인권으로 표현하였다.

오늘날 인권은 진영논리가 되어 다음과 같은 현상이 나타나고 있다.

첫째, 인권 자체가 이상적인 목적과 수단이 되고 있다. 인권의 이해를 '인간 존중', '이웃 사랑', '자기 사랑' 등과 동일한 것으로 생각한다면 정치 철학에서 하나의 수단이 된다. 그러나 현실적으로 그렇지 못하다. 사람들은 인권이 유토피아적인 사회를 건설할 수 있다고 상상하지만, 모두가 자기 권리만을 주장한다면 혼란을 야기할 수밖에 없다. 인간의 권리가 목적이 되면 결국 충돌할 수밖에 없고, 불법 수단도 정당화되기 때문이다.

둘째, 인권은 법을 중심으로 적용된다. 권리는 현실적으로 강제적 규범을 가지기 때문에 법의 해석 및 적용과 관계가 있다. 그래서 어떤 담론보다 효과가 크다. 법은 서로 상충하는 이익 때문에 정해진 규칙을 만들 수 있지만, 법의 한계로 인해 논란이 되기도 한다. 인권의 발전을 역사적 투쟁 과정으로 보는 견해에서 법은 그 시대를 움직인 규범화·성문화된 문서이다. 결국 인권과 법은 충돌할 수밖에 없다.

셋째, 인권은 이중적이며 교조적으로 전개되고 있다. 오늘날 인권주의자들은 세상을 갑을관계, 흑백논리로 본다. 그러나 우리가 살아가는 인간관계는 무척 복잡하고 다양하다. 계몽주의 이래 인권은 자명한 것으로 전통이 있지만 그렇다고 결코 완벽한 것은 아니었다. 오늘날 인권이 사회 전체의 지배 원리가 되어야 한다고 말한다면, 그것은 인간을 기계로 만드는 억지일 뿐이다. 권위적 체계에서 인권은 긍정적인 활동을 하는 부분이 있지만 자율적 체계에서 인권은 방종을 가져온다.

넷째, 인권은 이중적이고 위선적이라는 비판이 있다. 인권을 주장하는 것과 실천하는 것은 차이가 있다. 인권을 이상주의로 인식하면서 현실에서 조금만 잘못해도 비판의 칼이 날아든다. 자신에게 유리할 때는 옹호하고, 그렇지 않으면 무시한다. 이를 인권의 '이중 기준(double standard)' 또는 '선택적 인권'이라고 한다. 인권 개념 자체 문제를 '구성적 도덕성'의 문제로, 인권 적용 과정의 문제를 '파생적 도덕성'의 문제로 본다.[2] 이 모두를 가리켜 '인권의 위선'이라고 할 수 있다.

다섯째, 인권을 이기적으로 해석하고 당연한 권리라고 생각한다. 사람들은 자신이 회사를 선택하고 월급 받는 만큼 일하는 것을 당연한 자기결정권 행사라고 생각한다. 또한 수십억 자산을 사회에 기부하거나 억대의 저작권을 행사하지 않는다고 하여 자기결정권을 포기했다고 말하지 않는다. 이는 자유의지일 뿐이다. 그런데 이 자유의지를 자기결정권으로 해석하는 것이다. 결국 모든 행위는 자신의 만족과 행복을 위한 자기결정권 행사로 본다.

2. 인권 연구는 지뢰밭이다

오늘날 인권은 가장 짧은 시간에, 가장 광범위한 영역에서, 가장 많이 영향을 미치는 단어가 되었다. 불과 반세기 전만 해도 인권 활동과 영역은 일부 국가와 소수 시민만이 누리는 특권처럼 여겨졌다. 정치사상적으로 출발하여 법, 경제, 문화 및 학술적으로 매우 다양하게 전개되고 있다. 특히 포스트모더니즘을 당연하게 생각하는 다원주의 시대에 인권만큼 학문적으로 그 범위가 무한정으로 다뤄지는 주제가 없을 것이다. 따라서 인권 담론을 연구하기 위해서는 조건을 중심으로, 한정적으로 접근할 수밖에 없다.

무엇보다 대부분은 인권을 분석 대상으로 삼는 것을 꺼려한다. 일체의 반론 없이 무조건 존중해야 할 것으로 생각하기 때문이다. 그러나 똑같이 '인권'이라는 단어를 쓴다 해도 사람이나 사회에 따라 아주 다른 뜻이나 다른 목적으로 쓰기도 한다. 따라서 그 기능도 다를 때가 많다. 인권은 그저 좋은 것이니까 이론을 따지지 말고 그저 실천하자는 심정으로 매달리다가도 현실에서 발생하는 인

---

2) 조효제, 『인권의 문법』 (서울: 후마니타스, 2015), 30.

권에 대한 거부를 맞닥뜨리게 되면 고민하지 않을 수 없다.

'인권은 좋은 것이요, 불가침의 것이요, 영원한 것이요, 불가양의 것이요….' 인권을 옹호하는 문서의 바다에 언제나 띄워져 있는 이런 표현에 채워지지 않는 갈증을 느낀다면 한 번 쯤 눈을 돌려볼 필요가 있다.

근대 인권은 미국의 제33대 대통령인 해리 트루먼이 주도했고, 나치에 의한 학살과 제2차 세계대전의 여파로 만들어진 1948년 '세계 인권 선언'으로 나타났다. 또한 소비에트 사회주의 공화국 연방과 반식민주의자들은 인권이 미래에 주요한 이슈가 될 것이며, 특히 '공산주의와 민족주의'라는 이상적 해방이 될 수 있다는 생각에 고무되어 국제법상으로 '문서화'하는데 주력하였다.[3]

이러한 가운데, 1964년 미국의 베트남 전쟁 참전, 68혁명, 1975년 헬싱키 최종협약 등을 거치면서 인권 개념에 변화가 나타난다. 그동안 서구 세계의 도덕관이 바뀌어 이전까지 존재하지 않았던 국제적인 인권 운동이 결합되어 일종의 유토피아적 이상주의 장이 마련되었다. 인간의 기본권에 관해서는 이미 계몽시대에 주창되었지만, 그 실천적 성과에서는 또 다른 이념과 결합하면서 전체적으로는 다르게 나타났다. 가장 대표적인 단체가 국제사면위원회이다.

1977년, 국제사면위원회는 새로운 이상주의의 횃불로 각광받으면서 그 업적을 인정받아 노벨평화상을 받았다. 이는 '인권 옹호'라는 인도적인 이념에 자극제가 되었고, 국제주의 옹호자들에게 새로운 울타리가 되었다. 이에 서구 사회는 제3세계에 대한 혁명의 열망을 잠재우기 위해 이상적인 사회를 위한 국제인권법을 제정하고 실행하였다. 이에 맞춰 대중적인 관심이 급증했고 언론에 인권이라는 용어가 자주 등장하였다. 1940년대 이전에는 거의 등장하지 않았던 인권이라는 용어가 이 전에 비해 1977년 한 해 동안 '뉴욕타임스'에 5배 이상 증가하여 나타났다. 동시에 시민단체 활동이 연계되면서 우리 사회에 가장 우선으로 해결해야 할 이슈로 자리매김했다. 현재 대한민국 사법부 내에 존재하는 국제법인권연구회도 같은 맥락으로 보인다.

---

3) Samuel Moyn, 『인권이란 무엇인가』 공민희 역 (서울: 21세기북스, 2011), 7.

일부에서 인권의 기원을 성경으로 보는 이도 있다. 그러나 미국 작가 필립 로스(Philip Roth)는 '사람들은 인권의 역사가 오랫동안 이어져 온 것처럼 생각하지만 실제로 역사는 매우 급작스럽게 생성된 것[4]'이라고 하였다. 인권의 역사를 이보다 정확히 표현한 말은 없을 것이다. 인권의 유형과 분류 과정은 다음과 같다.

벨과 그레디(Olivia Ball and Paul Gready)의 역사적 분류 방식으로, 1차 인권 혁명은 18세기 말 미국과 프랑스 혁명이며, 2차 인권 혁명은 제2차 세계대전 후에 일어나서 현재도 진행되고 있다고 보았다. 프랑스 법학자 바사크(K. Vasak)는 권리 형태별 분류 방식으로 1세대는 시민 정치적 권리이고, 2세대는 경제적·사회적·문화적 권리, 3세대는 국경을 초월한 연대의 권리라고 분류하고 있다. 에반스(Evans)는 학문적 접근 방식으로 철학, 법학, 정치학 또는 사회과학 등 다중적으로 분류하고 있다.[5] 이를 살펴보면 다음과 같다.

첫째, 철학적으로 보편적 인권을 정당화할 수 있는지 질문을 통해서 접근하는 방식이다. 그것이 자연법인지, 자명한 것인지, 인간 욕망에 의한 것인지 등과 같은 것이다. 또한 타인의 고통에 대한 동정심으로 인권을 정당화할 수 있는지 등의 관심사로 접근하는 것이다.

둘째, 법학적으로 국가의 질서가 지배하는 세계에서 국제법의 성격과 지위, 초국가적 법질서의 가능성을 탐구하고 법적 이성을 통해 법의 내적 의미, 통일성, 적용 범위, 허점 등을 연구하는 것이다. 그러나 법학은 특정한 사회적, 정치적 상황을 고려하지 않기 때문에 특정 행동과 규범을 혼동하는 한계가 있다. 김명수 대법원장이 수장이었던 우리법연구회와 국제인권법연구회[6]가 특정 이

---

4) Phlip Roth, *American Pastora* (New York; 1977), 87.

5) Evans, Tony (ed), *Human Rights Fifty Years on: A Reappraisal* (Manchester University Press, 1998), 11-3.

6) 2011년 발족한 대한민국 법원 내 학술단체로 국제인권법연구회가 있다. 활동 회원만 480여 명으로 법원 내 최대 사적 규모로 알려져 있다. 우리법연구회의 후신이라는 주장도 있지만 우리법연구회는 해체되지 않았고, 당시 활동 인원과 현재 국제인권법연구회 소속원 중 중복되는 인원이 전체의 5% 밖에 되지 않는 것으로 알려져 있다. (출처 : https://100.daum.net/encyclopedia/view/201XXX1711007) 특히 국제인권법연구회 판사들은 대법원의 양대 핵심 기능인 재판과 사법행정 부서에 집중 배치돼 있다고 분석되었다. 예를 들어, 대법원 상고심(3심) 사건의 검토 보고서를 만들어 대법관에게 올리는 대법원 재판연구관(판사) 97명 중 33명(34%)이 이 연구회 소속이었다. 인권법연구회 회원 수는 460여 명으로 전체 판사(3214명) 중 14%가량인데, 대법원 재판연구관 중 '인권법 판사' 비율은 그 2배가 훨씬 넘었다. 또 법원의 인사·예산 등 사법행정을 총괄하는 대

념적 성격으로 논란이 되는 것도 이 때문으로 보인다.

셋째, 정치학 또는 사회과학적으로 철학적 방법과 법학적 방법의 중간 단계에서 접근 방식이다. '1970년대 후반에 왜 인권이 이렇게 급부상하였는지?', '왜 어떤 특정한 인권 유형만이 유독 주목을 받는지?', '인권으로 인해 일차적 혜택을 받은 이들과 간접적 혜택을 받는 이들이 누구인지?', '인권이 현존하는 권력 구조를 어떻게 정당화하는지?' 등에 대하여 다방면으로 접근해야 한다는 주장이다.

저자는 인권 문제가 인간의 본성, 본질, 삶, 행동과 관련되어 있기 때문에 신학적 접근이 중요하다고 본다. 하지만 신학적으로 인권 문제를 접근하는 경우는 거의 없다. 다만 조직신학에서 창조된 인간, 타락한 인간, 원죄에 대하여 다루는 인간은 죄인이라는 관점과 관련이 있어 보인다.

이제 인권에 신학적 접근이 필요한 시점이다. 그것도 기독교 관점이 아니라 성경적 관점에서 다루어져야 한다. 철학은 인간의 생각을 깊게 하는 학문이면서 언어의 아름다운 표현을 더 하는 학문이다. 그러나 지금 이 시각에도 분명한 하나님의 역사와 성경의 기준을 뒤로하는 인본주의와 세속주의에 빠지면 인간은 점차 파멸의 길로 갈 수밖에 없다. 인문학은 필요하다. 그러나 성경이 배제된 인문학은 파문학이 될 것이다. 즉 신본주의와 인문학이 연합되면 지혜의 학문이 되지만, 인본주의와 인문학이 결합되면 멸망의 길로 가게 된다는 것이다.

3. 이 책은 왜 중요하며, 무엇을 다루고 있는가?

근대 초기 한국 기독교 역사에 지대한 영향을 준 것은 천부적이고 보편적인 인권 논리였다. 근대 개화 과정에서 선교사들은 자유와 평등, 차별이 없는 사회

법원 산하 법원행정처 판사(처장 포함) 12명 중 5명(42%)도 이 연구회 소속이었다. 비슷한 기능의 대법원 산하 사법행정자문위의 위원 10명 중 4명(40%)도 이 연구회 회원이다. 이 연구회를 주도하는 핵심 판사들은 그간 '정치 편향' 논란의 가운데에 있었다. 2017년 법원 내부 온라인망에 '재판이 곧 정치'라는 글을 올린 판사도 인권법연구회 출신이었다. (출처 : https://www.chosun.com/national/court_law/2021/04/27/FT5TCECJ4JHLRMFLNTZ6ZZUYQY/ 조선일보 2021.04.27.)

를 교육시켰다. 또 평등의 원리로 양반·상놈의 계급사회를 허물었고, 여성을 인격으로 대하는 권리 신장에 일등 공신이 되었다.

오늘날 포스트모더니즘의 사조는 '인본주의', '다원주의', '후기 구조주의', '해체주의' 등이 혼동되어 무엇이 옳은지 그른지 구분이 없다. 표면적으로는 화합과 평화를 내세우지만 실상은 기준과 원칙이 상대적이기 때문에 무질서와 혼란을 증가시키며, 각자 자신의 주장만 옳다고 여긴다. 즉 내가 왕이 되어 옳고 그름을 판단하는 것이다. 이는 인류 최초의 조상인 아담과 하와가 선악과를 먹고, '무엇이 선이고 무엇이 악인지 판단했던 것'과 같은 원죄이다. 그 기저에는 '자기결정권'이 내세우는 권리 논쟁이 내포되어 있다. 그런데 이러한 배경으로 '인간 권리'가 점차 인간의 존중, 인간의 자유를 제한하고 있다. 인간의 자유는 기독교인에게 최고의 가치이며, 여기에 두 가지 배경이 있다.

첫째, 모든 사람을 '하나님의 형상'이며 '예수 그리스도께서 자신의 핏값으로 대속하신 존재'로 이해한다는 것이다. 인간이 타락한 세상에서는 누구도 결코 자유롭지 않았다. 특정인 혹은 집단의 자유를 위해 타인의 자유가 희생당하는 구조였다. 왜냐하면, 특정인 혹은 집단을 제외한 나머지는 존엄성을 인정받지 못했기 때문이다. 본래 하나님께서는 자신의 형상을 담아 모든 사람을 존귀하게 지으셨고, 예수 그리스도의 십자가와 부활 사건을 통해 이를 확증하셨다.

둘째, 진정한 자유는 하나님의 형상대로 살아갈 수 있는 것이다. 자유란 방종이 아니라 하나님의 존재를 알고, 온전히 인정하며 살아가는 것으로, 타락한 세상에서 타락한 구조와 질서에 순응해서 살아가는 상태를 자유라고 할 수 없다. 신앙의 자유가 없는 사회는 결코 자유롭다고 할 수도, 선하고 정의롭다고 할 수도 없다.

대한민국은 자유 민주주의 국가로, 자유의 가치를 존중해왔다. 물론 대한민국이 성경적이고 신앙의 자유가 구현된 나라라고 할 순 없지만 적어도 교회라는 울타리에서는 인정받고 있다. 그런데 최근에는 자유를 위협하는 세력들이 활개를 치고 있다. 중국과 러시아는 거대한 몸집으로 압박하고, 북한은 민족 감정과 온갖 선전·선동 전술로 뒤흔든다. 국내에서도 반(反) 자유 세력에 부화뇌동하는 이들이 모략과 권세로 무기를 삼고 있다.

인류의 역사는 이 자유를 확대하는 역사이다. 자유를 향한 역사의 물결은 많은 부침을 겪었고, 때로는 후퇴한 것 같아도 결국에는 멈추지 않고 전진해 왔다. 아니 하나님께서 멈추지 않고 전진시키셨다. 이를 위해 수많은 기독교인이 피와 눈물을 쏟았고, 오늘을 살아가는 기독교인들 또한 그러해야 한다. 그런데 이제 소수자 인권으로 다수의 자유가 제한되고 있다. 대표적인 형태가 평등법, 인권법, 포괄적 차별금지법 같은 경우이다. 이러한 현상이 나타나는 이유는 인권의 개념과 적용에 문제가 있기 때문이다.

그렇다면 과연 지금도 사람을 존중하고, 내 이웃을 사랑하는 것이 인권일까? 이에 대하여 정확한 인권의 개념과 정의를 어떻게 설명할 것이며, 어떤 권리가 어떤 담론 과정을 거쳐 인권으로 발전되어 왔는지, 인권에는 구체적으로 어떤 권리가 있는지 고민해보아야 할 것이다.

상대주의 인권은 '인간해방'을 내세운 마르크스주의의 영향으로 이념화되었고, 투쟁적 수단이 되었다. 이들은 인권으로 헤게모니를 장악하고, 권력을 쟁취하였다. 그리고 이제는 권력의 핵심이 되었고, 특권화 되었다. 서구 선진 국가에서는 인권으로부터 정상적인 가정과 가족 제도, 복음주의 교회, 사유 재산 제도가 위협받고 붕괴되고 있다. 학교에서 배우는 이념적인 인권은 부모의 권위와 정상적인 가정의 중요성을 사라지게 한다. 동시에 동성애와 프리 섹스(Free sex)를 '성적 자기결정권'으로, 성 정체성의 혼란을 가져오는 젠더를 '성별 자기결정권'으로 배운다. 그로 인해 청소년들의 자아가 파괴되고 있다.

특히 의무적으로 실시하는 성교육 시간에 '성 인권'을 배우게 하며, 초등학생에게 노골적인 성행위 묘사를 받아들이도록 강요하고 있다. 그리고 남성다움과 여성다움 대신 '나다움'이 주입되고 있다. 또 동성애를 특정 집단과 개인으로 견주어 소수자 인권이기 때문에 법으로 보호해야 한다며 평등법 일명 포괄적 차별금지법 제정을 시도하고 있다. 자신들이 원하는 인권 교육과 정책을 위해 인권 기본법을 제정하고 있으며, 각 지방자치 단체에서는 각종 인권조례를 통하여 이념적 인권 교육과 정책을 시행하고 있다.

'소수자'라는 프레임과 '약자'라는 감성적 접근으로 사회와 가정은 속수무책으로 무너지고 있다. 그리고 잘못된 인권 교육은 부모와 교사를 고발하고, 동성애를 반대하는 이유로 교회를 혐오 집단으로 몰아가고 있다. 더 충격적인 사실은 유럽에서 50~70%의 비정상적인 가정에서 자녀가 태어나고 있다는 것이다. 기독교 가정에서 태어나 유아 세례를 받은 자녀들의 탈 세례 현상도 나타난다. 이제 인권은 양의 탈을 쓴 이리와 같다고 할 수 있다.

인권은 선한 관점에서 '하나님의 형상을 닮은 인간을 존중하고 사랑해야 한다'라는 논리로, 악한 관점에서 마르크스가 주창하는 '인간해방'을 위한 목적으로 적용되었다. 지금도 독재 공산권에서는 '인민이 먼저다'라고 헌법에 명시하여 정치의 정당성을 유지하고 있고, 우리나라에서 정치인은 자기 권력 쟁취와 유지를 위한 수단으로 이용하고 있다. 각종 시민단체와 인권을 자신의 영달과 자리보전, 돈을 위해 이용하는 현상이 나타나고 있다.

더 심각한 것은 일부 종교 단체, 특히 예수를 믿는다고 하는 기독교 단체에서도 인권의 나쁜 점을 이용한다는 것이다. 그러면서도 광명한 천사로 위장하여 자신의 이름과 단체를 높인다. 그러나 인권의 의미와 실태를 모르니 혼란스러워하는 이도 많다. 이 책의 최종 목적은 인권의 의미와 역사적 현상과 형태를 제공하고, 이를 통해 인권이 건강한 가정과 기독교 가치관에 미치는 영향에 대하여 살펴보는 것이다.

가장 먼저 인권의 개념과 고대 및 근대 인권 이론과 현대 인권 이론을 구분하여 정리하였다. 특히 상대주의 인권의 등장과 소수자 인권 등 가장 논란이 되는 부분을 정리하였으며, 국제 인권 운동이 일어나면서 인권의 순수성이 훼손되는 사항을 저술하였다. 특히 인권 담론 과정에 나타난 현상을 인권의 기준과 특징으로 유형을 정립하고자 하였다. 현재 인권의 유형 분류는 역사적인 진행 과정만을 중심으로 하였다. 저자는 '하나님을 떠난 인간의 이성적 논리가 결국 인간을 파멸하게 한다'는 점에 초점을 두었다.

최초 인권의 시작은 천부인권이었으나, 곧 신이 없는 보편적 인권으로 나타났다. 동시에 특정 사회 구조 속에 나타난 상대적 인권과 약자의 감성적 접근에서 소수자 인권, 그리고 오늘날 자기중심적인 생각에서 나타난 자의적 인권 등에 대하여 구체적으로 기술하였다.

마지막으로 많은 논란이 되고 있는 '인권이 우리 사회에 미치는 영향'에 대하여 정리하였다. 2007년을 시작으로 7번의 차별금지법, 인권 및 평등 관련 기본 법률안, 혐오표현방지법안과 국가인권위원회의 권고에 의해 각 지방자치 단체별로 진행 중인 각종 인권조례 등에서 많은 갈등과 논란이 발생하고 있다. 이에 대한 논란의 이유와 주요 공동체에 미치는 영향을 살펴보았다.

무엇보다 마르크스가 사회 구조 속에서 등장한 인권론을 비판하면서 핵심 주제로 다룬 '인간해방' 논리를 분석하였다. 이는 기독교의 '영혼 구원'을 모방하고 있다. 오늘날 자의적 인권은 자기결정권으로 정당화되어 지나치게 개인 중심으로 흘러가고 있다. 이는 공동체를 떠나 우리 영혼을 병들게 하며, 복음에서 멀어지게 하고 있다. 이러한 현대 인권이 가정과 교회 공동체에 미치는 영향을 구체적으로 살펴보았다.

마르크스주의 인권은 자신의 정체성을 이분법으로 생각하게 한다. 이는 양심의 이중성으로, 가정과 사회에서 선택적 행동을 취하는 이중성으로 나타나고 있다. 이로 인해 거짓과 위선이 인권과 평등, 정의로 둔갑하는 시대가 된 것이다.

제 2 부

인권 담론의
역사와 전개 과정

제 2 부

인권 담론의 역사와 전개 과정

제1장 인권의 기원과 분류

인권론자들이 주장하는 인권의 기원과 역사는 고대 그리스·유럽의 계몽사상에서 시작해 미국 독립선언과 프랑스 혁명을 거쳐, 제2차 세계대전 나치의 참혹함을 계기로 형태를 갖추기 시작했다고 믿고 있다. 그러나 사실이 아니다. "인권은 감정적인 동기가 아닌 아주 실용적인 발전동기에서 비롯되었다"[1] 라고 주장하는 이도 있기 때문이다.

인권의 기원을 두고 20세기 초, 게오르크 옐리네크(Georg Jellinek)와 에밀 부뜨미(Emile Boutmy)는 격렬한 논쟁을 벌였다. 부뜨미는 사상적 부분을 강조하여 18세기의 프랑스 계몽철학, 특히 루소가 인권의 효시이고, 루소의 사상은 프랑스의 인권 선언이며, 이를 계기로 전 세계에 확산하였다고 주장하였다. 반면 옐리네크는 역사적 측면을 중시하였다. 그는 1776년 버지니아 헌법이나 기타 각 주의 헌법에 규정된 권리장전이 기원이고, 1789년 프랑스 선언문도 이에 따

---

1) Samuel Moyn, 『인권이란 무엇인가』, 6.

른 모델이라며 인권의 역사는 미연방 헌법 등에 보장된 '종교의 자유'라고 하였다.[2]

인권의 기원은 학자들마다 의견 차이가 있으며, 이는 역사적 경험과 밀접한 연관성을 가진다.[3] 인권은 역사적으로 사회적 특성과 차이에 의해 인권의 기본적인 보편성이 제약되어 왔고, 이는 인권 사상의 역사성 및 변화 과정에 대하여 재검토가 요구된다고 할 수 있다.

인간의 권리가 어디서부터 시작되었는가? 이 질문은 인권의 주체 혹은 인권의 기원이라고 할 수 있다. 성경에 하나님이 태초에 천지를 창조하시고, 이 세상을 다스리기 위해 인간을 창조하셨으며, 이를 위해 권리가 주어졌다고 기록하고 있다. 즉 인간 권리의 시작은 하나님이 인간에게 이 세상을 다스리기 위하여 주신 것임을 전제할 수밖에 없다. 그런데 이 주장은 종교적 또는 신학적 접근이라며 일반적으로 인정하려고 하지 않는다. 그러나 분명한 것은 인권의 기초가 된 자연권과 자연법의 사상적 근원은 기독교 사상과 관계있음을 부인할 수 없다.

인권이라는 용어의 기원을 1791년, 토마스 페인(Thomas Paine)이 지은 『인간의 권리』에서 시작되었다고 주장하는 이도 있다. 이 책은 페인의 31개 글을 모은 것으로 정부가 국민의 자연적인 권리를 보호하지 않을 때, 대중적 저항이 일어날 수 있음을 암시하고 있다. 이는 인권의 역사성도 있지만, 현대의 인권 사상은 서구의 정치적 투쟁과 많은 관련이 있다는 것을 시사하고 있다.

1776년에 선언된 버지니아 권리장전에서 '모든 인간은 날 때부터 평등하게 자유롭고도 자주적이며 일정한 천부의 권리들을 갖고 있다. 인간이 한 사회의 구성원이 될 때, 예컨대 생명과 자유의 향유와 같은 그러한 권리를 후손들로부

2) 지영준, "인권과 기독교", 『생명과 성 I 』 (서울: 킹덤북스, 2020), 260-1.

3) 유홍림, "현대 자유주의와 인권의 보편성", 『인권의 정치사상: 현대 인권 담론의 쟁점과 전망』 (서울: 이학사, 2011), 80.

터 박탈할 수 없다"[4] 라고 선언하였다.

당시만 해도 고대 공화주의에서 출발한 시민권을 인권 사상과 밀접한 것으로 보고 있음을 알 수 있다. 시민권이 인간의 정치 공동체 삶을 전제로 한 권리와 의무에 대한 규정이고, 인권도 개인과 정치 공동체의 갈등과 조화 속에서 분리될 수 없다는 점에서 이론적으로는 충분히 공감할 수 있는 부분이다. 그러나 권리장전은 인간의 존엄성에 근거한 자유와 평등권을 고대에서 완전히 찾기는 어렵다고 주장한다. 당시에는 그리스인과 야만인을 구별하였고, 로마인들은 혈통과 시민권, 공적에 따라 차별하였기 때문이다.[5]

중세 말 이후, 르네상스부터 17세기까지 이르는 시기에 나타난 자연권은 사회적 필요와 현실에 기초하여 영향력을 행사하는 이념으로 나타났다. 토마스 아퀴나스(Thomas Aquinas)와 위고 그로티우스(Hugo Grotius)의 저술, 영국의 대헌장 및 권리장전 등이 대표적이다. 여기에 모든 인간에게는 양도 불가능한 권리가 있음을 기초하여 기술되었다.

이러한 자연권 사상은 17~18세기 데카르트(René Descartes), 라이프니치(Gottfried Wilhelm Leibniz), 스피노자(Baruch Spinoza), 베이컨(Francis Bacon), 로크(John Locke), 디드로(Denis Diderot), 볼테르(Voltaire), 몽테스키외(Baron de La Brède et de Montesquieu), 루소(Jean-Jacques Rousseau) 등의 사상가에 의해 체계화되었다. 18~19세기에는 절대주의에 대항하는 투쟁 과정에서 보다 선명하게 드러났다. 이때 나타난 주요 문서들로 미국의 1776년 독립선언문, 1789년 프랑스 시민권, 1791년 미국의 권리장전 및 1787년 미국의 헌법 등이 대표적이라고 할 수 있다. 이 가운데 미국의 독립선언문은 인간의 기본적이고 구체적인 권리로 자유권, 생명권, 행복추구권을 제시하였다.

한편 1843년, 마르크스에 의해 '인권'이라는 용어와 더불어 구체적으로 등장하였다. 그의 『유대인 문제에 관하여 Zur Judenfrage』라는 책에 정리되어 있다.[6]

---

4) Virginia Bill of Rights (1776.06.12) : That all men are by nature equally free and independent, and have certain inherent rights, of which, when they enter into a state of society, they cannot, by any compact, deprive or divest their posterity; namely, the enjoyment of life and liberty, with the means of acquiring and possessing property, and pursuing and obtaining happiness and safety.

5) 유홍림, "현대 자유주의와 인권의 보편성", 82.

6) 브루노 바우어(Bruno Bauer, 1809-1882)가 1843년에 『유대인의 문제 Die Judendfrage』를 읽고

이 책은 유대인의 정치적·사회적 정황에 대하여 청년 헤겔학파의 친구였던 브루노 바우어(Bruno Bauer)가 내놓은 두 편의 연구를 비판한 것이다. 근대에 발전한 인권 사상은 계급 갈등과 연관되어 신흥 부르주아의 이데올로기로 이해되기도 하였다.

이러한 역사적 맥락에서 주목할 점은 근대국가 형성 과정에서 주권과 인권의 갈등이 나타났다는 것이다. 근대국가는 내적 통합과 합리적 권력의 정당화를 위해 국민 주권 이념에 기초하여 민주주의적 절차와 제도의 수립을 추구했다. 그 과정에서 자유민주주의적 기본권이 보편적 권리로 주장되면서 보편적 인권과 동일시되었다. 그러나 다원국가인 국제사회에서 인권의 보편성을 주장하는 것은 각국의 주권적 주장과 상반되어 나타나면서 대결 또는 긴장관계로 나타난 것이다. 이러한 긴장 관계에 의해 인권 사상은 국민 국가의 범위를 넘어서면서 결국 상대주의의 도전에 직면하게 된 것이다. 오늘날, 범세계주의를 부르짖으며 인권 운동을 하는 단체들과 국가 간에는 실제 이행에서 상호 충돌이 일어날 수밖에 없는 것이다.[7]

근대 국가 출현 이후 인권의 내용과 범위의 변천 과정을 분석한 이는 프랑스 법학자 카렐 바사크(K. Vasak)이다. 그는 1세대는 시민·정치적 권리이고, 2세대는 경제적·사회적·문화적 권리, 3세대는 국경을 초월한 연대의 권리라고 분류하고 있다. 이 논리는 분석적 차원에서 도움이 되지만 역사의 단절성과 연속성을 단순화하는 측면에서는 한계가 있다. 프랑스 혁명에 나타난 시민권이 보편적 인권이라면, 프랑스 혁명 이후 등장한 공화정이 나폴레옹 보나파르트(Napoléon Bonaparte)가 일으킨 쿠데타로 무너지고, 75년간 공화정, 제국, 군주제로 국가 체제가 바뀌어 가는 정치 상황을 설명하기는 어렵다는 것이다.

영국 사회학자인 마셜(T. H. Marshall)은 시민권을 '공민적(civil)', '정치적

1843~1844에 마르크스가 기록한 비평문의 형식이다. Karl (Heinrich) Marx, 『유대인 문제에 관하여』 김현 역 (서울: 책세상, 2015), 5.

7) 최근 한일간 징병 배상문제를 두고 인권을 중시한 한국 대법원의 판결이 국경을 넘어 일본에도 적용하려고 할 때 일본 정부가 반발하고 있다.

(political)', '사회적(social)'으로 나눈다. 이 역사를 18세기에는 '공민적 권리', 19세기에는 '정치적 권리', 20세기에는 '사회적 권리'로 구분하였다.[8]

이샤이 미쉘린(Micheline Ishay)은 계몽시대의 권리를 '시민적 자유 및 기타 자유권'으로 분류하고, 산업혁명 시대의 권리를 '정치적·사회적·경제적 평등'으로 구분하였다. 그리고 19세기와 20세기 식민주의 이후에 나타난 권리를 '공동체적 유대 또는 민족적 연대'로 분류하였다.[9]

한편, 루만(Niklas Luhamann)은 17세기에는 '계약설'과 18세기 말에 나타난 헌법과 이후 국제 인권법 등의 제정을 통한 '인권의 제도화', 20세기 후반 복지 국가에서 인권 목록들이 생기면서 인권의 과밀화 현상이 나타났고, 세계적으로 '인간의 존엄성 훼손과 인권 침해' 상황으로 전개되고 있다고 보았다.[10]

이러한 구분은 역사적 측면에서 발전된 개념으로, 역사성과 권리 목록의 분류 측면에서 구분했다고 보는 것이 더 정확하다. 물론 인권의 이해와 담론 과정에 하나의 기준이 된 것은 맞다. 그러나 더 본질적인 측면을 다루는 데에는 한계가 있기에 저자는 인권 개념을 자연권과 관계한 고대 및 근대 인권 이론과 현대 인권 이론으로 정리하였다.

한편, 현대 인권론자들이 말하는 인권 담론과 철학사상의 역사에서 인권의 본격적인 시작은 영국 청교도 혁명이나 프랑스 혁명에 나타난 합리주의와 계몽주의 철학에 기반을 둔 인본주의 사상이라는 것이다. 그리고 가장 기본적인 권리는 '신앙의 자유', '양심의 자유', '의사 표현과 언론 출판의 자유' 등이며, 인간의 본성상 자연법적으로 타고난 권리이기 때문에 국가 권력이 감히 침범할 수 없다는 근거로 정당성을 얻고 있다. 이런 토대 위에 국가가 침범할 수 없는 사람의 권리로 신체의 자유권, 거주 이전의 자유권, 투표와 결사의 자유권, 참정

---

8) Thomas H. Marshall, *"Cizenship and Social Class"*. in Jeff Manza and Michael Sauder eds, Inequality and Society (W. W. Norton and Co. 2009), 149-54.

9) Micheline R. Ishay, *The History of Human Rights: From Ancient Times to the Globalization Era* (Berkeley and Los Angeles), 2008, 37.

10) 루만의 인권과 기본권에 대한 이해는 N. Luhmann, *Grundrechte als Institution: Ein Beitrag zur politischen Soziologie* (Berlin: Ducker und Humbolt, 1965), 12. ; N.Luhmann, *"Zur Funktion der 'subjektiven Rechte'"*, in N.Luhmann, *Ausdifferenzierung des Rechts: Beiträge zur Rechtssoziologie und Rechtstheorie* (Frankfurt/M: Suhrkamp, 1999), 360-73 참조.

권, 수익권으로 점차 확대되어 나갔다고 보고 있다. 이를 두고, 현대 인권론자들은 '인권의 역사는 투쟁의 역사'라는 주장의 명분으로 이용하고 있다.

그런데 이들의 주장은 인권의 근거가 자연법이나 인간의 이성에 있으니, 인간의 권리를 모두가 존중하고 지켜야 한다는 이상적 인권론에 동조한 것이다. 이는 자연법이나 이성의 법칙이 너무도 다양하게 해석되고 있어 과연 타당한 방법인지 객관성을 기대하기 어렵다는 문제점이 있다.

오늘날 인권론자들이 주장하는 인권의 기원 문제를 살펴보자면 우리나라 국가인권위원회를 비롯한 대다수의 인권론자는 프랑스 독립선언문을 인권의 기원으로 보고, 이것을 중시한다. 프랑스 혁명의 산물인 독립선언문은 1789년 8월 26일, 프랑스 국민의회에서 17개 전문 조항의 '인간과 시민의 권리 선언'을 선포하였다. 하지만 분명한 것은 미국의 독립선언문과 프랑스 독립선언문은 인권의 기원과 특징에서 큰 차이점이 있다.

첫째, 시기적으로 미국의 독립선언문이 먼저 선포되었다. 물론 시간적으로 1776년 7월 4일로 동일하지만, 미국 버지니아 권리장전은 6월 14일이다. 그렇더라도 미국 독립선언문이 프랑스 선언보다 13년 먼저라는 것이다.[11]

둘째, 창조주의 존재 인정 여부이다. 미국 독립선언문은 인간의 권리의 기원이 프랑스 권리 선언에 명시하지 않는 '창조주로부터 부여받은 권리'임을 명시하고 있다. 또한 가장 이상적인 자유권, 생명권, 행복추구권을 명기하고 있다.

셋째, 권리를 행사하는 인간의 본성을 바라보는 시각에서 차이가 있다. 미국 독립선언문은 인간의 본성이 악하다는 홉스의 성악설에 영향을 받았지만, 프랑스의 독립선언문은 루소의 성선설에서 영향을 받았다고 할 수 있다.

---

11) 미국 독립선언문이 프랑스 혁명에 미친 영향은 심대하다. 7년 전쟁으로 많은 빚을 지고 있던 프랑스는 미국 독립전쟁에 가담하여 빚이 2배로 늘었고, 이것이 프랑스 혁명의 직접적 원인으로 보기도 한다. 특히 미국 독립선언문에 담긴 사상의 공유가 지대하였다.

넷째, 선언 이후 결과에서 큰 차이점이 있다. 미국의 독립선언문 이후에는 인간의 권리를 구체적으로 명시하며, 자유 민주주의로 연결되었다. 그러나 프랑스 독립선언문 이후에는 또 다시 독재 체제를 타도한다는 명분이었지만, 로베스피에르의 단두대를 통한 공포정치와 쿠데타 등 피의 숙청이 나타났다. 이를 두고 혹자는 프랑스 혁명을 '형제애(박애)'에 뿌리를 둔 남성 간 권력 투쟁으로 보기도 한다.[12]

인권론자들은 인권의 기원적 측면에서 프랑스 혁명을 강조하지만, 실상은 지나치게 이상화하고 의미를 과장하는 측면이 강하다. 그러나 인권의 기원을 찾는다면 오히려 미국의 독립선언문이 훨씬 더 중요하다고 할 수 있다. 그런데도 이를 거부하는 것은 미국에 대한 거리감과 기독교적 색채를 감추기 위한 의도로 보이며, 동시에 투쟁을 통한 권력 구조의 변혁에 더 관심을 둔 것으로 평가된다. 아무튼 이 '자연권'이 '인간의 권리'로 바뀌고, 다시 '인권'으로 변했다고 보는 시각이 오늘날 인권론자들 주장[13]이다.

---

12) 린 헌트, 『프랑스 혁명의 가족로망스』 조한욱 역 (서울: 새물결, 1999), 51.

13) 조효제, 『인권의 문법』, 52.

제2장 인권에 대한 다양한 연구

1. 인권의 의미와 정의

인권의 사전적 의미는 '인간이 가지는 기본적 권리'이다. 그러나 인간의 모든 행동을 인권이라고 한다면 인권 담론이 너무 포괄적이고 모호해질 수밖에 없다. 예를 들어, '사람의 모든 행동이 인간의 권리로서 법으로 보호받아야 하는가?', '인간이 권리를 갖는다고 할 때, 그 권리는 어떻게 취급되어야 하는가?', '나의 삶에 필요한 재원과 소유에 어떤 영향력을 의미하는가?', '내가 가진 잠재력을 개발하고 능력을 키우는데 어떻게 작용하는가?' 등이 있다.

쉐스탁(J. Joseph Shestack)은 자연권 개념, 정의 개념, 부정의 대한 반응, 존엄성 개념, 존중과 관심의 평등 원칙, 문화 상대주의 등 다양한 근거 이론을 통해 설명하려고 하였다.[14] 기독 철학자인 니콜라스 월터스토프(N. Wolterstorff)는 "사람들이 인권과 인간이 소유하는 권리를 혼동하고 있다. 인권은 인간이 소유한 권리 중에 하나다. 유엔 문서들은 인권이 무엇인지 설명하는 것이 아니라 권리 목록을 제시한 것이다"[15] 라고 하였다. 이렇게 볼 때, 결국 인권이라는 개념은 특수한 환경과 배경에 따라 각기 다르게 나타날 수 있다.[16]

이러한 주장에 의하면 인권은 절대적 개념도 아니고, 보편적 개념도 아니다. 인권의 권리적 개념에 대한 비판은 오늘날 더욱 심화하고 있다. 영국 학술원 수석연구원 맥킨타이어(A. C. MacIntyre)는 1981년 『덕의 상실』에서 '인권이란 개념은 마녀나 유니콘처럼 그 존재를 입증할 수 없는 허구와 유사한 것'[17] 이라고 주장하여 인권 개념의 효용성 및 타당성을 부정한 것이다. 또한 현대 정의

---

14) Shestack, Jerome Joseph, Jerome J. Shestack, "The Philosophic Foundations of Human Rights", *Human Rights Quarterly* 20/2 (1998), 201-34.

15) Nicholas Wolterstorff, 『하나님의 정의』 배덕만 역 (서울: 복있는 사람, 2017), 93-4.

16) Samuel Moyn, 『인권이란 무엇인가』, 56.

17) Nicholas Wolterstorff, *Justice: Rights and Wrongs* (Princeton University Press, 2008), 313. ; 김비환, "현대 인권 담론은 쟁점과 전망", 『인권의 정치사상』 (서울: 이학사, 2010), 19.

론의 대가 마이클 샌들(M. Sandel)은 개인의 권리(인권)를 명분으로 하는 권리 정치의 등장은 '공동선 정치의 타락에 수반되는 병리적 현상으로 권리를 무연고적인 자아의 독립과 자유를 보장해줌으로써 공동체 해체를 공식화, 가속화하는 제도'라고 비판한 바 있다. 인권 담론 논쟁에서 인권의 개념과 정의는 모호하지만 인권과 구별되는 다른 권리 개념을 통해서 정리하면 다음과 같다.

첫째, 인권은 용어상 '인간이기 때문에 가지는 보편적(universal) 또는 도덕적(moral) 권리'를 의미한다.[18] 즉 인권은 인간만이 가지는 주체로 일부 동물 보호론자들이 주장하는 '동물권(animal rights)'과는 구별되며, 동시에 '법인(法人)'과 같은 '가상의 인간(artificial person)'의 권리와도 다르다. 즉 권리를 행사하는 주체의 기준에서 집단이 아닌 인간이 가지는 권리라는 것이다.[19]

둘째, 인권은 보편적 권리로 1948년 유엔이 채택한 세계 인권 선언 제2조가 규정하고 있듯이 모든 사람(everyone)이 언제 어디서나 인종, 피부색, 성(sex), 언어, 종교, 정치적 또는 기타의 견해 민족적 또는 사회적 출신, 재산, 출생 또는 기타의 신분에 상관없이 평등하게 누리는 권리를 의미한다. 이러한 점에서 특정한 사람들만이 향유하는 '특권(privilege)'과 구별된다.

셋째, 인권은 도덕적 권리로써, 실정법에 상관없이 도덕성(morality) 원칙에 근거하여 정당화가 가능한 권리를 의미한다. 실정법에 따라 보장되는 '법률적 권리(legal rights)'와 많은 부분에서 중첩되지만, 개념적으로는 비도덕성과 구별된다. 특히 실정법이 도덕 원칙에 어긋날 경우 인권은 때때로 '법을 어길 수 있는 권리(the right to break the law)'를 포함하기도 한다. 사람들이 일반적으로 법을 준수해야 하는 의무가 있지만, 자신의 양심과 충돌할 경우 특별한 도덕적 잘못(morally wrong)을 일으키지 않는 한 양심에 따라 행동할 권리가 있다고 주장하기도 한다.

---

18) 인권을 '인간이 가지는 보편적 도덕적 권리'로 정의하는 것에 대해 모든 학자들이 동의하는 것은 아니다. 특히 벤담(Bentham)은 실정법에 의해 뒷받침되지 않는 권리는 '죽마 위의 헛소리(nonsense upon stilts)'라고 주장하면서 자연법에 근거한 도덕적 권리 개념을 부정한다. 버크(Burke) 또한 인권은 '단순한 추상에 불과한 것'이라고 주장하면서 '실정법에 의해 뒷받침되지 않는 권리의 존재는 부정'한다. Cranston, Maurice, *"Human Rights, Real and Supposed"*. in D. D. Raphael ed, *Political Theory and the Rights of Man* (London: Macmillan, 1967), 43-53.

19) 김범수, "공동체주의 인권 담론: 보편주의적 범세계주의와 논쟁을 중심으로", 『인권의 정치사상』 (서울: 이학사, 2010), 110.

인권이 동물권, 법인, 특권, 여타의 법률적 권리 등과 구별되는 '인간이 가지는 보편적 도덕적 권리'라는 의미에는 동의하지만 어떻게 적용하고 해석할 것인가에 대해서는 또 다른 논쟁이 분분하다.

첫째, 인권의 주체를 개인으로 한정할 것인지, 민족, 종족(ethnicity) 등과 같은 집단이나 공동체도 인정할 것인지에 대한 논쟁이다.

둘째, 인권이 보편적 권리라면 모든 사람의 범위를 어디까지 할 것인가의 논쟁이다. 어떤 학자들은 말 그대로 모든 사람을 의미한다고 주장하는 반면, 어떤 학자들은 특별한 인권의 경우 국적, 시민권, 법적 지위 등에 따른 제한이 불가피하다고 주장한다.

셋째, 도덕성 원칙에 근거하여 정당성이 인정된다 해도 그 도덕성 원칙이 누구에게나 적용될 수 있는지 아니면 문화에 따라 다르게 적용하는 상대적인 도덕성인지에 대한 논쟁이다.

이외에도 인권 보장을 위한 의무(duty)를 누가 담당하는지, 권리 사이에 충돌이 발생한다면 어떠한 권리를 먼저 수행해야 하는지, 정부는 어떤 권리를 제한할 수 있는지, 제한할 경우 어떻게 할지 등[20] 여러 논쟁이 발생하고 있다.

본래 권리에 대한 개념은 의사설과 이익설이 있다.[21] 이 책에서는 인권에 대한 해석을 '권리에 대한 이익 문제'를 어떻게 취급하는지에 중점을 두고 사설을 보완하는 방법을 취하였다. 먼저 '권리는 물리적인 감각 경험의 대상이 아니고, 이 세계에서 공간을 점유하지 않기 때문에 연장성이라는 속성이 없다. 또한 감각으로 어떤 데이터를 수집할 수도 있는 것이 아니다. 따라서 권리는 볼 수도, 만질 수도, 냄새를 맡을 수 없다'[22]고 설명한다.

예링(Jhering)은 '권리란 법적으로 보호받는 이익'[23]이라고 하였다. 그는 권리의 목적 차원으로 권리의 개념을 정의하였다. 즉 권리의 목적은 권리를 정당화하는 근거가 되는 것이지 개념 그 자체라고 할 수 없다고 본 것이다. 예링에 영향을 받은 영국의 공리주의 학자들은 권리의 정당화 근거와 정의를 구분하고

20) 김범수, "공동체주의 인권 담론: 보편주의적 범세계주의와 논쟁을 중심으로", 123.

21) 김현철, 『권리와 인권의 법철학』 (서울: 세창출판사, 2013), 3.

22) 김현철, 『권리와 인권의 법철학』, 12.

23) Jhering, "Geist des römischen Rechts" *Dritter Theil* (Leipzig, 1871), 372.

있다. 오스틴(J. Austin)은 권리의 근거는 이익에 있다고 전제하면서 권리를 정의할 때에는 권리를 '타인에게 행위나 금지를 강요하는 능력 혹은 권한'[24] 으로 설명하였다. 이러한 주장은 인권 개념이 자연스럽게 형성된 법에서 권리로 가는 역사적 배경이다.

월터스토프(Nicholas Wolterstorff)는 '항상 어떤 것에 대한 권리이다. 권리를 소유하는 것은 어떤 것과 특정한 관계 속에 있는 것이다'라고 하며 권리 관계를 규범적 관계로 보았다. 예를 들어, '인간은 모욕당하지 않을 권리를 소유한다'라는 것이 정확하다는 것이다. 어떤 것에 청구권을 갖는다는 것은 그것에 대한 합법적 청구권의 규범적 관계 속에 있다는 것이다.[25]

저자는 "인권이란 모든 인간이 인간의 존엄성을 유지하기 위해 가지는 가장 기본적인 권리"라고 정의한다. 이에 모든 인간이 가지는 고유의 기본적 권리의 구체적 유형으로 자유권, 생명권, 행복추구권 등이 있다고 생각한다.

또한 유엔의 세계 인권 선언 이후 냉전을 거치면서 양 진영의 편의상 권리의 범위가 확대되면서 인권 유형은 자유권과 사회권으로 구분[26] 되었다고 보여진다. 오늘날, 사회권이란 일반적으로 '사람이 최소한의 인간다운 생활을 보장하기 위해 누리는 사회적 권리 또는 국가에 요구할 수 있는 권리'라고 정의되고 있다. 그러나 이것은 권리성 정도와 주체, 의무 수행에 따라 정의 차이가 있다. 따라서 1950년대 유럽에서는 사회권이 인권의 대리 개념으로 사용하였으며, 기독교의 영향을 받은 지역에서는 '복지권'과 유사한 개념으로 인식되기도 하였다. 한편, 사회주의의 영향을 받은 국가에서는 인권이 '사회 변혁을 위한 투쟁 수단'으로 활용한다는 점이다.

---

24) John Austin, *Lectures on Jurisprudence* (London, 1880), 160-162. ; https://web.archive.org/web/20140202205618/http://www.constitution.org/hs/manvssta.txt

25) Nicholas Wolterstorff, 「하나님의 정의」, 82-3.

26) International Covenant on Economic, Social and Cultural Rights, ICESCR은 1966년 12월 16일 유엔 총회에서 채택된 다자간 조약이다. 사회권 규약 또는 A규약이라고도 한다. 1976년 '시민적 및 정치적 권리에 관한 국제규약'으로 국제인권규약이다. B규약 또는 자유권 규약이라고 부른다.

2. 누가 인권을 행사하는가?

인권의 주체를 인간으로 한정한다면, 누가
인권의 주체가 될 수 있느냐는 논쟁이 발생한
다. 최근 더욱 문제가 되는 태아의 생명권과 관
련해서도 마찬가지이다. 태아 생명권을 성경적
관점[27]으로 보아 수정되는 순간부터 인정할지,
아니면 태아의 모습을 갖추는 12~14주부터 인
정하는지 등이다.

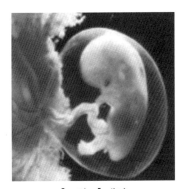

[그림 1] 태아
(출처 : 행동하는 프로라이프)

외국인의 참정권도 마찬가지다. 외국인도
인간이지만 선거권, 피선거권, 국민투표권 등과 같은 참정권, 자유권 가운데 국
경을 넘어 자유롭게 이주할 수 있는 권리, 사회 보장 서비스를 받을 권리 등은
일부 제한된다. 참정권은 전 세계 모든 나라가 국민 또는 시민에게만 인정하고
있다.[28] 우리나라를 비롯한 모든 국가는 국적 또는 법적 지위에 따른 제한을 유
지하고 있으며, 난민을 제외한 대부분은 허가받지 않는 외국인의 입국을 엄격
히 제한하고 있다. 세계 인권 선언 13조에서도 '모든 사람은 자국을 포함하여
어떠한 나라를 떠날 권리와 또한 자국으로 돌아올 권리를 가진다'라고 규정하
여 출국의 권리를 보편적으로 인정하고 있다. 그러나 이 조항이 무조건 입국의
권리를 인정하고 있지는 않는다.

성경적 기준을 제외하고 인권의 주체를 구체적으로 확정하는 것은 어려운
일이다. 또한 인권의 주체를 인간으로 한정한다고 하더라도 오직 개인으로서의
인간만을 인권의 주체로 인정할 것인지 아니면 민족, 종족과 같은 인간 공동체
도 인권의 주체로 인정할 것인지 논란이 되기도 한다. 이 부분은 자유주의자 또

---

27) 누가복음 12장 3절 "모태로부터 성령의 충만함을 입어", 시편 51편 5절 "모친이 죄 중에 잉태하였다", 시편
139편 13절 "주께서 나의 모태에서 조직하셨다".

28) 우리나라는 출입국관리법 제10조(체류자격)의 규정에 의거, 영주의 체류 자격 취득일 후 3년이 경과한 19세
이상의 외국인으로서 37조 1항의 선거인 명부 작성 및 관리의 규정에 따라 당해 지자체의 외국인 등록대장에
등재된 자에게 지방선거 선거권을 부여하고 있다. 또한 핀란드, 스웨덴, 노르웨이, 덴마크, 아이슬란드, 네덜란
드, 스위스, 독일, 프랑스, 영국 등 유럽에서도 인정한 자격을 갖춘 외국인 거주자들에게 지방선거 참정권을 제
한적으로 인정하고 있다.

는 범세계론자들과 공동체주의[29] 사이에서 또 다른 다툼을 일으킨다.

자유주의자들은 개인의 자유와 권리 보장을 중요한 원칙으로 강조하며 일반적으로 인권의 주체를 개인으로 한정한다.[30] 어떤 행위 주체가 권리의 주체가 되기 위해서는 그 주체의 복지 또는 이익이 도덕적으로 궁극적 가치를 가져야 하는데, 이는 개인만이 가질 수 있기 때문이다.[31] 자유주의자들이 공동체가 인권의 주체가 될 수 없다고 주장하는 이유는 공동체의 도덕적 권리를 인정하면 때때로 공동체의 권리가 개인의 권리보다 우선시되고, 더 나아가 공동체의 이익을 위해 개인의 권리가 억압되거나 제한될 가능성이 있어서이다.

반면, 공동체주의자들은 인간의 사회적 본성과 자신이 속한 공동체의 유대감 부분을 간과하고 있다고 비판한다.[32] 공동체는 개인의 집합체로 개인이 지닐 수 없는 본래의 전통적 가치를 가지며, 이를 통해 별도의 도덕적 권리를 가질 수 있다고 본다. 물론 공동체주의자들이 모든 인간 집단이 도덕적 권리를 가질 수 있다고 주장하지 않는다. 한 공동체가 권리의 주체가 되기 위해서는 개인과 구별되는 별도의 독립적 조직으로 존재하여야 하기에 특정 민족 등과 같은 공동체만을 권리의 주체로 인정해야 한다고 보았다.[33]

---

29) 현대의 자유주의와 공동체주의 입장을 요약해서 보면 첫째, 자유주의에서 개인은 무연고적 자아를 전제로 하는데 비해서 공동체주의에서는 개인은 공동체의 가치와 규범 등에 연관된 연고적 자아이다. 둘째, 자유주의에서는 인간은 누구나 보편적 이성에 근거하여 생각하는 존재이지만 공동체주의에서는 인간에게는 누구나 특수한 역사적 현실이 있으며 공동체의 가치와 공동선을 추구할 때 자아가 실현된다. 셋째, 자유주의는 옳음이 좋음에 우선하는 도덕규범을 강조하는 반면 공동체주의에서는 좋음이 옳음보다 우선한다. 결국 자유주의와 공동체주의는 추구하는 가치와 덕목이 서로 다르며 이에 따라 개인의 정체성이나 자아의 형성 과정, 국가의 중립성 문제, 옳음(정의)과 행복의 관계 등에 대해서도 서로 다른 입장을 갖고 있다. 자세한 내용은 김희열, "자유주의와 공동체주의의 연대 상호작용", 「제4회 인문학 포럼」 (한국연구재단, 2016), 563-64 참조.

30) 모든 자유주의자들이 권리의 주체를 개인으로 한정하는 것은 아니다. 킴리카(Kymlicka 1989), 쿠카타스(Kukathas 1992), 타미르(Tamir 1993) 등은 자유주의 입장에서 공동체 또는 인간 집단이 권리의 주체가 될 수 있다고 주장한다. 김범수, "인권과 공동체주의: 공동체주의의 인권개념 해석을 중심으로", 「인권과 정치사상」 (국회 연구용역과제 연구보고서, 2008), 48.

31) 하트니(Hartney)는 '공동체는 개인의 복지에 기여하기 때문에 중요한 것이지 그 자체로 가치를 가지는 것은 아니며 따라서 도덕적 권리의 주체가 될 수 없다'고 보았다. '오직 개인의 삶만이 궁극적인 가치를 가지며 공동체는 개인의 삶에 공헌하는 한에서만 가치를 가지기 때문에 도덕적 권리의 주체가 될 수 없다'라고 주장한다. 비슷한 맥락에서 너어비슨(Narveson)은 공동체의 권리가 존재한다 하더라도 이는 개인의 권리에서 파생된 것일 뿐, 그 자체로 의미를 가지는 것은 아니라고 주장한다. 김범수, "인권과 공동체주의: 공동체주의의 인권개념 해석을 중심으로", 49 참조.

32) Alasdair, MacIntyre, *After Virtue: A Study in Moral Theory* 3rd eds (Indiana, 2007), 70.

33) Van Dyke, Vernon, "Collective Entities and Moral Rights: Problems in Liberal Democratic Thought", *Journal of Politics* 44/1 (1982) : 21-3.

주체로 인정될 수 있는 공동체는 정체성이 분명한 가운데 동질 및 연대 의식, 같은 가치관 등을 공유하면서 일정한 기간과 특정한 공간에서 자신들을 보호하기 위한 인원 수와 구성원 자격에 대한 분명한 기준이 있어야 할 것이다. 또한 조직원들은 상호 간의 규범에 따라 인정하면서 자신만의 이익이 아닌 조직 공동체의 규칙과 자격에 대해서도 동일하게 행동하며, 단순히 분리된 존재(separate me)로서가 아닌 공동체의 정체성을 함께 공유하고 있어야 한다는 것이다.[34]

한편, 개인의 권리를 보장하는 정치 제도와 관련하여 자유주의자들은 삶의 원칙이 중립적이어야 한다고 주장한다. 그러나 공동체주의자들은 종교 영역은 중립적일 수 있지만, 언어나 문화 등의 분야에서는 결코 중립적일 수 없다고 본다. 모든 국가는 어쩔 수 없이 법률이나 정책을 통해 고유한 언어나 문화를 지원하거나 억압한다. 우리나라도 일본의 지배를 받았던 영향으로 일본어 잔재가 남아있다. 그렇다고 일본어를 지원하기보다는 한국어 우대 정책을 펼칠 수밖에 없는 것처럼 미국과 일본도 각국의 언어를 중심으로 하는 문화를 지원할 수밖에 없다.

또한 공동체주의자들은 인간의 본성과 공동체의 문화적 가치에 근거하여 도덕적 권리의 주체가 될 수 있다고 주장한다. 이들은 권리의 주체를 개인으로 한정하는 것은 공동체의 가치를 간과하고 있다고 본다. 공동체주의자들은 소수 민족 집단과 종족 집단이 자신들의 정체성을 유지하기 위해 권리의 주체가 될 수 있다고 주장하지만 정작 개인의 권리와 공동체의 권리 사이에 상호 충돌이 발생할 경우, 어떻게 해야 할지는 어중간한 태도를 취하고 있다.

3. 인권의 혜택은 어디까지인가?

1776년 발표된 〈미국 독립선언서〉 전문에 '모든 사람(all men)이 평등하게 창

---

34) McDonald, Michael, "Should Communities Have Rights?: Reflections on Liberal Individualism", *The Canadian Journal of Law and Jurisprudence* 4 (1991) : 218-9.

조되었고 창조주로부터 생명, 자유, 행복 추구와 같은 양도 불가능한 권리를 부여받았다는 것을 자명한 진리라고 생각한다'라고 명시되어 있다. 여기에서 '모든 사람'이 양도할 수 없는 권리를 부여받았다고 선언하고 있다.

1948년 유엔이 채택한 〈세계 인권 선언〉 제1조는 '모든 인간(all human beings)은 태어날 때부터 자유로우며, 그 존엄과 권리에 있어 평등하다'라고 표현하고 있다. 제2조는 '모든 사람(everyone)은 인종, 피부색, 성(sex), 언어, 종교, 정치적 또는 기타의 견해, 민족적 또는 사회적 출신, 재산, 출생 또는 기타의 신분과 같은 어떠한 종류의 차별 없이, 이 선언에 규정된 모든 권리와 자유를 누릴 자격이 있다'라고 한다. 인권은 '모든 사람'이 평등하게 누릴 수 있는 '보편적' 권리로 규정하다.

1966년 유엔이 채택한 〈경제적·사회적 및 문화적 권리에 대한 국제 규약〉과 〈시민적 및 정치적 권리에 대한 국제 규약〉 전문에서도 '시민적·정치적 자유'와 '공포와 결핍으로부터의 자유를 누리는 자유로운 인간의 이상'은 '모든 사람(everyone)이 자신의 시민적·정치적 권리와 경제적·사회적 및 문화적 권리를 누릴 수 있는 조건 하에서만 성취될 수 있다'라며, 인권이 '모든 사람'에 의해 향유되어야 한다고 밝히고 있다. 〈미국 독립선언서〉, 〈세계 인권 선언〉, 〈유엔 경제 사회 문화적 규약〉 등 인권에 대한 주요 선언과 규약은 '모든 사람'이 평등하게 누릴 수 있는 '보편적' 권리로 규정하고 있다. 그런데 '모든 사람'의 범위를 어떻게 설정할 것인가에 대해서는 논쟁이 있다. 범세계주의(cosmopolitanism)에서는 모든 사람이 말 그대로 모든 사람을 의미한다고 주장하는 반면, 공동체주의자들은 몇몇 인권의 경우 그 적용 범위를 설정하는 데 있어 국적, 시민권, 법적 지위 등에 따른 제한이 불가피하다고 주장한다.

18세기 이후 2세기 동안 생명권, 자유권을 비롯한 기본적 인권은 모든 사람이 평등하게 누려야 한다는 보편주의적인 인권 개념이 주류를 이루었다. 외국인 등 같은 국적 외의 사람들은 선거권, 피선거권, 공무담임권, 국민투표권 등의 참정권, 국경을 넘어 자유롭게 이동 및 이주할 수 있는 권리, 노동의 권리 중 노조 결성의 권리, 사회보장 서비스를 받을 권리 등과 국적, 시민권, 법적 지위 등은 차별할 수밖에 없다. 이 권한이 보편적 인권이냐의 문제는 차치하더라도 참정권은 지방 선거나 지역 주민 투표 등에서 일부 인정하고 있다. 그러나 국회 의원 선거, 대통령 선거, 국민 투표 등은 대부분의 국가에서 '국민(nationals)' 또는 '시민(citizens)'에게만 인정하고 있다.[35] 많은 국가가 일정한 절차와 증명서를 받지 않으면 노동 권리도 외국인에게는 일부 권리를 제한하고 있다. 이처럼 우리나라 헌법 제37조에서도 국가 안전 보장, 질서 유지, 공공복리 등의 이유와 법률에 따라 일정 부분 제약하고 있다.

오늘날 인권론자들은 제한 조치의 부당성을 지적하며, 참정권을 포함한 기본적 인권이 국적이나 시민권 등에 따른 차별 없이 모든 사람에게 평등하게 부여되어야 한다고 주장한다. 실례로 2018년 국가인권위원회가 제안한 헌법 개헌안[36]에서 '모든 인류를 우리의 동료 시민으로 그리고 우리의 이웃으로 동등하게 대해야 한다'라고 주장한다. 모든 국적, 민족성, 종족성, 인종, 계급, 성별에 근거한 차별이 사라져야 한다면서 '어떤 사람이 어느 나라에 태어났다는 사실'은 '도덕적으로 자의적(morally arbitrary)'인 '하나의 사고(an accident)'일 뿐, 어떠한 도덕적 가치도 가지지 못한다는 논리이다.[37]

이러한 관점은 우리가 국적과 상관없이 모든 인류를 동등하게 대해야 하며, 민족 정체성이나 특정 국가 시민으로서의 정체성을 유지하면서도 모든 인류의 공동체에도 충성해야 한다고 보는 것이다. 더 나아가 도덕적 사고 범위를 우리 자신의 영역(our own sphere)으로 제한해서는 안 되며, 모든 인류가 '세계 시민'으로서 동등한 도덕적 가치를 가지기 때문에 국적이나 시민권 등에 근거한 차별 없이 동등하게 대우받아야 한다는 이상주의적 논리를 주장하고 있다. 이에 벤하비브(Benhabib)는 '인권의 적용에서 국적에 따른 차별은 사라져야 한다'[38]라고

---

35) 〈세계 인권 선언〉 13조는 "모든 사람은 자국을 포함하여 어떠한 나라를 떠날 권리와 또한 자국으로 돌아올 권리를 가진다"라고 규정, "출국의 권리(a right to emigrate)"를 보편적으로 인정하고 있다. 그러나 이 조항은 "입국의 권리(a right to immigrate)"를 인정하고 있지는 않다(United Nation 1948).

36) https://m.lawtimes.co.kr/Content/Opinion?serial=119888. 국가인권위원회 기본권 개헌안 참조.

37) Nussbaum, Martha C, "Patriotism and Cosmopolitanism" Joshua Cohen, ed. *For Love of Country: Debating the Limits of Patriotism* (Boston: Beacon Press, 1996), 7-8.

38) Benhabib, Seyla, *The Rights of Others: Aliens, Residents, and Citizens* (Cambridge University Press, 2004), 102.

동조한다. 최근 국제적 인구 이동의 증가, 자본, 금융, 노동 분야에서 자유 시장의 발전, 정보 통신 기술의 발달, 국제적 또는 초국경적(transnational) 문화 네트워크의 등장, 하위 국가적 또는 초국가적 행위자의 성장 등으로 특정 영토를 바탕으로 배타적 권위를 독점하는 '웨스트팔리아 모델(Westphalian model)'에 근거한 근대적 '국가 주권(state sovereignty)' 이론이 사라지게 되었다고 보고 있기 때문이다. 이러한 상황은 구성원의 자격을 가진 사람과 그렇지 못한 사람들을 구별하였고, 평등권을 침해했다고 보는 것이다.

또한 헬드(Held)와 아치부기(Archibugi)처럼 '현재는 국가 간 상호 공존이 증가한 상황에서 자유 민주주의적 가치를 위해서는 제한되지 말아야 한다'라고 주장하는 이도 있다.[39] 정책 결정에 영향 받는 사람들이 의사 결정 과정에 배제됨으로 나타나는 이른바 '민주주의 결핍(democratic deficit)'의 문제를 해결하기 위해서는 민주적 의사 결정 과정에 참여할 수 있는 권리는 국적에 상관없이 해당하는 모든 사람에게 부여되어야 한다고 보는 것이다.[40] 미국이 인플레이션을 막기 위해 이자율을 올리기로 한다면 우리나라뿐만 아니라 여타 많은 국가에 영향을 미치게 되는 것처럼 말이다.

한편, 밀러(Miller)는 공동체의 구성원인가 아닌가에 따른 제한이 불가피하다고 주장한다.[41] 무엇보다 심의 민주주의(deliberative democracy)가 성공적으로 운영되기 위해서는 참여하는 사람들이 합의를 이루기 위해 때때로 자신들의 주장을 양보해야만 하며, 이러한 양보는 공통의 '공공 문화(public culture)'와 공통의 민족 정체성을 공유하는, 즉 공동체 구성원으로 함께 살아가는데 필요한 행동 원칙과 사회적 규범, 문화적 현상 등을 공유하는 '국민(nationals)' 사이에서만 이루어질 수 있다고 보는 것이다.

---

39) Held, David, "Democracy and Globalization". in Daniele Archibugi, David Held and Martin Koehler eds, *Re-imagining Political Community: Studies in Cosmopolitan Democracy* (Stanford: Stanford University Press, 1998), 120-5.

40) 김범수, "공동체주의 인권 담론: 보편주의적 범세계주의와 논쟁을 중심으로", 62.

41) Miller, David, *On Nationality* (Oxford: Clarendon Press, 1995), 97-8.

왈쩌(Walzer)는 공동체 '구성원의 자격(membership)'을 어떻게 할 것인가에 대하여 가장 핵심적 이슈라고 주장하고 있다.[42] 각각의 공동체는 일정 부분의 자율권을 보장받아야 한다는 것이다. 한 국가 또는 민족 공동체가 구성원들의 자유와 복지, 문화를 보호하고, 구성원 사이의 응집력 유지 및 자신의 고유한 문화와 삶의 방식을 안정적으로 보존하고 공동체로서의 독립성을 유지하기 위해서는 어느 정도의 '폐쇄(closure)'는 불가피하다. 그래서 각 국가 및 정치 공동체는 누구를 인정해야 할지 자신이 결정할 수 있는 권리와 이민자들(immigrants)의 유입에 대하여 필요시에 제한하고 통제할 수 있어야 한다.

권리의 적용 범위에 제한이 불가피하다고 주장하는 이들은 공동체 구성원들에게는 보편적 권리 개념을 적용하면서도 공동체 구성원이 아닌 사람들에게는 이를 제한하는 양면적인 모습을 보여준다. 공동체주의자들은 이러한 '차별'은 공동체의 문화와 독립성을 보전하고 구성원들의 자유와 복지, 권리 보호를 위해서는 불가피하다고 여긴다. 따라서 공동체 구성원이 아닌 사람들은 공동체 구성원이 허락하는 한에서만 보편적 권리를 누릴 수 있다. 그리고 권리의 적용 범위를 공동체 내부로 제한함으로써 공동체 내에서 인권의 내용이 확장될 수 있다고 주장한다.[43]

이렇게 보편적 권리를 공동체 내부로만 적용하고, 외부 사람들에게 어느 정도의 차별이 필요하다는 주장은 국제적 교류 증대로 상호 간 경계가 불투명하기에 공동체의 범위를 재설정해야 할 것이다.

4. 인권의 정당성 근거는 어디인가?

인권의 정당성은 법과 상관없이 도덕성 원칙에 근거하여 권리로 인정되는 것이다. 원래 신(God)에게서 위임되었다고 보는 관점에서는 논란이 없었지만, 하나님의 존재를 부정하면서부터 논란이 되고 있다. 전 인류에게 보편타당한 도덕성을 의미하는 것인지 아니면 문화에 따라 상대적인 도덕성을 의미하는 것

---

42) Walzer, Michael, *Spheres of Justice: A Defense of Pluralism and Equality* (New York: Basic Books, 1983), 39.

43) 김범수, "공동체주의 인권 담론: 보편주의적 범세계주의와 논쟁을 중심으로", 66.

인지 분분하기 때문이다.

보편적 인권을 지지하는 이들은 자연법의 전통 아래, 언제 어느 곳에서나 보편타당한 도덕적 원칙에 근거하여 인권이 정당화될 수 있다고 주장한다. 인권은 모든 형태의 사회 구조 상태에 앞서 자연 상태에서 이미 존재하는 것이므로 시·공간 상관없이 보편타당한 도덕적 원칙에 근거한 권리라는 것이다. 이들은 '자연 상태의 인간은 모두 평등하며 생명, 자유, 재산에 대해 양도 불가능한 자연권을 가지고 있다'라는 존 로크의 주장을 강조한다.[44] 또 일부 학자들은 칸트의 논리를 들어 인권의 보편성으로 정당성을 주장하기도 한다.

니콜라스 월터스토프(N. Wolterstorff)는 인권은 사회 구조에 영향을 받아 형성되지만, 생래적으로 가지는 권리로 언어, 출생 지역, 인성, 전통 문화적 행동에 의해서 형성된다고 보았다. 이는 신과 인간 사이에 주어지는 본질적인 권리(Standing rights)이기 때문에 인권의 정당성을 자연적인 것에서 찾고 있다.[45] 인간이 타고나는 재질, 특성, 환경 등을 통해 보는 것이다. 그리고 현대에는 자연권을 부정적으로 보지만 그렇게 해서는 안 된다고 주장한다. 예를 들어, 부모의 권리는 고유한 권리이며, 신에 의해 부모의 지위에 내재하여 있다는 것이다.

존 롤스(John B. Rawls)는 인권이 보편타당한 도덕적 원칙에 근거한다는 보편주의적 입장을 받아들이면서 보편타당한 도덕적 원칙을 도출해내는 정치적 과정을 중시했다. 그리고 '인권이 다양한 문화나 종교적 가치관, 이념을 가진 사람들 사이의 중첩적 합의(overlapping consensus)에 따라 정당화될 수 있다'[46] 라고 주장한다. 또 인권은 다양한 세계관을 가진 사람들이 서로 합의할 수 있는 최소한의 독립적이고 공통적인 근거에 의해서만 정당화될 수 있다고 보았다. 이러한 관점에서 '종교적 교리 혹은 비종교적 원리들은 인권의 기초를 인격(human person)의 본성에 대한 신학적, 철학적, 도덕적 관점에 따라서 찾지만, 만민법은 그러한 경로를 따르지 않는다'[47] 라고 보았다. 중첩적 합의만이 인권 개념에 대

---

44) Locke, John, *Two Treatises of Government* (Cambridge: Cambridge University Press, 1988), 25.

45) Nicholas Wolterstorff, *Justice: Rights and Wrongs*, 316.

46) 김범수, "공동체주의 인권 담론: 보편주의적 범세계주의와 논쟁을 중심으로", 58.

47) Rawls, John, *The Law of Peoples* (Cambridge MA: Harvard University Press, 1999), 81.

한 보편타당한 정당성의 근거를 도출해낼 수 있다고 보는 것이다. 이처럼 보편주의자들은 인권 개념이 보편타당한 도덕적 원칙에 의해 정당화되어야만 상대주의의 함정에 빠지지 않을 수 있다고 주장한다.

한편, 오늘날의 인권론자들은 인권의 보편타당성에 대한 의문을 제기한다. 인간의 보편적이고 도덕적인 권리를 의미하는 인권을 정당화하려는 모든 시도는 시·공간에 의존적일 수밖에 없다고 보기 때문이다. 즉 문화적 특수성이나 이념적 전제로부터 결코 자유로울 수 없다는 것이다. 이러한 맥락에서 인권 담론이 근본적인 원칙보다 특수한 문화에서 반복해서 나타난 현상 위주로 제시되었다고 주장했다.[48] 이는 '인권의 보편타당성'에 동의하는 주장에 대해 궁극적으로는 다원주의를 억압하는 도덕적 제국주의로 전락할 수 있다고 비판한다.

맥킨타이어(A. C. MacIntyre)는 '나는 누군가의 아들이고, 딸이고, 또는 조카이고, 삼촌이며, 어떤 시의 시민이거나 또는 특정한 직업 단체의 구성원이며, 특정한 집안, 또는 민족의 구성원으로 존재하고 있다. 이러한 이유로 나는 내 가족과 내가 사는 도시, 내 부족, 내 민족의 과거로부터 많은 것을 물려받았고 올바른 기대가 무엇이며 의무가 무엇인지에 대해 배웠다. 이러한 것들은 삶에 주어진 조건이자 내 도덕성의 출발점이다. 이는 내 삶에 도덕적 특수성을 부여해주는 것이다'[49] 라고 주장한다.

결국 이러한 논리와 주장은 행위 주체들이 다양한 관계를 통해 다른 행위 주체, 또는 집단이나 집합체와 연결되어 있고, 이러한 인간관계 속에서 자신들의 도덕적 사고를 가진다는 견해이다. 이들의 주장은 인권의 정당성 문제는 신의 존재를 제외하고는 결코 쉽게 정리될 수 없다는 것만 명백해질 뿐이다.

따라서 인권의 정당성은 두 가지 측면에서 정립되어야 할 것이다. 먼저 법치주의 측면에서 명확한 기준과 원칙의 정립이다. 둘째는 종교적 차원에서 인간의 존엄성으로 접근해야 하다. 이는 법으로 규정할 수 있는 사항이 아니다. 즉 다른 사람을 존중하는 것은 상대방의 인격권을 존중하는 것이며, 하나님의

---

48) Walzer, Michael, *Spheres of Justice: A Defense of Pluralism and Equality*, 50.

49) Alasdair, MacIntyre, *After Virtue*, 220.

형상을 가진 인격체라는 사실에 기인한다.

5. 인권에 대한 의무 부담은 누구에게 있는가?

모든 권리는 이에 따른 의무를 수반하는 것이 원칙이다.[50] 만약 전 세계 어린이들이 최소한의 인간적 삶을 유지하는데 필요한 음식, 주거, 의료 서비스 등을 누릴 권리, 즉 '생존권(subsistence rights)'의 문제를 가지고 논한다면, 이는 누군가 이들에게 재화와 서비스를 제공해주어야 할 의무가 있다는 것을 말한다. 이처럼 모든 권리가 그에 상응하는 의무를 발생시킨다고 가정할 때, 문제가 되는 것은 이 의무를 누구에게 부담할 것인가이다. 범세계주의자들은 아프리카, 아시아 등에 거주하는 가난한 사람들의 기본적인 생존권을 보장해줄 의무가 모든 인류에게 있다고 주장한다.

싱어(Singer)는 이를 도덕적 원칙으로 보았다. 사람이 바다에 빠졌다면 당연히 구해줄 의무를 진다. 물론 나는 시간을 투자하고 옷은 물에 젖겠지만, 사람의 생명을 구하는 것과 비교할 수 없다. 마찬가지로 하루에 1,000원 정도의 비용으로 가난한 이의 배고픔을 도울 수 있다면 그들을 도와야 할 의무를 진다. 도움이 필요한 사람이 1,000km 이상 멀리 떨어져 있고, 이름도 알기 어려울지라도 도덕적으로는 아무런 차이가 없다는 것이다. 도덕적 원칙이란 근접성(proximity)이나 거리(distance)에 상관하지 않는다.[51] 이것은 공리주의적 관점에서 어떤 도움을 줌으로써 얻을 수 있는 이익이 비용보다 크다면 도움을 받는 사람이 속한 공동체와는 상관없이 도움을 주어야 한다는 것이다. 또한 부유한 국가의 국민은 가난한 국가의 국민에 대한 일정 부분 책임이 있으며, 가난한 이들을 도와야 할 의무까지 있다고 주장한다.

포기(Pogge)는 현재의 세계 질서는 좀 더 나은 사람들(the better-off)이 더 가난

---

50) Raz, Joseph, "On the Nature of Rights", *Mind* 93/370 (1984), 199.

51) Singer, Peter, "Famine, Affluence, and Morality", *Philosophy and Public Affairs* 1/3 (1972), 229-31.

한 사람들(the worse-off)을 강요하고 있다는 견해에서 출발하고 있다. 선진국 사람들은 이러한 구조 하에 경제적 이득뿐만 아니라 군사적 지원, 반문화적인 현상까지 수출하여 가난한 사람들에게 커다란 영향을 미치고 있다고 주장한다. 아프리카 사람들의 생존은 우리가 어떤 물품을 구매하는가에 달려있으며, 이로 인해 그들이 살아가는 직업의 기회도 결정되기 때문에 우리는 그들의 삶에 공동의 책임이 있다고 본다.[52] 따라서 우리는 저들의 생존권을 고민하며 노력해야하는 의무를 진다는 것이다.

범세계주의자들이 국가 경계를 초월한 의무(transnational duty)의 존재를 주장하는 견해에 대하여 공동체주의자들은 지나치게 추상적이고 '인간의 본성(human nature)'을 무시하고 있다고 비판한다.[53] 공동체주의자들은 인간은 본능적으로 자신의 가족, 친구, 직장, 종교 공동체 등 가까운 관계에 있는 사람을 특별하게 대하고, 이들의 이익을 다른 사람의 이익 보다 우선시하며, 동시에 이들에 대한 의무마저도 특별하다고 생각한다. 실제로도 자신이 사랑하는 사람과 낯선 사람 가운데 오직 한 사람만을 구해야 하는 상황에 부딪치게 되면 당연히(naturally) 사랑하는 사람을 먼저 구하게 된다. 예를 들어, 아프리카의 수천 명의 어린이가 기아에 허덕이는 것보다 나의 친척이나 이웃의 어린이가 배고픔으로 힘들어하는 것을 더욱 괴로워한다. 이처럼 사람들은 자신이 속한 공동체의 고통에 더 많은 관심을 가지며, 동시에 이들에 대한 의무가 더 중요하다고 생각한다는 것이다.[54]

그렇다면, 사람들은 왜 '인권'이라는 이름으로 행동할까?

첫째, 자신과 자신이 속한 공동체에 대한 의무감이다. 공동체에 참가하고 구성원이 되는 것은 인간으로 살아가는 데 매우 중요할 뿐만 아니라 정체성과 성격의 발달, 인류의 번성에 필수적이라고 판단한다. 즉 사람들은 자신이 속한 공동체 구성원에게 어떤 '특별한 의무(particularistic obligations)'를 가지기 때문이

---

52) Pogge, "World Poverty and Human Rights". *Ethics and International Affairs* 19/1 (2005), 1-7.

53) 김비환, "현대 인권 담론은 쟁점과 전망", 59.

54) Etzioni, Amitai, "Are Particularistic Obligations Justified?: A Communitarian Examination". *The Review of Politics* 64/4 (2002), 573.

다.[55]

둘째, 공동체와 자신에 대한 존재감이다. 공동체 속에서 자신의 존재감을 찾으며, 인간으로서 품위를 유지할 수 있다는 주장이다. 공동체는 인격과 자아 형성, 정체성 형성에 중요한 역할을 수행한다. 그리고 공동체의 '구성적 역할 (constitutive role)' 때문에 인간은 자신의 공동체에 대하여 의무를 지고 있다고 본 다.

셋째, 구성원 간 정체성의 공유이다. 내 가족, 내 학교, 내 친구와 같은 공동체에 속하며 동일한 정체성을 가지고 다른 사람들에 대하여 가지는 의무보다 특별한 의무를 진다.[56]

넷째, 공동의 이익을 위한 협력적 시각이다. 인간은 다른 사람에 대하여 일반적인 권리와 의무(general rights and duties)를 지고, 자신이 속한 공동체의 구성원에게 '특별한 권리와 의무(special rights and obligations)'를 가진다. 그리고 공동체 안에서 다른 공동체 구성원들과 공통의 이익을 위해 협력하기 때문에 공동체 이익에 우선시 한다[57]는 논리이다.

여기에서 중요한 점은 모든 기본적 생존권과 인권을 보장해줄 의무 자체를 부정하지 않는다는 것이다. 이러한 의무의 존재를 인정하면서도, 의무를 이행할 주체가 '일차적(primary)'으로, 그 공동체 안에 있다는 주장이다.

예를 들어, 탄자니아, 에티오피아, 북한 등에 거주하는 가난한 사람들의 생존권을 보장해줄 일차적 의무는 이들 국가의 국민과 정부에 있다는 것이다. 스웨덴 사람의 권리와 복지를 보장해줄 책임은 스웨덴 사람에게 있으며, 소말리아 사람의 권리와 복지를 보장해줄 책임은 소말리아 사람에게 있다는 것이다. 물론 부유한 나라 사람은 가난한 나라 사람을 자선이나 기부를 통해 도와줄 수는 있지만, 그들과 공동체의 끈으로 묶여있지 않기 때문에 그들을 도와줄 의무를 지지 않는다. 설령 부유한 나라 사람들이 가난한 나라 사람들을 도와야 할 의무를 가진다고 하더라도 공동체주의자들은 이러한 의무가 '이차적(secondary)'

---

55) Etzioni, Amitai, "Are Particularistic Obligations Justified?: A Communitarian Examination", 578.

56) Miller, David, *On Nationality* (Oxford: Clarendon Press, 1995), 65.

57) Dagger, Richard, "Rights, Boundaries, and the Bonds of Community: A Qualified Defense of Moral Parochialism", *American Political Science Review* 79/2 (1985), 443.

일 뿐이라고 주장한다.

6. 현재 인권 논쟁이 다양하고 논란이 되는 이유

일반적으로 사람들은 인권이 암묵적으로 인간 존중과 유사하거나 동일한 것으로 알고 있지만, 실제로 인권 개념에 대하여 다양한 시각과 논란이 있다. 따라서 인권 개념의 담론 과정에서 나타난 현상을 다음과 같이 정리할 수 있다.

첫째, 인권 개념에 대한 다양한 시각이 존재한다. '인권은 사람을 존중하는 것과 같은 것인가?', '인간의 권리는 어떤 것을 구체적으로 제시할 수 있는가?', '가장 중요한 인간의 권리는 누가 보장해주는가?' 등이다. 이에 대하여 인권과 사람 존중은 절대 같은 의미가 아니라고 할 수 있다. 인권을 정치·사상적으로 '사람이 먼저다', '민족이 먼저다', '사람을 존귀하게 여긴다'라고 말할 수 있지만, 실제 인간의 권리를 다루는 현실 적용 문제에서는 전혀 별개의 의미이다. 우리가 사람을 존중하는 것은 그 사람이 어떤 권리를 가졌기에 그런 것이 아니라 종교적 차원에서 창조주의 형상으로 나를 닮은 사람이기 때문에 존중하고 사랑하는 것이다.[58]

둘째, 인권의 본질보다 인간이 어떤 선택을 하느냐에 따라 달라진다. 인권론자들은 인권의 시작을 프랑스 혁명이라고 하지만 이는 편의상 선택이었다. 또한 시민권부터 여성의 참정권 등 시대적으로 점차 발전되어 왔다고 동의하고 있다. 그러면 시민권과 여성 참정권이 인간의 권리인가? 포괄적으로 보면 그렇다고 할 수 있지만, 엄격히 말하면 인권이라고 할 수 없다. 시민과 여성은 사람이 맞지만 특정 집단이고, 또 다른 군중과 남성이라는 상대가 있기 때문이다. 최근 이를 두고 3세대 인권 혹은 소수자 보호 인권 논리라고 주장하지만, 이는 약자를 보호하는 복지의 개념이지 인권의 논리는 아니다. 쉽게 말하면 이들의

---

58) 인권의 시작인 천부 인권의 기원인 성경에는 '내 이웃을 내 몸과 같이 사랑하라'(마태복음 22장 37절), '친구를 위하여 목숨을 버리면 이보다 더 큰 사랑이 없다'(요한복음 15장 13절)라고 하며 사람과 이웃을 소중히 할 것을 명령하고 있다.

인권 논리는 계급 투쟁적 역사에서 쟁취한 하나의 권리로 보는 주장일 뿐이다.

셋째, 인권 보장은 강제성을 동반하며, 때로는 자유를 제한한다. 누가 나의 권리를 보장하는가의 문제와 맞물려 강제력 측면에서 국가가 우리의 권리를 보장하고 있는 것처럼 보인다. 생명권을 위협받거나 재산권을 침해받으면 국가의 경찰이나 검찰 등 공권력에 의존하고 해결한다. 그러나 역사적으로 보면 오히려 국가 공권력은 강제성을 가지기 때문에 더 많은 인권 침해를 받아 왔다. 복지의 명분으로 세금을 납부하게 하며, 국가 보존을 위해 병역의 의무를 부가한다. 대표적인 사례는 독재 국가의 인권 탄압이다. 그러면 어떤 기관에서 진정한 인간의 자유와 권리를 보장하는지 의문이 생긴다. 이에 대한 해답은 역사적으로 볼 때, 정직한 성격을 가진 종교 공동체에 있다고 할 수 있다. 국가 기관은 인권이라는 이름으로 강제적인 규제를 가할 수 있지만, 인권의 진정한 자유를 보장해주지는 못한다. 그러나 정직한 성격의 종교 공동체는 강제성 대신 자율성으로 인간의 가장 기본적인 자유와 평등, 행복을 보장해주는 기관이다. 따라서 인간의 진정한 자유는 영혼의 자유를 줄 수 있는 기관이 될 것이다.

넷째, 인권과 복지를 구분하지 않는다. 인권 담론은 최근 일정 수준 이상의 자본주의 또는 자유 민주주의, 선진 국가를 중심으로 활발히 진행되고 있다. 즉 먹고 살기 바쁘면 인권에 대한 관심이 덜 하지만, 현대 자본주의 자유 시민사회에서 인간의 행복 차원에서 진행된다는 것이다. 그래서 인간의 법적인 자유권 또는 공민권(civil rights)이나 정치권(political rights)과 별개로 복지권을 주장하나 복지권이 보편적인 인권 또는 시민권의 권리로 인정될 수 있는가 하는 문제가 생긴다.

복지권은 여유를 가진 공동체에서 잉여 차원에서 진행되는 것이다. 우리나라 헌법에도 행복추구권, 사회보장권 등이 명시되어 있지만 명목상의 조항이고, 실제적인 권리로 행사되지 못하는 경우도 많다. 예를 들어, 복지권이 행정 서비스에 대한 권리만을 의미하는지, 사회의 전반적인 생활 영역에도 적용되는 것인지 아니면 교육, 주거, 문화, 환경에 대한 권리를 포함하는 포괄적인 개념인지 명확하게 규정하고 있지 않다. 따라서 복지권은 조건적 측면에서 보장되는 것인지 보편적 인권으로 간주할 수 있는지에 대한 의문은 남는다. 물론 포괄적인 인권으로 포함해 일반적인 권리의 하위 개념으로 할 수 있다. 그러나 복지권은 보편적인 인권, 시민권 개념과는 거리가 있음을 인정하지 않을 수 없다.

예를 들어, 재산이나 집이 없는 상태에서 재산 소유와 처분 등의 권리, 거주지 선택권 등의 자유권은 추상적인 의미만을 가질 뿐이다. 마찬가지로 무교육 또는 무능력 상태에서 참정권 및 피선거권 등은 그 의미를 많이 상실한다. 또한 국가가 파산하면 이 작은 권리조차 보장해 줄 수 없으며, 오히려 본질적인 모든 것을 잃게 되기 때문이다. 대표적인 사례가 일본 강점기 강제 징용, 일본군 강제위안부 문제이다. 국가를 잃어버리고 나면 자유권이 상실되고 생명권조차 위험해지며, 자유 민주주의 정치 제도를 상실하면 국가 공권력에 의해 자유권을 박탈당하는 것이 현실이다.

무엇보다 인권의 의무에 있어서 이는 한정된 자원의 문제이기도 하다. 그래서 인권을 강조하면 할수록 개인의 소유권 문제는 소원해질 수밖에 없다. 무엇보다 인권의 관심은 개인의 이념과 성향에 따라 전혀 다르게 나타날 수 있다. 아동과 여성의 성폭력 문제와 관련하여 다른 전쟁 지역에서는 관심을 두면서 정작 북한 여성의 중국 내 성매매나 성폭력에 무관심하다면 이는 인권의 정치적 이념성이 심각한 수준이라는 사실을 반증하는 것이다.

제3장 고대 및 근대 인권 이론

사람의 권리, 인권(human rights, rights of man)이라는 본질적 개념에 근접한 대표적인 용어로 자연권(natural rights)을 들 수 있다. 자연권이라는 용어에 대하여 피니스(Finnis)는 인권의 역사적 선형식으로 보며, 오늘날에도 자연권을 사용하는 학자가 많다. 그런데 자연권 개념이 기독교 자연법, 특수한 인간 본성론, 자유주의 이데올로기 등과 관련되어 있다고 보고 별도로 독립적인 인권 개념을 사용하고 있다.[59]

일반적으로 자연권에 관한 법 개념의 기원을 홉스(Thomas Hobbes)로 보는 것에 많은 학자가 동의한다. 물론 법률적 시각에서 오컴(William of Ockham)이 권리가 아닌 '법(ius)'의 개념을 처음으로 사용하였기에 그를 자연권의 기원으로 보는 학자들도 있다.[60]

오컴은 주관적인 권리 개념의 창안자이며, 그의 권리 이론은 근대 법학에서 코페르니쿠스적 혁명을 달성했다고 평가받고 있다. 오컴은 신앙의 문제를 집단적으로 해결하려는 학파와 달리 신앙의 개인적 자유를 옹호함으로써 프로테스탄트 사상가들에게 깊은 영향을 미쳤다. 나아가 사회 계약 관념과 시민의 정치적 권리 위에서 국가론을 전개했다. 이에 자연법의 탄생 과정을 크게 3가지로 분류하기도 한다.

첫째, 고전적인 스토아 자연법사상에서 발전한 철학자와 신학자의 관념으로서의 자연법이다. 둘째, 볼로냐대학에서 시작된 로마법 연구와 로마 법학의 시대적 변용이다. 셋째, 기독교적인 정의와 형평 관념에 입각한 교회 법학의 이론이다. 이러한 흐름들이 착종되고 합류하면서 중세 후기에 자연권 관념이 출현했다고 보는 시각이다. 이것의 공통점은 종교와 밀접하게 관련되어 있다는 것

---

59) Finnis John, *Natural Law and Natural Rights* (Oxford University Press, 1980), 5.
60) 이재승, "법의 시각으로 본 인권의 역사", 「역사비평」 5 (2013), 41.

이다.[61] 오컴은 스토아 철학의 보편주의와 기독교적 가치를 조합해서 생성된 것으로 중세시대에 전성기를 누린 사조의 주인공이다. 그에게 영향을 준 인물은 토마스 아퀴나스(Thomas Aquinas)였다.[62]

흔히 근대 사상에 인권이 출현하는 데 결정적인 역할을 한 것은 스토아학파의 세계시민주의라고 말한다.[63] 스토아학파는 '자연의 이치(law of nature)'를 중시했다. 인간은 자연의 이치에 따라 판단하고 행동해야 하고, 인간의 행위가 옳은지 그른지의 여부는 자연의 이치에 따라 분별해야 한다고 보았다. 그러나 이때 자연법은 성문화된 실정법과는 거리가 있는 도덕률에 관한 것이었다.[64] 스토아학파의 영향을 받은 로마법에서도 로마의 시민권보다 더 우월한 일종의 보편적 권리를 인정했다. 고대 법학자 울피아누스(Domitius Ulpianus)는 국가가 아닌 자연이 모든 피조물에 가르친 이치가 바로 자연법이라고 하였다. 이런 하늘의 이치를 따르는 모든 인간에게는 당연하고 자연스러운 권리, 즉 '자연권(natural right)'이 생기게 되었다고 주장하였다.

이후 인간의 본성과 권리를 다루기 시작한 것은 중세 암흑기와 종교개혁과 계몽시대를 지나면서부터였다. 이 시기에 인간의 본성뿐만 아니라 문명의 발달과 더불어 인간의 권리에 대한 관심이 증대되었다. 대표적 논리들로 '인간의 원죄'와 '하나님의 은혜', '사회계약설'의 등장이다.

칼빈을 비롯한 종교개혁자들은 중세 교회가 의존하고 있던 자연법의 존재를 부정한다. 이들은 과거 그리스, 로마, 이슬람 제국이 고도의 법치사회를 구사할 수 있었던 것은 자연법 때문이 아니라 오직 '성령의 선물'로 보았다. 종교개혁자들이 볼 때, 이교도들이 이룩한 문명의 성취는 이교도들이 훌륭해서도 아니고

---

61) 이재승, "법의 시각으로 본 인권의 역사", 41-3.

62) Samuel Moyn, 『인권이란 무엇인가』, 29.

63) Samuel Moyn, 『인권이란 무엇인가』, 22.

64) BC 441년 아테네에서 초연된 소포클레스의 '안티고네'에도 자연법사상을 암시하는 대목이 있다. 크레온 왕의 명령을 어기고 오빠의 시신을 묻었던 안티고네는 다음날 왕에게 불려갔다. 추궁당하는 왕 앞에서 안티고네는 다음과 같이 말한다. '저는 글로 쓰인 것은 아니지만 확고한 하늘의 법이 있다고 믿는다. 왕의 법만 있다고 생각하지 않는다' 라고 하였다. 그녀의 항변을 통해 아무리 엄격한 국가의 법이 있다 하더라도 그보다 근본적인 자연법을 거스를 수 없다는 사상이 담겨있는 것이다. 조효제, 『인권의 문법』, 50.

인간의 내면에 있는 자연법 때문도 아니었다. 오직 하나님의 역사하심으로 이해할 수 있다는 것이다.[65]

이런 개혁자들은 인간의 본성은 에덴동산에서 추방되면서 타락한 존재로 보는 것이다. 즉 태초의 인간인 아담과 하와가 하나님과의 약속을 어기고 불순종함으로 이때부터 그 죄가 아담과 하와의 자손에게까지 이어진다는 원죄(原罪, 라틴어: peccatum originale, 영어: original sin)를 가진 존재로 본 것이다. 에덴동산에서 추방된 인간은 상호 배타적이고 반사회적이면서 도덕적으로 타락한 존재가 된 것이다. 또한 타락한 인간들이 세운 사회나 국가는 자연적인 공동체가 아니었다. 자연적인 공동체는 하나님이 직접 세운 가족 제도 뿐이며, 사회나 국가는 자연법이 적용되기에는 한계가 있는 것으로 보았다. 따라서 부모에 대한 공경과 복종은 당연한 것이지만, 사회나 국가에 대한 정치적인 복종은 결코 자연스러운 것이 아니었다. 당시 국가는 가족의 연장선이라는 '군사부일체' 사고를 근본적으로 부정했던 것이었다.

무엇보다 원죄를 가지고 있는 존재로 자연 상태의 인간의 본성은 악하고, 무기력한 것으로 보았다. 하나님을 배반하고 하나님을 떠난 인간은 자신들이 의지할 기본적인 사회공동체를 구성할 능력조차 부족한 것으로 보았다. 인간의 삶은 끊임없이 불안하고 근심 걱정에 있기 때문에 하나님의 은총이 아니고는 살아갈 수 없다고 본 것이다.

이러한 인간의 본성 논리는 계몽시대에 직접적으로 영향을 주었다. 대표적으로 토마스 홉스(Thomas Hobbes, 1588-1679), 존 로크(John Locke, 1632-1704), 장자크 루소(Jean-Jacques Rousseau, 1712-1778) 등이 있다. 이들은 자연 상태의 인간은 '만인 대 만인에 대한 투쟁 상태'로 보았다. 이러한 인간의 무질서를 바로잡기 위해 '사회계약론'이 등장한 것이다.

인간의 본성을 바라보는 인간관의 차이점으로 홉스는 이기적인 존재로 성악설을, 로크는 성악설에 가까운 성무선악설(일병 백지설)을, 루소는 성선설에 바

---

65) 함재봉, 『한국 사람 만들기 III』 (서울: 프레스, 2021), 229.

탕을 두고 출발하였다. 이러한 인간관과 사상들은 인권의 유형 뿐 아니라 사회나 국가 체제를 바라보는 관점에서도 전혀 다른 결과를 가져왔다. 예를 들어, 홉스와 로크의 관점은 미국의 독립선언문에 영향을 주었고, 루소의 관점은 프랑스 혁명선언문에 더 많은 영향을 주었다고 할 수 있다. 홉스의 관점은 인간 자유권과 생명권의 보장 차원에서 사회와 국가의 통제는 최소한으로 이루어져 하는 루소의 평등권은 국가의 통제를 정당화하는 전체주의적 측면이 강하다고 할 수 있다.

1. 기독교 사상의 이론과 전개

역사적으로 기독교와 인권의 관계는 복잡하고, 다양한 논쟁이 진행 중이다. 그러나 분명한 것은 인간의 존엄성, 자유와 평등, 정의로 대변되는 기독교 정신을 제외하고 인권을 논한다는 것은 어불성설이다. 특히 성경에서 말하는 인간의 본질은 하나님의 형상이라는 것과 하나님이 '이 땅을 다스리게 하기 위하여 주신 권리'라고 분명하게 말씀하고 있기에 더욱 그러하다. 그러나 한편으로는, 이러한 인간의 권리가 실제로 적용되는 것은 교회의 교리적 정통성, 반대자의 억지 논리, 비그리스도인들과 접촉 과정에서 제한되어 나타난다.

초대교회에서 나타난 것은 먼저 하나님 사랑이었고 다음에 이웃 사랑이었으며, 이웃사랑은 빈부귀천을 떠난 상호 존중사상이었다. 예수께서 십자가에 죽으시고 부활하신 후, 40일 동안 하나님의 나라에 대하여 가르치고 승천하셨다. 그 후, 예수의 제자들과 사도 바울에 의해 교회 공동체가 시작되었다. 초대교회 공동체의 기조는 '예수를 주님으로 고백하는 사람들의 모임'이었다. "믿는 사람이 다 함께 있어 모든 물건을 서로 통용하고, 또 재산과 소유를 팔아 각 사람의 필요를 따라 나눠 주며"(사도행전 2장 44~45절)라고 기록되어 있다. 이는 하나님의 형상으로 지어졌다는 인간에 대한 존엄성과 이를 바탕으로 이웃에 대한 '평등 정신'이 나타난다.

초대교회 공동체에는 두 가지 특징이 있다.

첫째, 예수를 '주(Lord)'로 고백하고 있다. 죽었다가 살아난 예수를 직접 목격한 이들은 예수가 어떤 분인지 분명하게 인식하고, 그분의 존재를 온전한 주님으로 믿었다. 당시 주인과 노예 개념이 분명한 사회 구조였기에 주님으로 고백하는 것은 예수를 온전히 믿지 않고는 불가능한 일이었다. 이러한 가운데 평등 정신과 이웃 사랑이 나타난 것이다. 특히 사도들의 가르침을 받아 이 일을 행하였다(사도행전 2장 42절)고 기록하고 있다는 것이 주목된다.

둘째, 하나님에 대한 절대적인 믿음이 포함되어 있다. 바울이 '우상이 가득한(사도행전 17장 16절)' 헬레니즘과 로마 철학의 본거지인 아테네에서 행한 논쟁에서 잘 나타나 있다. 바울은 스토아학파의 물질주의적인 범신론과 에피쿠로스학파의 원자론도 제우스와 아폴로 등을 섬기는 행위와 다름이 없음을 지적했다.[66] 바울은 세상이 비인격적인 운명을 따르는 스토아주의나 원자의 불규칙한 운동을 따르는 에피쿠로스주의가 아닌 '천하를 공의로 심판한 날을 정하시고 이에 예수를 죽은 자 가운데 살리심으로 모든 사람에게 믿을 만한 증거를 주신(사도행전 17장 31절)' 인격적인 하나님에 의해 통치되고 있음을 분명히 하고 있다.

이를 종합하면, 성경에서 하나님은 경쟁 상대를 용납하지 않으시는 절대자임을 강조하고 있다. 바알, 몰록, 다곤, 마르두크, 제우스, 아폴로, 아프로디테 따위를 섬기는 것은 명백한 잘못이다. 또한 자연의 질서를 창조되지 않은 자기 충족적인 절대 현실로 간주하는 것도 잘못임을 분명히 하고 있다. 종교적이거나 세속적인 대안은 모두 오직 하나님께만 합당한 예배를 부인한다. 이런 점에서 물질주의를 신봉하는 스토아주의와 에피쿠로스주의, 정신주의를 추구하는 플라톤주의는 전부 우상숭배에 해당한다고 할 수 있다.[67]

이는 중세시대에 나타난 사상이며, 대표적인 인물로는 토마스 아퀴나스(Thomas Aquinas)가 있다. 아퀴나스는 논리에 근거한 많은 양의 책들을 모아 신플라톤주의 철학을 기독교 신학과 통합하여 역사상 큰 영향력을 끼친 인물로 꼽힌다. 그는 기독교의 정의를 '하나님의 도덕법 기준에 따라 모든 사람에게 합당

66) John Frame, 『서양철학과 신학의 역사』 조계광 역 (서울: 생명의 말씀사, 2018), 105.
67) John Frame, 『서양철학과 신학의 역사』, 106.

한 양을 공평하게 주는 것'이라고 보았다. 이는 '모든 사람이 하나님의 형상에 따라 창조된 존귀한 존재라는 인간관을 바탕으로 연약한 자와 가난한 자를 우대하도록 했다. 또한 인간은 누구나 하나님이 주신 권리와 존엄성을 가진 존재로 어떤 것과 비교할 수 없고, 어떤 권력도 무시할 수 없다'[68] 라는 것이다. 그는 하나님의 형상을 은유적으로 사용하였다. 즉 인간은 동물과 구별된 것이며, 이는 하나님을 알 능력이 있는 것으로 나타났다고 주장하였다.

이에 대하여 티어니(B. Tierney)는 '12세기 인간 개인의 도덕적 완전에 대한 관심은 자연권 이론을 최초로 자극했다'[69] 라고 하면서 '자율적인 교회는 그 자신의 권리를 주장했고, 국가가 절대적이 되지 않기 위해서 국가 권력을 제한했다. 개인의 시민권은 부분적으로는 증대하는 교회법에 의해서 형성된 공동체 기관들의 상황 안에서 성장하였다'라고 하여, 자연권의 시작이 아퀴나스의 영향을 받았음을 시사하고 있다.

한편, 아퀴나스는 『신학대전』 2장에서 '하나님의 존재' 문제를 다루었다. 그는 자신의 저서인 『존재와 본질에 관해 (On Being and Essence)』를 시작하면서, '처음의 작은 실수가 나중에는 엄청나게 커진다'라는 아리스토텔레스의 『천체론 (On the Heavens)』을 인용하였으며,[70] 이를 통해 기독교 사상에 접목을 시도한 인물이다. 그는 '하나님의 존재와 본질을 알고 있는 사람에게는 그분의 존재가 분명하지만, 하나님의 본질을 알지 못하는 이들은 하나님의 본질을 알지 못한다'[71] 라며, 사실상 하나님의 본질로부터 그분의 존재를 입증한 안셀무스 (Anselmus Cantuariensis)의 주장을 비판하였다.

아퀴나스의 이러한 사상은 엄청난 문제로 확대되었다. 그에게 '자연'과 '은혜'의 구분이 작은 것처럼 보였지만, 성경이 다른 지식을 보완하는 형태가 되는

---

68) 허고광, "성경적 경제 정의 연구", 박사학위 논문 (백석대학교, 2019), 16.

69) Richard Amesbury, George M, Newlands, 『신앙과 인권』 곽호철 역 (서울: 대한기독교서회, 2014), 117. ; Brian Tierney, *Rights, Laws and Infallibility in Medieval Thought* (Aldershot, UK: Variorum, 1997), 174-5.

70) Richard Amesbury, George M, Newlands, 『신앙과 인권』, 241.

71) 아퀴나스는 '하나님의 본질을 있는 그대로 알 수 없기 때문에 인과성이나 탁월성, 제거의 개념을 통해서만 하나님의 본질을 알 수 있다'라고 하였다. Aquinas, *Summa Theologica,* 1.13.10. Obj.3 ; John Frame, 『서양철학과 신학의 역사』, 249.

실마리가 되었다고 할 수 있다. 아퀴나스에게 자연의 영역은 근본적으로 자율적인 이성이 비교적 방해를 받지 않는 영역이었다. 따라서 그는 자연 이성에서 하나님에 관한 교리를 발전시켰다.

자연 : 자연 이성(철학)–아리스토텔레스–형상과 질료–세상–국가
은혜 : 계시–믿음–성경–영생–구원–교회

아퀴나스는 헬라 철학을 세밀하고 비평적으로 보았지만, 하나님 형상 체계 안에 인간의 자율성을 높이고 신적 초월성을 포함하려는 경향으로부터 온전히 자유롭지는 못했다. 중세철학자들은 하나님의 은혜를 옳게 이해하려고 노력했지만 은혜의 영역을 삶을 다스리는 하나님의 주권이 아닌 자연의 영역을 보완하는 것으로 간주함으로써 결국 자율적인 자연 이성에 다시 종속되었다는 것이다.

중세시대가 지나고 르네상스와 종교개혁이 일어나면서 인간의 원죄 부분의 부각과 하나님의 은총의 시대를 열었다. 이로 인해 역사의 다음 단계에서는 '자연'이라는 자율적인 영역이 '은혜'라는 관점에서 독립함으로써 새로운 세속주의가 도래하는 결과를 가져왔다. 한마디로 은혜의 영역은 종교개혁을 통해 좀 더 혁신적인 성경적 사고방식을 취하였다고 할 수 있다.[72]

'자연권' 개념의 시작은 아퀴나스의 공헌이다. 그리고 홉스는 자연법 등장에 영향을 주며 스토아 철학의 보편주의와 기독교 가치를 결합하여 생성된 것으로 중세시대의 주요한 사조가 되었다.[73] 당시 기독인들이 생각한 자연법의 권리는 하나님의 의지에서 가져온 것으로 우주를 구성하는 기본 요소였다. 이것이 전통 기독교의 보편주의였고, 다시 자연법으로 교체되면서 다양하고 주관적이며, 소유적인 가치가 되어버린 것이다.

19세기 계몽주의·자유주의 시대에는 인본주의적 그리스도에 대한 강조와 하나님 나라의 사회 윤리에 대한 관심이 주류를 이루었다. 슐라이어마허(F. D. E.

---

72) John Frame, 『서양철학과 신학의 역사』, 259.
73) Samuel Moyn, 『인권이란 무엇인가』, 29.

Schleiermacher)[74]와 리츨(Albrecht Ritschl)[75]의 그리스도론은 인간 예수에 대한 동정과 친절에 대한 모범을 제시하였다. 슐라이어마허는 축복과 회복의 상태를 개인에게 돌렸으며, 리츨은 하나님 나라 건설을 위해 공공의 사회적 행동을 권고하였다.[76] 계몽주의는 제한된 통찰력과 권위주의의 결과 때문에 정당한 비판을 받았다. 이들의 입장에서 본 관용, 자유, 평등은 특정한 집단 중심으로 나타났고, 그 한계를 벗어나지 못한 것으로 평가되기도 한다.

20세기의 대표적인 인물은 칼 바르트(Karl Barth)[77]와 위르겐 몰트만(Jürgen Moltmann)[78] 등이 있다. 칼 바르트는 자타가 공인하는 20세기 가장 영향력 있는 인물 중 하나였다. 그는 리츨의 학파가 '주관적이고 심리적 중심이 되었다'며 '신개신교주의'라고 강하게 비판하였다. 그는 '인간은 하나님의 피조물이다'라는 명제에서 시작하고 있다. '하나님의 견지에서 모든 인간은 동등하며 사회 정의는 중요하다고 주장한다. 또한 예수가 모든 인간의 구원을 위하여 죽었기 때문에 사형에 관한 것은 신성모독과 동일한 것이며, 전쟁은 항상 죄악이고 비폭력은 그리스도인의 선택으로 보았다.[79]

몰트만은 마르크스주의 철학자인 블로흐(Ernst Bloch)의 영향을 받았으며, '희

---

74) 슐라이어마허는 현대신학의 아버지, 자유주의 신학의 아버지, 실천신학의 아버지 등으로 호칭되고 있다. 그는 계몽시대에 그리스도론을 통해 전통적 그리스도론과 차이점을 중심으로 전개한 인물로 평가받고 있다. 초기에는 자유주의자가 아니었다. 고차원의 철학적, 성경적 정교함을 갖춘 것으로 보이지만 그의 사상에는 복음이 없다. John Frame, 『서양철학과 신학의 역사』, 449.

75) 리츨은 하나님과 그리스도에 관하여 형이상학적인 진리들을 알 수 없다고 보았다. 하나님이 우리와의 관계 속에서 드러내는 사랑, 그리스도가 사역 가운데 드러내는 모습을 통해서만 하나님과 그리스도를 알 수 있다고 보았다. 하나님의 거룩, 의, 공의, 전지, 편재 등은 적절하지 않은 속성이 되었고, 그리스도의 선재와 신성 등은 부정한 것으로 평가받고 있다. 김상엽, "리츨의 인식론과 신학적 함의 고찰", 『기독교철학』27/0 (한국기독교철학회, 2019), 7-28 참조.

76) Richard Amesbury, George M, Newlands, 『신앙과 인권』, 123.

77) 바르트는 종교개혁 이후로 스콜라주의와 비슷하다는 이유로 '신정통주의'로, 때로는 정통 교회를 인정하고 확증하지만 헤겔을 연상시킨다는 이유로 '변증신학'으로도 불린다. John Frame, 『서양철학과 신학의 역사』, 532.

78) 몰트만은 마르크스주의 철학자인 블로흐의 영향으로 희망의 신학으로 유명하다. 그는 미래만이 윤리적인 규범이 될 수 있다고 주장하였다. 우리의 미래가 어떻게 될지 알 수 없다. 따라서 기대된 결과만이 우리의 행위에 대한 기준이 될 수 있다고 보았다. John Frame, 『서양철학과 신학의 역사』, 609.

79) Richard Amesbury, George M, Newlands, 『신앙과 인권』, 124.

망의 신학'으로 유명하다. 그는 대표적인 자유주의 신학자로 하나님의 백성은
미래의 왕국을 바라보며 세상을 떠도는 나그네요 거류민으로 보았다. 또한 예
수를 묵시적 비전가이고, 제자들은 종말론적 희망에 사로잡힌 사람들이었다고
보았다. 몰트만에게 하나님은 '미래이기 때문에 현재에는 온전히 존재하지 않
는' 극단적인 초월적 속성과 모든 시대의 인류와 함께 고난을 겪으신다는 내재
적 속성을 가지고 있는 존재였다. 하나님의 내재는 마르크스주의자의 노선에
따라 사회 변혁에 참여할 것을 명령하지만, 그분의 초월은 그런 노력이 어떤 결
과를 낳을지를 확신할 수 없게 만든다고 보았다.[80] 또한 그는 마르크스처럼 목
적이 수단을 정당화하는 결과를 가져왔으며, 이러한 형태는 해방신학에 크게
영향을 주었다.

기독교적 사상은 하나님의 존재와 인간의 본질을 다루는 인권 문제에 많은
영향을 미쳤다. 물론 인본주의와 세속주의에 자유주의적 성향이 점차 강하게
나타났기 때문이다. 월드런(Jeremy Waldron)은 자연법과 자연권의 연결고리는 '평
등, 생명, 인간 존중'이며, 다음과 같이 설명하고 있다.[81]

첫째, 자연법은 창조주 절대자와 피조물 사이의 관계이므로 피조물인 인간
들 사이에서는 원천적으로 지배·복종 관계가 성립할 수 없다(평등). 둘째, 절대
자로부터 생명을 부여받은 인간은 이 땅에서 열심히 노력하고 잘 살아갈 의무
가 있다(생명). 셋째, 모든 인간은 타인을 존중하고 타인이 자연법에 따라 살아
가도록 도울 의무가 있다(인간 존중).

이런 토대 위에 자연권이 정당함을 부여받는 것이다. 특히 종교 개혁자 칼
빈파의 기독교적 사상이 크게 작용하였다. 칼빈파는 기독교적 원리인 '신에 의
한 평등한 지배 내지 신 앞에서의 평등'이 정치·경제적 영역에서도 적용되어야
한다[82]고 주장한 것이다. 대표적인 인물로 볼프, 로크, 루소 등이 있으며, 이들
은 17~18세기의 합리주의적 자연법론자이다. '신의 권위'를 합리적인 자연법론

---

80) John Frame, 『서양철학과 신학의 역사』, 608-9.

81) Jeremy Waldron, *Theories of Rights* (Oxford Readings in Philosophy, 1984), 102-27 참조.

82) John Frame, 『서양철학과 신학의 역사』, 276-80.

으로 전환해 자연법에 따른 인간의 생래적 평등을 역설한 것으로 보고 있다. 하나님의 피조물로서 평등사상의 영향으로 18세기 후반 이래 '버지니아 권리장전'과 미국의 독립선언문 등의 각국 헌법이 평등의 원칙을 실정화한 것으로 보고 있다.

칼빈과 종교개혁자들의 영향을 받은 칼빈주의자들은 근대 초기 서구에서 인간의 권리 제도를 점진적으로 확대하는 역할을 한 주요 헌법 문헌을 주도적으로 만들었다. 1541년과 1561년 제네바 교회 규례, 1568년 시민 칙령, 1579년 위트레흐트 동맹, 1581년 철회선언, 1598년 낭트칙령, 1643년 엄숙동맹, 1628년 영국 권리청원, 1689년 권리장전과 관용령, 1641년 뉴질랜드의 자유본체, 1780년 메사추세츠 헌법 등 다양한 문헌들이 있다. 특히 주목할 점은 1776년 6월 12일, '버지니아 권리장전'은 천부 불가양의(inherent, unalienable) 권리를 언급하고 있다는 것이다. 한 달 뒤인 1776년 7월 4일, 미국 독립선언문에서는 '모든 인간은 창조주(Creator)에 의해 양도될 수 없는 권리'를 부여받고 있음을 선언하고 있다.

2. 홉스의 권리론 ; 자기생명보존권

토마스 홉스(Thomas Hobbes)[83] 권리론의 핵심은 '인간 생명의 보전', 즉 '자기생명보존권'이다. 그는 자연법(lex naturalis)과 자연권(jus Naturale)을 구분하였다. 'lex(law)'는 이성으로 발견한 보편적인 법칙이나 의무 대상을 말하며, 'jus(right)'는 그 자체로 옳은 것 또는 자연적 권리를 말한다. 여기서 핵심은 'jus'이다. 이 개념은 '옳은 것'이라는 뜻으로 올바른 이성을 가진 사람이 누구나 다 소유한 힘이라고 보았다. 홉스에 의하면 사람은 생존을 위해 사물을 통제하거나 어떤 행동을 할 권한이 있으며, 이는 모든 인간은 자유를 가지고 있기 때문이었다. 그는 자연권을 '모든 인간이 가지는 본질적인 자유'라고 보고, '모든 사람은 자신의 생명 보존을 위해 자신의 판단으로 자신에게 가장 적합한 방법을 생각하고

---

83) 토마스 홉스(Thomas Hobbes, 1588-1679)는 자연을 만인의 만인에 대한 투쟁 상태로 상정하고, 그로부터 자연권 확보를 위하여 사회계약에 의해서 리바이어던과 같은 강력한 국가권력이 발생하게 되었다고 주장하였다.

행하는 자유'[84] 라고 정의하고 있다.

홉스의 논리는 '생존'이라는 본능에 초점을 맞추었다. 사람의 생존 의지는 모든 규범에 우선하는 '최고의 선'이라고 본 것이다. 그러나 인간이 자기중심적으로 이기심 충족만을 위해 살아간다면 도둑질과 강도와 살인이 판을 치게 될 것이 뻔하다. 이에 홉스가 말하는 자연 상태가 되면 모든 법의 타당성이 부정되는 것이다. 그러나 모든 인간은 생존을 추구할 권리를 자유롭게 행한다는 면에서 평등하고, 동시에 모두가 죽이고 또한 죽임을 당하는 동물과 같은 권리를 지니게 된다고 본 것이다. 홉스는 대범하게도 자유롭고 평등한 개인을 상정했다고 볼 수 있다.

홉스는 인간이 '생명보존권'을 행사할 수 있어야 사회의 다른 모든 활동이 가능하다고 보고, 인간이 자기 생명을 보존하기 위해서는 '그렇게 하지 아니하면 자신을 보존할 수밖에 없는 수단을 써야 하고, 그 어떤 행동도 할 수 있다'[85] 고 주장한다. 이에 '하지 않을 자유, 올바른 이성에 따라 자연적 능력을 사용할 수 있는 인간이 가지는 자유'를 권리로 인정하였다. 그가 바라본 권리는 인간이 죽음과 비통함에서 벗어나기 위해 전력으로 자기 신체를 보존하고 방어하는 것을 당연한 권리로 본 것이다.

홉스의 주장은 사람들이 국가 지도자에게 절대복종하는 대신 주권자는 그들의 생명권을 보장해주는 등가교환을 한다는 것이다. 즉 주권자가 인간의 생명권을 보장해 주지 못하면 복종의 의무가 사라진다는 논리이며, 인간의 생명을 보장해 주는 조건으로 정치의 정당성을 부여할 수 있다고 본 것이다. 그리고 자기보존을 위해서 존재하는 권리는 개인에게만 귀속된다고 보았다. 즉 자기 보존을 위해 어떤 일이라도 할 권리가 있고, 그것이 바로 자유라는 것이다. 또한 개인의 판단에 따라 권리를 유보할 수도 있다고 보았다. 이러한 점 때문에 홉스의 자연권은 자유방임형에 가깝다고 할 수 있다.

---

84) Hobbes, Thomas, *Leviathan. ed., Richard Tuck* (Cambridge: Cambridge University Press, 1996), 제14장 참조.

85) Hobbes, Thomas, *The English Works of Thomas Hobbes* 12(ed.), (W. Molesworth Routledge Thoemmes Press, 1992), 53.

인간이 '끊임없는 위험' 상태에 직면하면, 이성과 죽음에 대한 공포로 인해 다른 공존의 방법을 찾는다. 인간은 합리적 이성을 소유한 존재이기 때문이다. 인간의 자연 상태는 서로에게 고통스럽기 때문에 인간은 서로 간 자연권을 내려놓고, '서로 죽이지 말자', '훔치지 말자' 등의 약속을 체결하게 된다는 것이다. 홉스는 생존 유지라는 자연권을 '사회적으로' 좀 더 효과적으로 실시하기 위해서 사람들 간의 계약을 통해 자연법을 설정한다고 생각했던 것이며, 이게 바로 홉스식 '사회계약론'이다.

홉스 논리의 가장 큰 특징은 기독교적 종교색을 철저히 지웠다는 것이다. 종래 자연법이 가지고 있던 신의 법으로써의 자연권에서 신학적 토대를 부정하였다. 실제로 위에 나열한 홉스의 자연권 논리에서 '신(God)'은 어디에도 보이질 않는다. 신(God) 대신 '이성'을 강조하고 있을 뿐이다. 오로지 인간의 이성이라고 하는 합리적인 안내자를 내세워, 이 지시에 따라 인간들이 임의대로 체결한 계약이라고 주장하였다. 이전에는 신이 그렇게 하라고 했기 때문에 행하는 식이었다면 이제는 인간의 권리가 먼저 있었고, 이 권리의 효율적인 실현을 위해 법이 설정된다고 보았다. 이렇게 법과 권리의 관계를 역전시킨 '코페르니쿠스적 전회'라고도 불린다.

3. 로크의 통치론 ; 소유권

존 로크(John Locke)의 자연권으로 대변되는 권리론은 '소유권'이며, 그의 통치론에서 찾을 수 있다.[86] 그는 소유권을 중심으로 자연권을 해석하는 견해를 가졌다. 로크가 생각한 자연법이란 '하나님이 인간 모두에게 위임한 법규'로써 '인간에 대한 신의 의지'였다. 즉 자연법은 인간에게 의무의 기준이 되는 것으로 '어떻게 이 땅을 다스릴 것인가에 대한 신이 정한 도덕적 규범'이었다.[87] 자연법은 하나의 도덕적인 법이며, 바로 이 점에서 홉스와 차이점이 있다. 로크가 자

---

86) John Locke, 『통치론』 강정인·문지영 역 (서울: 까치, 1996), 13.

87) John Dunn, *The Political Thought of John Locke* (Cambridge Univ. Press, 1969), 169.

연법을 제시한 것은 정치 문제를 도덕적 규범일 뿐만 아니라 종교적 사항까지 고려하였다는 것이다.

로크는 인간은 이성 때문에 상호 간 공존할 수 있다고 보았다. 이성적 판단으로 자연법에 인지할 뿐만 아니라 지도자가 정한 법칙의 강요 없이 살아가고 있다는 것이다. 홉스가 주장한 전제군주가 필요하지 않을 정도로 인간은 이성적인 존재라고 전제하였다. 그럼에도 불구하고 인간은 자연권과 권력을 시민사회에 양도하지 않으면 안될 만큼 호전적이라고 보았다. 또한 인간은 자연 상태에서도 자연법(自然法)의 구속을 받고 타인의 자연권을 존중해야 하며, 자신의 소유에 있는 어떠한 피조물도 함부로 죽여서는 안 된다고 보았다. 즉 자연 상태에는 이를 통제하는 나름의 자연법이 있으며, 그 법은 모든 인간에게 적용된다고 보는 것이다. 모든 인간은 평등하고 개별적인 존재이므로 타인의 생명, 건강, 자유, 특히 소유권을 인정해주어야 한다는 것이다.[88]

그는 오직 인간과 창조자인 신(God) 사이에만 주종관계가 있고, 인간 사이에는 지배하고 파괴하는 권한을 가질 수 없다고 보았다. 하지만 이렇게 평등사상을 강조한다고 하여 현실에서 나타날 수 있는 불평등을 무시하거나 외면하지 않았다. 로크는 나이, 미덕, 지성, 혈통 등은 자연적 평등에 반하는 경우가 아닌 것을 인정하였다. 그가 말하는 평등은 한 사람이 다른 사람에 대한 주도권 또는 지배력이라는 차원에서 논의하였기 때문이었다.[89]

로크의 '정부론(Two Treatises of Government)'에서도 이러한 소유권을 중시한 자연권을 찾을 수 있다. 한 국가의 권력 속성을 바로 이해하기 위해서는 우선 인간의 완벽한 자유와 평등 상태를 고려해야 한다는 것이다. 대부분은 자연법의 범위 안에서 타인에게 허락을 구하거나 지원에 의존하지 않고, 어떤 행동을 스

---

88) 존 로크는 영국의 첫 경험론 철학자로 평가를 받지만, 사회계약론도 동등하게 중요한 평가를 받고 있다. 그의 사상들은 인식론과 더불어 정치철학에 매우 큰 영향을 주었다. 그는 가장 영향력 있는 계몽주의 사상가이자 자유주의 이론가의 하나로 널리 알려져 있다. 그의 저서들은 볼테르와 루소에게 영향을 주었으며, 미국 혁명뿐만 아니라 여러 스코틀랜드 계몽주의 사상가들에게도 영향을 미쳤다. 그의 영향은 미국 독립 선언문에 결정적인 영향을 준 것으로 평가받고 있다. John Locke, 『통치론』, 14-25 참조.

89) 오영달, "인권과 민주주의에 대한 로크와 루소 사상의 비교와 북한 인권", 『인권의 정치사상』 (서울: 이학사, 2010), 247.

스로 하거나 자신의 재산을 어떻게 처분하며, 신체를 어떻게 다루든지 자유롭게 할 수 있다는 것이다.

로크가 주장한 소유권의 한 형태인 생명권 문제에 있어서 생명 존중이라는 분명한 원칙이 있었다. 어떤 범죄 혐의가 있을지라도 무죄추정의 원칙을 적용해야 하며 고문을 해서는 안 된다는 것이다. 그뿐만 아니라 기본 생명권과 관계되면서 좀 더 생명의 자유 보장에 초점을 둔 자유권을 주장하였다. 이는 오늘날 자유 민주주의 국가에서 규정하고 있는 표현, 신앙, 양심, 집회, 출판 등의 각종 자유권을 말한다. 결국 로크의 자연권론은 민주주의의 여러 형태에서 자유 민주주의의 이론적 기초를 제공한 것이다.[90]

로크가 인식한 'property(소유권=재산권)'은 두 가지 의미로 사용된다. 광의로는 '생명(life), 자유(liberty), 자산(estate)'이며, 협의로는 '경제적 재화'를 나타낸다.[91] 소유권은 자연권에서 매우 중요한 것이었다. 그는 소유권을 자연권의 핵심으로 보았으며, 이는 시민들이 자신의 공동체를 결성하고 정부에 권한을 위임하며 소속되는 것은 바로 '재산을 보전'하기 위해서라는 인식 때문이라는 것이다. 소유권(재산권)의 핵심은 누가 어떤 것을 소유하기 위해서 갖추어야 할 조건이 무엇인가이다. 소유란 개인이나 단체가 어떤 자산을 지배하는 관계이지만, 이 관계로 인해 타인은 그 자산에서 배제된다. 즉 권리의 원천 관계가 발생하는 것이다. 이러한 권리 주장이 인정되려면 공동체 내부의 관습이나 국가의 법령에 명시되어야 한다. 소유권 개념이 근대사에서 역사의 중심에 있었던 배경은 바로 지배 세력의 몰락과 신흥 자본 세력의 등장과 연관이 있다. 이는 바로 생산의 증대와 시장 자본주의의 성립이라는 근대 국가의 정체성과 밀접한 관계가 있다.[92]

인간이 자연 상태에서 이미 자연권을 누리고 있는데도 굳이 국가를 수립하

---

90) 오영달, "인권과 민주주의 : 로크와 루소의 정치사상 비교 고찰", 『인권의 정치사상』(한국정치사상학회, 2008), 33-8.

91) 정윤석, "로크 통치론", 『정치사상』16 2/4 (서울대학교 정치사상연구소, 2003), 29.

92) 김남두, 『재산권 사상의 흐름』(서울: 천지, 1993), 6-9.

는 이유는 자연권을 더욱 확실히 보장받기 위해서라고 보았다. 따라서 국가의 임무는 '개인의 소유권'을 보장해 주는 것이며, 인간은 정부를 수립하고 계약을 맺는 것도 하나님이 위임한 자연권을 침범하지 않는 조건에서만 가능하다고 보았다. 로크의 이러한 자연권 논리는 18세기 미국과 프랑스의 정치혁명에 많은 영향을 미쳤으며, 그의 사상은 오늘날까지도 상식처럼 적용되고 있다. 특히 자연권 사상은 오늘날의 자유주의의 정치·경제적 측면에 충분히 반영된 것으로 알려졌다.[93]

사람들이 국가의 통제에 순응하는 이유는 자신의 재산을 안전하게 지키기 위함이며, 국가는 이를 위한 입법권을 확립한다. 그러나 입법부는 사회적 동의나 권한을 위임한 자의 동의 없이 마음대로 법률을 제정할 수 없다. 따라서 입법부는 네 가지 제한이 있다[94]고 보았다.

첫째, 아무리 입법부(국회)라 하더라도 인간의 생명과 재산을 좌우할 수는 없다. 그 근거는 어떤 사람도 자신이 위임받은 것보다 더 많은 권리를 위임받을 수 없다는 것이다.

둘째, 입법권은 임시적이기 때문에 자의적으로 행해서는 안 된다. 사람들은 생명, 자유, 재산을 보존하기 위해서 권한을 위임한 것이다. 따라서 입법권이 사람들의 일시적 감정이나 이해관계에 따라 이들 권리를 침해해서는 안 된다는 것이다.

셋째, 어떤 사람이든지 타인의 재산을 일부라도 동의 없이 가져갈 수 없다. 정부는 설사 재산을 강제하는 법률을 제정하는 권력을 가졌을지라도 국민적 동의 없이 개인의 재산을 일부라도 마음대로 강제할 수 없다. 이것은 세금에 대한 사항으로 여기에는 국민의 동의가 필요하다는 것이다. 그러므로 좌파적 정부가 세금을 지나치게 부과하는 것은 재산권 침해에 해당한다.

넷째, 입법권 자체는 위임될 수 없다. 입법부는 법을 만들 수는 있지만 자체적으로 입법자를 만들 권한은 없다. 입법자를 만드는 권한은 오직 국민에게만 있다는 것이다.

---

93) 조효제, 『인권의 문법』, 59.

94) 정윤석, "로크 통치론", 98-9.

로크의 자연권과 소유권론은 미국 독립선언문과 프랑스 선언문 등에서 일부 수정되어 재조명되었다. 또한 그의 자연권론은 자유주의 정치에 대한 이론적인 선구자 역할을 하고 있다.[95] 로크의 주장을 요약하면 다음과 같다.

첫째, 권리의 범위를 생명, 자유, 재산 등으로 늘리면서 이를 보장할 장치로 서 의회가 우위를 차지한 입헌 정부를 옹호하였다.

둘째, 주권자와 시민은 계약을 통해 대등한 권력 관계에 있으며, 특히 국가 가 계약을 이행하지 않을 때는 시민이 저항권을 가진다고 보았다.

셋째, 왕권신수설을 부정하면서도 창조적 신의 존재를 인정하고, 이를 자연 법 중심에 의존함으로 신학의 영향력이 줄어든 현대에 어떻게 대처할 것인지 문제점을 미리 제기하였다. 즉 인권의 토대를 신학에 두지 않으면 대안으로 인 간 본성, 인간 이성, 인간의 합의점 등에 한계가 있을 수밖에 없다는 것이다.

넷째, 소유권을 강조하여 '소유적 개인주의(possessive individualism)'라는 비난을 받기도 하였다. 이는 사회 계약의 핵심으로 국가는 개인의 소유권을 보장해야 한 다고 보았다. 그는 '국가가 개인의 소유권을 보장하지 않는 것이 폭정이다. 국가 는 개인의 소유권을 보장해주되, 국가는 이에서 손을 떼는 것이 국가의 정당성이 다'라고 주장했다. 이것은 정치권력과 소유권을 완전히 분리한 개념이었다.[96]

다섯째, 근대적 자유주의와 자본주의를 권리 이론의 틀 속에서 연결한 것으 로 평가된다. 이는 현재의 민주주의와 자본주의 간 논쟁의 발단이 되고 있다. 로크가 주장했던 소유권 이론은 자본주의 옹호론으로 당연히 귀결되었지만, 오 늘날 상대적 인권론자들의 논리와는 대립관계로 나타나고 있다. 이 소유권은 최초 국제 인권 선언에는 포함되었지만, 1966년의 국제 인권 규약 이후에 소유 권에 관한 주장이 사라졌다는 점에서 시사하는 바가 크다.

4. 루소의 사회계약론 ; 평등권

---

95) Vincent, John, *Human Rights and International Relations* (Cambridge: Cambridge University Press, 1995), 7-18.

96) 로크는 소유권은 인간에게 가장 우선적인 권리로 보았다. 소유는 재화 뿐 아니라 자기 신체도 소유한 것으로 보았다. 소유 능력이 있는 추상적 개인이 생명을 소유하면 살아있는 인간이 되고, 자유를 소유하면 자기행복을 추구하는 존재가 되며, 재산을 소유하면 그것을 타인과 교환함으로써 사회적 관계를 형성할 수 있다는 논리이 다. 조효제, 『인권의 문법』, 61.

장 자크 루소(Jean-Jacques Rousseau) 인권론의 핵심은 '평등'이다. 그는 자신의 인간 불평등 기원론을 통해 불평등의 기원은 소유에서 생긴다고 보았다. 그래서 루소는 정치·경제적 평등이 있어야만 자유가 가능하다고 보았다.[97] 사람들이 처해있는 삶의 환경에는 좋은 환경과 나쁜 환경이 있고, 본성적으로 다른 사람들의 고통을 싫어한다고 보았기 때문이다. 그는 사람은 본래 선하기 때문에 자연법에 따라 범세계적으로 최소한의 요구로 살아갈 수 있다고 보았으며, 자기보존의 본능도 '최선의 선'이라는 기본적이며 보편적인 법칙에 부합될 수 있다고 보았다.

루소가 주장한 권리는 사회의 공익, 이른바 평등을 확보하기 위해 정치 과정에 개입하거나 개입해야만 하는 일종의 '정치 참여 자유'이다. 일반적으로 홉스나 로크가 주장하는 자유주의적 개인주의가 내버려 두는 '원심적 방임형 권리'라면 루소의 권리는 '구심적 참여형 권리'라고 할 수 있다. 사회 구성원의 권리는 어떤 원칙이나 자연법에 따라서 개인에게 자동으로 적용되는 것이 아니라, 그 사회의 일반 의지에 의해 결정된다는 것이다. 자연적 자유는 개인의 능력 안에서 결정되지만 사회 공동체 속 자유는 일반 의지의 한도 안에서 결정된다고 보았다.

이렇게 볼 때, 특정 정치 공동체의 시민권은 그 공동체에 적합한 방식으로 만들어진다. 루소는 사회계약을 통해 소유권으로 확정되더라도 로크가 주장한 것처럼 배타적인 독점권이 되지 않는다고 했다. 루소가 생각한 소유권은 제한성 내지 조건성이 있다고 본 것이다. 즉 개인이 소유권을 갖더라도 그것은 타인의 소유권 및 공동체 전체의 이익과 균형에 맞아야 한다는 것이다. 따라서 루소가 제시하고 있는 권리는 '개인 중심적 권리'보다는 '공동체형 권리'이며, '재산소유권'보다는 '재산사용권'에 가깝다.[98]

그런데도 루소의 정치 이론에서 인간의 모습과 관련하여 중요한 것은 평등이었다. 루소는 사람이 물질적, 심리적으로 서로 의존하면서 자연법 또는 자연

---

97) Sabine, George H. and Thomas L. Thorson, *A History of Political Theory* (Hinsdale Illinois: Dryden Press, 1973), 534.

98) 조효제, 『인권의 문법』, 67.

적 환경에 부응하여 영위하던 삶을 멈추게 되면 인간의 본성에 기초한 법도 자연적 정의의 규범 작용도 중지한다고 보았다. 루소의 인권 이론은 사람이 문명화된 사회에 살면서 점차 이기주의적 모습으로 변한다는 것이다. 따라서 자연법이나 자연권은 자연적인 제재가 결여된 상태가 되면 사람들 사이에 공허할 뿐이라고 하였다.

이에 루소는 자연적 권리(natural right)를 정립하기 위해 정치적 권리(political right)의 구체적인 정치 공동체를 세울 것을 주장하였다. 즉 이미 문명화되고 타락한 근대사회에서는 자연적 권리를 실현하는 것은 불가능함으로 별도의 정의로운 정치 공동체를 수립해야 한다는 것이다. 이것은 루소의 권리적 개념과 차이가 있으며, 바로 '사회 민주주의적'인 성향이 충분히 나타나고 있다.

루소의 대표적인 '사회계약론'은 개인주의와 국가주의의 융합을 나타낸다고 할 수 있다. 그는 개인의 권리와 자유를 옹호하지만 그가 옹호하는 개인의 자유나 권리는 국가에 대항하여(against the state) 추구되는 것이 아니라 사회의 형태와 관습에 대한 대항이었다. 루소가 불편하다고 느낀 것은 정치적 국가가 아니라 시민사회의 가혹함, 불평등, 불화 등이었으며, 이는 곧 근대 부르주아 사회를 의미한 것이었다.

루소는 부르주아 사회는 개인적 이해관계와 서로 약탈적 주종 관계이기 때문에 구조적으로 사람을 정의롭지 못하게 한다고 보았다. 근대 부르주아 사회가 이렇게 된 이유는 사람이 본래 사악해서가 아니라 사람은 서로 약탈적 주종 관계에 있고, 그러한 관계를 부추기며, 다른 사람에게 해를 주어야만 자기가 행복해질 수 있는 사회체제 때문이라는 논리이다. 루소는 근대 부르주아 사회의 특징인 이기적인 모순의 기둥을 뽑아버리고 사람 간의 관계를 수단으로서가 아니라 목적 그 자체로 변화시켜야 한다고 보았다. 그래서 '부르주아적 인간을 국가의 구성원인 시민으로 변화시켜야 한다'라고 주장했다.[99] 구체적으로 경제적으로는 개인 간 주종 관계를 없애기 위해 부의 상대적인 평등을 유지하며, 사치금지법을 만들어 부자들의 무절제한 속성을 막아야 한다고 보았다. 정치적으로

---

99) 오영달, "인권과 민주주의에 대한 로크와 루소 사상의 비교와 북한 인권", 258.

는 시민의 견해에서 제정된 법에서 종합적이고 절대적인 지배로 나타나는 개인적 종속성을 없애야 한다고 했다. 따라서 총체적 불평등을 가능하면 자연 상태의 평등에 가깝게 바꿔야 한다는 것이다.[100]

그리고 루소가 추구했던 개인의 독립은 국가로부터가 아니라 사회의 동료 시민으로부터였다. 국가의 사명은 개인이 국가에 의존하게 함으로 부르주아 사회로부터 독립하는 것이며, 개인은 부르주아 사회에 의해 좌절된 잠재적인 능력을 발전시키도록 하는 해방의 매개체이다. 그는 '국가를 통해 지금까지 부족했던 도덕적 가치와 처음으로 이성적인 사고를 하는 인간이 될 수 있다'[101] 라고 보았다. 그런데 여기에 그의 역설이 숨어있다. 부르주아 시민사회에서 벗어나 국가 공동체 정신에 머물기 위해서 개인은 자신의 모든 권리와 권력을 공동체 전체에 전부 이양해야 한다는 것이다. 여기에서 공동체란 정치적 공동체로서 균일한 특질을 가진 국가와 같은 것이기 때문이다.

루소는 개인은 오직 전지전능한 국가에 대해 자신을 완전히 양도함으로 자유로운 삶을 살게 된다고 보았다. 이러한 사유 방식은 로크의 자유주의적 사유 전통과 차이가 있다. 루소가 말하는 자유는 완전한 국가가 결정한 것은 그 어떤 것도 따라야만 하기 때문이다. 그의 사유 방식은 자유를 지향하면서도 결과에서는 전체주의 성격을 띠고 있다고 할 수 있다. 이것을 신의 존재에 의한 교회 공동체와 유사한 형태로 이해해야 한다고 주장하는 이도 있으나 진정 루소는 교회는 하나의 종교이기 때문에 다르며 오로지 국가는 사회 교육에 의해서만 가능한 것으로 주장하였다.[102]

---

100) 오영달, "인권과 민주주의에 대한 로크와 루소 사상의 비교와 북한 인권", 259.

101) Nisbet, Robert A, "Rousseau and Totalitarianism", *The Journal of Politics* 5/2(May), 1943, 99.

102) 루소가 주장한 일반의지(사회권과 유사)는 단일해야 하고 분리될 수 없는 것으로 사회의 영향에 의해 제한받지 않고 인격의 전체를 포괄하는 것이다. 이 순수한 주권을 성취하기 위해서는 전통적 사회에 대한 충순(忠順)은 철폐되어야 한다. 즉 통일되고 일반적인 의지는 작은 단체들의 존재와 양립할 수 없으므로 모두 제거되어야 한다는 급진적 제안이 나오게 되는 것이다. 따라서 사회는 오직 국가의 주권적 의지에 의해서 함께 하도록 만들어진 원자들의 집합체가 되어야 한다는 논리다. 이러한 관점에서 하나의 사회적 단체로서 기독교는 진정한 국가에 있어서는 하나의 종교로서 거부되어야 함을 분명히 했다. 반면에 주권자가 신조를 정해야 하는 순수 시민의 종교가 수립되지 않으면 안 된다고 하였다. 이러한 시민의 종교는 주권자에 대한 존경, 오직 국가에 대한 충성, 모든 이해관계의 국법에 대한 종속 등을 속성으로 지닌다. 같은 맥락에서 루소는 가족도 일반의지에 부합될 수 있도록 조정되어야 하며 심지어 인간성도 국가에 방해가 되지 않도록 개조되기 위해서는 국가에 의해 집단적 교육이 실시되어야 한다고 주장했다. Nisbet, "Rousseau and Totalitarianism", 105-7.

루소의 사유 방식은 유토피아적이고 나름대로 비전도 있었다. 하지만 그가 말하는 이상적인 사회는 '전체주의 사회'로 발전할 기초를 제공하였기에 후에 비판의 대상이 되었다. 즉 그에 대한 다양한 평가에도 불구하고 전체주의 또는 독재주의 성향의 이론적 근거를 제공했다는 평가를 받는 것도 무리가 아니다.

탤몬(J. L. Talmon)은 '루소가 외부의 일반 의지를 국민 주권론과 연결함으로써 이른바 전체주의적 민주주의를 가져오게 하였다'[103] 라고 비판하였다. 수잔던(Susan Dunn)도 '당시 가장 유토피아적이면서 급진적인 루소의 사상은 20세기 전체주의와 일당 체제 민주주의, 공동체주의를 복잡하게 연결한 고리를 마련해놓았다'[104] 라고 하였다. 제임스 밀러(James Miller)도 '루소 사상 속에는 19세기 독재 민주주의를 유럽 사회주의의 흐름에 본질로 들어갔고 러시아 혁명기 레닌의 사고에 직접적으로 연결되었다'[105] 라고 혹평하였다.

이러한 비판을 고려할 때, 루소의 자연권 주장과 전체주의적 내용은 인권의 전개 과정에 중요한 부분으로, 마르크스의 인권 논리와 정치 관념에 많은 영향을 준 것으로 보인다. 마르크스의 원시적 공산주의 또는 과학적 사회주의는 일종의 이상 사회를 건설하는 것이었다.

예를 들어, 루소가 실질적인 자유와 형식적인 자유를 구분하였듯이 마르크스도 유사하게 구분하였다. 사회에서 효율적으로 행동할 수 있는 능력, 성, 인종, 계급 등에 의해 결정되는 것이 있으면 그것이 실질적인 권리이며, 그렇지 못할 때 형식적인 권리가 된다는 것이다. 마르크스와 루소의 공통점은 자연권 이론이 주로 부르주아의 이익을 보호하기 위한 방어막 역할을 하고 있으며, 무엇보다 생산 수단을 가지고 통제하는 자본가를 지원하는 것으로 본 것이다. 반

---

103) Talmon, J. L, *The Origins of Totalitarian Democracy* (London: Secker&Warburg, 1953), 43.

104) Dunn, Susan, "Introduction: Rousseau's Political Triptych," in Jean-Jacques Rousseau. *The Social Contract and The First and Second Discourses,* edited and with an Introduction by Susan Dunn with essays by Gita May, Robert Bromwich and Conor Cruise O'Brien (New Haven and London: Yale University Press, 2002), 4.

105) Miller, James, *Rousseau: Dreamer of Democracy* (New Haven: Yale University Press, 1984), 118 참조.

대로 프롤레타리아에게 자연권은 공허하고 형식적일 뿐이라고 주장한다.[106]

또한 루소가 주장한 평등권의 본질을 살펴보면 더 분명히 나타난다. 오늘날 대다수는 루소가 프랑스 혁명과 자유 민주주의의 정치 제도에 긍정적인 영향을 준 것으로 평가하지만 꼭 그렇지 않다. 프랑스 혁명에 저항권 사상으로 영향을 준 것은 맞지만, 자유 민주주의에 기여한 것은 전혀 아니다. 오히려 전체주의 또는 사회주의에 더 크게 영향을 미쳤다고 볼 수 있다. 그의 사상은 임마누엘 칸트(Immanuel Kant)[107], 칼 마르크스(Karl Marx)가 주장한 '인권'에 직접적 영향을 주었으며, 프로이드(Sigmund Freud)의 '문명 속의 불만(Civilzation and its Discontents)', 레온 트로츠키(Leon Trotsky)의 '영구 혁명 이론(The Permanent Revolution)', 오늘날 환경주의(생태주의)[108]에 영향을 미쳤다. 즉 사상적 측면에서 좌익사상의 주요 축으로서 루소가 그 시발점이라고 할 수 있다.

루소의 대표적인 '자연으로 돌아가라'는 명제는 '원시 공동체 사회로 돌아가라'는 마르크스와 엥겔스의 주장과 동일한 내용이다. 인간은 자연 상태로 있을 때에 순수하고 선하게 살아가지만, 점차 문명이 발달하면서 불평등이 생기고, 악해진다는 것이다. 즉 문명의 진보를 적폐의 대상으로 본 것이다. 문명이 발달하면 할수록 인간은 노예가 되었으며, 자유를 억압받게 되었다고 보았다. 따라서 문명 자체를 거부하는 혁명을 시도한 것이다. 그의 논리에 의하면, 수많은 학살을 해도 원시 공동체 사회로 돌아갈 수 있다면 정당화 될 수 있다는 역설적인 해석도 가능하다.

루소가 주장한 '자연 상태'로 되돌아가기 위한 평등권은 오늘날에는 '환경권'으로 재포장되어 나타나고 있다. 환경운동 단체들이 주장하는 환경권은 통상

---

106) 자세한 내용은 오영달, "인권과 민주주의에 대한 로크와 루소 사상의 비교와 북한 인권", 259-61 참조.

107) 칸트는 루소의 『에밀』을 읽고 "나는 아무것도 모르는 대중들을 무지하다고 멸시하던 시기가 있었다. 루소는 나를 바로잡아 주었다. 내가 지니고 있던 맹목적인 편견이 사라지게 되었다. 나는 인간을 존중하는 것을 배운다"라고 하였다.

108) 환경주의가 기존 사회구조를 유지하면서 환경 문제를 해결할 수 있다고 주장한다. 반면 생태주의는 환경 문제 자체가 사회적, 경제적, 정치적 질서에서 만들어 낸 현상으로 환경 문제를 해결하기 위해서는 사회 전체에 있어 보다 근본적인 변화가 필요하다는 급진적 논리를 편다.

다음세대의 권리라고 하면서 정상적 개발조차 막고 있다. 당연히 무차별의 개발은 막아야 하지만 기본적인 홍수관리, SOC 개발치 조차도 반대하고 있다. 예를 들어, 박정희 시대의 경부 고속도로 건설, KTX 개발 사업을 반대하기 위한 도룡농 보호, 여주강 '바위늪구비', 제주도 '구럼비' 보호 등 자연생태계 보호를 명분으로 결사반대한다. 그런데 이러한 주장은 일정 시간이 지날수록 잘못된 주장이라는 것이 드러난다는 사실이다.

5. 자연적 권리 주장에 대한 비판

자연권이 인권의 산물이라고 주장하는 프랑스 혁명의 '인간과 시민의 권리 선언'에 호응도 있지만, 그보다 더 많은 비판이 나타났다. 프랑스 혁명 후에 많은 생명의 유린과 독재 정치도 비판의 대상이지만 특히 학자들은 '인권 이론의 무질서'에 더 개탄하였다. 자연권 사상이 기독교 성격의 자연법과 연결되어 있어 세속적 사상가들의 눈에 거슬린 적도 있었다. 또한 자연권이 절대주의적 형식으로 표현되다 보니 타협보다는 내부적으로 상충한 것처럼 보였고, 권리 내용이 너무 추상적이라는 것이었다. 대표적인 인물은 버크, 토마스 페인, 벤담, 그리고 '인간의 권리가 인간 해방을 막는다'라고 주장한 마르크스 등이 있다.[109]

에드먼드 버크(Edmund Burke)는 프랑스 혁명을 모든 전통과 관습을 뒤집어 버린 혁명이며, '권리가 나라를 잡아먹었다'라고 비난하였다. 예를 들어, 영국에 존재하는 권리는 영국인만의 권리이지 다른 사회에서는 존재할 수도 있고, 안 할 수도 있다는 것이다. 또한 인간의 권리는 특정 사회의 사회적 구성물이지 외부의 어떤 원칙에 의해 주어진 것이 아니고, '인간의 권리는 전통과 역사로부터 너무나 동떨어진 추상적인 개념'이라는 것이다. 이런 개념은 사회적 유대를 파괴하고, 사람들을 헷갈리게 하여 무질서를 낳는다고 보았다. 버크는 프랑스 혁명을 인간의 권리를 내세워 전통을 파괴하면 어떤 결과를 초래하는지 극명하게 보여 준 실패한 역사적 실험이라고 보았다.

---

109) 조효제, 『인권의 문법』, 73.

버크가 모든 자연권을 부정한 것은 아니다. '생명권과 자유권, 양심의 자유, 노동과 재산의 향유권, 법 앞에 평등'은 인정하였고,[110] 또한 미국의 독립선언문을 지지하였다. 하지만 프랑스 혁명의 자연권에 대하여는 독설에 가깝게 비판적이었다. '1789년 소위 해방의 해라고 하기 전까지는 프랑스를 쓸개 빠진 잡탕들의 나라라고 하지 않았을 것'[111]이라고 할 정도이다. 또한 한 나라를 이상한 꼴로 만든 '인간의 권리'라는 개념은 '그냥 내버려 두었더라면 자기 주제를 알고 본업에 충실했을 사람들에게 망상과 헛된 기대를 불러일으키는 해괴망측한 허구에 불과하다'라고 하였다. 그리고 '정부는 자연권에 의해 만들어지지 않으며 얼마든지 그것과 무관하게 존립할 수 있으며, 인간이 모든 것에 권리를 갖게 되면 모든 것을 요구하게 된다'라고 하였다.[112] 이것은 인식론 측면에서 비판한 것으로, 똑같은 권리라도 그 사회의 역사 속에서 발전되어 온 것이라면 인정할 수 있지만 '성적 자기결정권', '성별 자기결정권' 같은 전혀 생소한 권리를 인권이라고 한다면 절대 용납할 수 없다는 것이다.

토마스 페인(Paine Thomas)은 '자연권'과 '사회 공동체 내의 권리'로 구분하면서 '자연권은 인간이 인간이라는 존재이기 때문에 갖는 권리'라고 하였다. 즉 자기의 지성과 마음의 행복에 연관된 자기 본연의 권리로 본 것이다. 자연권은 타인의 자연권을 해치지 않는 한 자신에게 속한 권리이다. 공동체 내의 권리는 사회 구성원으로서 개인의 자연권에 그 기초를 두지만, 권리 전체를 가지려면 개인의 능력만으로는 부족하다. 따라서 공동체 내의 권리는 자연권에 덧붙여 사회라는 울타리가 제공하는 안전 및 보호와 관련된 권리를 말하는 것으로 언급하였다.[113] 이런 관점에서 복지권을 제기하였고, 인간은 사회 공동체로부터 경제적으로 보호받을 권리가 있다고 주장하였다.

---

110) Freeman, Michael, *Human Rights* (Cambridge: Polity, 2002), 27.

111) Burke, Edmund, *Reflections on the Revolution in France*, Introduction by Russell Kirk, (Chicago, Illinois: Henry Regnery Company, 1955/1790), 59.

112) Burke, Edmund, *Reflections on the Revolution in France,* 95.

113) Paine, Thomas, *Right of Man: Part one* (Edited by Ronald Herder Media NY: Dover Publication, 1791/1999). ; Thomas Paine, 『상식, 인권』 박홍규 역 (서울: 필맥, 2004), 30-1 재인용.

한편, 제러미 벤담(Jeremy Bentham)[114]은 평생을 효용가치에 입각한 이성적인 입법과 정책 연구에 몰두하였다. 그리고 실정법으로 언급되지 않는 권리는 '죽마 위의 헛소리(nonsense upon stilts)'라며, '도덕적 권리' 개념을 부정하였다. 인권은 단순한 추상에 불과해서 실정법으로 명시되지 않는 권리의 존재를 부정한 것이다. 배가 고프다고 해서 바로 빵이 생기지 않듯이 '권리가 있으면 좋겠다'라고 해서 권리가 존재할 수 없다는 논리이다. 자연권이란 말 자체가 잘못된 것으로 자연권이니 인간이 가지는 권리니 하는 말들은 포장된 말로 헛소리 같은 것이다'라고 하였다.[115] 그는 이런 효용 원칙에 자연권이라는 이질적인 개념이 끼어들면 사회 정책이 자의적이고 주관적이며 비과학적으로 왜곡될 위험이 크다고 보았다. 심지어 '일반적 효용에 의해 생겨난 권리가 아닌 별도로 존재하는 자연권을 알지 못한다. 그리고 그러한 의미라 하더라도 처음부터 권리란 말이 나오지 않았다면 더 좋았을 것이다'라고 하였다.[116]

그렇다고 벤담이 모든 권리를 부정한 것은 아니다. 실정법으로 규정한 권리만 인정하자는 것이다. 법이 있고 난 뒤에 권리가 나오는 것이지, 그 반대가 될 수는 없기 때문이다. 그는 권리를 주권자가 을에게 강제로 부과하는 의무의 결과를 갑이 혜택 받도록 효력을 발휘하는 법적 권리라고 여긴다. 인간의 삶의 조건은 복잡하고 다양함으로 몇 가지 추상적 원칙으로 미리 재단할 수는 없다. 그래서 '실질적인 권리는 법의 자식이다. 법에서만 권리가 나온다. 그러나 시인, 논객, 그리고 도덕과 지성의 마약상이 환각 상태에서 만든 자연법은 상상의 권리만 나올 뿐이다'[117] 라고 주장하는 것이다.

마르크스의 사회주의에서도 자연권을 비판하였다. 프랑스 혁명은 본질적으로 '부르주아 혁명'이며, 인권 선언 역시 철저히 부르주아적이라고 보았다. 그

---

114) 제러미 벤담(1748~183)은 영국의 법학자이자 철학자이다. 그는 당시의 법률을 모두 비판하고, 평생토록 이치에 맞는 성문법을 만드는 운동을 벌였다. 정치에서는 급진주의를 옹호했으며, 당시 영국에 만연했던 보수주의적 정치와 '보수주의 법철학'을 반대하였고, 영국 법철학에 큰 영향을 끼쳤다. "최대 다수의 최대 행복"을 추구하는 공리주의를 표방했다.

115) Cranston, Maurice, "Human Rights, Real and Supposed," in D. D. Raphael ed. *Political Theory and the Rights of Man* (London: Macmillan, 1967), 44.

116) Cranston, Maurice, "Human Rights, Real and Supposed", 45.

117) 조효제, 『인권의 문법』, 79.

는 특히 소유권 문제를 철저히 비판했다. 소유권은 인간의 생명 및 행복 추구권과 동일시하는 근대 자본주의에 맞춰진 것이며, 이는 경제 조직의 방식이 아니라 철저히 존재론적 기반을 갖춘 이념이라는 것이다.

일반적으로 자유주의 정치 철학은 사적 소유권의 인정, 집행, 보호를 국가 정당성의 원천으로 추앙하는 경향이 있다. 이런 전제에서 사적 재산을 완전히 신성시하는 시장주의와 지나친 불평등이 인간의 자유를 제한한다는 논리이다. 무엇보다 국가는 개인의 소유권에 일정 부분 개입할 수 있다는 소위 '분배 정의론'이 정당하며 자유주의 정치 이념에도 부합한다고 본 것이다. 소유권에 바탕을 둔 자본주의가 인간의 도덕성까지 보장한다는 논리를 비판한 것이다. 즉 자본주의가 단순히 시장의 효율성을 보장하는 이념에 그치지 않고 인간의 권리와 민주주의를 가능케 하는 윤리적 이념으로까지 격상시켰다고 주장한 것이다. 마르크스 사회주의자들은 자연권에 대한 비판의 핵심은 자연권이 부르주아적 이기주의 발상이며, 개인의 사유권을 정당화하기 위한 것으로 보았다.

6. 고대 및 근대 인권 이론의 특징

하나님이 이 세상을 창조하시고 자신의 형상대로 창조한 피조물이 타락한 결과, 사람들은 생각과 행위를 통해 하나님이 계시하신 세계관에서 벗어나 여러 인위적인 환상으로 기울었다.

BC 600년경, 헬라인을 중심으로 서양철학이 시작되었다. 이 철학은 모든 전통과 종교적인 사고방식을 거부하고 오직 이성만으로 세상을 설명하고자 하였다. 그런데 33년에 천지를 뒤엎은 놀라운 사건이 발생한다. 바로 예수의 죽음과 부활, 그리고 승천이다. 과학과 인간의 이성으로는 도저히 설명되지 않지만 실제로 일어난 엄청난 사건이다. 이것은 하나님의 은혜가 되어, 그 물결이 폭포수처럼 흘러 인간의 마음과 생각을 근본적으로 바꾼다. 그러나 점점 인간의 경험과 지식으로 예수의 죽음과 부활, 승천을 판단하게 되었다. 부활절 예배가 대표적인 예이다. 예수의 부활을 증명이라도 하듯이 안식일이 주일로 바뀌었지만,

부활 주일은 어느새 연간 행사로 전락해버렸고, 예수의 부활 표적도 이성으로
해석하고자 하였다. 17세기에 이르러 계몽주의가 나타나면서 하나님의 존재를
증명하기 위해 다시 철학이 영향력을 발휘하였다. 이를 인본주의라고 하며 전
통의 속박과 기독교 사상에서 벗어난 이성과 감각적 경험을 강조했다. 동시에
자유주의 계열의 신학이 보다 영향력을 가지게 되었다.

대표적인 인물이 임마누엘 칸트(Immanuel Kant)[118]이다. 그는 『순수이성 비판』
을 통해 '하나님의 존재'와 '영혼 불멸' 같은 형이상학적인 주제를 다루며 이성
의 인식론적 한계를 철저히 분석하고, 실천이성을 통해[119] 이를 규명하고자 하
였다. 이것은 '이성의 한계 내에서의 종교'를 설명하며, 실천이성의 한계를 드
러냈다고 할 수 있다. 칸트는 비판 철학자이자 종교 사상가였으며, 루터교 신자
였다. 그는 기독교에서 주장하는 악, 회심, 은혜 등의 신학적 주제를 인간의 언
어로 증명하기 어려운 신적 역할, 신적 영역으로 설명하는 것이 아니라 오히려
인간의 경험과 윤리적 차원에서 설명할 수 있다고 보았다.[120] 이러한 시도는 전
통의 속박과 기독교 신학에서 벗어나 이성과 감각적 경험을 강조하는 시발점이
되었다고 할 수 있다.

임마누엘 칸트는 그의 이름에 걸맞지 않게 하나님의 존재를 입증하는 것은
불가능하다고 생각했다. 하나님, 자아, 세상의 존재에 대한 개념은 구성적으로
될 수 없으며, 하나님에 대한 확신이 아니라 '하나님이 존재하는 것처럼 행동
해야 한다'라고 주장했다. '하나님, 자아, 세상을 존재하는 것처럼 받아들여 행
동하자'라고 하는 그의 주장은 인간의 습관에 큰 영향을 주었다. 따라서 칸트
의 철학은 겉으로는 엄격하고 전문적인 논리적 논증처럼 보여도 실제로는 특정
한 방식으로 생각하게 함으로써 행복한 삶을 추구하라는 실천적인 조언일 뿐이
다.[121] 이런 점은 홉스의 자연권에서 신(God)의 존재를 거부하고, 대신 인간의

---

118) 칸트는 근대 계몽주의 핵심 인물로 독일 관념 철학의 기초를 놓은 프로이센의 철학자로 평가받고 있다. 그는
     21세기의 철학까지 영향을 주었고, 특히 자연권 분야를 인권 분야로 연결시킨 인물로 평가받고 있다.

119) John Frame, 『서양철학과 신학의 역사』, 385.

120) 김정숙, "칸트의 도덕신학에서의 윤리적 구원론: 근본악과 회심 그리고 은총", 「한국조직신학논총」37/0 (서
     울: 한국조직신학회, 2013), 68.

121) John Frame, 『서양철학과 신학의 역사』, 405.

이성을 내세운 것과 비슷하다. 신의 존재를 인정한 '천부적 인권'은 이제 하나님의 존재를 없애고, 인간의 이성에 의한 '보편적 인권'으로 전환하는 계기가 되었다. 또한 루소의 평등권에 관한 주장 등은 인권의 중요한 부분으로, 칼 마르크스의 계급적 인권 논리에 많은 영향을 주었다.

이를 정리하면 다음과 같다.

첫째, 인간의 권리를 정당화하는 근거를 외부적인, 즉 하나님의 존재에 두지 않고 인간의 이성에서 찾고 있다. 인간의 이성에 대한 자신감과 우월성으로 계약에 의해 인권의 보편성과 평등성을 추구할 수 있다고 보았다.

둘째, 인간의 권리의 토대를 신학에 두지 않을 경우, 그 대안으로 인간 본성, 인간 이성, 인간의 합의점 등에 한계가 있다. 인간은 누구나 평등하고 존중받아야 하지만, 인간 자신이 바로 입법자이기 때문에 만인이 평등하고 존중해야 한다는 것은 한계가 있을 수밖에 없다. 따라서 그 원칙과 기준은 절대자인 창조주 신에 의해서만 가능하다고 보았다.

셋째, 인권을 관장하는 원칙을 나름대로 제시하였다고 볼 수 있다. 인간이 이성적 존재라는 것을 입증하려면 어떤 절대적 도덕의 원칙에 따라 행동해야만 한다는 것이다.

넷째, 자연권은 특정한 정치 공동체에서의 사회계약을 전제로 하며, 이러한 정치 공동체가 모여 국제사회를 이룬다는 것이다. 칸트는 공화주의적 대의제 국가들이 서로 연맹을 맺을 수 있으면 영구적인 세계 평화를 달성할 수 있다고 믿었다.

다섯째, 능력이 있는 자만이 권리를 가지고 능력이 없으면 권리가 없는 사회구조에 사람들의 일반 의지를 담은 공동체가 자연권으로써 평등을 위해 강력한 전체주의적 통제를 해야 한다고 믿었다.

최근 동성결혼을 공개 지지한[122] 기독교 철학자인 니콜라스 월터스토프

---

122) 월터스토프는 동성애자들의 "위대하고 선한 시민적, 교회적 결혼"이 성경적 정의(Biblical justice)에 부합한다고 하였다. 그리고 동성애가 창조에 부합하지 않는 질서 위반(disorder)이나 타락(fallenness)의 표지가 아니라 오히려 창조의 다양성(creational variance)이라고 까지 주장하였다. http://www.reformanda.co.kr/theoJournal/98541.

(Nicholas Wolterstorff)는 정의와 인권을 다루면서 사람들이 갖는 원초적 권리에 대한 박탈과 착취는 어떤 분노에서 시작되었다고 보았다. 그는 이상 사회를 만들거나 이상적 공동체를 세우기보다는 부당하게 착취당하고 억울함을 당하는 사람의 권리를 옹호하는 한편, 무조건 박탈된 권리를 회복하는 것에만 중점을 두었다.[123] 무엇보다 그의 주장은 투쟁적 동성결혼을 공개 지지[124]하는 등 오늘날 인권 논리와 유사하여 우려를 낳고 있다.

자연권으로서의 인권에 대한 논의는 비판과 반론이 나오기 시작하는 19세기에서 20세기 중반까지 사실상 중지되었다고 할 수 있다. 그 대신 사회주의 진영을 중심으로 인권은 활발하게 논의되었다. 자연권과 자연법의 권리 개념에서 '인권'이라는 용어를 최초로 사용한 1844년 마르크스의 인권론이 있다. 또한 마르크스의 영향을 받은 레닌(Vladimir Il'ich Lenin)의 인권론에 직접적인 영향을 주었고, 이는 1918년 러시아 소비에트 사회주의 공화국 연방 헌법에 녹아들었다.

레닌도 인권에 대하여 구체적으로 언급하였다. 이 인간의 권리는 '사회 전체 구조, 사회 속에서 인간과 자연이 맺는 관계, 사람과 사람 간 관계(생산 관계)의 총체적 문제이다. 인권은 자연법으로 말할 수 있는 것이 아니라 역사적으로 규정된 한 사회의 전체적 구조에서만 존재한다. 권리는 사회 구성원이 공동으로 만들어 가는 것이다'[125]라고 주장하였다. 이는 1936년 소비에트 사회주의 공화국 연방 헌법 일명 '스탈린 헌법'에 전문을 비롯하여 조문에 그대로 나타났다.[126] 무엇보다 스탈린 헌법은 사람의 권리, 즉 인권에 관하여 최초로 문서화된 자료로서, 지금까지 세계 역사에 기록될 만한 문헌으로 알려졌다. 컬럼비아 대학교 존 헤저드(John N. Hazard) 교수는 스탈린 헌법이 인권을 가장 잘 실현한

---

123) 허고광, 『성경적 경제 정의 연구』, 57.

124) http://www.reformanda.co.kr/theoJournal/98541. 미국 기독개혁교단(CRC: Christian Reformed Church) 구성원인 기독교 철학자 니콜라스 월터스토프(Nicholas Wolterstorff)는 동성애자들의 "위대하고 선한 시민적, 교회적 결혼"이 성경적 정의(Biblical justice)에 부합한다고 주장한다.

125) 2018년 7월 서울시 교육청 교사 직무 연수교육 교재에 있는 자료임.

126) 한정숙, "레닌의 사상적 변천", 『마르크스주의 연구』2/1 (경상대학교 사회과학연구원, 2005), 25-48 참조.

것으로 평가하고 있다.[127]

---

127) Samuel Moyn, 『인권이란 무엇인가』, 87-8.

제4장 현대 인권 이론

1. 1950~70년대의 인권에 대한 담론

인간이 가지는 기본권 논리는 계몽시대에 등장했다. 그런데 결과적으로 하나님의 존재 개념이 사라지고, 여타 개념과 결합하면서 전혀 다른 엉뚱한 방향으로 전개되었다. 1940년대 인권이란 용어는 갑작스럽고 우발적으로 등장했다. 아돌프 히틀러(Adolf Hitler)의 폭력적 통치 체제에 대항하는 희망적인 대안의 한 부분에서 출발한 것이다. 전쟁의 폭풍과 전쟁 직후 삶에 대한 새로운 시각으로, '개인의 자유가 일종의 사회적 민주주의에 포함된다'라는 의미에서 인권이 하나의 수단으로 등장했다. 그리고 1948년 세계 인권 선언이 나왔지만, 이 선언은 새 시대의 출발이라기보다는 전쟁이라는 무덤 위로 던져진 화환에 불과하였다. 전쟁의 승자이자 냉전 시대의 두 축인 미국과 소련, 그리고 그들이 나누어 통치하던 유럽 지역에 먼저 영향을 미쳤다. 그러나 당시 소련에는 인권이 잘 녹아있다고 생각한 스탈린 헌법이 존재하고 있었기에 관심이 덜했다.

현대 인권 담론의 분수령이 되는 1948년 세계 인권 선언에 큰 영향을 끼친 연설이 있다. 1941년 1월, 프랭클린 루스벨트(Franklin D. Roosevelt) 대통령이 의회에서 한 연설이다. 그는 '언론의 자유, 종교의 자유, 결핍의 자유, 공포로부터의 자유'라는 네 가지 자유(Four Freedoms)를 언급하였다. 이를 두고 학자들은 정부의 책임을 더 강조하면서 한계가 있다고 주장한다. 자유의 이름으로 자유를 억압한다는 것이다. 제임스 버나드(James Bovard)는 다음과 같이 분석하고 있다.[128]

제2차 세계대전이 막바지로 가고 있는 1944년 1월, 루스벨트는 다시 네 가

---

128) https://mises.org/ko/wire/ 자유에 관한 프랭클린 루스벨트의 최악의 왜곡 "네 가지 자유" 연설에서. James Bovard is the author of ten books, including 2012's Public Policy Hooligan, and 2006's Attention Deficit Democracy. He has written for the New York Times, Wall Street Journal, Playboy, Washington Post, and many other publications.

지 자유에 대하여 연설하였다. 루스벨트는 첫 번째 언론의 자유, 두 번째 신앙의 자유를 약속한 다음 이렇게 선언했다. "세 번째는 결핍으로부터의 자유이며, 이는 세계 어디에서든 지켜져야 한다. 네 번째는 공포로부터의 자유이며, 그것은 세계 모든 곳에서 지켜져야 한다. 공포로부터의 자유라는 것은 과거에는 하나님과 종교가 채웠던 일상 속 역할을 이제는 정부가 담당해야 함을 의미했다. 이런 의미에서 정치인들은 최대의 '공포 장사꾼(fear mongers)'이며, '공포로부터의 자유'는 모든 가짜 경고들이 있을 때마다 이에 대응하겠다는 명분으로 정부가 새로운 권력을 장악하는 것을 정당화할 것이다"라고 하였다.

루스벨트의 네 가지 자유 주장은 기존의 자유에 대한 형태를 전환하기 위한 '대체 세트(replacement set)'였다. 역사적으로 그의 연설은 전쟁 중이라는 특수 환경 속에서의 것이지만 자유에 대한 미국인의 자유를 왜곡한 연설로 평가되고 있다. 루스벨트가 주장한 자유 권리에 대하여 '2차 권리장전'에 비유하기도 하지만 '노예 상태가 곧 자유'이거나 혹은 그것이 적어도 '정부 업무와 아주 가까운 것'이라고 언급하였기에 조지 오웰(George Orwell)의 『1984』를 각인시켜 주었다고 할 수 있다. 예를 들어, 언론의 자유가 있는 것처럼 보이지만 실상은 '반대 의사를 표현할 자유'를 배제하였다는 것이다.[129] 또한 모든 근로자의 자유를 제한하는 정당성을 위해 '한사람에게 공정하고, 모두에게 공정한(fair to one, fair to all)'이라는 원칙을 주장하였다. 이런 자유라면 자유를 적게 가질수록 더 행복해질 것이라는 논리이다. 정부의 명령에 따라 순응하는 사람은 관료주의로부터 모든 고통을 받아도 타당한 자(bastard)이었다. 최근 우리나라에서 COVID-19로 인해 종교 행위나 개인의 집회, 표현의 자유에 정부가 행정명령으로 제재를 가했을 때 순응하는 자는 정부에서 주는 고통을 받아도 타당한 자가 되는 것과 같은 이치이다.

한편, 1941년 대서양 헌장을 통해 '민족 자결주의'에 대한 대체 개념으로 '인권'이 부상했지만 큰 영향을 발휘하지는 못했다. 인권이 일종의 '사회 민주주의'

---

129) 자유 국가는 모든 집단들로부터 완전한 협력을 기대할 자유가 있다. 우리 중의 몇몇 게으름뱅이들 및 말썽꾸러기들을 다루는 최선의 방법은 애국적 본을 보여 그들을 부끄럽게 만드는 것이고, 그걸로 안 된다면 정부의 주권을 사용해 정부를 지키는 것이다.

와 유사하면서도 모호하게 다가왔기 때문이다. 즉 인권이 가져오는 사회 민주주의 체제가 '복지국가주의 형태의 자본주의'로 가는지 '완전한 사회주의'로 가는지 정확히 판단이 서지 않았던 것이다. 그런데 이러한 의문점은 1970년대 공산권의 몰락한 이후 사실로 증명되었다.

1940년대 후반, 냉전이 시작되면서 서구권은 인권을 소비에트 사회주의 공화국 연방에 대항하는 십자군으로 여기기 시작했다. 인권을 주장하면 당시 좌파 진영에서는 최고 보수주의자로 낙인 될 정도였다. 전쟁 중 인권 선언과 이후 유럽 인권 협약 속에 나타난 인권은 소수 이론도 인정되지 못했다. 유럽의 보수주의 일각에서 인권을 도입은 했으나 대부분 국가와 국민은 법으로만 알았다. 당시 기독교와 자유 진영은 그 정체성에서 밀접하게 연결되었고, 그 중심에는 인권이 자리 잡고 있었다. 전쟁을 치르면서 인권이라는 주제는 너무 모호했고, 쟁점이 되기에는 보수적으로 생각했던 것이다.

1944년, 루스벨트는 대통령 선거에서 최우선 외교정책으로 인권을 언급했지만, 실상은 전후 상황이라 안보에 더 관심을 두었다. 결국 인권 문제는 국제연합경제사회이사회 최종 문건에 한 줄 정도로만 간단히 언급되었다. 당시 초안에는 '각 국가는 모든 사람의 인권과 근본적인 자유를 존중한다'라고 했으며, 유엔이 승인한 최종본에서도 이것을 권장하는 수준이었다.

전쟁 후 개최된 1945년 샌프란시스코 회의[130]에서 인권 문제는 서문의 형식 즉 '인권과 근본적인 자유' 개념으로 나타났다. 그런데 이를 주장한 사람은 제국주의에 가깝고 인종적 관료주의로 평가받는 남아프리카 수상인 얀 크리스티앙 스뮈츠(Jan Christiaan Smuts)였다.[131] 그렇게 1946년 유엔인권이사회가 조직되었고, 1948년 12월 10일에는 세계 인권 선언으로 나타났다. 여기에서 인정된 권리는 전통적인 정치적 자유에서부터 일, 사회 보장, 휴식과 휴가, 교육, 지속적

---

130) 1945년 4월 25일, 샌프란시스코에서 국제기구에 관한 연합국 회의(샌프란시스코 회의)가 열렸다. 회의에 참석한 연합국 50개국 대표들은 1945년 6월 25일 111개 조항으로 구성된 유엔 헌장에 합의했으며 6월 26일 헌장에 서명했다. 1945년 10월 24일, 유엔 창설과 함께 유엔 안전 보장 이사회 상임이사국 5개국인 미국, 영국, 소련, 프랑스, 중국을 비롯한 51개 회원국이 헌장을 비준했다.

131) Samuel Moyn, 『인권이란 무엇인가』, 77.

인 삶의 표준을 제공하는 것까지 다양했다. 그리고 법적 계약 맥락에서 1976년 '시민적·정치적 권리에 관한 국제 규약'[132] 과 '경제적·사회적 문화적 권리에 관한 국제 규약'[133] 이 나타난 것이다. 1940년대부터 1968년까지 유엔 체제에서 성취해야 할 임무의 하나로 인권을 생각한 기관은 거의 없었다.[134]

1968년, 유엔은 '세계 인권의 해'를 선포하고, 나름대로 인권 운동을 전개했다. 그러나 정치적 흐름으로 연결되면서 다른 방향으로 흘러갔다. 1970년대를 지나면서 인권 문제가 정치 이념적 차원에서 더욱 활발히 나타나기 시작했다. 당시 소련의 붕괴와 미국의 베트남 전쟁 참전을 일부 국가 중심으로 반대하여, 그 명분으로 인권이 등장한 것이다. 무엇보다 1960년대 초강대국의 권한이 약화하면서 또 다른 유토피아에 대한 이상이 필요한 시점이었다. 미국의 실속 없는 소비자주의를 보완한 공동체주의, 소련 내에서 집권 이념이었던 인권이 보장된 사회주의 국가와의 연대성, 제3세계에서는 신식민주의에서 자유를 갈망하는 민족자결주의와 함께 진행된 것이다. 당시 인권을 지향하던 차세대 비정부 단체들이 많이 나타났고, 대표적 단체가 국제사면위원회[135] 이다.

인권이 본격적으로 관심을 받게 된 것은 1977년 '국제사면위원회'가 새로운

---

132) 1976년 '시민적 및 정치적 권리에 관한 국제규약'으로 국제 인권 규약이다. B규약 또는 자유권 규약이라고도 부른다.

133) International Covenant on Economic, Social and Cultural Rights, ICESCR은 1966년 12월 16일 유엔 총회에서 채택된 다자간 조약이다. 사회권 규약 또는 A규약이라고도 한다.

134) Samuel Moyn, 『인권이란 무엇인가』, 14-5.

135) 국제사면위원회(Amnesty International)는 국제 비정부 기구로 '중대한 인권 학대를 종식 및 예방하며 권리를 침해받는 사람들의 편에 서서 정의를 요구하고자 행동하고 연구를 수행하는 것'을 그 목적으로 하고 있다. 영국인 페터 베넨슨(1921년~2005년) 변호사가 설립하였다. 앰네스티의 로고는 철조망에 둘러싸인 촛불 모양이다. 1961년 6월에 지역그룹 회원인 다이아나 레드하우스(Diana Redhouse)에 의해 도안 되었으며, 이 억압 속에서도 꺼지지 않는다는 것을 나타낸다. 런던에 본부가 있으며 1977년 노벨 평화상을 수상했다. 또한 1961~1975년의 국제사면위원회 국제집행위원회 위원장은 숀 맥브라이드로서 1974년에 노벨 평화상을 수상했다. 1980년대 초기에 AI는 150명으로 구성된 국제사무국과 40여 개국에 설치된 해외지부 그리고 100여 개국 20만 정도의 개인회원으로 구성되어 있었다. 보통은 회보·연례보고서·배경자료 등에 정부의 비행을 밝히는 일을 하지만 주요활동은 전 세계에 파견되어 있는 '선정위원회'를 통하여 이루어진다. 선정위원회는 3~8명으로 구성되어 있으며 '양심수'에 관한 일정수의 사건을 맡아 석방 때까지 관계 정부에 항의편지를 낸다. 우리나라와 관계는 양심적 병역거부(우리나라의 실상은 여호와의 증인이 99.3%를 차지하고 있음)를 인정하라며 정부를 지속적으로 압박하였고, 성소수자 문제에 적극 개입하면서 인권의 보편성과 도덕성 문제로 논란이 되고 있다.

이상주의로 주목을 받으며, 노벨평화상을 수상하면서부터였다. 국제사면위원회의 '인권' 주제는 인도적 동기에 대한 자극제가 됐고, 국제주의 NGO 단체에 동기부여와 함께 새 시대를 안겨주었다. 이에 서구사회는 제3세계에 대한 관심을 접고, 이상적인 사회 기준으로 '국제인권법'을 제정하려고 시도했다.

가장 대표적인 인물은 지미 카터(Jimmy Carter)이다. 그는 미국 외교정책의 핵심으로 인권을 다루기 시작했다. 이에 가장 호응한 것은 언론이었다. 1940년대는 거의 등장하지 않았던 인권이라는 용어가 이전에 비해 1977년 한 해에만 '뉴욕타임스'에서 500% 이상 증가한 것을 보면 알 수 있다. 그렇게 사람들은 인권에 관심을 두기 시작한 것이다. 대부분은 인권의 역사가 오랫동안 이어져 온 것으로 알고 있지만 인권 담론의 역사는 매우 갑작스럽게 생성된 것이다.[136]

2. 현대 인권 이론과 인권기구의 등장

현대 인권 담론을 본격적으로 연구한 학자가 있다. 바로 새뮤얼 모인(Samuel Moyn)이다. 그는 『인권이란 무엇인가(The Last Utopia)』[137]이라는 책을 통해 '인권의 출생에서 죽음까지'를 구체적으로 정리하고 있다. 이 책은 "인권은 인간에게 희망을 불러일으키고, 행위를 선동하는 주체가 되었다"[138] 라고 보면서 감정적인 발전동기가 아닌 아주 실용적인 발전동기에서 비롯되었다고 주장한다. 또한 "우리는 인권이 고대 그리스 유럽 계몽사상에서 시작해 미국 혁명과 프랑스혁명을 거쳐 제2차 세계대전 나치의 참혹함을 계기로 오늘날 그 형태를 갖추기 시작했다고 믿는데, 그것은 전혀 사실이 아니다"[139] 라고 주장한다.

모인에 의하면 인권은 1930년대에는 소유권과 자본주의를 수호하기 위해(경

---

136) 필립 로스(Philip Milton Roth)는 1997년에 지은 『American Pastoral』에서 언급하였다. Samuel Moyn, 『인권이란 무엇인가』, 6.

137) 이 책의 원제목은 『The Last Utopia: Human Rights in History』이다.

138) Samuel Moyn, 『인권이란 무엇인가』, 56-7.

139) Samuel Moyn, 『인권이란 무엇인가』, 7.

제적), 냉전 시대엔 민주주의를 수호하기 위해(정치적), 초기에는 국가의 독립과 자결권을 수호하기 위해(사회적) 활용되었다'[140] 라고 주장한다. 인권이란 개념이 실질적으로 수면에 떠오르게 된 것은 어디까지나 '필요'에 의한 것이지 인간 사회의 '성숙함'이라는 직접적 산물은 아니라는 것이다. 우리가 자주 거론하는 프랑스 혁명 또한 인권이 아닌 '시민권'의 발전이라고 본다. 그 증거로 프랑스 혁명 정부에서도 수많은 고통을 받았던 사람들이 그대로 존재했다는 것이다. 그들이 정말 '자유, 평등, 박애'를 인간애적인 측면에서 외쳤다면 그들이 점령한 지역의 노예나 식민지에서도 자유, 평등, 박애를 누릴 수 있어야 했다는 것이다.

현대 인권 담론 과정에 나타난 몇 가지 현상이 있다.

첫째, 개인의 사유권을 배제하고 있다. 이는 사회적 권리에 대한 이념적 사고와 관련이 있는 것으로 보인다. 각종 규약이든 유엔의 역할이든 '개인의 재산권 문제'가 본질적으로 억제되고 있다. 일반 국민조차도 정부의 규정이건 사회적 보호이건 그 유형 사이에서 개인의 사유재산권 보호는 일절 언급되지 않고 있다. 이는 인권 그 자체의 모호함으로 인해 개인의 재산권은 희생양이 된 것으로 보인다. 사유재산권은 인간의 가장 기본권인데도, 논의 과정에서 누락되었다는 것은 인권이라는 '이상적 유토피아'를 논의하면서도 현실에서 가장 민감한 소유권 문제를 논의하는 자체를 이율배반적으로 느낄 수도 있었을 것이다. 아니면 개인의 사유재산권은 '불평등'의 기준이기 때문에 모든 사람에게 공통으로 적용해야 하는 인권 담론에 맞지 않기 때문일 수도 있다. 결국 인권 담론 과정에 개인의 사유재산권이 누락되었다는 것은 인권의 특수성과 유토피아를 볼 수 있는 사안이다.

둘째, 냉전체제에서 힘의 논리가 지배하면서 유엔의 역할은 미미했다. 1948년 세계 인권 헌장이 선언될 수 있었던 것은 헌장이 법적 권리가 아닌 선언이었기 때문이었다. 이는 나름 법제화하기로 했지만 분명한 한계가 있다는 것을 보여주는 것으로, 양면으로 해석될만한 대목이다. 실제 국제인권위원회를 통해

---

140) Samuel Moyn, 『인권이란 무엇인가』, 5-7.

항목화했지만 힘의 논리가 지배하는 국제 사회에는 단순한 종잇장에 불과했다. 그리고 유엔경제사회이사회에서는 1947년 인권 헌장에 대하여 행위 불능 선고를 내렸다. 이에 대하여 험프리는 '인권은 세상에서 가장 고귀한 쓰레기통'에 불과한 것이라고까지 했다.

셋째, 인권은 사회주의 이념과 연관되었다. 1945년 전쟁 후, 인권에 대한 많은 논의는 있었지만 권리 선언으로 지연되고 제대로 실행이 되지 않았다. 오히려 공산권이 몰락한 1970년대 이후에서야 본격적으로 인권 담론이 나타났다. 그 이유는 소비에트 사회주의 공화국 연방 헌법, 일명 '스탈린 헌법'과도 연관이 있다.[141] 스탈린 헌법은 당시 인권 측면에서 최고의 권리 선언으로 세계사에 기록될 만한 것이었다. 소비에트 헌법 전문가인 컬럼비아대학교 존 헤저드(John N. Hazard)[142] 교수는 '소비에트 사회주의 공화국 연방 헌법이 인권을 배제할 이유가 없다'라고 주장하였다. 인민 민주주의 헌법의 핵심은 노동자와 농민 등 피착취 주민의 권리만이 인권의 대상이 되었기 때문이다. 소련의 통치 형태는 위선적이지만 점점 더 일관되게 자체의 정체성을 반식민지 권력과 인민 민주주의 인권 헌법으로 진행하였다. 그러던 중, 평등과 차별 금지를 강조한 세계 인권 선언은 소련 헌법과 정부에 정당성을 주는 것이었다. 당시 소련은 이에 대하여 '대서양 헌장에서 버려진 민족자결주의를 부활시켜 자국의 민족자결주의 정책으로 활용한 것이다'[143] 라고 주장하였다

이처럼 인권 개념이 마르크스 이념과도 직접 관련이 있었기에 크게 주목을 받지 못했지만 유럽지역과 국가들은 관심을 두고 있었다. 유럽에서는 이념적으로 크게 위협을 느끼지 못한 점도 있었고, 이로 인해 젊은이들을 중심으로 인권 이념들이 확산하였으며, 결국 68혁명으로도 나타났다고 볼 수 있다.

---

141) 이 부분에 대하여 마르크스의 인권주의 측면으로 '안토니오 그람시' 이후 프랑크푸르트학파에 의해 주장된 소수자 이론 등 철학사상적 측면에서 살펴볼 수 있으나 이 부분은 본 연구 부분에서 제외하였다.

142) John Newbold Hazard (1909~1995) was a leading American scholar of Soviet law and public administration. Hazard was one of the pioneers in the field of Sovietology, particularly in Soviet law, administration and politics.

143) 자세한 내용은 John Newbold Hazard, 「소비에트 사회주의 공화국 연방과 세계 권리장전, International Organization」 6/1, 1952.02, 1095-117 참조.

한편, 국제사면위원회의 활동의 영향으로 학자들을 중심으로 인권 논의에 참여하기 시작했다. 이들은 미국과 서유럽을 중심으로 활동하였으며, 소련 외에 라틴 아메리카의 독재 권력에 대하여 항의하는 형식으로 이것을 학자들이 이론화하면서 관심을 받게 되었다. 특히 1975년 헬싱키 협약 이후 공산권이 몰락하자 이 분야에 관심이 더 커졌다. 결국 냉전체제가 무너지고, 많은 시민은 그 반대 이념으로 흡수되었다. 일부 평범한 사람들도 인권을 통해 공권력의 압박에서 벗어나는 데 활용되면서 인권에 또 다른 개념이 있음을 알아갔던 것이다.

특히 1975년, 헬싱키에서 열린 유럽안보협력회의(CSCE)에서 인권에 대한 주제가 추가로 인정되었다. 이후 더욱 관심이 증가한 이유는 1977년 지미 카터 (Jimmy Carter)의 전폭적인 지원과 협력 때문이었다. 지미 카터의 협력이 없었으면 현대 인권 담론은 어느 정도 확장된 상태에서 소수의 인권 옹호 그룹과 그들만의 언어로 남았을 것이다. 따라서 지미 카터가 인권 담론에 미친 파급력은 과히 절대적이라고 할 수 있다. 오늘날 국제사면위원회 하면 '국제 앰네스티'라고 국제 인권 단체의 대명사처럼 보이지만,[144] 이들은 1974년 당시 감옥에 수감된 죄수들을 언급하면서 한 번도 '인권'이라는 단어를 사용하지 않았다.[145] 따라서 실질적으로 현재의 인권 담론을 수면 위로 떠오르게 한 것은 '유럽안보협력회의', '지미 카터', '냉전 데탕트의 결과'라고 할 수 있다.

먼저 1972년에 핀란드가 주도하여 시작된 유럽안보협력회의가 유럽의 인권 활동가들에게 알려지며 하나의 자극제가 되었다. 소련은 30년 동안 동유럽을 정복한 현실을 국제적으로 공인받으려고 했고, 마르크스 인권론자들은 소비에트와 헬싱키를 연결하는 것이 오랜 꿈이었다. 무엇보다 이들은 독립주권국의

---

144) 일명 국제 앰네스티(Amnesty International)의 활동은 경제 수준이 높은 국가일수록 보고서가 많으며 특별히 미군이 주둔하고 있는 나라에서 주로 활동하고 있다.

145) Jeri Laber (born 1931) is one of the founders of Human Rights Watch, the largest human rights organization in the United States. She is the author and/or editor of dozens of Human Rights Watch reports and more than 100 articles on human rights issues published in the New York Times, The New York Review of Books and many other publications. Her memoir "The Courage of Strangers: Coming of Age with the Human Rights Movement" was published in 2002 by Public Affairs. She is co-author, with Barnett Rubin, of "A Nation is Dying: Afghanistan Under the Soviets," Northwestern University Press. Jeri Laber, *The Courage of Strangers: Coming of Age with the Human Rights Movements* (New York, 2002), 7-8. ; 73.

비간섭 원칙을 명분으로 하였다. 결국 소련이 지배하던 국가의 당위성과 인민의 권리 보장 원칙이 조화되어 헬싱키 협정문서가 만들어졌다. 이에 고무된 소련은 1973년 유엔국제인권협약에 서명하기도 하였다.

이렇듯 역사 속 특별한 상황에서 만들어진 현대 인권 담론은 1970년대 미국의 유망한 대통령 후보였던 지미 카터와 더불어 미국 행정부 외교정책의 핵심 언어가 되었다. '처음에 카터 정부의 인권 이슈는 제한적이었지만 3년이 지나면서 미국의 외교정책에서 매우 중요한 쟁점이 되었다'[146] 라고 기술되고 있다. 미국 정책에서 민주당도 처음에는 인권에 대하여 단순히 동의하는 수준이었으나 점차 주도하는 형식으로 나타났다. 1975년에 헨리 키신저가 미(美) 국무부 내에 인권부를 설치하였으며, 이는 당시 의회에서 주도권을 빼앗기지 않기 위한 것이었다. 그런데 베트남 전쟁이 막바지로 가는 가운데 터진 워터게이트 사건으로 인해 또 다른 방향으로 전개되었다. 워터게이트 사건이 크게 주목을 받으며, 도덕성 문제로 나타나자 반란이 일어났으며, 민주당 국회의원들은 주도권을 빼앗기지 않기 위해 당내 실질적 좌파를 중심으로 인권 문제를 전개한 것으로 기술되고 있다.

당시 미국 정치 상황은 우리나라 정치에도 크게 영향을 끼쳤다. 김대중 씨는 지미 카터가 인권을 주장하며 대통령 후보가 되고, 또 당선되는 것을 보면서 인권에 관심을 가지게 되었다. 실제로 김대중 후보는 자신이 탄압받는 이미지로 인권을 활용하였고, 대통령 당선 공약으로 국가인권위원회 설치를 내세웠으며, 대통령으로 재임(1998~2003년)했던 2001년 우여곡절 끝에 국가인권위원회를 설치하였다. 당시 진보 계열 단체와 정치권에서는 '인권법 제정', '국가보안법 철회', '국가인권위원회법 제정'을 두고 논란이 있었다. 특히 국가인권위원회의 조직 문제를 두고 삼권분립 정신에 위배되는 민주적 정당성과 법무부 산하로 둘 것인지 별도의 기관으로 둘 것인지 사회주의적 이념 때문에 많은 논란이 되기도 하였다.

이때 민주노총(위원장 단병호), 민주사회를 위한 변호사 모임(회장 송두환) 등

---

146) Samuel Moyn, 『인권이란 무엇인가』, 182 참조.

노동 인권단체가 주동하여 국가보안법 폐지와 더불어 국가인권위원회 설치 문제를 강력히 주장했다. 당시 진보 좌파 진영의 시민단체들은 '올바른 국가인권기구 실현을 위한 민간단체공동대책위원회(상임공동대표 송두환)'[147]를 조직하고 연일 집회를 벌이며, 정부를 압박했다. 특히 곽노현 상임공동집행위원장은 '법무부가 인권위원회 설치를 주도하는 것은 금고 털이범에게 금고 설계를 맡기는 것과 다름없다'라고 주장하였다.[148] 당시 기독교계에서는 이재정 교수, 손봉호 교수 등이 참여했고, 한국동성애단체협의회(공동대표 임태훈)도 참여했다. 국가인권위원회는 출범 과정에서부터 인권 문제가 이념적으로 민감하게 연결되어 있음을 보여주는 단적인 사례라 할 수 있다.

3. 현대 인권과 종교의 자유

현대 인권의 등장 과정에서 살펴보았듯이, 제2차 세계대전 후 인권 담론은 크게 주목받지 못했다. 오히려 1970년대 이후 냉전 종식과 더불어 정치 이념적 상황에서 본격적으로 주목받으며 등장하였다. 그러나 인권 담론 자체와 냉전체제의 영향으로 인해 인권은 종교계 특히 기독교와 밀접히 관련되어 있었다.

1930년대 말까지 자유 진영에서는 소련의 '스탈린 헌법'으로 인해 '인권'이라는 용어는 사용되지 않았다. 단지 1937년까지 유행하던 하나의 이념적 사조 정도로 여기고 있었다.[149] 그런데 피우스 11세는 나치의 지배를 받는 종교인들을

---

147) 1999년 4월 29일, '올바른 국가인권기구 실현을 위한 민간단체공동대책위원회'가 조직됐으며, 71개 단체가 참여하였다. 고문 20명, 상임공동대표 6~8명, 공동집행위원장 8명 등의 지도부가 활동하였다. 주요 활동 단체로는 민주사회를 위한 변호사 모임[최영도 상임대표], 한국 여성단체 연합[회장 신혜수 상임대표], 참여연대[박원순 공동집행위원장], 한국 여성 민우회[공동대표 정강자], 민주화를 위한 전국교수협의회[공동의장 곽노현], 전국 교직원 노동조합[위원장 이부영], 성공회대 인권평화연구소[소장 조희연], 한국동성애자단체협의회[공동대표 임태훈], 한국기독교교회협의회 인권위원회[위원장 이재정], 정치개혁 시민연대[공동대표 손봉호·김수규], 주거권 실현을 위한 국민연합[공동대표 현호월·임근정], 주한 미군 범죄 근절을 위한 운동본부[상임공동대표 문대골], 진보네트워크센터[대표 김진균], 진보정당창당추진위원회[공동대표 권영길·이갑용·양영수], 한국성폭력상담소[소장 최영애] 등이다. 자세한 내용은 http://freedom.jinbo.net/hurights/ 참조.

148) https://www.sarangbang.or.kr/hrdailynews/64000

149) Samuel Moyn, 『인권이란 무엇인가』, 63.

위해 "인간은 신으로부터 부여받아 반드시 유지해야 하는 권리가 있으며, 이 권리는 부정하고 폐지하고 등한시할 수 없는 집합적인 것으로 어떤 것도 도달할 수 없는 곳에 있다"라고 주장하였다. 교황은 전체주의 정부는 가톨릭에 매우 적대적임을 알았던 것이다. 또한 그는 "공산당과 이단자들은 교회를 통해 가톨릭 신앙과 자유를 함정에 빠뜨리고 결국 신성과 인권을 거역해 인류를 망치고 지옥에 떨어뜨리는 자들"이라고 맹비난하였다. 또 1947년에는 "기독교인(가톨릭인)을 배양하는 것은 인권과 자유에 완전한 의미를 부여하는 것으로 그 자체로 가치가 있고 개인에게 신성함을 부여할 수 있다"라고 하는 등 철저히 인권이 종교적 의미와 연관되어 있음을 주장하였다.[150]

제2차 세계대전 후에 기독교계의 영향력은 확대되었지만, 인권 분야에 있어서 종교의 자유 외에는 매우 부정적이었다. 그 이유는 권리 부분은 매우 세속적이고 유아론적이라는 것이었다. 그래서 정통 기독교계에서는 인권을 철저히 배척해왔다.

1940년, 영국 국교회 대주교로 큰 영향력을 가진 조지 벨(George Bell)은 '1789년의 이념을 되살려 1940년의 조항으로 채택할 수 있다. 하지만 현재 상황은 세속주의 결과물이다. 환자들이 이미 소화해버린 세속주의에 더 많은 약을 처방하는 것으로 독에 독을 타는 것과 같다. 영적 허락 없이 우리를 파괴에서 구해준다는 세속주의적 인권에 대한 어떤 주장도 바르지 않다'라고 할 정도로 인권에 대하여 매우 배타적이었다. 하지만 일부 기독교 진보 또는 좌파 지식인층을 중심으로 인권이 기독교와 도덕적 화합을 이룰 수 있다고 주장하였다. 이에 대하여 벨은 '인간의 권리는 신에게서 직접적으로 부여받은 것이지 정부가 제공하는 것은 아니다'라고 분명히 하였다. 또한 1947년 스위스 이론가이자 전통 신학자인 에밀 브루너(Emil Brunner)는 '인간의 권리는 처음부터 신념에서 완전하게 생겨난 것이다. 따라서 이것은 신권이 아니면 허상이다'라고 주장하였다.[151] 이처럼 전통 기독교의 보수주의 리더들은 인권에 대하여 매우 부정적이었다.

---

150) Georges Passelecq, Bernard Suchecky, *The Hidden Encyeclical of Pius XI*, 1997, 105.

151) Samuel Moyn, 『인권이란 무엇인가』, 94.

이러한 흐름을 바꾼 인물이 바로 존 포스터 덜레스(John Foster Dulles)와 자크 마리탱(Jacques Maritain)이다. 덜레스는 도덕 운동을 내세워 '인권이 당대 공산주의의 위협에 대항하는 최후의 방어 수단'이 될 수 있다고 보았다. 그는 '인권은 종교가 아닌 인간의 행복을 추구하는 향락적 물질주의 수단이다. 프랑스 혁명에서 소비에트의 전체주의를 거쳐, 지금은 편견을 갖고 있는 기독교의 서구 전통의 정체성으로 이행한 것이다. 하지만 인권은 당대의 위기에서 관념론으로 생존해야 한다'라며, 인권에 합류해야 한다고 주장하였다.

또한 자크 마리탱은 인권은 '인간 개인의 강조' 문제이기 때문에 '도덕적 합의'만 있으면 가능하다고 했다. 그는 유아 시절 개신교 신자였다가 1906년 토마스 아퀴나스(Thomas Aquinas)에 관한 논문을 보면서 로마 가톨릭으로 전향한 인물이다. 그는 인권 담론 과정에 늦게 합류했지만 세계 인권 선언의 초안에 참석하였으며, 철학적 사상을 통해 종교와 인권 문제를 연결한 것으로 평가된다.[152] 또한 그는 가톨릭 정치적 사상을 조각한 것으로 알려져 있다. 인권의 근원 문제에 있어 근대 시대의 사조를 변형한 인물이며, 그 자신은 신토마스주의 철학을 포괄한 것으로 조명되고 있다. 대표적으로 '가톨릭의 자연법이 인권의 가장 적합한 토대'라고 주장하기도 하였다.[153]

마리탱은 1942년 4월 포춘지(Fortune)에서 '인간다운 사람에 대한 개념과 헌신, 권리가 근대시대의 가장 중요한 정치적 개혁'이라고 밝혔으며, 특히 '신이 빠진 인권과 존엄을 주장하는 것은 매우 위험한 시도'라고 하였다. 동시에 '신성하고 무한한 인간 의지의 자율성에 바탕을 둔 세속적인 이념은 재앙만 가져올 뿐'이라고 주장하였다.[154] 그런데 이러한 예견은 후에 현실이 되었다. 한마디로 인권 도입은 일종의 '세속주의적 자유주의'를 도입한 것으로 평가하였던 것이다.

---

152) 자크 마리탱(Jacques Maritain)은 프랑스의 로마 가톨릭 철학자이다. 개신교 신자로 있다가 1906년에 로마 가톨릭으로 전향하였다. 토마스 아퀴나스를 현대적 시각으로 재조명하였으며, 이와 관련하여 60권 이상의 저서를 남겼다. 세계 인권 선언의 초안자 중 한 사람이다.

153) Samuel Moyn, 『인권이란 무엇인가』, 95-6.

154) 자크 마리탱은 1942년 4월의 포춘지 「기독교 박애주의」 이후 기독교 사상에서 이와 비슷한 관점으로 조셉 델로스의 '국가와 인종에 비교한 인간의 권리'를 참고하였다. ; Samuel Moyn, 『인권이란 무엇인가』, 68, ; 297.

한편, 종교적이고 이념적인 관점과 인간의 권리 문제로 인권 담론이 진행된 곳은 거의 없었다. 영국의 처칠(Winston Churchill)이 히틀러에 대항하기 위해 루스벨트가 제안한 국제 인권 선언의 성명에 동의하는 정도였고, 나치 관념주의의 대표적인 인물인 요셉 괴벨스(Paul Joseph Goebbels)가 인권에 관심을 두고 동조하였다. 괴벨스는 '1789년은 역사에서 뿌리 뽑힌 해'라고 할 정도로 인권에 관심을 둔 것으로 보았다.[155] 이는 인권이 결코 우호적으로 사용되는 것이 아닌 독재 정권 유지에 활용될 수 있으며, 견제 없는 인권은 매우 위험하고 전혀 다른 방향으로 해석할 수 있음을 잘 나타내고 있다.

1942년, 미국 부통령 헨리 월레스(Henry A. Wallace)는 루스벨트가 주장한 네 가지 자유를 지지하며 전쟁 이후의 경제 재건을 약속했다. 동시에 이러한 주장은 사회 민주주의 연맹 리더들에게도 마찬가지였다. 이후 루스벨트의 인권 주장은 더욱 분명하게 나타났고, 인권을 위해서는 전쟁도 불사할 정도로 강력하게 나섰지만, 그의 슬로건은 국제적으로 크게 두각을 나ㅏ타내지는 않았다. 이러한 가운데, 인권의 애매한 기원이 전쟁 전후로 역사를 탐구하는 학자들을 중심으로 관심을 끌면서 다양한 정의가 나타났다.[156]

미국에서도 전쟁 전후에 이념적 수사법이 혼란을 겪으면서 인권에 가장 관심을 가졌던 곳은 기독교 단체였다. 일반적으로 미국 국제주의를 지배하는 신교도 연합체로 미국기독교연합협의회(FCC)[157]는 평화정책연구위원회를 조직하였다. 이들은 1942년 미국이 전 세계의 안전을 책임지는 도덕적 원칙으로 평화의 6개 기둥(Six Pillars of Peace)을 제안했으며, 이 원칙의 핵심은 '종교의 자유'였

---

155) Samuel Moyn, 『인권이란 무엇인가』, 61.

156) Samuel Moyn, 『인권이란 무엇인가』, 65.

157) The Federal Council of Churches, officially the Federal Council of Churches of Christ in America, was an ecumenical association of Christian denominations in the United States in the early twentieth century. It represented the Anglican, Baptist, Eastern Orthodox, Lutheran, Methodist, Moravian, Oriental Orthodox, Polish National Catholic, Presbyterian, and Reformed traditions of Christianity. It merged with other ecumenical bodies in 1950 to form the present day National Council of Churches. he Federal Council of Churches was founded at a convention that met at the Academy of Music in Philadelphia in May 1908. Originally the Council consisted of thirty-two denominations. By 1923, it maintained central offices at 105 East 22nd Street, New York City. It also had offices at the Woodward Building, Washington, D.C., and at 19 South La Salle Street, Chicago.

다.[158]

이와 같이 인권은 종교의 자유와 연결되었으며, 특히 세계 인권 선언도 마찬가지였다. 세계 인권 선언의 토대를 잡는데 기여한 종교계 인물로 존 험프리, 찰스 말리크[159] 등을 들 수 있다. 특히 말리크는 '인간 개인'을 중요시하여 인간의 존엄성과 개인화에 헌신하는 것은 모든 세계관과 결합하지는 않지만, 시민 사회화와 충돌, 동서양의 전쟁, 공산주의와 해방신학과 다른 모든 종교를 인권이 대신할 수 있다고 보았다.[160]

4. 현대 인권의 정당성 논란

현대 인권의 정당성 논란은 '인권이 왜 필요한가?', '인권이 존재해야 할 이유는 무엇인가?', '사람의 권리는 누가 주는가?', '사람의 권리로서 정상적인가?' 등 그 법적 근거의 문제이다. 이것은 인권의 기원과도 연결된다. 고대나 근대에서는 인간이 하나님의 형상이라는 원천적 바탕이 있었지만, 현대 인권 이론은 하나님의 존재를 철저히 배제하고 법의 논리로만 설명하려고 한다. 현대 인권에 와서는 복지 문제로 처리해야 할 것을 인권 문제로 접근하여 혼란이 발생하기도 한다. 이외에도 역사적, 사회적 문제까지 무조건 이념적인 인권 논리로 접근하려는 시도가 나타나면서 인권의 정당성 문제와 역사의 왜곡까지 나타나고 있다.

현대 인권 담론에서 나타난 현상 중 하나가 인권의 정당화(justification)이며, 이에 대하여 많은 학자가 의견을 제시하고 있다. 물론 근대적 이론에서도 논의가 있었으나 현대 인권 담론에서처럼 크지는 않았다.[161] 일부에서는 현대 인권

---

158) Samuel Moyn, 『인권이란 무엇인가』, 68.

159) 하버드대학교 교수를 지낸 레바논 출신 철학자 겸 종교 신학자 찰스 말리크(Charles Malik)는 파시즘과 나치즘을 경계하자는 조항을 삽입해야 한다는 주장을 하였으며, 이후 NGO 활동을 통해 이슬람의 인권 문화 옹호자가 되었다.

160) Samuel Moyn, 『인권이란 무엇인가』, 82.

161) 자연적 권리(natural right)와 보편적, 인간적 권리(human right)를 도덕적 권리라고 파악하는 학자도 있다. 실제로 이는 앞뒤가 맞지 않는 것으로 보인다. 제러미 벤담은 "인간의 자연적이고 불가침의[양도 불가

의 정당성 근거를 '유엔 세계 인권 선언'이나 '국가인권위원회'라고 할 정도로 논란이 많다.

인권은 법적으로 '인간의 권리'이기 때문에 두 가지 전제가 필요하다.

첫째, 권리는 본래 한 사회 공동체가 전제되고 누가 그 의미를 가지는지, 그리고 누가 이 권리를 충족시킬 의무가 있는지가 명시되어야 한다.

둘째, 권리의 정당성이 전제되어야 한다. 권리는 법적 권리와 도덕적 권리로 나눌 수 있다. 법적 권리는 실정법에서 주어진 권리를 말하며, 법실증주의의 전통으로 법이 있어야 권리가 생긴다.

실정법은 '도덕적으로도 바르다'라는 전제가 있어야 한다. 그러나 법관이 법을 악용하거나 악법에 협력할 가능성이 있고, 더 나아가 아무리 좋은 법이라 할지라도 모든 권리를 법으로만 해석한다면 '법 만능주의'에 빠질 수 있기 때문이다. 악법에 저항하는 것이 규정되어 있지 않더라도 어떤 권리를 요구하는 것은 불문율이고, 도덕성에 따른 규범에 근거한 주장이다. 또 아무리 도덕적 권리가 좋아도 성문화되지 않으면 힘이 없다. 이러한 이유로 인권이 어제보다 더 보편적이고, 더 우선적이라고 주장하면서 강력한 권리를 갖기 위해 법으로 규정하려고 한다.[162] 그러나 여기에도 문제는 있다. 도덕적 권리라는 말은 부정확하고, 엄격하게 말하면 '도덕적 규범'이라는 표현이 정확할 것이다.

이에 대하여 미국의 법 이론가 웨슬리 호펠드(Wesley Hohfeld)는 법적 권리 부분에 대하여 다음과 같이 설명하였다.[163]

첫째, 권리와 의무(Rights and Duties)로써, 갑이 을에게 무엇을 요구한다면 을

능한] 성스러운 권리"라고 발표한 프랑스 혁명의 "인간과 시민의 권리 선언(Declaration of the Rights of Man and Citizen)"에 대하여 "자연법이란 그저 허튼 소리일 뿐이다. 자연적이고 불가침의 권리란 수사적인 허튼 소리다. 과장된 헛소리다(natural rights is simple nonsense; natural and imprescriptible rights rhetorical nonsense-nonsense upon stilts)"라고 주장했다. 벤담은 의미를 갖는 권리는 오직 법으로 주어질 뿐이라는 것이다. 그러므로 자연적 권리, 즉 정의상 법으로 주어지지 않은 권리란 언어적으로 모순이라고 주장하였다. 자세한 내용은 J. Bentham, *An Introduction to the Principles of Morals and Legistration* (Kessinger Publishing, 2005), 250-275 ; 양천수, 『권리와 인권』(세창출판사, 2013), 217-20 참조

162) Campbell, Tom, *Rights: A Critical Introduction* (London: Routledge, 2004), 34-9.

163) Hohfeld, Wesley. "Some Fundamental Legal Conceptions as Applied in Legal Reasoning", *Yale Law Journal* 23/1 (1913), 30. ; 번역 조효제, 『인권의 문법』, 104-6.

은 갑에게 그것을 들어줄 의무가 생긴다. 이것을 '청구권'이라고 한다.

둘째, 특권과 무(無) 권리(Privileges and no rights)로써, 갑이 어떤 행동을 하지 말아야 할 금지 규칙이 없을 때 논리상 어떤 것도 할 수 있다는 것을 말한다. 이는 홉스가 주장한 자유권과 유사하다.

셋째, 권한과 귀책 사유(Authority and Liability)로써, 갑이 어떤 권한을 행사할 때, 주변에 의무가 발생하며 영향을 미치는 관계를 말한다. 국회의원이 자신들의 권한으로 법을 만들면 그 부분은 국회의원을 포함한 모든 국민에게 영향을 미친다.

넷째, 면책과 무능력(Indemnity and Incompetence)으로써, 을이 권한을 행사하지만 갑이 면책권을 가지고 있으면 을의 권한 행사는 무능력해진다. 이는 면제(Exemption) 또는 미처벌(Unpunished)개념과 비슷하다.

현대 인권 담론의 특징 중 하나는 권리 행사가 많지만, 의무는 적다는 것이다. 권리의 주장에는 의무의 개념이 밀접하게 붙어 있어야만 한다. 한 개인의 권리는 모든 사람에게 의무를 부과할 수 있다. 오늘날 이론가들은 권리 요구의 급증에 혼란을 가져온다고 보고 있다. 이를 권리 팽창(rights inflation)으로 부르며, 권리 가치를 저하할 위험을 초래한다고 주장한다. 예를 들어, 1948년 〈세계 인권 선언〉에 유급 휴가를 보내는 권리를 포함하자는 의견이 있었다. 그러나 이 권리에 대해 의무를 누가 부담하는지에 대하여 불분명한 것과 같은 것이다.

조세프 라즈(Joseph Raz)는 우리는 우리의 생명에 관한 '이익'을 '보호'하기 위해 권리를 가진다고 한다. 이것은 '이익(interest)' 또는 '혜택(benefit)' 이론으로 알려져 있다. 우리의 생명에 관한 '이익'은 안전을 요구하는 것이다. 그러나 정부 권력자가 우리를 가둔다면 생명권은 보호될 수 없기 때문에, 임의의 체포를 당하지 않을 이익적 권리가 있다는 것이다. 우리는 삶에서 공정한 기회를 가지며 이익을 보호하기 위해, 일정한 불간섭의 소극적 권리가 필요하며 또한 적극적인 도움을 받을 권리도 필요하다는 것이다.[164] 그러나 여기에도 '이익 또는 혜택 이론'에서 우리의 이익을 보호하지 않는 것을 수행할 권리를 어떻게 가질 수 있

---

164) 박준석, "조세프 라즈(Joseph Raz)의 권위론에 대한 비판적 고찰", 「법철학연구」 10/1 (2007), 315-40.

는지를 설명할 수 없다는 문제점이 있다. 자기 신체결정권이 있다고 하여도 결코 자살할 권리까지 정당화될 수 없기 때문이다.

코헨은(Jean Cohen)은 인권의 정당성을 인권에 대한 접근법인 전통적 접근법(traditional approach)과 정치적 접근법(political approach)으로 구별한다.

전통적 접근법은 인간의 삶에서 공통적인 가치로 인정되는 것, 즉 '인간의 본질'로부터 도출하는 것이고, 정치적 접근법은 국제적 인권 실천을 평가하는 적절한 도덕 기준이 될 수 있는 '인권 규범'에 근거를 두고 있다.[165] 이외에도 '윤리적 관점'에서 인권을 정당화하거나 '글로벌 공적 이성' 혹은 '글로벌 차원의 정치적인 중첩적 합의' 방법론을 채택하는 이도 있다.

오늘날 법조계에서 적용하는 주장에 대하여 조효제는 '자유 의지 이론'과 '이익 이론' 등으로 설명하고 있다.[166] 이에 대한 문제점을 겸하여 살펴본다.

첫째, '자유 의지 이론(Free will Theory)' 또는 '선택 이론(Choice Theory)'이다. 인권이 인간의 자유를 위해 꼭 필요하다고 보는 이론이다. '인권이 존재할 절대적인 이유는 무엇인가?'에 본질을 두고, 인권의 정당성을 철학적으로 접근한다. 인간은 본질적으로 자유를 추구하는 경향이 있고, 자유가 있어야만 자신이 원하는 것을 선택할 수 있으며, 자기 마음대로 행동하면서 살 수 있다는 것이다. 이 때문에 자유 의지 이론은 인간의 자율성(Autonomy)을 중시하지만, 만용과 구분하지 않는다. 따라서 철저히 이기적이고 개인주의에 가까운 이론으로 불린다.

둘째, '이익 이론(Interest Theory)' 또는 '편익 이론(Benefit Theory)'이다. 이익이란 말은 물질적인 이익만이 아니라 인간의 행복, 복리에 필요한 모든 유형, 무형과 생물학적, 사회적 이익을 뜻한다. 생명을 보존할 수 있는 안전, 기본적 신체적 욕구, 함부로 구속되거나 고문당하지 않을 권리 등 광범위하게 규정할 수 있다. 그러나 이익 이론은 인간의 복지적 차원에서 접근할 수 있기에 인권과 복지의 개념을 구분하지 못한다는 비판이 있다. 북한 주민의 인권 문제를 거론하

---

165) Cohen, Jean L. "Pethinking Human Rights, Democracy and Sovereignty in the Age of Globalization", *Political Theory* 36/4 (2008), 581-2.

166) 조효제, 『인권의 문법』, 107-12.

면서 식량 지원을 하는 경우나 도롱뇽 때문에 터널 공사를 중지하는 경우가 이 익론으로 접근한 관점이다. 이것은 이론적으로는 맞는 거 같지만 현실적 문제는 전혀 고려하지 않는 이상향이자 비현실적인 이론이라고 할 수 있다.

셋째, 으뜸패 이론이다. 로널드 드워킨이 주장한 것으로 권리는 법의 원칙 안에서 '특별한 힘'이 있다고 보았다. 또 어떤 특정 시간에 차례로 적용될 수 있는 일반 규정이지만, 규정이 명확하지 않으면 사법적 판단으로 개인적 재량에 의해 개입할 수 있다고 보면서 재판관의 역할이 매우 중요함을 주장하였다. 그렇다면 법의 원칙이란 무엇인가? 법의 역사 속에서 발전되어온 개인의 평등한 권리를 말하며, 법 해석에서 특별한 무게를 갖는 것으로 보았다. 재판관은 어떤 정책의 결과나 허용이 아니라 권리의 원칙에 의해서 결정을 내려야 한다는 것이다. 즉 법관의 주관적 개입을 허용하겠다는 논리이다. 드워킨은 1981년에 포르노의 자유를 옹호하였고, 2006년에 덴마크에서 이슬람 마호메트의 만화 풍자 사건이 터졌을 때, 이는 의사 표현의 자유라는 원칙으로 이를 지지하였다.

넷째, 보호 캡슐 이론이다. 마이클 프리든(Michael Freeden)이 정치 철학적 측면에서 주장하였다.[167] 인권이 인간에게 본질적으로 가장 우선적 법적 권한이므로 오히려 기타 권리들이 인권에서 파생된 협소한 개념이라고 보았다. 이 논리는 '법적, 논리적 의미에 인간 사회를 바라보는 일종의 존재론적 견해가 더해져야 한다'라고 주장한다. 우리는 인권에 어떤 종류가 있는지에만 관심을 기울인다. 그러나 그는 인권이 특별한 것은 그 목록 때문이 아니라 인권 자체가 핵심적인 특성이라고 말한다. 인권을 '언어로 표현된 개념적 도구'[168]라고 정의하며, 인권은 다른 모든 가치보다 인간이 존재하기에 꼭 필요하다고 보는 소위 '인권 만능주의'에 가깝다. 지나친 현실과 이념에 집착한 이론으로 오늘날 좌파 또는 진보 계열의 학자나 법률가들이 많이 추종하는 이론이다.

5. 현대 인권 담론의 특징과 문제점

---

167) Freeden, Michael, *Rights* (Minneapolis: University of Minnesota Press, 1991), 6.

168) Freeden, Michael, *Rights*, 7.

포스트모더니즘 시대에 우리가 알아야 할 것은 어떤 법칙에 대해 최소한 객관적이고, 과학적으로 어느 정도 증명되어야 한다는 것이다. 철학적, 이성적, 윤리적 법칙이라고 해서 결코 인권의 정당성을 얻기 힘들다. 이성의 법칙도 누가 파악한 것이냐에 따라 전혀 다르게 해석되기 때문이다. 근대적 담론에서 루소가 파악한 자연법과 칸트가 파악한 이성의 법칙, 홉스나 로크가 주장하는 자연법이 전혀 다르게 나타났다는 것을 앞서 살펴보았던 것처럼 말이다.

보편적 인권은 어느 시대, 어느 사회에서든지 모든 인간으로서나 공동체의 구성원으로서나 보호받고 행사해야 할 '자유와 권리'를 말한다. 그런데 오늘날 인권은 시대와 사회가 변동하고 새로운 문제가 제기될 때마다 그 기준과 내용이 추가되기도 하고, 변하기도 한다. 인권이 각자의 해석이나 상황에 따라 변하면 인권 유형은 결국 사람 숫자만큼 수십만 가지로 나타날 것이다.

이에 현대적 인권 담론에서 나타난 특징과 문제점을 조명해본다.

첫째, 인권의 기준과 원칙이 모호하다. 고대와 근대적 이론에서 인권의 기준은 신본주의에 기초한 자연권 사상이었다. 그러나 현대 인권은 이를 형이상학적으로 보고, 신(God)의 존재를 제외한 인간이 권리를 디자인할 수 있다고 본다. 인간 존엄성에 근거한 것이 아닌 사회구성주의적인 이론을 준용하고 있다. 물론 현대 인권이 인간 중심적이고, 세속주의라는 것에 모든 이론가가 동의하는 것은 아니다.[169]

그런데 인권을 창조주(God)가 아닌 인간이 직접 재단할 수 있다고 여기면서 권리와 내용과 형태를 확정하는 일이 더 복잡해지고 혼란스러워졌다. 인권의 불확정성으로 인해 오늘날 인권의 기준이 무엇이고 어떻게 정당화 될 수 있는지 인권의 메뉴가 어떻게 확정되는지에 대한 격렬한 논쟁이 계속되고 있다. 그리고 소위 소수자를 위한다는 인권 단체가 끊임없이 새로운 인권 목록을 내고 있다. 그래서 오늘날 인권 목록은 합의되지 않는 것이 많다. 예를 들어, 미래세대 환경권, 성적지향의 성적 자기결정권과 성정체성으로 불리는 성별 자기결정권 등이다.

---

169) Engler, Mark, "Toward the 'Rights of the Poor' : Human rights in Liberation theology", *Journal of Religious Ethics* 28/3 (2000), 339-65.

둘째, 평등주의가 강조되고 있다. 평등사상은 인간을 대우하는 원칙, 사회를 조직하는 원리, 인간과 집단을 둘러싼 관계를 규정하는 방식, 법과 제도를 운용하는 절차 등 모든 영역에서 필요하다.

평등에는 많은 유형과 형태가 있다.

① 기본적인 평등 : 모든 인간의 가치와 존엄이 본질적인 면에서 동일하기 때문에 모든 사람을 똑같이 존중해야 된다.

② 자유주의 평등 : 기회 균등, 공정한 경쟁, 결과의 평등을 중시하며 특별히 차별 금지를 강조한다. 이것을 '방법론적 평등주의'라고 한다.

③ 사회주의(구조)의 평등 : 평등과 불평등 문제는 사회 구조에 있다. 사회 구조는 역사적으로 변화됐고, 또 변화를 일으킬 수 있으므로 단순히 기회의 균등이 아니라 물질 분배를 통해 결과의 평등까지 보장해야 한다.

오늘날 차별 금지 이론도 평등사상에서 출발한다. 그러나 인위적이고 물리적으로 특정 집단이나 개인의 평등을 삶의 모든 분야로 확대하면 오히려 불공정과 역차별이 나타난다.[170] 평등주의는 기계적 평등이 아니라 '인간에 따라 대우를 다르게 해야 한다'라는 상대 평등주의라고 하지만, 그 기준과 원칙은 모호하다. 특히 최소 수혜자에게 최대한의 몫을 보장해주는 '최소 극대화의 원칙(Maximin)'은 경제적·사회적 불평등을 완화해야 공정한 사회 구조가 된다고 주장한다. 이것은 이론상으로 가능하지만, 현실적으로는 불가능하다. 그 이유는 오늘날 인권의 평등사상은 지금까지 ①, ②단계를 강조하는 경향이 있었지만, 전 세계가 경제적 불평등이 심화한다고 보면서 ③단계 평등에 많은 관심을 보이기 때문이다. 이는 한정된 자원과 결과가 아니라 무한대의 자원과 결과가 있음을 전제로 한다.

셋째, 인권 패러다임이 변화되고 있다. 오늘날 사회주의식 인권 단체에서는 투쟁과 교육을 통해 '인권 감수성'을 강조하고 있다. 과거에는 '탄압받는 이미지

---

170) 인종, 국적, 성별, 종교, 피부색 등에 의한 차별은 말할 것도 없고 나이, 관행, 인식, 성정체성, 소수자, 취업, 진학 등 모든 분야에서 평등을 주장하며 차별금지를 주장하고 있다. 국가인권위원회에 신고되는 사례 중에 차별에 대한 인권 침해를 주장하고 있으며, 이를 빌미로 차별금지법 또는 인권법을 주장하고 있는 것이다. 이 부분은 별도의 장에서 구체적으로 다룬다.

의 패러다임'이었는데, 이를 시민적·정치적 권리로 중요하게 취급하려고 한다. 탄압 패러다임은 국가 개입을 적게 하면서 최소한의 법적 부담만 충족시키는 것이 대응 전략이었다. 하지만 현대 인권론에서는 특정 집단이나 개인의 사익을 확보하려는 목적으로 인권 개념이 형성되고 있다. 소수자나 약자의 보호를 주장하고, 선진국에서 주로 나타나 이를 '웰빙 또는 특권 패러다임'이라 부르기도 한다. 이 패러다임은 법과 사회 인식이 진보되어야 한다고 믿는 발전주의의 사회주의 이론에서 출발하고 있다. 따라서 인간의 여러 욕구를 적극적으로 충족하고 보장해 주기 위해 국가의 개입을 적극적으로 확대해 나가는 것이다. 그러나 이 논리는 결국 특정 개인의 권리 보호를 위해 국가가 적극적으로 개입하기 때문에 다수의 자유가 억압받는 전체주의로 흘러갈 수밖에 없다.

넷째, 인권이 이념화되고 있다. 근대적 인권 이념은 자유주의가 기본이었지만 현대 인권에서는 사회주의 요소가 대거 포함되어 있다. 그래서 현대 인권 이념을 하나로 묶어 '사회주의적 자유주의' 또는 '자유주의적 사회주의'로 표현되기도 한다. 현대 인권의 이념은 자유 민주주의와 복지국가 이념이 혼용되어 있으며, 어떤 이는 '북유럽의 사회민주주의식'이라고 한다.[171]

이런 정치 이념은 인권 담론에서 요구하는 권리의 필요조건은 될 수 있지만, 충분조건이 되지 못한다는 점이다. 그런데도 북유럽의 사회 민주주의 이념은 현대 인권 담론에서 핵심적으로 논의되고 있다. 각 인권 단체들은 국제적으로 인정되는 인권 목록을 보장하는 데 있어서 '자유주의적 사회주의' 또는 '사회 민주주의'가 현실에 가장 근접하고 있다고 보고 있다. 결국 현대 인권의 이념은 '자유주의적 사회주의' 또는 '사회 민주주의'에 바탕을 둔 이념 투쟁적 혁명 논리이며, 용어 혼란의 대표적 사례라고 할 수 있다.

다섯째, 인권 보호 명분으로 별도의 통제 기구가 등장한다. 즉 권리에 대한 의무 명분이다. 현대 인권에서는 의무의 주체가 점차 다양해지며, 다원주의적 관점에서 등장하고 있다. 이전에는 국가가 인권을 침해하거나 보호하는 것이었

---

171) Jack Donnelly, 『인권과 국제정치: 국제인권의 현실과 가능성 및 한계』 박정원 역 (서울: 도서출판 오름), 2002.

으나 이제는 국가만이 아닌 민간 영역까지 인간의 웰빙을 보장해 주어야 한다는 논리이다. 심지어 비국가행위자들의 행위도 인간의 삶에 심대한 영향을 주고 있으므로, 이 부분도 추가되고 있다.

경제 글로벌 시대를 맞아 다국적 기업에서 노동권 침해가 일어나고, 민간 무장 집단이 무차별적으로 테러를 일으키거나 새로운 전쟁에 개입하는 현상이다. 이외 개인과 가정 차원의 인권 침해로 가정폭력이 나타나고 있으며, 인권 보호를 위한 새로운 여러 주체가 등장하고 있다. 국가인권위원회의 등장과 이 조직이 가정 문제에 개입하는 것도 같은 맥락이다. 예전에는 국가가 일차적 책임을 졌으나 이제는 제도적 테두리 안에서 여러 단체가 나서고 있다. 결국 인권이 다양해질수록 개인의 자유는 억제되고, 기본적인 표현, 종교, 사상의 자유와 행복 추구는 기구에 의존하며 속박되고 있다.

여섯째, 개인이 아닌 '집단의 권리' 개념이 등장하고 있다. 한 가정, 지역 주민, 또 특정 집단도 인권의 주체로 인정하고 있다.[172] 이를 연대할 권리 또는 3세대 인권이라고 칭하기도 한다. 개인을 중심으로 생각하는 전통적 자유주의 사상에서 벗어나 정체성 정치(Identity Politics)라고 하며, 집단 권리와 다문화주의도 이 경향에 이바지했다.[173] 이제는 제3세계 민족주의와 관련해서 민족자결권, 주체권으로 이어지며, 최근에는 평화권, 환경권, 인도적 구호권 등으로 나타나고 있다.

1950년대에 처음 연대권이 등장하였고, 1970년대를 지나면서 인권 담론 안에서 많은 논란이 되고 있다. 본질을 벗어난 인권의 가면으로 다가오기 때문이다. 대표적으로 미국 오바마 정부의 PC 정치와 문재인 정부의 적폐청산 정치가 그 사례라 할 수 있다. 오늘날, 이 연대권을 비판하는 목소리가 나타나고 있다. 집단권은 인권과는 별도이기에 정책 영역에서 '적극적 차별 시정 조치(affirmative action)'라고 하여 별도로 처리해야 하는 문제이기 때문이다.

---

172) 세계 인권 선언 16조의 가정보호 조항을 들 수 있다. 국제 인권 조약의 A, B 규약 1조 1항은 똑같이 '모든 사람들은 자기결정권을 가진다. 이 권리에 기초하여 모든 사람들은 자신들의 정치적 지위를 자유롭게 결정하고 자신들의 경제적, 사회적 문화적 발전을 자유롭게 추구한다' 라고 규정하고 있다.

173) Fukuyama, Francis, "Identity, Immigration, and Liberal Democracy", *Journal of Democracy* 17/2 (2006), 5-20.

일곱째, 국제적인 연대와 확산이다. 그동안의 선언적 차원을 넘어 보다 적극적으로 국제적인 압박을 하고, 행동을 정당화하려는 경향이 나타나고 있다. 본래 인권은 보편적이었고, 한 국가의 시민권 의미가 강했으나 이제 시민적 권리 개념은 사라지고 있다. 소수자 인권 문제를 놓고 자국 스스로 자아비판을 하라고 한다. 모든 국가는 주권 원칙에 따라 타국의 내정간섭을 차단하지만, 대규모 인권 침해가 발생할 경우 국제적 조사와 비군사적 제지를 정당화하고 있다. 그러나 한편으로 한계를 가질 수밖에 없다. 대표적으로 중국 공산당과 북한 독재 등에 대하여 침묵하거나 회피하며, 강제성도 제한된다는 것이다. 그럼에도 인권의 국제화는 국제 인권법과 국제 인권 권력의 확정으로 구체화하고 있다. 우리나라도 연구 모임으로 시작한 국제인권법학회, 우리법연구회 등이 전면에 등장하여 권력의 핵심부를 이루면서 실상을 피부로 느끼게 하고 있다.

여덟째, 보편주의 대신 특정 계급이나 개인 중심의 소수자 인권이 나타난다. 전통적 인권 이론의 핵심은 자연권이었다. 이 이론의 원칙은 보편주의였지만 이제는 상대주의 인권 논의가 등장하였고, 현대 인권 담론을 주도하고 있다. 소수자에게만 특혜를 주는 마당에 보편적 인권이라는 말은 그 자체가 모순되며, 이러한 맹점은 새로운 형태로 인권이 전개되어 나타나게 한다. 현대 인권 담론의 가장 큰 특징과 문제점은 페미니즘과 문화적 영역에서 두드러지게 나타나고 있다. 여성 인권을 중시한 페미니즘은 남성 중심주의적 시각과 가부장적 가정 제도의 한계를 전제로 하는 대표적인 '조건적 상대주의' 논리이다. 이 과정에 별도의 성별 개념으로 '젠더' 개념을 도입하였다. 또한 문화 상대주의의 등장으로 보편적 인권의 기원과 정치성을 문제시하고 있다. 이 논리는 사회주의 이념에서 비롯된 것이며, 페미니즘과 문화 상대주의의 비판을 받은 현대 인권 이론의 특징에 대하여는 별도 장을 통하여 살펴보도록 한다.

제5장 국제 인권 운동과 인권의 이념화

　　1970년대의 소위 인권활동가들은 당시 국제 정세의 영향으로 최대 수혜자가 되었다. 소련이 급속도로 붕괴하고, 미국의 베트남 전쟁 참전으로 전쟁반대론자의 주장이 확산하면서 인권 단체들이 명분을 받아 수혜를 입은 것이다. 동시에 서방 세계의 도덕관이 바뀌어 이전까지 존재하지 않았던 국제적인 인권 운동이 결합한 일종의 유토피아적 이상주의의 장이 마련되었다. 미국 내 소비자주의를 보완한 가족 공동체, 소련 내부에서 진행된 인권과 제3세계에서 일어난 신식민주의에서의 자유권 등이 맞물리면서 인권을 지향하는 차세대 비정부 단체들이 영향을 받기 시작했다. 특히 국제사면위원회(AI)는 1977년 새로운 이상주의로 주목을 받으면서 노벨평화상을 수상하기에 이르렀다.[174]

1. 1970년대 이후 인권의 논쟁

1) 국제사면위원회의 등장과 인권 논쟁

　　1970년대 인권 활동은 서구 선진국을 중심으로 활발히 일어났다. 대표적으로 1975년 헬싱키 최종 협상 과정에서 인권활동가들에게 새로운 기회가 제공되었다. 처음에 사람들은 세계 인권 선언과 인권 프로젝트의 관계를 잘 알지 못했다. 하지만 이들의 활동으로 세계 회의에서 공통 주제가 되면서 더 거창한 이상주의를 선전하는 계기가 되었다. 공산권의 몰락으로 유토피아가 붕괴하고, 새로운 이념을 찾는 이상주의자들에게 포착되면서 급속히 확산한 것이다. 68혁명과 히피 문화와 더불어 인권이 이상주의 영역에서 대중적인 삶 속으로 파고들었다. 이로 인해 다른 이상주의적 모델이 사라지고 새롭게 인권 운동으로 통합되어 나타났다고 할 수 있다.[175]

---

174) Samuel Moyn, 『인권이란 무엇인가』, 7-9.

175) Samuel Moyn, 『인권이란 무엇인가』, 146-8.

이러한 인권 활동의 중심에 국제사면위원회가 있었다. 1968년에 설립되었으며, 인권 문제가 향후 전 세계인에게 관심을 받으리라는 것을 감지하였다. 이를 뒷받침한 것이 테헤란에서 열린 유엔 인권 선언 2주년 기념사였다. 당시 문서는 객관적 사실보다 감성에 호소하는 형식으로 진행되었다.[176]

유엔 세계 인권 선언의 초안자 중 한 명으로 노벨평화상을 받은 르네 카생(Rene Cassin)은 'NGO의 열정을 통해 유엔 개혁이라는 목표를 지속시켜야 하고, 그 속에는 인권을 중심으로 해야 한다'라고 하였다. 또한 하버드대학교 교수를 지낸 레바논 출신 철학자 겸 종교학자인 찰스 말리크(Charles Malik)는 '우리 시대처럼 인권이 부각된 때는 없었다. 1940년대는 다른 사안이 중요해서 인권을 논의할 수 없었다. 기독교(종교)와 관련이 없다. 오히려 반종교적인 기반을 가진 사람이 인권의 짐을 지는 것은 열정과 헌신이 있기 때문이다.'[177]라며 NGO 활동에 힘을 실었다. 그는 이후 이슬람의 인권에 대하여 지대한 공헌을 하였다.

보통 유엔의 인권하면 기독교가 토대라고 많이 알고 있지만 그렇지 않다. 인권 선언 초안에 참여했던 사람 중에는 말리크 외에도 모스크바대학교 교수 출신인 소비에트 사회주의 공화국 연방 외교관인 알렉산더 보고 몰로프(Alexander E. Bogomolov)가 있고, 동양 인권 사상을 대표하는 인권위원회 부의장이었던 대만 극작가 장팽춘(張彭春) 등이 있다. 이러한 활동은 당시 관리 감독 기관인 유엔을 잘 이용했던 것과 미국의 국제주의가 묵인했던 것도 작용하였다. 이후 인권 분야에서 유엔의 역할은 축소되고 국제사면위원회가 실질적으로 그 역할을 수행하였다.

국제사면위원회는 인권을 명분으로 거의 독자적으로 대중에게 알려졌고, 1977년에는 노벨평화상까지 수상하였다. 이들의 활동 방식은 소수자와 약자를 중심으로 개인 활동을 지원하면서 거대한 참여 단체를 끌어내는 것이었다. 또한 직접적으로 어려움에 직면하고, 대중적인 단결을 보여주기 위해 지역 시민과 촛불을 들며, 각 정부에 자비와 해방을 촉구하는 탄원서를 보내기도 했다.

---

176) Drew Middleton, "권리교섭으로 이스라엘을 기소하다", 「뉴욕타임스」, 1968.04.24일자.

177) Samuel Moyn, 『인권이란 무엇인가』, 153-4.

이렇게 새로운 이상주의로 다가갔으며, 촛불의 자기희생적 이미지화를 통해 일반 대중들에게도 다가갔다.

국제사면위원회는 냉전 시대에 분명 기독교의 지원이 있었고, 이후 기독교인을 통해 점차 자체적으로 조직의 확대를 시도했다. 설립자 피터 베넨슨(Peter Benenson)은 초기에 조직 확산을 위해 종교 단체와 연계하여 '기독교 평화 운동'으로 나아갔다. 동시에 인권 단체와 연결되어 '진화, 인정'의 구호 운동을 전개하였다. 그러나 사회주의 운동이 노동자 계급 운동으로 전개되며 실패한 운동으로 나타나자 퀘이커 교도와 함께 이들을 포섭하여 사회주의 활동가들에게 새로운 협동 전략으로 제시하였다. 그는 1968년 5월 국제사면위원회 취임식에서 이렇게 발표했다.[178]

> 전 세계 이상주의자들이 협력할 수 있는 기본 토대를 구축하는 일은 결코 쉽지 않습니다. 특히 엄청난 수의 이상주의자들이 뿜어내는 열정을 흡수하고 사회주의의 붕괴와 좌절이 커지면서 이상주의를 찾는 젊은이들에게 확산되는 것은 더욱 그렇습니다. 인권은 도움을 주는 사람들의 열정과 더 관련이 깊은 문제입니다. 진짜 순교자는 고통을 선호하며 진정한 승자는 감옥이라 해서 더 나쁘다고 여기지 않습니다.[179]

이 연설은 인권의 관심을 통해 '사회주의 실현의 목적'을 이루고자 한 것이다. 그로 인해 냉전 붕괴 이후, 새로운 이상주의적 진로를 찾는 사회주의자들에게 새롭게 다가갔다. 즉 국제사면위원회는 냉전의 종식 과정에 많은 사람이 유토피아를 대신할 무언가를 찾을 즈음에 나타나 1970년대의 인권 이념화 과정을 이해하는데 필수적인 조직이라는 것이다.[180]

국제사면위원회의 대표적인 또 하나의 이슈는 평화를 빌미로 한 '핵무장 해

---

178) Samuel Moyn, 『인권이란 무엇인가』, 157-8.

179) Tom Buchanan, "당신을 자유롭게 하는 자유의지", 「당대 역사 저널」 37/4 (2002), 591.

180) Samuel Moyn, 『인권이란 무엇인가』, 158.

제 운동'이었다. 활동 대상은 우파 정부와 자유 민주주의 체제 진영에서 집중적으로 일어났다. 이는 자유 진영에서 활동이 쉽고, 사건의 실체를 쉽게 파악할 수 있었기 때문이다.

컬럼비아대학교 교수인 이반 모리스(Ivan Morris)는 국제사면위원회 미국 지부를 설립하였고, 철학자 아서 단토(Arthur Danto)와 연대하여 '리버사이드 헌장'을 선포하였다. 그들의 구호는 '한 번에 한 사람씩 세상을 구한다'였으며, 이를 통해 엄청난 힘을 발휘하였다. 이러한 국제사면위원회의 인권 활동이 새로운 유토피아 방식으로 전환하는 데 많은 영향을 미쳤다고 할 수 있다.

오늘날 국제사면위원회는 우리나라 군대 내에 항문 성교 금지 조항인 군형법 92조 6항은 성소수자 군인을 학대하는 것[181]이라며 지속해서 이 조항을 철회하라고 요구하는 등 상대적 인권 옹호 기관이 되어 논란이 되기도 하였다.

2) 사회주의와 인권 – 공산권과 독재 지역에서 인권

1960년대 후반 이후 10년 동안 다른 이념들이 대부분 실패하였다. 공산권에서는 이론과 현실의 '불일치' 현상이 나타났고, 제3세계권 국가와 남아메리카 등에서는 독재 현상이 나타났다. 그런데 소련에서는 니키타 흐루시초프[182]가 등장하면서 반스탈린화 움직임이 나타났다.[183] 이것은 일명 1936년의 인민 헌법으로 불리는 스탈린 헌법의 부정이었다.

발레리 샬리즈(Valery Chalidze)가 중심이 된『당대 연대기(Chronicle of Current Events)』[184] 같은 문헌이 생산되면서 구소련의 실상이 공개되었다. 그리고 1965

---

181) 2019년 7월 11일, '한국 군대 성소수자 처벌하지 말라' 는 보고서를 발간하는 등 동성애에 대하여 옹호하고 있다.

182) 니키타 세르게예비치 흐루쇼프(Никита Сергеевич Хрущёв), 러시아의 혁명가, 노동운동가이자 1953년부터 1964년까지 소비에트 연방의 국가원수 겸 공산당 서기장, 1958년부터는 소련 총리 겸 소련 국가평의회 의장을 지낸 정치인이다. 그는 스탈린주의를 비판하였고 대외적으로는 미국을 비롯한 서방 국가와 공존을 모색하였다. 그의 탈스탈린화 정책과 반스탈린주의 정책은 공산주의 국가들에 폭넓은 충격과 반향을 불러 일으켰다.

183) 소련 헌법의 변화에 대한 자세한 자료는 임기영, "러시아의 체제전환에 따른 헌법의 변화", 『헌법이론과 실무』(헌법재판연구원, 2015), 5-15 참조.

184) A Chronicle of Current Events was one of the longest-running samizdat periodicals of the post-Stalin USSR. The unofficial publication reported violations of civil rights and judicial procedure by the Soviet government and responses to those violations by citizens across the Soviet

년 5월에는 유리 다니엘(Yuli Daniel)과 안드레이 시냐프시키(Andrei Sinaiavsky) 같은 작가와 과학자들을 중심으로 인권 보호 집단(Action Group for the Defense if Human Rights)을 구성하게 되었고, 1967년에는 이른바 인권위원회가 출현하였다.[185]

소수 인권 운동에 활기를 넣은 인물이 대표적인 유물론자인 안드레이 사하로프(Andrei Sakharov)와 작가 알렉산더 솔체니친(Aleksandr Solzhenitsyn)이다. 이들이 서로 협력하게 된 계기는 인권의 미니멀리즘(minimalism)[186] 이었다. 문화 및 예술에서 단순함을 추구하는 당시의 사조에 따라 인권이라는 소재로 당시 개혁주의적 공산주의와 확연한 차이를 보여주었기 때문이었다. 이런 내부의 움직임과 외부에서 지원이 더해져 사회주의 몰락으로 이어졌다고 볼 수 있다.[187]

핵 과학자 사하로프는 '발전, 공존, 평화에 대한 사고'라는 주제로 체코가 시행해야 할 핵실험에 반대하는 활동을 하였다. 그는 1968년 탄원서에서 세계 인권 선언을 언급했지만, 이는 서구의 소위 경제 제국주의와 반혁명을 막기 위한 것으로 보인다. '국제 정치의 목표는 인간의 권리 선언을 보편적으로 이행하도록 만들고 국제적인 긴장감을 막는데 있으며, 군국주의와 국수주의적 경향을 강화하는 데 목적이 있다'[188] 라고 언급한 것에서 유추할 수 있으며, 자본주의와 공산주의의 중간쯤 되는 모델을 가지고 있던 것으로 보인다.

사하로프는 체코의 핵실험 중지와 더불어 '인권의 아이콘'이 되었다. 1973년 헤드릭 스미스(Hedricks Smith)는 「뉴욕타임스」 11월 4일 자를 통해 사하로프를 미국 시민운동의 표본이 되는 '시민 권리 운동가'로 둔갑시켰다. 이후 미국을

Union. Appearing first in April 1968, it soon became the main voice of the Soviet human rights movement, inside the country and abroad.

185) Valery Chalidze, *Tom Buchanan, To Defend these Rights: Human Rights in Soviet Union* (New York, 1974), 51.
186) 미니멀리즘(minimalism)은 1960~1970년대 단순함을 추구하는 예술 및 문화 사조이다.
187) Samuel Moyn, 『인권이란 무엇인가』, 164.
188) Samuel Moyn, 『인권이란 무엇인가』, 166.

중심으로 '지역 시민권'과 관련된 사안은 모두 '인권'으로 변경되어 사용하게 된 것이다. 예를 들어, 가정과 노동 현장에서 일어나는 차별을 감시하기 위해 세워진 뉴욕 시민청이 1968년에는 인권부서로 명칭을 변경하였고, 컬럼비아대학교 법대에서는 최초로 컬럼비아 인권법 센터(1971년에는 컬럼비아 인권법 리뷰)를 세웠다. 이런 과정을 통해 미국의 국제적 인권 활동과 시민 단체에 큰 영향을 미쳤다.[189] 1975년 12월, 노벨평화상 수상식에서 사하로프의 부인 옐레나 보네르(Yelena Bonner)가 대독한 '평화, 진보, 인권'이라는 소감문[190]은 평화와 진보라는 용어가 민주화에 집중적으로 적용되는 계기가 되었다. 그런데 지금 이 문서들은 전혀 다른 의미로 사용된다. 결국 사하로프의 인권은 실패한 정치적 유토피아에서 하나의 정치 윤리로 전환하는 대체품으로 적용되었다는 것을 알 수 있다.

동유럽에서 사회주의와 연관된 인권은 약화하였으나, 남미에서는 1973년 칠레 대통령 아옌데(S. G. Allende Gossens)의 암살과 더불어 새롭게 전개되었다. 우루과이에서는 군부독재가 나타났으며, 아르헨티나에서는 내각 체제가 들어서면서 인권을 기본 정책으로 내세웠다. 하지만 그들은 인권이 어디서 왔는지 잘 알지 못했으며, 새로운 개념을 어떻게 분류할지도 불분명하였다.

예를 들면, 소비에트 연방이 주도하는 반자본주의 국제 운동은 칠레 공산주의자 루이스 코르발란(Luis Corvalan)을 지원하면서 군부독재에 반대한다고 주장하였다. 또한 우루과이 좌파 수장 셀마르 미첼리나는 브라질, 칠레의 정치 지도자와 함께 미국의 베트남 개입 문제를 기소하기 위해 설립한 단체와 연합하여 남미의 새로운 조직을 형성하였다. 이들은 표면적으로는 '순수한 정보 교류'라고 하지만 '부르주아와 그 조직들은 착취적 체제와 함께 감옥에 갈 것'이라고 주장하였다. 그리고 이들은 국제사면위원회와 연합하여 라틴 아메리카 지역의 국가들이 자행한 고문에 대하여 수사하는 단체를 조직하게 되었다.[191] 남미 지역에서 좌익 세력들은 인권 문제로 군부독재에 저항하는 수단으로 전개하면서 새

---

189) Samuel Moyn, 『인권이란 무엇인가』, 328.

190) 사하로프, "평화, 진보, 인권", Alarm Hope 편저 (Efrem Yankelevich and Alfred Friendly, Jr, 뉴욕, 1978). ; Samuel Moyn, 『인권이란 무엇인가』, 164.

191) Samuel Moyn, 『인권이란 무엇인가』, 172.

로운 개념으로 접근하게 된 것이다.

3) 기독교 사회주의와 인권 – 해방신학과 민중신학의 출현

사회주의 인권이 신학과 연결되어 해방신학으로 나타난 시기는 1960년대로 볼 수 있다. 먼저 소련과 남미 지역을 중심으로 인권에 관심을 가지게 된 것은 기독교 운동 또는 내부 지지자들과 관련이 있었다. 소련에서 초창기 인권 연합이 발생하게 된 배경에는 침례교인의 인권 운동이 있었고, 이후 종교적 자유에 관하여 관심을 가지게 된 이유는 기독교와 연계되었기 때문이었다. 라틴 아메리카에서도 인권으로 연결된 것은 가톨릭의 전폭적인 지원이 있었기 때문이다.

요한 23세 교황은 1963년 「지상의 평화(Pacem in Terris)」라는 문서를 통해 자크 마리탱 같은 학자들이 주장했던 가톨릭과 인권의 문제를 직접적으로 연결하였다. 또한 1962~1965년에 열린 제2차 바티칸 공의회(Vatican II)와 1968년 콜롬비아 메데인(Medellin)에서 열린 제2차 라틴 아메리카 주교회의(CELAM II)를 통해 사회 구조의 변혁에 관심을 가져야 한다는 당위성을 부여하며, '해방신학'의 출발을 알린 신호탄 역할을 하였다.[192] 이를 신학적으로 접근한 것이 상황신학(Contextual theology)[193] 또는 지역 기독론(Local Christtheology)으로 불린다.

상황신학이란 일반적으로 크게 두 가지로 이해된다.
첫째, 역사적, 문화적 특정한 상황 속에서 생성되고 발전하는 신학이다. 둘째, 우리가 잘 알고 있는 남미 해방신학, 한국 토착화신학 및 민중신학, 흑인 해방신학, 아프리카신학, 아시아신학 등을 총칭하는 개념이다. 즉 이들은 정통 신학은 흑인, 여성, 남미지역의 독특한 환경을 중시하지 않고 있다고 보고 있다는 점이다.

---

192) Stanley J, Grenz, Roger E, Olson, 『20세기 신학』 신재구 역 (고양: IVP, 1997), 340.

193) 오늘날 복음과 문화의 관계 때문에 상황신학을 인정하면서 용어의 의미가 개념적으로 명백히 규명되지 않고 있다. 종교 및 세계관, 철학 및 문화, 그리고 정치적, 사회적 구도들의 다양성에 대한 전반적 인식이 점점 더 높아짐에 따라, 신학 또한 각자 주어진 제반 역사적 사회적 상황에 적합한 형태와 언어를 발견해야 한다는 논리이다. 가톨릭 교회의 적응 모델(Akkommodations model)에서 나온 개념으로 보는 이도 있다. 복음을 전하기 위해 피 선교국의 문화를 선교국의 문화로 대치시킬 필요가 있다는 것이다. 다니엘 L. 밀리오리, 『기독교 조직신학개론』 신옥수·백충현 역 (서울: 새물결플러스, 2012), 334-7.

라틴 아메리카 지역에 해방신학이 본격화된 것은 1960년대 페루 출신 가톨
릭 신학자 구스타보 구티에레스(Gustavo Gutiérrez)의 영향이 절대적이다. 그는 라
틴 아메리카의 정치 및 사회 현실에 대한 문제의식을 바탕으로, '가난한 이들의
현실과 이들의 인간해방을 위한 투쟁 수단으로 자유주의 신학을 접목한' 새로
운 신학 운동으로 전개하였다. 1971년에는 오늘날 좌파신학의 교과서라 불리는
『해방신학 (Teología de la liberación: Perspectivas)』을 저술하였고, 이를 통해 '해방신
학의 선구자' 또는 '해방신학의 아버지'로 불리게 된 것이다.[194]

라틴 아메리카는 특수한 현실과 이를 해결하는 논거로 마르크스주의의 사회
분석 기법을 활용했으며, 마르크스의 인권 개념이 핵심으로 적용되었다. 자본
주의 체제를 거부하는 이들은 사회주의 체제가 하나님 나라는 아니지만, 현실
사회에서는 '가장 이상적인 경제 체제'로 인식하고 있다. 이들은 마르크스주의
의 인권 개념을 활용하는 것은 '초대교회 교부들이 하나님의 존재를 변증하기
위해 플라톤 등의 그리스 철학을 활용하였고, 중세 스콜라주의자들이 아리스토
텔레스를 이용하는 것과 다를 바 없다'[195]고 주장하고 있다.

해방신학은 20세기 후반에 더욱 확대되었다. '전제 없는 해석은 불가능하다'
라는 불트만(Rudolf Karl Bultmann)의 견해를 추종하여 해석자의 사회·경제적 위
치, 인종, 성별에서 비롯한 사회 구조에 초점을 맞춘다. 이들은 성경에서 부자
와 가난한 자, 백인과 흑인, 여성과 남성의 눈에 제각기 다르게 보이기 때문에
사회적, 경제적, 정치적, 인종적으로 중립적인 해석은 존재하지 않는 것으로 보
고 있다. 이에 남미 지역, 흑인, 여성해방 등은 좌익 인권 운동의 대명사가 되
었다.[196] 무엇보다 자본주의 빈부 격차 문제에 중점을 두면서, 흑인신학은 인종
문제, 여성신학은 성별에 더 비중을 둔다. 공통점은 모두 억압받는 계층의 인권
문제에 관심을 두고 있다는 것이다. 이들은 압제당하는 사람의 관점에서 성경
을 읽어야 한다고 주장하며, 적극적으로 사회·정치적 행동에 참여해야만 성경
을 올바르게 이해할 수 있다고 강조한다.

---

194) 다니엘 L. 밀리오리, 『기독교 조직신학개론』, 344.

195) http://www.newsnjoy.or.kr/news/articleView.html?idxno=221196 라틴 아메리카 해방신학의 아버지
　　'구스타보 구테에레스', 2018.11.28일자.

196) John Frame, 『서양철학과 신학의 역사』, 611-2.

해방신학자들은 사회·정치적인 행동은 필연적으로 '대립적인' 성격을 띨 수밖에 없다고 주장한다.[197] 가난한 자들에게 부자들의 이익은 서로 갈등을 일으킬 수밖에 없다고 전제하기 때문이다. 결국 해방신학의 목적은 마르크스의 인권론이 주장하는 '인간해방'과 같은 논리이다. 그래서 해방신학자들은 마르크스주의를 '분석적인 도구'로 삼아야 하고, 사회주의 혁명에 헌신해야 함을 주장한다.

해방신학에서 바라보는 기독론은 그리스도와 십자가에 대한 독특한 해석이다. 예수의 죽음은 하나님의 명을 받은 속죄론보다 예수의 메시지와 사역의 결과로 초래된 것이라고 본다. 또한 십자가는 '하나님의 태도를 변화시키기 위해 필수적으로 요구된 것이 아니라 하나님의 통치에 헌신하는 삶의 절정의 모습'으로 본다. 부활에 대하여도 하나님이 죽은 육체에 무슨 일을 행하셨는지가 아니라 희생자를 위해 무슨 일을 행하셨는가의 관점으로 해석한다. 따라서 부활은 '희생자를 해방하는 하나님'[198]으로 본다는 관점을 가지고 있다.

더욱 특이한 점은 해방신학에서 주장하는 '죄'는 정통 기독교와 차이가 크다. 이들이 주장하는 죄는 '이웃과 하나님을 사랑하는 것을 거부하고, 오로지 자기 자신의 이익만을 챙기는 것'이라고 본다. 인간은 개인적으로 또는 집단 사회의 구조를 통해 그러한 죄를 짓는 것이며, 개인의 죄와 집단의 죄가 서로를 더욱 부추긴다고 본다. 특히 이 부분에서 구티에레스는 마르크스의 견해에 동의하고 있다. 마르크스가 주장한 노동자가 노동의 열매로부터 소외되는 이유는 사유재산권 때문이라고 언급한 주장과 일치하고 있다는 점이다.[199]

또한 해방신학에서 말하는 '구원'은 천국을 보장받는 믿음이 아니다. '인간을 인간답게 만드는 것으로 육체적이고 사회적인 억압으로부터의 자유, 사회 변혁, 이웃을 위한 삶으로의 회심을 포함하는 총체적 인간 해방'[200]이다. 그렇다

---

197) 마르크스주의와 해방신학을 다루는 상황에서만 독점적으로 나타나고 있다. John Frame, 『서양철학과 신학의 역사』, 613.

198) 다니엘 L. 밀리오리, 『기독교 조직신학개론』, 342-3.

199) 다니엘 L. 밀리오리, 『기독교 조직신학개론』, 616.

200) http://www.newsnjoy.or.kr/news/articleView.html?idxno=221196 라틴 아메리카 해방신학의 아버지

면 '구원을 위해 폭력도 하나의 수단이 될 수 있는가?'라는 물음이 생긴다. 구티에레스와 보니노 등은 폭력을 우선하거나 선호하지 않았다. 하지만 최후의 수단으로 폭력이 불가피한 경우라면, 이를 피할 수는 없다고 보았다. 원래 신부이자 컬럼비아대학교 교수였던 카미요 토레스(Camilo Torres Restrepo, 1929~1966)는 무산 계급을 위한 게릴라 혁명전에 참여하였으며, 지지자들로부터 영웅시 되었다. 그는 "예수가 오늘 살아 있다면, 그 역시 게릴라가 되었을 것이다"라는 말로도 유명하다.

해방신학의 폭력성에 대해서는 가톨릭에서도 비판[201]하였다. 1984년 9월, 바티칸 신앙교리성에서는 '자유의 전갈: 해방신학의 일부 측면에 대한 훈령'[202]이라는 문서를 통해 "해방신학은 예언서와 복음서에 의존해서 빈자를 옹호한다고 하면서, 실제로는 성서 속의 가난한 자와 마르크스의 프롤레타리아를 혼동하고 있다. 이것은 하나의 재난이다"라고 언급했다. 이 문서는 당시 신앙교리성 수장이던 요제프 라칭어(Joseph Razinger)가 그는 이후 2005년~2013년까지 교황 베네딕토 16세로 재직하였다. 그러나 그는 1985년 브라질 해방신학자 보프에게 1년간 함구령을 내렸고, 구티에레스도 조사했지만 별도의 조치를 내리지는 않았다.

1986년 4월에는 '자유의 자각: 그리스도인의 자유와 해방에 관한 훈령[203]'을 통해 '가난한 사람들이 곧 메시야적 하나님 백성으로 환원되고, 하나님의 구원이 마르크스주의적 계급투쟁을 통한 인간의 자기 구원으로 환원되고, 하나님 나라는 계급투쟁의 성공을 이룬 공산사회가 되며, 신앙은 역사에 대한 신실함으로 대체된다'라는 해방신학의 교리에 대해서도 비판하였다.[204]

'구스타보 구테에레스'. 2018.11.28일자.

201) G. 구티아레즈, 『해방신학(I): 원론편』 편집부 역 (서울: 한밭출판사, 984). 643-5.

202) http://www.cbck.or.kr/book/book_list6.asp?p_code=&seq=401423&page=20&KPope=&KBunryu=&key=&kword=. 자세한 내용은 가톨릭 평화신문 2017.03.16일자 참조.

203) http://www.cbck.or.kr/book/book_list6.asp?p_code=&seq=401423&page=20&KPope=&KBunryu=&key=&kword=. [뉴스앤조이] '라틴 아메리카 해방신학의 아버지'. 2018.11.28일자 참조

204) G. 구티아레즈, 『해방신학(I): 원론편』, 그렌츠 올슨. 346-59. ; 김균진. 621-41. ; 구스타보 구티아레즈, 『해방신학 역사와 정치와 구원』 성염 역 (서울: 분도출판사. 2000), 23.

우리나라에서 해방신학은 1970년대 말부터 활동했던 '천주교 정의구현사제단' 등과 같은 단체에서 나타났다. 대부분 민주화와 인권 투쟁에 나선 사제들로 해방신학에 심취되었다. 개신교에서는 진보를 대변하는 기독교 장로회의 일부 세력이 주장하는 '민중신학'이 해방신학으로부터 일정한 영향을 받았다고 할 수 있다. 즉 한국만의 정치적 문화와 신앙적 환경에서 태동한 민중신학은 라틴 아메리카를 배경으로 탄생한 해방신학과 매우 유사하다고 볼 수 있다. 1960~1970년대의 자유주의 신학의 확장 및 유통 과정에서 연결되기 때문이다.

한국 민중신학의 등장은 「기독교사상」 1975년 4월호에 '민중의 신학에 관하여'가 기고되면서 신학 담론으로 본격화되었다. 이 글에서 "대국적으로 보아 국내 신학의 변화는 서구 신학의 흐름을 따른 셈이다. 그러다가 우리 현실의 문제에 눈을 뜨게 되면서 해방신학에 종사하게 되었고, 그 과제를 한국적 상황에서 문제시하여 이제는 민중신학에 관여하게 되었다"[205] 라며, 해방신학이 모태가 되어 한국적 상황을 고려한 민중신학이 출발했음을 밝히고 있다. 그러나 이 글에서 민중의 의미는 해방신학의 프롤레타리아보다 한층 더 포괄적이라고 주장한다. 즉 단순히 무산 노동자 계층만이 아니라 노동자, 농민을 포함한 모든 서민 대중이 민중(ochlos) 또는 인권의 이름으로 접근하는 '인민'이라는 개념인 것이다.[206]

해방신학과 민중신학은 좌익 계열로, 진보신학의 일부이자 상호 공명하는 신학적 대화와 실질적인 연대의 파트너라고 본다. 해방신학은 그 기원을 인권에 바탕을 두고 흑인신학, 여성신학, 아시아신학, 생태신학 등 이후에 등장하는 다양한 급진 신학의 기원으로 등장했다. 신학적 입장에서 보면 다른 많은 신학적 운동과 마찬가지로 인식론적 사고의 출발에서부터 심각한 오류를 저질렀다.[207] 마르크스주의 인권론을 바탕으로 '마르크스주의 혁명'에 대한 헌신을 신학적 과제의 전제로 삼았기 때문이다.

---

205) 서남동, 『민중신학의 탐구』 (서울: 한길사. 1983), 202, ; 183, ; 177.

206) http://www.cbck.or.kr/book/book_list6.asp?p_code=&seq=401423&page=20&KPope=&KBunry u=&key=&kword=. [뉴스앤조이] '라틴 아메리카 해방신학의 아버지', 2018.11.28일자.

207) John Frame, 『서양철학과 신학의 역사』, 618.

4) 미국 정치와 인권

미국의 인권 정책은 공화당과 민주당에서 분명한 차이가 있다. 즉 인권을 어떻게 해석하느냐에 따라 보수와 진보의 차이가 있다는 것이다. 민주당의 지미 카터 대통령은 '인권 외교'의 대명사로 불린다. 민주당의 외교 노선은 이상주의를 추구하고, 공화당은 실리주의를 추구한다. 1977년 지미 카터 대통령은 집권하자마자 한국과 필리핀을 비롯하여 브라질과 칠레 등을 '인권 탄압 국가'로 지명했고, 이로 인해 군사·경제 원조를 제한당하는 불편함을 겪었다. 민주당 출신 클린턴 대통령도 외국의 인권에 대해 무관심하지 않겠다는 의지를 피력했으며, 역시 민주당 출신 오바마 대통령도 성소수자, 이슬람 인권 등 소수자 중심의 인권 정책과 인권 노선을 철저히 수행하였다.

이로 인해 미국의 민주당은 인종 및 종교적으로는 히스패닉, 유대인 등 소수 민족과 가톨릭 등 소수 종교인 지지자가 많은 대신 공화당은 백인과 개신교파가 주류를 이루고 있다. 여성 인권을 존중하는 민주당은 낙태에 찬성하고, 페미니즘 여성들은 민주당을 선호하는 것으로 나타나고 있다. 그럼 미국의 정치에서 인권이 도입되는 과정을 살펴본다.

1975년 7월, 핀란드 헬싱키에서는 유럽과 미국 등 35개국이 참석하는 유럽안보협력회의(CSCE)가 열렸고, 헬싱키 협약(Helsinki Final Act)이 맺어졌다. 이 회의는 제2차 세계대전 이후 동·서 진영이 처음으로 유럽의 안보를 논의했으며, 상호 주권 존중, 전쟁 방지, 인권 보호라는 세 가지가 핵심 주제였다.

미국은 소련과 동유럽의 인권 문제를 제기했다. 지금도 미국 내 북한 인권 운동가들은 미국과 서방 국가들이 협약을 근거로 소련과 동구의 인권 문제를 지속해서 제기함으로써 공산권 붕괴를 촉진하였다고 주장하기도 한다.[208] 결국 체코슬로바키아에서 바츨라프 하벨(Václav Havel), 폴란드에서 레흐 바웬사(Lech Wałęsa)등 반체제 지도자들이 등장했고, 배급 경제 체제 붕괴 등 여러 요인이 복합되어 소련은 1991년 해체되었다는 것이다. 1975년 협정 체결부터 1991년 소련 해체까지의 과정을 '헬싱키 프로세스'라고 지칭하고 있다.

---

208) http://www.munhwa.com/news/view.html?no=2006072101030632112060 참조.

헬싱키 협정에서 논의된 인권 개념은 보편적 인권이었고, 동유럽이나 라틴 아메리카, 미국 정치에 영향을 미쳤다. 1975년 미국 상원의원 밀리칟트 펜위크(Millicent Fenwick)는 소련을 소비에트 사회주의 공화국 연방을 직접 방문하여 유리 올레로프 등 지도자들을 만나 헬싱키 협약을 발전시킬 법안을 제의하기도 하였다. 1977년에는 체코에서 77헌장이 선포되면서 보편적 인권의 관심이 제고되기도 하였다.[209] 헬싱키에서 열린 유럽안보협력회의에서 인권이 채택되고 확장성을 가지게 된 것은 미국의 지미 카터 역할이 컸다. 다음은 제리 레이버(Jeri Laver)의 글[210] 이다.

실제로 지미 카터가 아니었으면 인권이라는 어휘 자체는 그렇게 크게 파급력을 미치지 못했을 것이다. 우리의 이념을 설명하기 위해 인권이라는 단어를 사용한 적이 없습니다. 인권은 제가 즐겨 사용하는 일상 언어에 속하지 않았고, 당시 사람들에게도 그 의미가 거의 알려지지 않았습니다.

역사는 항상 특별한 상황 속에서 만들어진 것처럼, 1977년 미국의 대통령 후보로 지미 카터가 등장하면서 '인권의 대중화'가 시작되었다. 인권 개념은 1970년대 초 미국 민주당의 외교 정책에서 핵심적인 단어였지만, 불과 몇 년 전만 해도 그렇게 두각을 나타내지 못했다. 1974년, 당시 기고문에서 보듯이 '인권 정책은 미국 외교정책에서 아주 한정된 역할만 할 것으로 보인다'[211] 라는 것이 중론이었다. 그러나 3년 뒤, 지미 카터 대통령이 등장하면서 전혀 다르게 전개되었다. 미국의 인권 정책은 초기에는 백악관이 주도하고 민주당에서 동의하는 방식으로 시작되었다. 그러다가 1972년의 워터게이트 사건(Watergate scandal)으로 인해 이를 타개하는 과정에서 인권 부분이 부각되었던 것이다.

---

209) 헬싱키 협정 후 체코의 실상을 고발한 체코의 77헌장 선언에 나타난 인권의 개념이다. '인권이란 개념은 아무것도 아니지만 국가와 사회를 하나로 만들고 도덕적 감수성으로 독립 주권국을 고려하게 하며, 그 위에 검증되지 못한 무언가가 있다는 것을 인식시켜주고 신성불가침한 무언가로서 그들이 창조하고 확정한 법적 표준이라는 힘으로 끝까지 공헌하기 위한 것이다' 여기서 주장되고 있는 인권은 보편적 인권의 개념임을 분명히 알 수 있다. http://blog.daum.net/philook/15720505 원문 참조.

210) Jeri Laber, *The Courage of Strangers: Coming of Age With the Human Rights Movement* (Paperback, 2005), 74. ; Samuel Moyn, 『인권이란 무엇인가』, 181.

211) Richard Bilder, "인권과 미 외교정책: 단기간의 전망", 『버지니아 국제법 저널』14 (1973-1974), 601.

1973년, 국무장관으로 임명된 키신저(Henry Kissinger)는 '미국은 인권에 대한 침해가 있는 국가와는 어떠한 관계도 회피할 것'이라고 하면서 소련 내 반체제 지식인과 종교 단체들에 대한 박해에 대하여는 강력한 조치를 언급하였고, 국제 관계에서도 인권의 강화를 주장, 협조를 모색할 것이라고 강조하였다.[212] 1975년에는 미국 행정부 내 처음으로 '인권부'가 창설되었고, 외국인의 인권 지원과 관련된 실천 사항이 서서히 도입되기 시작하였다.

지미 카터가 민주당 내에 급증하는 인권 문제와 연결된 것은 종교와 관련된 선택으로 보인다. 그는 1960년대 중반 남침례교인으로 등록하면서 종교적 확신으로 바뀌었다는 것이다. 이후 그는 TV 토론에서 유력한 공화당 후보자 제럴드 포드(Gerald Ford)가 동유럽에 소련이 미치는 영향에 대한 질문을 받고는 "동유럽은 더 이상 소비에트 사회주의 공화국 연방의 지배를 받지 않는다"라는 치명적 실언을 한 것과 자신의 도덕적 이미지를 배경으로 대통령에 당선된다. 그리고 그는 취임식에서 중요 외교 정책으로 인권 문제와 윤리와 심판을 호소[213] 했으며, 이후 미국 정치 전역에 큰 영향을 주었다.[214]

1977년 1월 20일, 카터는 취임식과 더불어 1977년을 '인권의 해'로 지정하였다. 그의 취임 연설을 두고 '인권이 미국 국민에게 첫 선을 보였다'[215] 라고 언급되었고, 외교 이론의 핵심이 되었다. 동시에 국제사면위원회는 그해 10월 10일, 노벨평화상을 수상함과 맞물려 인권이 본격적으로 대중들에게 알려졌다. 카터는 사하로프를 위한 서신을 작성하였으며, 유엔에서 인권의 중요성에 대하여 연설하였다. 이로 인해 인권은 미국인의 핵심 과제로 만들어졌던 것이다.[216] 여기에다 당시 미국에서 수백만 명이 시청한 TV 프로그램 알렉스 헤일리(Alex Haley)의 '뿌리'에 감동하면서 영향력은 확대되었다. 이에 영향을 받은 포드 재단과 각종 자선 단체들이 나서서 학교에 재정을 지원하여 컬럼비아대학교에는

---

212) https://news.joins.com/article/1357676 참조

213) Samantha Power, Graham. *Realizing Human Rights : Moving From Inspiration to Impact* (New York, 2000), 23.

214) Hugh M. Arnold, "헨리 키신저와 인권", 「세계 인권」 2/4 (1980), 57-71.

215) Samuel Moyn, 『인권이란 무엇인가』, 189.

216) Samuel Moyn, 『인권이란 무엇인가』, 190-1.

인권 연구 센터가 세워졌으며, 이를 통해 인권 관련 활동을 하는 NGO와 석학들을 지원하였다.

그러나 카터의 행보는 장기적 관점에서 보면 미국의 외교 정책의 틀을 바꾼 기저가 되었다. 오히려 카터의 인권 정책은 지금까지 한 번도 선보이지 않는 모호한 이론으로 미국인들을 대상으로 첫 실험을 한 것으로 혹평 되고 있다.[217]

이제 미국에서는 신보수주의가 출현해 인권을 또 다른 친공산주의의 산물로 인식하며 경고하고 있다. 심지어 대표적인 좌파 이론가인 노암 촘스키(Norm Chomsky)도 극단적 좌파들의 인권 활동에 대하여 '인권 운동은 선동주의자들이 반혁명주의적 개입을 위한 대중적 지원을 얻기 위해 조작하는 장치'라고 비난하였다.[218] 또한 촘스키는 카터가 우간다 폭군지도자 이디 아민(Idi Amin)에 대하여 인권 문제로 접근했을 때, '위험한 미국인'이라고 대응했다는 점도 부각시켰다. 이처럼 카터의 인권에 대한 주장과 논리는 좌파로부터도 비난을 감수해야만 했다.

카터가 대중에게서 멀어지게 된 것은 1973년 미국 낙태 찬반 논쟁인 '로 대 웨이드(Roe v. Wade)' 소송에 찬성했던 사라 웨딩턴 검사를 대통령 보좌관에 임명하면서 부터이다. 결국 그는 재선에 실패했으며, 2000년 10월 19일에는 자신의 지지 기반인 남침례교와도 결별을 선언하였다. 이후 '사랑의 집짓기 운동(Habitat for Humanity)'을 전개했지만, 미국의 대표적 동성애 지지 단체인 '휴먼 라이츠 캠페인(Human Rights Campaign)' 기금 모금 만찬 행사의 명예 공동 의장직을 맡게 되면서 정통 기독교 단체와 보수주의자들로부터 '동성애 단체 기금 모금 운동에 가담한 최초의 미국 대통령'이라는 비난을 받기도 했다. 더욱 논란이 된 것은 카터가 미국 연방 대법원의 동성결혼 인정 결정과 관련 질문을 받고 "예수님도 동성결혼을 인정했을 것"[219] 이라는 발언을 하여 복음주의 신학자들

---

217) Samuel Moyn, 『인권이란 무엇인가』, 193.

218) Norm Chomsky, 'Human Rights and American Foreign Policy', *Political Science*, 1978, 67.

219) 지미카터는 인터뷰를 통해 동성애자 군복무 관련 질문을 받고 "조만간 미국에서 동성애자 대통령도 당선될 수 있다"라고 https://www.hankyung.com/international/article/2010121737668)하였고, 또한 "비록 성경 구절에는 없지만 예수는 만약 정직하고 신실하며 다른 사람에게 피해를 주지 않는다면 어떤 사랑도 지지했을 것이며, 동성결혼이 누구에게 해가 된다고는 생각하지 않는다"라고 하였다. (HuffPost Live's Marc

로부터 엄청난 비난을 들어야만 했다.

미국 정치에서는 인권이 카터 정부와 정교하게 맞아떨어진 것에 대해 의문을 가질 수 있다. 이는 미국인들이 오랫동안 '자유'에 대하여 숭고한 가치를 부여하고 있는 점에서 찾을 수 있다. 미국의 자유주의 전통 속에 카터의 인권 호소가 참신했다는 것이다. 그러나 점차 인권이 인간의 자유를 억압하고, 내부적으로는 시민 권리 차원으로 나타났고. 점차 시민 권리 운동으로서의 인권은 사실상 추락하고 있다는 점이다.

현재 미국 정치권에서는 인권이 지배하던 시대는 지나갔다고 보고 있다. 보편적 인권이 아닐 뿐만 아니라 선택적 정의이자 'PC 정치'로 대변되는 정치 이념적 성격이기 때문이다. 1968년 이후, 당시 유토피아에 대한 새로운 갈망이 있었고, 인권에 약간의 관심도 있었다. 그러나 도덕적 또는 종교적 문제에서 정치적 문제로 접근하면서 오래가지는 못했다. 장기적인 관점에서 인권을 정치적 유토피아로 전환한 것은 마르크스주의를 공개적으로 철회한 사람들에게 유토피아를 완전히 새로운 것으로 또는 혁명과 폭력에서 벗어나 새롭게 바꾸어 놓았다는 것을 의미하는 것이다.[220]

2. 세계로 번진 소수자 및 다문화 인권의 출현

포스트모더니즘의 핵심 사상은 '인본주의'와 '다원주의'라고 할 수 있다. 인본주의를 함축적으로 표명한 단어가 '인권'이며, 소수자의 논리가 내포되어 있다. 그리고 다원주의를 대표하는 단어가 '다문화'이며, 타문화의 수용도 있지만 자국 문화 내의 '반문화'의 인정 논리가 포함되어 있다.

1) 68혁명과 소수자 인권의 등장

Lamont Hill 인터뷰) https://www.breitbart.com/clips/2015/07/07/carter-i-believe-jesus-would-approve-of-gay-marriage)

220) Samuel Moyn, 『인권이란 무엇인가』, 209.

문화는 국가뿐만 아니라 공동체 연합을 이루는 핵심 기조이다. 그런데 역사 속에서 국가는 외부 침략이 아닌 내부의 문화적 갈등과 분열로 파국을 맞고 있다. 대표적인 사례로 최근의 유럽 공동체를 들 수 있다. 유럽 공동체는 초국가적이고 다민족, 다문화적인 정치 공동체가 형성되었지만 오래가지는 못했다. 1970년대 러시아, 유고슬라비아 등도 연합 공동체를 형성하였지만 민족적, 문화적 갈등으로 분열되었다. 심지어 '인종 청소'라는 극단적 현상까지 나타날 정도로 심각하였으며, 결국 또 다른 주권 국가로 재편되었다.

이처럼 서로 다른 문화가 결합해서 한 국가로 정치 공동체를 형성하는 일은 매우 어렵다. 다양한 종족적, 문화적 집단을 포괄하는 정치 공동체를 유지한다는 것은 내부 소수자들이 소외되지 않을 만큼 민주주의가 발달하여야함은 물론이고, 문화적 다양성을 포용할 수 있는 이념과 제도, 그리고 정치 문화가 확립되어야 한다는 것이다.

최근 유럽과 미국, 캐나다 일부 지역을 중심으로 다종족·다문화를 수용하면서 공동체를 형성하기 위해 차별보상권, 다문화권, 자치권과 집단대표권 등을 보장하는 제도를 도입하는 사례도 있다. 상대주의 입장에서 여러 소수 문화를 인정하는 다문화주의의 수용도 좋지만 어떤 기준에 의해서 해야 할지 그 논의가 먼저일 것이다.

1960년대 문화를 통해 사회 체제를 뒤바꾼 사건이 있다. 중국에서 1966년부터 10년간 이어진 사회주의 운동인 '문화대혁명'과 이들의 영향을 받고 프랑스의 학생과 근로자들이 1968년 일으킨 사회 변혁 운동인 '68혁명'이다. 문화대혁명은 하향식 혁명이고, 68혁명은 상향식 혁명이라는 차이점이 있지만, 지금도 큰 영향을 주고 있고, 그 파급력은 엄청나다. 특히 300만 명이 일시에 숙청당하여 광기와 악마들의 광란으로 불리는 문화대혁명은 중국의 공산주의 혁명이었다.

1968년 5월, 프랑스 파리에서 일어난 68혁명[221]은 기존 가치 질서의 해체와

---

221) 68혁명은 프랑스 낭테르 대학의 학장이 시위를 위해 대학을 점거했던 학생 8명을 징계하고자 그들에게 징계위원회에 출석할 것을 협박하면서 시작된다. 학생들이 이를 거부하자 경찰은 폭력을 동원해 시위를 진압하려 했고, 이 무력 진압으로 인해 시민들이 다치고 체포되는 것을 본 노동자를 포함한 다수의 국민들이 광장으로 나오면서 시위의 규모는 더욱 커졌다.

더불어 사회 전반의 견고한 구
조에 큰 파문을 가져왔다. 68혁
명을 이끈 젊은 세대는 사회를
장악하고 있던 전체성과 권위에
도전하며 사회 주변부의 소외된
삶에 가치를 부여하고자 하였
다. 그 배경은 내부적으로 억압
적인 질서와 사회 구조에 대한
불만이었다. 제2차 세계대전 이
후 경제 부흥 속에서 자본주의

[그림 2] 68혁명 40주년 기념 행진
(출처 : 로이터 통신 및 조선일보)

의 열매로 나타난 풍요는 얻었지만 관료주의를 추구하는 거대한 사회 구조에서
사람들은 힘들어했다. 이에 젊은 세대는 사회 전반에 걸친 문제들이 경제적으
로는 해결될 수 없다는 것을 느끼고, 불평등 구조를 탐구하고 반발했던 것이다.

　68운동을 시작으로 여성주의, 소수자 인권 운동 등은 반기독교적 가치관으
로 나타났고, 오늘날의 시민 사회 운동에서 핵심 이슈로 자리 잡게 된 것이다.
이들은 인간 소외 문제를 거론하면서 이들에 대한 억압과 착취의 개념을 확대
해석하여 문화적 억압, 관료적 횡포, 성적 불만, 인종차별까지 포함하여 이슈
로 삼고 있다. 문화를 통해 정치 일선에 파고들며 새롭게 정치적 의미를 해석하
게 함으로써 일상의 혁명일 뿐만 아니라, 개인적인 해방과 집단적인 해방을 동
시에 겨냥한 문화 확산 운동으로 전개하였다. 이들이 주장하는 바탕에는 항상
인권이 화두가 되었고, '문화권'이라는 개념도 등장하였다. 이러한 문화 확산은
주변 유럽 국가들과 미국, 일본까지 전해져 전 세계에서 반체제 및 반문화 운동
으로 진행되었다.

2) 다문화주의(문화민주주의)와 '반'문화

　〈판도라〉라는 한 편의 영화가 우리나라 대통령의 마음을 움직였고, 탈원전
정책을 추진하는 동력이 되었다. 우리는 영화가 정치 지도자의 마음을 움직이
면, 정책으로 나타나고 그로 인해 우리들이 살아가는 환경에 절대적인 영향을
끼치게 된다는 사실을 알고 있다.

68혁명 당시 문화인들은 비현실적인 상황을 현실로 복귀시켜 시대의 문제를 반사회적 구성원들과 함께 고민했다. 부르주아 관념에 매몰되어 있던 문화계에 저항하는 대신 문화적으로 소외된 대중들에게 다가가는 모습을 취한 것이다. 68혁명 이후 프랑스 문화 정책은 '문화의 민주화(democratisation de la culture)'에서 '문화 민주주의(democratie culturelle)'로 변화했다.[222] 문화의 민주화란 '모든 사람의 문화(culture of everybody)'를 표방하지만, 문화 민주주의는 '모든 사람에 의한 문화(culture by everybody)'에 집중하는 것[223]이라고 설명하고 있다.

68혁명을 계기로 이른바 사회주의 '신좌파'[224] 진영은 엘리트 중심주의 문화 정책을 비판하면서 문화 민주주의를 주장하였다. 사회에는 다양한 문화가 존재하고 있으므로 여러 다양한 하위문화도 인정해 주어야 한다는 것이다. 또한 문화 민주주의는 기성 권력에 대한 비판과 저항으로 파격적인 형식과 내용을 추구하였다. 대표적으로 '민중공방'[225]에선 당대 학생들과 노동자들의 저항 정신을 반영해 사회에서 금기시된 선정적이고 유희적인 이미지의 포스터를 제작하며 혁명의 확산에 이바지하였다. 또한 '빌뢰르반 강령'[226]은 국가 주도의 문화 정책에 반대하며 소외된 일반 대중을 문화의 중심으로 삼는 것을 목표로 하였다.

예술가들은 민중공방이나 빌뢰르반 강령을 통해 예술·문화 권력의 독점과 그로 인한 개인 및 집단의 창조성의 경직화, 고급문화의 대중화로 인한 예술작품들의 위계와 사회 계층 간의 격차를 해소한다는 명분으로 다문화주의로 전개하였던 것이다. 결국 문화 민주주의는 문화라는 명분으로 그 경계를 허물고, 예술이라는 명분으로 인간의 욕망까지 합리화하는 형태도 나타났다. 이로 인해 문화에서 원칙과 기준이 사라지게 된 것이다.

---

222) 한승준, "문화 민주주의와 프랑스의 문화 예술 지원 정책", 『프랑스문화예술연구』59, 2017, 317-47.

223) http://www.snunews.com/news/articleView.html?idxno=18087 ; 한승준, "문화 민주주의와 프랑스의 문화 예술 지원 정책", 327.

224) 이 책에서 의미하는 신좌파 용어는 70년대 이후 사회주의, 아나키즘, 자유지상주의, 성적 자유주의, 반권위주의 등을 포함한 용어이다. https://librewiki.net/wiki/%EC%8B%A0%EC%A2%8C%ED%8C%8C 참조.

225) 김지혜, "프랑스 68혁명과 예술운동", 『마르크스주의 연구』5/2 (2008), 76-8.

226) 김지혜, "프랑스 68혁명과 예술운동", 76-98.

이들은 실제로 68혁명을 주도하며 모든 형태의 억압, 지배에서 벗어나 소외로부터의 '인간해방'을 꿈꾸었다. 이때 나타난 문화예술은 정치·사회적 혁명의 현실을 비판적으로 그려내는 저항적인 작품들이었다. 일상에서 변혁이라는 메시지를 담아낸 68예술은 대중에게 비판적 의식을 고취하는 수단으로 작용하였다. 이를 통해 의식화된 사람들은 68예술의 지지기반이 되고, 68정신이 지속적으로 영향을 미치도록 하였다. 정치 예술 대표 단체인 '프랑스 영화 삼부회'는 학생 및 노동자와 연대하여 학생 운동과 같은 시대적 사건들을 촬영하며 혁명을 위한 별도의 영화까지 제작해 보급하였다.[227] 이들은 전통적인 가치관, 도덕관념, 금기사항을 뒤집는 것은 물론 규칙 파괴, 과학적 합리성에서 감수성으로 해방, 그동안 억압돼 있던 상상력, 욕망, 쾌락을 활성화하였다. 이를 '저항의 미학'인 동시에 '반'문화(Counter-Culture)[228]라고 부르기도 한다. 즉 온전한 문화가 아닌 반항적 문화 또는 절반의 문화 의미인 것이다.

반문화로 나타난 세 가지 현상은 다음과 같다.

첫째, 반권위주의를 내세우며, 기성세대에 대한 저항은 당연시되었다. 월남전 등 전쟁과 기성세대의 권위의식에 반감을 느낀 젊은이들은 자신들만의 개성적인 패션과 생활 문화를 만들어갔다. 이 와중에 반권위주의 운동으로 '히피 운동'이 일어났다. 물질 만능주의와 어른, 부모들의 규격화된 삶을 부정하며 기성 질서나 가치관을 타파하려는 운동인 것이다. 이들의 생활 특징은 도시가 아닌 전원, 노동과 생산이 아닌 게으름과 놀이를 지향하며 억압이 없는 자연스러운 삶을 원했다. 자유분방한 의상과 헤어스타일, 정신적 해방을 위한 마약 사용, 집단 난교와 공동생활 등이 대표적 형태이며, 오늘날 '욜로족'의 원조이기도 하다.

대표적인 예로 1969년 8월에 열린 '우드스탁 페스티벌(The Woodstock Music and Art Festival)'[229]이 있다. 이들은 세상을 향하여 저항하는 음악 장르인 '펑크 록(punk rock)'을 추구하였다. '펑크(punk)'는 '타락한, 무가치한'이라는 뜻으로, 사회

---

227) http://www.snunews.com/news/articleView.html?idxno=18087. 서울대학신문, 2018.04.08일자.

228) Christiane Saint Jean Paulin, 『히피와 반문화』 성기완 역 (서울: 문학과 지성사, 2015), 5.

229) 1969년 8월 15일부터 3일 동안 미국 뉴욕 주의 베델 평원에서 개최된 축제로 당시 언론과 정부가 매우 우려하였음에도 강행되었고, 수많은 청년은 반문화적 음악과 마약을 즐기기도 했다.

[그림 3] 1969년 8월 15일~18일간 40만명이
뉴욕주 베델 근처 Woodstock에 참가
(출처 : 사운드네트워크)

불만 세력들의 심리적 반발심과 분노를 대변한다. 또한 젊은이들은 상식과 통념을 전복하고 당연한 것들을 비틀어 희화화했으며, 거칠고 아마추어적인 음악을 이어갔다. 영국의 '섹스 피스톨즈(sex pistols)'가 대표적이다. 이 그룹은 무정부적 허무주의가 농후한 가사와 무대에서의 거친 움직임 등이 특징이며, 영국 사회의 전통적 가치에 대한 비판으로 짧은 기간에 유명해졌다.

둘째, 소수 민족을 중시하며 인종주의에 반대하였다. 이들은 한 국가 안에 다양한 인종이 혼재하고 있으며, 그로 인해 다른 인종 사이에서 우열이라는 개념이 생겨났다고 보며, 문화인종주의에 저항하기 시작하였다. 대표적으로 '레게음악'이 있다. 비록 영국의 지배를 벗어났지만, 당시 자메이카 국민 대다수를 차지했던 흑인들의 비참한 삶은 독립 이후에도 변하지 않았고, 이를 대변하고자 한 것이다. 밥 말리와 같은 흑인 음악가들은 백인의 지배를 벗어나 고향 아프리카로 돌아가야 한다는 '라스타파리아니즘(Rastafarianism)'을 표출하였다. 그리고 1960년대 사회와 문화가 급변하면서 자메이카에서 흑인의 라스타파리아니즘을 담은 새로운 음악 장르인 레게[230]가 탄생한 것이다.

'치카노 벽화 운동'도 이와 유사한 흐름이다. '치카노(Chicano)'란 1960년대 후반 노동자들과 대학생들을 중심으로 한 멕시코계 미국인들이 '뿌리'를 찾기 위한 구호였다. 치카노 벽화 운동은 그들이 자기 정체성의 긍정과 정치적 자결권을 확보하고자 하였다. 그리고 '멜팅 팟(melting pot)'이라는 문화적 다양함 속에서 벌어지는 인종 문제에 저항하였다. 대표작으로는 공동 제작된 그래피티인

---

230) 1962년 영국으로부터 독립한 자메이카에서 흑인들의 토속적인 리듬과 미국의 리듬앤블루스가 결합한 새로운 음악을 말한다.

'우리는 소수자가 아니다(We are not a minority)'이다. 이 구호는 아르헨티나 출신의 급진혁명가 '체 게바라(Che Guevara)'[231]가 손가락을 앞으로 내밀며 정면으로 응시한 모습과 더불어 알려지게 되었다.

셋째, '성해방 운동'과 동시에 여성 해방 운동을 전개하였다. 이른바 동성애와 퀴어를 반대하는 사회에 저항한 것이다. 당시 뉴욕주(州)는 형법을 근거로 공공시설에서 동성애자들에게 서비스를 제공하는 것을 금지했다. 그래서 이들이 피난처로 삼은 곳은 마피아들이 운영하는 술집밖에 없었고, 그중 하나가 바로 '스톤월(Stonewall)'이었다.

1969년 6월, 경찰이 스톤월을 단속하며 동성애자들을 체포하는 과정에서 저항이 있었고, 이것이 동성애 성해방 운동의 단초가 되었다. 동성애 저항 운동의 상징인 '스톤월 항쟁'에서 남성 동성애자들은 하이힐을 신고 시위를 벌이기도 하였다.

여성 해방 운동은 68혁명의 주요 흐름 중 하나이다. 그들은 남성 중심의 권위적인 '가부장 제도'가 여성을 구속하고 억압한다고 여기는 반항적 의식을 가지고 가정의 구조에 대항하였다. 이후 1970년대에 피임약이 보급되고 낙태가 합법화되었으며, 결혼을 기피하는 운동이 일어났다. 이에 맞추어 급진적 여성 작가들의 퍼포먼스나 영상이 새로운 미술 형식으로 등장하였다. 1972년의 주디 시카고의 '생리 욕실(Menstruation bathroom)'과 1979년의 여성주의자들의 공동 창작 프로젝트였던 '디너 파티(Diner party)' 등이 대표적이다.

3) 성소수자 인권으로 번진 동성애 문화

한국 사회뿐만 아니라 전 세계적으로 성소수자 활동이 인권 운동으로 활성화될 수 있었던 것은 욕야카르타 원칙(The Yogyakarta Principles)을 제시한 국제 인권 체제의 성립과 문화 미디어의 역할이 컸다.[232]

'성소수자(Gender minority), 퀴어(Queer), 젠더(Gender)'라는 용어가 동성애의

---

231) 에르네스토 "체" 게바라(Ernesto "Che" Guevara, 1928~1967)는 아르헨티나 출신의 공산주의 혁명가, 정치가, 의사, 대학교수, 외교관, 저술가이자 '쿠바의 게릴라 지도자'이다. 39세에 총살당한 후, 젊은이들에게 '체 게바라 열풍'을 일으킬 정도였다. 쿠바에서 최고의 자리에 오르고도 이를 박차고 또 다른 혁명을 위해 헌신하는 숭고한 모습이 사람들을 감동시켰기 때문이다. 하지만 체 게바라는 쿠바, 콩고, 볼리비아에서 벌인 일련의 혁명 과정에서 독재자의 모습으로 반혁명 세력과 수많은 농민의 살상을 가져왔다.

232) G. kuby, 『글로벌 성혁명』 정소영 역 (서울: 밝은생각, 2018), 103-4.

당위성과 인권 문제로 접근하게 된 것은 욕야카르타 원칙에서였다. 이 원칙은 2016년 11월 6일~11월 9일까지 인도네시아 욕야카르타에서 열린 NGO와 국제인권법 연구자들이 성적 지향(sexual orientation)과 젠더 정체성(gender identity) 관련 이슈를 국제인권법에 적용하기 위해 만든 일종의 원칙[233]을 말한다. 젠더 및 퀴어(성소수자) 관련 국제인권법의 적용 기준을 총 29개의 원칙으로 나열한 것으로서, 현행 국제인권법에 따라 젠더 퀴어가 어떤 권리를 가지며, 이에 대하여 국가는 어떤 의무를 부담하는지를 구체적으로 제시하려는 의도로 제정되었다.[234]

욕야카르타 원칙의 배경에는 오직 '성적 지향'과 '젠더 정체성'에 기인한 인권 침해가 있다는 전제조건에서 출발하고 있다. 성적 지향과 젠더 정체성을 이유로 가해지는 초(超)사법적(extra-judicial)인 살인, 고문과 부당대우, 강간, 사생활의 침해, 자의적인 구금, 고용 및 교육 기회의 배제, 기타 인권 향유에서의 차별[235] 등을 인권 침해 유형으로 하고 있다. 성소수자의 인권도 국제인권법의 보호 대상인 것은 사실이지만, 더욱 구체적인 법적 보호를 위해 추진한 것이다.

이들은 당시 패널 선정에 신경을 썼다고 한다. 25개 국가 출신의 29인이 참여하였고, 대다수가 페미니스트, 동성애 인권운동가였다.[236]

욕야카르타 원칙 기획 및 제정 과정은 매우 의도적이었다. 모임 장소부터 성소수자와 관련이 덜한 인도네시아를 택하여 중립적인 인상을 주고자 하였고, 공동 의장으로 태국인 법학자인 문타본(Vitit Muntarbhon)과 브라질리언 활동가

---

233) 정식 명칭은 「성적 지향과 젠더 정체성 관련 국제 인권법 적용의 욕야카르타 원칙(Yogyakarta Principles on the Application of International Law in Relation to Issues of Sexual Orientation and Gender Identity)」이다. 이 원칙은 2007년 3월 스위스 제네바에서 공식 발표되었다. G. kuby, 「글로벌 성혁명」, 104.

234) 음선필, "한국에서 동성애 법제화 논의와 욕야카르타 원칙에 대한 비판적 고찰", 진평연 세미나 자료집, 2019, 5.

235) 음선필, "한국에서 동성애 법제화 논의와 욕야카르타 원칙에 대한 비판적 고찰", 6.

236) 의도적인지는 알 수 없으나, 29인의 참여자들에 의해 29개의 원칙을 만들었다. 욕야카르타 원칙의 제정에는 「국제법률가위원회」(International Commission of Jurists)와 「국제 인권 서비스」(International Service for Human Rights)라는 국제 NGO의 역할이 큰 것으로 알려졌다. 회의에서 결정적인 역할을 한 인물은 욕야카르타 원칙의 보고관(rapporteur)인 오팔라허티(Michael O'Flaherty) 교수였다. 그는 아일랜드 출신으로 당시 유엔인권위원회(UN Human Rights Committee) 멤버이자, 영국 노팅엄대학교 인권법교수 겸 인권법센터의 공동소장이었다. 유럽과 유엔 등에서 학자와 실무가로 활동한 그는 2015년 12월부터 「유럽연합 기본권국」(the European Union Agency for Fundamental Rights, FRA)의 책임자가 되었다.

인 소니오 누퍼 코레(Sonia Onufer Corrêa)로 선임하며 유럽과 북미 출신을 회피하였다. 2017년에는 「욕야카르타 원칙 플러스 10」을 추가로 제정하였으며, 이때에는 33인이 참여하였고[237] SOGI 대신 SOGIESC[238] 라는 용어를 사용하기 시작하였다.

욕야카르타 원칙의 문제점은 모든 국가가 따라야 할 구속력 있는 국제법 기준을 확정하는 인권의 가이드라인을 지향했다는 것이다. 그런데 이 원칙을 주창하는 전문가들도 소수 그룹에 불과했으며, 국제법적 구속력을 가질 수 있는 위치가 아니었다. 그런데도, 이 원칙이 여러 모양으로 인용·활용됨에 따라 점차 영향력을 행사하고 있다. 보다 구체적으로 보편적 인권 원칙을 기준으로 문제점을 살펴본다.[239]

첫째, 부모 권위와 가족 제도를 훼손한다. 욕야카르타 원칙은 '어린아이도 성적 지향이나 젠더 정체성을 스스로 결정할 수 있다는 원칙하에 이러한 결정에 가족이 반대하면 국가의 개입도 가능하다'라고 한다. 또한 '가족을 포함한 모든 생활 영역에서 이러한 사유로 폭력을 행사하면 제재를 가하는 법을 제정할 것'을 요구한다. 그런데 '폭력'의 의미가 '물리적 뿐만 아니라 가정에서의 정상적 훈계도 처벌의 대상이 될 수 있다. 이는 부모가 정상적인 가치관을 가르치고 적절하다고 생각하는 훈육 방식을 인정할 수 없다'라는 것이다. 또한 "자녀가 젠더 정체성을 선택하는 것에 부모가 관여해서는 안 되고, 성전환수술을 하지 않고 성별 변경이 가능함을 주장하고 있다."[240] 이것은 정상적인 가족 제도의 근간을 훼손하는 것이다.

둘째, 표현의 자유에 대한 침해이다. 원칙 19에는 "의견과 표현의 자유가 다

---

237) 33인 중 2006년 욕야카르타 원칙에도 참여하였던 사람은 8인이었다. 이 중에는 2006년 욕야카르타 모임의 공동의장이었던 태국인 법학교수 Vitit Muntarbhon과 브라질리언 활동가 Sonia Onufer Corrêa가 포함되어 있다.

238) SOGIESC: sexual orientation, gender identity, gender expression and sex characteristics.

239) Piero A. Tozzi, "Six Problems with the Yogyakarta Principles", Catholic Family & Human Rights Institute, International Organization Research Group Briefing Paper No.1, April 2, 2007. https://c-fam.org/briefing_paper/six-problems-with-the-yogyakarta-principles-1/

240) 음선필, "한국에서 동성애 법제화 논의와 욕야카르타 원칙에 대한 비판적 고찰", 27.

양한 성적 지향과 젠더 정체성을 가진 사람들의 권리와 자유를 침해하지 않도록 해야 한다"라고 규정하고 있다. 바로 이 규정으로 말미암아 동성 간 성행위의 도덕적 문제점을 지적하는 반대 의견이 억압받을 수 있다. '혐오 표현'이라는 이름으로 도덕적, 학문적, 신앙적 표현을 억제하려는 것이다. 이는 다수의 자유를 억압하는 결과를 초래한다. 동성 간 성행위를 금지하는 도덕적, 성경적 가르침에 관한 토론 과정에서 혐오 표현을 한 것으로 고발된 스웨덴의 목사 기소 사건을 보면 알 수 있다.[241] 이러한 문제점은 세계 인권 선언 제19조에서 규정하는 표현의 자유와 정면으로 충돌하는 것이다.[242]

셋째, 종교의 자유에 대한 침해이다. 원칙 21에 "국가는 성적 지향 및 젠더 정체성을 이유로 법의 평등한 보호를 거부하거나 차별하는 법, 정책 또는 관행을 정당화하는데, 이러한 권리—사상, 양심, 종교의 자유를 사용해서는 안 된다"라며, 노골적으로 종교의 자유를 침해하고 있다. 더 나아가 "성적 지향 및 젠더 정체성의 쟁점에 관한 다양한 의견, 신념 및 믿음을 표현·실행·증진하는 것이 인권에 부합하지 않은 방식으로 이뤄지지 않도록 해야 한다"라며, 동성애 반대 의사 표현 자체가 성소수자의 인권을 침해하는 것으로 보고 있다.[243]

넷째, 차별금지법 제정을 요구하는 등의 국가 주권에 대한 침해이다. 욕야카르타 원칙은 차별 금지와 관련하여 국가가 성소수자를 위한 법칙 제정과 이에 따른 명확한 해석까지 요구하고 있다. 원칙 2에서는 "성적 지향 및 젠더 정체성을 이유로 한 차별 금지 원칙을 헌법이나 법률 등에 명시적으로 포함하거나, 그렇지 않을 때에는 해석론으로 이를 포함할 것을 요구한다"고 한다. 입법권은 한 국가의 주권적 사항이다. 그런데도 욕야카르타 원칙은 입법권을 침해하며, 사법부와 행정부의 법 해석까지 요구하고 있다. 이는 내정간섭으로, 한 국가의 운영까지 무시하는 태도이다.

---

241) http://www.becketfund.org/index.php/case/93.html?PHPSESSID=c1324d0ad95ef409ea3f010819e060cf.

242) 음선필, "한국에서 동성애 법제화 논의와 욕야카르타 원칙에 대한 비판적 고찰", 25.

243) 음선필, "한국에서 동성애 법제화 논의와 욕야카르타 원칙에 대한 비판적 고찰", 44.

다섯째, 보건 및 심리적으로 왜곡된 선택을 강요한다. 욕야카르타 원칙은 동성애 행위나 성전환 수술 등이 '좋은 것'이라고 전제하고 있다. 이것은 의학적, 보건적, 심리학적 문제점에 대해서는 무시하고, 자유 혹은 권리라는 이름으로 옹호하겠다는 의도이다.[244] 한편, 입양과 관련하여 원칙 24는 "아동의 최선의 이익(best interest of the child)이 최우선 고려사항이 되어야 한다"라고 하지만, 동성커플의 성적 지향 및 성정체성 문제는 아예 "부합하지 않은 것으로 여겨서는 안 된다"라며, 당연히 입양을 허용해야 한다고 주장한다.[245]

동성애가 확산하고 성소수자의 인권 문제로 접근하는 것은 문화적인 영향이 지대하였다. 대표적으로 1993년 미국에서 개봉한 영화 〈필라델피아(Philadelphia)〉이다. 이 영화는 미국 사회의 성소수자와 에이즈에 대한 사회 인식, 편견, 혐오감, 그리고 이를 극복하는 과정을 묘사하고 있다. 필라델피아는 1994년 아카데미 시상식에서 남우주연상과 음악상을 수상했으며, 동성애와 AIDS 환자에 대한 문제점을 알리는데 일조하였다. 그리고 2,600만 달러의 예산으로 1994년 한해에만 10배에 가까운 206,678,440불(한화 약 2,225억)의 수익을 올렸다. 이로 인해 동성애에 대한 새로운 시각을 정립하고, 사회적 담론 영역으로 확장하는데 크게 영향을 미쳤다. 이후 비슷한 성격의 〈브로크백 마운틴(Brokeback Mountain, 2005)〉과 〈밀크(Milk, 2008)〉 등이 제작되었고, 문화를 통한 사회 인식을 제고시켰다고 할 수 있다.

미국에서는 동성애 문제가 대통령 선거의 결과에 절대적인 영향을 미칠 정도로 정치화되었고, 동성애자에 대한 차별이나 권익 보호에 대한 논란이 끊임없이 이어지고 있다. 이미 동성애자를 위한 각종 축제나 권리를 주장하는 캠페인이 세계적으로 활발하게 개최되고 있으며, 많은 유명 인사가 커밍아웃(동성애자임을 밝힘)을 해서 사람을 놀라게 한 일도 한 두 번이 아니었다. 이렇듯 스스

---

244) 음선필, "한국에서 동성애 법제화 논의와 욕야카르타 원칙에 대한 비판적 고찰", 44-5.

245) Don Browning and Elizabeth Marquardt, "What About the Children? Liberal Cautions on Same-Sex Marriage". in: Robert P. George and Jean Bethke Elshtain(eds.), The Meaning fo Marriage: Family, State, Market and Morals, 2006. ; Paul Cameron and Kirk Cameron, "Homosexual Parents", 31 Adolescence 757. 1996. ; George Reckers and Mark Kilgus, "Studies of Homosexual Parenting: A Critical View" 14 (Regent University, 2002), Law Review 343.

로 동성애자임을 밝히고, 이성애자가 동성애자의 권익을 위해 앞장서게 된 이유는 문화적 영향이라고 할 수 있다. 이른바 '게이 문화'의 대중화에 따른 것으로, 이를 주도하는 것은 TV와 메스미디어라고 할 수 있다.

우리나라에서 동성애자 모임이 수면 위로 드러나기 시작한 것은 1993년경이다. 국내 최초의 동성애자 인권 단체인 '친구사이', '끼리끼리' 등이 설립되면서 사회적 이슈로 부각되었고, 각종 미디어에서 동성애 재현을 가시화하였다. 그렇게 동성애자를 성소수자의 인권 문제로 접근했고, 사회적 담론이 형성되기 시작하였다.[246] 그리고 소수자 인권, 혐오와 차별이라는 감성적 프레임으로 접근하였다. 2003년 4월, 동성애자 인권 연대 사무실에서 육우당(동성애자)이 인권을 요구하며 목을 매 자살했다고 주장한다. 그의 죽음으로 청소년 보호법에서 동성애를 유해 단어에서 삭제하자는 주장이 힘을 얻었다. 그리고 2004년 4월, 대한민국 국무회의에서 동성애가 청소년 보호법의 유해 단어와 인터넷 금지 단어에서 삭제되었으며, 4월 29일에는 음란물 지정에서 삭제되었다. 2010년에 한국 게이 인권 운동 단체인 '친구사이'는 성명을 통해, 동성애는 타협의 대상이 아니라고 하면서 성소수자에 대한 차별과 혐오를 조장하는 해당 방송에 대해 공개 사과를 요구하였다. 그들은 동성애는 찬성·반대의 문제가 아니라 인권의 문제라고 주장하고 있다.[247] 2021년에 변희수 하사의 죽음을 차별금지법 제정의 동기로 활용하는 것도 이와 유사한 형태라고 할 수 있다.

3. 국제 연합과 국제 인권의 한계

1) 인권의 국제화 과정과 각종 인권 규약

1945년 6월 26일, 미국 샌프란시스코에서 창립 회원국인 51개국 가운데 50개국(폴란드는 2개월 후 서명)이 서명하며, 국제 연합 헌장으로 나타났다.[248] 그리

---

246) 이혜미·유승호, 「문화콘텐츠의 인정 효과: 성소수자에 대한 인식변화를 중심으로(1920-2017)」, 한국콘텐츠학회 논문지 18/7, 2018, 85-93.

247) http://www.mediaus.co.kr/news/articleView.html?idxno=15195.

248) 프랑스, 소비에트 연방, 영국, 미국, 중화민국 등 5개 상임이사국 및 나머지 서명국 대다수가 헌장을 비준한

고 1947년에는 국제연합이 국제 권리장전(International Bill of Rights)을 작성하기로 결의한다. 이 문서에 '인권 선언과 조약 그리고 조약을 이행하기 위한 방법'이 포함되도록 명시되었다.[249] 이전까지 인권의 공식화는 전혀 생각지 못했지만, 제2차 세계대전과 나치 독일의 유대인 학살 등을 이유로 공식화하게 된 것이다. 이에 대한 증거는 세계 인권 선언의 최초 문안위원 회의에 참석한 조프레이 윌슨(Geoffrey Wilson)의 발언에서 확인할 수 있다. 또한 세계 인권 선언 전문에서 "인권에 대한 무시와 경멸이 인류의 양심을 격분시키는 만행을 초래하였으며"[250] 라고 기술된 부분이 바로 제2차 세계대전과 나치의 만행을 지칭한 것이다. 그래서 당시 최고의 인권은 전쟁의 비참함을 경고하고 인간의 생명권을 중시하는 것이었고, 이런 차원에서 정당성을 얻으며, 1948년 12월 10일 제3차 총회에서 '세계 인권 선언'이 채택되었다.

이후 본격화된 국제법적 차원의 인권 관련 논의는 두 방향으로 진행되었다. 먼저 지역적 차원에서 조약의 형태로 등장한 것이 국제인권법이었다. 1950년 '인권과 기본적 자유의 보호를 위한 유럽 협약'이 성사되어 1953년부터 발효되어 구속력을 갖게 되었다. 이것은 유럽 지역에 한정된 최초의 조약이었다. 그리고 1954년에 '전미 인권 조약' 초안이 작성되었고, 이를 기초로 1969년 '인간의 권리와 의무에 관한 미주 인권 협약'이 성사되어 1978년부터 발효되었다. 또한 아프리카에서는 1981년 '인간의 권리와 인민의 권리에 관한 아프리카 헌장'이 성사되었다.

범세계적 차원으로는 1966년에 나타난 문헌이다. 제21차 유엔 총회에서 채택된 자유권 규약과 사회권 규약을 의미한다. 경제적·사회적·문화적 권리에 관한 국제 규약(Internation Convenant on Economic, Social and Cultural Rights: ICESCR: A 규약 또는 사회권 규약)과 시민적·정치적 권리에 관한 국제 규약(Internation

---

뒤, 동년 10월 24일에 발효되었다.

249) Matthew Craven, The International Covenant on Economic, Social and Cultural Rights: *A perspective on its Development* (Oxford: Clarendon Press, 1998), 16-7. ; Micheline R. Ishay, *The History of Human Rights: From Ancient Times to the Globalization Era* (Berkeley and Los Angeles, 2008), 220.

250) 원문 "Whereas disregard and contempt for human rights have resulted in barbarous acts which have outraged the conscience of mankind…"

Convenant on Civil and Political Rights: ICCPR: B 규약 또는 자유권 규약)이 성사되어, 35개국만이 비준하였고, 1977년부터 발효되었다.

현재 주요 협약으로는 우리나라가 가입한 인종 차별 철폐 협약(1978), 여성 차별 철폐 협약(1984), 아동 권리 협약(1991), 고문 방지 협약(1995), 장애인 권리 협약(2008)과 가입하지 않은 이주 노동자 권리 협약(1990), 강제 실종 협약(2007) 등이 채택되었다. 이러한 협약들은 조약상의 인권위원회를 별도로 두어 조약 당사국의 조약 이행 실태를 보고받고, 조사하고, 권고 조치하고 있다. 심지어 자유권 규약의 제2선택 의정서나 고문 방지 협약 선택 의정서는 이른바 개인 통보 제도까지 둠으로써 국내법 차원에서 구제받지 못한 개인을 구제하는 행태로 나타났다.[251] 1970년대에 들어서면서 탈냉전과 노동자 인민 중심의 인권의 진원지인 소련권이 몰락함에 따라 국제 사회는 상대적 인권에 의미를 두게 된 것이다. 국제 연합은 경제사회이사회(ECOSOC) 산하에 인권위원회를 두고, 인권의 현안에 개입하였다. 2006년 인권위원회는 인권이사회(Human Rights Council)로 격상되어 오늘에 이르고 있다.

2) 국제법상 인권의 유형과 정당성 문제

인권 문제가 국제법에 등장한 과정과 문제점을 살펴본다.

지금까지 인간의 권리가 시민권 차원에서 논의되던 문제를 국제법적으로 논의하게 된 것이다. 본래 국제법상 시민권의 의미는 기본적으로 19세기 '인종 차별주의'에 기초하고 있다. 소위 문명 담론에 따라 서구권에서 차별받았으나 점차 문명의 확산으로 관심이 증대된 것이다. 그 배경에는 19세기 다윈의 사회진화론[252]의 영향이 컸다. 인류의 발전 정도를 진화론적 측면에서 보면 문명이 발전된 인간이 더 진화되었고 우월한 인간이 되며, 열등한 인간을 지배하는 의미

---

251) 종교적 병역거부를 이유로 징역을 살았던 최명진, 윤여범의 청원에 대해 2007년 자유권규약위원회는 병역거부자에 대한 형사 처벌은 시민적, 정치적 권리 규약 제18조(사상 양심 종교의 자유)에 위반된다고 결정했다. Yeo-Bum Yoon and Myung-Jin Choi, Republic of Korea (CCPR/88/1321-1322/2004 of 23 January 2007).; 이재승, "법의 시각에서 본 인권의 역사", 『역사비평』5 (역사비평사, 2013), 60.

252) 1859년 출간된 Charles Darwin의 『종의 기원』은 자연과학뿐 아니라 사회 전반에 엄청난 영향을 끼쳤다. Bradley A. Thayer는 『종의 기원』이 당시 서구 사회에 끼친 영향은 코페르니쿠스의 전환(1543)과 프랑스혁명(1787~1799)에 비견될 수 있다고 주장한 바 있다. 진화론이 사회를 바라보는 시각까지 변화시킨 것이다.

가 된다는 것이다. 이러한 관점으로 보면 20세기까지는 비서구권에서 차별을 받았으며, 인권은 존중되지 않았다고 보는 것이다.

통상 국제법은 주권 국가 간의 관계를 규정하는 법이다. 따라서 국제법에서 다른 국가 내부 문제에 대해 관여하는 것은 내정간섭으로 본다. 그런데 '국제 인권법'이 등장하면서 이 원칙이 사라지고 있다. 국제인권법은 개인의 인권 보호 문제를 국제적으로 다룰 수 있도록 연구한 분야를 말한다. 초기에는 인권 문제를 국제법으로 포괄하는 것이 인권 향상에 도움이 될 것인가의 논쟁이 있었으나, 인권이 주목받으면서 점차 인정되기 시작하였다. 그러나 본래 인권 담론은 국제법의 영역이 아니다. 속지주의를 원칙으로 하므로 '전속적인 국내 관할(exclusive domestic jurisdiction)'인 것이었다.[253] 그런데 이러한 움직임들이 세계 인권 선언으로 이어진 것으로 볼 수 있다.

20세기 초반, 국제 사회의 주류는 전체주의와 제국주의에 대항하기 위해 연합했고, 중반에는 사회주의와의 대결로 나타났다. 제2차 세계대전에서 승리한 전승국 5개국(미국, 소련, 영국, 프랑스, 중국)은 안보리 상임이사국을 결성하여 국제 정치를 주도했으나, 전쟁 후에는 냉전체제의 이념 대결로 나타났다. 이를 문화권으로 살펴보면 기독교 문화의 유럽 국가, 사회주의 블록 국가, 제3세계권 국가로 나뉘어졌으며, 인권의 본질에 대해서는 심각한 견해 차이가 있었다. 생명의 소중함을 교훈으로 얻은 전쟁의 책임을 추궁하는 당위성은 있었지만 냉전 질서의 강화에 골몰하던 헤게모니 블록에 이용되었고, 점차 본연의 사명을 잊어버린 채 특정 집단 중심의 소수자 인권 중심으로 옮겨지고 있다. 이를 국제 인권 단체들은 연합을 통해 국가에 대한 압박 수단으로 활용하기도 한다. 이 가운데 냉전 시대 회색지대인 제3세계 국가 시선이 주목받기도 하였다.[254] 제3세계는 식민주의에 기반하여 국제 질서 혁신을 요구했다. 공산권 몰락 이후 제3세계는 신국제경제질서(NIEO)를 주창하고, 발전권과 연대권 같은 제3세대 인권이 제안되기도 하였다.

---

253) Tmomas Buergenthal, 『국제인권법』 양건·김재원 역 (교육과학사, 2001), 14-5. ; 이승택, "기본권과 국제인권법의 관계에 관한 헌법적 접근", 『법학논총』 25/3 (2013), 207-36.

254) Chimni, B. S, "A Just World under Law: A View From the South", *American University International Law Review* Vol.22 (2007), 199-220.

바사크(K. Vasak)는 프랑스 혁명의 세 가지 테마인 liberté(자유), egalite(평등), fraternite(박애)에 따라 자유권(제1세대 인권), 사회권(제2세대 인권), 연대권(제3세대 인권)으로 구별하였다. 갈퉁은 청색 인권(부르주아들의 자유권), 적색 인권(노동자·농민의 사회경제적 권리), 녹색 인권(여성·아동·이주자 등 소수자의 발전권, 환경권, 평화권), 갈색 인권(제3세계의 자기결정권)으로 구별한다.[255] 이러한 각종 권리를 배경으로 특정 집단 중심의 국가 연대, 국제 연합 등 강력한 연합을 주장하는 단체로 발전된 것이다.

그리고 1970년대부터 등장한 소수자 문제 등이 본격화되면서 여성 문제, 인종 차별 문제, 어린이 문제 등이 권리문제로 주목받기 시작된 것이다. 그러나이주민이 다문화 문제로 부각되고, 이를 인권으로 보장하면서 자국민의 안전권문제와 특혜 문제로 전개되었으며, 향후 자국민의 소외 문제 등 더욱 심각하게 진행되고 있다. 오늘날 '지구 인권화'라는 시대적 현상은 국제인권법의 확장을 가져온다고 볼 수도 있지만, 인권에 대한 올바른 공유가 세계화라는 것에 대하여 동의할지 의문이다.

3) 국제법에서 민족자결권과 인권 적용의 한계

국제법률학자들은 세계 인권 선언이 나타났을 때, 인권이 서류상의 선언으로만 존재할 것으로 보았다. 전쟁 중에는 국제법이 사실상 유명무실하다는 것과 전쟁 후에는 강대국의 힘의 논리가 지배하는 현실적 한계가 있음을 알고 있었기 때문이다. 대신 유엔 설립을 통해 비서구권에서는 식민지를 벗어나 독립 주권국의 위치를 가지기 위해 확실한 담보 문서가 필요했고, 이에 국제변호사의 역할이 중요했다. 따라서 하나의 규칙이 연합과 조화를 이룬 안정된 구조물처럼 강력한 조직과 형성된 규칙을 토대로 이루어가야 한다는 것을 인식하였던 것이다.

1950년대 인권이 국제법 담론으로 진행되지 못한 것은 '국제법과 인권'[256]에

---

255) Marks Stephen, "The Human Right to Development: Between Rhetoric and Reality", *Harvard Human Rights Journal* Vol.17 (2004), 137-68.

256) Hersch Lauterpacht, *International law and the Human Rights* (Oxford, 1950), Lauterpacht was a prominent Polish-British international lawyer and judge at the International Court of Justice.

대해 처음으로 저술한 라우터파흐터(Hersch Lauterpacht)의 영향이라고 할 수 있다. 그는 '모든 법과 정부는 인간 개인의 이익을 위해 존재한다'라며, 세계 인권 선언은 '선동을 위한 인권'으로 매우 위험한 것이라고 주장하였다. 또한 많은 간담회를 통해 인권 헌장이 연결고리가 없다고 비평하였고, 국가 주권에 대한 허가를 위해 강력한 국가 통제 기구의 변화가 불가피함도 언급하였다. 이러한 주장의 배경에는 1936년의 소비에트 연방 헌법에 명시된 인민의 권리에 대한 억압적 요인과 1947년 인권 선언을 위한 국제법학자들의 모임에서 인권이 단순히 정치 과학적 원리로서 국제 관계의 실질적인 내용과 일치하지 않았기 때문이었다.[257]

실제 그는 1945년 자신의 저서 『인간의 권리에 대한 국제 협약』[258] 을 통해 당시 소비에트 연방 헌법에서 일찍이 인권에 대하여 명시적으로 다루고 있었지만, 실상은 억압과 정치 지배를 위해 활용되는 것에 문제점을 제기하였고, 국제 사회에서도 개인의 권리에 대하여 크게 관심이 없었음을 지적하였다.[259]

이로 인해, 미주 지역 국제 법학계에서는 세계 인권 선언을 환영하지 않았고, 오히려 인권을 어떤 규칙을 제정하고 판단하는 데 문제가 있다고 전망하였다. 또한 인권의 실행을 위해서는 법적 강제 가능성이 있어야 한다는 것을 알고 있었다.

대표적으로 1947년 8월, 스위스 로잔에서 열린 국제 인권 협회에서 당시 유망한 법학자 찰스 드비셔(Charles de Visser)는 '유엔 헌장이 전후 원칙을 기준으로 해야 하는 도덕적 규율을 어겼다'라고 비난하였고,[260] 이후 협회에서는 인권 문제를 제외하였으며 1949년 말에 미국 국제법 협회에서 국제법 계약 문제에서만 다루는 것으로 진행되었다. 이로써 1960년대까지 어떤 인권에 관한 서적이나 조약이 발생하지 않았다.

이런 기류는 유럽 지역의 국제 법률학자들 사이에서도 나타났다. 단지 종교

---

257) Samuel Moyn, 『인권이란 무엇인가』, 225.

258) Hersch Lauterpacht. *An International Bill of the Rights of Man,* (Oxford, 1945).

259) L. B. Schapiro, "브루넷 리뷰", 「계간 국제법」, 1947, 398. ; L.C. Green. "라우터 파트허 리뷰". 「계간 국제법」, 1951, 126-9. ; Samuel Moyn, 『인권이란 무엇인가』, 225.

260) Samuel Moyn, 『인권이란 무엇인가』, 226.

의 자유를 중시한 기독교를 중심으로 개인주의 차원에서 인권이 논의될 뿐이었다. 인권을 '사회와 권력의 개인주의적 개념'으로 인식하였고, 조금 시간이 지나면서 단순하게 '공산주의에 반대하는 서구의 연합'으로 언급되었다. 당시의 인권은 자유권으로 인식하는 자연권적 개념이 있었기 때문이었다.

유엔은 1960년대 말부터 인권에 관심을 가졌으며, 그 배경에는 '반식민지'에 대한 관심 때문이었다. 즉 '집단적 자결주의 권리 개념'에 인권이 부합되는 면이 있다는 것이었다. 이에 반식민주의와 비식민주의에 반대하는 법률학자들이 많은 포럼을 개최하며 관심을 재고시켰고, 이는 제국주의에 대한 반사이익으로 '국제법의 비식민지화'라는 반응을 가져왔다.[261] 반식민주의자들의 최고 관심은 유엔 인권 프로젝트에 따라 전개되는 민족자결주의 실행이었다. 그러나 '집단권과 인권은 다르다'라며, 시카고대학교의 퀸시 라이트(Quincy Wright)는 다음과 같이 설명하고 있다.

> 민족자결주의가 권리라면 이는 인권이 아니라 하나의 집단적 권리에 해당된다. 권리를 가진 집단은 무엇인가? 제국주의 국가가 국제법에서 개인을 인식하는 것인가? 아니면 식민지나 소수의 사람들이 민족자결주의를 요청하고 영감을 받은 것인가? 분명한 것은 집단들 간에 동시에 존재하는 민족자결주의는 충돌을 촉진할 수밖에 없다. 민족자결주의가 개인적 권리라면 모든 정치적 권한이 중지될 수 있다. 모든 개인이 연맹을 바꾸기 위해 스스로 결정하고 주권을 요구할 수 있기 때문이다.[262]

그래서 결국 신생 국가들은 인권과 관련된 규약을 받아들이는 것을 거부하였다. 이후 1970년대를 거치면서 다수의 인권 관련 규약이 만들어졌지만 국제법상에서 논의되는 인권은 한계가 있을 수밖에 없었다.

4) 국제 인권 기구의 한계와 북한 인권

---

261) Samuel Moyn, 『인권이란 무엇인가』, 238.

262) Quincy Wright, The Strengthening of International Law, Academic of International Law, 1960. ; Samuel Moyn, 『인권이란 무엇인가』, 241.

인권론자들은 인권 보장 차원에서 개인의 기본권과 국제인권법에서의 권리에 대하여 일치하는 가치를 주장하면서 또 각 국가의 역사적 문화적 특수성과 헌법적 차이로 인해 달리 적용해야 한다고 주장한다.[263] 즉 원칙에는 보편적 인권을, 적용에는 상대적 인권을 적용해야 한다는 이중적 잣대로 내밀고 있다. 그리고 유엔을 중심으로 한 국제기구의 영향력 확대와 경제의 글로벌화, 다양한 분야의 정보 통신 기술의 발달로 인해 인권에 관심이 커지고 있다고 주장한다. 이러한 인식은 국제적 인권 기준이 국가별 헌법적 차원에서도 점차 실현될 수 있다고 보고 있다. 그러나 이는 자유 진영만 가능한 것이지 공산 진영이나 입국조차 제한되는 독재 지역과 아무리 외쳐도 듣지 않는 상대적 인권론자들에게 메아리 없는 구호일 뿐이다. 대표적으로 문재인 정부의 상대적인 인권 정책을 들 수 있다.

또한 국제인권법상에서 도덕성을 내세워 인권을 주장할 수 있지만, 상대적 인권 태도를 보이면 도덕성은 아무 의미가 없으며, 무한히 대립할 수밖에 없다. 물론 이러한 대립은 인권의 영역에 따라 다소 차이가 있으나,[264] 그 근본적 대립은 해소될 수 없을 것이다. 결국 국제인권법은 한정적이고 제한적일 수밖에 없다. 그 적용에서도 한 주권 국가의 기본권과 비교하여 상대적으로 제한적일 것이다. 이러한 한계점에 일부 선진 국가는 소수자 중심의 인권에만 관심을 가지면서 점차 그 영향력이 축소될 수밖에 없을 것이다.[265]

최근 이민과 난민의 증가로 국제인권법이 꼭 종속적 혹은 보충적으로 실현되는 것은 아니라 독자적으로 인권을 확인하고 적용할 수 있다고 주장하는 일부 인권론자도 있다. 난민의 지위는 주권 국가 간의 국경을 다루는 것이기에 일리 있는 주장이다. 그러나 난민의 문제는 자국민과 동일하게 적용할 수 없으므로 국제인권법 규범, 국가 간의 의사소통 체계를 통해 확인되고 결정되어야 할 것이다. 이 부분은 보편타당한 기본적 권리에 대한 공통된 인식이 분명히 필요하다. 동시에 국제 인권 기구가 먼저 처리해야 할 문제는 난민 발생 국가에 대

---

263) 이승택, "기본권과 국제인권법의 관계에 관한 헌법적 접근", 219.

264) 이상돈, 『인권법』 (서울: 세창출판사, 2005), 132-7.

265) Jügen Habermas, 『사실성과 타당성』 한상진·박영도 역 (서울: 나남출판, 2000), 195-214. ; 박구용, 『우리안의 타자』 (철학과 현실사, 2005), 180. ; 이승택, "기본권과 국제인권법의 관계에 관한 헌법적 접근", 219.

하여 일차적인 책임을 물어야 한다. 왜냐하면 발생 원인은 뒤로 한 채, 난민을 받아들이는 자유 국가에 난민을 할당제로 배분하는 등으로 이차적인 문제에만 관심을 두는 것은 근본적 해결이 아니기 때문이다.

1970년대 이후, 국제 인권 기구의 가장 큰 문제점은 보편적 인권이 아니라 상대적 인권 실현에 침묵하고, 이를 무시하는 처사이다. 1948년 세계 인권 선언의 핵심은 전쟁 후유증에 따른 생명의 소중함과 종교의 자유 보장 등 인간의 자유 실현 선언이었다. 이는 1970년대 식민주의와 독재국가를 거치면서 더욱 절실해졌다. 그러나 국제 인권 기구는 이를 침묵하고, 오히려 자유 진영에서는 객관적 자료 대신 이념적으로 접근하면서 점차 외면받기 시작하였다.

한국전쟁(1950.06.25~1953.07.27)은 제2차 세계대전 이후 최대의 전쟁이었다. 공산권과 자유 진영의 국제 전쟁으로, 자유 진영에서 150만 명이 생명을 잃었고 수천만 명 이상이 위협받았으며, 지금도 분단된 현실로 안전권이 위협받고 있다. 북한의 김일성은 소련의 스탈린과 중공 마오쩌둥의 협조와 지지로 기습적으로 남침하여 엄청난 피해를 주었다. 지금도 여전히 국군 포로나 납북자들이 6만명 이상 남아있지만, 국제 연합과 기구는 한국전쟁에 대해 책임자 처벌이나 사과 요구 한마디 없이 침묵하고 있다.

또한 중국의 문화대혁명(1966.05~1976.12)은 마오쩌둥이 청년 학생들과 민중을 선동하여 인민 민주 독재를 실현하기 위해 10년 동안 시행한 급진적 계급 투쟁이었다. 특히 홍위병을 동원한 반목과 폭행이 흔한 일이었고, 부모와 자식, 선생과 제자 간에도 반혁명세력으로 고발하고 살육하는 참혹한 현실이 일어났다. 감금, 강간, 심문, 고문 등으로 인간의 기본권은 완전히 무시되고, 폭력과 공포를 동원하여 약 5천~8천 5백만 명의 사상자가 발생한 것으로 알려져 있다. 그러나 국제 인권 기구는 상임이사국인 중국에 한마디도 못하고 침묵하고 있을 뿐 아니라 공식 사망자 통계치 조차도 확인 못하고 있다.

이외에 집단 학살, 즉 제노사이드 사례로 130만~300만 명이 사망한 크메르 루즈 캄보디아 대학살(1975~1979), 50만~100만 명의 사망자를 낸 르완다 대학살(1994) 등 대량 학살 역사는 이어져 왔고, 300만 명이 아사한 북한 고난의 행군(1996~1998)도 있었다. 1948년에 '대량 학살 범죄 예방 및 처벌에 관한 결의안(CPPCG)'을 발표했으나 국제 인권 기구들은 지역적 방문이 제한된다는 이유로 방치하며 국제 정치에 치우치며 한계를 드러내고 있다.

이런 한계와 제한에도 불구하고 상대적 인권의 실현을 위해 인권 확장을 위한다는 명목으로 국가별로 국가인권위원회를 발족하도록 권고하기에 이른다. 본래 각 개인의 기본적 권리에 대한 보장 수단은 각국의 헌법재판소나 대법원이었다. 그러나 인권 담론자들은 자신의 이념과 국제적 인권 기준을 적용하기 위한 수단이 필요했으며, 각국에 인권위원회 설치를 권고하게 된 것이다.

국제 연합은 국가 주권이라는 장벽을 극복하고자 개별 국가의 자체적 인권 기구 설립에 관심을 기울이기 시작했다. 1978년 국가 인권 기구의 구조와 기능에 관한 지침(Guidelines for the structure and functioning of national institutions)을 거쳐, 1992년 국가 인권 기구의 지위에 관한 원칙(Principles relating to status of national institution)[266]을 채택하였다.

국제 인권 단체들은 국제적·지역적 차원에서 시행해왔던 국제인권법 체계를 국내적 차원으로 옮겨서 운영하게 함으로써 각국의 인권 상황의 특수성을 반영하여 국내적 차원에서 효과적인 국제인권법 확보를 목적으로 하였다.[267] 따라서 국가인권위원회의 근본 목적은 국제인권법과 국제적 인권 기준을 국내에 적용하고, 국가의 작용이 이러한 기준에 적합하도록 법률이나 국가 행정적 관행을 정비 및 개선하는데 있다.

현재 우리나라처럼 국가인권위원회가 독립된 기관이면서 강력하게 정책을 추진하고, 행정부와 지방 자치 단체에 영향을 미치는 국가는 흔하지 않다. 민주주의 대표 국가인 미국, 일본은 조직되어 있지 않으며, 중국 등 공산권 국가는 아예 조직 자체가 없다. 현재 108개국 정도의 다른 국가에서도 법무부 산하 또는 법률 관련 위원회 정도가 조직되어 있다. 이는 마치 국가인권위원회만이 인

---

266) *UN, National Human Rights Institution* : A handbook on the Establishment and Strengthening of National Institutions for the Promotion and Protection of Human Rights, 1995.

267) 홍성필, "한국형 국가인권기구 설립을 위한 연구", 「법학논집」3/1,2 합병호, (이화여자대학교법학연구소, 1996), 161.

권을 보장하는 기구로 비칠 수 있고, 자칫 국가인권위원회가 민주적 정당성을 위반하여 독재화될 수 있기 때문이다.

그런데 국제 인권 기구의 한계점은 2006년 6월 출범한 유엔 인권이사회 국별 정례 인권 검토(UPR, Universal Periodic Review)에서 찾아볼 수 있다. 본래 이 제도는 인권위원회(Commission on Human Rights: 인권이사회의 前身)가 인권의 정치화를 방지하고, 특정 국가를 공개 비난한다는 논란이 지속됨에 따라 모든 국가를 대상으로 인권 상황을 상호 토의한다는 취지에서 도입되었다. 이에 따라 유엔 인권이사회(HRC: Human Rights Council)가 4년마다 193개 모든 유엔 회원국(universal)의 인권 상황을 스스로 검토하는 제도이다.[268]

보고서 내용은 회의 진행 요약, 각국 권고 등이 포함된 실무 그룹 보고서가 채택되고, 동 보고서에 수검국의 최종 입장이 첨부된 최종 보고서를 차기 인권이사회 본회의에서 채택한다는[269] 것이다. 반기문 사무총장과 2006년 유엔 인권 최고 대표 사무소(OHCHR)의 부고등판무관과 부대표 등을 지낸 강경화 前 외교부 장관이 주요 역할을 한 것으로 알려져 있다.

보고서는 민간 NGO 인권 단체 또는 국가인권위원회 등이 작성하고, 모든 193개 회원국 국가를 대상으로 시행하고 있다. 그런데 최근에는 진정한 생명권, 자유권의 훼손 등 인권유린의 보고서가 아니라 자국의 상대적 인권, 즉 성소수자, 젠더, 난민 인권에 대하여 자국의 상태를 자아 비판식으로 작성함으로써 인권의 정치화를 더욱 부추기고 있다. 이에 인권 침해 정도는 기준이 매우 불공정하고, 자유 민주주의 시행과 개방 정도에 따라 정해진다는 문제가 있다.

---

268) 2008년 4월부터 UPR 실시, 현재까지 1주기('08-'11년), 2주기('12-'16년)를 거쳐 3주기('17-'21년) 진행 중이다. UPR 회의는 연간 3회 개최한다.
   - 2주간 14개국, 1년에 14x3=42개국, 4.5년에 걸쳐 전 193개 회원국 검토
   - 국가별 UPR은 총 3시간 30분(70분 수검국, 140분 각국 발언) 진행
   UPR 회의 기본 자료는 △ 수검국 정부가 작성한 국가보고서 △ 인권 협약 기구 등의 관찰 및 의견(요약본) △ NGO 등 여타주체가 작성한 보고서(요약본) 등이다. 기본 자료는 UPR 회의 개최 전 유엔 인권최고대표 사무실 홈페이지에 게시된다. www.ohchr.org/EN/HRBodies/UPR/Pages/Documentation.aspx.

269) 외교부 인권자료. 유엔 인권이사회 국별 정례 인권 검토(UPR).
   http://www.mofa.go.kr/www/brd/m_3998/view.do?seq=327121&srchFr=&srchTo=&srchWord=&srchTp=&multi_itm_seq=0&itm seq_1=0&itm_seq_2=0&company_cd=&company_nm=

예를 들어, 중국이나 북한 등은 생명권과 자유권과 같은 기본적 권리가 필요한 사항을 통제한다. 그리고 자국의 인권 사항을 보고서에 작성하지 않거나 설사 작성하더라도 상호 협조하고 옹호하는 내용만 언급하는 등 인권 침해가 전혀 없는 것처럼 작성하고 있다. 실제로 북한은 2009년 최초 보고서를 작성하지 않았다. 이에 특별 보고관과 유엔 인권 최고 대표는 북한의 심각한 인권 침해를 고발했으며, 북한의 인권 상황이 전 세계에서 최악이라고 언급하였다.[270]

북한 인권 문제는 우리나라 국가인권위원회를 비롯하여 주요 인권 단체들이 침묵하고 등한시한다는 사실이 전 세계에 알려졌다. 2013년 3월 21일, 47개의 이사국으로 구성된 제22차 유엔 인권이사회(UNHRC)에서는 북한의 인권 침해에 대한 독립 조사 기구인 COI(Commission of Inquiry)를 포함한 북한 인권 결의안이 통과되었고 조사위원회를 설치하였다.[271] 북한은 수단, 시리아, 리비아 등 대량 학살이 일어난 국가들과 함께 유엔 차원에서 COI 조사를 받는 국가에 이름을 올렸다. 그리고 1991년 유엔에 가입한 이후, 가장 강력한 인권 압박에 직면하게 되었다. 이는 유럽 연합과 일본이 결의안을 주도했으며, 미국도 결의안을 지지했고, 북한과 친밀한 중국과 러시아 등은 반대하였다.

이 위원회의 임무는 북한의 조직적이고, 광범위하고, 중대한 인권 침해를 조사하는 것으로, 특히 다음의 아홉 가지 구체적인 인권 침해 사안에 대해 조사하였다. ① 식량, ② 수감 시설, ③ 고문 및 비인간적 대우, ④ 자의적 체포 및 구금, ⑤ 기본적인 인권과 자유에 대한 차별, ⑥ 표현의 자유, ⑦ 생명권, ⑧ 이동의 자유, ⑨ 강제 실종과 외국인 납치 등이다.

동시에 철저한 인권 침해 조사, 목격자의 증언 기록, 반인도 범죄를 포함한 인권 침해의 책임 소재 규명도 밝히도록 하였으나 북한의 비협조로 방문조차 할 수 없었으며, 제한적인 발표만 있었다.[272] 이러한 압박으로 북한 외무성 부

---

270) Human Rights Council Session 13th Document Report of the Working Group on the Universal Periodic Review - Democratic People's Republic of Korea.

271) U.N. Panel to Investigate Human Rights Abuses in North Korea : 북한 인권조사위원회는 마이클 커비(위원장, 호주), 마르주끼 다루스만(북한 인권 특별 보고관, 인도네시아) 소냐 비세르코(세르비아) 등 3명의 전문가 위원으로 구성되었다. 이들은 무보수로 활동하였으며, 유엔 인권고등판무관 사무소 소속 직원 9명으로 구성된 사무국의 지원을 받았다.

272) 북한의 정치범 수용소는 개천, 요덕, 화성, 북창, 회령, 청진 등 6개소 등이며 이에 수용 인원만 20만 명에 달

상이 15년 만에 최초로 총회에 참석하는 등 태도 변화를 끌어냈으나 매우 제한
적이었다. 2014년, 유엔 총회는 조사 결과를 근거로 결의안 69/188호를 채택했
으며, 북한 주민의 인권 유린 실태를 규탄하며, 유엔 안전보장이사회가 북한의
인권 상황을 국제 형사 재판소에 회부할 것을 요청하였다.

  2014년 12월, 유엔 안전보장이사회는 최초로 북한 인권을 논의하기 위한 회
의를 소집했으나 결의안은 채택되지 않았다. 대신 유엔 인권이사회는 북한 인
권 특별 보고관의 임기를 연장하였으며, 2015년 6월에는 유엔 인권고등판무관
사무소를 한국에 설치했다. 그리고 인권 상황을 감시할 상임 직원을 이에 배정
하도록 했다. 한국 국가인권위원회는 형식적으로 북한 주민에 관심을 두는 척
하고 있을 뿐이다.

  특히 문재인 정부의 북한 주민에 대한 이중성과 인권 유린 행위는 2019년
11월 7일에 귀순 의사를 밝힌 북한 주민 2명을 5일 만에 돌려보낸 사건에서 백
일하에 드러났다. 심지어 통일부가 청와대의 직접적인 지시를 받은 사실이 드
러나 국제 사회로부터 비난을 받았다.[273] 문재인 정부는 판문점까지 이송 간에
는 경찰특공대까지 동원하여 포승줄로 묶고 눈을 가리고 수갑을 채워 철저히
비밀에 부쳐 이동시켰다. 강제 북송된 그들은 두 달도 안돼 처형되었고, 북한
보위성에서 발간된 자료에 의하면 이들의 사례를 '배를 타고 남조선으로 가려
했던 반역자들이며, 남조선 정부에 의해 조국(북한)으로 돌아왔다'는 내용으로
교육하고 있음이 밝혀졌다.

  이 사건에 대해 유엔은 한국 정부와 청와대 책임자 처벌은 반드시 확인되어
야 할 사안이라고 하였다. 이에 2019년 10월 24일, 유엔 총회에서 오헤아 퀸타
나 유엔 북한 인권 특별 조사관은 '현재 북한과의 협상에 기본 인권을 통합시키
는 것이 한반도의 비핵화 및 평화에 대한 합의의 지속 가능성을 담보하는 데 매
우 중요하다'라고 지적하였으나 한계가 나타났다.

---

273) 2017년 11월 7일, 이상민 통일부 대변인은 "비정치적인 중범죄인으로 북한이탈주민의 보호 및 정착지원에
  관한 법률에 따른 보호 대상이 아니며, 우리 사회 편입 시 국민의 생명과 안전에 위협이 되고 흉악범죄자로서
  국제법상 난민으로 인정할 수 없다고 판단해 정부 부처 협의 결과에 따라 추방을 결정했다"라고 하였으나 수
  사과정과 증거 등에 대해서는 일체 언급하지 않았다.

한편, 북한 관련 한 인권 단체에서는 '북한 인권 상황에 대한 대한민국의 입장에 관하여'[274]라는 성명을 발표하고, 한국 정부는 북한 주민의 기본적 권리에 관심을 둘 것을 재차 촉구했다. 또한 한국 정부가 2019년 11월 7일자로 2명의 북한 어민을 송환하기로 한 것에 대해 11월 14일 유엔 총회 제3위원회의 투표에서 '귀 정부가 북한 인권 상황에 대한 결의안의 공동 제안국으로 참여하지 않은 이유를 납득할 수 없다'라며 문재인 정부에 우려를 표하기도 하였다.

동시에 이들은 다음의 세 가지를 제안하기도 하였다.

첫째, 북한 인권 상황에 대한 제3위원회 결의안이 유엔 정기총회에서 통과되기 전에 본 결의안에 공동 제안국으로 참여해야 한다.

둘째, 시정조치를 취하고, 고문이나 기타 부당한 처우를 받을 가능성이 있는 국가로 송환되지 않을 권리를 보장해야 한다. 한국 정부는 2명의 북한 어민 송환 사건의 진상을 조사하고, 그 결과를 공개하며, 북한 주민들의 기본권을 침해한 공직자에게 책임을 물어야 한다.

셋째, 북한 인권 상황에 대한 유엔 안전보장이사회의 논의가 북한 정권의 잔혹한 인권 탄압이 세계 평화와 안보에 위협이 된다는 사실을 알릴 기회를 제공한다는 점을 강조해야 한다. 특히 한국 정부가 유엔 안보리의 지속적인 침묵에 실망하고 있음을 분명히 밝혀야 한다고 촉구하였다.

한편, 2003년 이후 18년 동안 지속되어온 북한 정권의 인권 침해에 대해 2019년 '조선 민주주의 인민공화국의 국가 인권 보고서'는 다음과 같이 요약하여 설명하고 있다. '불법적 혹은 임의적 처형, 정부에 의한 강제 실종, 당국에 의한 고문, 보위 조직에 의한 임의 구금, 정치범 수용소를 포함한 가혹하며 때로는 생명까지 위협하는 여건의 구금 시설, 정치범, 임의적 또는 불법적 사생활 침해, 사법 독립 부재, 표현의 자유 및 언론 그리고 인터넷에 대한 제한과 검열 및 사이트 차단, 평화적 집회 권리와 결사의 자유에 대한 상당한 침해, 종교의 자유에 대한 심각한 제약, 이동의 자유에 대한 제약, 정치 참여 제약, 만연한 부패, 강제 낙태, 인신매매, 독립적 노조의 불법화, 강제 또는 강압적인 아동 노동, 대중 동원 및 교화 제도의 일환으로 자행되는 국내 강제 노동, 강제 노

---

274) Human Rights Watch 성명서. https://www.hrw.org/ko/news/2019/12/16/336795

동에 준하는 여건에서 근무하는 해외 파견 북한 노동자 등이 있다.

북한 정부는 인권 유린을 자행한 관리들을 기소하기 위해 신뢰할 만한 조치를 하지 않았다. 북한 정권은 당국에 의해 부당하고 근거 없이 억류된 뒤, 2017년 석방 직후 숨진 오토 웜비어의 사망 관련 정황을 2020년 말 기준으로 지금까지 확인해주지 않고 있으며, 면책은 지속적으로 만연한 문제이다.[275)

2020년 3월, 미(美) 국무부 인권 보고서에서도 불법 살인과 정부에 의한 강제 실종, 고문, 자의적 구금, 정치범 수용소의 열악한 상태, 사생활 간섭, 검열, 해외 강제 노동 등 20여 개 사항이 지목되었다. 특히 북한 정권의 임의적이고 불법적인 살인에서는 '정치범과 반정부 인사, 강제 송환된 망명 신청자 등이 처형되었다'라는 탈북자들의 증언과 더불어, 국경 경비대가 무단으로 탈북하는 주민들을 사살하라는 명령을 받았다는 내용이 담겨있다.

또 현주성 인민군 중장에 대한 총살과 김정은 국무위원장의 이복형인 김정남 살해 사건 등도 언급되었으며, 북한 내 교화소와 집결소, 구류장 등에서 자행되는 각종 인권 유린 실태도 자세히 제시했다.

이밖에도 북한 정권을 부정적으로 발언한 혐의로 심문을 받거나 체포된 경우가 많았다며, 2019년 6월 구금된 뒤 추방된 호주 유학생 알렉 시글리의 사례를 언급했다. 또 북한의 납치 문제에 대해서는 '북한이 1970년대와 1980년대에 해외에서 다른 나라 국민을 납치하였으며, 유엔 북한 인권 특별 보고관 등을 인용해 한국전쟁 이후 북한이 납치하거나 억류한 한국 민간인은 516명이며, 한국전쟁 당시 북한이 납치한 민간인도 2만여 명에 이른다'라고 보고하였다. 한편, 우리나라 외교부는 북한 인권 결의안 채택에 노무현 정부와 문재인 정부는 참여하지 않았으며, 국가인권위원회도 인권이사회에서 발표한 북한 주민의 기본권 문제를 다루는 것이 아니라 이산가족 상봉, 코로나 협력 등 정치 편향적 이중적인 태도를 보이며, 국제 인권 기구들도 이에는 침국하는 한계를 보이고 있다.

---

275) 자세한 내용은 아래 링크 내용 참고.
https://kr.usembassy.gov/wp-content/uploads/sites/75/2019-HRR-DPRK-KOR.pdf

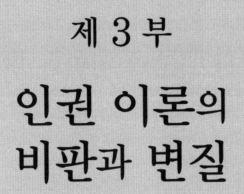

제 3 부

인권 이론의
비판과 변질

제 3 부
인권 이론의 비판과 변질

사람(인민)을 중심으로 인권 구현과 최초 실현은 사회주의 국가에서 시작되었다. 이로 인해 사회주의와 인권의 관계는 많은 비판이론으로 나타나며 복잡하고 논쟁이 많다. 사회주의 내의 이론적 논의는 크게 두 갈래로 나누어 볼 수 있다. 먼저 사회주의 사회는 자본주의 사회의 전면적 혁파를 전제로 한 후에나 가능하다고 보는 이른바 정통 마르크스주의(공산주의)[1]를 중심으로 하는 혁명론자이고, 다른 하나는 자본주의 사회의 점진적 개혁을 통해 사회주의에 도달할 수 있다고 보는 이른바 '개혁론자'들이다.[2]

이를 기준으로 마르크스주의자들은 인권의 필요성을 ① 정통 사회주의 혁명론의 관점에서는 인권이 불필요, ② 사회주의 개혁론 입장에서 인권은 이론적으로나 현실적으로 필요, ③ 정통 마르크스주의 관점에서 인간 존엄성과 인본주의는 이론이나 현실에 불필요, ④ 인민 사회주의 관점에서 인권은 상호 밀접한 관계[3] 등으로 나눌 수 있다.

---

1) 통상 정통 마르크스주의는 경제면에서 공산주의를 현실적 정치 체계에서는 사회주의를 사용하고 있다.

2) 이봉철, 『현대 인권 사상』 (아카넷, 2003), 200.

3) 조효제, 『인권의 문법』, 138-9.

근대 및 현대 인권 비판의 본격적인 시작은 마르크스(Karl Heinrich Marx, 1818~1883)로부터이다.[4] 그의 인권 시작은 『칼 마르크스의 경제학-철학수고』 (1844)와 『독일 이데올로기』(1845)에서 나타난다. 유적 존재(Gattungs wesen)로서의 인간과 '자기소외'라는 개념이 마르크스 인권 사상의 핵심이었다. 유적 존재로서의 인간이란 '이 세상에 처음부터 끝까지 타인 없이는 살아갈 수 없고, 타인과 더불어 살아가는 사회적 존재'로 보았다. 개별적 인간이 유적 존재로서 고유한 힘을 발휘하게 될 경우에 사회적 힘을 인식하고 조직을 하게 된다고 본다. 이러한 사회적 힘이 정치적 형태 안에서 분리되지 않았을 경우에 '인간해방'이 완성된다고 보는 것이다.[5]

결국 인간은 노동을 통해 새롭게 생명을 발현시키는 사회적 존재가 된다는 것이다. 여기서 사회란 인간 상호 간의 생산 공동체를 일컫는다. 이러한 사회관은 자본주의 사회에서 발생하는 이기적 인간관의 문제 때문이며, 빈곤 문제를 극복하고 분열된 시민사회를 넘어서야 한다는 시각이다. 이러한 인간관을 바탕으로 제2인터내셔널(국제 노동 연맹)이 창립되었고, 8시간 노동의 원칙은 자본에 대한 노동의 승리로 보았다. 또한 사회권의 등장은 마르크스가 주장한 유적 존재로서의 인간을 전제로 한 것은 아니었지만, 마르크스의 이념은 1917년의 러시아 혁명을 통해 확인되었다.[6] 그리고 최초의 인권 관련 헌법은 1936년에 제정된 소비에트 사회주의 공화국 연방 헌법으로 보고 있다.

마르크스-레닌주의 이데올로기에 바탕을 둔 사회주의법은 특정한 이데올로기와 법이 밀접하게 결합되어 있다는 특징이 있다. 자본주의 법이 사유 제도와 시장 경제 원칙에 따라 점진적으로 생성·발전되어 온 역사적, 경험적 산물이지만, 사회주의 법은 당의 영도 아래 혁명적 방법으로 생산 수단을 공유하고 계획

---

4) Karl Marx, *Judenfrage, in: Marx and Friedrich Engels* (MEW1, Berlin, 1988), 370.

5) 양해림, "마르크스의 인권관", 「동서철학연구」 88, 2018, 267.

6) 1918년 7월 10일 제5회 '전 러시아 소비에트 대회'에서 헌법이 채택되었다. 이것이 소비에트 정권수립 후 최초의 헌법이고, 동시에 세계 최초의 사회주의 헌법이었다. 이 헌법은 소련만이 아니라 전 세계를 대상으로 하였다. 공산권 헌법의 발전단계 유형 중 '인민민주주의 헌법'에 해당한다고 볼 수 있다. 1918년 헌법은 총 6편 90조로 구성되었는데, 제1편은 노동 및 피착취 인민의 권리선언, 제2편은 러시아 사회주의연방소비에트공화국 헌법의 총칙, 제3편은 소비에트 권력의 구성, 제4편은 선거권 및 피선거권, 제5편은 예산법, 제6편은 러시아 사회주의연방소비에트공화국장 및 국기 등이었다. 임기영, "러시아의 체제전환에 따른 헌법의 변화", 「헌법이론과 실무」 (헌법재판소 헌법재판연구원, 2015).

경제를 실행한 사변적·이론적 산물이라고 할 수 있다.[7]

마르크스는 '생산 수단의 사회화를 통해 인민이 주인이 되는 계급 없는 공산주의 사회에 이르면 국가와 법은 고사(枯死)하게 된다'라고 주장했다. 레닌은 이를 인정하면서도 공산주의를 향한 과도기에 프롤레타리아 국가의 건설이 불가피하다고 하며 공산주의 사회를 이룩하기 위해 국가와 법이라는 도구를 최대한 이용하고자 하였다. 법이 자신들의 정당성을 확보하는데 매우 유용한 수단임을 알게 된 것이다.

---

7) 김근식, 『사회주의 체제전환에 대한 법제도적 비교연구』 (서울: 한울아카데미, 2008), 62.

제1장 마르크스가 주장한 사회주의 인권 논리

1. 마르크스의 인권관과 실현

1) 마르크스 인생과 영향 인물

마르크스의 인생은 참으로 비참했다. 그는 1818년 5월 5일, 개종한 유대인 집안에서 태어났고, 여성 관계가 복잡했다. 7명의 자녀와 하녀 사이에서 1명 자녀를 두었으며, 그중 4명의 자녀는 아사하고, 장녀는 38세에 단명했고, 나머지 두 딸은 자살[8] 하였다. 또한 자본주의를 배척했던 그는 가산을 주식과 술에 탕진하고, 엥겔스의 도움으로 근근이 살았다. 모친과는 갈등 속에 방치되었으며, 4살 연상 부인의 장례식도 거부했다.

고등학교 시절 첫 기고문이 '그리스도와 신자의 연합(The Union of the Faithful with Christ)'이었고, 고교 졸업증명서에는 '기독교 신앙과 윤리에 대한 지식은 매우 명확하고 건전하다. 그는 또한 기독교 교회사를 상당히 깊이 이해하고 있다'라고 적힐 정도로 기독교와 연관이 깊었다. 그러나 고등학교 졸업 후 1841년, 사회주의 혁명가 모세 헤스(Moses Hess, 유대계 독일 철학자)를 만나면서 철저한 무신론자가 되었다.

모세 헤스는 프리메이슨, 시오니즘을 이념으로 처음 체계화한 독일의 사회주의자로 알려져 있다. 헤겔의 영향을 받은 헤스는 중세 종교에 종지부를 찍고 사회주의 혁명을 새로운 종교로 대체하는 임무를 마르크스에게 맡긴 것으로 알려져 있다.[9] 마르크스는 이의 영향으로 18세에 '울안엠'(Oulanem)[10] 이란 희곡을

---

8) 마르크스가 가장 아꼈던 막내 딸 에레노(Eleanor Marx Aveling, 自殺)는 에드워드 에베링(Edward Bibbins Aveling)과 결혼했다. 열렬한 진화론자였던 에베링은 대학에서 '하나님의 악(The Wickedness of God)'에 대한 제목으로 강연한 사람이었다.

9) 우리나라에서는 알려져 있지 않으나 사탄 숭배 역사는 기독교 역사만큼이나 길다. 미국의 '사탄교회(Church of Satan)'처럼 공개 활동을 하는 경우도 있으나 비밀적인 성격이 강하기 때문에 자신들만 인식할 수 있는 '상징' 또는 '인사법' 등을 사용한다고 알려져 있다. 독일의 '죽음의 형제들'과 美예일대학교 내 비밀서클 '스컬앤본즈'가 대표적인 사탄숭배 단체이다.

10) '울안엠'이란 '임마누엘(Immanuel)'을 거꾸로 발음한 것이다. 대체적으로 루시퍼 추종자들은 주술적(呪術的) 의미로 성호(聖號)를 거꾸로 바꾸어 부르는 것이 효력이 있다고 믿고 있다.

작성하였다.[11]

마르크스에게 영향을 준 인물은 스파르타쿠스(BC 72년경 활동), 루소[12], 찰스 다윈(1809~1882) 등이 있다. 스파르타쿠스는 로마의 지배에서 검투 노예들의 무장봉기에 상징적 인물이었다.[13] 고대 프롤레타리아의 대표이며, 저항과 폭동의 아이콘이었다. 마르크스는 유럽의 자본주의도 동일하게 바라본 것이다. 스파르타쿠스의 영웅담은 레닌에게도 영향을 미쳤다. 레닌은 19세기 말과 20세기 초 유럽 사회주의 운동은 스파르타쿠스를 경제적 착취와 사회적 불평등에 대한 저항의 상징으로 평가했다. 마르크스의 계급투쟁론으로 확대 발전시킨 것도 바로 레닌이다. 마르크스와 레닌은 이런 논지에 따라 로마 세계를 노예와 지배자 사이의 무장투쟁으로 특징지어지는 계급투쟁으로 정의되고 있다.

다윈과 마르크스의 만남은 더욱 괴이하다. 좌파 이론가들은 "다윈이 유기적인 자연 현상 속에 이른바 '발전의 법칙'을 발견했듯이, 마르크스는 인간 역사 속에서 '발달의 법칙'을 발견하였다. 한 민족의 경제적인 발전 정도가 정치, 법률, 예술, 종교적인 상상에 이르기까지 모든 것의 토대를 이룬다. 그리고 이런 물질적인 토대 위에서 모든 것이 설명되어야만 한다"[14]라고 유물론적 사고방식을 견지하고 있다. 다윈의 진화론으로 인해 자연과학은 신(God)의 죽음을 가져왔고, 마르크스의 계급론으로 인해 사회과학은 자본주의를 살해하였다고 할 수 있다. 마르크스의 계급투쟁론 역사는 다윈의 진화론과 상당한 유사점이 있다. 마르크스는 인권사상에 대해 다음과 같이 기술하고 있다.

인권 사상은 기독교 세계에서 지난 세기에야 비로소 발견되었다. 인권 사상

---

11) http://www.newdaily.co.kr/site/data/html/2011/05/30/2011053000034.html 자료.

12) 루소가 마르크스에 미친 영향력은 이 책의 앞부분 '루소의 평등권'에 언급되어 있다.

13) BC 73년, 로마가 지중해 전역을 정복하고 부와 영광으로 흥청대고 있을 때, 검투 노예들이 카푸아에서 탈출해 무장 폭동을 일으킨다. 70여 명으로 시작한 봉기는 곧 수많은 노예가 가세하면서 수 만 명 규모로 커진다. 그들은 중부에서 북부의 알프스까지 치고 올라가서 다시 남부의 땅 끝 항구 레기움까지 전진하는 등 2년 동안 이탈리아 반도 전역을 휩쓸었다. 생포된 6000여 명이 반란죄로 십자가 처형을 당하였다. 70년 후, 예수께서도 '유대인의 왕'이라는 정치적 반란의 죄목으로 동일한 십자가 처형을 당하였다.

14) 일로나 예르거, 『마르크스와 다윈의 저녁식사』 오지원 역 (서울: 갈라파고스, 2018).

은 인간에게 선천적인 것이 아니다. 인권 사상은 오히려 인간이 지금까지 훈육 받은 역사적 전통에 대한 투쟁을 통해 획득된 것이다. 그래서 인권은 자연의 선물이 아니며, 지금까지의 역사가 우리에게 쥐어준 지참금도 아니다. 오히려 인권은 탄생의 우연에 대한 투쟁을 통해, 그리고 세대를 걸쳐 역사가 지금까지 남겨둔 특권에 대한 투쟁을 통해 획득한 대가이다. 인권은 교양의 산물이다. 인권은 그것을 스스로 획득하고 누릴 자격을 갖춘 자만이 소유할 수 있다. [15)]

여기서 분명히 언급된 인권의 특징은 '역사적 투쟁의 산물'이라는 것이다. 인권은 단순히 수동적으로 주어지는 것이 아니라 스스로 획득한 자만이 누릴 수 있다고 주장하고 있다.

2) 인간해방을 위한 인권과 평등

마르크스가 생각한 최종 목표는 '인간해방'이었다. [16)] 그는 자신의 이념과 논리를 통해 인간을 해방할 수 있다는 거대한 유토피아를 꿈꾸었고, 인권의 이론화를 통해 구체적으로 설명하고 있다. 마르크스의 인권관은 1844년에 발표한『유대인 문제에 관하여 Zur Judenfrage』에 정리되어 있다. [17)] 이 책에서 인권, 즉 '인간의 권리(droits de l'homme)'라는 용어를 사용하였다. 본래 이 문서는 유대인의 사회적·정치적 상황에 대해 같은 헤겔학파에 속한 브루노 바우어(Bruno Bauer)가 주장한 연구에 대해 비판한 자료이다.

마르크스는 '유대인들에게 정치적·시민적 권리를 부여할 수 없다'라는 바우어의 주장이 근본적으로 정치적 해방과 인간적 해방의 차이를 구별하지 못하는

---

15) Karl Marx, *Judenfrage. in: Marx and Friedrich Engels,* 362.

16) 예수께서 이 땅에 오신 목적은 죄인을 구하기 위한 영혼 구원이 목적이었다. 인간 해방은 유물론적 관점에서 인간이 이 땅에서 살아가는 동안 이성의 논리로 물질로부터 벗어나기 위한 논리이다. 신영복은 '모든 사상은 기본적으로 기존의 관념으로써 우리를 해방시키는 것이어야 하며, 궁극적으로는 개념적 인식에서 해방시키는 것'이라고 하였다. 최영목, 신영복 평전.

17) 브루노 바우어(Bruno Bauer, 1809~1882)가 1843년에 출간한『유대인의 문제 Die Judendenfrage』를 읽고 마르크스가 1843~1844에 기록한 비평문의 형식이다. Karl (Heinrich) Marx,『유대인 문제에 관하여』김현 역 (서울: 책세상, 2015), 서문 참조.

데서 나타나는 오판 때문이라고 주장하였다. 그는 유대주의를 격렬하게 비판하면서 자본주의 사회의 문제점을 동시에 다루었다. 따라서 마르크스의 『유대인 문제에 관하여』라는 책은 유대인들의 해방 문제에 초점을 맞추고 있지만,[18] [19] 인간의 권리 문제를 구체적으로 다루고 있다.

마르크스가 바라본 당시 독일의 유대인 관련 배경을 살펴본다. 1816년 프로이센은 유대인 억압하는 법을 제정하였으나, 1843년 의회는 유대인 해방령을 통과시켰다. 이에 대해 프로이센 왕이 거부권을 행사함으로써 민감한 정치 문제로 쟁점화 되었다. 더불어 당시 유대인들의 위상, 정교분리 문제, 국가 내부 종교 문제와 같은 관점을 두고 좌·우파 간의 극렬한 논쟁이 있었다.[20] 그런데 헤겔학파 소속으로 좌파 진영 신학 강사이던 바우어는 이 문제에 대해 '독일에서 유대인들이 자기들만의 종교와 문화만을 고집하고 동화되기를 거부하기 때문에 유대인들만의 정치적 해방은 불가능하다', '유대인들은 독일의 해방에 관심을 두지 않는데 왜 독일이 유대인들의 해방에 관심을 가져야 하는가?'라는 주장을 제기하며, 문제시하였다.[21]

마르크스는 '해방 없이 권리는 없다'라는 전제하에, '종교적 해방 보다 정치적 해방'을 먼저 주장하였다. 기독교를 국교로 삼던 프로이센에서 살았기 때문에 '기독교 때문에 일반 독일 국민도 진정한 정치적 해방과 시민적 권리를 획득하지 못한다'라고 불만을 느끼고 있었다. 그런데 정작 기독교 국가에서 소수자였던 유대인들은 자신들의 해방을 어떻게 할 수 없다는 것이다. 이에 마르크스

---

18) 양해림, "마르크스의 인권관", 272.

19) Shlomo Avineri, "Marx and Jewisch Emancipation", *Journal of History of Ideas* Vol.XXV (1964), 445.

20) 양해림, "마르크스의 인권관", 273.

21) 무신론자 바우어와 마르크스의 관계는 1848년 공산당선언까지 지속되었다. 마르크스와 바우어와의 만남과 교류는 베를린 독토르 클럽(Doktor klub)에서 시작되었다. 마르크스는 1836년 10월, 베를린대학교(지금의 훔볼트대학교)에 등록하고, 이듬해인 1937년에 모임이 있었다. 여기에서 당시 베를린대학교 강사였던 10년 연상의 바우어를 만났다. 마르크스와 바우어, 청년헤겔 학파와의 자세한 관계는 다음의 자료에서 구체적으로 언급되어 있다. 정문길, 『에피고넨의 시대』 (문학과 지성사, 1987). ; 카를 뢰비트, 『헤겔에서 니체로』 김학철 역 (2010). ; William J. Brazil, The Young Hegelians (Yale University Press, 1970). ; McLellan's, *The Young Hegelians and Karl Marx* (London, 1969).

는 프로이센이 기독교 국가를 유지하고 있고, 또 유대인들이 유대교로 남아 있
는 이상, 프로이센은 일반 독일 국민 모두에게 해방을 주지 못하는 것과 마찬가
지로 유대인들도 해방을 얻지 못할 것이다[22]라며 논리를 전개하였다. 또한 인
간해방을 위해 현실의 경제적 해방과 정치적 해방에서 우선 찾아야 한다고 보
았다.

그리고 마르크스는 유대인에게 자신들의 특별한 논리와 예외적인 노선을 중
단하고, 국가 전체가 종교의 틀에서 해방되기 위해 전 국민이 공동투쟁을 해야
한다고 주장하였다. 유대인만을 해방시키는 것은 사회적 분열을 더욱 고착시킬
것이라고 생각했기 때문이다. 즉 마르크스는 기독교 국가에서 유대인 집단에게
만 특혜를 준다면, 그 집단에 반감을 가지게 된다는 주장이다. 그리고 그는 기
독교와 유대교인들의 적대관계를 폐지하기 위해 종교를 폐지해야 한다는 극단
적 주장도 하게 된 것이다. 무엇보다 정교분리, 특권층 폐지로 모두가 평등사
회로 간다면 이 문제를 해결할 수 있다고 본 것이다. 국가는 종교를 폐지해야만
결국 인간해방을 가져올 수 있다는 논리이다.[23]

마르크스가 주장한 '정치적 해방'은 인간해방의 최후 형태는 아니지만, 기존
의 정치 질서 내부에서는 중요한 형태이자 현실적이고 실제적인 해방으로 본
것이다. 그가 판단한 정치적 해방은 '인간을 종교로부터 해방'하는 것이었다.
즉 정치를 통해 기독교로부터 멀리하게 하는 것이다. 그리고 종교적 해방은 기
독교인들이 생각하는 천국과 지상의 이중생활을 영위하게 하는 것이기에 해방
시켜야 한다는 무신론과 유물론적 관점으로 보았다.

이런 가운데, 마르크스의 인권론은 인간해방을 위한 차원에서 시작되었
고, 시민의 권리와 구분되어 '인간의 권리(droits de l'homme)'를 명시하였다. 즉
그가 생각한 권리는 다른 인간들 그리고 전체 공동체로부터 동떨어진 이기적
인 개인의 권리를 말하는 것이며, 사회의 상부 구조를 이루는 광범위한 범주였

---

22) Karl Marx, *Judenfrage, in: Marx and Friedrich Engels,* 347.

23) Karl Marx, 『유대인 문제에 관하여』, 37.

다. 이는 단지 개인의 권리만이 아니라 법, 종교, 국가를 포함하고 있다는 점이다. 다시 말해, 인간의 권리는 기술적 생산 과정에 의해 생성되는 사회적 관계 (gesellschaftlichen Verhätnis) 구조 속에서 드러난다고 보았다. 이처럼 '사회적 관계의 총체로서의 인간'이 권리의 출발점으로 본 것이다.[24]

마르크스는 사회 구조 분석에 헤겔의 이분법적 논리를 적용하여 국가와 시민 사회(일명 부르주아 사회)를 구분하였다. 먼저 국가는 공적으로 자유의 권리를 가진 시민 주체의 공간으로 취급되고, 부르주아 사회는 일상적 이기주의가 만연한 경제 활동 공간으로 이해하였다. 특히 '시민 사회는 상업 사회와 같은 개념이며, 개인은 자신의 이익을 악착같이 추구하는 시장터와 같은 영역으로 보았다. 그리고 유대인들은 상거래, 은행업, 전당업에 종사하면서 시민 사회 안에서 상업적 가치를 유포하였고 막강한 영향력을 행사해 왔다'[25]라고 평가하였다.

국가는 유대인의 경제력에 의존하며, 민간 영역 안에서 유대 자본가들이 상업적 지위를 유지할 수 있게 허용했다. 따라서 유대인들이 부르주아적인 물질수혜를 포기하지 않는 이상, 그리고 국가가 자본주의를 폐지하지 않는 이상, 유대인에 대한 특권적 차별은 사라지지 않을 것으로 본 것이다.[26] 이는 부르주아 상업 사회가 사회적 특권과 차별을 만들어낸 근본적인 원인으로 본 것이다. 한 개인이 국가에서는 '국민(시민)의 권리'를 누리고 있고, 시민사회에서는 부르주아, 소상인 등으로 지칭하면서 '인간의 권리'를 누린다는 것이다. 여기에서 마르크스는 루소가 사용했던 용어인 '시민(citoyen)'과 '부르주아'의 개념을 적용하여 근대인들은 이중 인격체의 특징을 갖고 있음을 언급하였다.[27] 국가에서는 언론, 집회, 출판, 투표, 사상, 신앙과 같은 시민의 권리를 누리지만, 시민사회에서는 자유, 소유권, 평등, 안전과 같은 부르주아적 인간의 권리를 누린다는 것이다. 마르크스는 특히 프랑스 혁명 이후에 일어난 사회운동은 보편적인 인권이 아니라 시민적 특권이었다는 것을 강조하였다. 그의 주장으로 인권은 그

---

24) 프리드리히 엥겔스, 『루트비히 포이에르바흐와 독일 고전철학의 종말』 강유원 역 (이론과 실천, 2008), 93.

25) 양해림, "마르크스의 인권관", 280.

26) 양해림, "마르크스의 인권관", 280.

27) Karl Marx, *Judenfrage. in: Marx and Friedrich Engels,* 366.

자체로 시민권(Staatbügerechte)과 구별되었다.

그가 지금까지 생각한 인권은 '부르주아 인간의 권리'이며, 인간의 특권주의적 이기심에 깊게 뿌리를 내리고 있으므로 결코 보편적일 수가 없다고 보았다. 당시 유대인들도 특권주의에서 벗어나지 못했다. 이와 같은 상황에서 문화적·종교적 전통에서 유래한 자연적인 권리를 유대인들에게 부여한다고 해서 유대인들이 그 권리를 제대로 인식하는 것은 더더욱 아니라는 것이다. 그래서 마르크스는 '동일한 이유로 기독교인도 기독교인으로서 그 어떠한 인권도 허락할 수 없었다'[28]라며, '유대인을 비유대인으로부터 분리시켜 자신이 유대인이라는 특권적 본질을 벗어나야만 자신의 참다운 본질'이라고 주장하였다.

마르크스는 프랑스 혁명과 미국의 독립선언문에 나오는 자유권은 시민들이 공통된 권리의 의제를 보다 발전시킬 기회를 박탈하였다고 보았다.[29] 이 선언들은 공동체로부터 고립된 사람들로 구성되어 자본 구조를 옹호하는 부르주아적 개념이라 비판하였다. 그러면서 진정한 공동체적 생활 형태를 예로 제시하였다. 이것이 1780년 파리코뮌 당시의 공적 시스템을 말하여, 권위형 위계질서가 아닌 오늘날 좌익 진보세력이 주장하는 것과 동일한 이른바 '분권적·민주적·참여적 방식'과 유사한 형태이다. 이런 공동체가 진정한 〈사회적 해방의 정치적 형태〉라고 강조한다. 이러한 생각들이 인권과 결합되어 바로 1848년 '공산당 선언'으로 이어지는 토대가 되었다.

마르크스는 인간의 '자유권'과 '사유재산권'을 동일한 개념으로 보았다. 사유재산권이란 '각자 운 좋게 차지한 것을 누리면서 자기 뜻대로, 다른 사람들을 배려하지 않고 사회와도 상관없이, 처분할 권리와 같다. 이것은 자기 이익의 권리이다. 이러한 개인의 자유를 적용하여 시민사회는 그 기반을 세우게 된다. 이렇게 하여 모든 사람은 자신의 권리가 실현된 결과를 보지 않고 자신의 권리를 제한한 결과를 보게 된다. 각자 일하고 노동한 결실, 각자의 재화와 수입을 자

---

28) 브루노 바우어, "유대인 문제", 독불연보, 19-20.

29) Karl Marx, *Judenfrage. in: Marx and Friedrich Engels*, 364.

기 뜻대로 향유하고 처분할 권리를 무엇보다도 우선하는 것을 선포하는 셈이다'[30] 라고 비판하였다. 그리고 인간의 자유권이 사유재산권이며, 이것이 근대 시민사회의 근간을 이룬다고 보았다.

지금까지 살펴본 바와 같이, 마르크스가 주장한 인간의 권리는 '공동체로부터 격리된 이기적인 인간의 권리'였다. 인간의 권리가 보편적인 것처럼 보이지만, 실상은 개인의 권리를 강조하면서 계급에 따른 사회구조적 불평등을 은폐하고 부르주아 계급의 이익만을 대변한다고 본 것이다. 그리고 자본주의 사회에서 개인의 정치 활동은 자연권(사유재산권)을 보호하기 위한 수단이라고 보았다. 따라서 마르크스의 인간해방은 개인의 경제적 문제를 다분히 함축하고 있다고 할 수 있다.[31] 프랑스의 계급 투쟁(Die Klassenkäpfe in Frankreich, 1848~1850)을 '모든 지금까지 사회의 역사는 계급투쟁의 역사이다'[32] 라고 주장한 것도 이와 같은 맥락이다.

마르크스는 자신의 인권관을 실험하기 위한 수단으로 '평등'을 들었다. 또한 '평등의 원칙'을 정의(Gerechtigkeit, Justice)관과 연관하여 주장하였다. 먼저 임금의 평등을 위해 국가가 존재하며, 국가는 '공정(평등)한 임금'을 실현해야 한다고 보았다. 노동력이 다른 모든 상품처럼 가치대로 교환된다는 점에서 임금이 '공정해야 한다'라는 것을 강조한 것이다. 임금 제도 자체가 착취적 사회관계로서 불공정하게 설정되었다는 것이다. 그가 주장한 임금의 공정성은 "각자는 능력에 따라, 각자에게는 필요에 따라!"[33] 라는 구호였다. 이러한 '평등 개념은 부르주아 형태이든지, 프롤레타리아 형태이든지 간에 역사적 산물로서, 기나긴 이

---

30) Karl Marx, *Judenfrage. in: Marx and Friedrich Engels,* 365.

31) 마이클 프리먼, 『인권 이론과 실천』(아르케, 2006), 51. ; Waldron, Jeremy (ed), *Nonsense Upon Stilts': Bentham, Burke and Marx on the Rights of Man* (London: Methue, 1987), 126-32. ; R. Dagger, Rights. In T. Ball, J. Farr and R. L. Hanson (eds). *Political Innovation and Conceptual Change (Cambridge: Cambridge University Press,* 1989), 302-3.

32) Die Geschichte aller bisherigen Gesellschaft ist die Geschichte von Klassenkäpfen. 이에 대한 자세한 분석은 Gareth Stedman Jones, Das kommunistische Manifest von Karl Marx und Friedrich Engels, Müchen, 2012. ; C. H. Beck, 253-90 참조.

33) 1875년에 집필된 『고타강령비판』에 나오는 구문이다. 칼 마르크스·프리드리히 엥겔스, 『칼 맑스·프리드리히 엥겔스 저작 전집 4』 김세균 감수 (박종철 출판사, 1997), 377.

전 역사를 전제로 하는 특정한 역사적 조건을 필요로 한다'라는 조건적 개념인 것이다. 평등권을 '다른 모든 권리처럼 내용상으로 불평등한 권리'라는 전제인 것이다. 즉 권리는 평등하지 않고 불평등해야 한다는 것이다. 그런데 마르크스는 공산사회에서 인권 개념이 구체적으로 왜 필요한지, 또 부르주아의 권리 개념이 어떻게 해야 없어질 수 있는지에 대해 분명한 입장을 표명하지 않고 있다는 점이다.

자유주의론자들은 마르크스주의에 대해 '목적을 위해 수단을 정당화 한다'고 비판한다. 이는 사실이다. 마르크스의 인권관은 '인간해방'이라는 목적으로 사회 구조 변혁과 계급 해방을 수단으로 제시한 것이다. 그는 보편적 인권의 추상성과 공허성을 비판하면서, 자신이 판단하는 인간 해방을 가로막는 장애물을 없애기 위해 이른바 '인권'을 접목한 것이다. 마르크스가 판단한 장애물은 '만물 위에 군림하는 화폐, 자본 권력의 인간 착취, 보편적 인권의 공허함' 등이었다. 이를 구체화하기 위해 평등을 접목하여 1848년 공산당선언으로 더 구체적으로 나타난 것이다.

3) 인민(사람)중심의 사회주의 헌법

1844년 마르크스가 주창한 인권론은 4년 후, '경제적 해방'을 접목하여 1848년 공산당 선언으로 나타났다. 그리고 공산당 선언은 볼세비키 혁명을 통해 구현되었고, 그의 인권론은 제1차 세계대전 후 프랑크푸르트학파를 거쳐 1960년 대부터 활발히 연구되었다. 이들 연구의 특징은 이른바 부르주아 계급이 도구로 장악하고 있는 국가는 사멸해야 하고, 부르주아가 노동자들을 통치하기 위한 도구로 있는 법도 사멸해야 한다고 주장했다. 즉 현 시대의 법적 모순은 사회주의 법을 통하여 극복되어야 한다고 믿는 것이다. 인민의 권한이 중시되는 공산권 헌법은 사회 발전의 역사적 단계에 따라 '인민 민주주의 헌법', '사회주의 헌법', '발전된 사회주의 헌법'으로 진행된다고 보는 것이다.[34]

'인민 민주주의 헌법'은 과도기 헌법이며, 이것은 사회주의에 이르는 과도기에 있는 소위 인민 민주주의 단계의 헌법이다. 즉 위로부터의 혁명에 의하여 자

---

34) 김철수, "북한 헌법과 공산제국의 헌법과의 이동(異同)에 관한 연구" (국토통일원 정책기획실, 1978), 3-7.

본가 계급과 반동 세력을 제외한 사회 각계각층의 인민 연합 독재를 시행하는 것을 내용으로 한다. '사회주의 헌법'은 인민 민주주의 헌법의 발전 형태로써, 자본주의 제도를 완전히 폐지하고 노동자 계급이 국가의 전 권력을 장악하여 사회주의 국가를 형성하였다는 역사적 사실에 따라 이를 확고히 유지·강화하기 위해 만든 헌법이다. '발전된 사회주의 헌법'은 더 발전된 형태로 프롤레타리아 독재 단계를 넘어서서 성숙한 사회주의 단계에 도달하기까지 인민의 권리가 중심이 되는 인민 국가의 헌법이라고 한다.[35]

1917년 2월, 러시아 로마노프 왕조는 몰락하고, 레닌이 주도한 10월 혁명으로 볼셰비키 정권이 수립됐으며, 러시아 소비에트 사회주의 공화국 연방(RSFSR)이 등장하였다. 1918년 7월 10일, 제5회 '전 러시아 소비에트 대회'에서 헌법이 채택되었으며, 이것이 소비에트 정권 수립 후 세계 최초의 사회주의 헌법이었다. 이 헌법의 적용은 소련만이 아니라 전 세계를 대상으로 하고 있었다.

이 헌법이 공산권 헌법의 발전 단계 유형 중 인민이 중심이 되는 '인민 민주주의 헌법'에 해당한다고 볼 수 있다. 1922년 12월 30일, 우크라이나, 벨라루스(백러시아), 자카프카지예(조지아, 아르메니아, 아제르바이잔 3공화국의 연합공화국) 연방을 결성하여 '소비에트 사회주의 공화국 연방(USSR, 소련)'을 수립하였다. 그리고 1924년 1월 31일, 새로운 헌법을 제정하여 제2차 연방 소비에트 대회에서 비준하게 된다. 당시 레닌은 철저히 '법'을 통해 지배했다. 자본주의법은 사유 제도와 시장 경제 원칙에 따라 점진적으로 생성·발전되어온 역사적·경험적 산물이다. 그러나 당의 영도 아래 혁명적 방법으로 생산 수단을 공유하고 계획 경제를 실행한 사회주의 법 이론은 사변적·이론적 산물이라고 할 수 있다.

레닌은 이를 인정하면서도 공산주의를 향한 과도기에 프롤레타리아 국가의 건설이 불가피하다며, 국가와 법이라는 도구를 최대한 이용하고자 하였다. 법이 자신들에게 매우 유용한 수단임을 알게 된 것이다. 소련의 '법률주의'는 법률을 도구 삼아 중앙의 지령을 전국에 효율적·통일적으로 전달하고 실행하는 것

---

35) 장명봉, "공산주의 헌법의 개관: 소비에트 헌법을 중심으로", 「중소연구」 9/3 (한양대학교 아태지역연구센터, 1995), 105-6.

으로 서구의 '법치주의'와는 다른 의미를 갖는 것이었다.[36)]

사회주의 국가에서 법은 정의라는 법의 가치를 철저히 부인한 채, 오직 당의 정치 목표를 실현하기 위한 수단으로서 기능만을 강조한다. 법의 기능은 당의 중요한 통치 도구에 불과한 것이었다. 사회주의 국가에서 당헌은 이론적으로나 실질적으로 헌법보다 상위의 규범적 효력을 지니고 있었고, 당의 영도적 지위에 따라 권력분립을 부정하고 권력 통합의 '민주적 중앙집중제' 원칙을 내세웠다. 1924년 1월, 레닌이 사망하자 1922년부터 당 서기장을 맡고 있던 스탈린이 권력을 잡았다. 1936년 12월 5일, 제정된 헌법은 스탈린이 헌법 제정에 깊이 관여하였다는 이유로 스탈린 헌법이라고 불리기도 한다. 이 헌법은 인민의 인권이 최대한 보장되는 모든 일반적 요소가 규정된 최초의 기본법으로 평가받기도 한다. 1936년 제정된 헌법은 1977년 개정되기 전까지 44년 동안 유지되며 여러 공산권 국가의 표본이 되었으며, 북한도 이 헌법을 기초로 하여 제정되었다.

스탈린 헌법의 이념적 배경은 '인권이 중시되어 적대적 계급이 존재하지 않는다'라는 의미의 사회주의 실현이다. 즉 사회주의를 향한 첫 과도기는 종결되었기 때문에 공산주의를 향해 출발해야 한다는 것이었다. 공산권 헌법의 발전 분류에 따르면 '사회주의 헌법'이라고 할 수 있다. 이 헌법의 특징은 부르주아나 부농들과 같은 기존의 계급이 사라지고, 현실적으로 소련에 존재하는 계급은 인민 계급인 노동자와 농민뿐임을 의미한다는 것으로 변화되었다. 그들의 국기에 그려진 낫과 망치도 이를 상징하는 것이며, 헌법 전문에 '인민의 모든 노동, 휴식, 교육, 사회 보장의 권리를 보장한다'라고 명시되었다. 여기서 인민은 노동자와 농민 두 계급에만 해당하는 것이었다.

헌법 제1조에서도 '소련은 노동자와 농민의 사회주의 국가다'라고 규정하며, 1924년 헌법에서는 삭제되었던 인권의 기본권 규정이 본격적으로 부활하였다. 1936년 헌법은 사회주의가 기본적으로 실현된 것을 전제로 제정되었다는 점에

---

36) 임기영, "러시아의 체제 전환에 따른 헌법의 변화" (헌법재판소 헌법재판연구원, 2015).

서 차이가 있다. 사회주의 원칙의 명확한 규정과 사회주의 제도 강화, 선거 제도 개혁, 인종·민족의 평등 원칙 명시, 통치 조직 개혁, 공산당 지위 규정, 시민의 권리, 즉 인민권 규정 확충 등에서 차이를 보여주었다. 1936년 헌법은 '자본주의로 포위된 상황' 속에서 '한 국가 내의 사회주의'를 달성하기 위한 법적 안정이 요구될 때 채택한다는 것이었다. 그런데 아이러니하게도 그 방식과 내용이 이전 시대에는 자신들이 경멸하였던 부르주아 헌법과 매우 유사하다는 것이다.

마르크스 레닌주의 인민 중심 논리의 인권론은 북한 헌법에서도 그대로 적용되었다. 북한 헌법은 1948년 '인민 민주주의 헌법', 1972년 '사회주의 헌법', 1998년 '김일성 헌법'을 거쳐, 2012년 '김일성-김정일 헌법'으로 구분할 수 있다.

인민 민주주의 헌법은 1948년 9월 8일, 최고인민회의 제1기 1차 회의에서 조선 민주주의 인민공화국 헌법으로 제정되었고, 1972년 12월 27일에는 최고인민회의 제5기 1차 회의에서 사회주의 헌법으로 제정되었다. 이때 서울에서 평양으로 수도를 변경하면서 주체사상을 처음으로 명시하였고, 1992년에는 마르크스 레닌주의를 주체사상으로 대체하였다. 김일성 헌법은 1998년 9월 5일에 제정된 법으로 김일성을 영원한 주석으로 규정하였으며, 2009년 헌법 개정에서는 사회주의 계획 경제의 기본 노선은 유지하되 공산주의라는 용어를 삭제[37] 하였으며, 국가 의무에 '인권 존중'을 공식적으로 포함하였다. 김일성-김정일 헌법은 2012년 4월 13일 제정된 법으로 김정일을 영원한 국방위원장으로 규정하였으며, 금수산태양궁전이 헌법 서문에 추가됐으며, 김정은의 명령을 최우선으로 하는 내용이 포함되었다.

조선 민주주의 인민공화국 헌법의 기조는 '인민이 먼저다'에 두고 있다. 제3조에 조선 민주주의 인민공화국은 '사람 중심의 세계관'이며, 인민 대중의 자주성을 실현하기 위한 혁명사상인 주체사상을 자기 활동의 지도적 지침으로 삼는

---

37) 공산주의 재등장은 2021.1.5~12일에 개최된 노동당 중앙위원회 제8차 대회에서 당 규약을 변경하면서 명시되었다.

다. 제8조 '조선 민주주의 인민공화국의 사회제도는 근로 인민 대중을 모든 것의 주인으로 하고 있으며 사회의 모든 것이 근로 인민 대중을 위하여 복무하는 사람 중심의 사회 제도이다. 국가는 착취와 압박에서 해방되어 국가와 사회의 주인으로 된 로동자, 농민, 근로 인테리와 모든 근로 인민의 리익을 옹호하며 보호한다'라고 규정하는 등 인민 중심의 세계관 인민이 주인 되는, 즉 인권을 중시한 헌법으로 규정되고 있다.

2. 마르크스 인권론의 역비판

마르크스의 인권론은 19세기 정치사상의 중요한 주제로, '상대적' 인권 담론의 핵심으로 등장하였다.[38] 그런데 이들은 사회주의와 인권은 결코 공존할 수 없다고 말한다. 대체로 인권은 신좌파, 리버럴 평등주의, 급진 정치적 자유주의, 우파 자유주의 등 다양한 견해가 혼재되어 있다고 볼 수 있다.

이념에 따라 담론의 방향은 다르지만 몇 가지 공통점이 있다. 첫째, 마르크스의 인권에 대한 비판 자체가 처음부터 인권 개념에 대해 잘못 이해하고 있다는 것이다. 둘째, 정통 마르크스주의에서는 부르주아 인권 대신 등장하는 인간 해방과 진정한 인권 존엄성은 이론적으로 성립 불가능하고 현실적으로 존재하지 않는다는 것이다.

제레미 월드런(J. Waldron)은 사회주의 및 공산주의 이론에서는 인권을 모호하게 표현하거나 처음부터 고려 대상이 아닌 것으로 보고 있다[39]고 지적했다. 그는 사회주의의 인권에 대하여 다음의 세 가지로 정리하였다.

첫째, 마르크스는 사회주의 운동에서 권리로 표현되든지 아니든지 모든 분배적 슬로건을 거부한다. 그들은 분배가 목적이 아니라 사회 체제의 전면적 변혁이 목적이기 때문이다.

둘째, 마르크스주의자들은 인간의 권리는 개인주의적 이기적인 것으로 간

---

38) Jonathan Wolff, *Why Read Marx Today?* (Oxford University, 2002), 1-8.

39) Jeremy Waldron, "Nonsense Upon Stilts": *Bentham, Burke and Mark on the Rights of Man*, 68-71.

주하며, 인간의 권리(민간 영역)와 구분되는 시민적 권리(국가 영역) 역시 공허한 개념이다.

셋째, 마르크스 관점에서 시민 권리는 일정의 공동체를 만들 수는 있겠지만, 경제·사회적 혁명과 비교해 아주 작은 고려사항에 불과하다. 그러므로 마르크스주의를 인권과 연결하는 시도는 현실적으로 불가능하다고 보고 있다. 따라서 사회주의적 휴머니스트도 실제로 불가능하다는 것이다.

이른바 신좌파로 불리는 스티븐 룩스(Steven Lukes)도 마르크스의 인권론을 지적하였다. 그는 사회주의 붕괴 이전부터 마르크스주의와 도덕성의 문제를 제기하였고, 동유럽 지역에서 공산권이 무너지는 과정을 설명하면서도 다시 이 문제를 제기하였다.[40] 그는 먼저 마르크스가 주장한 인권론은 18세기 당시 사회에 비추어 보아도 협소한 분석이었다고 주장하였다. 예를 들어, 1789년의 프랑스 혁명의 결과로 나타난 '인간과 시민의 권리선언' 제10조 의사표현, 제11조 사상과 언론의 자유에 대해 반대하지 않았다는 것이다. 또한 제7조, 제8조, 제9조의 적법 절차의 존중, 무죄추정의 원칙은 마르크스의 핵심적 비판과는 다소 거리가 멀다는 것이다.[41] 아울러 마르크스의 주장은 공산주의 국가들이 발전해 나가는 인민의 권리, 즉 자본주의 국가의 권력 남용으로부터 개인의 권리를 보호하고자 하는 관점에서 정치적으로 중요한 역할을 하였다는 것이다.

마르크스의 원칙을 추종하면서 비판하는 이들은 마르크스주의의 정치적·도덕성의 근거와 특징은 세 가지라고 주장한다. 첫째, 해방을 목적으로 하는 도덕성이다. 둘째, 현존 자본주의 체제의 모순점을 초월해야 한다는 미래지향적 도덕성이다. 셋째, 현실 정치에서 모든 행위는 인간해방이라는 목표에 따라 선택되고 정당화된다고 보았다.

따라서 역사 발전에서 자본주의로 상징하는 사유 재산 요소들은 모두 비판의 대상이 된다. 마르크스주의는 구체적으로 자원의 희소성 원칙을 비판하면서

---

40) Lukes, Stevan, *Maxism and Morality* (Oxford: Claren Press, 1986), 220-2. ; Lukes, Stevan, "Maxism and Morality: Reflection on the revolutions of 1989", *Ethics and Affairs* 4/1, 1990, 19-31.

41) 양해림, "마르크스의 인권관", 276.

사회주의가 되면 생산에 필요한 투입과 생산지를 충분히 통제할 수 있다고 주장한다. 그리고 도덕이나 가치가 역사와 상황에 달려 있다는 예외주의를 거부하고 일원적 도덕성을 옹호한다. 또한 사상이나 가치의 다원성 대신에 변증법적인 주장만을 신봉하며, 인간사를 규율하는 데 있어서 이성의 한계를 인정하지 않고 완전한 이성과 계몽이 가능하다고 보고 있다.

블라디미르 레닌도 이에 동조하며, '우리의 도덕성은 프롤레타리아 계급투쟁의 이익에 전적으로 달려있다. 공산주의는 불의와 억압의 종식을 약속하면서도 정의와 인권을 약속하는 것이 아니라 정의와 인권을 부르짖게 만들었던 질곡 그 자체에서 해방만을 약속하는 것이다'[42] 라고 하였다. 이를 요약하면 ① 마르크스주의는 불의와 억압의 종식을 주장한다. ② 그러나 마르크스는 불의에 대항하기 위하여 인권과 정의에 큰 의미를 두지 않는다. 인권은 잘 해야 해방으로 가는 곁가지이고, 잘못하면 해방을 가로막는 방해물에 지나지 않는다. 그리고 마르크스가 바라던 것은 인권이 존중되는 사회라기보다는 인권 자체가 원칙적으로 필요 없는 해방된 사회라는 것이다. 즉 자신의 목표를 위해 상대적 인권도 하나의 수단일 뿐이었다.

또한 마르크스 비판주의자들은 1980년대 말 동유럽 반공산주의 혁명에 대하여, 그 성격이 반사회주의 혁명인가? 친자본주의적 혁명인가? 아니면 신자유주의적 혁명인가? 라고 묻는다. 그러면서 해답은 거부하고 동유럽 시민의 요구를 다음과 같다고 정리하고 있다. ① 시민들이 자발적으로 시민권을 요구한 운동이었다. ② 분배 정의와 체제의 공평한 작동을 원했다. ③ 법의 지배, 개인의 기본권 보장 등 절차적 정의를 요구하는 방어적 운동이었다. ④ 권력의 독점을 거부하고 다원주의를 요구하는 운동이었다. ⑤ 공산당만이 진리를 완전히 파악하고, 그것이 현실에서 구현할 수 있다는 주장을 회의적으로 받아들인 운동이었다. 그리고 동유럽 민중이 진정으로 원했던 것은 좌우를 막론하고 어떤 교조주의 이념이 아니라 직관적으로 정의로운 사회, 억압적인 체제로부터의 자유롭고 공평한 사회였다고 혼란스러운 주장을 하고 있다.

마르크스주의자들은 공산권이 몰락한 후, 그 원인에 대하여 나름대로 분석

---

42) Lukes, Stevan, "Maxism and Morality: Reflection on the revolutions of 1989", 27.

하였다. 이에 대하여 인권을 보장할 수 있는 전제 조건인 정치 공동체의 재구축 자체에 문제가 있다고 보았다. 이로 인해 공공질서의 붕괴와 시민적 권리의 제약, 경제적·사회적 권리 축소, 규제받지 않는 민영 세력에 의한 사회 공동체 파괴, 자유의 억압, 소수자 인종 권리 무시, 종교자유 탄압 등이 많았음을 지적한 것이다.

또한 공산권 몰락의 근본 원인은 공산 정권에서 민주주의와 시민사회를 경험하지 못했기 때문이라는 것이다.[43] 또한 역사를 보면 혁명으로 사회를 재구성하는 시도에 있어 인권과 민주적 선택은 희생물이 되곤 하였다는 것이다.[44] 그래서 기본권의 박탈과 민주주의 및 시민사회의 결여가 현실 사회주의의 붕괴를 재촉한 중요한 요인이었다는 것이다.[45] 하여튼 공산권의 붕괴는 자유방임형 자본주의 이데올로기를 주장하는 이들에게 좋은 선전 거리를 제공하고, 냉전 당시 자본주의권에서 사회 정의와 부의 재분배를 촉구하는 평등주의적 민주주의 정치 세력의 입지를 극도로 좁히는 결과를 초래하였다.

그래서 그들은 결국 마르크스주의가 인권을 반대했다는 관점 자체가 처음부터 오류였다고 인정하면서 인권을 새롭게 정립해야 공존할 수 있다고 주장하는 것이다. 이후 그들이 주장하는 인권론이 오늘날 상대적 인권론으로 연결된 것이다.

3. 사회주의와 인권

사회주의와 인권은 어떤 연관성이 있을까? 사회주의자들은 마르크스가 인권을 주장하였기 때문에 당연하다고 본다. 그들은 마르크스가 인권의 개념을 부르주아에 한정했지만 그렇다고 모든 권리를 거부한 것은 아니라고 주장한다.

---

43) Juviler, Peter, "Political community and human rights in post-communist Russia" in: Adamantia pollis and Peter Schwacrib(eds), *Human Rights: New Perspective, New Realitiics* (Boulder COy: Lynne Rienner Publishers, 2000).

44) Carter, April, *Direct Action and the Democracy Today* (Cambridge: Policy, 2005), 201.

45) Thomas, Dorothy Q, "Conclusion", In Julie Peters and Andrea Wolper(eds), *Women's Rights Human Rights: International Feminist Perspective* (New York Routledge, 1995). ; 조효제, 『인권의 문법』, 156 재인용.

즉 마르크스의 인권 논지를 역으로 해석하여 권리 개념을 도출하고 있다. 예를 들어, 자본가들이 언론의 자제가 필요하면 철저히 언론 자유를 중요시 하였다 [46]고 주장한다. 마르크스는 보통 선거권과 집회결사의 자유를 지지했으며, 하루 노동시간 단축을 위해 집회가 필요하다는 것이다. 프랑스 혁명의 자유·평등·박애에 대하여 비판한 것은 사실이지만, 마르크스는 혁명의 민주적 권리 자체를 부정하지 않았으며, 오히려 인민의 민주적 권리를 부정하는 사회주의자들을 비판했다는 것이다.

또한 마르크스가 자본주의 사회의 부르주아들이 착취와 불의를 비난한 것을 뒤집어보면 특정 계급, 즉 노동자 계급이 착취를 당하지 않을 권리가 있다는 것이다. 더 나아가 자본주의적 생산 수단에 자신의 노동을 억지로 하지 않아도 될 권리, 잉여가치를 포함한 노동의 가치를 요구할 권리 등이 전제되어 있다는 것이다.[47] 이는 전형적인 이중구조 논리라고 할 수 있다. 무산 계급, 즉 프롤레타리아 계급은 부르주아가 주장하는 보편성을 적용하여 거꾸로 부르주아에 대해 인권을 주장할 수 있다는 것이다. 즉 마르크스주의는 회사나 고용주를 대상으로 파산할 권리가 있다는 논리로 풀이한다. 비록 모든 불평등을 전부 타파할 수는 없어도 불평등을 철폐하기 위한 권리 투쟁을 할 수 있다고 보는 것이다. 즉 인권을 자신들의 주요한 정치 이념의 도구로 활용하겠다는 셈이다.

실제 마르크스 레닌주의와 차별화를 시도하는 사회주의자들은 현대 사회주의 인권 사상은 17세기 중반 '진정한 평등파'라고 자임했던 영국의 디거스 운동 [48]과 연결되어 있다고 주장하는 이도 있다. 또한 마르크스 사상은 20세기에 와서 나치즘과 파시즘에 대항한 사회주의적 인본주의와 자유주의적 휴머니즘 사이에서 공통점을 찾으려고 하였다. 이들은 무엇보다 마르크스가 인간의 권리

---

46) Mclellan, David, *Marx Before Marxism* (New York: Harper&Row), 1970, 72-85.

47) Corlett, J. Angelo, "The Marxist Critique of Human Rights", In Rhona K. M. Smith and Christien van den Anker(eds), *The Essentials of Human Rights* (London Hodder Arnold, 2005). ; 조효제, 『인권의 문법』, 157 재인용.

48) 디거스(Diggers) 운동 : 영국의 청교도 혁명 때, 좌익 성향이 가장 강했던 당파, 평등주의 운동 단체로서 1649년 4월 윈스턴리(Winstanley, G.)의 지도 아래 황무지를 개간하여 토지를 공유하는 공동 사회를 만들고자 하였으나 크롬웰에 의해 해산되었다.

그 자체를 비판하기보다는 부르주아적 인권을 비판했다고 말한다.[49] 즉 인간의 권리 문제는 상황에 맞게 다루어야 한다고 주장하였다. 예를 들어, 개인의 사적 소유 권리는 비판하면서도 완전 고용, 완전 복지 등은 권리문제로 다루어야 한다는 이중적인 태도를 보인다. 또한 선험적·자연적 인권을 비판하지만 '인간 욕구에 기반을 둔 권리 개념'은 적극적으로 발전시켜야 한다는 주장이다. 이들의 주장은 개인의 욕망을 최대한 도와주어야 한다는 입장에서 사회주의적 인권 체계를 발전시킬 수 있다고 보는 것이다.

오늘날 사회주의 인권론자들은 인권을 자유주의, 자본주의를 공격하는 무기로 활용하고 있다. 국가의 통제에 대항하는 진정한 무기로서 자유를 주장할 수 있듯이, 사회주의는 인권이 중요하다고 보는 것이다. 그런데 사회주의권에서 인권은 사회주의 건설의 진전을 위해 자신들의 연대의 범위 안에서 철저히 현실적인 비판을 제기할 수 있는 권리인 것이다. 그리고 자본주의에서는 이른바 착취에 대해 저항할 수 있는 도구가 된다는 것이다.[50] 특히 사회주의에서 인권이 필요 없다고 하면 사회주의는 권위주의가 된다고 경고하면서 마르크스의 인권 이론은 꼭 필요하다고 보았다. 한마디로 자본주의에서 말하는 인권과 사회주의 또는 인민 민주주의에서 적용하고 해석하는 인권이 전혀 다르게 나타나고 있다는 것이다.

마르크스주의 경제학자인 하일 브론너(Heilbroner)도 '사회주의가 인간에게 인성보다 사회성을 지나치게 강조하고, 경제적 문제에 과도한 비중을 두는 바람에 국가 체제의 속박을 벗어나기 위한 개인의 자유 문제를 등한시하였다'[51]라고 비판한다. 그 결과 자본주의에서 경제에 대한 비판이, 사회주의에서는 정치에 대한 비판이 아킬레스건이 되었다고 주장한다.

역시 마르크스주의 정치학자인 밀리 밴드(Miliband)도 '사회주의가 인권과 자유를 무시했다고 비판하면서 부르주아 사회의 시민적 자유가 미미하고 보잘것

---

49) Bloch Ernst, an and citizen according to Marx", In: Erich Fromm (ed.). Socialist Humanism: An International Symposium, *Garden City* (NY: Anchor Books, 1965) 참조. ; 조효제, 『인권의 문법』, 157.

50) Bloch Ernst, "Man and citizen according to Marx", 224-5.

51) Heilbroner, Robert L, *Marxist: For and Against* (NY: W. W. Norton and Company, 1980), 159-66.

없더라도 그것은 수 세기에 걸친 대중의 끈질긴 투쟁의 결과'[52] 라고 주장하고 있다. 또한 린드홈(Lindholm) 같은 마르크스주의자는 전 세계의 평화권·발전권·민족자결권 등이 중요한 의미를 지니어 자유주의보다 훨씬 유용한 논거로 인권 이론이 활용될 수 있다고 주장한다.[53] 자칭 사회 민주주의자로 불리는 앤드류 레빈(Andrew Levine)은 현존하는 자본주의 체제의 모순점을 평가하는 데 있어 '인권이 대단히 효과적인 비판의 준거'를 제공하며, 이러한 장점 하나만 놓고 보더라도 인권 사상은 결코 거부할 수 없다고 주장한다.[54]

이들의 주장을 종합하면, 인권은 자유 민주주의와 자본주의를 공격하는 무기가 될 수 있다고 보고 있다. ① 자유주의가 주장하는 자유를 정확히 규정하고, 민주적·집합적 선택 즉 집단권으로 활용할 수 있다. ② 자유 민주주의에 내장된 '원자적 개인주의'의 악폐로부터 사회적 존재로서 인간 존엄성을 지킬 수 있는 도구 역할을 할 수 있다. 루이스 핸킨도 하나의 사회주의가 있는 것이 아니라 복수의 사회주의들이 있다고 하면서 집단의 행복권과 개인의 권리가, 즉 인권이 반드시 분리될 필요는 없고, 사회주의 원칙과 개인의 권리를 잘 결합할 수 있다고 언급하였다.[55]

사회주의 인권론자들은 사회주의와 인권의 필요성에 대하여 다음과 같이 설명하고 있다.

첫째, 사회주의 인권은 인간의 욕구를 보호하고 증진하려 한다는 것이다. 대표적인 예로 '능력에 따라 일하고 욕구에 따라 분배 받는다'라는 문구이다. 이러한 문구는 자본주의에서는 권리를 가진 사람이 적극적으로 요구해야만 권리가 작동되지만, 사회주의에서는 현대 인권의 일부로 확고하게 자리 잡은 경제적·사회적 권리와 사회복지론의 기본 관점과 일치한다는 것이다.

---

52) Miliband, Ralph, *Marxism and Politics* (Oxford: Oxford University Press, 1977), 189-90.

53) Lindholm, Tore. "Prospects for Research on the cultural legitimacy of Human Rights: The cases of Liberalism and Marxism", In: Abduullahi Ahmed An-na'im (ed.), *Human Rights in Cross-Cultural Perspectives: A Quest for Consensus* (Philadelphia: University of Pennsylvania Press, 1992).

54) Levine, Andrew. *Liberal Democracy: A Critique of Its Theory* (New York: Columbia University Press, 1981), 121-38.

55) Henkin Louis, *The Age of Rights* (New York: Columbia University Press, 1990), 189.

둘째, 각 개인의 권리 주장을 정치적·법적으로 어떻게 규정하고 조정할 수 있을까 하는 문제보다도 노동조합 등 집단 간의 연대를 통하여 어떻게 조절·조직해 낼 수 있을 것인가에 더욱 관심을 기울인다는 것이다.

셋째, 타인으로부터 침해를 막고 사회 공동체적으로 보장받기 위한 장치로써 인간의 권리를 추구한다는 것이다. 대표적인 것이 인권법, 평등법, 동반자법 등을 주장하며, 그 기조에는 '인권'을 내세워 차별 없는 세상, 즉 '차별금지법'을 주장하는 것이다.

마르크스주의자들은 사회주의 또는 공산주의를 통해 인간해방과 이상 사회의 비전을 제시했지만 결과적으로 그의 사상은 인권 분야에 있어서 이데올로기적인 분열과 환상을 가져왔다. 마르크스 자신도 자유에 대하여 '모든 사유적인 존재의 종(種)으로 필수 요소이며 보편적인 재능'이라며 관심을 두었다.[56] 무엇보다 그는 루소처럼 실질적 자유와 형식적 자유를 구분하고 사회에서 효과적으로 행동할 수 있는 능력, 즉 성, 인종, 계급 등에 의해 결정되는 능력이 권리를 실질적으로 만들고, 그렇지 않으면 형식적인 자유로 전락하고 만다는 조건적인 자유를 바라보았다. 즉 마르크스주의의 자유와 자연권론은 부르주아의 이익을 보호하기 위한 외연 역할을 하고 있으며, 특히 생산 수단을 소유하고 사람들을 보호하고 있다고 주장하였다. 결국 이론적 맥락에서 프롤레타리아에게 이러한 자연권은 공허하며 형식적일 뿐이라는 것이다.[57]

이처럼 자연권에 극히 비판적이었던 마르크스주의자들은 이후 '경제 및 사회적 권리'가 인권이라 주장할 수 있는 이론적 기초 역할을 하였다.[58] 대표적으로 토니 에반스(Tony Evans)는 '자연권은 구질서(왕권)를 전복하기 위한 도덕적 기초를 제공하면서 동시에 새로이 지배 집단의 이익을 정당화하고 있다'라고 주

---

56) Marks, Stephen P, "From the 'Single Confused Page' to the 'Decalogue for Six Billion Person' : The Roots of the Universal Declaration of Human Rights in the French Revolution", *Human Rights Quarterly Vol.20, No.3* (August, 1998), 478.

57) 오영달, "인권과 민주주의에 대한 로크와 루소 사상의 비교와 북한 인권", 34.

58) Shestack, Jerome J, "The Philosophical Foundation of Human Rights" in Janusz Symonides,(ed). *Human Rights: Concept and Standards* (Aldershot: UNESCO Publishing, 2000), 40.

장하였다.[59)]

그러나 실제 현상은 이론과 다르게 나타나고 있다. 사회 민주주의 또는 공산주의 국가는 재산의 균등한 배분, 무료 교육과 질병 치료 등을 내세워 그들 체제의 우월함을 선전하곤 한다. 하지만 오늘날 북한이나 베네수엘라처럼 소위 '우리식 인권', '우리식 사회주의'하에서 식량 부족, 교육 환경 열악, 의료 시설 최악 등의 현상은 인권에 대한 사회 민주주의적 접근이 이론과 현실에서 심각한 괴리가 있음을 단적으로 보여주는 것이다.[60)]

사회주의식 인권론이 우리나라에도 그대로 활용되고 있다. 순수한 자연권의 측면에서 크게 이탈하여 오로지 체제 선전과 이념 논리에 빠져 있음을 알 수 있다. 어떤 이들은 자신들의 주장이 마르크스 사상과 직접적인 관련성을 부인하기 위해 일정한 거리를 두면서, 자신들의 집단적 목적과 또 다른 사회 변혁을 위한 도구로 활용하고 있다. 이것도 저것도 아니라는 것이다.

또한 마르크스가 주장한 완전한 인간 해방이라는 목표에 비추어 보았을 때, 좌파들에게 인권은 작은 도구일 수도 있고 미흡한 체계일 수도 있다. 그러나 대부분의 좌파는 이 작은 요구를 위해 큰 투쟁이 필요하다고 보고 있으며, 이에 인권은 이들 투쟁의 핵심 논리와 무기가 되고 있음을 알 수 있다. 즉 대다수의 좌파는 인권이 미국과 강대국의 수사적 도구로 사용되는 것은 비판하면서도 '인간해방'이라는 큰 틀 속의 투쟁술로 활용되고 있는 것은 분명하다.

---

59) Evans, Tony (ed), *Human Rights Fifty Years On: A Reappraisal*, 4.

60) 오영달, "인권과 민주주의에 대한 로크와 루소 사상의 비교와 북한 인권", 34.

제2장 여성주의 인권 논리

1. 여성의 권리 등장

여성의 인권 담론은 20세기 후반에 본격적으로 등장하였다. 그리고 사람이 아닌 여성이라는 성과 집단을 중심으로 인권을 논의하는 것이기에 용어 자체에서부터 보편성 측면에서 한계가 있을 수밖에 없다. 그래서 '젠더(gender)'라는 또 다른 성의 개념을 도입하는 계기가 되었다고 할 수 있다.

최초 기원은 1789년 프랑스 혁명 3년 후, 1792년 '여성과 여성 시민의 권리 선언'에서 출발한다. 이를 주도한 인물은 올랭프 드 구주(Olympe de Gouges)이다. 그녀는 당시 여성의 역할은 폄하되었고, 혁명의 결과로 권위의 상징인 왕이 사라지고 각 가정의 남성이 그 자리를 대신한 것으로 보았다. 지금도 여성주의자들은 1789년의 '인간과 시민의 권리 선언' 문서는 주요하게 남아 있지만, '여성과 여성 시민의 권리 선언' 문서는 여성의 이름으로 작성되었다는 것으로 역사의 평가에서 낮게 평가되고 있다고 보고 있다.[61][62]

이 문서 제1조는 '여성은 출생과 더불어 그리고 그 이후 계속해서 평등한 권리를 가진다'라고 시작하면서 '인간과 시민의 권리 선언'의 대구(對句) 형태로 되어 있다. 제6조에서는 '모든 여성 시민과 남성 시민은 직접 그 대표를 통하여 일반의지 형석에 이바지할 자격이 있다. 남성 시민과 여성 시민은 법 앞에 평등하며 역량과 재능 이외에는 어떤 구분도 없이 계급, 공직, 고용의 자리에 기용될 수 있다'라는 규정을 통해서 여성의 존재를 부각하고 있다. 즉 여성의 권리 선언문은 프랑스 혁명 이후에 작성된 시민의 개념에 '여성'이라는 존재도 포함된 것을 명확히 하면서 여성도 남성과 같이 자연권을 보장받아야 한다고 주장하였다.[63]

---

61) 박의경, "자유주의 사상과 여성의 인권", 『인권의 정치사상 : 현대 인권 담론의 쟁점과 전망』 (서울: 이학사, 2011), 320-3.

62) Micheline Ishay, 『세계 인권 사상사』, 조효제 역 (서울: 도서출판 길, 2008), 200-3.

63) 박의경 교수는 이에 대하여 1791년에 선언된 이 권리가 1950년대 이후에 시작되었다고 보고 있으며, 남성과

다음 글은 올랭프 드 구주의 선언 내용이다.

여성이여 일어나라.[64] 너희의 권리를 찾아라. 이제 더 이상 편견과 광기와 미혹과 거짓이 자연의 대제국을 둘러싸고 있지 않다. 진리의 불꽃은 무지와 강탈의 모든 암운을 흩어놓았다. 노예였던 남자는 역량을 키웠으나 자신의 사슬을 끊어버리기 위해 너희의 힘에 의존할 필요가 있다. 남자는 일단 자유롭게되자 자기의 반려에게 불공평해졌다. 오, 여자여! 도대체 언제쯤 눈을 뜰 것인가? 혁명으로 너희가 무엇을 얻었느냐? 더 심한 무시와 더 독한 모독이 아니더냐? 만일 그들이 자기들 원칙에 맞지도 않는 이따위 당치않은 소리를 내서자신의 약함을 계속 드러내고, 허장성세로 무모하게 이성의 힘을 반대한다면, 철학의 기준아래 뭉쳐 우리 여자들의 참된 힘을 모두 모으자. 너희 앞에 어떤장애가 있던 너희를 자유롭게 할 수 있는 것은 오직 너희 힘뿐이다. 단지 자유롭게 할 수 있는 것은 오직 너희의 힘뿐이다. 하지만 우리가 은인자중하며 기다리는 동안 국민의 교육과 도덕의 회복과 결혼의 풍습을 통해 언젠가는 해결책이 마련 될 것임을 나는 믿는다.[65]

구주는 이후 여성협회를 처음으로 조직하였고, 이러한 언행들로 당시 국민공회로부터 남성과 여성의 자연적 경계를 침범한 자로 주목되어 단두대에서 처형을 당하게 된다. 헌트는 '여자가 남자 되기를 원하는 것은 자연의 법칙에 벗어나는 것'이라고 주장하면서, 여성의 정치적 권리에 관한 주장은 '젠더'에 의한사회적 역할로 설득력을 가진 것으로 평가하였다. 즉 본질적으로 여성이 남성이 될 수는 없지만, '젠더'라는 개념을 통해 여성의 권리 향상을 시도하는 것이다. 당시의 상황에서 '남성의 덕성은 정치하는 세계에 참여하는 것이라면 여성의 덕성은 가정이라는 세계로 물러나는 것을 의미했다'[66]라며 젠더를 통해 이를

여성의 권리 인정에 차이가 있다고 보고 있다. 그런데 그 전제조건으로 여성이 '젠더' 문제를 정확히 인식한다는 조건을 달고 있다. 박의경, "자유주의 사상과 여성의 인권", 324.

64) 고린도전서 14장 34절 '여성은 교회에서 잠잠하라'를 두고 페미니스트들은 바울을 여혐으로 몰아가는 사례가 나타나고 있다. 본래 이 구절은 여성의 활동을 제한하는 것이 아니라 성령의 은사를 설명하는 과정 마지막에 나타나고 있다. 따라서 교회의 질서와 권위를 중시하기 위해 주어진 말씀이다.

65) 박의경, "자유주의 사상과 여성의 인권", 325.

66) Lynn Hunt, 『프랑스 혁명의 가족 로망스』 조한욱 역 (서울: 새물결, 2000), 170.

타파했다고 주장하고 있다.

　보편적 원칙으로 인권에 여성이 포함되는 것은 너무나 당연하지만, 정치 사회에서는 그렇게 단순하게 진행되지 않았다. 인간으로 태어난 여성이 자신들의 권리를 찾기 위해서는 투쟁적으로 나서야 했다고 보았다. 특히 여성주의자들은 이 부분에 대하여 여성의 선거권을 들고 있다. 인간의 기본적 권리인 선거권이 여성에게는 쉽게 주어지지 않았다. 프랑스 혁명 당시 여성의 선거권을 주장한 올랭프 드 구주는 단두대에서 사라졌다. 여성의 선거권이 미국 헌법 19조에 규정된 것은 1920년이었고, 영국도 차티스트 운동을 통해 여성을 포함하여 모두에게 선거권이 확대된 것은 1918년이었다. 선거권에 여성이 포함된 것은 20세기에서야 나타났다고 주장한다.

　그리고 이들은 영국의 메리 윌스톤크라프트(Mary Wollstonecraft), 존 스튜어트 밀(John Stuart Mill) 등을 연구하며, 페미니즘(Feminism)[67]의 시초이자 핵심 인물로 소개되고 있다.

　메리 윌스톤크라프트는 영국의 버크(Burke)가 1790년 '프랑스 혁명에 대한 고찰(Reflections of the French Revolution)'에서 주장한 내용을 반박하였다. 1792년 '여성권리 옹호론(A Vindication of the Rights of Woman)'을 통해 '자유주의를 여성에게도 동동하게 적용해야 한다'라고 주장하였다. 윌스톤크라프트는 '덕성과 행복의 기초인 순결, 정숙, 공공정신에서 고상한 가치는 여성뿐 아니라 남성을 포함하여 모든 인류에게 적용되는 것이다'[68]라며, 남성과 여성에 대한 미덕과 조건의 차별적 적용에 대한 부당성을 언급하였다.

　또한 남성이 시민으로서 일정 분야에 종사하고 있을 때, 그 아내도 가족을 관리하고, 자녀 양육과 이웃을 지원하는 등의 역할을 강조하였다. '남성 복종보

---

67) 페미니즘은 여성이 불공평한 대우를 받고 있다는 인식에서 출발한 것으로 19세기 조직적인 움직임으로 발전하였다. 페미니즘 운동은 특히 19세기 사회 개혁 운동(초기 사회주의 운동)에 근거하였다. 공상적 사회주의자 샤를 푸리에가 1837년에 최초로 féminisme라는 단어를 도입하였다. 그는 1808년에 이미 "여성의 권리 신장이 모든 사회 진보의 기초가 되어야 한다"라고 주장하였다. 1869년 존 스튜어트 밀은 "하나의 성이 타 성에게 법적으로 종속되는 것은 잘못된 것이며, 이는 인류 발전에 크나큰 장애가 되고 있다"라는 것을 증명하려 『여성의 종속』을 저술하였다. 페미니즘적인 조직의 첫 움직임은 1848년 뉴욕 세네카폴에서 열린 첫 여성 권리 컨벤션에서 찾아볼 수 있다.

68) Wollstonecraft, Mary, *Vindication of the Rights of Woman* (New York: Penguin Books, 1985), 230.

다는 진정한 우애를 가지고 여성들은 순종적인 딸, 사랑스러운 누이, 성실한 아내, 합리적인 어머니로서 훌륭한 시민이 될 것이다"[69]라고 보면서 이를 위해 남성과 여성 모두를 시민으로 교육해야 한다고 주장하였다. 이는 오늘날 양성평등 교육의 시발점이라 볼 수 있다. 그런데 문제는 모든 가치는 상호 공유되면서 여성이 남성에 의존적으로 살아야 할 것은 아니라는 입장이다.

이에 영향을 받은 인물은 미국의 수잔 앤서니(Susan B. Anthony)[70]와 엘리자베스 캐디 스탠튼(Elizabeth Cady Stanton)[71] 이다. 앤서니와 엘리자베스는 1848년 뉴욕주(州)의 세네카폴에서 중산층 이상의 여성들이 중심이 되어 제1차 여성대회를 개최하여 여성과 남성이 평등함을 선포하였다. 미국의 독립선언서 형식을 그대로 작성한 '감정의 선언문(The Declaration of Sentiments)'에서 재산의 소유권, 자녀육아권, 평등한 교육을 받을 권리 등을 주장하며, 특히 여성의 투표권 확보에 관심을 가졌다.

더 진보적인 인물로 존 스튜어트 밀(John Stuart Mill)은 윌스톤크라프트의 사상과 권리론의 영향을 받은 인물이다. 밀은『자유론(On Libetty)』과『여성의 종속(Subjection of Woman)』에서 구체적으로 언급하고 있다. 이들의 공통된 생각은 이성 능력에서 여성과 남성이 다른 점이 없다는 것이다. 여성이 남성보다 지적으로 열등해 보이는 것은 '객관적인 교육 기회 부족과 의식 부족에 있다'고 그 이유로 들었다. 따라서 여성과 남성에게 동일한 기회가 주어지면 결과도 같을 것이라는 주장이다. 이성의 우월성과 능력을 근간으로 형성된 근대 체제에서 이성을 가진 존재인 여성을 원천적으로 배제한다는 것은 논리적으로 모순이라고

69) Wollstonecraft, Mary. *Vindication of the Rights of Woman*, 238-9, ; 263.

70) 수잔 B. 앤서니(Susan B. Anthony, 1820-1906)는 미국의 여성 참정권·노예제도 폐지 운동가이다. 여성으로는 처음으로 미국 대통령 선거 투표를 하였고, 이로 인해 100달러의 벌금을 물게 된다. 퀘이커 교도의 집안에서 태어났으며, 1845년 이후 뉴욕 로체스터에 살았다. 로체스터에 살고 있는 동안 유니테리언 교회에 다니게 된다. 17세부터 32세까지 여러 학교에서 교편을 잡았다. 이후 10년간 남북전쟁이 발발하자 뉴욕에서 노예제 반대, 금주 운동 등을 실시하였다. 1856년에는 ≪미국 노예제 반대 협회≫의 뉴욕 대의원으로 선출됐다. 또한 낙태를 강력하게 반대했고, 그것을 여성이 남성에게 종속된 증거로 보았다. 1868년 1월 8일, 그녀는 여성의 권리를 위해 주간지 「더 레볼루션 (The Revolution)」을 발간하였다.

71) 엘리자베스 케디 스탠턴(Elizabeth Cady Stanton, 1811~1902)은 미국의 사회운동가, 노예제도 폐지론자, 초창기 여성 권리 운동의 선도적인 인물이다. 1848년 뉴욕 세네카폴에서 열린 최초의 여성 권리 집회에서 행했던 그녀의 감성 선언은 최초로 조직화된 여성의 권리와 여성의 참정권 운동이라고 회자된다.

보았다. 밀은 '여성이 남성과 경쟁하는 것이 법과 제도로 원천봉쇄 되어 있다'[72] 라고 주장하면서 '여성이 종속되어 있다는 것은 사회적으로 가장 중요한 기본 원칙을 훼손하는 사례이며, 다른 구시대의 관행은 다 사상적 근거 없이 불편하게 하고 있다'[73]고 주장하였다.

이 시기를 페미니즘의 태동기라 보고 있으며, 주요 활동은 여성의 정치 참여 요구에 집중하였다. 여성의 사회 진출을 막고 있었던 법과 제도가 개정되면 여성의 삶도 달라질 수 있다는 희망을 주었고, 각 지역에서 단체 조직까지 만들면서 사회 운동을 시작했다. 그런데 이들 중 일부는 인간해방이라는 논리에 빠져들면서 다른 근본적인 원인이 무엇인지에 대하여 '생물학적 여성'이라는 한계 때문이라고 본 것이었다. 이에 대한 해결책으로 새로운 제3의 성(性)인 '젠더'라는 틀을 시도하였다. 즉 정치사회적 권리의 근원에 관한 질문에 생물학적인 것에 그 원인이 있고, 이러한 왜곡된 사회를 변화시키기 위해서는 근원적 해결이 필요하다는 주장이다.

여기에 젠더의 중요성이 등장하였다. 젠더 긍정론을 주장하는 이들의 공통점은 '모든 사람의 자유를 위해', '차별에 대한 근원적 문제 해결을 위해' 필요하다는 것이다. 특히 현대사회에서는 젠더 뿐 아니라 더 나아가 극단적으로는 젠더 자체의 해체를 통해 이를 해결해야 한다고 주장하는 이가 나타났다. 대표적으로『젠더 트러블(Gender Trouble)』을 저술한 주디스 버틀러(Judith Butler)이다. 이들은 사상적 완성을 위해 어떤 것이든 여성에 대한 고려와 여성주의적 시각이 필수적이라는 기획 속에 인간의 이성과 의학의 관계를 고려하지 않는 것에서 출발하고 있다는 점이다.

2. 페미니즘, 젠더리즘의 근거와 비판

여성 인권, 즉 여성주의로 불리는 페미니즘은 인권 담론의 원칙적 비판을

---

72) Mill, John Stuart, *On Liberty and other Essays* (New York: Oxford University Press, 1991), 332.

73) 박의경, "자유주의 사상과 여성의 인권", 332.

고려할 때, 논쟁의 핵심이 된다. 페미니즘은 하나의 사상이지만 여러 이론이 있다. 호프만(Hoffman)은 '페미니즘은 여성 해방을 위해 이론적으로 전개한 이념'으로 정의하고, 본래 '다중의 목소리'를 인정해야만 공통적 소리를 들을 수 있다[74]고 주장하면서 여러 형태의 다양한 페미니즘을 언급하고 있다.

페미니즘의 유형은 다양하지만, 실제 페미니즘 이론에 등장하는 공통사항으로 ① 사회의 모든 제도에 스며들어 있는 가부장(남성지배적) 제도를 타파해야 한다. ② 여성의 사회적 지위 향상과 여성의 역할을 완전히 변화시켜야 한다. ③ 불평등한 젠더(사회적 성)관계를 일소하여 여성과 남성이 다 함께 해방되어야 한다.[75] ④ 이런 목적을 위해 대중의 의식 고양을 위한 교육과 법·제도·관행의 변형이 필요하다.[76] 18세기 이래 여성이 남성과 같은 평등을 누리고, 선거권을 쟁취하기 위해 노력한 것은 마지막 ④의 측면이다. 이를 법적으로 성 주류화(Gender mainstreaming)라고 하며, 사회주의 투쟁 방식으로 전개되었다.

$$페미니즘(Feminism) = 여성(female) + 이념(Ideology)$$
$$젠더리즘(Genderism) = 젠더(Gender) + 이념(Ideology)$$

1) 페미니즘의 정당성을 위한 새로운 성별 '젠더'의 등장과 배경

생물학적 성(sex)이 아닌 사회적 성으로 알려진 젠더(gender) 개념은 1985년 케냐 나이로비에서 열린 제3차 세계여성대회에서 최초로 제기되었고, 이후 국제 연합 개발 그룹(United Nations development community)에 반영됐다. 공식적으로는 1995년 베이징에서 열린 4차 세계여성대회에서 채택되었다. 이 대회는 급진적 페미니스트들이 장악한 가운데 성(sex)을 젠더(gender)로 바꿀 것을 주요 의제로 다뤘으며, 이른바 베이징 행동 강령(Beijing Platform for Action: BPA)을 선언하였다.[77]

이 대회의 목적은 남성과 여성의 실질적인 평등, 남성과 여성이라는 성정체

---

74) Hoffman, John, "Defining Feminism", *Politics* 21/3, 2001, 193-9.

75) 극단적 페미니즘은 모든 남성은 미래의 잠재적 위협자이기 때문에 남성의 권리에 대하여 반대한다.

76) Sargent Lyman Tower, *Contemporary Political Ideologies: A Comparative Analysis* (Belmont, CA: Thomposon Wadworth, 2006).

77) G. kuby, 『글로벌 성혁명』, 94-5.

성의 해체, 규범적인 강제적 이성애의 해체를 두고, 조직적이고 투쟁적으로 회의를 진행하였다. 그런데 정상적 가정과 생명을 주장하는 단체는 거의 초청을 받지 못했고, 반생명적 단체만이 초청 대상이 되었다. 그들은 이 선언을 위해 정상적 가정과 생명을 주장하면 근본주의자로 몰아갔으며, 위조된 번역물과 투표 방식 변경, 마지막 순간의 행사를 위해 하루 더 연장까지 하였다. 가난한 나라에서 온 대표들은 갑자기 회기가 연장되자 비행기 표를 다시 살 수 없어 돌아갔고, 일부 바티칸 및 이슬람 대표단의 항의 속에 이 강령을 채택하였다.

페미니스트들은 젠더 연구의 타당성으로 다음의 세 가지를 주장한다.

첫째, 가부장제의 한계와 여성에 대한 폭력이 현실에서 존재한다는 것에서 출발하고 있다. 오늘날 대부분의 페미니스트의 단골 메뉴는 우리 사회가 여성의 폭력에 대하여 무관심하다며 여성 인권을 내세운다. 예를 들어, 무슬림 국가나 아프리카 지역에서 여성이 강간을 당해도 다른 남자 네 사람이 증인이 되어 주지 않으면 법정에서 강간 사실을 입증할 수가 없다는 사실이다. 이를 여성 인권 운동가들은 '젠더에 의한 폭력'이 가장 명백한 여성 인권의 유린이라고 주장한다. 그리고 이러한 현상과 묵인의 원인에 대하여 사회구조적 측면에서 찾고 있다. 여성 폭력에 대한 핵심 원인은 가부장적 집에서 폭력을 용인하는 문화, 경제적 불평등으로 인한 현상이라는 것이다. 먼저 직접적인 원인이 되는 것으로 갈등을 폭력으로 해결하려는 태도, 즉 사생활 능력에서 남자가 마음대로 할 수 있다는 프라이버시 독트린(Doctrine of Privacy)과 국가가 이를 방관하기 때문이라고 주장한다.[78]

남성들은 공적 영역에만 관심을 기울이면서 사적 영역은 관심없다고 주장한다. 사적 영역인 가정에서는 어차피 남성이 지배자이므로 별다른 조치가 필요 없으며, 오직 자기가 두려워하는 공적 영역에서만 자기 보호를 위해 조치를 했다는 이유이다. 남성 위주의 국가는 사적 문제가 공적 문제로 비화하는 것을 꺼린다는 것이다. 그래서 공직자가 시민을 고문하면 대단히 중대한 범죄가 되지만 남성이 여성을 고문하면 사생활의 문제로 치부한다고 주장한다.[79] 또한 이

---

78) 조효제, 『인권의 문법』, 178.

79) Friedman Elisabeth, "Woman's human rights: The Emergence of a movement", In: Julie Peters and Ander Wolper(eds), *Woman's rights human rights: International Feminist Perspective* (New

들은 그동안 국가가 여성에 대한 폭력을 방치한 것도 있지만 종교계, 기업계, 인권 운동가들조차도 이 문제에 관심을 가지지 않았다고 말한다. 페미니스트들은 사적 문제를 인권 영역에 포함하기 위해 투쟁하고 있다고 주장한다. 이는 남성과 여성의 이중구조 틀을 만들어 남성은 잠재적 가해자이며, 여성은 피해자라는 대결 구도를 형성하면서 감성적 접근으로 몰아가는 형태를 취하고 있다.

둘째, 사회 구조가 공적 영역과 사적 영역을 분리되고 있으며, 여성의 연약함도 국가가 개입하지 않기 때문이라는 것이다. 페미니즘 추종자들은 먼저 자유주의자들의 공적·사적 영역으로 구분하는 것을 비판한다. 로크는 『통치론』에서 정치적 권위와 아버지의 권위를 구분하였다고 비판한다. 국가의 권력이 지배하는 정치적 영역은 공적 영역이고, 아버지의 권위가 지배하는 가정은 사적 영역이라는 것이다. 이들에 의하면 '국가의 권위'와 '아버지의 권위'를 비슷한 뜻으로 섞어서 사용하였고, 가정에서는 자식이 장성할 때까지 아버지의 권위가 필요하다는 식으로 설명한다는 것이다.

이들은 가족 관계 안에서 억압과 폭력이 발생한다면 대응할 수단이 없다고 보고 있다. 왜냐하면 가정이라는 영역 자체가 군주의 정치적 권력으로부터 개인의 프라이버시를 보호한다는 명분으로 고안되었기 때문이다. 그리고 가정에서 아버지의 권위는 자식과 부인의 동의가 필요 없으므로 아버지의 독재에 대해서는 가족이 저항할 수 없다는 것이다.

이런 전제하에 페미니즘 이론가들은 국가에 이중성이 있다고 주장한다. 국가는 필요할 때는 개입하지만, 정작 여성이 국가의 보호를 필요할 때에는 무시한다는 것이다. 국가가 '여성의 모성, 양육, 섹슈얼리티, 자기 신체통제권' 같은 문제에는 적극적으로 개입하면서도 가정의 폭력이나 회사에서의 가사 노동과 같은 문제는 개입하지 않는다는 것이다.

특히 오늘날 중요한 쟁점으로 부각되고 있는 '성적 자기결정권', '여성의 자기 몸에 대한 통제권', '출산 중단권', '임신·출산에 관한 재생산권', '임신 여부를 둘러싼 선택권' 등의 문제에 있어 국가는 선택적 개입과 선택적 방관을 하면서

York: Rouledge, 1995). ; 조효제, 『인권의 문법』, 179.

논쟁을 일으키고 있다고 주장한다.[80] 페미니스트들은 공적·사적 영역의 모든 주체가 인권 침해자가 될 수 있다고 보고 있다. 따라서 인권의 문제로 접근하면 공적·사적 영역에서의 국가의 적극적 개입과 모든 주체가 함께 책임 의식을 가져야 한다는 인식을 만들 수 있다고 본다. 더 나아가 자신들만의 정치 영역으로 '젠더가족부'를 조직하고 권력이 있어야 함을 주장한다. 그런데 이는 여성이라는 감수성을 이용하여 인권이 권력이 될 수 있다는 명분을 얻기 위한 수단일 뿐이다. 따라서 젠더 이데올로기 또는 젠더 권력화가 되는 것이다.

셋째, 법률 체계가 남성 중심적이라는 것이다. 국가의 가장 강력한 규제는 법이다. 그런데 국가가 여성 인권 문제에 대해 선택적 개입과 선택적 방관을 하는 바탕에는 법체계에 문제가 있다고 보는 것이다.[81] 이 때문에 페미니즘의 국가 비판은 법체계에 대한 비판으로 이어지고, '페미니즘 법학'이라는 새로운 이론 체계를 갖게 된다는 것이다.[82]

이들은 국제법과 국제인권법에 대한 비판[83]을 많이 제기하고 있다. 그 이유는 현행 국내법에는 한계가 있으므로 국제법을 집중적으로 활용하려는 것이다. 즉 인권 분야에서 국제적인 기준을 먼저 설정한 이후에 이를 기준으로 국내법과 관행을 수정하도록 해야 한다고 본다. 페미니즘 법학은 국제인권법에서도 은연중에 남성 위주의 법체계가 구성되었다는 것을 비판하면서, 국제 여성 연대를 통해 이를 보완해야 한다고 주장한다. '고문 방지 협약'만 하더라도 주로 공적 영역에서 가혹한 처우만을 고문으로 규정함으로써 여성이 학대받는 사적 영역에는 전혀 고려하지 않고 있다는 것이다. 여성 권리의 가장 중요한 문서 중에 하나인 '여성에 대한 모든 형태의 차별철폐에 관한 협약'[84] 조차도 여성의 권

---

80) 심영희, 『여성의 인권: 성적 자기결정권을 중심으로』 (서울: 나남출판, 1998). ; 한상진 편, 『현대사회와 인권』 (서울: 나남출판, 1998). ; 김은실, 『여성의 몸, 몸의 문화정치학』 (서울: 또 하나의 문화, 2001). ; 양현아, 『낙태죄에서 재상산권으로』 (사람생각, 2005). ; 조효제, 『인권의 문법』, 184.

81) 조국, 『사상과 양심의 자유를 위하여』 (서울: 책세상, 2001), 62.

82) 조효제, 『인권의 문법』, 186.

83) Fellmeth Aron Xavier, "Feminism and international law: Theory, methology, and substantive reform", *Human Rights Quarterly* 22/3, 2000, 658-733.

84) 여성에 대한 모든 형태의 차별 철폐에 관한 협약(Convention on the Elimination of All Forms of Discrimination Against Women)은 유엔 인권 협약이다. 유엔 총회는 1979년 12월 18일 여성에 대한 모든 형태의 차별 철폐에 관한 협약을 채택했다. 여성 차별 철폐 협약은 20번째 비준서가 유엔 사무총장에게 기탁된

리 침해를 옹호했던 문서를 기초로 작성되었다고 주장한다.

페미니스트인 캐서린 A. 맥키넌(Catharine Alice MacKinnon)은 '여성친화'를 넘어 젠더 측면으로 접근하고 있다. 맥키넌은 현행 법률체계 자체가 남성지배 중심으로 되어 있다고 비판하고 있다.[85] 그녀는 '젠더는 인식론적으로 경험되지 않고 존재론적으로 경험된다'라는 가설을 제시하면서, 여성의 존재론적 경험을 부정한 것이 바로 남성지배적 법체계 때문이라고 주장하였다. '자유주의적 법체계는 남성의 관점을 인정함과 동시에 그 관점을 사회에 강요함으로써 남성의 지배를 정당화하고, 이를 잘 드러나지 않도록 하는 매개수단'[86]이라고 비난한다. 즉 법률체계 자체가 남성의 지배를 현실화하기 위한 대변자 역할을 하고 있다고 보는 것이다. 이는 근본적인 전제조건에서부터 법체계 뿐 아니라 인권의 모든 것이 남성적 개념으로 되어있다고 주장하고 있다.

페미니즘과 젠더 이론의 가장 큰 한계점은 여성과 남성을 분리하고 있다는 것이다. 인간의 본질상 여성과 남성은 상호 연결되어 보완하는, 즉 돕는 존재라는 사실을 간과하고 있다. 남성과 여성의 관계는 은밀한 산술적 규칙보다도 유연한 대응과 상대방에 대한 보살핌과 배려를 더 중요한 가치로 생각해야 한다. 그럼에도 불구하고 페미니즘 이론가들은 '남성이 지배하는 사회에서는 권리와 정의의 법체계를 가진 우월한 가치'로, '여성의 보살핌과 양육의 가치는 열등한 가치'라고 여기며 스스로를 비하하고 자기 낮춤으로 일관하고 있다는 점이다.

2) 젠더(성) 주류화 (Gender mainstreaming)의 실체

본래 젠더 주류화는 '성차별 철폐 운동'으로 알려져 있다. 18세기 여성 권리운동의 발전 선상에서 시작된 이래, 여성이 남성과 같은 평등을 누리고, 대중의 의식 고양을 위해 교육과 법·제도·관행을 바꾸는 것이 목표이다. 그러나 이것은 겉으로 드러난 것이고, 실상은 차별의 근원이 되는 남녀 성정체성의 해체,

---

1981년 9월 3일부터 효력을 발생했고, 2002년 2월 기준으로 168개국이 가입해 있다. 대한민국은 1984년 12월 27일 이 협약을 비준하였고, 조선민주주의인민공화국은 2001년 2월 27일 가입하였다. 중국은 1980년 11월 4일, 쿠바는 같은 해 7월 17일 가입하였고, 미국은 이 협약을 비준하지 않고 있다.

85) MacKinnon, Catharine A, *Toward a Feminist Theory of the State* (Cambridge, MA: Harvard University Press, 1989), 93-145.

86) MacKinnon, Catharine A, *Toward a Feminist Theory of the State*, 237.

곧 남성의 시각에서 여성의 권리를 신장시키는 방법은 한계가 있으니 아예 성별 자체를 해체시켜 버리자는 의미인 것이다. 더 나아가 정상적인 일부일처제의 결혼 및 가족제도가 왜곡된 성 역할을 가져오고, 이에 따른 성적 위계질서를 가져오기 때문에 해체시키자는 것이 젠더 주류화의 실체이다.

이 개념은 1985년 케냐 나이로비에서 열린 제3차 유엔-세계여성대회에서 처음으로 토론되었고, 1995년 베이징에서 열린 제4차 유엔-세계여성대회에서 진전되었다. 베이징 결의서는 국제연합(UN) 결의서로 채택되었고, 4년 후 유럽연합(EU)의 암스테르담 조약에서 '성차별 교육 철폐론'으로 확정되었다. 유럽연합(EU)은 1997년에 젠더 주류화를 회원국들의 의무라고 선포했고, 1999년 암스테르담 조약을 분기점으로 법적 구속력을 가지고 실행하였다.

이를 계기로 서구 대학가에서는 '젠더학(gender study)'이라는 학문 분야를 구축하였으며, 연구진과 학자들이 나날이 확대되면서 연구 인프라가 엄청나게 나타나고 있다.[87] 현재 여성계를 중심으로 학계의 주류들은 장래가 촉망받고 최신 학문이라는 이유로 본래의 남녀가 아닌 젠더 연구에 세뇌당하며 매진하고 있다.[88] 캘리포니아 버클리대학교 교수였던 여성 철학자이자 언어학자인 주디스 버틀러(Judith Butler)가 이 이데올로기의 선구자라고 알려져 있으며, 레즈비언인 그녀는 자신을 X성애자라고 밝히고 있다.

버틀러는 남자와 여자, 부부와 가족, 아버지와 어머니가 본래 생물학적 성별에 따른 자연적인 의무가 없다고 한다. 그녀는 더 나아가 생물학적 성별에 기초한 모든 의무는 남성 우월주의에 근거하고 있기 때문에 성에 기초한 모든 구별을 근절해야 한다고 보고 있다. 이러한 주장은 불합리성과 무모함이 있지만 이를 희석하기 위해 그녀는 중성적 언어 도입을 시도했다. 중성적 언어 도입의 의도는 남성적인 것, 여성적인 것의 모든 구별을 없애는데 있었다.

사람과 관련하여 모든 인격적인 개념을 사용할 때, 양성적인 형태(남학생과

---

87) 서구의 대학에서 젠더주의가 차지하는 위상은 한때 공산주의 독재체제 하에서 '변증법적 유물론'이 차지했던 것과 같다는 이야기도 나오는 실정이다: G. Kuby, 『글로벌 성혁명』, 157.

88) P. Byerhaus, "Widersteht gegen Gender-Ideologie!"(젠더 이데올로기에 대항하라!), 『기독교학술원 제 10회 해외석학 초청강연 자료집』(2016.06.10), 4.

여학생)를 함께 사용하든지 아니면 여성과 남성을 동시에 포함할 수 있는 단어를 사용해야 한다는 것이다. 예를 들어, '남학생' 대신에 '학생들' 개념을 도입해야 한다는 것이다. 이로 인해 스위스 등 유럽의 많은 초·중·고등학교에서는 아버지, 어머니 대신에 부모1, 부모2로 호칭함으로써 아버지와 어머니라는 역할 차이에 대해 언급조차 하고 있지 않다. 스웨덴에서는 선생님들이 교실에서 남학생, 여학생이라고 부르는 것이 금지되어 있고, 상대방을 부를 때 공통으로 '친구'라는 호칭어를 사용해야 한다.

젠더 이데올로기를 추종하는 자들은 이런 방식으로 새로운 세계관을 도입하려고 한다. 또한 그 속에서 동성애를 포함한 젠더의 다양성을 추구한다. 호칭의 일률성 안에서 남성과 여성의 모든 차이를 없애고, 그들만의 새로운 세계관에 기초한 사회로 바꾸고자 한다.

주디스 버틀러는 자신의 젠더 이론으로 사회적 인정을 받게 되었다. 특히 2012년 9월, 프랑크푸르트시(市)로부터 테오도르 W. 아도르노 상을 받고, 이후 주디스 버틀러의 이론은 많은 대학에서 '젠더학(Gender-Studies)'이라는 명칭으로 정규 과목으로 채택되었다.

오늘날 젠더 주류화는 아무도 반대할 수 없는 지배적 이데올로기, 국가의 전체 영역에서 최고 순위를 차지하는 전략, 글로벌 파워 엘리트(power elite)의 배후에서 가장 강력하게 추진되는 전략 중 하나로 확실하게 자리매김하였다.[89] 이와 같은 국가 전략으로 인해 사회체제 전반에 막대한 폐해를 끼치는 무서운 정책임에도 불구하고 대다수의 국민은 물론 입법을 진행하는 국회의원조차 제대로 알지 못하고, 일부 소수에 의해 사회적 합의와 공개적 논의 없이 추진되면서, 일반인에게는 그 실체적 진실이 은폐된 정책이기도 하다.

피터 바이어하우스는 성 주류화 정책을 '생물학적 혁명'이며, 이는 프랑스 혁명(1789)과 볼셰비키 혁명(1917)에 이은 제3의 혁명이라고 한다.[90] 두 혁명이

---

89) G. kuby, 『글로벌 성혁명』, 155.

90) Peter Beyerhaus, 『젠더 이데올로기에 대한 대항』, 패터장 역, 2014, 15-20.

인간에 의해 만들어진 제도에 대항하여, 즉 정치적 신분제와 경제적 계급사회에 대항하여 일어났다면, 세 번째 혁명은 하나님의 창조 질서와 하나님 주권에 대항하여 일어나고 있다는 것이다. 교황 프란치스코가 강조했듯이, 젠더주의(Genderismus)는 무신론적이며, 반신론적일 뿐 아니라 사탄적인 근원들을 가지고 있다[91]고 주장하였다.

젠더 주류화는 법률 제정을 통해 우리나라에도 직접적인 영향을 미치고 있다. 2016년 양성평등기본법과 2017년 성별영향분석평가법[92]이 시행됨으로, 여성(젠더)가족부 통제 속에 중앙부처 및 지자체에 '성(gender)평등' 정책을 실행하고 있다. 즉 두개의 법령 체계를 통해 막대한 예산을 편성하고 지자체까지 통제하고 있다. 더욱 큰 문제점은 실상은 성평등 정책을 실행하면서 표면상으로 '양성평등' 용어를 사용함으로써 대다수의 사람들이 기만당하고 있다는 점이다. 현재 중앙부처는 대통령 또는 국무총리 산하에 '성평등위원회'를 설치하고, 여성(젠더)가족부를 통해 합법적으로 공공 및 교육기관을 조정하고 통제하는 방식으로 추진되고 있다.

2020년 기준, 243개 모든 지방 자치 단체에서 양성평등 또는 성평등 기본 조례를 통하여 적극적으로 시행하고 있다. 예를 들어, 2019년 개정된 경기도 성평등 기본 조례안의 경우, 성평등위원회를 도내 공공기관이나 기업 내에 설치·운영토록 하여 실질적인 성평등 기반을 마련하고, 성인지 결산서 작성의 근거에 관하여 규정하도록 하였다. 이제 '젠더 인지적 관점'(이른바 성인지적 관점, gender perspective)에서 모든 법체계가 만들어질 뿐만 아니라, 중앙정부에서 지방정부까지 모든 공권력이 젠더 인식을 반영한 정책을 추진해야 한다는 이념을 담고 있다. 젠더 주류화는 일반적으로 사람들이 기대하는 남녀평등을 급진적으로 뛰어넘어 훨씬 더 많은 것을 내포하고 있다. 곧 젠더 주류화가 지향하는 '젠

---

91) 2012년 12월 21일 추기경단 전체 모임에서 교황 베네딕토 16세는 젠더 이데올로기 안에 깊이 숨겨져 있는 비 진리성과 그 사상의 근간을 이루고 있는 '인류학적인 혁명'을 경고하였다. 그는 이렇게 선포하였다. "가정을 유지하기 위한 투쟁은 인간 자신, 스스로를 위한 것이다. 하나님이 부인되는 그 곳에는 인간의 존엄성과 가치도 무너져 버린다는 것을 보게 될 것이다."

92) [시행 2017.09.22.] [법률 제14703호, 2017.03.21.일부개정]

더 평등(성평등: gender equality)'에서 평등이란 자유 민주주의 사회에서 남녀 양성평등(sex equality)이 아닌 남성과 여성의 성별이 완전히 해체된 절대적 평등, 더 나아가 무수히 다양한 젠더 정체성을 가진 모든 사람이 무조건 똑같아야 한다는 마르크스식 평등에 가깝다고 할 수 있다.[93]

젠더 주류화의 또 다른 핵심으로 성애화(性愛化: sexualization) 전략을 통해 사회 전체의 성에 관하여 교육과 문화를 바꾸어 가는 것이다.[94] 서구사회는 68혁명 이후 성혁명이 진행되면서 성 규범이 와해되고, 도덕적·윤리적 기준의 해체가 강요되면서 음란의 규범이 법으로 약화되었다. 대표적으로 포르노에 대한 규제 완화로 인해 '새로운 글로벌 재앙'으로 급부상한 것을 들 수 있다. 포르노는 인간의 존엄성을 위협하고 영적·육체적·사회적 차원에서 매우 심각하고 지속적인 해악을 끼친다. 이를 통한 이 세상의 음란화는 개인과 가족, 그리고 사회 전체에 재앙과도 같은 파괴적 결과를 초래함은 주지의 사실이다.[95]

성 주류화 정책이 시행된 국가에서는 사람들이 성적으로 더 문란해지고, 특히 동성애가 또 하나의 묵인된 성문화, 또 다른 인류의 대체적 쾌락이 되어가고 있다.[96] 동성결혼은 시작일 뿐이고, 다중 연애결혼인 폴리 아모리까지 나타나고 있다. 그리고 이혼의 급증으로 인한 가족 공동체의 붕괴, 광범위한 정신·심리적 장애의 만연, 사라져가는 질병이었던 성병의 전염병적 유행, 낙태의 합법화를 통한 엄청난 수의 태아를 죽이는 일 등이 나타났다. 무엇보다 더 심각한 것은 자녀를 낳지 않는 최저 출생률로 진행된다는 것이다.

더한 악영향은 아동과 청소년이 성애화로 말미암아 나타나는 현상이다. 성교육의 내용이 거의 포르노 수준의 왜곡된 교육이라고 할 수 있다. 잘못된 성교

---

93) 생물학적으로 명백히 다른 존재인 남성과 여성의 성정체성을 해체시켜 무조건 동일화하는 것은 "같은 것은 같게, 다른 것은 다르게" 대하는 헌법상 상대적 평등의 개념을 위반할 뿐만 아니라 인간의 존엄성을 침해하는 반(反) 인륜적 행위이다.

94) 곽혜원, "젠더 이데올로기의 도전 앞에 선 21세기 한국 기독교의 과제", 『젠더 이데올로기 심층 연구』 (밝은 생각, 2020), 13.

95) 곽혜원, "여성신학자가 바라본 퀴어신학의 이단성 문제", 193.

96) 곽혜원, "여성신학자가 바라본 퀴어신학의 이단성 문제", 「서울대학교 세미나 : 신학과 윤리 포럼」 (2018.08.08), 28.

육의 대표적인 사례는 독일이다. 독일의 성교육은 단순한 정보 제공 차원에서 시작되었다가 지금은 수치심과 도덕성, 양심의 가책을 말살시켜 버리는 세뇌교육으로 실행되고 있다. 독일 공교육에서 시행되는 성교육은 68혁명의 산물이며, 그 주요 목적은 기독교적 가치 파괴를 통한 성해방이었다. 이에 대해 사회 각계각층의 저항, 특히 교회들의 저항이 예상되었지만 사실상 침묵하거나 방관함으로써 68혁명 세력에 의해 기독교적 가치체계가 거의 전복되었다. 결국 기독교적 성도덕의 포기가 오늘날 젠더주의가 강행하는 패륜적 성혁명과 성도덕 붕괴를 자초한 근본 원인이라고 볼 수 있다.

페미니즘의 비관적 비판을 논리적으로 확장하여 보면 결국 자신들의 권리만 주장하는 형태가 되어 여성 인권을 주창하는 것이 오히려 방해받을 수 있다는 결론이 나온다. 여성주의적 권리 담론은 겉으로는 여성 권리 신장, 소위 여성해방에 도움이 되는 것 같이 보이지만, 그렇지 않다는 것이다. 그 이유는 여성에서도 수많은 유형의 지배·피지배 구조가 형성되기 때문이다. 즉 여성이 형식적 권리를 가지면 가질수록 또 다른 여성의 폐해와 피지배가 나타나고 가정과 사회에서 허수아비가 될 수 있다는 것이다. 물론 남녀평등권이 초기 단계에서 여성에게 법적 권리를 부여해 준 것은 사실이지만 그럼에도 그 권리 자체는 당시 환경이 기본적으로 너무 약하였기 때문에 중요하게 보일 뿐, 결코 남성과 여성의 본질적인 문제를 다루지 못한다는 것이다.[97]

젠더 이데올로기는 지구촌 사회와 가정에 파급되어 심각한 혼란을 가져왔다. 남성과 여성의 정상적이고도 신성한 결혼제도, 선천적으로 주어진 남성과 여성의 역학을 부정할 뿐만 아니라 일부일처제의 파괴로 인간의 본성에 오류를 가져오고 있다. 정상적인 부부 대신 동성애, 성전환, 혼음적 형태를 '성적 다양성(sexual diversity)'으로 인정해야 하기 때문이다.

제3의 혁명인 젠더 혁명은 인류역사상 특이하게 여성들이 주도하면서 가공할만한 결과물로 나타났다. 여성들은 분명 오랜 역사에서 억압받아왔던 상처와

---

97) Conaghan, Joanne and Susan Millns, "Special issue: Gender, sexuality and human rights", *Feminist Legal Studies* 13 (2005), 1-14.

좌절, 분노가 있었다. 절대다수의 여성이 고난과 슬픔 속에서 한 많은 인생을 살아왔기 때문에 인류의 고질적 악행은 반드시 근절되고 해결되어야 한다. 그렇다 하더라도 성별 해체를 통해 인륜(人倫)에 치명적 위해를 가하는 것은 인류 문명을 파탄시키는 대재앙을 초래할 수 있음을 깊이 명심해야 할 것이다.

의식 있는 이들로 인해 점차 페미니즘과 젠더리즘은 마르크스 인권 비판과 유사하게 근본적인 문제점이 있음을 알아가고 있다. 그래서 이들은 페미니즘 법학의 비판을 넘어 어떤 대안을 제시해야 하는지 의문을 가졌고, 결국 보살핌의 상호 보완의 가치가 반영된 법체계를 만들어야 한다고 주장한다. 이를 '포용의 법학'[98]으로 설명하기도 하는데, 법적 보호와 정치·경제적 권력으로부터 소외된 모든 사람을 포용하는 방향으로 법체계를 재건설해야 한다는 것이다. 그래서 포용의 법학은 이른바 '모든 약자를 사랑하는 법학'이라고 주장한다. 그런데 이것도 한계가 있다. 법은 결국 누가 적용하고 해석하는지에 따라 다르게 나타나기 때문이다. 가장 본질적인 해결은 남자와 여자의 본성에 따라 창조주가 주신 질서에 순응하는 것이다. 법은 이를 보완하는 작은 수단일 뿐이기 때문이다.

3. 신자유주의와 성평등의 비판 논리

여성 인권, 여성주의, 페미니즘의 기본적 바탕은 '평등사상'에 두고, 제도적으로는 '가부장제'라는 전제 조건으로 출발하고 있다. 페미니스트들은 보편적 인권에 대하여 근본적으로 비판적 자세를 견지하며, 이를 '페미니즘의 자유주의 비판'으로 연결한다.

초기를 제외하고 현대 페미니즘 이론은 자유주의에 대하여 적대적이다. 실제 페미니즘 이론의 진행 방향은 자유주의 페미니즘을 넘어서 사회주의 페미니즘으로, 이를 넘어서 마르크스주의 페미니즘으로, 또 급진 페미니즘으로, 비판

---

98) Binion, gayle, "Human Rights: A Feminist Perspective", *Human Rights Quarterly* 17/3 (1995), 509-26.

적 인종 페미니즘으로, 분리 페미니즘으로 다양한 형태로 전개되고 있다. 그런데 분명한 점은 어떤 이론이든지 마음대로 비판할 수는 있어도 근본적으로 자유주의와 다원주의를 떠나서 그 이론을 받아들이기 어렵다는 것이다. 즉 자유의 이름으로 자유를 비판하는 것이 페미니즘이다.

그렇다면 페미니즘은 왜 자유주의를 비판하는 것일까?
첫째, 자유주의는 개인의 자유 의지를 중시하는 사상이다. 그런데 이런 개인주의적 성향은 집단에 근거한 공동체의 개념과 서로 부합되기가 어렵다는 것이다.
둘째, 자유주의에서 말하는 평등은 하나님 또는 법 앞에서 평등을 말하며, 따라서 그 실체는 추상적이고 포괄적이어서 현실의 권력 관계를 소홀히 한다. 그래서 자유주의자들이 말하는 평등은 페미니즘 사상가의 입장에서 보면 비현실적이라는 것이다.
셋째, 현실적으로 인간이 가진 감정, 욕구, 보살핌과 같은 것은 무시하고 오직 이성에만 의존할 수 있다는 존재로 가정한다는 것이다.
넷째, 자유주의는 홉스의 '비자유적(신에 의한) 평등주의'와 로커의 '개혁주의적 보수주의'가 결합한 산물로써 애초부터 공적 영역뿐만 아니라 사적 영역에서도 억제를 바탕으로 하고 있다. 따라서 자유주의의 모든 사조는 페미니즘에 대하여 비판을 받을 수밖에 없다는 것이다.[99]

이렇듯 페미니즘는 자연권에 기초가 되는 자유주의를 무시하면서도 지금까지 진행된 역사를 무시할 수 없고, 또한 현실적인 면도 있기에 자유주의와 연결할 수밖에 없다.[100] 페미니즘에서 말하는 자유주의는 사회 내의 불평등한 위계구조와 권력 관계를 거부하는 평등주의라고 정리할 수 있다. 이른바 '평등주의적 자유주의' 또는 '자유주의적 평등주의'라는 모호한 이념을 내세운다. 또한 오늘날 페미니스트들은 자유주의가 제대로 회개하고 페미니즘의 세례를 받는다면 원래의 보편주의로 재구성될 수 있다는 논리를 주장하는 이도 있다.

---

99) 조효제, 『인권의 문법』, 191-2.

100) Nussbaum, Martha C, *Sex & Social Justice* (New York: Oxford University Press), 1999b.

그러면 페미니즘의 근거가 되는 성평등 개념과 문제점을 살펴본다. 페미주의자들은 '탈젠더화'가 본래 평등 개념의 기원이라고 한다. 이것은 주디스 버틀러의 주장으로, 수행적 정체성-'젠더가 섹스를 결정한다(Gender comes Before Sex)'에서[101] 등장한 신평등의 개념이다. 생물학적 성(sex)까지 성평등을 뒷받침하기 위한 근거로 '젠더'를 주장하고 있으나, 이는 생물학적 성의 해제주의로 나타난다.

먼저 시기적으로 '탈젠더화'에 근거한 평등 개념이 먼저 도입되었다는 것이다. 그런데 이 주장은 학문적으로 연구하기 위해 억지로 맞춘 것으로 실제 상황은 역순이다. 초기 페미니즘 운동가들이 지향했던 평등은 양성평등이었다. 양성평등은 사회에서 성별의 고정관념적인 제도, 풍습, 관행을 타파하고 고용, 승진, 취학 등 모든 영역에서 사회적 역할을 남성과 여성에게 평등하게 개방하자는 것이다. 그러나 양성평등의 논리는 페미니스트들에게 한계를 가져왔다는 것이다.

이에 따라 등장한 것이 성평등 개념이다. 이들은 성평등 개념은 남녀 간의 차이를 인정하는 평등 개념과 약자보호의 논리라고 주장한다. 이 주장은 여성은 육체적, 사회적, 심리적으로 남성과 다르다는 것을 전제로 하고 있다. 법적으로도 '같은 것은 같게 다른 것은 다르게'라는 자의금지의 원칙에 따라 접근해야 한다고 본다. 즉 여성과 남성은 근본적으로 서로 다른 욕구를 지니고 있으므로 각기 다른 고유한 권리를 가져야만 한다는 것이다. 여성은 일률적으로 남성과 대등해지는 것이 목표가 아니라 여성만의 고유한 역량, 사회적 역할, 여성만의 특성에 부합하는 방식으로 평등해져야 한다는 논리이다. 다시 말해, 평등은 하되 '서로 다르게 평등해야 한다'라는 것이다. 젠더의 차이는 인정하되 성적 정체성을 새롭게 창조하거나 파괴하는 것이 아니라 인간의 자유를 실천하기에 가장 적합한 방식을 찾아서 평등하게 해야 한다는 것이다.

그런데 이러한 주장은 욕구의 차이와 권리의 차이를 동시에 인정하는 '적극적 평등'이라는 억지 개념이다. 그리고 이 궤변적 개념을 적용하기 위해 '약자'라는 포장을 내세웠다. 따라서 여성을 기본으로 장애인, 청소년, 이주노동자,

---

101) Judith Butler, 『젠더 트러블-페미니즘과 정체성 전복』 조현준 역 (문학동네, 2008), 25-31.

동성애자, 이민족 등으로 그 영역을 확대하였고, 이를 '차이의 정치' 또는 '정체성의 정치'라는 새로운 영역을 만들어 내고 있다. 이들은 여성의 욕구와 권리를 인정한다면 당연히 소위 동성애자 성소수자의 권리도 인정하라는 것이다.[102]

2020년부터 연세대학교 등의 대학에서는 '인권과 젠더'라는 과목을 개설하였다. 주 강사인 김현미는 '성별 및 성적 지향성의 불평등은 폭력을 정당화하는 것이다. 인권은 파이의 지분을 나누어 주는 것이 아니며, 정의로움과 약자를 보호하는 것이다'라고 하여 인권에 대한 최근 사조를 반영하고 있다. 이들의 담론 과정을 살펴보면 정말 보편적 인권이 왜 문제가 되는지에 의문을 던진 후에 가장 본질적 문제를 간과하고 있다. 이를 통해 페미니즘 연구의 한계점이 있음을 알 수 있다.

여성 인권을 명분으로 이념화된 페미니즘은 현재 보편적 인권에 대한 비판과 이와 관련된 이론의 재정립에 그치지 않고, 정치 자체를 새롭게 개념화하는 방향으로 전환되고 있다. '페미니즘형 특별(특혜)정치-정체성 정치의 세분화'로 불리고 있다. 이를 요약하면 다음과 같다.

첫째, '개인적인 것이 정치적이다'라는 모토 속에 여성에 대한 대우가 공적·사적 영역의 분리가 아니라 동일시 해야 한다는 것이다. 이는 기존의 인권 영역과 완전히 구분된 '새로운 인권 운동(New Human Rights)'으로 구조적 불평등에 대항하는 모든 단체와 긴밀하게 연결되어 있다.[103] 이러한 형태가 주목받는 것은 신자유주의에서 일부 나타나는 구조 조정과 불평등이라는 경제 실상을 내세워 누가 제일 고통을 당하고 있는지, 집안 살림을 담당하는 여성들이 어떻게 생활고를 겪고 있는지, 일반 여성들이 기초적인 생활을 할 권리 등을 내세우며 정치권을 향하여 목소리를 내는 것이다. 이로 인해 지금까지 정치적으로 크게 관심 갖지 않는 분야였지만 이제는 달라지고 있다[104]는 것이다.

---

102) 김엘림·오정진, 『외국인 여성노동자의 인권보장 연구』 (서울: 한국여성개발원, 2002).

103) Strom, Sharon Hartman, *Woman's Rights. Westport* (CT: Green wood Press, 2003), 201.

104) Temma Kaplan, "Social Movements of Women and the Public Good", in Cristina Borderias and Merce Renom (eds). *Dones en movement(s)* (Barcelona: Icaria, 2008), 19-47.

이러한 활동은 18세기에서 비롯된 여성의 권리에 대한 사상이 20세기 후반 들어 '여성의 권리가 바로 인권'이라는 주제로 전환되어 전개되고 있다. 이를 주도한 대표적인 인물이 미국 대통령 후보였던 힐러리 클린턴이다.[105] 그녀는 1995년, 유엔 제4차 여성 대회에서 '인권은 여성의 인권이다. 여성의 권리는 인권이다'라고 주장하며 많은 영향을 미쳤다. 또한 '성해방'과 '성정치', '성평등'을 모색하는 새로운 전략으로도 평가[106] 받고 있다.

둘째, 페미니즘 운동을 전 세계적인 인권 담론의 틀 안으로 끌어들이고 있다. 그래서 현재 페미니즘은 초국가적 현상으로 진행되고 있다. 이 현상은 인권의 본질인 보편성과 자연스럽게 연결되면서 인권의 확산에 강력한 진원지가 되고 있다. 여성 운동의 주동자들은 일찍이 이런 방식을 알았기에 구체적인 전략으로 접근하였으며, 이 전략이 바로 '젠더 주류화'였고, 현재 전방위적으로 진행되고 있다.[107] 그 결과, 여성 인권 운동은 개인의 이념 운동이나 지역 사회를 넘어, 국가적이고 전 세계적인 이념 운동으로 확산하고 있다.[108]

이제 여성 인권 운동, 페미니즘 사상은 그 본질을 떠나 다양한 네트워크가 구성되면서 강력한 정치집단화 되었다. 심지어 여성 인권을 인권의 보편성 측면에서 정당성과 진정성까지 주어야 한다는 논리까지 진행된 실정이다.[109] 이러한 전개와 진행 방식은 그 원칙과 기준을 벗어난 교조주의적 형태를 지닌다. 그러나 현재 우리 사회에 큰 영향을 미치고 있기에 분명한 분석과 새로운 접근법이 필요하다고 보인다.

셋째, 2001년 9·11사태와 같은 테러와 사회 불안정 요소의 증가는 역설적으로 페미니즘을 확산하는 계기가 되었다. 대량 인명피해 사태에 페미니즘이 왜 필요한가에 대해 처음에는 남성 중심이었지만, 점차 동조되어 가고 있다. 테러 진압 과정은 남성 중심이지만, 페미니스트의 활동으로 새로운 길을 모

---

105) 강준만, 『힐러리 클린턴-페미니즘과 문화전쟁』 (서울: 인물과 사상사, 2016), 166-80.

106) 조은·조주현·김은실, 『성해방과 성정치』 (서울대학교 출판부, 2002), 1-11.

107) 조효제, 『인권의 문법』, 196.

108) Walby, Sylvia. "Feminisn in a gloval era". *Economy and Society* 31/4, 2002, 533-57.

109) 허성우, "지구화와 지역 여성운동 정치학의 재구성", 『한국여성학』 22/3, 2006, 169-98.

색한 것이다. 이들의 새로운 접근법은 '종교적 근본주의'와 반테러를 주장하는 '군사주의'를 모두 극우, 수구, 독재 등 극단적인 '프레임'으로 몰아가는 것이다. 동시에 극단주의와 군사주의는 모두 가부장적 이념 하에 형성되었다고 주장한다.

이 논리는 오늘날 전 세계적인 테러 위기를 여성들에서 공포의 주범인 가부장제에 투쟁하는 동기로 삼는다는 것이다.[110] 이러한 투쟁 방식은 새로운 세상을 위한 투쟁 논리로서 페미니즘의 정치변혁 운동의 새로운 가능성을 일으킨다.

넷째, 사회 구조 속에 고정된 젠더 역할을 타파하게 되면 남성에게도 해방 효과를 가져 온다고 주장한다. 페미니즘이 여성만의 이기적인 운동이라는 비판을 의식한 주장이다. 오늘날 남성이 남성다워야 한다는 문화적·사회적 선입견에 압박되어 있는 남성을 해방시켜줄 수 있다는 것이다. 그런 점에서 여성 인권 운동이 여성 뿐 아니라 남성도 해방시킨다고 보는 것이다.[111]

이러한 관점을 '차이 정치학'[112]이라고 하며, 인권의 보편적 토대라는 개념을 차용하여 모든 사람에게 혜택을 주는 것이라고 주장한다. 이러한 주장에 페미니즘을 조화시켜 보편적 인권이라는 말로 포장하고, 이제는 보편적 인권이 페미니즘에 세례를 받아 다시 태어나야만 진정한 인권 사상으로 재구성될 수 있다고 주장하고 있다.

그런데 페미니즘 운동은 성공하면 할수록 역설적으로 긴장과 갈등이 발생하고 있다. 여성 문제가 국내 및 국제적으로 점점 중심적 위치로 부상하면서 힘을 가진 여성 운동의 입지에 의문을 가지기 시작한 것이다. 왜냐하면 권력은 상대적이기 때문이다. 결국 여성 인권 운동이 권력을 가지면 가질수록 우려의 목소리가 나올 수밖에 없으며, 이는 권력 자체의 속성상 당연한 것이다.

---

110) 조효제, 『인권의 문법』, 197.

111) Hooks, Bell, *Feminist Theory : From Margin to Center 2nd Edition Licence* (Cambridge MA: South End Press, 2000), 12-8.

112) Thomas, Dorothy Q, "Conclusion", In Julie Peters and Andrea Wolper(eds). *Women's Rights Human Rights: International Feminist Perspective* (New York Routledge, 1995), 2.

페미니즘에서 나온 인권 이론[113]은 다음과 같이 정리할 수 있다.

① 서로 다른 경험의 다양성을 인정하여, 정치·경제·사회·문화의 변화 가능성을 진보의 이름으로 지속적으로 추구한다.

② 약자를 빌미로 감성적인 접근과 이를 포용 전략이라고 내세우며 한 사건을 확대 적용하려고 한다는 점이다.

③ 페미니즘은 현대 인권 담론에서 급진적 이념이라는 점이다. 이에 페미니즘을 '립스틱 바른 막시즘'이라고 부르기도 한다.

페미니즘은 인권의 보편성 원칙과 특징을 적용하면 결국 반쪽짜리 인권 운동이 될 수밖에 없다. 이분법적 논리로 남성 중심적 권리론을 내세워 여성 인권 운동을 하고 있지만 결국은 본질적인 면에서 원점을 중심으로 재정립되어야 할 것이다.

우리나라의 페미니즘은 출산율과 낙태와 직결된다. 소위 진보 정부는 페미니스트 정치를 공개적으로 표방하고 모든 복지와 관련된 것도 성인지 예산 등으로 위장하고 있다. 이는 한국형 극단주의 페미니스트들의 망상과 아집을 합법화하는 것으로 현실적으로 나타난 인구 절벽과 관련이 없다고 부인할 수 없을 것이다. 동시에 여기서 나타나는 문제점을 여성친화라는 명분으로 미화하지만, 갈등과 분열은 심화할 수밖에 없을 것이다. 페미니즘이 심화되면 될수록 출산율 저하, 여성의 빈부격차와 갈등 구조는 심각해질 것으로 보인다.

---

113) 조효제 교수가 이러한 주장을 하는 대표적 저서들은 다음과 같다. ① 여성 노동자의 경험에 입각한 페미니즘 논의 (장미경 2003; 조순경 2000), ② 식민주의와 전쟁의 남성성을 여성 인권의 중심문제로 의제화 (신혜수 2004; 정진성 2004), ③ 군사 문화가 한국인의 의식을 지배하고 있는 현실 폭로 (권인숙 2005), ④ 여성에 대한 폭력과 전 사회적 폭력성 간의 연관성 확인 (정희진 2002; 2005), ⑤ 사회 정책을 통해 젠더 역할을 재구성할 수 있음을 입증 (조형 외 2003), ⑥ 민족 자결권과 여성 운동의 관계 설정 (정현백 2003) 등이다.

제3장 문화 상대주의와 다문화주의 인권 논리

　문화 상대주의와 페미니즘은 정치적으로 상호 연대한다. 그러나 때로는 논리적으로 대결구도가 되기도 한다. 페미니즘은 남성주의에 저항하는 성격으로 기존 문화의 타파 논리이지만, 문화 상대주의는 기존 문화의 보호를 내세운다. 또한 페미니즘은 '여성'의 울타리를 만들고, 상대주의는 '인종' 또는 '소수자 집단'의 초점을 두고 있다. 그리고 페미니즘은 보편적 인권의 개념에 맞추기 위해 '젠더'라는 개념을 도입하였고, 상대주의는 '문화 다양성'이라는 개념을 도입한 것이다. 결국 이러한 개념을 통해 인권을 명분으로 젠더와 이질적 문화까지도 수용할 것을 추구하는 것이다. 즉 페미니즘은 보편적 인권에 '왜 여성을 제외하였는가?'라는 공세적 전략이며, 상대주의는 '왜 타문화가 자국문화와 다르다는 이유로 부정하는가?'라는 방어적 전략으로 접근하고 있다.

　문화 상대주의자들은 인권의 보편주의를 공식적으로 비판하였다. 최초 시작은 미국 인류 학회로, 1947년에는 멜빌 허스코비가 주도하여 보편주의 인권에 철저히 반대하는 선언을 내놓았다.[114] 이후 1970년대부터 보편주의 인권을 비판하는 목소리가 점차 확대되어 일반 대중, 대중 매체, 정치 등 문화·정치적으로 확산하기 시작했다. 이러한 비판적 입장을 두고 윤리적 측면과 규범적 측면으로 나누고 있다.

　먼저 윤리적 상대주의이다. 인권이 서구에서 나온 개념이므로 비서구 사회에서는 윤리적으로 타당하지 않다고 보는 논리다. 즉 인권 개념을 만드는 과정을 서구 세력이 주도했으므로 이들과는 문화적 차이가 있으며, 그 정당성을 인정할 수 없다는 주장이다.
　다음은 규범적 상대주의이다. 인권이 옳고 그름을 떠나 인권을 무기 삼아 타문화를 비판하고 변화시키려고 하는 것은 다른 식민주의적 기준을 강요한다는 것이다. 결과적으로 서구는 비서구권적인 문화와 환경에 대한 객관적 지배

---

114) 조효제, 『인권의 문법』, 204.

를 굳히기에 서구 인권, 정치 민주화, 자유 시장 등 3대 요소를 강조하고 있다고 주장한다.

1. 문화 상대주의 등장

상대주의의 본질은 국가 또는 지역 문화를 어떻게 인권의 보편성에 적용하는가에 있다. 인권의 보편성 기준에 각 환경과 문화를 어떻게 적용할 수 있는가에서 비판적 의식으로 출발한다. 이를 반문화적 시각으로 접근하고 있으며, 기원은 프랑크푸르트학파인 안토니오 그람시(Antonio Gramsci)[115]와 하버트 마르쿠제(Herbert Marcuse)[116] 등을 들 수 있다.

1921년 이탈리아 공산당 설립자인 그람시는 마르크스의 폭력 투쟁 혁명이 실패한 원인을 철저히 분석했다. 그는 실패한 원인이 서구 기독문화에 있다고 분석하였다.[117] 이에 자신의 혁명적 성과를 위해 기존 '노동자 환경'에 '길거리 문화'를 접목하여 고급문화 영역으로 전환하였던 것이다. 그는 자신의 기획을 폭력 없이 일으킬 수 있다고 하여, 이를 '문화혁명'으로 재구성하였다. 지식인들이 많이 모이는 대학, 극장, 강당, 학교 등이 바로 혁명의 현장이었으며, 여기에 공통요소는 문화였다. 혁명 작업은 오래된 커리큘럼과 이에 속한 문학 및 비평학의 이름으로 접근하였다. 이는 바로 지적 수준의 전복을 말하며, 이를 통해 억압받는 목소리를 해방시켜주고자 한 것이다.[118]

---

115) 안토니오 그람시(1891~1937)는 사회주의와 공산주의 그리고 반파시즘을 주장한 이탈리아 지식인, 정치인 그리고 지도자와 사상가이다. 이탈리아 공산당의 창설자 중 한 명이며, 무솔리니 파시스트 정권에서 투옥되었다. 그는 투옥 중 옥중수고를 저술하였으며, 자본주의 국가를 비판하는 문화적 헤게모니 개념을 정립하였다.

116) 헤르베르트 마르쿠제(1898~1979)는 독일과 미국의 사회철학자이며, 프랑크푸르트학파의 사회주의 사회학자로 분류된다. 1922년 프라이부르크 대학교에서 박사 논문을 썼고, 1929년부터 마르틴 하이데거와 함께 교수 자격 논문 작업을 시작했다. 하지만 나치 치하에서 작업을 끝내지 못하게 되자 1933년 프랑크푸르트 사회 연구소로 옮겼고, 나치 독일의 지속적인 사회주의 탄압 때문에 제2차 세계대전 중 미국으로 건너가 1940년 시민권을 얻었다. 이후 컬럼비아, 브랜다이스, 샌디에이고 대학에서 강의하였으며, 마르크스주의를 사회적 변화에 맞게 문화적으로 재해석한 사회학자라는 평가를 받는다.

117) Ronald Ernest "Ron" Pau 등 5인, 『문화 막시즘-미국의 타락』 김승규·오태용 역 (서울: 이든북스, 2020), 39-52.

118) Roger Scruton, 『우리를 속인 세기의 철학자들』 박연수 역 (대전: 도움북스, 2019), 316.

그람시는 체제 위협적 발상으로 감옥에 수감된다. 20년이라는 수감 기간 마르크스 이론을 보완하는 『옥중수고(Prison Notebooks)』를 저술하였다. '혁명의 역사는 긴 여정(long march) 후에 완성될 것이다'라는 전제로, 문화 혁명의 당위성과 장애 요인을 분석하였다. 또한 혁명을 방해하는 세력인 종교(기독교), 국가, 가정의 장벽을 서서히 허물어야 한다고 주장했고, 방해 세력의 본거지인 진지를 장악해야 한다고 보았다. 그의 이론은 독일 프랑크푸르트 암마인대학교의 사회연구소에 전수되어 본격적인 활동으로 나타났다. 1930년대 이후에 본격적으로 활동한 이들은 '프랑크푸르트학파'로 알려졌으며, 마르쿠제, 게오르그 루카스, 찰스라이히, 막스호르크하이머, 테어도어 마도르노, 에리히 프롬, 빌헨리크 등이 있다.

'문화 막시즘'으로 불리는 이들의 전략은 지속적이고 체계적인 문화 전복을 기반으로 하는 '문화 헤게모니' 이론이다. 이는 미국의 예외주의와 개인의 자유를 파괴하고, 유럽의 전통문화 파괴를 가져왔다. 가정을 중시하고 신앙에 따라 도덕적인 삶을 살며, 애국하는 것이 이상적 모습이었으나 이를 무너뜨리고 인간을 국가 의존형 인간으로 만드는 것이었다.[119] 이들 문화의 유형은 섹스 혁명(Free sex), 동성애, 젠더, 급진적 페미니즘, 다문화주의 등이다.

문화 막시즘의 특징은 자신의 정치적 색채와 다른 주장은 용납되지 않는 파시즘의 성격을 지니고 있다고 평가된다. 또한 보편성의 이름으로 개인의 자유를 파괴하고, 국가의 체계를 전환시키는 형태로 나타나고 있다. 오늘날 '꼰대'나 '쉰세대'라는 표현도 이러한 문화적 이념에서 나타나는 현상이며, 이를 세대 간 문화적 충돌과 차이로 바라보기도 한다. 이러한 움직임은 가장 먼저 영국의 고등 교육 기관에서 구체적으로 나타났다. 대표적으로 1964년 리처드 호가트(Richard Hoggart)가 설립한 버밍대학교 현대문화연구소가 있다. 이 연구소는 그람시의 이론을 뒷받침하는 본거지로써 당시 억압받고, 배척당하고, 소외당하는 자들의 목소리를 대변해주는 교육 과정을 받아들이게 된 것이다.

상대적 문화주의의 대표적인 인물은 마르쿠제라고 할 수 있다. 그는 인간과

---

119) Ronald Ernest "Ron" Pau 등 5인, 『문화 막시즘-미국의 타락』, 14.

사회에 대한 저서 『에로스와 문명』(1955)[120], 『일차원적 인간』(1964)[121]을 통해 마르크스주의와 정신 분석학에서 받은 소비 위주의 자유 사고의 사회를 비판하면서 자신의 추종자들을 만들었다. 그의 사상은 철저한 인본주의, 즉 인권의 논리에서 출발한다. 개인의 희생을 요구하는 자본주의의 압제를 거부하면서, 특히 정치적 영역과 문화적 영역의 생활 방식에서 완전한 해방을 추구하였다.

『에로스와 문명』에서는 당시 억압받고 있는 인간들의 현상을 재평가하는 것에서 출발하고 있다. 그는 인간의 존재는 원초적 본능인 '이드(Soi)', 본질적으로 이드의 성향을 제어하는 '자아(Moi)', 교육의 산물인 '초자아(Surmoi)'로 이루어져 있으며, 인간은 원래 이원성을 지니고 있다고 주장했다. 이원성은 정신적 장치를 지배하는 궁극적인 두 가지 원리로, '쾌락의 원리'와 '현실의 원리'를 언급하였다. 이는 '성혁명'을 주창한 독일의 생물학자인 빌헬름 라이히(Wilhelm Reich)[122]의 사상에서 영감을 받은 것이다. 그는 반체제주의자들이나 히피들의 생활양식과 문화에서 본능을 발견하고, 인간이라는 존재는 최고의 쾌락을 추구하는 경향이 있음을 알았던 것이다.[123]

반유대주의자인 히틀러를 피해 미국으로 도망간 마르쿠제는 자신들의 이데

---

120) Eros and Civilization: A Philosophical Inquiry into Freud (1955; second edition, 1966) is a book by the German philosopher and social critic Herbert Marcuse, in which the author proposes a non-repressive society, attempts a synthesis of the theories of Karl Marx and Sigmund Freud, and explores the potential of collective memory to be a source of disobedience and revolt and point the way to an alternative future. Its title alludes to Freud's Civilization and Its Discontents (1930). The 1966 edition has an added "political preface".

121) One-Dimensional Man: Studies in the Ideology of Advanced Industrial Society is a 1964 book by the philosopher Herbert Marcuse, in which the author offers a wide-ranging critique of both contemporary capitalism and the Communist society of the Soviet Union, documenting the parallel rise of new forms of social repression in both these societies, as well as the decline of revolutionary potential in the West. He argues that "advanced industrial society" created false needs, which integrated individuals into the existing system of production and consumption via mass media, advertising, industrial management, and contemporary modes of thought. Kellner, Douglas, Introduction to the Second Edition, Herbert Marcuse, One-dimensional Man: Studies in Ideology of Advanced Industrial Society, (London: Routledge. 1991), 11.

122) 빌헬름 라이히(Wilhelm Reich, 1897-1957)는 부권제, 결혼제도와 가족제도에서 나오는 권위주의와 성 억압적 성향은 파탄을 일으킨다고 보았다. 인간은 성에 대한 완전한 금욕은 불가능하기 때문에 성 쾌락에 대해 긍정적인 사고를 가져야 한다는 성정치 선구자이다. 그는 파시즘 사회, 성범죄의 원인은 권위주의에서 왔다고 봤다.

123) Christiane Saint Jean Paulin, 『히피와 반문화』, 4-5.

올로기를 잘 포장하여 컬럼비아대학교의 지원을 받으며 뉴욕에 정착하였다. 마르쿠제는 고전 막시즘에 젠더, 인종, 성적 지향 등의 주제를 첨가하여 신막시즘을 주장하였다. 그는 '문화와 이성은 분리할 수 있으며, 인간의 본능과 감수성도 양립할 수 있다'라고 보았다. 동시에 현대 젊은이들이 사회에 반기를 들고 정치적 행동을 하는 것은 바로 이성을 거부하고 본능에 충실하기 때문이라는 것이다. 즉 기존 질서 유지는 이성이며, 새로운 질서를 찾는 것은 본능으로 보는 것이다.[124] 이들의 주장은 젊은이들에게 파고들어 점차 권위주의와 전통적인 윤리의 가치에 대한 거부, 감수성의 영역에 속하는 것들의 우위, 혹은 반자본주의와 비이성적인 것에 대한 숭배까지도 인정되어 미국 사회의 새로운 문화적 조류로 신마르크스 주의가 확산되는 계기가 되었던 것이다.

마르쿠제는 한 언론 인터뷰에서 "서방은 내가 마주친 모든 문명과 문화에 대량 살육의 범죄를 저질렀다. 미국과 서구 문명은 인종차별주의, 성차별주의, 이민 배척주의, 외국인 혐오, 반대유대주의, 파시즘 및 나치즘을 모아놓았다. 미국 사회는 포학한 악이며, 국민들은 애국심을 받을 자격이 없다"[125] 라며 미국 사회를 공격하였고, 반문화를 선호하는 젊은이들을 선동하였다.

그 결과, 1960년대의 반항적인 문화 현상은 새로운 이론으로 접근되었으며, 아울러 절대 자유주의에 무정부주의로까지 나타났다. 반문화의 반항적 정상화 현상은 젊은 세대의 새로운 정치적 질서를 가져왔다. 인종적·사회적 불평등 문제를 중산층의 관점에서 인식하는 계기가 되었다. 특히 흑인 학생 인권 운동과 연계하여 반문화적·반체제론적 조직까지 인정되었다. 대표적으로 1960년대, 노스캐롤라이나주(州) 그린즈버러의 카페에서 연좌시위와 'SNCC(학생비폭력조정위원회)'[126] 등이 결성되었다. 이러한 현상은 1946년 트루먼 대통령이 인종차별에 반대하고 인종 평등을 위해 조직한 '대통령직속시민권위원회'를 결성한 것과 연방 법원에서 인종 차별에 대한 반대 판결 등에 영향을 미쳤다고 할 수 있다.

반문화운동은 1950년대 중반부터 이념 논쟁, 언론, 운동의 형태로 나타났다.

---

124) Christiane Saint Jean Paulin, 『히피와 반문화』, 25.
125) Ronald Ernest "Ron" Pau 등 5인, 『문화 막시즘-미국의 타락』, 41-2.
126) Student Nonviolent Coordinating Committee : SNCC

예를 들어, 1956년『파워 엘리트』, 1960년『부조리한 성장』, 1963년『부조리한 성장 2』등 미국 사회를 비판적으로 보는 저술 활동이 있다. 신문이나 잡지는 1955년「빌리지 보이스」,[127] 만화잡지「매드」,「리얼리스트」, 월간지「해방」등이 대표적이다. 이 잡지들은 1960년대에 흑인 인권 운동과 더불어 거대한 정치적 반체제운동으로 연결되었다. 1960년대를 특정 짓는 정치적 반체제 운동은 흑인 학생들 주축의 SNCC와 백인 학생들 주축의 SDS[128] 이다. 1960년에 결성된 SNCC는 마틴 루터 킹 목사의 영향으로 인종 차별 투쟁에서 자극제 역할을 한 것으로 보인다. 이 단체의 흑인 혁명 운동은 젊은이들에게 베트남 전쟁 이전부터 이념적으로 큰 잠재성을 지닌 동적 요인을 제공하면서 반문화의 전례를 만들어 갔다. 이들은 1962년도에 출범한 SDS와 긴밀히 연합하면서 반문화의 주축이 되었으며, 급진적으로 변해갔다. 이와 더불어 친(親)중국, 친(親)소비에트, 트로츠키주의적 성향을 지닌 다양한 소수 집단의 과격한 움직임으로 나타났다.[129]

노골적으로 게오로그 루카스는 "사회를 바꾸기 위해서는 혁명적으로밖에 할 수 없다. 과거의 가치관을 무너뜨리고 새로운 가치관을 창조하는 수밖에 없다"라고 새로운 문화 혁명을 주창하였다. 대표적인 현상은 공립학교의 급진적 성교육, 성해방 프리섹스, 고리타분한 일부일처제도 무시, 삶과 무관한 종교, 구

---

127) 빌리지 보이스는 미국의 첫 대안 주간지로, 1955년 그리니치 빌리지에서 설립됐다. 발행 부수는 한때 25만에 달했고, 뉴욕 최고의 탐사 언론인과 음악 비평가의 본거지라는 평가를 받았다. 좌파 성향의 이 매체는 점차 정치 및 음악·연극 보도로 이름을 날렸다. 뉴욕 동성애 커뮤니티의 강력한 지지자이기도 했다. 그러나 2018년 창간 63년 만에 결국 문을 닫았다.

128) Students for a Democratic Society(SDS) : 1960년대 중반에서 말엽까지 활발하게 활동했던 미국의 학생조직. 특히 베트남 전쟁에 대한 반대활동으로 유명하다. 1959년 창립된 미국 민주학생연합은 그 기원을 사회 민주주의적 교육단체인 산업민주주의연맹 학생지부에 두었다. 1960년 미시간 주 앤아버에서 열린 창립총회에서 로버트 앨런 하버가 회장으로 선출되었고 미국 전역에 지부가 결성되었다. 초기의 사업은 민권운동과 관계있는 것이었다. 이 조직은 1962년 톰 헤이든과 하버가 작성·발표한 선언 '포트 휴런 성명' 원칙에 따라 서서히 성장해, 미국이 베트남 전쟁 참가 확대를 결정한 1965년 무렵 절정에 이르렀다. 1965년 4월 미국 민주학생연합은 워싱턴에서 국민 대행진을 조직해 학생 징병 등 전쟁과 관련된 문제를 다루면서 점차 전투적인 성격을 띠게 되었다. 종합대학교나 단과대학의 본관 건물 점거를 비롯한 여러 행동전술이 전국으로 퍼져나갔다. 1969년에 이르러 조직은 몇몇 분파로 나뉘었는데, 가장 유명한 분파는 이른바 '웨더맨(웨더 언더그라운드)'이었다. 이들은 테러 분자들의 전술을 사용했으나 다른 분파들은 제3세계나 흑인 혁명론자들의 활동으로 관심을 돌렸다. 분파주의가 더욱 만연해지고 베트남 전쟁이 끝나가면서 서서히 해체되다가 1970년대 중반에 완전히 소멸되었다.
출처: https://thenewsroom.tistory.com/16

129) Christiane Saint Jean Paulin, 『히피와 반문화』, 31-2.

태의연한 가족 구성 등이 대표적이다.

현재 우리나라의 경우도 이와 유사하게 진행되고 있다. 대표적으로 '문화 권력이 지식 권력으로 된 3인방'[130] 이 제기되기도 한다. 이러한 방식으로 접근하였다. 문학평론가 백낙청, 기자 출신의 리영희, 소설가 조정래 등을 두고, 1960년 이후 자유 대한민국의 정통성에 의문을 제기하며 문화를 통해 새로운 이념으로 접근하였다.

백낙청은 1966년, 『창작과 비평』을 창간하여 민족문화론과 분단 체계론을 주창하며 젊은이와 지식인들에게 저항의식을 심어주었다. 그는 자유 민주주의를 부정하고 연방제 통일론의 기수가 되어 김대중 정부 시절에는 문교부 장관에, 노무현 정부 시절에는 총리 후보로 까지 거론될 정도였다.

리영희는 '전환시대의 논리', '8억 인과의 대화'를 통해 더욱 영향을 끼친 것으로 평가된다. 그는 이승만을 중심으로 한 대한민국은 친일파 민족반역자인 우파가 대한민국의 자리에 섰다고 외친 선구자이자 대표적 인물이다. 그는 노무현과 문재인 대통령에게 가장 많이 영향을 끼친 인물로 평가되고 있다.[131]

조정래는 소설 『태백산맥』을 통해 젊은이들에게 큰 영향을 끼친 인물이다. 이 소설에 등장하는 빨치산은 이념의 찌든 공비가 아니라 순결하고 낭만적인 청년으로 묘사되어 있다.

3인방이 우리나라 문화에 미친 영향은 절대적이라고 할 수 있다. 50대 전후의 대학 교수와 출판사 대표, 영화예술가 등은 학술적으로나 문중문화에서나 이들의 책을 읽지 않는 이가 없었기 때문이다. 더 나아가 교육계, 법조계, 노동계 그리고 종교계까지 이들의 영향은 지대하다고 할 수 있다. 문화는 우리가 먹고사는 문제 다음으로 삶을 지배하는 사상적 요인이며, 따라서 오늘날에는 '문화전쟁'으로, '문화 막시즘'으로 까지 표현되고 있다.

---

130) 조우석, 『좌파 문화 권력 3인방-백낙청·리영희·조정래』 (서울: 백년동안, 2020), 11.

131) 노무현 대통령은 '현대사는 실패했고, 기회주의가 득세했다' 라는 발언이 리영희의 책에서 영향을 받았고, 문재인 대통령은 '대학시절 리영희의 전환시대의 논리'를 보고 지적 세례를 받았다라고 고백하였다. 조우석, 『좌파 문화 권력 3인방-백낙청·리영희·조정래』, 15.

2. 인종 문제와 소수 문화

서구, 특히 미국 사회에서 인종 문제는 최대 이슈로 문화와 연결된 문제이다. 미국 민주당을 중심으로 초기에는 인권 문제에 접근하였고, 점차 경제적으로 향상되면서 복지 문제로 접근하였다.

1962년도에 출간한 마이클 해링턴의 『또 다른 미국』이라는 책은 미국의 사회적 문제와 반문화의 인식에 주요한 계기가 되었다. 특히 존슨 대통령은 케네디를 비롯한 전임자들이 반인종 차별을 철폐했다는 이유로 복지정책을 더 밀고 나갔던 것이다. 그는 1964년, '빈곤과의 전쟁'을 선언할 정도였으며, 이러한 정책은 반문화의 영향이 크게 작용하였다. 그리고 사회 내부의 불평등과 모순이 일시적으로 폭발하게 함과 동시에 인권이 상대적으로 편향되게 나타나는 계기가 되었다. 이것은 차별 문제를 처리하는 데 근본 원인을 따지지 않고, 임시 처방식 복지 정책은 오히려 독이 될 수 있음을 잘 보여주는 예이다.

인종 문제로 촉발된 흑인 인권 운동은 시민권 차원과 투표권 보장의 긍정적 요인도 있지만, 반문화 형성에 또 다른 부작용을 가져왔다. 아프리카계 미국인 시민권 운동(African-American Civil Rights Movement)은 1950년대에서 1960년대까지 걸쳐 미국의 흑인(아프리카계 미국인)이 시민권 신청과 인종 차별의 해소를 요구한 대중 운동이다. 1954년 브라운대학교 토피카 교육위원회 재판관 로자파크스에 의한 몽고메리 버스 보이콧부터 시작되었고,[132] 이후 1964년 민권법과 1965년 투표권법으로 결실을 보았다.

그러나 한편으로 흑인 인권 운동의 급진화는 신좌파의 서곡이었다. 1963년에 마르크스주의와 역차별 인종주의를 결합한 실천 운동이 만들어지기 시작한 것이다. 흑인 운동이 급진적으로 전개되면서 폭력 시위가 동반되었으며, 이로 인해 다수의 지지를 얻는 데는 실패한 것으로 평가되고 있다. 지금도 잠재적 갈등이 지속되고 있으며, 대표적 사건이 2020년 5월에 일어난 미국 조지 플로이

---

132) 이 판례는 당시 남쪽 17주(states)에서 백인과 유색인종이 같은 공립학교에 다닐 수 없게 하는 주(state)법을 불법이라고 판정했다. 브라운 대 교육위, 브라운 사건이라고도 불리는 이 판례로 "분리하되 평등"이라는 인종 차별 정책을 정당화하게 된 플레시 대 퍼거슨(1896년 판결)이 58년 만에 뒤집히게 된다.

드 사건이다. 반문화의 영역이 정상적 영역으로 편입되면서 흑인, 학생 등 인권 운동에 다음과 같이 영향을 미쳤다고 할 수 있다.

첫째, 지금까지 정상적 문화만을 인정하던 추세에서 인간의 직접적 욕망과 관련된 반문화도 정상적 영역으로 진입하는 계기가 되었다. 동시에 흑인 인권 운동 등은 소수자 인권 운동에 큰 영향을 미쳤다.

둘째, 상대적으로 등한시되었던 인간의 생각과 사고도 정상적인 틀 안으로 논의될 수 있다는 확장성의 근거가 되었다. 특히 이러한 사고는 상대주의 논리 의 준거가 되었다.

셋째, 원칙과 기준의 적용은 문화적 현상에 따라 차이가 있으며, 대중적 가치의 확산은 문화와 대중 접촉을 통해 더욱 확산할 수 있다는 것이다. 특히 젊은이들을 대상으로 할 때, 그 영역은 보다 강하다는 것으로 나타났다.

이러한 반문화적 사고의 수용과 인식의 변화는 무엇보다 인권 담론에 있어 상대주의 인권 논리의 준거가 되었다. 이는 현대 인본주의와 다원주의로 대변되는 포스트모더니즘의 큰 흐름을 지탱하는 학문적 사조이다. 지금까지 보편적 인권 원칙과 기준을 중심으로 한 논리는 어떤 환경과 조건에서도 적용할 수 있을 것이라는 객관성과 타당성을 내세웠지만, 상황에 따라 변하는 주관성과 자의성으로 해석하는 경향이 나타난 것이다. 예를 들어, 문화 상대주의자들은 '도덕적 진리'라는 것은 '특정한 문화'라는 준거 틀을 통해서 드러나는 가치이므로, 모든 도덕성은 그것의 원산지를 따져야 한다고 주장하였다. 따라서 근대적 인권 개념은 서구에서 출현한 것이므로 서구적 도덕성에 불과하며, 따라서 이질적인 도덕성을 타문화권에 함부로 적용할 수 없다고 주장[133] 하는 것이다.

문화 상대주의와 자연스럽게 연결되는 것이 다문화주의이다. 다문화주의자들은 자신들의 문화를 존중해야 한다는 논리를 앞세워 무조건 보편성을 주장할 수 없다는 논리를 내세운다. 가장 대표적인 것이 이슬람 문화이다. 즉 이슬람 문화는 보편적 인권의 논리로 적용할 수 없으며, 상대나 자국의 문화에 따라 달리 적용해야 한다는 것이다.

---

133) 조효제, 『인권의 문법』, 209.

이들이 주장하는 다문화 논리는 서구 강국들이 식민 지배 당시 온갖 인권 침해를 다 저질러 놓고, 이제 와서 신식민주의 경제 착취와 정치적 지배를 정당화하기 위해 이념적·문화적 공세를 취하는 것은 수용하기 어렵다는 주장이다.[134] 동등한 상태에서 주장해도 될까 말까인데, 정치·경제적으로 압박하는 우월적 지위를 가지고 강요하는 것은 신식민주의와 같은 것이라고 말한다. 즉 아시아, 아프리카, 아랍 지역 이슬람권 주민에 대해서 인권 문제를 제기하는 것은 누가 보더라도 제국주의적 발상이라는 것이다.

이는 미국이 대단히 이기적이고 제국주의적인 국익을 추구하면서도, 이를 은폐하기 위해 국제인권법의 가입을 종용한다는 것이다. 표면적으로 인권을 내세우지만 실상은 자국의 특정한 목적을 위해 대외정책을 취한다고 비판한다. 이러한 문제는 최근 국내 좌익 진영에서도 나타나고 있다. 예를 들어, 우리나라에 북한 주민의 인권을 강요하는 것은 지나치다 라고 보는 형태이다. 그런데 이것은 자의적 해석이기 때문에 '국제인권법과 다자주의적 국제기구를 존중해야 한다'라는 주장[135]을 제기하기도 한다. 또한 서구문화에서도 보편적 인권에 적합하지 않은 부분이 많다고 역비판을 하고 있다.

먼저 다문화주의자들의 입장을 살펴본다.

첫째, 문화는 다원주의가 적용되어야 한다는 입장이다. 따라서 서구에서 보편 인권을 강조하는 태도는 도덕적 제국주의라고 비판한다.

둘째, 국제 정치는 현실에 따라갈 수밖에 없다고 본다. 이들은 국제 관계를 힘의 논리에 따라 해석하면 인권의 보편적 적용 가능성을 회의적으로 보는 것이다.

셋째, 국가 주권론 침해이다. 보편적 인권의 주장은 타국의 문화와 내정에 대한 간섭으로 보는 논리이다. 이러한 해석을 통해 이슬람권과 북한의 인권 문제를 적용하고 있다.

---

134) Chris Harman, 『민중의 세계사』 천경록 역 (서울: 책갈피, 2004), 3.

135) Heuer, Uwe-Jens and Gregor Schimer, "Human Rights Imperialism", *Monthly Review March* (1998).

한편, 소수자 인권을 중시하는 상대주의 인권론자들의 입장이다.

첫째, 서구에서 나온 개념이라고 해서 무조건 등한시하면 안 된다는 것이다. 마르크스주의도 서구에서 비롯된 사상이지만 지금은 중국, 라오스, 베트남, 북한 등 아시아권에서 그대로 존재하고 있기 때문이라는 것이다.

둘째, 모든 문화를 단일하고 동질적인 것으로 가정하는 것은 위험하다고 본다. 공동체 내부 안에도 불화, 이견, 반대가 존재하고 있다. 어느 사회이든지 다수 문화뿐만 아니라 소수 문화도 있기에 별도의 이견도 인정해야 한다고 주장한다.

셋째, 모든 나라가 국제 인권법에 동의하고 있는 흐름을 강대국의 강요로만 보는 것은 과도한 해석이라는 것이다.

이들의 공통점은 보편적 인권을 주장하는 이들의 논리에 의도했든, 하지 않았든 상관없이 원칙적인 차원에서 인권을 인정하고 나면, 그다음은 스스로 덫에 걸려 빠져나올 수 없다고 생각한다. 그래서 계속할 수 없다는 논리이다.[136] 결국 소수 문화 존중, 역으로 상대주의자들의 논쟁은 기독교와 계몽주의 전통에서 탄생한 인권의 논리가 모든 문화권에서 보편적으로 타당한가의 문제로 반기를 든다. 소수 문화를 존중하자는 다문화주의자들은 보편적 인권의 입장에서 인간에게 공통된 욕구와 역량, 인간 존엄성에 대한 합의를 어느 정도 인정하고 있다. 하지만 문화 상대주의자들은 때로 도둑질하는 것이 인정되는 특정한 문화가 있다면 그 원인을 따져 봐야 한다고 보는 것이다. 따라서 근대적인 개념이 서구에서 출연한 것이라면 서구적 도덕성에 불가한 것이며, 더 나아가 바로 그 때문에 이질적인 도덕성을 타 문화권에 함부로 강요하고 적용하지 말라는 논리이다.

다시 정리하면, 인권을 무조건 반대하는 것이 아니라 서구의 보편적 개념이 이론적으로 정당한 것인지, 그것을 타문화에 강요하는 것이 정당한지, 비서구권의 문화체계 안에 서구식 인권을 수용할 여지가 있는지, 수용한다면 어떤 형태로 할 것인지 등을 고민하여 처리해야 한다고 주장한다. 이는 결국 자신들의 자의적 주장도 받아달라는 주관적이며 상충한 입장을 취하고 있다는 것이다.

---

136) Ball, Olivia and Paul Gready, *The No-Nonsense Guide to Human Rights* (Oxford: New Internationalist Publications, 2006), 25.

3. 문화 확장을 이유로 등장한 상대적 보편주의

이들의 주장은 보편적 인권론에 동의한다. 그러나 각 문화는 차이가 있으므로 문화권에 따라 달리 적용되어야 한다는 논리이다.

세계 인권 선언의 초안자인 자크 마리탱은 '서로 다른 문화와 문명권에 공통으로 적용되는 신념을 찾아보자는 것이 세계 인권 선언 행동 지침'[137]이라고 주장하였다. 또한 R. 파니카(Panikkar)는 '번역(translation)은 심장 이식 수술보다 어렵다'라고 하면서, 한 문화에 속한 개념을 다른 문화의 전통에 속한 개념으로 전달하기에는 거의 불가능에 가깝다고 언급하였다.[138] 따라서 서로 다른 문화권에 인권 개념이 확산하기 위해서는 실존적이고 기능적인, 그리고 비교 가능한 어떤 기준이 있어야 한다고 보았다. 도널리(Donnelly)는 이러한 점 때문에 인권의 원칙과 실행 사이에 어떤 간격을 인정해야 하며, 인권의 원칙에는 합의할 수 있다는 절충적 입장을 제시하였다.[139]

그렇다면 '문화권 내부에서 인권을 다양하게 실천할 수 있는 기준이 어디인가?', '어디까지 받아들일 수 있는 것이 상대적이고, 어디까지는 받아들일 수 없는 상태인가?', '팁을 주는 문화권에서 법적·제도적으로 어디까지 인정할 것인가?'의 문제를 예로 들 수 있다. 또 한 가지 예로 여성이 매일 베일을 쓰기 싫은데 자기 나라에서 베일 쓰기를 강요하고 법적으로 처벌한다면 받아들일 수 없는 것은 '강한 상대주의'가 되고, 물리적 위협 없이 단순히 비난 정도 받는 것으로 한다면 이는 '약한 상대주의'가 되는 것이다. 그런데 약한 상대주의와 강한 상대주의가 충돌하여 서로 합의할 수 있는 상태를 '상대적 보편주의'[140]라고 주장하고 있다.

문화 상대주의자들은 '각 문화권에서 인권의 공통분모를 찾자'라는 것에 반

---

137) http://www.mofa.go.kr/www/wpge/m_3996/contents.do 참조.

138) Panikkar, P. "Is the notion of human rights a western concept?", *Dioenes* 30 (1982), 75.

139) Donnelly, Jack, *Universal Human Rights in Theory and Practice* (Cornell University Press, 2013), 98.

140) Donnelly, Jack, *Universal Human Rights in Theory and Practice*, 98.

대한다. 오히려 비서구권에서 최소한의 인권조차 지켜지지 않는 이유가 인권이 문화적 정당성을 획득하지 못했기 때문이라고 말한다. 무투아(Mutua)는 보편주의적 신조와 교의를 창조하려고 하면 서로 다른 성격의 사회를 파괴하거나 고사시킬 위험이 있다고 주장하였다. 따라서 인권 존엄성을 위한 국제적 합의를 하려면 열린 마음으로 문화의 복합성을 존중해야 한다[141]는 논리를 펴고 있다. 그리고 그는 아프리카에서는 여성 생식기 절제 풍습을 비판하는 것을 반대한다. 이는 은연중에 깔린 인종주의적 발상이며, 외부에서 강압적으로 부담을 주지 말라는 것이다. 이는 원칙과 기준을 상대적으로 인정하라는 논리이다. 그러면 어떻게 할 것인가? 문화 간 성찰의 효과를 믿고 맡겨 보라고 주장한다. 이를 '문화 간 성찰을 통한 확장 전략'이라고 부른다.[142]

정상적이고 보편적인 인권의 관점에서 보면 문화 상대주의는 비판의 여지가 매우 많다. 또한 여성의 권리적 측면에서 보아도 문화 상대주의자 또는 민족주의자들은 문화 또는 민족이라는 이름으로 여성과 약자의 권리를 억압하는 정당한 수단으로 사용한다.

최근에는 문화 상대주의를 옹호하는 학자들조차 개도국에서 벌어지는 인권 침해 상황을 목격하면서 상대주의가 독재 정권을 정당화하는 논거로 이용될 수 있음을 깨닫고, 인류학적 방법론에서 인권 침해 메커니즘을 연구하는 방향으로 선회하게 된 것이다.

북한 인권도 마찬가지이다. 상대주의자들은 북한의 인권 문제점을 지적하면 내정간섭이 되니 자기 성찰을 통해 개선할 수 있다고 주장한다. 그래서 때로는 북한 지도자를 칭송하기도 한다. 그런데 그대로 두면 북한 독재 정권의 정당화에 이용당하는 현실을 마주하게 될 것이다. 자신의 잘못된 이념 때문에 수많은 사람의 고통이 연장되는 것을 안다면, 결코 그렇게 하지 못할 것이다.

---

141) Makau W, Mutua, *Human Rights: A Political and Cultural Critique* (University of Pennsylvania Press, 2008), 9.

142) Makau W, Mutua, *Human Rights: A Political and Cultural Critique*, 98.

4. 다문화 공존을 이유로 등장한 다원적 보편주의

이 논리의 주창자들은 오늘날 서구 정치 이념은 자유주의와 자본주의형 자유 민주주의만을 선호하여 왔다고 본다. 이를 일원주의라고 비판하면서 이에 대항하여 등장한 것이 '다문화주의' 정치이념이다.

다문화주의자들은 상대주의와 보편주의 모두 장단점이 있다고 본다. 상대주의는 어떤 사회도 객관적으로 가치를 부여할 수 없으며, 그 구성원의 특성과 무관하게 주관적이기 때문에 객관적으로 선악을 다룰 수 없다고 본다. 또한 어떤 도덕적 신념도 사회적 특성과 따로 떼어 놓을 수 없으며, 도덕적 기준을 설정할 수 있는 문화적 수단도 없다고 주장한다. 반면 보편주의는 그 사회의 도덕성이 이성적으로 결정될 수 있고, 모든 인간에 대해 기본적인 개념을 가정할 수 있다고 본다. 보편주의는 일원주의 입장에서 보면 어떤 특정 도덕 원칙으로 일관되게 주장한다는 것이다.

그래서 상대주의와 보편주의 양쪽 다 한계가 있다고 주장한다. 상대주의자의 한계는 개인을 사회와 문화에 완전히 예속된 존재로 보이지만 내부 이견이 없는 완전히 동질적인 사회는 절대 존재하지 않는다는 것이다. 문화 내부적으로 보면 경제·사회적 권력 구조 속에서 구성원들이 계층화되어 있다. 그리고 문화는 타문화와 상호 교류를 통하여 끊임없이 소통하고 발전하는 사실을 간과하고 있다고 주장한다. 또 보편주의자의 한계는 인간의 이성으로 완벽히 도덕성을 규정하기 어려우며, 그 사회의 전통, 성향, 정서를 고려해야 한다는 것이다. 인간의 본성은 타고나는 것이 아니라 자기가 속한 사회에서 길러지기 때문이다. 보편적 가치라는 것이 추상적이어서 현실을 결정할 수 있는 구체적 가치 체계로 통합되어야 한다고 보는 것이다.

이와 같은 한계점으로 인해 다원적 보편주의가 등장하게 된 것이다. 이들의 논리는 상대주의, 일원주의, 보편주의 모두를 끌어안아야 한다는 것이다.

첫째, 보편적 가치는 최소의 접근에서부터 최대의 접근까지 다양하게 정리할 수 있다고 본다. 다시 말해 보편적 가치를 유연하게 규정할 수 있다는 것이다.

둘째, 보편적 가치는 추상적이기 때문에 가능한 규범의 언어로 구체화해야 한다는 것이다. 예를 들어, '인간은 존엄하다'라고 말하기보다 '인간은 매매 대상이 아니다'라고 구체적으로 주장해야 한다는 것이다.

셋째, 어느 사회의 고유한 제도나 관행을 문화적 가치와 혼동하여 그것을 인권 침해라고 속단해서는 안 된다고 주장한다. 이슬람 여성이 차도르를 쓰는 것이 무조건 여성 인권 침해라고 논해서는 안 된다는 것이다.

넷째, 모든 사례는 보편적 가치를 해석하고, 문화적 가치에 따라 우선순위를 정하자고 주장한다. 이슬람 종교법인 샤리아 법에서 절도를 한 자에게는 손을 절단하고 간통죄의 경우 태형, 기혼일 경우 사형까지 인간의 신체적 생명권을 침해하는 잔혹한 처우에 대하여도 인정해야 한다는 것이다.

다섯째, 지역별로 보편적 가치를 정의하고 실행하는 지역별로 별도의 인권 메커니즘이 작동해야 한다고 주장한다.[143]

그렇다면 다원적 보편주의자들의 문제점은 무엇일까? 자기 권리를 끝까지 내세우면서도 상대방의 요구는 따지고 요구하는 '쟁취형 방식'과 이타심과 배려, 사회적 책임을 요구하는 '자기 책임회피형 방식'이라는 이중적 방식을 취한다는 것이다. 결국 근본적으로는 상대주의 입장을 취하면서도 외부로는 보편적 가치를 추구한다는 인상을 주는 형태를 취하며, 이는 주변을 기만하는 형태라고 할 수 있을 것이다. 예를 들어, 이슬람의 무하마드를 풍자하여 테러가 발생했다. 이 때 테러는 정당하며, 이유는 언론 및 표현의 자유라는 명분으로 이슬람 종교를 모독했고, 다른 종교를 비판했다는 것이다.

이들은 다른 사람에게 불필요한 피해를 주지 말고 사회의 조화와 소수자의 보호, 자존감, 개인과 집단의 존엄성을 고려해야 한다고 주장한다. 오랫동안 분쟁에 시달리는 탄압당한 역사가 있는 나라에 대하여 무조건 언론과 표현의 자유를 행사하는 것은 그 자체가 폭력이라며, '자유는 적'이라는 논리를 펴고 있다.[144] 그러면서 1993년 비엔나 국제 인권 선언문에서의 보편적 인권을 재확인

---

143) Parehh, Bhikhu, *"Non-ethnocentric universalism"*. In: Tim Dunne and Nicholas J, Wheeler (eds), Human Rights in Global Politics (Cambridge: Cambridge University Press, 1999). ; 조효제, 「인권의 문법」, 217 재인용.

144) Parehh, Bhikhu, *Rethinking Multiculturalism: Cultural Diversity and Political Theory* (Harvard

하면서도 국가와 지역 특성에 중요성 그리고 '역사적, 문화적, 종교적 배경을 유념해야 한다(제5조)'라는 내용을 내세운다.

그러나 이것은 기준과 원칙 없이 모든 것을 인정해 주자는 논리라고 할 수 있다. 예를 들어 이슬람이나 성소수자는 틀림이 아니라 다름이기에 인정해주자는 것이며, 이것은 이슬람이나 성소수자의 모든 것이 옳다는 입장을 전제하여 합리화하고 있다. 또한 이들의 주장은 극히 주관적인 판단이라는 것이다. 분명 어떤 가치 기준이나 바라보는 시각에 따라 달라질 수 있는데도 자신의 주관만 내세우고, 객관성을 무시하고 있다. 그럼에도 다양성과 문화라는 미명으로 다 인정하자고 주장하는 것은 아이러니하게 자신의 논리가 스스로 한계임을 드러내는 것이다. 이러한 주장에 동조한다면, 사회의 질서와 그 사회에 속한 사람의 권리의 형태는 사람의 숫자만큼 다양하게 늘어나게 될 것이다. 이들의 주장과 논리는 오늘날 포스트모더니즘(post modernism)의 대표적 사상인 '다원주의'이다. 따라서 종교적으로는 '예수만이 구원이 있다'라고 주장하는 기독교는 용납할 수 없는 것이다. 결국 '종교 통합주의', '다원주의'의 형태로 나타날 수밖에 없다는 것이다.

2020년 유엔 세계 종교 화합 주간에 영화 〈산상수훈〉이 상영되었다. 프란치스코 교황의 지지 속에 교황청대학교(Salesian Pontifical University), 뉴욕 유니언신학대학교, 미국 성공회 머서신학교 등에서도 적극적으로 상영되었다. 이 영화는 "인류의 문제를 영원히 종식할 수 있는 본질적인 해법을 제시하였다"라고 할 정도이다. 가톨릭, 개신교, 이슬람교 등 세계 종교가 각각 주최하는 주요 국제 영화제에서 예수님 복음상, 새로운 시선상 등을 수상하기도 하였다.
〈산상수훈〉은 비구니 스님이 2017년에 만든 영화로, 마태복음 5장에 나오는 예수님의 팔복음 말씀을 8명의 청년이 고뇌하며 대화하는 형식으로 연출되었다. 그러나 "천국이 정말 존재하는 걸까?", "착하게 살면 나는 정말 천국에 갈 수 있을까?", "하나님은 선악과를 왜 만들어 우리를 시험에 빠트렸을까?", "하나님은 왜 나의 고통은 돌봐 주시지 않는 걸까?" 등의 질문에 인본주의 답을

University Press, 2008), 295-335. ; 조효제, 『인권의 문법』, 218 재인용.

내세운다. 이 영화의 본질은 '불교의 불이사상'을 기초로 만들어 졌으며, 다원주의 입장에서 보면 화합의 상징처럼 보이기에 기독인들조차 이를 수용하기도 한다.[145]

5. 인권 보편주의를 비판하는 문화 상대주의

이 주장은 보편주의와 문화 상대주의 논쟁을 인권의 존재론과 인식론에 대한 차이라고 하며, 철저한 현실주의 입장을 취하고 있다. 이들은 현대 문명의 충돌 이론[146] 까지 나오는 시점에, 문화의 한 부분이 되는 인권의 보편성만 주장하는 것은 건설적이지 못하다고 비판한다. 만인의 정치적 평등을 전제로 하는 인권의 논리에 국제적으로 통제(메세지)가 되면 평준화가 오게 된다는 것이다. 대표적인 사례가 '민족자결주의', '탈식민화 해방 운동'이다. 이런 이념과 운동은 서구적 '인권 개념'을 비서구권의 '반제국주의 해방 논리'에 활용한 것으로 보편화의 움직임에 어느 정도 성공했다고 말한다.

그리고 인권의 존재론에서 현재 '보편주의'와 '문화 상대주의'로 나누어져 있다고 주장한다. 또한 인식론 관점으로 보면 어떤 신념이나 지식이 존재하려면 그것을 받쳐 주는 기본적 토대가 있어야 하는데, 신념을 인정하는 토대주의와 신념을 거부하는 반토대주의로 나눌 수가 있다는 것이다. 토대주의는 신, 이성, 문화 등 핵심적 토대를 바탕으로 그 다음 단계인 신념과 지식을 논할 수 있다는 입장이고, 반토대주의는 신념과 지식 같은 것도 역사적 사회적 과정을 통해 만들어진 다음에 상대적으로 이해될 여지가 있다고 주장한다.[147]

문화 상대주의자들은 역사적 관점에서 보면 보편적 인권이 체계적으로 확산하는 과정에 다음과 같은 특징이 있다고 주장한다. 바로 근대적 인권 이론은 17

---

145) http://www.amennews.com/news/articleView.html?idxno=15939
자세한 내용은 「교회와 신앙」 2017.12.04일자 참조

146) 사무엘 헌팅턴의 〈문명의 충돌〉 이론으로 1990년 탈냉전과 동유럽의 붕괴, 독일 통일로 이어지는 역사적 모멘텀을 계기로 향후엔 이념의 전쟁 자리를 문명의 충돌이 대신할 거라고 주장했다.

147) 조효제, 『인권의 문법』, 220.

세기 서구에서 발생한 것으로 사회계약론적 자연권 사상이 모든 사람의 권리라는 형식으로 제고되었다는 것이다. 그런데 이것을 문화적 맥락에서 보면 어차피 서구적 발상이라는 관점이다. 즉 당시 보편주의 주장 자체가 서구의 특정한 시대적 발상이라며, 오늘날 토대주의적인 문화 상대주의가 시대적 현상이기 때문에 과거 계몽주의 자연권 사상처럼 두 사상은 사실상 동일한 인식론과 존재론에 근거하고 있다는 것이다.[148] 그런데 유독 근대 자연권 사상은 보편주의라는 수사와 함께하여 보편적 존재론을 지향하는 것 같이 보인다고 주장한다. 그리고 근대 인권 담론에서 주장하는 자연권 인간의 권리 문제는 어떤 주장을 하든지 간에 서구 문화권에 한정된 논리라고 말한다.

그러나 현대 인권 혁명의 원천이 되는 세계 인권 선언이 나온 이후, 인권 존재론은 자연주의적 인권, 즉 자연권으로 이동하고, 인식론에서 세계적이면서 공동체주의적 실용주의가 등장하였다고 주장한다.[149] 이러한 인식을 뒷받침한 것이 마샬(T. H. Marshall)의 시민권 이론[150]이다. 시민권이 공민적, 정치적, 사회적 요소로 구성되어 있다고 주장한다.

18세기에 발전한 '공민적 요소(공민권)'는 계약의 자유, 사유재산권, 법 앞의 평등, 언론·출판·집회·결사의 자유 등을 가리킨다. 19세기에 나타난 '정치적 요소(정치권)'는 정치적 기구의 구성원으로 참여하거나 그러한 구성원을 선출할 수 있는 권리, 즉 선거권과 피선거권을 말한다. 그리고 20세기에는 '사회적 요소(사회권)'로 발전했다. 마샬은 이를 '경제적 복지와 보장에서부터 사회적 유산을 완전하게 공유하고 사회의 지배적인 기준에 따라 문명화된 존재로서의 삶을 영위할 수 있는 모든 범위를 의미한다'라고 했다.[151] 마샬의 시민권 개념은 교육과 사회 복지 서비스 등으로 사람들에게 각인되면서 인권은 세대를 구분하는 기초가 되었고, 오늘날 영향력 있는 이론으로까지 등장하였다. 이들의 논리에 대한 허점은 다음의 소결론에서 정리하였다.

---

148) 조효제, 『인권의 문법』, 222.

149) 조효제, 『인권의 문법』, 222-3.

150) Marshall, T. H, *"Citizenship and social class and other essays"* (Cambridge: CUP, 1950), 12.

151) Marshall, T. H, *"Citizenship and social class and other essays"*, 24-5.

6. 소결

문화 상대주의의 등장은 포스트모더니즘의 핵심적 주류가 되었다. 이 사상의 기저에는 인본주의와 다원주의[152]가 자리 잡고 있다. 문화 상대주의는 '문화 다원주의'와 자연스럽게 연결되어 모든 도덕이나 윤리, 종교의 포용성을 주장하지만 기존 가치의 혼돈으로 나타나고 있다. 즉 '문화'라는 이름으로, '다양성 존중'이라는 미명으로 정상적 가치의 파기 현상이 나타났다는 것이다. 가장 대표적인 현상은 전통적 가정과 기독교 파기이다.

먼저 가정의 파기적 현상이다. 가정의 시작은 남성과 여성의 만남과 결혼에서 출발한다. 이에 대한 기원은 성경이다. '생육하고 번성하라'라는 문화명령을 통해 자녀를 출산하며 양육한다. 이는 가정이라는 울타리를 통해 수행된다. 한국민족문화대백과사전에서 '가정은 인간이 임하는 최초의 사회적 환경으로, 인간에게 가장 친밀한 혈연 집단인 가족이 동거동재(同居同在)하면서 생활을 영위하는 본거지다'[153]라고 정의하고 있다.

인간의 행복은 가정에서 시작된다. 하나님이 인류 최초로 만드신 제도로서 가정은 공동체이다. 한 몸되는 부부 간의 사랑도, 부모의 자녀 사랑도, 자녀들의 정서 안정도 모두 가정의 울타리를 통해 시작된다.

그러나 문화 다양성은 정상적 가족의 개념을 혼돈하게 하며, 가정의 울타리를 파괴하는 무서운 결과를 가져오게 만든다. 대표적으로 기존 혼인과 혈연으로 맺어진 관계뿐 아니라, 결혼하지 않는 비혼 동거인이나 가족처럼 서로 기대고 돌보면서 사는 친구, 노인 커플, 셰어하우스에서 가족처럼 사는 이웃 사람들까지 다양한 가족의 한 형태를 법적으로 인정하고, 이들이 각종 사회제도에서 차별받지 않게 개선하겠다는 것이다. 여기에 남성과 여성이 아닌 동성 결혼 뿐 아니라 일부일처의 질서를 무너뜨리는 현상까지 포함하고 있다.

---

152) 다원주의(多元主義, pluralism)란, 다양한 이익 집단이나 일반 대중의 의사가 반영되어 정책이 결정되고 사회적 의사결정이 이루어진다고 보는 민주주의 한 이론이다. 정책 문제에 관심을 가진 이해관계 세력은 영향력의 행사에 동일한 정도의 접근 가능성을 가지며, 정부는 작은 정부를 수행한다고 전제한다. 그러나 오늘날 이익 집단의 상충과 다원론은 1950년대 이후 Dahl의 연구 결과를 통하여 본격적으로 전개되었으나, Bently와 Truman의 이익 집단론이 초기 다원주의적 연구로서 동시에 중시되고 있다.

153) https://encykorea.aks.ac.kr/

2021년 초, 여성가족부는 '건강가족기본법안'과 '4차 건강가정기본법과 계획안'을 발표하면서 이와 같은 내용을 포함하였다. 이는 기존 가족의 범위를 배우자, 직계혈족 및 형제·자매, 생계를 같이하는 직계혈족의 배우자, 배우자의 직계혈족 및 배우자에서 확대하는 내용이다. 이 주장의 가장 큰 문제점은 '개념'에 대한 이해 부족이다. 바로 가정의 개념과 이웃의 개념을 구분하지 않는다는 것이다.

다음으로 종교의 파기적 현상이다. 종교 다양성은 종교 간의 차이를 인정하자는 논리를 내세워 상호 인정 보다 기존 종교의 절대성 부분을 공격하는 논리로 비약되고 있다. 즉 상대주의에 따라 '절대 진리는 없다'는 것이다. 또한 각 사람의 의견에 따라 그것이 옳은 것이든 그른 것이든 이를 인정하고 존중해 주어야 한다는 의식이 만연하고 있다. 대표적으로 종교 통합주의를 내세우는 WCC 활동과 교회 일치 운동 또는 에큐메니즘(Ecumenism)으로 연결되었다고 볼 수 있다.

이로 인해 성경의 절대적 가치를 인정하지 않거나 절대자 하나님의 존재를 사람 중심으로 해석하는 경향이 강하게 나타났다. 즉 문화 다양성이라는 미명하에 외부적으로 기독교를 공격하는 수단으로, 내부적으로는 기독교내의 자유주의적 성경 해석으로도 나타난다. 담임 목회자이자 신학교 교수가 불교의 한 선원에서 '예수는 육바라밀을 실천한 보살'[154] 이라고 설교 강연을 한다거나 스님이 만든 영화 〈산상수훈〉이 교황청에서 상영되고 국제 영화제에서 주요 종교상을 휩쓸며 신학교 내에서 학생들에게 상영되기도 한다.

문화 다원주의는 더 나아가 우리의 소중한 가치들을 파기하는 현상으로 나타났다. 타인을 존중하기보다 소중하고 전통적인 가치를 무너뜨리는 결과를 가져오게 하며, 심지어 자신의 부도덕적 형태도 문화라는 이름으로 둔갑시키기도 한다. 무엇보다 인권과 연대하여 자신을 방어하는 논리 뿐 아니라 비진리를 진리로 둔갑시키며, 정의를 자의적으로 선택적으로 적용하는 현상이 되기도 한다

---

154) http://www.bulkyo21.com/news/articleView.html?idxno=41724
　　　전 기독교대학 교수이자 가나안교회 담임 목사가 선원 크리스마스 축하 법회에서 한 설교 내용이다.

는 것이다.

무엇보다 문화 상대주의는 '인권의 개념'에 대한 논리를 다시 정립하도록 하였다. 즉 보편적 인권 개념 대신 상대적 인권 개념이 정상적인 것처럼 보이도록 하는데 결정적인 역할을 하였다고 할 수 있다.

현대 인권론자들의 주장은 보편주의 인권보다 상대주의 인권에 가깝다. 상대적 인권론의 근원은 마르크스가 주창한 인권론에 근거하고 있음을 부인할 수 없다. 그런데도 굳이 인권론자들은 비엔나 선언을 인용하며 보편주의와 상대주의 사이에 접점을 찾으려고 한다. 그리고 전통적 보편주의자들도 이제는 제한적 보편주의 또는 약한 상대주의, 약한 보편주의 경향으로 흘러가고 있다.

이러한 형태를 다음과 같이 정리하였다.
전통적 보편주의자들이 문화 상대주의자들에게 '위선적인 보편론자'라는 공격의 빌미를 주었다는 것이다. 이들은 형식적으로 보편성을 주장하지만, 정작 자신들은 비서구권에만 비판을 가하는 이중적 적용을 하고 있다는 주장에 반박하지 않고 있다. 보편적 인권이라는 논리는 내세우지만 정작 자신들에게만 보편적이고 상대방이나 타인에게는 그 기준을 달리 적용한다는 것이다. 이것은 보수주의자들의 특징과도 같다고 할 수 있다.

보수주의자들은 어떤 문제를 지적하면 자신의 잘못으로 인정하지만 더 나아가지 못하고 분열한다. 자신들이 가진 원칙과 기준이 불명확하기 때문이다. 반면 진보주의자들은 자신들의 논리가 상대적이기에 얼마든지 자신을 방어하면서 문제점을 남의 탓으로 돌린다. 그리고 문제 해결을 공짜를 좋아하는 복지 문제로 접근한다. 이러한 점을 이용하여 문화 상대주의자들은 대중과 지성을 파고들었다고 보았다. 그런데 정작 더 모순된 것은 진보주의자들은 원천에서부터 아예 원칙과 기준이 없기에 위선적으로 될 수밖에 없다는 것이다.
가장 대표적인 인물이 좌파 이론가 촘스키(N. Chomsky)이다.[155] 그는 1960

---

155) Noam Chomsky, *The Umbrella of U.S. Power: The Universal Declaration of Human Rights and*

년대 베트남 전쟁에 대한 미디어 비평과 비판적·정치적 행동으로 인해 널리 알려진 인물이다. 그의 정치적 행동과 비평은 특히 미국의 정책을 제국주의식이라는 비판과 마르크스의 상대주의적 인권 옹호에 초점이 맞추어져 있다. 그런데 정작 자신의 이론이 자신의 행적과는 충돌하는 모순점이 나타나기도 하였다.[156]

일부 보편주의론자들은 도덕적·이론적으로만 인권의 보편성을 주장하면 매우 위험하고, 철학이나 역사적으로 논쟁을 하면 결코 해답을 찾을 수 없다고 한다. 이론적으로는 가능하지만 실제로 적용하는 것에는 한계가 있다는 것이다. 대표적인 학자가 굿하트(M. Goodhart)이다.[157] 이론적으로 가장 완전한 보편주의는 모든 인류가 인권의 정신에 완전히 동의하고, 그 내용을 완전히 똑같이 실천한다면 가능하겠지만 이것은 도저히 불가능하다는 것이다. 이러한 주장은 인식론에 바탕을 둔 논거이다. 이것을 규범으로 표현하는 차원이나 그것을 실행하는 차원에서 얼마든지 다양한 방식으로 할 수밖에 없다는 주장이지만 결국 다원주의 태도를 보이고 있다.

결국 인간의 이성과 논리는 하나님의 존재를 인정하지 않거나, 인간이 하나님의 형상이라는 기조 위에 근거를 두지 않으면 끝없는 논쟁만 있을 뿐이다. 인간의 존엄성을 보호해야 한다는 보편주의 논리조차도 상대주의론자들이 더 큰 반향을 일으키고 논리 개발을 한 점은 무엇일까?

여기에 저자는 또 다른 의문점을 가져본다. 이는 하나님이 우리 인간의 심성 깊은 곳에 자리 잡은 '자유와 자율성'으로 보인다. 하나님이 우리 인간에게

Contradiction of U.S. Policy (New York: Seven Story Press, 1999), 21. ; 조효제, 『인권의 문법』, 226.

156) 촘스키는 개인의 자유를 인정하는 시장경제를 부정한 국가통제주의자이다. This shameless corrupt government wants to privatize anything and everything including our highways, education, health care system, water supply and probably the air we breathe. (이 뻔뻔하고 부패한 정부는 우리의 고속도로, 교육, 보건 의료 시스템, 급수 시설 그리고 어쩌면 우리가 호흡하는 공기를 포함하여 어떤 것이든지 그리고 모든 것을 민영화길 원한다.) 그러나 정작 그는 자신의 저서 2권에 대하여 국방부가 불온서적으로 지정하자 "자유를 두려워하고 사상과 표현을 통제하려는 이들이 늘 있게 마련이며 대한민국의 국방부가 그 대열에 합류한 것은 불행한 일이다. 이제 국방부를 '자유 민주주의에 반대하는 국방부(Ministry of Defense against Freedom and Democracy)'로 개명해야할 것 같다"라고 하였다.

157) Goodhart, Michael, "Original and university in the human right debates: Cultural essentialism and challenge of globalization", *Human Rights Quarterly* 25/4 (2003), 925-64.

준 최고의 선물이 바로 자유이며 자율성이다. 즉 아무리 좋은 주장이라도 외부에서 거만하게 한다면 인간은 반발하기 마련이다. 상대주의와 다문화주의를 선호하는 이들은 '대화'와 '내적 성찰'을 무척 강조한다. 이유는 스스로 인지하고 판단하여 자신부터 변화의 움직임으로 나오도록 하라는 것이다.

이러한 접근법은 좌파 계열의 인문학자들이 선호하는 방식이기도 하다. 1966년, 「창작과 비평」을 발행한 이후 좌파의 대부가 된 문학평론가 백낙청, 의식화의 스승 고(故) 리영희, 대하소설 『태백산맥』을 지은 조정래 등이다.[158] 이들은 자신의 문화 세계를 젊은이들에게 성찰의 기회를 주며 스스로 깨우도록 문학을 통해 접근하였다. 그래서 상대방을 자기편으로 끌어들이거나 상대편의 약점을 잡고자 할 때, '자기 성찰'을 주문하곤 한다.

이런 점에서 각 문화권 안에서는 상대주의뿐만 아니라 보편주의 인권을 잘 이해하는 지식인, 활동가, 전문가의 역할이 중요하다고 본다. 그리고 그 토대는 위선적이고 거짓된 논리가 아닌 정직한 논리가 우선이며, 자의적 해석이 아닌 객관적 해석을 기초로 본질과 현상을 정확히 분석하는 작업이 필요함을 저자는 알았다.

이에 저자는 현실을 강조하는 이에게 다음의 질문을 던지고 싶다. 인권의 보편주의에 대한 상대주의의 거센 도전 가운데, 지금 현실은 전 세계가 글로벌화되어 이주 노동자가 점차 늘어나고 있다. 저들을 이국 땅으로 내몬 권력자들에게 뭐라고 해야 하는가? 그리고 우리의 이웃 북한 주민은 아직도 고통 속 있다는 사실을 어떻게 해석할 것인가? 또한 북한 정권을 뒤로하고 먼 이국 땅에서 인간 이하의 대우를 받으며 죽어가는 저들의 몸부림에는 왜 침묵하는가? 인권이 역사가 아니고 현실이라면 말이다.

---

158) 조우석, 『좌파 문화 권력 3인방-백낙청·리영희·조정래』, 서문.

제 4 부
인권 개념의
특징과 유형

제 4 부

인권 개념의 특징과 유형

제1장 인권의 본질과 특징

1. 인권의 본질 – "자유와 평등"

인간의 이성과 합리성에서 인권의 출발점은 인간 존엄성과 가치성에 대한 확인이다. 왜 인간이 존엄하고 가치 있는 존재인지는 다양한 견해가 있을 수 있다. 성경에서 인간은 하나님의 형상으로 만들어진 존재[1]로 보편적 또는 중첩적 합의[2]가 된 사항이다. 그런데 논쟁의 근원적 이유는 '하나님(절대자 신)의 존재'라는 것을 제외하고 논하기 때문이다.

인간이 존엄하고 가치 있는 존재가 되는 것이 인권의 본질 즉 인간의 권리이다. 그리고 그것은 '자유와 평등'이라고 할 수 있다. 성경에서는 '예수님을 믿고 영접하면 하나님의 자녀가 될 수 있다'[3]는 엄청난 권세의 기록이 있다. 인간이

---

1) 창세기 1장 27절 "하나님이 자기 형상 곧 하나님의 형상대로 사람을 창조하시되 남자와 여자를 창조하시고…"

2) John Rawls, *Die Idee des politischen Liberalismus* (정치적 자유주의) Frankfrut/M (1992), 293. ; 이준일, 『인권법 – 사회적 이슈와 인권』 (수원: 홍문사, 2017), 2.

3) 요한복음 1장 12절 "영접하는 자 곧 그 이름을 믿는 자에게는 하나님의 자녀가 되는 권세(권한, 권력)을 주셨

예수님을 마음속에 영접하면 죄의 억눌림에서부터 자유로워지며, 이런 자유는 빈부귀천, 남녀노소를 막론하고 다 누릴 수 있는 평등한 존재이다. 그렇기에 인간의 '자유와 평등'은 소중하며, 행복하게 살아갈 수 있도록 설계되어 있다. 따라서 '자유와 평등'은 인간이면 누구나 가지는 기본적 권리이다.

자유의 유형에는 인간의 활동 전체를 의미하는 '일반적 자유'와 이 자유를 구체화하는 '개별적 자유'가 있다. 또한 평등에서도 일반적 평등과 개별적 평등이 있다고 주장하는 이도 있고,[4] 이를 '절대적 평등'과 '상대적 평등'으로 구별하는 이도 있다.

자유는 어떤 행위 여부를 스스로 결정하는 주관적 지위를 말하며, 방종과는 구별된다. 그리고 자유는 의무의 유무와 실행 가능성을 기준으로 형식적 자유와 실질적 자유가 있다.

먼저, '형식적 자유'[5]는 어떤 행위 여부의 결정에 관한 자유이며, 방종과 구별되기 위해 제한을 두고 있다. 예를 들어, 흡연의 자유도 있지만 금연의 자유도 있다. 또한 하기 싫은 것도 해야만 하는 명령도 있다. 이들의 특징은 일정한 의무를 부과하고 있다는 것이다. 금지에는 '하지 말라'라는 무행동 부작위의 의무를, 명령은 '하라'라는 행동 작위의 의무를 부과하고 있다. 형식적 자유는 이러한 의무가 없는 상태를 말하는 것으로 행위를 기준으로 하여 의무가 없는 상태로 설명하고 있다.

이와 대비되는 개념은 '실질적 자유'[6]이다. 이는 단순히 의무를 제거한 상태가 아닌 자유를 실현하는 현실적인 기초와 물질적 지원이 뒷받침되고 있다. 또한 개인이 자유를 누릴 수 있는 주관적 지위도 보장한다. 그러나 이 자유는 의무가 없는 상태에서 보장되기 때문에 자신의 자유를 실현할 수 있는 능력이 있으면 가능하고, 그렇지 못하면 불가능하다. 해외여행의 자유가 있다 하여도 이는 경제적, 사회적, 육체적으로 가능해야 실현할 수 있다는 것이다.

다" 이는 조건성으로 창조주 하나님이 나의 아버지가 될 수 있음을 말씀하고 있다.
4) 이준일, 『인권법 – 사회적 이슈와 인권』, 2.
5) 이준일, 『인권법 – 사회적 이슈와 인권』, 4.
6) 이준일, 『인권법 – 사회적 이슈와 인권』, 4.

형식적 자유든 실질적 자유든 자유에는 제한성이 있다. 또한 행위를 동반할 때는 책임과 의무가 수반된다. 즉 자유는 공동체 이익이나 타인의 자유와 충돌할 때 제한되어야 한다는 사실이다. 이 자유의 제한에 대해 기준이 되는 원칙이 있으며, 이를 '비례성 원칙'[7]이라고 한다. 인간의 자유를 제한할 때에는 ① 목적의 정당성, ② 제한하는 수단의 적합성, ③ 자유의 제한 정도는 피해의 최소성, ④ 목적과 제한되는 자유 사이에 균형과 조화를 이루는 법익의 균형성 등이 있다는 것이다. 네 가지 원칙 중 하나라도 위배하면 과도한 것이 되어 허용할 수 없기에 '과잉금지의 원칙'을 위반한 것이 된다.

평등은 '절대적 평등'과 '상대적 평등'이 있다. 인간사회에서 절대적 평등은 있을 수 없다. 다만 하나님(신)만이 가능하고, 그 분 앞에서만 가능하다. 즉 평등은 모든 것을 동일하게 대우하고 취급하는 절대적 평등이 아니다. 평등은 같은 것은 같게(평등하게), 다른 것은 다르게(차별적으로) 대우하는 상대적 평등을 전제하고 있다. 이를 '자의금지의 원칙'이라고 하며, 바른 정치사상이나 우리나라 헌법[8]에서도 적용하고 있다. '모든 인간을 평등하게 처우하되, 정당한 이유가 있거나 합리적 근거가 있는 경우에는 차별을 허용한다는 것'[9]이다.

인간은 모든 면에서 다르다. 즉 사회·경제적 조건뿐만 아니라 정신적·신체적 조건도 다르다. 따라서 환경과 상황에 따라 다르게 적용해야 한다. 이것은 미국의 흑백 분리 정책의 근거가 되었던 이른바 '분리하되 평등(separate but equal)'이라는 기만적인 평등 개념과 다를 게 없다고 보는 것이다. 결국 사람들 사이에 존재하는 모든 차이에도 불구하고 법 앞에서는 모든 사람을 동등하게 취급하라는 것이 '법 앞의 평등' 개념이다.

평등은 상대적 평등이라는 전제하에 어떻게 할 것인지 다룬다. 무엇이 같고, 무엇이 다른지 객관적인 기준을 정한다. 그런데 이 기준이 정해지지 않기 때문에 무엇을 같게 대우하고, 또 무엇을 다르게 대우해야 할지 확정할 수 없다

---

7) 과잉금지의 원칙(過剩禁止의 原則) 또는 비례의 원칙은 국민의 기본권을 제한함에 있어서 국가 작용의 한계를 명시한 것으로 크게 목적의 정당성, 수단의 적합성, 침해의 최소성, 법익의 균형성 등을 들 수 있다. (위키백과 참조)

8) 헌재 1997.05.29. 94헌바5.

9) http://www.law.go.kr/detcInfoP.do?mode=1&detcSeq=135066 음반에 관한 법률 제3조 등에 대한 헌법소원 [전원재판부 91헌바17. 1993.05.13. 판결문]

는 것이다. 이에 대한 기준은 판단하는 주체의 가치관과 이념이다. '하나님 앞에 평등' 또는 '법 앞에 평등'을 외치지만, 비교 대상에서 판단 주체에 따라 판단의 결과는 달라지게 마련이다. 따라서 동일한 대상을 같은 것으로 할 수도 있고, 다르게 할 수도 있다. 이는 모든 사람이, 모든 면에서 서로 같지 않기 때문에 생기는 문제를 해결하기 위해서 법의 기준으로 대우하는 것이다.[10]

또한 두 번째 평등의 구분은 법적 평등과 사실적 평등으로 나눌 수 있다. 평등은 기회나 가능성의 평등이 되어야 하지만 결과의 평등까지 포함할 수 있기 때문이다. 예를 들어, 취미로 하는 축구 동호회와 프로 축구팀이 있다. 그런데 이 팀이 축구대회에 참여할 기회의 평등, 가능성의 평등은 부여할 수 있다. 그렇다고 결과의 평등까지 보장해야 하는 것은 아니다. 즉 기회와 가능성의 평등이 결과의 평등까지 이어질 수 없는 것은 전제조건이나 최초 각 개인이나 어떤 팀이 참가하는 상황이 다르기 때문이다. 만약 결과의 평등까지 인정한다면 경기 자체가 의미가 없어지게 될 것이다.

원래 평등사상은 모든 사람이 능력에 따라 자유롭게 경쟁할 수 있도록 똑같은 기회를 준다는 '기회의 평등(equality of opportunity)'에서 출발하였다. 경쟁의 결과는 각자의 책임과 부담이다. 이것을 '형식적 평등', '실질적 평등' 또는 '결과의 평등'이라고 한다. 기회의 평등은 사람의 사회적 지위가 출생이나 신분에 의해 결정되었던 신분 사회를 종식했다는 의미가 있다.

기회의 평등은 기회의 실질적 평등(substantive equality of opportunity)을 말한다. 존 롤스(John B. Rawls)는 평등의 본질이 '동등한 배려(equality of consideration)'[11]에 있고, 드워킨(Ronald M. Dworkin)은 '동등한 관심과 존중에 대한 권리(right to equal concern and respect)'[12]에 있다고 보았다. 그런데 상대주의 인권론자들은 기회의 평등이 실질적으로 보장되기 위해서는 전제가 되는 사회·경제적 조건이 평등해야 한다는 것에서 출발한다. 이것은 사실상 평등의 개념에 '기회의 평등'

---

10) 우리나라 헌법에서 말하는 평등은 '상대적·실질적 평등'이라는 것이 통설·판례이다 (헌재 1999.07.22. 98헌바14, 판례집 제11권 2집, 205, 219).

11) John Rawls, 『정의론』 황경식 역 (서울: 이학사, 2003), 7. ; Michael J, Sandel, 『정의란 무엇인가』 이창신 역 (서울: 김영사, 2009), 195-210.

12) Ronald Dworkin, 『자유주의적 평등』 염수균 역 (서울; 한길사, 2005), 12-20.

뿐만 아니라 '결과의 평등(equality of outcome)'까지 포함하려고 하는 것이며, 이 주장이 상대적 인권의 핵심 기틀이 된다. 또한 기회의 평등이 실질적으로 보장되기 위해서는 그 전제가 되는 사회·경제적 조건이 평등해야 한다는 것에서 출발한다. 이에 대하여 어떤 범위에 또 어떤 방법으로 추구하는 지에 따라 수많은 입장으로 갈린다. 예를 들어, 공산주의는 실질적 평등을 매우 엄격하게 그리고 급진적인 방법으로 추구한다. 사회주의 명분을 주장하는 이들은 '결과의 평등'을 '기회의 평등'을 보완하는 원리로 이해하고 적용하려고 하고 있으며, 이를 인권론에도 그대로 적용하고 있다. 이 주장이 보편적이 아닌 상대적 인권의 핵심 기틀이 되고 있다.

우리나라 헌법 제11조 제1항의 평등 원칙은 국가가 입법하거나 법의 해석 및 집행에 있어 따라야 할 기준인 동시에, 국가에 대하여 평등한 대우를 요구할 수 있는 권리를 말하는 것이다. 이를 기본권의 '대 국가적 효력'이라고 한다. 그러므로 평등권이란 '국가로부터 차별적 대우를 받지 아니할 뿐 아니라 국가에 대하여 평등한 처우를 요구할 수 있는 개인적 공권'을 말한다. 이것은 형식적인 법적 평등을 말하며, 모든 사람이 동등한 대우를 받아야 한다는 '실질적 평등'이나 '결과적 평등'이 아니라 '자의금지 원칙'과 '비례성 심사의 원칙'이 적용되는 '법적 기회의 평등'을 말하고 있음이 분명하다.[13]

2. 인권의 원칙

'인간의 권리'의 초기 출발점은 하나님의 피조물로서 인간 존엄성과 가치성에 관한 확인임을 주지하였다. 인권은 보편적(universal)이고, 어떤 상황에서도 침해될 수 없는 불가침성(imprescriptible or inviolable)이라는 특징을 가지고 있다. 1993년 비엔나 세계 인권 회의에서 '인권은 보편적이며, 불가분하며, 상호의존적이며, 상호연관적이다'[14] 라고 인권의 기본 성격을 언급한 것도 이를 뒷받침하

---

13) 안창호, 「포괄적 차별금지법 실체 알기」, 차별금지법 세미나, 2020, 7.

14) 이와 관련된 자료는 외교부 홈페이지에 원문과 번역본 등 관련된 자료 참고.
   http://www.mofa.go.kr/www/brd/m_3998/view.do?seq=305653&srchFr=&srchTo=&srchWord=&s

고 있다. 이를 정리하면 자연적이고 천부적인 인권은 천부성, 보편성, 항구성, 불가침성의 특징이 있고, 다른 인권과 구별된 사항으로 보편성, 도덕성, 근본성, 추상성, 우월성 등으로 다른 권리와 구별되는 원칙과 특성이 있다.[15]

이런 특징은 "인류 가족 모든 구성원의 고유한 존엄성과 평등하고 양도할 수 없는 권리를 인정하는 것이 세계의 자유·정의·평화에 기초가 됨을 인정하며…"라고 규정하는 세계 인권 선언(Universal Declaration of Human Rights) 전문에서도 표현되고 있다. 또한 국제 인권 규약도 세계 인권 선언의 정신을 계승하여 사회권 규약과 자유권 규약의 전문에서 "이러한 권리는 인간의 고유한 존엄성으로부터 유래함을 인정하며…"라며 반영하고 있다.

인권은 본래 천부적 권리이므로 국가에 의해서 부여된 것이 아니라 인간의 존엄과 가치에서 유래하는 것으로 '전국가적·초국가적 권리'이다. 따라서 인권이라는 관념은 국가가 법으로 인권의 본질을 침해하는 것을 허용하지 않는다는 의미가 있다.[16]

인권의 일반적인 특징[17]은 다음과 같다.

① 보편성 : 인권은 '모든 인간이 누구나 누릴 수 있는 권리'이다. 따라서 보편적 주체성이 있는 보편적 권리(Universal Rights)이다. 이것은 부나 권력, 인종이나 성별, 장애 여부 등 인간의 어떤 환경과 조건과 상관없이 모든 사람에게 인권이 보장되어야 함을 의미한다. 오직 인간이라는 조건에 맞으면 반드시 적용해야 하는 것이다. 어떤 권리가 특정한 개인이나 집단만이 향유할 수 있다면 인권이라고 할 수 없다. 물론 현실적으로 모든 사람이 그 권리를 향유하는 것이 아니며, 한계가 있을 수도 있다.

② 도덕성 : 인권은 시대와 공간을 초월하여 인증되어야 하는, 보편적 효력

---

15) 권영성, 『헌법학 원론』 (법문사, 1994), 307. ; 지영준, "교회와 인권의 역사, 그리고 동성애", 학술포럼지 「성매매, 다자성애, 동성애를 인권이라 할 수 있나?」, 2019.01.28. 국회 포럼집 중 58에서 재인용.

16) 육종수, "현대 인권 제도와 자연법 사상", 「헌법학연구(한국헌법학회)」 1/1, 1995, 221.

17) R. Alexy, *Die Institutionalisierung der Menschenrehte im demokraitischen Verfassungsstaat* (S. Gosepath, 1999). ; G. Lohmann, Philosophie der Menschenrehte 2, Frankfrut/M, 246.

이 인정되는 도덕적 권리(Moral Rights)이다. 따라서 특정인에 한정하거나 특정한 공간에서만 제한적으로 효력이 인증되는 권리는 인권이라고 부를 수 없다. 물론 일정한 권리들이 대단히 중요한 경우에는 각국의 형편에 따라 헌법상의 권리로 보장될 수는 있다. 따라서 인권은 인간이기에 도덕적 우월이 있고, 이를 바탕으로 인권을 구체화하는 것이다. 인권의 기본적 권리가 반드시 도덕성을 가져야 하는 권리는 맞지만, 자유 헌법이 아닌 개인의 독단을 위한 도덕성도 있기에 도덕성의 기준에 따라 달라지기도 한다.

③ 근본성 : 인권은 모든 인간에게 필수적으로 요구되는 권리라는 점에서 근본적 권리(fundamental rights) 또는 기본적 권리(basic rights)이다. 따라서 다른 권리는 포기하더라도 이 권리는 결코 포기할 수 없는 가장 기초적인 권리를 의미한다. 다시 말해, 인권은 인간이 인간으로서 존엄하고 가치 있는 존재가 되기 위해서 최소한 보장되어야 하는 필수적인 권리로 이해된다. 그래서 인권은 인간이 가지는 최소한의 권리라고 한다.

④ 추상성 : 인권은 의미 내용 경계가 불확정적인 추상적 권리(Abstract rights)이다. 따라서 인권은 구체적 권리가 되기 위하여 의미 내용의 경계가 확정될 필요가 있는 권리를 뜻한다. 인권의 추상성은 인권의 다른 특성, 즉 보편성, 도덕성, 근본성에서 유래한다. 모든 시대와 공간을 뛰어넘어 모든 인간에게 반드시 인증되어야 하는 권리는 그만큼 추상적일 수밖에 없다.

⑤ 우월성 : 인권은 실정법보다 우선한다는 점에서 우월적 권리(Priory rights)이다. 이것은 실정법과 인권이 충돌하는 경우에 인권이 실정법을 판단하는 기준이 되고, 실정법에 효력을 상실시킬 수 있는 권리가 된다는 뜻이다. 인권은 모든 실정법의 존재 목적이고, 모든 실정법은 원칙적으로 또는 적어도 간접적으로라도 인권을 보장하기 위하여 노력해야 한다고 본다.

현대 인권 이론에서 인권 문서가 구체화하면서 자연권은 점차 약화하고 있다. 그 이유는 ① 자연권이 신학적 이론과 접목되어 있다. ② 자연권은 불가침, 절대적, 불변적이라는 특성으로 종교적 의미를 가지고 있다. ③ 자연권은 개인

의 자유와 평등, 사유재산권 등에 한정하여 확장성이 제한되는 점 등을 들고 있다.[18]

그런데 이러한 주장은 인간의 본성과 신학적 특성을 배제하는 전제하에 자연권의 제한된 특성만을 바라보는 협소한 논리이다. 인간은 누구나 자유에 대한 소중함을 느끼고 반드시 공동체에 소속되어 있음을 간과한 주장일 뿐이다.

3. 인권의 근원과 특징에 따른 분류

오늘날 인권은 권력이며, 인권이 만능이 된 '인권 시대'를 살고 있다. 그리고 '인간의 권리를 누가 주었는가?'라는 문제에 직면하게 된다. 인권의 기원은 성경과 자연권 사상에서 찾을 수 있다. 그러나 현실에서는 제2차 세계대전 후, 유엔 창립과 인권 선언에서 본격적으로 시작되었다고 주장한다. 인권은 계몽시대를 거쳐 미국 독립선언문, 토마스 페인, 칼 마르크스를 통해 주목받았다. 그리고 나치즘과 제2차 세계대전이라는 미증유의 참상을 겪으면서 인권은 인류 구원의 새로운 이념으로 급부상하였다.

나치즘과 제2차 세계대전은 나치 독일에 의해 부각된 실증주의 법체계의 위험성을 인식하게 만듦으로써 야만적 폭력성으로부터 인류와 개인의 존엄성을 보호할 수 있는 불변적인 규범의 필요성에 대한 보편적 공감대를 형성했다. 그 결과, 자연권 사상이 부활했고, 1948년 유엔 총회에서 마침내 '인권에 관한 보편적 선언(Universal Declaration of Human Rights)'이 공포됨으로써 인권 시대가 막을 열었다고 할 수 있다. 그리고 초대형 광풍 현상처럼 나타나 브레이크 없는 자동차가 되었고 전 세계 만민의 우상화 되어 버렸다.

사회구조 속에 존재한다는 상대적 인권은 1844년 마르크스에 의해 시작되었음을 살펴보았다. 그의 인권 담론은 세 가지 방향으로 전개되었다. 먼저 사회주의의 형태로 노동자의 인권과 평등의 기조로 공산주의의 근간이 되었고, 여

---

18) J. R. Pennock, "Rights, Natural Rights, and Human Rights: A Genral view", Nomos □ □, *Human Rights* (New York, Press, 1981), 3.

성의 권리와 접목되면서 페미니즘에 영향을 주었다. 그리고 프랑크푸르트학파로 연결되어 신마르크스 주의를 형성했고, 문화 상대주의에 영향을 주었다. 이후 공산권이 붕괴한 1970년대를 거치면서 인권과 접목한 새로운 이념으로 상대주의 인권론이 등장했다. 인권의 분화와 더불어 그 기준과 원칙이 사라지고, 오직 사회 구조에 따라 등장한 것이다. 지금까지 나타난 현상은 점차 분화되고 구체화하면서 혼란과 방종으로 나타나고 있다. 무엇보다 시대적 흐름과 각 집단이나 국가에 따라 인권의 기준이 다르며, 이념적 성향에 따라서도 각기 다르게 해석하여 적용하고 있다는 점이다.

이에 저자는 지금까지 진행된 인권의 역사와 진행 과정, 특징을 고려하여 천부적 인권, 보편적 인권, 상대적 인권, 자의적 인권이라는 네 가지 유형으로 구분하였다. 천부적 인권은 창조주 하나님으로부터 부여된 인권이고, 보편적 인권은 하나님 없이 모든 인간이 주체가 되어 규정한 인권이며, 상대적 인권은 인간이 분류한 일정한 이념에 따라 특정 집단 중심의 소수자가 주체가 되는 인권이다. 그리고 자의적 인권은 자신이 중심이 되어 스스로 선택하고 결정하는 인권이다. 즉 인권의 주체가 누구인지에 따라 달라지는 인권의 유형을 다음과 같이 정리하였다.

[인권의 유형과 특징]

구분	천부적 인권	보편적 인권	상대적 인권	자의적 인권
기원	하나님	모든 인간	사회공동체	자 신
주제	모든 사람	대다수 사람	특정집단 (소수)	자 신
권리 (예)	자유권 생명권	참정권 소유권	집단권	자기결정권
의무	하나님 (종교)	다른 사람 (공동)	특정 국가, 사회	–
주요 특징	위임된 권리, 인간의 자유와 생명중시	모든 인간의 공통된 권리, 법치주의	페미니즘, 소수자, 약자, 집단 이기주의	성별자기결정권 등
주요 사조	신본주의	인본주의	사회주의	자기중심주의

제2장 천부적 인권

1. 천부적 인권과 자연권

천부적 인권은 '하늘로부터 인간에게 부여된 권리'를 말한다. 이 용어의 시작은 미국 독립선언문에 명시된 '창조주는 몇 개의 양도할 수 없는 권리를 부여하였다'로 볼 수 있다. 사람의 권리란 본래 하나님이 주신 것이기 때문에 이를 자연적으로 내려온 권리로 이해하며 '당연한 권리'로 받아들인다.

한편, 인권의 기원이라고 주장되는 자연권은 역사적 현상 속에서 자연스럽게 나타난 권리로서 법 규정으로 정하는 실정법의 논리는 아니었다. 자연권의 사상적 기원은 스토아 철학의 보편주의와 기독교의 가치를 조합해서 생성한 것으로 중세시대에 전성기를 누린 사조이며, 토마스 아퀴나스(Thomas Aquinas)의 사상으로 알려져 왔다. 그의 철학이 '하나님의 존재'와 관련되어 있기 때문이다.

아퀴나스는 '믿음과 이성', '하나님의 존재', '하나님의 본질', '인식론', '인간의 언어'에 대하여 체계적으로 정립한 최초의 인물이다. 그는 '모든 사람이 하나님의 형상에 따라 창조된 존귀한 존재라는 인간관을 바탕으로 '인간은 누구나 하나님이 주신 권리와 존엄성을 가진 존재'[19]라는 사실을 언급하고 있다. 무엇보다 그는 하나님이 인간을 구원하기 위해 '은혜'와 '자연', 그리고 '교회'와 '국가'를 구분하고 있다. 그는 국가와 별도의 교회를 두 왕국으로 보았다. 세속적인 것과 신성한 것, 속된 것과 거룩한 것으로 구분된다. 교회는 은혜의 측면으로 '계시—믿음—성경—영생—구원'으로 이어지며, 국가는 '자연이성(철학)—아리스토텔레스—형상과 질료[20]—세상'으로 구분하였다.[21] 이에 맞추어 인권도 교회 측면의 '천부적 인권'과 국가 측면의 '보편적 인권'에서 나타날 수

---

19) John Frame, 『서양철학과 신학의 역사』, 242.

20) 아리스토텔레스가 말한 형상과 실체를 말하고 있다. 형상은 우리가 지각하는 세상 안에 존재하는 요소로 보았다, 실체는 하나의 바위, 나무, 동물, 사람 등 하나의 개체이다. 모든 실체는 형상과 질료로 되어 있다. 인간은 형상을 공유하지만 동일한 질료는 공유하지 않는다. 즉 인간됨은 공유하지만 개별적 특성은 다르다는 것이다. John Frame, 『서양철학과 신학의 역사』, 137.

21) John Frame, 『서양철학과 신학의 역사』, 240.

있다. 이후 중세를 거쳐 인권이 자연권을 대신하여 구체적으로 법의 언어로 출현했지만, 본래 자연권과 다른 개념이 되어 그 의도와 적용 범위가 너무 광범위하게 나타났다.[22]

　토마스 아퀴나스의 인권 사상이 잘 나타난 저서는 『유토피아』이다. 유토피아(utopia)란 그리스어 'ou(없다)'와 'topos(장소)'의 합성어로, 가장 좋은 곳(Eutopia)과 어디에도 없는 곳(Outopia)을 의미한다. 아퀴나스의 유토피아 사상은 플라톤의 영향을 받았다.[23] 유토피아는 철저한 평등에 기초하고 있다. '소유물을 어떤 식으로든 평등하고 정당하게 분배하는 것이며 따라서 유일한 수단은 사적 소유를 철폐하는 것이었다'[24] 즉 사적 소유가 존재하는 곳, 돈이 모든 것을 가늠하는 척도가 되는 곳에서는 정당하고 행복한 정치는 도저히 불가능하다고 본 것이다. 또한 아퀴나스는 '인권은 하나의 신념일 뿐이며, 신권 또는 허상일 뿐이다. 모두가 평등하고 행복한 세상을 추구하는 과정에서 나타난 용어일 뿐이다. 인권의 출발은 대립 개념 속에 공산주의와 연계되어 있다. 그래서 인권의 반대는 종교의 자유이다'라고 말한다. [25]

　그렇다면 천부적 인권과 자연권의 차이는 무엇일까? 자연법에서 주장하는 권리는 창조주 하나님의 의지에서 가져온 것으로 우주를 구성하는 기본 요소로 인식하였고, 이를 전통 기독교에서는 보편주의로 인정하는 것이다. 자연법은 본래 자연스럽게 정리된 하나의 규칙으로, 그 속에 개별 항목의 권리가 속했다고 보는 것이다. 대자연의 원칙은 하나님이 창조한 순서대로 만들었기 때문에

---

22) Samuel Moyn, 『인권이란 무엇인가』, 29.

23) 플라톤(BC 427~347) '국가'에서 철인왕(哲人王)이 다스리는 이상 국가를 상정했다. 이상 국가는 통치자, 수호자, 시민이 각자 올바른 역할을 수행해 조화를 이루는 나라이고, 철인왕은 권력이 아니라 진리에 기반한 이상적 치자(治者)이다. 특히 통치계급에는 가족 및 재산의 공유 등이 요구된다. 플라톤 자신도 이상 국가는 실현 자체보다 아름다운 나라의 '본'을 세우는 데 목적이 있다고 말했다. 토마스 모어는 그는 '법률'에서 법률 제정을 통해 이상 국가를 좀 더 구체적으로 구상했다. 그것이 바로 '마그네시아'라는 나라이다. 지도자는 선거로 뽑고, 5000여 가구에 가옥과 토지를 균등하게 분배한다. 재산 증식은 기본 재산의 4배까지만 허용되고, 그 이상은 공공 목적에 헌납한다. 구성원은 각자 가능성에 따라 차등적으로 교육을 받는다. 그의 이상국가론은 이후 사회제도에 대해 다양한 상상력을 제공하는 단초가 되었다.

24) 토마스 모어, 『유토피아』 박병진 역 (육문사, 2011), 35-40.

25) 토마스 모어, 『유토피아』, 40-50.

인간이 반드시 복종해야 하는 절대적이고 객관적인 대상이었다.

하지만 자연권의 배경을 인도주의로 보는 이도 있다. 인도주의는 어떤 이론적 원칙 위에 세워진 엄격한 규율이다. 이는 기본권으로서의 자연권을 거부하는 시각으로 자연권의 기원 자체에 문제를 삼고 있다. 그 배경에는 국제사회에서 새로운 강대국이나 독재국가의 출현도 자연권과 결합되어 정당화 될 수 있기 때문이다.[26] 이를 볼 때, 자연권의 역사는 하나님을 발원하는 천부적 인권과 분별되며, 자연권은 인간의 권리를 확장하는 측면에서 인간의 역사와 유사하다고 할 수 있다

천부적 인권과 자연권의 차이점에 대한 논쟁은 세계 인권 선언 초안 작성 과정에서도 있었다. 제1조에 대한 합의 과정에서 '이성과 양심'이 신(God)으로부터 부여받은 것인지, '자연'으로부터 부여받은 것인지에 대한 논쟁이었다. 또한 공산권 국가에서도 기독교 전통과 연관이 있는 자연권 사상으로 표현되는 '자연에 의해(by the nature)'라는 표현을 삭제할 것을 강력히 요구하여 결국 삭제되었다.[27]

또한 전문에 등장하는 '타고난 존엄의 인정(recognition of the inherent dignity)'이라는 문구와 제1조의 '모든 인간 존재는 존엄과 권리들에 있어 자유롭고 평등하게 태어났다. 그들은 이성과 양심을 부여받았으며 서로에 대해 형제 정신으로 행해야 한다'[28] 라는 등의 표현에서도 인권이 자연적 권리라는 것과 그것이 어디서 부여됐는지에 대한 주어는 삭제되었다. 다만 이 문구에 인간 세속 밖의 어떤 원리에 의해 부여된 것이라는 관념은 그대로 남아있다.

다음으로 천부적 인권과 보편적 인권의 차이점은 무엇일까? 천부적 인권은 창조주가 인간에게 부여한 권리이기 때문에 다른 법률적, 정치 사상적, 윤리도덕적 측면의 근거를 더 논하지 않아도 된다. 그런데 천부적 인권이라고 하면서 하나님의 존재를 부정하는 형태로 나타났다. 이에 '천부적 인권' 대신 '보편적

---

26) Samuel Moyn, 『인권이란 무엇인가』, 29-30.

27) 셀라스, K, 『인권, 그 위선의 역사』 오승훈 역 (은행나무, 2003), 47-8.

28) 원문 All human beings are born free and equal in dignity and rights. They are endowed with reason and conscience and should act towards one another in a spirit of brotherhood.

인권'으로 사용할 것을 주장하였던 것이다. 분명 천부적 인권과 보편적 인권은 다르다. 본질적인 기원에서 천부적 인권은 '하나님으로부터'라는 의미를 포함하여, 절대적 존재를 인정하고 있다. 그러나 보편적 인권은 하나님의 존재를 부정하고, 인간이 주체가 되어 '인간 공동체' 또는 '지구 공동체'를 기준으로 하고 있다. 이는 포스트모더니즘 시대에 성경적 색채를 최대한 자제하거나 배제하기 위하여 등장한 것이다. 이로 인해 교회와 사회로 구분되었고, 점차 천부적 인권이라는 용어가 사라지고 보편적 인권이라는 용어로 대체되었다는 것이다.

오늘날 인권이라면 어떠한 국가 및 지역 공동체에서도 인정되는 당연한 권리로 인식하고 있다. 그리고 지구촌에 해당하는 사항으로 실정법 이전에 존재하는 자연적인 권리로 인정하고 있다. 이 논리의 근거는 하나님이 인간에게 내려준 천부적 권리이기 때문이라는 것이다. 이러한 점에서 천부적 인권은 선험적이고, 성경적 차원의 이해로 당연히 존재하며, 너무나 분명한 것이기에 절대성을 지니고 있는 것이다. 결국 천부 인권과 보편 인권의 차이는 인권을 누구로부터 부여받는가에 대한 기준에 있다. 천부적 인권은 신(God)이 주신 권리이고, 보편적 인권은 인간이 작성한 문건인 유엔 세계 인권 선언 등에 기원하고 있다.

2. 성경에 기록된 인권의 근거와 특징

자연권과 천부적 인권이 기독교적 가치에서 비롯되었다는 것에 대하여 부정하는 이는 없다. 따라서 천부적 인권의 논거를 최대한 성경에서 찾아보자는 것이다. 전제조건으로 하나님이 모든 인간을 '이성과 양심을 가진 존재'로 존엄하게 창조하였다는 것[29]에서 출발하고 있다. 그럼 성경에서 말하는 인간의 권리가 무엇인지 그 특징에 대하여 살펴본다.

첫째, 절대성이다. 성경 창세기 1장 26~27절[30]에 '하나님의 형상대로 인간,

---

29) John Frame, 『서양철학과 신학의 역사』, 18.

30) 창세기 1장 26~27절 "하나님이 이르시되 우리의 형상을 따라 우리의 모양대로 우리가 사람을 만들고 그들로 바다의 물고기와 하늘의 새와 가축과 온 땅과 땅에 기는 모든 것을 다스리게 하자 하시고 하나님이 자기 형상

남자와 여자를 창조하셨다'라고 되어있다. 인간은 존재 자체가 하나님의 형상으로 창조된 절대적 존재라는 점을 분명히 하고 있다. 그리고 인간의 창조 목적까지 언급하고 있다. 즉 창조주께서 이 땅을 다스리게 할 목적으로 남자를 먼저 창조하셨고 돕는 배필로 여자를 창조하셨다는 것이다.

이렇게 인간은 하나님의 형상을 닮았기 때문에 인간의 존엄성과 가치는 소중한 것이다. 오늘날 이 절대성을 두고 일반적 인권담론에서 보편성이라고 할 수 있을 것이다. 그런데 분명한 것은 시대와 환경에 따라 변할 수 있다면 인권이라 할 수 없다. 따라서 인권의 어떤 특성에서 무엇으로 평가되고 절하될 대상이 아닌 존재 그 자체라는 것이다. 인권이 누구에게는 적용되고 누구에게는 피해를 준다면 이는 인권이 될 수 없다.

둘째, 위임성이다. 창세기 1장 26~28절에 '하나님이 이 땅을 다스리게 하기 위하여 권리를 부여하고 있다'는 것이다. 위임성의 특징은 권리의 근거와 권리의 범위 행사에 영향을 미친다. 권리에서 위임성 여부는 권리 행사의 정당성과 연결된다. 즉 법령의 범위에서 아니면, 그 공동체 규범 내에서 행사해야만 권리의 정당성을 인정받을 수 있기 때문이다. 이는 법령의 체계에서 매우 중요한 사실이다. 이 위임성의 특징은 주체가 있고, 대상이 있다. 따라서 인권은 인간에게 한정하고 있으므로 인권의 일반적인 특징에서 불가분성에 준한다고 볼 수 있다.

성경에서 위임된 인간 권리는 세 가지 유형으로 나눌 수 있다 ① 생육하고 번성하여 충만하라. ② 땅을 정복하라. ③ 모든 생물을 다스리라 등이다. 창조주가 인간에게 부여한 권리는 의무가 되기도 한다. 비록 도덕적으로 또한 비자발적으로 그것을 원하건 원치 않건 마땅히 해야 할 것으로서, 우리로 하여금 그 명령의 준수를 강요하는 여러 가지 구체적인 길을 의무라고 말한다. '할 것' 또는 '해야 한다'는 명령이나 강제 형태를 취하는 의무이다. 그런데 창조주께서 우리 인간에게 위임을 하였다는 것은 강제성 보다는 본능을 통해 이를 실현하도록 하였다는 것을 간과해서는 안 될 것이다.

곧 하나님의 형상대로 사람을 창조하시되 남자와 여자를 창조하시고…"

셋째, 금지성이다. 창세기 2장 17절에 '선악을 알게 하는 나무의 실과는 먹지 말라'고 하며 금지성 원칙을 정하셨다. 앞에서 설명한 위임성과 연계하여 나타나는 특징이다. 금지성은 창조주로부터 권리를 위임 받았으므로, 창조주께서 '하지 말라'고 하는 금지령도 있다. 이 특성의 의미는 창조주의 존재, 즉 권리의 본래 원천인 창조주를 잊지 말라는 의미와 권리를 행사할 때 정확히 무엇이 옳고 그른지 판단하는 주체가 하나님이지 인간이 아니라는 것이다.

인권의 특징에 금지성이 있다는 것은 어떤 조건의 차이가 아니라 그 존재 자체로 할 수 없다는 의미이다. 인간이 어떤 권리에 대하여 도덕적으로 옳고 그른지 판단할 때, 무엇이 선과 악의 기준이 되는지 판단하지 말라는 것이다. 이는 신의 영역에 속하기 때문이다. 인권담론에서 초기 및 근대에는 선악의 문제를 현대 인권에서 도덕성의 기준을 두고 논쟁이 있었다. 그러나 이러한 논쟁의 본질은 창조주, 즉 성경을 인정하느냐 하지 않느냐에 있다고 할 수 있다.

또한 금지성은 일반적 인권의 특성에서 조건성에 준한다고 할 수 있다. 그러나 조건성의 차이점은 일정한 범위 내에서 권리를 행사하고, 또 일정한 범위, 즉 타인의 권리나 자유를 존중하지 않거나 공공질서에 위배될 때, 국가 안전 보장 등 질서와 공동체 유지를 위해 제한할 수 있다는 말이다. 그렇다 할지라도 인권의 본질적 속성을 제한할 수 없다고 하는 것이 정설이지만, 금지성은 이것조차도 할 수 없는 것이 특징이다.

성 경	U N
↓	↓
절대성 ——	보편성
위임성 ——	불가분성
금지성 ——	조건성

천부적 인권의 세 가지 특징을 통해 나타난 인간에게 주어진 환경은 권리의 주체를 분명히 인식하면서 일정한 범위와 기준에서 하지 말아야 할 분명한 금칙이 있지만, 금지하는 기준 외에는 인간에게 얼마든지 자율성을 부여하고 있다. 이를 '자유의지'라고 하며, 권리 측면에서는 '자기결정권'이라고 한다. 이를 자유와 권리로 구분하여 정리하면 다음과 같다.

자유는 내가 주체가 되어 나의 의지로 누구도 상관없이 선택할 수 있는 것을 말한다. 따라서 어떤 자유가 있는지 어떤 법으로도 정할 수 없다. 그런데 무엇을 하여도 상관없지만, 이에는 반드시 책임이 따른다. 반면 권리는 나에게 주어진 분명한 권한이 있다. 권한을 부여하기 위해서는 사회적으로 살아가는 공동체의 합의하에 일정한 법을 정한다. 그리고 누군가 권리를 행사하기 위해서는 이를 뒷받침하기 위해 의무가 수반되어야 한다. 이처럼 자유와 권리는 분명한 차이가 있다. 우리는 종교의 자유라고 하지 종교의 권리라고 하지 않는다. 종교는 개인의 선택이지 권리는 아니기 때문이다. 마약의 자유는 있어도 마약의 권리는 없다. 간통의 자유는 있지만, 간통의 권리는 없다는 것도 마찬가지이다.

천부적 인권과 특성을 두고, 다음의 두 가지 논리로 부정하는 이도 있다.

먼저 세상이 기독교 국가가 아니라는 것이다. '비기독교 문명권에서 상대화될 수 있을 뿐만 아니라, 엄밀한 과학적 시각에서 보아도 틀렸다'라고 주장한다.[31] 이 세상의 생명 중 인간만이 태어날 때부터 존엄하며, 이성과 양심을 부여받았다는 것을 과학적으로 입증할 수 없다는 것이다. 이는 진화론 관점에서 인간을 바라보기 때문이다.

다른 한편은 세계관의 차이이다. 즉 '기독교 세계관이 아닌 인간 중심주의적 세계관에서 입증'이라고 할 수 있다.[32] 이들은 늑대 소년을 예로 들며, 인간은 사회화 과정을 겪지 않으면 이성과 양심을 가질 수 없다고 주장한다. 서로가 존엄하며 권리를 부여받은 존재라는 당위 명제는 가능하지만, 사실 명제로 치환하는 것은 분명한 오류라는 것이다. '인간이 신이 지은 우주의 중심 혹은 자연의 선택받은 존재로 언급하는 주장은 서양 형이상학 혹은 자연법사상에 직·간접적으로 영향을 받았다'라고 주장한다.[33] 이것은 하나님의 존재를 부정하고자 하는 내면적 사고를 인간적 이성과 언어의 논리로 표현하고 있을 뿐이다.

3. 천부적 인권의 적용 사례

천부적 인권 적용의 모범적인 사례는 초대교회 공동체, 미국 독립선언문,

---

31) 정성훈, "보편적 인권 정당화의 위기와 인권도시의 과제". 405-6.

32) 정성훈, "보편적 인권 정당화의 위기와 인권도시의 과제". 405-6.

33) 정성훈, "보편적 인권 정당화의 위기와 인권도시의 과제". 395-406.

종교의 자유와 정교분리 원칙 등으로 구분하여 정리하였다.

1) 초대교회 공동체

천부적 인권의 최초 구현은 초대교회 공동체에서 나타났다. 죽었다가 3일 만에 완벽하게 부활하신 예수님을 직접 목격한 그들은 예수가 어떤 분인지 정확히 인식하였다. 바로 하나님이었다. 그래서 하나님에 대한 절대적 믿음이 포함된 '예수를 주님으로 고백하는 사람들의 모임'이었다. 즉 자신들은 하나님을 주인으로 섬기는 종의 자세를 견지한 것이다. 그러므로 '믿는 사람이 다 함께 있어 모든 물건을 서로 통용하고, 또 재산과 소유를 팔아 각 사람의 필요를 따라 나눠 주며'라고 사도행전 2장 44~45절에 기록되어 있다.

초대교회 시대에는 두 가지 특징이 있다.

첫째, 하나님 사랑이다. 이들은 예수를 하나님, 그리고 '주(Lord)'로 고백한다. 당시 주인과 노예 개념이 분명한 사회 구조였기에, 주(Lord)로 고백하는 것은 예수를 온전히 믿지 않고는 불가능한 일이다. 죽었다가 살아난 예수를 직접 목격한 그들은 예수가 하나님이심을 정확히 인지하였다. 특히 이 공동체는 '사도들의 가르침을 받아 이 일을 행하였다'라고 사도행전 2장 42절에 기록하고 있는 점도 주목된다.

둘째, 이웃 사랑이다. 공동체 내부적으로는 자신들은 하나님의 자녀로 자긍심과 자존심을 가지고 있었으며, 외부적으로는 모든 사람이 하나님의 형상으로 지어졌다는 인식하에 인간에 대한 존엄성과 이를 바탕으로 이웃 사랑의 '평등정신'이 있었다.

2) 미국 독립선언문

천부적 인권을 구체적으로 잘 정리한 문헌은 1776년에 작성된 〈미국 독립선언문〉이라는 것에 이의가 없다.[34]

---

34) 김희강, "미국 독립선언문의 사상적 기원과 제퍼슨 공화주의", 「국제정치논총」 46/2, 2006, 121-44. ; 김철수, 「憲法學新論」 第18 全訂版, 박영사, 2008, 130-46.

모든 사람은 평등하게 태어났고, 창조주는 몇 개의 양도할 수 없는 권리를 부여했으며, 그 권리 중에는 생명과 자유와 행복의 추구가 있다. 이 권리를 확보하기 위하여 인류는 정부를 조직했으며, 이 정부의 정당한 권력은 시민의 동의로부터 유래하고 있는 것이다. 또 어떤 형태의 정부이든 이러한 목적을 파괴할 때에는 언제든지 정부를 개혁하거나 폐지하여 인민의 안전과 행복을 가장 효과적으로 가져올 수 있는, 그러한 원칙에 기초를 두고 그러한 형태로 기구를 갖춘 새로운 정부를 조직하는 것은 시민의 권리인 것이다. 진실로 인간의 심려는 오랜 역사를 가진 정부를 천박하고도 일시적인 원인으로 변경해서는 안 된다는 것, 인간에게는 악폐를 참을 수 있는 데까지는 참는 경향이 있다는 것을 가르쳐 줄 것이다. 그러나 오랫동안에 걸친 학대와 착취가 변함없이 동일한 목적을 추구하고 국민을 절대 전제 정치 밑에 예속시키려는 계획을 분명히 했을 때에는, 이와 같은 정부를 타도하고 미래의 안전을 위해서 새로운 보호자를 마련하는 것은 그들의 권리이며 또한 의무인 것이다.

미국 독립선언문에서 나타난 특징은 다음과 같다. 첫째, 사람의 권리는 창조주로부터 양도되었다고 선언함으로 인권의 천부성을 분명히 하고 있다. 둘째, 창조주로부터 받은 인간의 위임 권리를 명시하여 생명권, 자유권, 행복추구권으로 구체화하고 있다. 셋째, 국가는 시민의 안전과 행복을 추구하며, 국가는 시민이 구성할 권리를 가진다. 넷째, 정부가 시민을 학대·착취·예속하면 정부를 타도하고 새로운 지도자를 뽑을 권리가 있다. 마지막으로 이러한 특징은 성경에 그 근거를 두고 있다는 것이다.

[그림 4] 미국 독립선언문 (1776)
(출처 : Wikipedia)

미국 독립선언문에서 자연권은 자연법에 근거한 절대 불가침의 권리로 인정했다. 인간은 이성적인 동물이기 때문에 자연 상태에 있어서 누구든 타인의 생명, 신체, 재산 또는 자유를 박탈할 도덕적 권리는 없다는 것을 강조하였다. 행복추구권과 이주권 등도 자연권으로 중시하였다.[35] 독립선언문에서 생명, 자유 및 행복추구권을 선언하였으며, 이것을 불가양의 권리로 인정하고 있다. 그런데 특별히 재산권을 강조하지 않았다는 것이다. 이는 재산권은 이양할 수 있는 권리로 보았기 때문이다. 따라서 이양할 수 없는 권리만을 강조하기 위하여 재산권 대신 행복추구권을 넣은 것이라고 할 수 있다.[36]

독립선언문은 철저하게 인권의 천부성을 중시하고 있다. 모든 사람은 하나님의 형상으로 태어났고, 자신의 신체를 소중하게 여길 수 있는 권리를 가지고 있다. 여기에 인간의 자유권이 중시된 것이다. 신체의 자유에는 자기 의지에 따라 이동하고 사용하는 자유가 포함되어 있다.[37] 자유는 남녀노소 빈부귀천을 떠나 모든 사람에게 있으며, 특정한 집단이나 개인을 한정하는 것은 아니다. 따라서 정상적인 정부는 모든 사람의 생명과 자유가 최대한 보장되도록 인간의 생명과 자유를 가장 중시해야 한다는 것이다.

또한 재산권 대신에 권리로 명시된 행복추구권은 생명과 자유권이 전제되어야 가능하다. 제퍼슨은 "인간의 자유와 행복은 정당한 정부의 유일한 목적이다. 이와 관련한 정직한 정부의 경제와 안전을 위한 행위는 모든 인간이 자유와 행복을 달성하는 것에 충실해야 한다. 정부의 유일한 정통성은 그 정부에 결합되어 있는 대중의 최대한의 행복을 보장하는 것이다"[38] 라고 한다.

제퍼슨은 평등에 대해서도 중시하고 있다. "우리들의 원칙은 평등한 권리와 이성의 움직일 수 없는 기반이다. … 어떤 경우에도 법의 평등한 적용은 기본원칙이다. 정부의 정직한 의무는 모든 국민에 대한 사법의 평등과 정의의 실현이

---

35) 김철수, "인권사상의 전개에 관한 고찰-서구 이론을 중심으로". 「학술원논문집 (인문·사회·과학편)」 56/2 (2017), 132.

36) T. Jefferson, *Draft of the Declaration of Independence*, 1966, 1776. ; C. Rossiter, *The Grand Convention* (C. Bowen, Miracle at Philadelphia, 1966), 1787.

37) 김철수, "인권사상의 전개에 관한 고찰-서구 이론을 중심으로". 131.

38) 김철수, "인권사상의 전개에 관한 고찰-서구 이론을 중심으로". 132.

다"[39]라고 한다.

그리고 천부적 인권 특징에 해당하는 금지성을 '제한성'으로 언급하고 있다. 그는 '진정한 자유는 다른 사람의 평등권을 침해하지 않는 범위 안에서 자신이 속한 공동체가 결정한 것에 방해받지 않는 행위'라고 하며 타인의 평등권에 의하거나 공동체에 의해 제한된다고 보았다. 심지어 자연권조차도 필요시 법에 의하여 제한되거나 수정될 수 있다고 보았다. 이는 자연권도 법률에 의한 제한이 가능하다는 점에서 법치주의에 의거하고 있다고 본다. 그는 특히 하나님의 존재에 대한 분명한 인식을 바탕으로 종교의 자유를 중시하면서 정교 분리를 주장하였다. 이러한 권리와 원칙은 1791년 수정헌법의 권리장전(Bill of Rights)에 추가되어 자유권이 충분히 보장되도록 하였다.

3) 종교의 자유와 정교분리 원칙

천부적 인권 실현을 위한 필수적 권리로 종교의 자유이며, 이에 따른 원칙이 '정교분리 원칙'[40]이다. 정교분리의 기원은 1791년 미국 수정 헌법의 인권장전(Bill of Rights)에 명시되었으며,[41] 자유 민주주의 헌법 대부분에 명시되어 있다. 정교분리의 원칙은 '국가 권력은 특정 종교와 종파에 간섭하지 않는다'라는 것으로, '종교의 자유'에 대한 기본적 권한을 어느 정도까지 허용할지에 대하여 ① 종교 실행(예배)의 자유, ② 선교(포교)의 자유, 더 나아가 ③ 타 종교를 비판할 자유까지 포함된다고 할 수 있다.

정교분리란 표준사전 등에서 "국가가 종교적 중립성을 유지하여 정치 권력과 종교를 결부하지 아니함"[42]이라고 정의하고 있다. 위키피디아 사전은 "국가는 국민의 세속적·현세적 생활에만 관여할 수 있고, 개인의 신앙은 개인의 신앙

---

39) 김철수. "인권사상의 전개에 관한 고찰-서구 이론을 중심으로". 362.

40) 토마스 제퍼슨은 "종교와 정치는 양자 간에 엄격한 벽이 있다"라고 하여 정부의 정교분리 3대 원칙으로 제시하였다. ① 정치는 교회의 활동을 관여하지 말 것, ② 정치는 교회에 해가 되는 법을 만들지 말 것, ③ 정치는 교회에 세금을 부과하지 말 것 등을 제시하였다.
   * 정교분리의 기준이 되는 연방법원의 판례 : 1984년 Lynch v. Donnelly 사건이며, ① 중앙정부 또는 지방자치단체와 종교 단체 간의 행정적 재정적 유착 여부, ② 특정 종교 단체에 대한 재정 지원 여부 등이다.

41) S. Daugherty, Thomas Jefferson, *Fighter for Freedom and Human Rights*, 1961.

42) 종교학 대사전, 21세기 정치학 대사전, 표준 국어 사전 등

양심에 맡기고 개입하지 않는다"[43] 라고 정의한다. 즉 국가가 어떤 종교를 국교로 정한다든가, 특정 종교를 지지·후원하는 것을 할 수 없다는 뜻이며, 국가의 종교적 중립성 내지 종교성을 갖지 않는 것을 의미한다고 할 수 있다.

정교분리는 국가의 간섭을 배제하고 개인의 자유(종교의 자유)를 최대한 보장한다는 종교개혁의 원리에서 시작되었다. 종교개혁의 본질은 하나님과 나의 관계가 직접적으로 가능하다는 기조에서 출발한다. 즉 하나님이 인간에게 위임한 선택적 자유의지를 최대한 보장하는 차원에서 시작된 것이다. 16세기의 종교개혁은 국가주의 교회에 대항하여 국가가 개인의 신앙의 자유를 침해하지 말라는 뜻에서 정치와 종교의 분리를 내세웠다. 이후 특정 종교가 국교가 되면 국교를 신봉하지 않는 사람들은 핍박을 받았으며, 동시에 권력에 익숙해진 교회에서는 세속화 현상이 나타났다.

현대적 의미의 정교분리는 영국 성공회의 박해를 피해 미국으로 넘어온 청교도가 세운 미국의 헌법에서 찾을 수 있다. 제3대 대통령 토마스 제퍼슨은 미국 수정 헌법[44]에서 현대적 의미의 정교분리를 명문화하였다.

이에 대한 배경은 구약성경에서 보여준 하나님과의 계약을 근거로 과거의 영국 국교인 성공회에서 시행한 국가 종교 폐단의 교훈에서 나왔다. "미국 연방

---

43) https://ko.wikipedia.org/wiki/%EC%A0%95%EA%B5%90%EB%B6%84%EB%A6%AC 위키백과 참조.

44) [미국 수정 헌법 1조의 배경] 토마스 제퍼슨이 우려했던 부분은 영국처럼 특정 교파가 정부의 지원을 독점하는 '독점적 국교제'이다. 이는 "미국의 어떠한 관직 또는 위임에 의한 공직에도 그 자격 요건으로서 종교상의 자격은 요구되지 아니한다. (No religious Test shall ever be required as a Qualification to any Office or public Trust under the United States)"라는 내용으로 공적 영역에서 종교의 영향력을 제거한 헌법 4조를 통해 이미 금지됐다. 모든 프로테스탄트 교파로 지원을 확대한다는 '일반적 국교제'와 종교에 대한 어떠한 종류의 정부 지원도 허용하지 않는다는 '국교제 폐지'였다. 여기서 조지 워싱턴의 출생지이자 최초의 주로서 미국의 '어머니 주' 같은 버지니아 주의 결정이 중요했다. 기존 국교회나 회중교회를 배경으로 한 정치인들은 '일반적 국교제'를, 다른 교파의 지지를 받는 정치인들은 '국교제 폐지'를 각각 주장했다. 버지니아에서 교세가 약했던 침례교도들은 '일반적 국교제'가 실시될 경우, 국교회나 회중교회가 주류로서 더 많은 지원을 받을 수밖에 없어 현 종교적 지형이 유지된다고 보고 그래서 교회와 국가의 분리를 주장하는 토머스 제퍼슨과 제임스 매디슨 같은 공화주의자들과 결탁해 국교제 폐지를 강력히 주장하였다. 결국 1786년 제퍼슨의 '종교 자유법(Bill for Establishing Religious Freedom)'을 통과시키는데 성공했다. 이 과정에서 제퍼슨은 "진리는 너무나 위대해서 홀로 내버려두어도 승리한다"라는 주제로, 일반적 국가 종교를 주장한 패트릭 헨리는 "그리스도교 전파가 사회 전체를 이롭게 한다"라고 각자의 주장을 펼쳤다. 격렬한 논쟁 끝에 버지니아와 같은 결론이 내려졌다. 이를 통해 나온 것이 수정 헌법 1조인 것이다.

헌법의 정교분리 취지는 기독교와 공공영역을 단절하는 것이 아니라, 특정 종교가 다른 종교를 지배하거나 억압하지 못하도록 하는 방안이다"[45] 라고 언급하고 있다. 제퍼슨은 "종교와 정치는 엄격한 벽이 있다"라고 주장하면서 종교를 정치로부터 보호하고자 하는 수정 헌법을 제시하였다. 그는 세속 정부의 정교분리 3대 원칙으로 ① 정치는 교회의 활동에 관여하지 말 것, ② 정치는 교회에 해가 되는 법을 만들지 말 것, ③ 정치는 교회에 세금을 부과하지 말 것 등[46] 을 제시하였다.

정교분리의 기준이 되는 미국 연방 법원의 판례가 있다. 1984년 Lynch v. Donnelly 사건으로[47] 성탄 트리를 두고 벌어진 판례이다. 당시 미국 연방 대법원에서 판결한 정교분리 위반에 대한 판단 기준은 ① 중앙 정부 또는 지방 자치 단체와 종교 단체 간의 행정적, 재정적 유착 여부 ② 특정 종교 단체에 대한 재정 지원 여부 등이다.[48]

최근 우리나라의 정교분리 위반 사례이다.

① 정통 기독교에서 이단으로 분류하는 여호와의 증인에 한해서 헌법상의 의무인 병역 거부를 인정한 사례이다. 사이비 종교로 알려진 여호와의 증인에 한하여 대법원에서 최종 무죄를 선고(2020.2.11)하거나 '종교적 병역 거부자'만을 교정직으로 복무할 수 있도록 특혜를 부여하고 있다.

② 종교적 건학 이념을 무시하고 소위 성소수자를 우대하고 있다. 한동대학교에서 다중 연애 및 성매매를 한 학생의 세미나에 대하여 정상적인 징계를 내렸고, 숭실대학교에서 성소수자 관련 영화 상영을 금지한 사항에 대하여 국가인권위원회가 개입하여 처리하는 등 성소수자의 권리를 학문 및 표현의 자유보다 우선시하고 있다.

---

45) Lutz Donald, *The Origins of American Constitutionalism* (Louisiana Univ. Press, 1988), 115.

46) 김선우, "정교분리의 역사와 참뜻", 「정교분리의 역사와 의미」 (개혁신학연구소, 2019), 2020. http://www.pf-korea.co.kr/news/articleView.html?idxno=3258

47) Dennis LYNCH, etc., et al., Petitioners v. Daniel DONNELLY et al. 465 U.S. 668, 104 S.Ct. 1355, 79 L.Ed.2d 604 (1984). ; 이정훈, "민주헌정의 자유와 자치의 보장을 위한 정교분리와 종교의 자유에 관한 헌법 해석", 「공적 영역에서의 종교의 자유」 국회세미나(2018.06.07.) 자료집, 2018, 10.

48) 이정훈, "민주헌정의 자유와 자치의 보장을 위한 정교분리와 종교의 자유에 관한 헌법 해석", 8-10.

③ COVID-19 확산 방지를 빌미로 국가 기관이 나서서 교회의 예배를 감시하고 확인하는 행위이다. 일부 지자체장, 문화체육부, 국회, 심지어 대통령까지 나서서 종교 행위금지를 요청하거나 공무원을 동원하여 그 실태를 확인하는 행위 등은 정교분리의 위반 사항으로 들 수 있다.

다음은 '정교밀착' 사례이다. 1954년, 미국 텍사스 상원의원 존슨(Linden B. Johnson)에 의해 발의되었고, 9년 후, 1963년에 제36대 대통령으로 당선된다. 일명 존슨법[49]으로 면세 혜택을 받는 단체가 특정 정치 후보자를 지지하거나 반대할 경우 면세를 철회하는 법이었다. 이 법은 "성직자와 교회 등 종교 단체가 특정 공직 후보 지지나 선거 운동에 직간접으로 참여 금지"를 선언하였고, 위반할 때는 면세 혜택을 박탈시키는 하위법 조항을 제정하였다. 그런데 이 법을 통해 미국 교계 지도자들이 성경적 교리에 벗어난 정부의 행정 명령에 제대로 지적을 못하였다는 것이다.

1970년대에 이르러서는 미국 내에서 'PC(Political Correctness 정치적 올바름) 정치'를 내세우며 마르크스주의 인권 논리가 판을 치고, 동성결혼이 합법화되어도 제 목소리를 내지 못하였다.

---

49) 존슨법은 1954년 존슨(Linden B. Johnson) 前 미국 대통령(1963~1969)이 텍사스 주 상원의원 시절 발의하여 제정된 법조항으로 교회를 비롯해 세금면제의 혜택을 받는 모든 비정부단체가 특정 공직후보를 지지, 선거운동에 직간접으로 참여하는 것을 금지하고 있다.

제3장 보편적 인권

1. 세계 인권 선언과 보편적 인권의 공식화

보편적 인권의 암시적 기원은 세계 인권 선언(Universal Declaration of Human Rights, UDHR)이라고 할 수 있다. 그러나 더욱 분명하게 명시된 것은 1993년 비엔나 인권 선언이다. 비엔나 선언에서 '인권의 보편적 선언(the Universal Declaration of Human Rights)'이라고 권위 있게 언급되었다.

세계 인권 선언에서 내포하는 '보편성'으로 거의 모든 조항에 '사람마다' 또는 '모든 인간은'이라는 문구가 사용되었다. 당시 이 선언문을 반대하는 국가는 없었지만, 사우디아라비아, 남아프리카, 소련을 중심으로 한 구공산권 국가들은 기권했다는 점에서 시사하는 바가 있다고 본다. 이 선언문은 낙관적 희망 사항으로 '인간이 언론과 신앙의 자유, 그리고 두려움과 결핍으로부터 자유'가 인정되어 인간이 누릴 새로운 세계의 도래를 기대하였다.

세계 인권 선언은 도덕성 및 법적, 정치적 중요성 때문에 '왕권을 명시한 대헌장[50]', '천부 인권을 명시한 미국 독립선언문', '시민의 권리에 관한 프랑스 혁명 선언문' 등과 더불어 인간의 자유와 존엄성을 명시한 역사적인 이정표로 평가되고 있다. 세계 인권 선언은 크게 두 종류의 권리를 제시하고 있다. 〈시민적·정치적 권리〉와 〈경제적·사회적·문화적 권리〉이다. 그리고 1946년의 인권 장전 초안과 1948년의 세계 인권 선언, 1966년의 국제 인권 규약을 합쳐 '국제 인권 장전'이라고 부르기도 한다.

세계 인권 선언은 유엔의 결의로써, 비록 직접적인 법적 구속력은 없으나 오늘날 대부분의 국가 헌법 또는 기본법에 그 내용이 각인되고 반영되었다. 따

---

50) 대헌장(Magna Carta, the Great Charter of Freedoms) 1215년 6월 15일에 영국의 존 왕이 귀족들의 강요에 의하여 서명한 문서로, 국왕의 권리를 문서로 명시한 헌장을 말한다.

라서 실효성이 클 뿐만 아니라 1966년 국제 인권 규약 등과 더불어 세계 최초로 법적 구속력을 가진 인권 관련 국제법으로 명시되고 있다.

세계 인권 선언문이 보편적 인권의 표본이라고 주장하게 된 배경을 살펴본다. 당시는 '인권'이라는 용어 사용에 대하여 부정적이었다. 학술적으로도, 대부분의 철학자와 인류학자도 그러했다. 기독교의 영향이 지대했던 유럽 국가들도 '인권' 대신에 '사회권'이라는 용어가 더 적합했기 때문이다. 사회권 개념은 비서구 전통인 이슬람 같은 지역에서 기독교 사회사상과 복지주의자들에게 이념적 차원으로 영향을 주었고, 라틴 아메리카에도 큰 영향을 주었다.

진화론의 대표적인 인물이자 유네스코 초대 사무총장을 지낸 줄리안 헉슬리(Julian Huxley)는 대부분의 철학자가 선언문의 중요성과 취지를 동의하였다는 사실을 받아들일 수 없다고 했다. 미국 인류학자 연합에서도 '인권은 서구 정치적 개념'이라며 거부하였다. 또한 인권 선언문의 토대가 되었던 대서양 헌장(Atlantic Charter)[51]은 '대서양 헌장에 의해 알게 된 몇 가지 권리들은 그 제한적인 적용성이 알려지기 전의 일'이라고 하며, '사람들은 다양한 문화를 갖게 된 이후에 자유가 이해되고 추구된다는 사실'이라고 주장하였다.[52] 그런데 이러한 주장들은 이는 당시 다문화적으로 동의하였다는 주장과 상반되는 내용이라 할 수 있다.

본래 유엔 인권 헌장을 제정할 당시, 인권에 있어서 인권의 보장 주체인 신(하나님)의 존재를 도외시할 경우 매우 위험할 것임을 예시한 바 있다. 인권 선언문의 초안에 참여했던 신토마스 철학을 전공한 자크 마리탱(J. Maritain)은 가톨릭의 자연법이 인권의 토대에 최적합하다고 언급하면서, 유엔 인권 선언문

---

51) 제2차 세계대전 중인 1941년, 영국의 윈스턴 처칠 수상과 미국 루스벨트 대통령이 대서양에서 회담, 전후의 세계 질서에 대하여 14개조 평화 조항으로 된 구상을 발표하였다. 미국이 파시즘에 대항하는 민주 세력의 일원으로서의 책임을 다하려는 임무와 결의를 표명한 것이며, 소련을 위시한 33개 국가가 승인했다.

52) 자크 마리탱, *American Anthropologist*, 1948, 539-543. ; 멜빌 허스코비츠(Melville Jean Herskovits), 「인권 성명」 50 (1948), 351-5. ; 줄리앙 스튜어드(Julian H. Steward). *Theory of Culture Change the methodology of multilinear evolution.* ; 카렌 잉글(Karen Engle), 「회의주의의 포용 : 1947-1999」 계간3호 (미국 인류학 위원회, 2001), 536-59. ; Samuel Moyn, 『인권이란 무엇인가』, 84-5 재인용.

은 '신이 빠진 위험한 시도'로써 시간이 흐를수록 '공산주의적 자유주의'로 변할 수 있음을 우려하였다.[53] 또한 당시 최고 종교 지도자로 알려진 영국 국교회(Chichester)의 주교인 조지 벨은 '인권은 세속주의에 더 많은 약을 처방하는 것으로 독에 독을 타는 것'[54]이라며 경고하였다. 이처럼 인권 선언이 세속주의로 흐를 수 있으며, 인권의 부담함과 정당함의 문제를 두고 앞으로 많은 논쟁이 있을 것임을 예견하였던 것이다.

이러한 부정적 논란에도 국제 인권 선언의 토대를 잡은 인물이 미국 해리 S. 트루먼 대통령이다. 그는 제2차 세계대전 후 전쟁의 포화 속에 생명권의 중요성과 인간의 자유권을 보장하기 위한 장치가 필요했고, 특히 종교의 자유권이 절실함을 느끼고 있었다. 이보다 앞서 전임자 루스벨트 대통령이 1944년에 실시한 신년연설에 많은 영향을 받았다. 연설의 핵심은 네 가지 자유(Four Freedoms) - ① 언론과 표현의 자유, ② 종교 및 신앙의 자유, ③ 결핍으로부터의 자유, ④ 공포로부터의 자유 등이었으며, 이를 국제 인권 선언 전문과 30개의 각 조항에 녹아지도록 하였다.[55]

1947년 트루먼 대통령이 인권 선언에 적극적이었던 이유는 무엇보다 종교의 자유에 대한 중요성과 반공산주의 봉쇄 정책의 필요성 차원이었다. 따라서 기독교 연대가 필요함을 느끼고 교황 피우스 12세(Papa Pio XII)와 연결하여 반공 종교 동맹(a religious alliance against communism) 결성을 시도하였다.[56] 특히 소

---

53) Samuel Moyn, 『인권이란 무엇인가』, 68. 이 주장은 종교의 자유를 최우선으로 여기는 존 포스터 덜레스의 평화의 6개 기둥(Six Pillars of Peace)에서 출발하고 있다. 자크 마리탱은 자신의 인권을 기독교 이론으로 침투시킨 인물로 평가받고 있으며, 1942년 4월 포춘지에서 '기독교 박애주의'를 발표한 이후 기독교 사상에서 이와 비슷한 관점으로 조셉 델로스(J. T. Delos)의 '국가와 인종에 비교한 인간의 권리', 1944년의 '인종-국가-민족 : 인종 문제의 사회적 측면', 1947년 티보르 페이즈(T. Payzs)가 사상지에 발표된 '세계사 속 인권의 지위' 등이 있다.

54) Samuel Moyn, 『인권이란 무엇인가』, 93.

55) Samuel Moyn, 『인권이란 무엇인가』, 81. ; Strfan-Ludwig Hoffmann, *A History of Human Rights in the Twentieth Century* (Cambridge, 2010). ; Franklin D. Roosevelt의 관한 자세한 내용은 Glendon. A World Made New 참고.

56) 트루먼의 정치신학은 소련 봉쇄정책의 이념적 토대가 된다. 그런데 그는 여기서 한걸음 더 나아가 세계 종교단체를 규합하여 이들을 봉쇄 정책의 도구로 사용하고자 했다. 즉 반공주의자들을 강화시키고 이를 토대로 공산주의를 서서히 무너뜨리는 방법으로서 종교를 활용하고자 했다. 즉 미국 연방교회협의회, 세계교회협의회(WCC), 교황청, 동방정교회, 유럽의 개신교들과 협력하면서 반공종교동맹(a religious alliance against

련에서 일어나고 있는 종교인에 대한 탄압에 대항하고 무슬림 지역에 종교 전파를 위한 의도에 부합한다고 보았다. 이러한 배경에는 소련이 1936년에 제정된 소비에트 연방 사회주의 헌법을 통해 인민의 권리를 명시하고 있었기 때문에 공산주의가 주장하는 인권이 위선적임을 경고하는 측면이 있었다고 할 수 있다.[57]

2. 보편적 인권의 특징

그러면 보편적 인권의 원칙과 기준은 무엇일까? 국제 인권 선언 등 국제 인권장전에 포함된 내용을 토대로 살펴본다.

첫째, 고유성(Inherent) 권리이다. 고유성이란 '사람이 세상에 태어나면서 갖는 권리'이다. 즉 인권은 하늘에서부터 주어지는 생래적 권리라는 것이다. 보편성 특징은 부나 권력, 인종이나 성별 또는 장애 여부 등 인간을 둘러싼 어떠한 조건과도 상관없이 누구에게나 인권이 보장되어야 한다는 것이다. 오로지 인간이라는 생물학적 조건을 갖춘 모든 존재에게 인정되어야 한다. 따라서 어떤 권리가 특정한 개인이나 집단만이 향유할 수 있는 권리가 된다면 이를 인권이라고 할 수는 없다. 물론 어떤 권리가 인권이라고 하더라도 현실적으로 모든 사람이 그러한 권리를 향유하는 것은 아니다. 하지만 어떤 권리가 인권인 경우에 이 권리를 모든 사람이 향유한다는 당위적 명제가 변하지는 않는다 할 것이다.[58]

고유성 권리로 생명권을 들 수 있다. 오늘날 낙태 문제를 두고 여성의 권리와 태아의 생명권을 두고 우선순위 논쟁이 있다.

지난 2019년 4월, 1953년 제정되어 66년 동안 유지된 낙태죄를 헌법재판소

---

communism)을 조직하고자 했다. 트루먼과 함께 이를 주도한 사람은 미국 성공회의 영향력 있는 평신도이자 미합중국 철강회사의 중역이었던 테일러(Myron Taylor)였다. 1947년, 트루먼과 교황 피우스 12세(Pope Pius XII)는 테일러를 통해 편지를 교환했다. 트루먼은 천주교회가 반공종교동맹에 참여해주기를 호소했고, 교황은 이에 동의했다.
http://www.incheonin.com/2014/news/news_view.php?sq=28298&m_no=&sec=

57) Samuel Moyn, 『인권이란 무엇인가』, 85-96 참조.

58) 이준일, 『인권법 – 사회적 이슈와 인권』, 6.

재판관들은 '헌법불합치' 결정을 내렸다. 이는 여성의 권리를 우선한 것으로 인권의 원칙을 무시한 판결이라고 할 수 있다. 물론 태아의 생명권은 시기, 방법, 환경 등에서 약간의 차이가 있을 수 있지만 인권의 원칙에서 보면 당연히 태아의 생명권이 우선이다.

둘째, 불가분성(Inalienable) 권리이다. 불가분성이란 인간의 존엄성과 같은 것으로 '어떤 경우에도 누구에게도 양도할 수 없는 권리'이다. 인간은 스스로 선택하고 결정하는 자유의지를 가지고 있다. 따라서 자신의 양심에 따라 결정하는 이 권리를 타인과 공유할 수 없다는 것이다. 여기에는 두 가지 원칙이 있다. 시민적·정치적, 경제적·사회적, 집단적·연대적 인권 목록은 전체적으로 하나를 이루지만 각 부문을 따로 떼어내서는 안 된다는 불가분성(indivisibility) 원칙과 각 권리의 실현을 위해 서로 의존한다는 상호의존성(interdependence) 원칙으로 유엔 총회에서도 확인된 바 있다.[59]

1993년, '인권 기준과 실천에 관한 비엔나 선언'에서 모든 인권은 '불가분적'이며, '상호의존적' 특성이 있다고 명시한다. 또한 인권이 하나의 실체 안에 시민적·정치적, 경제적·사회적, 집단적·연대적 권리의 세 가지 위격으로 존재한다고 해석하는 이도 있다.[60] 이는 인권의 불가분성 관념이 형성된 유래에서 나온 것으로 인권을 국제법으로 성문화하는 과정에서 법적인 성향이 주류를 이루었기 때문으로 보인다.

법적 논리만을 주장하는 이들은 '권리는 법적으로 소송할 수 있는 시민적·정치적 권리와 그렇지 않은 경제적·사회적 권리를 나누어야 한다'라고 한다. 또한 이념과 정치적 사유도 권리의 분리에 영향을 미친다. 즉 '시민적·정치적 권리에 관한 규약(자유권)'과 '경제적·사회적·문화적 권리에 관한 규약(사회권)'을 논의하던 기간에 냉전이 극에 달했던 시기였다. 이로 인해 자유 진영 미국은 '시민적·정치적 권리'를, 공산 진영 소련은 '경제적 권리'를 강력하게 주장하면서 두 가지 규약으로 분리되어 성립되었다. 그렇다면 자유권과 사회권 둘 중 하나는 인권으로 인정받을 수 없거나 둘 다 인권으로서는 한계성을 가질 수밖에 없다고

---

59) Donnelly Jack, *Universal Human Rights in Theory and Practice* (Cornell University Press, 1989), 28.

60) 조효제, 『인권의 문법』, 119.

할 수 있다.

셋째, 만인의 공유성(Universal) 권리이다. 공유성이란 '인간이 공동체 내부에서 상호 나눌 수 있는 권리'이다. 이것은 생각하기에 따라 불가분성과 대치되는 특징이기도 하다. 인권이 근본적으로 개인주의에 바탕을 두고 있지만 인간은 혼자 살아갈 수 없으며, 타인과 공동체를 형성하며 살아가기 때문에 나타난 특징이다. 예를 들어, '이주의 자유'가 있다. 공동체 내의 모든 사람은 자신이 원하는 곳으로 이동하며 살아간다. 그렇지만 공동체의 일정한 질서 내에서 그 권리를 행사하는 것이다. 또한 나의 권리를 행사하기 위해 타인의 권리를 제한하지 말아야 하며, 책임을 동반하는 특징을 가진다.

인권의 공유성은 모든 인간이 동등하다는 평등사상과 연결되어 있다. 국제 인권 선언 전문에 '모든 인간은 평등하고 양도할 수 없는 권리를 인정한다'라는 규정과 제1조에서 '모든 사람은 태어날 때부터 자유롭고, 존엄성과 권리에 있어서 평등하다'라고 하며, 제2조에서는 모든 사람이…차별받지 않을 권리를 동일하게 공유한다. 국적과 신분에 상관없이 모든 인간이 누릴 수 있는 권리임과 동시에 인위적으로 개인의 권리와 집단의 권리로 분리할 수 없는 특성을 가진다. 이를 토대로 인권은 남자나 여자나 어른이나 어린이나 내국인이나 외국인이나 성한 사람이나 부자유한 사람이나 부자나 가난한 사람이나 모두 동등하게 공유하며 누리는 권리를 말하고 있다.

인간은 신체 조건, 성향, 능력 등에서 자연스러운 차이가 있다. 또한 다른 자아실현 목표와 과정, 수단을 가질 수밖에 없다. 즉 인간 각자의 활동과 자유를 실행하는 과정은 서로 다를 수 있음을 의미한다. 그러므로 각기 다른 개별자들이 사회를 구성할 때, 활동의 자유를 확보하기 위한 유일한 조건은 '평등한 자유(equal liberty)'일 것이다. 서로 다른 삶과 인생 목표를 자신에게 맞게 추구할 자유를 누구나 최대한 누림을 의미한다. 즉 누구나 자신의 자유를 평등하게 누릴 수 있어야 한다는 것이다. 자유와 평등은 적정한 조화를 이루지 못하면, 그 실행에서 상호 충돌을 일으킨다. 자유는 본질적으로 수직적 추진력을 갖는 반면, 평등은 수평적 추진력을 갖는다고 할 수 있다.[61] 자유와 평등과 관련된 권리가 상호 충돌할 경우, 당연히 자유와 관련된 권한이 우선일 것이다.

---

61) 이봉철, 『현대 인권 사상』 (아카넷, 2001), 91.

넷째, 조건성이 있는 권리이다. 인간의 모든 자유와 권리를 인권으로 보호 받을 수 없다. 자유에는 책임이 수반되고 권리에는 의무가 수반되기 때문이다. 그렇지 않으면 자유는 방종이 되고 권리는 폭력이 된다. 따라서 인권이 권리로 인정받기 위해서는 '합리적 근거와 도덕적 타당성'이 있어야 한다. 유엔 인권 헌장 29조[62]와 대한민국 헌법 37조 2항[63]이 그 규정이다. 타인의 권리나 자유를 존중하지 않거나 공공질서 위배, 국가 안전 보장 등 질서와 공동체 유지를 위해 필요한 사항에 대하여 인권을 제한하고 있음을 알 수 있다. 즉 일정한 조건에 합당하지 않거나 도덕성이 결여되면 이는 인권이 아니라 방종과 폭력이 된다는 것이다.

이 조건성 원칙은 현대 인권에서 가장 논란이 되며 첨예하게 대립하는 부분 이기도 하다. 예를 들어, 국제 권리 장전에는 성소수자나 성정체성에 관련하여 언급하지 않고, 동성애 가족에 대해서도 일절 언급이 없다. 그러나 2006년 소위 인권 단체들이 '욕야카르타 원칙'을 세운 후, 이것에 대하여 보편적 인권이라고 주장하여 상호 논란이 되고 있다. 그리고 이를 시대별 산물이라고 하면서 좌익 계열의 인권론자들은 '세대별 인권'이라고 주장하기도 한다.

3. 보편적 인권의 기준이 되는 도덕적 권리

보편적 인권의 정당성을 도덕적 기준으로 설명하기 위해서는 제러미 벤담 (Jeremy Bentham)의 공리주의(Utilitarianism)를 먼저 살펴보아야 한다. 물론 공리주의는 도덕적 권리 기준에 대한 일반적 이론으로 삼기에는 한계가 있다. 다만 공리주의를 통해 정의, 선, 옳음, 그름, 의무, 쾌락, 욕구 등의 기준을 정할 때 하

---

62) 제29조 1. 모든 사람은 그 안에서만 자신의 인격을 자유롭고 완전하게 발전시킬 수 있는 공동체에 대하여 의무를 부담한다. 2. 모든 사람은 자신의 권리와 자유를 행사함에 있어서, 타인의 권리와 자유에 대한 적절한 인정과 존중을 보장하고, 민주사회에서의 도덕심, 공공질서, 일반의 복지를 위하여 정당한 필요를 충족시키기 위한 목적에서만 법률에 규정된 제한을 받는다. 3. 이러한 권리와 자유는 어떤 경우에도 국제연합의 목적과 원칙에 반하여 행사될 수 없다.

63) 국민의 모든 자유와 권리는 국가 안전 보장, 질서 유지 또는 공공복리를 위하여 필요한 경우에 한하여 법률로써 제한할 수 있으며, 제한하는 경우에도 자유와 권리의 본질적 내용을 침해할 수 없다.

나의 작은 기준이 될 수 있다고 보았다.[64]

공리주의는 19세기 이래 영국을 중심으로 발달한 윤리적 사상이다. 인간 행위의 윤리적 기초를 개인의 이익과 쾌락의 추구에 두고, 무엇이 이익인가를 결정하는 것은 '개인의 행복'이며, '도덕은 최대 다수의 최대 행복을 목적으로 한다'라고 주장한다. 이를 '최대 행복의 원리(Greatest Happiness Principle)'라고 부른다.[65] 사회구조 속에 인권론을 최초로 제기한 마르크스는 '최대 다수의 최대 행복'이라는 공리주의적 인간관을 지지했지만, 공리주의가 내포한 자본주의 원칙에 대해서는 철저히 비판하였다. 그는 자본주의 시장 사회에서 자유롭게 이루어지는 거래에서 '쾌락'을 찾는 것은 어리석다고 판단하였다. 현대 공리주의에서는 행위 공리주의와 규칙 공리주의로 구분되며, 이에 대하여 상호 논쟁[66]을 벌이고 있다.

그렇다면 도덕적 권리는 무엇이고, 도덕적 권리로서 인권은 존재하는가?
도덕적 권리를 쉽게 설명하기 어렵다. 파인버그(J. Feinberger)는[67] '도덕적 권리로 어떤 법적 제도적 규범에 앞서며, 또한 독립하여 존재한다고 판단되기에 모든 권리에 적용될 수 있다'라고 보았다. 도덕적 권리의 주요 유형으로 ① 관습적 권리(현재 존재하는 관습으로부터의 권리), ② 이념적 권리(법적·제도적·관습적 권리여야 하는 권리), ③ 양심적 권리(개인의 양심에 권리가 그 승인을 구하고 있는 권리), ④ 실천적 권리(다른 권리의 행사를 정당화하는 것의 권리) 등으로 보았다.[68] 즉 법보다 상위 개념으로 윤리와 도덕이 중심이 되어야 한다는 것이다.

법적 권리는 일정한 규칙과 같은 것으로 비교적 확인이 쉬운 권리이다. 합

---

64) William K, Franken, 『윤리학』 황경식 역 (서울; 철학과 현실사, 2003), 3.

65) 양천수, 『권리와 인권의 법철학』, 206-7.

66) 공리주의는 이외에도 적극적 공리주의와 소극적 공리주의, 평균적 공리주의와 전체적 공리주의의 구분도 있다. 자세한 내용은 양천수, 『권리와 인권의 법철학』, 208 참조.

67) J. Feinberger, *Doing and Deserving: Essays in the Theory of Responsibility* (Princeton: Princeton University Press, 1970).

68) J. Feinberger, *Social Philosophy* (Prentice Hall Ins, 1973), 84-5.

법적인 법률과 법원에 의하여 규정되어 있는 권리라고 할 수 있다. 호펠드(W. N. Hohfeld)는 법적 권리를 ① 협의의 권리(의무와 상관없는 권리), ② 자유권(소수자에게만 한정되어 있는 경우에는 특권), ③ 권능, ④ 면제권 등으로 분류하고 있다.[69]

'도덕적 권리로써 인권이란 무엇인가?'에 대하여 파인버그는 '모든 인간이 평등하게 무조건적이고 불변적으로 가지고 있으며, 근본적으로 중요한 종류의 권리'[70] 라고 정의하고 있다. 크랜스톤(M. Cranston)은 '모든 사람이 어떤 상황에 있던지 모든 사람에 대하여 가지고 있는 극히 중요한 도덕적 권리이며, 그것은 어떤 지위나 역할 때문이 아니라 인간으로서 가지고 있는 것'이라고 정의하고 있다.[71] 모든 인간이 인권을 균등하게 가지고 있는 이유는 모두 동등한 인간으로 성격, 특징, 기능과는 다른 가치를 가지고 있기 때문이라는 것이다. 이러한 가치는 아버지가 자녀에게, 그 공적과 관계없이 평등하게 주는 애정과 유사한 것으로 해석될 수 있다.

일부 학자들은 법률 중에서 상호 충돌이 발생하지 않는 권리를 도덕적 인권으로 주장하기도 한다. 파인버그는 인간의 권리 중에는 상호 충돌이 없는 권리와 충돌하는 권리가 있다. 이중 충돌이 없는 권리를 도덕적 권리라고 주장하였다. 예를 들어, ① 공정한 재판을 받을 권리, ② 법의 평등 보호를 받을 권리, ③ 고문을 받지 않을 권리, ④ 잔혹한 형벌 또는 취급을 받지 않을 권리, ⑤ 노예 상태, 예속 상태에 놓이지 않을 권리, ⑥ 마약 등의 기술 등에 의한 비인도적 취급을 받지 않을 권리 등이다.

더욱 구체적인 도덕적 권리로서의 인권 사례이다. 도덕적 인권의 구체화된 권리는 어떤 내용이, 어떻게 인식될 수 있는 것인가이다. 이 물음에 대하여 긍정적인 해답을 제시하는 것이 근대 자연권의 논리로 보고 있다. 자연권은 근대

---

69) Hohfeld, N. Wesley. *Fundamental Legal Conceptions* 4th printing (Yale University Press, 1966), 2004, 36. ; 양천수, 「권리와 인권의 법철학」, 204 참조.

70) J. Feinberger, *Social Philosophy*, 85.

71) Cranston, M, *What are Human Rights?* 2nd ed (London, 1973), 6-7. ; 21. ; 67. ; 69.

자연법론 사회계약론과 결합하여 근대 시민혁명으로 전개되었던 이론이며, 18세기 시민권과 관련된 문제 성립에 큰 영향을 미쳤다고 할 수 있다. 대표적인 문건으로 앞에서 언급한 1776년 미국 독립선언문이 있다. 또한 13년 후인 1789년 프랑스 독립선언문에서 인간과 시민의 권리 선언으로 나타났다.

한편, 많은 인권론자는 프랑스 독립선언문을 도덕적 인권이면서 보편적 인권 선언문의 시효라고 한다. 그러나 동의하지 않는 이가 훨씬 더 많다. 미국 독립선언문보다 13년이나 늦은 시기상의 논란도 있고, 무엇보다 당시 프랑스의 식민지로 고통 받았던 사람들을 보면 이 주장이 더 정확하지 않다. 즉 자유·평등·박애를 인간애적인 측면에서 외쳤다면, 그들의 노예나 식민지에서 있는 모든 사람이 자유·평등·박애를 누렸어야 했다. 오히려 1793년에 등장한 공안위원회 정치 속에 단두대를 통한 공개처형과 로베스피에르의 공포정치가 나타났다. 또한 제2조에서는 '모든 정치적 결사의 목적은 인간의 자연적이며 시효에 의하여 소멸할 수 있는 권리들을 보전함에 있다'라며 저항권을 명시하고 있다는 점이다. 저항권은 자유·재산·안전 및 압제에 대한 저항권을 말한다.

4. 보편적 인권의 정당성 위기와 논쟁

오늘날 보편적 인권이라는 말이 무색할 정도로 보편성 자체가 의심을 받고 있다. 인권의 기준과 원칙이 무너지고, 인권이 인권을 공격하며, 상대적 인권이 보편적 인권을 공격하여도 무엇이 잘못인지 원인조차 모르고 있다. 자연권 대신에 보편적 인권이 등장한 이후 더욱 논란이 거세졌다. 신의 존재가 희미해지고 인간의 이성적 판단으로 모든 권리 문제를 논하게 되면서 당연한 것인지도 모른다. 구체적으로 보편성 인권의 정당성에 대한 논란이 일어나고 있다는 것을 뜻한다.

첫 번째 논란은 사적 재산권으로 소유권 문제에서 나타났다. 일부 계몽 사상가들이 절대자 창조주를 삭제하고 대신 자연권으로 명시한 소유권에서 불평등을 야기한다는 것이다. 부유한 자들이 자신의 소유와 자유를 보장하기 위해 가난한 자들을 억압하며 빈곤하게 만든다는 주장이 제기되었던 것이다.

대표적 인물이 루소이다. 그는 인간 불평등의 기원이 소유라고 하였고, 마르크스는 인권을 부르주아들의 이기적 권리로 간주하였다. 그러나 이 문제는 참정권이 나타나면서 해결되었다. 즉 자유 민주주의 가치를 가진 국가가 출현하고, 이를 구성하는 참정권이 보장되면서 극복된 것이다. 동시에 인간의 기본권이 헌법에 명시되고, 권리를 해석하고 적용하는 정치 권력의 향방에 노동자 계급이 참여할 수 있게 되자, 인권이 부자의 재산을 지켜주는 기능만 하는 것이 아니라 가난한 자들의 복지 향상에도 기여하게 된다는 것을 알아 간 것이다. 특히 자유 민주주의의 경제 성장으로 인한 복지 혜택은 사회주의 운동에도 영향을 미쳤다. 노동자 단결을 통해 이익 집단화되었고, 자신들의 계급적 권리와 복지 혜택을 위해 인권을 활용하기에 이른 것이다.[72] 그러나 이 문제는 보편적 인권이 아닌 상대적 인권과 접목되면서 또 다른 투쟁 방향으로 전개되었다.

두 번째 논란은 20세기 초·중반 서구 선진국에서 나타났다. 문화 막시즘의 사조 속에 소수자의 명칭과 약자의 이미지로 권리 요구가 구체화하고, 다양화된 것이다. 상대적으로 여성, 장애인, 소수 인종, 특히 동성애자 등 여러 소수자 집단에서 인권이 제기되었다. 또한 아직 반식민지 상태인 나라나 국가가 강대국에 대하여 자치권을 말하는 자결권을 요구한 것이다. 전자의 경우, 실질적 조건이 마련되지 않는 상태에서 자유권의 무용지물을 주장[73]하고 있으나 소수의 자유권이 아니라 자유권에 대한 특혜라고 할 수 있기에 원칙에 어긋난다고 할 수 있다. 아울러 경제 성장에 따라 복지가 가능해짐으로 여러 사회적 권리가 도입되고, 다양한 차별을 시정하려는 조치가 이루어지고 있다. 그런데 복지와 인권을 혼동하면서 논란이 되고 있다. 또한 후자의 경우, 민족자결권과 관련하여 유엔의 세계 인권 선언과 여러 국제 인권 협약의 체결, 제2차 세계대전 이후 식민 국가들의 독립과 민족적 다양성 및 독립성을 보호하기 위한 여러 국제기구의 활동이 나타나면서 원칙과 기준이 무너지고 혼란이 야기된 것이다.

세 번째 논란은 20세기 말에 나타난 현상으로, 인권의 기준과 원칙 없는 무

---

72) 정성훈, "보편적 인권 정당화의 위기와 인권도시의 과제", 382-406.

73) 정성훈, "보편적 인권 정당화의 위기와 인권도시의 과제", 384.

분별한 인권 인플레이션에 따른 행정과 재정 부담이었다. 루만이 '인권 인플레이션은 그 상징적 매체의 가치를 파괴'[74]라고 할 정도로 오늘날 보장되지도, 할 수도 없는 권리 목록이 나타나고 있는 실정이다. 이는 인권에 대한 무용지물과 형식주의를 초래하였다. 다른 한편으로는 긴박한 권리와 긴박하지 않은 권리의 차이를 없애버렸다고 할 정도이다. 복지 국가의 인권 인플레이션으로 인권에 대한 관심은 '법치국가가 보장되지 않고 국가가 다수의 인권 훼손을 정상적인 법치국가적 수단을 통해 처리할 수 없거나 처리하지 않으려는 상태'[75]로까지 옮겨간다고 말할 정도이다. 오늘날 우리나라도 마찬가지이다. 소수 인권 보호를 위해 법치국가 원칙이 무시되거나 국민세금의 재정이 중복 남용되며, 이들의 복지를 위해 다수의 권리를 무시하는 결과가 나타나고 있다.

네 번째 논란은 문화 상대주의가 확산한 것과 밀접한 관련이 있다.[76] 지금까지 금지 및 소외되었던 인간의 욕구를 문화적 특수성으로 정당화하면서 나타난 현상이다. 자신의 문화 확장을 이유로 전개된 상대적 보편주의, 다문화 공존을 이유로 시도된 다원적 보편주의 등이며, 이들 사조는 인권 보편주의를 적극적으로 비판하고 있다. 또한 개발도상국의 복지 국가로의 발전 전망을 무조건 독재로 몰아가면서 '민주화'라는 이름으로 저항했고, 국가 발전과 범죄 예방을 위해 개인의 자유와 권리를 제약할 수 있다는 주장이 설득력을 가지면서 보편적 인권 기준에 논쟁이 있었다. 우리나라의 민주화 운동이 특정 세력에 의해 보호됨으로 상대적으로 다수의 자유와 권리가 침해되는 현상도 이와 같은 것이다.

다섯 번째 논란은 인권 침해에 대한 해석 기준과 실행하는 기관이다. 우선 배제 영역에서 일어나는 인권 침해에 대한 관심은 국제법 차원에서 해결책을 찾기 어렵다. 국제 협약들과 국제 형사재판소는 국익을 우선하는 국제 정치의 현실에서 특정 국가가 정치적으로 거부할 경우 제대로 그 역할을 감당하지 못한다. 중국과 러시아의 거부권 행사와 북한 등 폐쇄 국가는 출입 자체가 제한되

---

74) Luhmann, N. *Das Recht der Gesellschaft* (Suhrkamp, 1993), 578.

75) Luhmann, N. *Das Recht der Gesellschaft,* 579.

76) Luhmann, N. *Das Recht der Gesellschaft,* 582.

어 실상조차 정확히 파악하기 어렵다.

또한 글로벌 기업들에게 좋은 조건을 제공하려면 근로자의 권리 축소와 제한이 불가피하고, 권리를 강조하면 기업들이 자국을 떠나기 때문에 국가 세입이 감소할 뿐 아니라 개인의 일자리마저 사라지게 된다. 그래서 권리 목록을 줄이고 긴급한 것들부터 우선순위를 분명히 한다거나 복지 행정을 효율적으로 구조 조정하는 등의 노력을 해야 하지만 국가 내의 수많은 기업과 근로자들의 이해관계들이 얽혀 있기 때문에 쉽게 이루어지지 않는다. 무엇보다 자국 내 국가인권 기관과 인권 이념에 갇힌 사법부와 재판관의 역할로 보편적 인권은 침해되고 있다.

마지막으로 종교적 차원의 논란이다. 마르크스주의나 사회주의 이념적인 생각을 하는 이도 '분명 보편적 인권 사상은 서구 인간의 이성적 기초에 의해 기독교와 관련이 있다. 이로 인해 인권의 정당화는 하나님이 모든 인간을 이성과 양심을 가진 존재로 존엄하게 창조하였다는 관념에 빚을 지고 있다'[77]라고 인정하고 있다. 즉 인권의 기원과 확장은 기독교 가치관과 역사적으로 밀접한 연관성이 있다. 그런데 이러한 종교적 근거를 점차 하나의 특수성으로 몰아가고 있다. 이러한 태도가 나타난 이유는 두 가지 때문으로 보인다.

먼저 비기독교 문명권에서 성경을 상대할 수 없다는 주장과 창조설을 과학적으로 믿지 못한다는 주장이다. 따라서 인간은 존엄하며 권리를 부여받은 존재로 행해야 한다는 당위 명제는 가능하지만, 인간을 우주의 중심 혹은 자연의 선택받은 존재로 간주하는 서양 형이상학 혹은 자연법 사상에 직·간접적으로 의존한 보편적 인권의 정당화는 이제 지속하기 어렵다는 것이다. 그런데 이 또한 현실적으로 존재하고, 역사적으로 진행되어 왔기 때문에 부분적일 수밖에 없다. 대표적인 인물이 컬럼비아대학교 교수인 루이스 헨킨(Louis Henkin)이다. 그는 마르크스 인권론을 추종하며 인권을 복지와 연결시킨 인물이다. 그는 '인권은 종교적인 신념에 근거할 수도 없고 근거하지도 않는다. 다만 인권은 범위와 적용 차원에서 보편적이며 그래서 보편적으로 접근 가능한 근거가 필요하다. 인권에 호의적인 종교 사상가들에게조차도 인권을 어떤 특정한 신앙적 운

---

77) 정성훈, "보편적 인권 정당화의 위기와 인권도시의 과제", 406.

동에 근거를 두는 것은 개념적으로 제국주의적이다'[78]라고 할 정도이다.

헨킨은 분명히 인권의 종교적 접근을 거부한다. '인권 운동에서 보편적 인권은 유신론에 기초를 둘 수 없다는 입장이다. 유신론적 지원은 유신론적 전제를 공유할 수 없는 사람들에게 사용할 수 없고 접근이 불가하다. 따라서 그는 '인권의 비유신론적 즉 무신론적 기초를 강조하는 인권 운동에 구체적으로 동의한 것이며 공동의 도덕관을 보편적으로 수용하고 보편적으로 실행하기를 촉구하고 있다'[79]라고 하였다. 그리고 인류는 모두가 종교적 신앙을 공유하지 않기 때문에 인권 개념이 성공하기 위해서는 세속성과 합리성을 가지고 접근해야 한다고 주장하였다. 헨킨은 종교적 색채를 철저히 배제하면서 '인권은 개인의 복지, 존엄, 자아실현을 위한 필수 조건이며, 정의와 평등의 공동의식을 반영하는 이익'[80]이라며 사회주의식 정의론을 주장하였다. 이것은 선택적 정의와 불공정의 평등에 대한 논란이 되었고, 상대적 인권론에 가깝다고 할 수 있다. 이러한 주장은 오직 인간의 이성에만 의존하여 접근하고 있음을 알 수 있다.

현대 인권의 이론가들은 모든 개인은 기본적인 권리를 가지고 있다고 주장하는 반면, 종교에서 설정하는 개인의 권리는 각 개인이 인격체로 가지는 권리이기 때문에 다원성을 가질 수밖에 없다고 주장한다. 그런데 종교에서 말하는 개인의 기본권은 본래 각 인격체로서 다원론적이고, 동시에 각 개인에게 헌신을 요구한다. 이는 분명한 차이가 있다. 일반적 인권 개념은 보편성의 경계를 분명히 하고 있지만, 종교적 신앙의 특수성은 오히려 다원성과 조화를 이루고 있다는 것이다. 또한 보편적 인권을 주장하는 이들은 인권의 범위를 법으로 규정하려고 하지만, 종교적 인권을 주장하는 이들은 법으로 한정할 수 없기에 도덕 또는 종교적 규범으로 인권을 보장하려는 성격이 강하다.

---

78) Louis Henkin, "Religion, Religions, and Human Rights", *Journal of Religious Ethics* 26 (1998), 238.

79) Louis Henkin, "Religion, Religions, and Human Rights", 238. ; Richard Amesbury, George M, Newlands, 『신앙과 인권』, 85.

80) Louis Henkin, "Religion, Religions, and Human Rights", 238. ; 김종걸, '인권에 대한 기독교적 이해' 기고문, 2013. ; http://baptistnews.co.kr/ezview/article_main.html?no=1829

제4장 상대적 인권

1. 상대적 인권의 개념과 등장 과정

일반적으로 보편적 인권은 본질적으로 인간이 인간으로서 누구나 갖는 도덕적인 권리이거나 이질적인 사람들 사이에서도 보편타당한 원칙에 근거함으로써 합의를 통해 도달할 수 있는 도덕적 권리이다.[81] 그러나 상대주의적 측면에서 보면 보편적 인권은 모든 개별 공동체에 정초되지 않은 허구에 가깝다고 보았다. 그 이유는 국내적으로는 경제적·정치적으로 소외되었을 가능성이 높은 문화적 소수자를 배제할 수 있기 때문이었다.

대표적 사례로 미국 인류학회 집행위원회는 세계인권선언 발표 1년 전에 유엔 인권위원회에 보내는 성명서를 발표하였다. 인권을 둘러싼 보편주의와 상대주의 관점이 언뜻 상반되어 보이지만, 동전의 양면과도 같은 접근이 서로 얽혀 있다고 주장하였다. 보편주의 관점은 '개인 그 자체로서의 인격과 사회의 구성원으로서 최대한의 인격 발달을 위한 개인의 권리를 존중해야 한다'[82]라는 점을 강조하면서 문화 상대주의 입장에서 문화 간 차이가 있기에 존중해 주어야 한다는 논리를 주장하였다. 미국 인류학회 주장의 요점은 인권 개념은 문화마다 다르기 때문에 문화적 차이를 인정하지 않는 세계 인권 선언은 오히려 '인권의 보편성'이란 명분 하에 인권이 문화 제국주의에 빠질 위험성이 있다는 주장이다. 따라서 모든 사람이 준수해야 할 객관적이며 보편타당한 도덕률은 존재하지 않기 때문에 특정 집단과 문화 소수자들의 차이를 인정하고, 그들의 인권을 존중해 주어야 한다는 논리인 것이다.

본래 문화 상대주의의 등장은 천부적 인권인 자연권과 보편주의를 비판하는 과정에서 나온 개념이라고 할 수 있다. 자연권에 반대하는 대표적인 인물은 공리주의를 주창한 제러미 벤담(Jeremy Bentham)이다. 그는 버크의 영향을 받아 자

---

81) 정필운·박선웅, "문화상대주의와 인권의 보편성 논쟁", 「연세법학」 34 (2019.12), 101.

82) American Anthropological Association, "Statement on Human Rights", *American Anthropologist* 49/4 (1947), 539.

연권은 추상적 권리이기 때문에 권리로 인정될 수 없다고 보았다. 또한 1791년 프랑스 헌법은 미국 헌법의 영향을 받았으며, 무정부 상태의 요약이라고 비난하였다.[83] 아울러 법실증주의적 법 관념과 권리 관념, 그리고 공리주의적 법 사고에 따라 자연권을 부정하면서 도덕적 권리도 부정하였다.[84]

자연권 이론은 17세기와 18세기에 정당하지 못한 법률과 폭력적 정부에 대한 정당한 저항 또는 혁명의 근거로 인정되어 왔다. 벤담도 버크와 같이 1789년 프랑스 혁명을 비판하면서 '무정부적 결함'이라고 했다. 영국의 턱커(Josiah Tucker)는 '로크의 자연권 체계는 모든 정부의 공통적인 파괴자이며, 어떤 정부도 구성할 수 없다'라며, 미국 독립선언문을 비판하였다. 이 주장의 배경에는 자연권 옹호론자들이 미국이나 프랑스처럼 영국에서도 혁명을 기획하는 것을 두려워하여 이를 억제하기 위한 반박 차원에서 나타났다. 당시 영국은 프랑스와 오랜 전쟁으로 더욱 위험성을 느끼고 있었다. 이에 자연권 옹호론자들은 위협을 느끼고 도피하지 않을 수 없었다. 양국 간 평화가 나타난 1815년에도 자연권에 대한 비판은 계속되었다.[85]

벤담은 자연권을 '언어적으로도 난센스', '양날의 칼 위에 놓인 난센스'라고 비난하였다. 이는 법에 명시된 권리가 아니기 때문이라는 것이다. 이러한 주장은 18세기 초 허치슨, 헬베티우스, 백카리아 등의 효용설(utilian)을 통해 더욱 인정되는 분위기였다. 이들은 소위 도덕적 권리 또는 자연권은 불행한 가설일 뿐이고 무정부적인 그릇된 생각(fallacy)이라고 하였다. 시민적 불안을 부추기고, 법에 대한 불복종과 저항을 가져오며, 이미 성립된 정부에 대한 혁명을 부추긴다는 것이다. 정부에 의하여 제정되고 강행되는 정치적 권리, 즉 실정권만이 결정적이며 지성적인 의미를 가진다고 하였다. '권리는 법의 과실(果實)이며 법만

83) 김철수, "인권사상의 전개에 관한 고찰-서구 이론을 중심으로", 101.

84) 양천수, 『권리와 인권의 법철학』, 208.

85) Bentham on Rights and Liberty; G. Smith, Jeremy Bentham's attack on Natural Rights, https://www.libertarianism.org ; A. Alexander, "Bentham. Rights and Humanity : A Fight in Three Rounds," amanda, alexander@anu.edu.au ; D. Habibi, "Human Rights and Politicized Human Rights: A Utilitarian Critique," *Journal of Human Rights 6* (2007), 3-35; T. Hodgskin, The Natural and Artificial Right of Property Contrasted, 1832. ; 김철수, "인권사상의 전개에 관한 고찰-서구 이론을 중심으로", 101 참조.

이 과목(果木)이다. 법이 없는 곳에는 권리도 없고 법에 위반되는 권리도 없으며 법에 선행하는 권리도 없다"[86] 라고 주장하였다.

벤담이 권리를 법적으로 한정하고, 자연권을 배제하겠다는 것에는 두 가지 이유가 있다. 하나는 법적 권리는 주권자의 명령이라는 것으로 확인되고 있으나, 자연권에는 그러한 기준이 없어 직관, 자의, 편견에 의해 좌우되어 끝내 혼란이나 무정부 상태(anarchy)에 빠질 위험성을 포함하고 있다고 보았다.[87] 또 하나는 의무를 강제 관념으로 파악하고, 권리도 강제적인 의무의 관계에서 이해하려고 했던 것이다. 강제는 반드시 법적 강제에만 한정되지 않으며, 사회적·도덕적 강제도 주어지지만 벤담은 이에 대하여 충분히 논하지 않았다.[88]

자유권은 정치 세계에서 하나의 괴물(chimera)에 불과하다고 하면서 그것은 정부와 입법에 의해서 결정되는 것이라고 보았다. 이러한 점은 법이 있는 곳에는 자유(freedom)가 없다고 했던 홉스의 이론과 유사한 점이 많다. 벤담의 자연권 비판을 전제로 주장된 법실증주의의 법 관념과 권리 개념은 이후 오스틴 등에 의해 승계되어 법실증주의의 이론으로 발전되었다. 그리고 이러한 논리는 스튜어트 밀에게 전수되고, 공리주의 담론과 도덕권 권리의 논쟁을 가져오게 하였다. 자연권의 부정론에 대해서는 많은 비판이 따르고 있다.[89]

자연권에 대한 비판적 입장이 상대적 인권담론에서 어떻게 적용되는지 살펴본다. 윤리학에서는 공리주의를 비판하고, 권리를 중심에 놓은 새로운 도덕 이론이 전개되었다. 이러한 이론적 동향을 '현대 인권론' 또는 '철학적인 인권론'으로 접근하는 이도 있다. 즉 현대 인권론은 공리주의가 가지는 개인의 독자성과 이질성에서 도덕적 중요성을 무시하였다고 비판하는 것에서 출발한다고 보

---

86) Only political rights, those positive rights established and enforced by government, have "any determinate and intelligible meaning." Rights are "the fruits of the law, and of the law alone. There are no rights without law-no rights contrary to the law-no rights anterior to the law."

87) J. Bentham, "Anarchical Fallacies", J. Bowring(ed.), *Bentham's Works* vol.2 (1843), 125.

88) 김철수, "인권사상의 전개에 관한 고찰-서구 이론을 중심으로", 101.

89) 김철수, "인권사상의 전개에 관한 고찰-서구 이론을 중심으로", 101-2.

는 것이다.[90] 이러한 관점은 개인주의에 초점을 맞추는 한편, 자연권 대신에 대안적 차원에서 제시된 것으로 보인다.

상대적 인권론에 개인이 어떤 권리를 가지는지에 대하여 입장이 다양하게 나뉜다. 즉 개별적 독립성을 전제로 하는 한 개인권의 구체적인 내용에 관해서는 견해를 달리하지만 인권 개념에 대하여는 공유하려는 경향이 있다. 어떤 개인이 어떤 것에 대한 권리를 가진다고 말하기 위해서는 그 개인의 권리 행사를 위한 사회적 관습이 허용되거나 사회공동체의 일반적인 복지 등 어떤 공동 목표 달성을 촉진한다고 하면 특별한 이유가 없는 한 금지되지 말아야 한다는 것이다.[91] 바꾸어 말하면 개인권은 사회가 공동으로 추구하는 목표의 하나가 아니라 이러한 목표 추구에 대한 하나의 제약이 된다고 보는 것이다. 개인적 인권은 비교를 통하여 평가되는 것이 아니기 때문이다.

상대적 인권론은 상대적으로 약한 이들에게 평등하게 배분하려고 하는 배분적 원리를 중심으로 하고 있다. 또한 국내법·국제법상으로 도덕적 권리로 합의가 되었고, 또한 복지로 이루어지는 측면까지도 인권으로 인정하는 특수적 추세까지 나타나는 등 인권에 관한 폭넓은 합의(concensus)가 이루어지고 있다고 주장한다. 그러나 이는 하나의 현상이 될 뿐이지 도덕적 인권이 철학적으로 기초가 되는 이론으로 나타나지 않는다.[92]

다시 말해, 개인에게 있어서 기본적인 자유·이익·필요를 우위에 두고 그것의 권리로서 중시한다고 하여도 어떤 방법, 어떤 범위, 어떤 내용으로 할 것인지 결코 의견의 일치를 가져오지 못한다는 것이다. 무엇보다 권리는 권리가 가지는 한계성, 상충되었을 때 우선순위 문제나 그것들을 해결하는 방법에 관해서도 정해질 수 없다고 본다. 권리에는 너무나 다양한 계층이 있고, 개인의 다양성이 존중되어야 하기 때문이다.

---

90) H. L. A. Hart, "Utilitarianism and Natural Rights", *Tulane Law Review* vol.53. no.3 (Tulane Univ, 1979), 675-8. ; H. L. A. Hart, "Between Utility and Rights", *Colombia Law Review* vol.79. No.5 (Colombia Univ, 1979), 829-31.

91) R. M. Dworkin, *Taking Rights Seriously* (Havard Univ. Press, 1977), 90-4. ; 169-73.

92) 이동희, "현대 인권론과 공리주의; 인권의 정당화", 『권리와 법철학』 (세창출판사, 2013), 231.

상대적 인권론자들은 개인을 전체의 희생으로 하는 것을 억제해야 하고, 어떤 경우에는 사회의 일반적 이익이 개인의 이익을 위한 희생으로 해야 한다는 주장이다. 예를 들어, 사람들이 승용차를 구매하여 사용할 권리가 있다. 그러나 이를 금지하기 위해, 매년 교통사고로 사망하는 수많은 사람을 구할 수 있고, 대기오염의 환경도 줄일 수 있으며, 에너지의 절약에도 공헌이 된다는 사회적 이익으로 자가용 사용금지를 허용해서는 안 된다는 논리이다. 상대적 인권론자들의 개인의 자기 목적성을 위해 도덕적 무기로까지 인정하며, 개인권을 중시하는 논리는 개인의 자기결정권과 동일한 성격으로 볼 수 있다.

2. 마르크스와 인권 (사회권)

상대적 인권의 이론적 기원은 칼 마르크스이다. 앞부분에서 언급하였듯이[93] 그는 1843년에 발표한 『유대인 문제에 관하여』라는 저서에서 시민권과 구분되는 '인간의 권리(droits de l'homme)'를 최초로 언급한데서 시작되었다. 마르크스가 생각한 초기 인권 사상의 핵심은 인간 해방을 위한 '유물론적 존재로서의 인간'과 '자기 소외'라는 개념에서 출발하고 있다.

마르크스는 사회적 관계 구조 속에서만 인권이 존재한다는 사상과 개념을 설명하고 있으며, 이를 통해 상대적 인권 개념을 말하고 있다. 또한 인권은 단순히 수동적으로 주어지는 것이 아니라 스스로 획득한 자만이 누릴 수 있다고 보았다. 그는 인간의 권리는 본래 '부르주아 인간'의 권리이며, 인간의 특권주의적 이기심에 깊게 뿌리를 내리고 있기 때문에 결코 보편적일 수가 없다고 주장하였다. 마르크스가 정의한 인권은 역사적 투쟁의 산물로 사회 구조 속에 존재하는 사회권이었다. 사회권은 인권의 본질적 구성 요소로 보지 않는다. 정치적으로나 법률적으로 많은 논란거리를 갖고 있을 뿐만 아니라 도대체 그것이 어떤 근거나 이념에 비추어 인권의 본질적 구성 요소가 될 수 있는지 곧 그것이 어떻게 정당화될 수 있는지 철학적 차원에서도 충분한 해명이 되어 있지 않기

---

93) 본 문서 3장 인권 비판 이론, 마르크스의 사회주의 인권 비판 참조.

때문이다.[94]

　사회권은 인권이라기보다는 정치적 이데올로기에 관련된 개념으로, 많은 논란이 되고 있다. 일반적으로 사회권은 노동의 권리 등을 명시했던 1793년의 프랑스 헌법에서 그 기원을 갖는다고 평가되며, 이후 사회주의적 노동 운동의 여러 강령에서 지속적으로 나타났던 용어이다. 무엇보다 1917년 볼셰비키 혁명 이후 구소련 헌법에서 최초로 구체적인 목록을 가진 헌법적 권리로 정식화되었다. 국제 인권 조약으로 현실화하는 과정에서도 이데올로기적 성격으로 논란에서 벗어나지 못했다.[95] 인권을 위해 전쟁까지 치른다는 미국은 아직도 사회권 조약에는 가입하지 않고 있으며, 중국은 사회권 중심의 인권만을 고집한다.[96] 사회권이 지닌 사회·경제적 재화에 있어서 재분배의 요구 때문에 이른바 ‘분배냐 성장이냐’라는 익숙한 이분법적 이데올로기 대립이 불가피하기 때문이다.

　사회권이 법률적인 차원에서 진정한 의미의 인권 또는 기본권이 될 수 있는지에 대해 많은 의문이 제기되곤 한다. 일반적으로 국가에 대해 단지 간섭 금지를 요구하는 소극적 권리인 자유권과는 달리 사회권은 국가의 적극적 노력과 의무 이행을 요구하는 권리이기 때문이다. 하지만 이런 권리가 헌법상에 규정되어 있다 하더라도 개인들이 사실만을 바탕으로 국가에 대해 직접적인 청구권을 행사할 수 있는지도 불분명하다.[97] 무엇보다 경제적 성격을 띠기 때문에 그 보장은 한 국가의 경제적 능력에 의존할 수밖에 없다. 따라서 사회권에 대해서는 국가의 경제 발전 수준에 따라 점진적인 보장만을 기대할 수 있는 것이다.

　우리나라 헌법 제34조에 모든 국민의 ‘인간다운 생활을 할 권리’를 규정하고 있지만, 이에 대해 구체적인 수준으로 답을 제시하기 어렵다. 그만큼 사회권은 단순한 선언적 수준 이상의 의미를 가지기 힘들다고 할 수 있다. 사회권에 대해

---

94) 장은주, “사회권의 이념과 인권의 정치”. 「사회와 철학 연구회 논문집: 사회와 철학」 12, 2006, 1.

95) Micheline, Ishay, 『세계 인권 사상사』, 351.

96) 중국이 말하는 사회권은 우선적으로 집단적 생존권을 의미한다. 정근식 외, 『한국형 인권지표의 모색』 (경인문화사, 2004), 59. ; 81-2. ; Donnelly Jack, 『인권과 국제정치 : 국제인권의 현실과 가능성 및 한계』, 213.

97) 홍성방, 『헌법요론 (제4판)』 (파주: 신영사, 2004), 306-9.

좀 더 적극적인 의미를 부여하는 입장에서도 기껏해야 권리성을 갖지만, 곧바로 확정적인 권리가 될 수 있는 것이 아니라 여러 요소를 수량화하여 다양한 정도'일 뿐이라는 것이다. 현재 사회권을 실현하기 위해 오늘날에 나타난 대표적인 현상으로 학교의 전국 교직원 노동조합(전교조), 기업의 민주 노동조합(민노총) 등 사회적 단체들을 들 수 있다.

그러나 정치적·법률적 논란 말고도 사회권이 어떤 근거나 이념에 비추어 모든 인간이 인간이라는 이유만으로 가지는 인권의 본질적 구성 요소가 될 수 있는지 설명하기 어렵다. 어떻게 사회권이 정당화될 수 있는지에 대한 철학적 차원의 문제도 혼동 속에 있으며, 현재도 마치 사회권이 인권인 것처럼 주장되고 있다. 어쩌면 이런 철학적 차원의 불분명함과 법률적·정치적 논란거리들이 결합하여 사회권의 불안한 지위를 증폭시키고 있다. 아마도 우리가 사회권에 대해 어떤 철학적 이해를 가지고 들어갈지, 무엇보다 사회권을 어떻게 정당화 할 수 있다고 보는지에 따라 그것의 의미에 대한 평가도 달라질 것이다.

사회권의 최초 등장은 17~18세기 시민혁명이 무산 계급과 여성을 열등 시민으로 여기면서 실제 혁명의 성과를 이룬 공과에서 배제되었다는 비판에서부터 시작되었다. 18세기 시민혁명의 진행, 보통 선거권 등장, 사회 보장과 복지의 성장, 노동과 직업의 권리, 건강과 쾌적한 생활의 권리, 교육권 등을 보장함으로써 사람들은 경제적·사회적 평등을 구현하고, 이를 통해 인간의 존엄과 인격의 가치를 구현하는 노력이 필요하다는 인식에서 시작되었다. 당시 정치·철학적으로 홉스의 자연 상태에서 만인 대 만인의 투쟁, 로크의 사회계약으로 인한 저항권의 인정, 루소의 인간 불평등에 비판 이론, 무엇보다 임마누엘 칸트의 인간의 존엄성 주장 등은 사회 구조를 재평가하고, 인식을 전환하는 계기가 되었다는 점이다.

마르크스주의를 연구하는 학자들은 사회권과 상대적 인권은 마르크스로부터 시작되었다고 보고 있다. 특히 사회권의 시작은 마르크스의 인권론이 시발점이다. 마르크스는 헤겔의 사변적·관념적 변증법을 반대하고, 유물 변증법에

추종하면서 사회 구조에 관심이 지대하였다.[98]

　　마르크스-레닌주의에 바탕을 둔 법을 인민법 또는 사회주의법이라고 하며, 가장 대표적인 것이 소비에트 사회주의 공화국 연방 헌법[99]이다. 이 헌법은 특정한 이데올로기와 밀접하게 결합하여 있다. 자본주의법이 사유 재산 제도와 시장 경제 원칙에 따라 점진적으로 생성·발전되어온 역사적·경험적 산물이지만, 사회주의 법은 당의 영도 아래 혁명적 방법으로 생산 수단을 공유하고 계획 경제를 실행한 사변적·이론적 산물이라고 할 수 있다.[100]

　　마르크스는 생산 수단의 사회화를 통해 계급 없는 공산주의 사회에 이르면 국가와 법은 고사(枯死)하게 된다고 생각하였다. 레닌도 이를 인정하여 공산주의를 향한 과도기에 프롤레타리아 국가 건설이 불가피하며, 공산주의 사회를 이룩하기 위해 국가와 법이라는 도구를 최대한 이용하고자 하였다. 법이 자신들에게 유용한 수단임을 알게 된 것이다. 소련의 '법률주의'는 전국을 효율적·통일적으로 통제하기 위하여 실행하는 것으로 서구의 '법치주의'와는 다른 의미가 있는 것이다. 1977년 안드로포프가 '규범 존중 운동'을 추진한 것도 체제 이완으로 인한 주민 통제 차원과 중간 간부들의 부패 추방을 위한 목적이었다.[101]

　　상대주의 인권론자들은 사회권 차원에서 '경제 민주화' 논리를 주장하였다. 20세기 자본주의적 경제 체제의 모순과 갈등이 심화하면서 사회주의식 이념으로 '경제 민주화'란 용어를 수용하였다고 볼 수 있다. 그리고 인간의 실질적 평등을 구현하기 위한 자유와 평등의 조화에 초점이 맞출 수밖에 없다고 주장한다. 그래서 이들의 주장은 인간다운 생활을 보장하려는 것이 사회권이며, 자유

---

98) 김철수, "인권사상의 전개에 관한 고찰", 199.

99) 볼세비키 혁명 후 1918년 러시아 소비에트 연방 사회주의 공화국(RSFSR) 헌법 이후 1922년 소련(USSR)이 결성되었고, 이에 따라 1918년 헌법이 개정되어 1924년 소련 헌법이 만들어진다. 이 두 개의 헌법을 레닌 헌법이라고도 한다. 이후 스탈린 헌법으로 불리는 1936년 소련헌법과 브레즈네프 헌법으로 불리는 1977년 소련 헌법이 만들어졌다. 임기영, "러시아의 체제전환에 따른 헌법의 변화", 2015. 참조.

100) 임기영, "러시아의 체제 전환에 따른 헌법의 변화", 21-5. ; 김근식 외, 『사회주의 체제전환에 대한 법제도적 비교연구』, 62.

101) 김승대, 『러시아 헌법론-자유 민주주의에로의 체제전환에 관한 헌법적 연구』 (서울: 법문사, 1998), 25-6.

권에 한정되었던 기존의 인권 개념에 확대하여 나타난 권리 개념이라는 것이다. 이 개념이 바로 '마르크스의 사회주의 이념으로 인간의 권리와 자유를 바라보는 시각을 현실적 삶의 수준으로 맞춘 것'이라고 주장한다.[102]

경제 민주화, 즉 사회권의 특성은 ① 국가의 적극 개입이다. 국가의 적극적 급부와 배려를 통해 비로소 보장될 수 있기 때문에 국가의 개입과 간섭을 필요로 한다. 이는 기존의 자유권이 국가 권력의 개입이나 간섭을 최소화 내지 배제한다는 것과 확연한 차이를 보인다. ② 많은 입법이 필요하다. 권리의 내용 면에서 매우 불분명하기 때문에 급부의 실현 대상이나 방법, 수준 등에 관하여 입법자나 정부에 의해 구체적으로 법을 만들어 통제한다. ③ 현실적으로 큰 비용이 소요된다. 그러한 점에서 사회권의 실현은 그 사회의 급부 능력과 의지에 의해 한계가 설정될 수밖에 없다[103]는 것이다.

우리나라 헌법재판소도 '사회적 기본권은 소수자와 약자를 포함한 모든 국민이 가지는 기본권이 아니라 국가의 현실적인 재정 경제 능력의 범위 내에서 다른 국가 가정과의 조화와 우선순위 결정을 통해 제한적으로 주어지는 것이다'라고 주장한다. 그러나 사회권을 중시하는 진보 성향의 법관들에 따라 소수자와 약자를 구분하지 못하고, 소수자 인권을 인정하고 점차 확대하는 방향으로 가고 있다.[104]

3. 사회적 약자, 소수자 인권과 정치 형태

1) 사회적 약자와 소수자 인권 개념의 논란
사회적 약자는 소수자보다 이데올로기적 성향이 약하며, 사회적 강자보다 자기 발전과 자기 보전의 능력이 열악한 계층을 말한다. 따라서 사회적 배려가

---

102) 양해림, "마르크스의 인권관", 290-2.

103) 국가인권위원회, 인권센터 자료. http://www.humanrights.go.kr/hrletter/08102/pop06.htm.

104) 헌법재판소, 「인간다운 생활을 할 권리의 심사 기준」, 헌법재판연구원, 2019.

필요한 사람을 말한다. 아동, 청소년, 고아(결손가정), 빈곤 계층, 생활보호 대상자이다. 이것은 아주 오래된 개념으로 구약성경(신명기 14장 29절)에서는 고아, 과부, 나그네 등으로 보았으며, 공동체에서 이들의 생활을 보호하도록 하고 있다.[105] 그리고 소수자는 인종, 민족, 언어, 피부색, 성별, 문화, 국적 등에서 다수나 주류 사회의 일반적 구성원에 편입되지 못하고, 차별적인 대우를 받는 집단이나 개인을 말한다. 사회적 편견과 홀대의 대상이 되기도 하며, 때로는 소외당하고 주류 사회에서 배제되기도 한다.

두 개념 사이에는 차이점도 있고 유사점도 있다. 사회적 약자는 국가적·사회적으로 보호와 배려의 의미가 강하지만, 소수자는 방해받지 않고 스스로 삶의 방식을 영위하려는 욕구가 강하다. 또한 현존하는 사회적 차별과 박해를 철폐·종식하려는 요구와 운동의 성격이 강하다. 두 집단 사이의 경계는 불명확하고 유동적이다. 변호사 윤리장전 제16조 2항에서는 '노약자, 장애인, 빈곤한 자, 무의탁자, 외국인, 소수자, 사회적 약자라는 이유로 수임을 거절하지 아니한다'라고 규정하여 소수자를 약자보다 상위 개념으로 인정하고 있기도 하다.[106]

상대적 인권의 핵심적인 단어는 '소수자(Minority)'이다. 상대적 인권론자들은 소수자 인권을 포스트모더니즘의 한 주류로 인정하고 있으나 실상은 보편적 인권을 훼손하는 개념이다. 소수자는 흔히 수적으로 적은 집단을 생각한다. 그러나 이들은 정치적 또는 사회 구조적, 때로는 관념적 조건에 따라 소수자로 분류한다. 숫자상으로 많지만 소수자로 분류하는 경우로서 노동자, 비정규직, 실업자, 소수 종교, 흑인, 학교 안에서 학생, 군대 내에 병사 등이 해당하며, 정치적으로는 소수 정당, 관념적으로는 여성, 장애인 등이 있다. 또한 실제 숫자적으로 적은 성소수자, 이주민, 죄수, 병역 거부자, 혼혈인, 사이비 종교 집단 등등이다. 소수자는 시공을 초월한 개념이기보다는 특정 역사적·사회적 한계 내에 있으며, 한 공간에서의 소수자가 반드시 다른 공간에서도 소수자로 존재하지는

---

105) 김일수, 『전환기의 새로운 인권 논쟁』, 기독문화연구소, 2019, 10.

106) 김일수, 『전환기의 새로운 인권 논쟁』, 10-1.

않는다. 비정규직 남성 노동자가 '향우회'라는 공간 안에서는 다수자일 수 있고, 아프리카 출신 흑인이 미국 사회에서는 소수자이지만 아프리카 본국에서는 다수자일 수 있으며, 동성애자도 소수이지만 탈 동성애자에 비하여 다수가 된다. 즉 소수자 분류의 특징은 표준화할 수 없다는 것이다. 숫자가 중요한 것이 아니라 권력이 없는 자가 소수자가 되기도 하며, 언제든 소수자의 집단이 시·공간에 따라 다수자로 바뀔 수 있다는 것이다. 또한 소수자가 항상 약자가 아니라는 것이다.[107] 즉 소수자의 개념도 어떤 세계관으로 보는지에 따라 달라질 수 있기에 상대적으로 된다.

따라서 소위 진보를 추종하는 이들은 약자 또는 소수자를 무조건 보호해야 한다는 정책을 내세우고 있으나 이것이 과연 정당성이 있는지 논란이 있을 수밖에 없다. 소수를 법이나 정책을 통해 보호함으로 또 다른 집단 및 다수가 역차별을 당할 수 있기 때문이다. 물론 장애인이나 청소년 등의 약자는 보호해야 한다. 자유 민주주의 국가에서는 선거를 통해 다수가 정치권력을 잡고, 정치인은 그들의 눈치를 보고 정책을 추진할 수밖에 없기 때문에 다수를 우대한 자로 만들지 않고서는 불가능하다. 따라서 정치 집단과 이를 이용하는 인권 단체들은 소수자 우대 정책을 펴면서도 항상 권력을 추구하며, 다수를 지향한다. 이러한 한계성 때문에 소수자 정치보다는 전략적인 용어로 '정체성 정치', '정당성 정치'로 진행한다고 할 수 있다.

조국 전(前)교수는 2011년 2월, 불교 미래사회 포럼 강연에서 "인권은 다수의 향유물이 아닌 소수자 보호를 위한 것이다. 반체제 활동가, 양심적 병역 거부자, 비정규 노동자, 형사피의자, 동성애자, 혼혈인 등의 인권이 어떠한 수준으로 보장되고 있는가가 인권 국가 여부의 판단 기준이다"[108] 라고 하였다. 이러한 논리는 레닌이 주장한 인민 인권론으로, 대표적인 상대적 인권 논리이다.

소수자 인권 논리는 이분법적 분류 개념 아래 보수와 진보의 사회 변혁을 위

---

107) 장미경, "한국 사회 소수자와 시민권의 정치", 「한국 사회학」 39/6, 2005, 159-82.

108) 조국, 2011.2.3일자, 불교 미래 사회 포럼 강연 자료, 불교포커스 신문.
    http://www.bulgyofocus.net/news/articleView.html?idxno=62649

한 하나의 논리였고, 약자에 대한 동정심을 불러오게 하는 정치적 수단으로 이용되었다고 할 수 있다. 이러한 정치적 성향을 좌파 또는 마르크스주의자라고 한다. 주요 인물로는 인간의 성 욕구와 충동의 논거를 '성정치(Sex-Pol)'로 주장한 프로이드(Sigmund Freud)와 빌헤름 라이히(Wilhelm Reich), 사회적이고 광범위한 욕망 이론을 주장한 들뢰즈(Gilles Deleuze)와 미셸 푸코(Michel Foucault)와 가타리(Pierre-Félix Guattari), 소수자 인권을 주장한 조르조 아감벤Giorgio Agamben) 등이 있다.

상대적 인권에서 성소수자를 이분법적 인권 논리로 접근하고 있다. 엄격히 말하면, 성소수자의 정체성 정치는 '욕망의 정치'[109] 라고 할 수 있다. 욕망이란 인간의 가장 기본적인 욕구와 관련되어 절제 없이 행동하는 것을 말한다. 성소수자는 인권 문제라기보다 성 욕망의 문제이기에 이를 외부에서 해결하는 것이 아니라 내부적으로 스스로 관리하도록 해야 한다는 것이다.[110] 성소수자들도 이러한 시선을 내면화하여 이성애자와 자신을 구분한다. '남성 동성애자는 항상 엽색 기계를 작동시키며 성관계를 한 뒤, 곧바로 새로운 파트너를 찾아 나서거나 사우나나 찜질방에서 성행위를 즐긴다. 또 바에서 양복을 입고 점잖게 연애하는 성소수자, 나름 같이하는 파트너십 등 이성애적인 구도보다도 더 미묘한 것으로 내부 갈라치기를 하면서 욕망을 표준화하든가 고정하려는 경향이 있다'[111] 라고 진보학자들도 언급하고 있다.

오늘날 소수자 인권 담론은 논란이 되고 있다. 소수자 인권의 당위성을 주장하는 이들은 개인별 차이는 배제와 차별이 아니라 환원 불가능한 '다양성'으로 인식되어야 한다고 주장하며 개인별 가치를 재평가하는 '정체성으로 재개념화 해야 한다'라고 보는 것이다. 그러나 본래 소수자 개념 자체가 위계적·이분법적 구조를 바탕으로 만들어졌으며, 상대적 인권담론에 기초한 소위 '차이 전략'인 것이다. 예를 들어, 소수자들이 나름 불이익을 당해 온 소외 집단들에게

---

109) 윤수종, "인권과 소수자, 그리고 욕망의 정치", 「진보평론」 42, 2009, 156.

110) 윤수종, "인권과 소수자, 그리고 욕망의 정치", 158.

111) 윤수종, "인권과 소수자, 그리고 욕망의 정치", 158.

차별에서 벗어났다고 하여 하나의 대안을 마련해 주지만, 이는 또 다른 배제의 차별 체계를 만들어 낸다는 것이다. 즉 '희생자, 피해자'라는 프레임으로 구축된 공동체는 '모든 여성은 같다. 모든 흑인은 같다. 모든 동성애자는 같다'는 논리를 만들어 낸다. 그리고 이는 특정 소수자의 차이를 고정화시킨다. 이를 '차이 전략'이라고 하며, 모든 가치와 의미를 자신만의 '진정한' 경험에 고정시키고, 이들의 입장과 위치를 '정치적 올바름(political correctness)'으로 보증한다는 것이다.[112] 이는 특정 소수자 집단의 경험, 기억, 주장, 능력 등을 특권화함으로써 다른 사람에 대해 배타적이게 되고, 객관성을 포기하게 함으로 상대주의에 빠지게 된다는 것이다.[113]

2) 소수자 인권 투쟁 방식(Ⅰ) – 정체성과 연대권

오늘날 '인권이 권력이다'라는 표현이 등장하고 있다. 왜 이런 주장이 제기되었을까? 이는 상대적 인권론자들이 소수자 인권을 명분으로 '어떻게 연대하고 투쟁하여 인정받는지' 그 방식을 살펴보면 알 수 있다.

앞에서 언급하였듯이 '인간해방'을 위한 사회 권력 획득 투쟁의 논리는 헤겔의 승인 이론에서 출발하였고, 인권으로 접목한 것은 '마르크스의 인권 이론'이라고 할 수 있다. 이를 구체화 한 인물이 '인정 투쟁 이론'[114]을 주장한 악셀 호네트(Axel Honneth)이다. 호네트는 프랑크푸르트대학교 사회 연구원과 연계된 사회 이론과 비판 철학 학파인 프랑크푸르트학파의 이른바 '제3세대'에 속하는 인물이다. 그는 임마누엘 칸트와 헤겔의 개념을 재사용하여 인간의 고통(소외)에 대한 도덕적·사회학적 이론을 구성했다. 오늘날 사회 투쟁의 원동력이 되고 있는 '인정 부족'의 논리이다. 그는 인간은 자신이 인정받기 위해 세 가지 영역인 '법', '사랑', '연대'를 통하여 실행해야 한다고 주장한다.[115]

112) 고동현, "정체성의 정치와 이론적 구성과 전략들", 「연세학술논집」 20집 (연세대학교대학원, 1999), 127-9.

113) 장미경, "한국 사회 소수자와 시민권의 정치", 167-168.

114) 인정 투쟁 이론(Kampf um Anerkennung), 동등한 인간으로 승인받고 인정받고자 하는 욕망을 말한다. 오늘날 경제적 분배투쟁 못지않게 인정을 받기 위한 투쟁이 중요하다. 21세기 산업화 민주화 이후 대한민국은 인정투쟁시대로 접어들었다. 정일권, 「문화막시즘의 황혼」 (CLC, 2020), 101.

115) Axel Honneth, 「정의의 타자」 문성훈 등 4인 역 (파주: 나남, 2009).
https://wonderfulmind.co.kr/axel-honneths-theory-of-recognition/
호네트는 1949년 독일에서 태어난 철학자, 사회학자로서 3가지 측면에서 인정해야 한다고 주장하였다. ① 법은 인정의 형식을 보장하기 위한 지침을 제공한다. 또한 그들 사이의 역동성을 보장하는 규칙을 생산한다.

이들의 논리는 다음과 같다.

첫째, 법은 인정 형식을 보장하기 위한 지침을 제공한다. 또한 그들 사이의 역동성을 보장하는 규칙을 만들어 준다. 법적으로 이들을 보호하도록 해야 한다는 것이다. 둘째, 사랑은 다른 영역의 기질이며, 보살핌과 관심을 촉진한다. 애정 결핍을 중독성 있는 행동과 사회적 거부와 연관시킨다. 또한 학교에 성교육을 포함한다. 셋째, 사회적 가치 평가는 주어진 공동체에서 개인의 자질과 능력보다 연대의 영역이라고 주장할 정도로 연대권을 중시한다.

상대적 인권을 주장하는 이들은 두 가지 형태로 투쟁한다. 소수자 권리 보장을 위한 '권리 보장 정치'와 소수자 정체성의 인정을 위한 '정체성 인정 정치'로 구분된다. 정체성에 중점을 두는 경우는 그들의 정체성이 사회적으로 인정받지 않을 때 나타난다고 보고 있다. 즉 그들의 정체성이 새로운 것이거나 존중받지 못한다고 생각하면 정체성 인정을 위해 투쟁하고, 권리의 특성에 따라 정체성이 일시적이거나 큰 의미가 없다면 권리 보장에 중점을 두는 것이다. 권리 보장이란 바로 차별 또는 혐오라는 명분으로 '포괄적 차별금지법', '혐오 표현 금지법', '평등법', '인권법' 등에 대한 운동으로 나타난다.[116] 2018년 우리나라 국가인권위원회에서 '우리 사회 혐오·차별·배제를 뿌리 뽑겠'[117]라며, 15년간 운영 방향을 제시하였다. '평등과 차별에 관한 법률안'을 제시한 것은 소외된 자들, 즉 정체성이 가지는 자들을 소외하지 않도록 국가 권력으로 강제하겠다는 의지의 표명이다.

권리 보장과 정체성 투쟁 방식 중 어느 방식을 먼저 해야 하느냐에 우선 순위를 따지자면 정체성 정치가 먼저이다. 내부 단결과 연대를 위할 뿐 아니라 특

법적으로 이들을 보호하도록 해야 한다. ② 사랑은 다른 영역의 기질이며 보살핌과 관심을 촉진한다. 애정의 결핍을 중독성 있는 행동과 사회적 거부와 연관시킨다. 마찬가지로, 우리는 학교에 정서적, 성교육의 포함을 위해 싸우는 움직임을 본다. ③ 사회적 가치평가는 주어진 공동체에서 개인의 자질과 능력이 인정되는 연대의 영역이다라는 주장. 연대 차원에서 LGBT 운동의 투쟁은 권리만을 요구하는 것이 아니다. 그들은 또한 사회의 나머지 구성원들과 동등한 인정을 요구하고 낙인찍기 투쟁도 요구한다.

116) 장미경, "한국 사회 소수자와 시민권의 정치", 171 참조.

117) https://news.naver.com/main/read.nhn?mode=LSD&mid=sec&oid=277&aid=0004334149&sid1=001 2018.10.05일자. 아시아 경제신문 참조.

히 오늘날 다원주의 시대에 '정체성'을 중시하는 이미지 선점에도 용이하기 때문이었다.[118]

근대 정체성은 중심의 정체성과 주변의 정체성을 비교하여 권력의 정도에 따라 범위를 정하고, 그 구조에 순응하며, 자신의 힘과 정체성을 점차 확대하는 형태였다. 반면 현대 정체성은 근대적 정체성이 가지는 총체적(Totality) 정체성을 부정하고, 이분법으로 구분하여 각자의 차이와 특유성을 강조한다. 과거에는 중심이 되는 정체성만을 규정하였으나 현대 정체성은 '개인'이나 '특정 집단'도 정체성을 규정할 수 있어서 각자가 중심이 될 수 있다. 과거에는 남자·자국민·이성애자들 중심으로 구성하였지만, 이제는 여자·이주민·동성애자의 정체성을 재규정하여 억압적 관계를 탈피하는 것이다. 현대 정체성에서 이들은 존재하는 '소외자'이기 때문에 이들을 회복시킨다는 명분이다.

다음으로 소수자의 권리 보장을 위한 '연대권' 투쟁 방식이다. 먼저 연대권에 대한 배경부터 살펴본다. 이론적 근거로 '3세대 권리론'을 처음으로 주장한 사람은 바사크(K. Vasak)이다. 그는 '세대별 인권'을 분류하였다.

1세대 인권은 프랑스 혁명 시대로 시민적·정치적 권리를 말하며, 이는 국가의 간섭·개입을 배제하는 소극적 권리로 설명하였다. 2세대 인권은 러시아 혁명 시대로 경제적·사회적·문화적 권리를 말하며, 이는 국가의 적극적 개입을 통한 분배를 실현하는 적극적 권리로 설명하였다. 3세대 인권은 전통적인 개인적 권리가 아닌 집단적 권리 유형으로 개별 국가의 헌법 영역을 초월하여, 즉 인민과 그 자국 정부 간의 관계가 아닌 세계의 모든 정부와 국제조직을 의무자로 규정한 권리라고 보았다. 3세대 인권은 1, 2세대 인권의 범주가 전제하는 개인주의적 경향을 극복하는 새로운 인권의 범주로, 소수자 집단들이 '연대'의 중요성을 강조하고 있다. 동시에 '개인, 국가, 공적·사적 결사, 국제 공동체 등 모든 사회적 행위자들의 협력적 노력에 의해서만 실현될 수 있는 권리'라고 주장한다.[119] 이들은 법률적 영역을 넘어 정치, 경제, 사회복지, 환경, 사회개발 등 전

---

118) 고봉진, "현대 인권론의 '정체성'의 의미", 『권리와 인권의 법철학』 법철학연구총서 2 (서울: 세창출판사, 2013), 243.

119) Karel Vasak, *Pour une troisiéme génération des droits de l'homme*, 2011, 839. ; cited in Linda Hajjar Leib, "An Overview of the Characteristics and Controversies of Human Rights", *Human*

분야에 걸쳐 권리를 주장하고 있다.

소수자 집단 간 연대권의 특징은 '국경을 초월한 연대의 권리'라고 하며, 국제 연대를 통해 의무 이행의 부담 압력을 국가에 가한다. 나아가 모든 사회 행위자들에게도 도덕적 명분을 내세워 개인이나 공적·사적 집단들에게도 의무를 부과한다는 것이다. 무엇보다 연대권은 개인의 권리이자 개인의 권리로 축소될 수 없는(not reducible) 집단적 권리의 성격을 가진다고 주장한다. 현실적으로 한 국가 내에는 다양한 사람들이 존재하고, 그들이 정치적·문화적으로 차별받는 소수자라면 그들의 인권 보호를 위한 집단적 권리로 3세대 권리를 주장하는 것이다. 이들은 이 분야가 앞으로 인권론에서 발전해야 할 영역이라고 주장한다.[120] 그래서 3세대 인권론을 '국제 연대권'이라고도 부른다.[121] 주요 국제 연대권으로는 발전권, 평화권, 자기결정권, 소수자 권리, 환경권, 인류 공동 유산의 소유권이 있다고 한다. 그리고 이들은 국제 연대 독립 전문관 절차를 통하여 국제 연대권 선언 안을 마련하였다. 특히 국제 연대권은 문화적으로 다양한 생활 환경이 국내적·지역적으로 강력한 이행을 하게 한다고 주장하고 있다. 또한 국제 연대권은 각 국가에서 제정한 법적 근거에 따라 직접 행동을 취함으로써 실현 가능한 권리가 된다고 보았다. 이때 국가는 자국 정책이 타국의 인권을 침해하지 않도록 보장하는 '초영역적 국가 의무'를 가진다고 주장하고 있다.[122]

3세대 인권론이 법 이론으로 정당화되기에는 많은 논란이 있다. 인권의 전개 과정과 이론의 관련성을 보여주는 증거가 불충분하다는 것이다.[123] 더욱이

Rights and the Environment: Philosophical, Theoretical and Legal Perspectives, Brill, 53.

120) 권혜령, "인권개념의 세대적 접근에 대한 비판적 고찰", 『법학연구』 56 (2018), 87-92.

121) 장복희, "제3세대 인권인 국제연대권" 11/4 (아주법학연구소, 2018), 131-2.

122) 장복희, "제3세대 인권인 국제연대권", 132.

123) 1세대 인권은 프랑스 혁명, 2세대 인권은 1917년 러시아 혁명, 3세대 인권은 '식민화되고 지배받는 인민의 해방', 즉 제2차 세계대전 이후 탈식민화 과정에서 발생한 제3세계 국가들의 혁명시기에 요구된 시대적 기대와 열망을 각각의 세대별 권리로 범주화하고 있지만, 사회권은 이미 19세기 비공산주의 유럽국가에서도 주장되면서 혁명과는 독립적으로 지속되었고, 1990년대 소비에트 해체 이후에 자본주의 국가에서 복지국가의 요청으로 보장되고 있다는 점에서 권리-혁명의 양자의 결합으로 권리를 분류하는 것은 정합적이지 않다고 한다. 또 다른 비판은, 인권이 연대적·순차적으로 발전하여 그 세대를 형성한 것이 아니라는 것이다. 즉 18세기 후반의 미국 「독립선언서」(1776)에서는 시민적·정치적 권리만으로 권리가 한정되지 않았고, 프랑스의 「인간과 시민의 권리선언」(1789)에서도 제2조에서 생명, 재산, 안전과 함께 '압제에 저항할 권리'를 확인

인권이 '세대'라는 개념으로 분류될 수 있는가의 문제이다. 인권의 형성 과정을 '세대'라는 표현으로 접근하는 것은 인권의 가장 기본적 특성인 불가분성, 상호 의존성 등과 맞지 않는다고 할 수 있다. 세대별로 나누는 인권론은 이전 세대를 대체하는 개념으로 등장하였으나 어떤 명확한 규범이 될 수 없으며, 단순히 형식을 맞추기 위한 분류로 보인다.

마지막으로 분류 방식에서 1, 2세대 인권은 '개인적(individual)' 권리이면서 집단의 권리도 될 수 있지만, 3세대 인권은 특정 집단과 인간 공동에 부여하는 '집단적' 권리이다. 무엇보다 일부 개인, 일부 집단, 일부 국가 간의 '연대'를 통해서 특정한 권리를 실현하겠다는 주장이다.

3) 소수자 인권 투쟁 방식(Ⅱ) : 투쟁성과 저항성

소수자 집단의 정체성 인정 과정에는 두 가지 방식을 주장한다. 바로 투쟁성과 저항성이다.[124]

첫째, '투쟁성'이다. 이는 소수자 집단들이 정체성을 인정받기 위한 인정 투쟁이며, 인류 역사 형성의 동력이라고 평가한다. 또한 개인과 민주사회의 발전을 설명하는 성격으로도 보았다. 이러한 투쟁성이 소수자 인권 형성의 동력으로 평가되고 있다.[125] 호네트의 '인정 투쟁 이론'을 적용하여 강자와 약자 또는 갑을 관계에서 인권 침해에 해당하는 강력한 부정이 형성되면 인권 형성의 동력이 된다는 것이다. 강자는 자신의 정체성에 따라 다른 자아에 자신의 정체성을 인식시킬 수 있지만, 약자 및 소수자는 강자가 규정하는 대로 수동적일 수밖에 없다는 것이다. 동시에 정체성과 정의감이 훼손되고, 이를 경험한 약자는 자신의 정체성을 타인으로부터 확인받기 위해 투쟁에 나선다는 것이다. 정체성은 자신이 스스로 갖는 것이 아니라 사람 사이에서 상호 승인을 받기 위한 본질적 요소이며, 결국 약자 또는 소수자는 인정 투정으로 정체성 투쟁을 할 수밖에 없다는 것이다.

함으로써 3세대 인권의 하나로 제시되는 자기결정권의 성문법적 기원을 보여주고 있다. 이렇듯 모든 '세대'의 인권의 핵심적 내용을 18세기 혁명기 문서에서 찾아볼 수 있다는 점이 연대적 접근의 실패를 증명한다. Bülent Algan, *"Rethinking 'Third Generation' Human Rights"* (1 Ankara L, Rev, 2004), 127.

124) 윤수종, "우리 시대 소수자운동의 특성과 함의", 『우리시대의 소수자 운동』 (이학사, 2005), 17-8.

125) 고봉진, "현대 인권론의 '정체성'의 의미", 241.

둘째, '저항성'이다. 소수자 인권론자 입장에서 매우 중요한 요소이며, 이를 '저항하는 정체성'으로 표현하고 있다. 저항의 반대는 순응이다. 순응하는 정체성은 한 사회의 지배적인 가치나 규범에 대하여 나의 정체성을 수동적으로 형성하는 경우이다. 대부분 사람은 개인이나 집단의 정체성이 주어진 것이라고 믿는다. 대표적인 사례로 인도의 '불가촉천민'을 든다. 현재 자신의 신분과 위치를 전생의 대가로 받아들인다. 그러나 저항하는 정체성은 지배적인 가치나 규범이 지시하는 대로 정체성을 부정하고, 자신의 정체성을 새롭게 규정하는 것이다. 우리나라에서 저항성의 대표적인 성공 사례로 한국 노동계급 형성을 들고 있다. 공장 노동자들을 '공순이·공돌이'로 비하하는 문화적 이미지와 국가가 강제하는 '산업 전사'라는 타의적 정체성을 극복하고, 노동자들이 저항하여 집단적 정체성을 발전시켰다고 보고 있다.[126]

4) 시민권 보장(정치)을 위한 3단계 진행 방식

소수자 집단과 상대적 인권론자들은 상호 연대하며, '권리 보장'을 위해 투쟁하고 이것이 정당한 목적임을 알리기 위해 '시민권 정치'[127]를 한다. 하나의 권리 개념을 언급하고, 이 개념에서 정치적으로 접근하는 것이다. 무엇보다 변화하는 세계 환경을 이유로 자신들의 요구와 권리를 '시민권'이라는 명분으로 3단계로 전개하는 것이다..

1단계로 기존의 시민권 개념을 수정한다. 예를 들어, '백인, 부르주아, 남성' 중심의 시민권 개념을 언급하고, '흑인, 노동자, 여성' 등 기존에 발견되거나 인식되지 않은 소수자들의 발견과 그들의 권리 보장을 통해서 기존 시민권 개념의 범주와 외연을 확대하고 재구성하는 방식이다.

2단계는 나름 규약이나 법률적 근거를 제시한다. 세계 인권 선언 등의 국제 인권 규약에 여성, 소수 인종, 장애인 등 소수자 약자의 권리를 보장해야 한다는 내용을 근거로 내세운다.

3단계는 개인이나 특정 집단도 포함하며, 이를 '민주주의의 확장'이라고 주장한다. 실제로 자유주의적 개인이나 노동자들에게 한정되어 있던 시민권을 새

---

126) 구해근, 『한국 노동계급의 형성』(창작과 비평사, 2002), 36.
127) 장미경, "한국 사회 소수자와 시민권의 정치", 167-8.

로운 사회적 약자, 즉 성소수자, 정신병자, 죄수 등 사회에서 배제되거나 차별받는 주체까지 포함하여 참여시킨다. 아울러 자신들의 세력 확장을 위해 학생, 군대, 청소년, 이주민 등 지금까지 인식되지 못했거나 존중받지 못했던 다양한 주체도 포함해야 한다고 주장하며, 이러한 소수 집단의 확장성을 자칭 '민주주의의 확장'이라고 명분을 내세운다.[128)

시민권 정치는 기존 시민권의 개념을 지속해서 확장해왔다. 생각지도 못했던 소수 집단이 배제되거나 차별받았다고 주장하면서 새로운 주체의 특성을 반영한 권리 항목을 용어 선점을 통해 개발하고 사회에 인식시켜왔다. 대표적인 사례가 '성적 취향', '성 정체성', '양심수', '양심적 병역 기피자' 등이다. 소수자들의 추가는 기존 시민적 권리의 권리 항목들이 훨씬 다양화하고, 세분화되었다고 주지시키는 방식이다.

이러한 확장 방식은 정당이나 권력 집단에서 부여하는 것이 아니라 아래로부터의 투쟁을 통해 획득되는 것이라고 주장한다. 다양한 소수자가 먼저 '정체성 인정의 정치'를 시작하고, 구체적으로 시민단체의 구성으로 나타난다. 이를 토대로 '권리 보장의 정치'를 진행하는 것이다. 이러한 투쟁 방식은 시민권 정치라는 이름으로 갈등과 경합, 투쟁 과정을 통해 확보되는 것임을 인식하면서 진행하고 있다. 실제로 지금까지 진행된 소수자 권리 보장을 위한 과정을 살펴보면 소수자의 인정, 권리 보장을 위한 시민사회 단체의 결성, 이들 단체를 통해 일반 국민에게 알리는 방식이다. 그리고 국가와 정치인들은 소수자들의 존재나 요구 조건이 이슈화되면 법으로 규정하거나 정책에 반영하게 되는 것이다.

5) 소수자 인권에 대한 문제점 지적 시에 자신들의 대응 방법

상대적 인권론자들은 소수자 인권론에 대하여 문제를 제기하면 다음과 같이 대응한다는 것이다. '차이는 동일성으로 융해되고 특수는 보편으로 몰아갈 수 있다'[129) 라는 전략이다. 구체적으로 '틀림이 아닌 다름이다', '새로운 정체성의 차이에 대하여 관용으로 접근해야한다', '각 차이가 존엄하다는 점을 인정해

---

128) 장미경, "한국 사회 소수자와 시민권의 정치", 참조.

129) Jonathan Sacks, 『차이의 존중』 임재서 역 (말글빛냄, 2010), 47. ; 추가적 사항은 고병권, 『니체, 천개의 눈 천개의 길』 (소명출판사, 2009), 101-102. ; 고봉진, "현대 인권론의 '정체성'의 의미", 244 참조.

야 한다'[130] 라는 것이다. 즉 개인적 인권을 내세워 차이에 대한 문제점을 상쇄 시킨다는 전략인 것이다. 그리고 '이러한 상황에는 새로운 언어와 이미지도 필요하다'[131] 라고 주장한다. 언어를 통해 사람의 의식을 개조시키고, 기존 질서와 구조를 무너트리는 후기구조주의 생성 과정과 맥을 같이 하고 있다. 예를 들어, '절대 진리는 없다', '틀림이 아닌 다름이다', '논쟁의 대상이 아니라 인정의 대상이다' 등이 있다.

그들은 과거의 '민주화'를 내세운 집단적 사회 운동보다 이제는 '개별적 정체성'의 시대가 되었다고 판단하고 있다. 예를 들어 여성, 라티노(중남미계 미국인), 동성애자, 이주민(이슬람) 등이 신운동의 주체가 되는 것이다.[132] 이에 적합한 새로운 언어도 필요하다고 보고 있다. 또한 소수자 인권 운동은 '공익 소송' 활동을 통해 지원해야 한다고 보았다. 공익 소송은 현재의 소송법 체계에서 제대로 보장받지 못한 이들을 돕는 차원으로, 새로운 me-indentity를 아직 권리화하지 않는 인권, 즉 소수자 인권 보장이라는 이름으로 진행하는 것이다.[133] 마지막으로 소수자 인권의 특수성을 설명하기 위해 '현실적 존재'를 내세운다. 그리고 정체성 논리에 따라 '동일성에 기초한 정체성'과 '차이에 기초한 정체성'으로 구분하여 대처한다는 것이다.[134]

여기서 여성주의[135] (페미니즘)의 한 사례를 살펴본다. 여성주의의 진행 과정으로 1세대의 모토는 '남성과 같은 인간'으로 여성을 남성화하고 여성성을 배제

---

130) Jonathan Sacks, 『차이의 존중』, 47.

131) 조효제, 『인권의 풍경』(교양인, 2008), 48. ; 110.

132) Micheline Ishay, 『세계 인권 사상사』, 418.

133) 이상돈, 『공익소송론』(서울: 세창출판사, 2006), 11-12. ; 박경태, 『소수자와 한국사회』(서울: 후마니타스, 2008), 116-7.

134) 이현재, 『여성의 정체성-어떻게 여성이 될 것인가?』(서울: 책세상, 2007), 32.

135) 여성주의(女性主義, feminism)는 여성의 권리를 중요시 여기는 이론이다. 학계의 페미니스트들은 여성을 억압하는 젠더 불평등과 여성의 사회적 인식·지위를 기술하는 것에 집중한다. 이 중 퀴어 이론의 분파에 속하는 이들은 젠더와 심지어 성(sex)마저도 사회적 환상이라고 주장하며 젠더와 섹슈얼리티가 사회적으로 만들어지는 과정을 연구하여 사회관계를 이해하는 대안적 모델을 제시한다. 일부 극페미니즘 학자들은 모든 형태의 위계질서, 기업과 정부, 그리고 모든 형태의 단체에 존재하는 질서가 탈중앙화되고 극단적인 민주주의 체제로 대체되어야 한다고 주장한다. 위키백과 참조.

하는 것이다. 2세대의 모토는 '남성과 다른 여성'을 내세우면서 새로운 여성성을 토대로 새로운 정체성 '젠더'를 주장하며, 3세대의 모토는 '동일성과 차이를 공존'하는 것으로 배제를 하지 않는 것이라고 주장한다.[136] 즉 상황에 따라 새로운 언어를 통해 투쟁 방식의 합리화를 내세운다.

오늘날 이러한 정치를 '정체성 정치(Identity Politics)' 또는 'PC(정치적 올바름) 정치'라고 한다. 정체성 정치란 1970년대 미국 마르크스주의자들이 인종·성별·종교 등으로 분화된 각 집단과 연대하여 기득권적 전통 가치 체제를 해체함으로써 사회 변혁을 추구하는 것을 말하며, 이를 포장하고 구체화한 것이 PC 정치이다. 그래서 PC 정치(Political Correctness, 정치적 정도)는 '소수자', '약자', '피억압자', '피해자'에 대한 무조건적 인정과 보호, 관용을 강요하는 병리적 문화 현상을 말한다. PC를 '정치적 올바름', '정치적 정도(正道)'로 번역하면 좌익의 용어 혼란전술에 말려드는 것으로 본다.[137]

4. 상대적 인권의 특징과 논란

최근 상대적 인권의 권리적 개념에 대하여 비판적인 학자가 있다. 맥킨타이어는 1981년 『덕의 상실』에서 '인권이란 개념은 마녀나 유니콘처럼 그 존재를 입증할 수 없는 허구와 유사한 것'이라고 주장하였다. 이는 인권 개념의 유용성 및 규범적 타당성에 대하여 문제점을 분명하게 제시하고 있다.[138] 마이클 샌델 역시 비판적 맥락에서 '인권의 명분으로 투쟁하는 권리 정치의 등장은 공동선 정치의 타락에 수반되는 병리적 현상이다. 한편, 인간의 권리를 무연고적인 자아의 독립과 자유를 보장해줌으로써 공동체의 해체를 공식화·가속화하는 제도'[139]라고 비판하고 있다.

상대적 인권은 1970년대를 거치며 새로운 이념이 필요한 시기에 나타났다.

136) 이현재, 『여성의 정체성-어떻게 여성이 될 것인가?』, 34-41.
137) 홍지수, 『프럼프를 당선시킨 PC의 정체』 (파주: 북앤피플, 2017), 20-50.
138) 김비환 외 8인, 『인권의 정치사상: 현대 인권 담론의 쟁점과 전망』 (서울: 이학사, 2010).
139) Michael J, Sandel, 『정의란 무엇인가』, 148-9.

경제가 부흥하는 과정에 사회권이 중시되고, 소수자 중심의 정체성이 나타나면서 국제적으로 공동체를 조직하고 서로 연대하면서 힘을 축적하였으며, 인권이라는 명분으로 법적인 범위를 벗어나 사회 전반적으로 확대되며 나타난 현상이다. 상대적 인권의 특징을 요약하면 ① 원칙과 기준이 상황에 따라 변화한다. ② 이념적 성향으로 사회를 강자와 약자의 이분법적으로 구분하여 약자에게는 감성적 접근과 사회권을 중시한다. ③ 소수자 인권을 내세워 정치에 집중하도록 한다. ④ 사회변혁을 위해 투쟁성을 강조하고 있다. ⑤ 획득된 권력은 법을 통하여 정립하나 대중들과는 다소 거리가 있다는 것이다.

1) 상대적 인권의 5대 특징

첫째, 원칙과 기준의 미정립이다. 지금까지 알려진 상대적 인권 논리들은 일정한 개념과 명확한 원칙이나 기준이 정해지지 않았다. 어떤 상황에 따라 필요한 부분을 선택하고, 이를 정당화하고 합리화한다. 예를 들어, 정의를 부르짖으나 실상은 '선택적 정의'이며, 인권이라고 하지만 천부적이고 자연적인 인권이 아니라 '소수자 인권'이고 '상대적 인권'이라는 것이다. 오늘날 인권 개념에 차이가 있는 것도 이와 같은 것이다. 인권을 '각 개인이 오로지 인간이라는 이유 하나만으로 모든 사람과 국가를 향하여 주장할 수 있는 권리'[140] 라고 정의하고 있다. 따라서 상대적 인권은 권리만 있고 의무는 없다. 그로 인해 개인은 존재하되 공동체는 없고, 타인을 전혀 고려하지 않으며, 기준 없이 일정한 이념 성향의 집단이 합의만 되면 도덕권까지 인권으로 인정되는 형국이다. 그래서 잘못에 대한 사과와 용서보다 추진 과정에 절차상 문제만 보일 때가 많다는 점이다.

표면적으로는 평등하게 대우해야 한다면서도, 내면적으로는 차등 대우에 공감한다. 실질적 정의 기준에 공통된 평등과 정의의 기본 원칙은 '같은 것은 같게, 다른 것은 다르게 대우하라(treat like cases alike and treat different cases differently)'이다. 그러나 상황과 선택에 따라 이 원칙은 무시된다. 평등의 원칙은 '합리적

---

140) 김도균, "인권과 정의론-최소한의 정의 원리 보장으로서의 인권", 「인권과 정의」5월호 (인권법교재발간위원회, 2007).

근거가 없는 차별을 하여서는 안 된다는 상대적 평등이다. 또한 합리적 근거가 있는 차별인가의 여부는 그 차별이 인간의 존엄성 존중이라는 헌법 원리에 반하지 아니하면서 정당한 입법 목적을 달성하기 위하여 필요하고도 적정한 것인가를 기준으로 판단되어야 한다'[141] 라고 하지만, 이러한 기준을 고려하지 않는다.

혐오의 기준도 달리 적용한다. 일반적인 의미의 혐오는 '누군가 또는 무엇인가를 사무치게 미워한다'라는 뜻이 있다. 그러나 상대적 인권론자는 '일반적인 혐오'와 '혐오 표현에서의 혐오'는 다르다고 주장한다. 누군가를 사무치게 미워하지 않더라도 혐오 표현을 한다는 것이다. 한 예로 홍성수 교수는 혐오를 '소수자를 차별하거나 그들에 대한 차별을 조장하는 발언 또는 행동'으로 정의했다. 그는 혐오 표현의 조건으로 '대상이 소수자여야 한다'는 것과 그 표현이 실제로 '소수자에 대한 차별과 피해를 강화할 수 있어야 한다'라는 것을 들었다.[142] 이러한 주장은 기준과 원칙이 상황에 따라 바뀌고, 개념이 소수자 중심으로 편향되는 혼란 때문에 대중으로부터 위선과 거짓으로 공격받을 수 있다.

둘째, 인권의 이념성이다. 대체로 사회 체계의 변혁을 위해 이분법적 구조와 감성적 접근, 다양성을 주장하지만 특정 집단, 특정 계급만을 위하는 이념적이고 편향적 특징이 있다. 이념적 인권은 사회주의 몰락 과정에서 자연스럽게 등장한 것으로 역사적으로 확인되고 있다. 마르크스주의자들의 인권 논리는 강자와 약자의 이분법적 구조를 나누고, 약자에 대하여 인권으로 포장하고 이들에 대해서만 인권이 필요함을 주장하였다.

경제적 접근으로 1970년대를 거치며 사회권이 중시되고, 소수자 중심의 정체성 현상이 나타나면서 국제적으로 공동체를 조직하고 연대하였으며, 법적인 범위를 벗어나 투쟁성을 통해 사회 전반적으로 확대되며 나타난 현상이다. 많은 논란이 있음에도 불구하고 사회권은 사회 구조 속에 존재하는 인권으로 주장하여 국가로부터 의무 이행을 강요한 사실도 나타났다. 특히 사회주의 헌법이 좌익 이데올로기와 밀접하게 관련되어 있음도 나타났다.

---

141) 헌재 1997.05.29 선고, 94헌바5.

142) 홍성수, 『말이 칼이 될 때』 (어크로스, 2018), 5. ; 서울대학교 대학신문, 「혐오 표현, 이론을 딛고 현실을 바라보다」, 2018.03.11일자. http://www.snunews.com/news/articleView.html?idxno=17871

어떤 한 사람이 사회주의 국가 영역에서는 인민이라고 불리며 '인민의 권리'를 누리지만, 자본주의 민간 영역에서는 부르주아, 소상공인, 노동자 등으로 각각 다르게 불리며 마치 '인간의 권리'를 누리는 것처럼 보인다. 상대적 인권론은 이런 상황을 사회권이라는 제도에 접목하려고 도모하는 것이다. 사회적 구조 속에 인간소외를 찾고 '인간해방'을 위해 인권을 주창하였지만, 이론적으로나 현실적으로나 실현 불가능하다는 것을 정직한 학자는 알고 있다. 마르크스가 진정 원했던 것은 인권이 존중되는 사회라기보다 인권 요구 자체가 원천적으로 필요 없는 해방된 사회였다.

인권의 이념성은 '인간이 없는 인권'이라고 할 수 있다. 예를 들어, 여성 인권을 주창하면 남성 인권은 가해자이기 때문에 인권이 없다. 학생 인권을 주창하면 교사 인권은 없다. 교사는 강자이기 때문이다. 이처럼 이념성 인권은 인간이 없는 인권 이론이다. 특정 계급만 있다. 또한 인간의 다양성을 주장하지만, 소수자 인권만 중시한다. 결국 이념적 인권은 인간 집단의 한쪽만 인정하는 반쪽짜리 인권이며, 따라서 편향적일 수밖에 없는 논리 구조와 특징을 가진다.

셋째, 인권의 시민운동과 정치성이다. 상대적 인권은 소수자[143] 인권을 주창하며, 소수자 집단 연대를 통한 '정체성 정치'를 내세운다. 정체성 정치는 성별, 종교, 인종, 성적지향, 성정체성, 신체조건, 가족 형태 등의 정체성을 기준으로 나뉜 집단이 인권을 주창하며, 각 집단의 권리를 요구하는데 주력하는 정치로 미국의 여성·성소수자·유색인 운동의 특성을 설명할 때 많이 언급되는 개념이다. 정체성에 따라 받는 억압이 다르며, 각자 자신이 받는 억압에 맞서 싸워야 하며, 이를 위해 '비슷한 억압의 경험을 공유하고 있는, 같은 정체성을 가진 사람끼리 연대해야 한다'라는 것이 정체성 정치의 핵심이다.[144]

이러한 개념은 1970년대 미국 시민 운동기에 시작되었다. 68혁명의 영향과 여성 해방 운동, 성소수자 운동 등에 문화 다양성주의와 더불어 변혁이 일어났다. 이는 미국 내 반전 운동과 연계되면서 1970년대 초중반에 '학생비폭력조정위원회(SNCC)'를 결성하였다. 이 단체의 초기 핵심 이슈는 반전 운동, 흑인 해

---

143) 소수자 이론을 주창한 대표적 사상가로 질 들뢰즈(Gilles Deleuze)와 펠릭스 과타리(Flix Guattari), 아감벤(Giorgio Agamben) 등을 들 수 있다.

144) 이성화, "정체성의 정치", 「한국동양 정치사상사 연구」 2/1, 2003, 177-206.

방 운동이었으며, 이를 통해 '여성', '성소수자', '흑인 여성'으로서의 공통된 경험을 강조하기 위해 정체성 정치가 형성되기 시작한 것이다.

처음 명문화된 것은 1977년 흑인 여성들의 공동체에서였다. 흑인 여성들이 경험한 인종적, 성적, 계급적 차별을 내세워 투쟁할 수 있도록 집단화하였다. 흑인 집단 내에서는 '인종적 억압'을, 여성 집단 내에서는 '성적 억압'을 느낀 여성들이 연합하여 시민단체를 택한 것이다. 이후 끊임없는 이민자들의 유입으로 인종, 민족, 종교적 구성이 다양해지는 상황에서 이들의 정체성을 주장하는 좌파 운동이 시작되었다. 소수자 인권을 주장하는 집단의 세력화에 이바지하는 정도로 나타났다. 하지만 서구 지역의 정체성 정치는 미국 자유주의, 진보 세력 전반으로부터 거센 비판을 받는 신세가 되었다.[145]

또한 이러한 정체성 활동은 1960년대부터 시작된 여성 운동, 환경 운동, 평화 운동, 반핵 운동, 생태 운동, 성소수자 운동으로, 성격상 노동자 중심의 사회주의 운동과 근본적인 차이를 보인다는 점에서 '신(New)사회 운동'이라고 불리며 정치적으로 상호 연대하였다. 이 가운데 여성 인권과 성소수자 인권 운동이 가장 활발한 활동이었다. 1960년대 제2세대 페미니즘 운동을 주창한 캐롤 허니쉬(Carol Hanisch)는 '개인적인 것이 정치적인 것이다(The Personal is Political)'라는 슬로건으로 여성의 신체와 섹슈얼리티 등 사적인 영역에서 여성 해방을 추구했다. 또한 미국 사회주의 페미니스트인 낸시 프레이저(Nancy Praser)[146]는 사회적 '인정'을 향한 투쟁으로 경제적 불평등 문제 대신에 '문화 정치'를 주장하였다.

정체성 정치는 1980년대부터 '정치적 올바름' 활동으로 전개되었다. 이는 사회적 약자와 소수자 인권에 대한 차별적 언어 사용을 통제하려는 정치적 운동이다. 1990년대 초부터 그 실체를 안 보수 우파의 반발로 '문화 전쟁'이 시작되

---

145) 「뉴욕타임즈」, 「워싱턴 포스트」, 「복스」, 「이코노미스트」와 같은 자유주의 성향의 매체부터 「레프트 보이스」, 「자코뱅」과 같은 진보, 사회주의 성향의 매체까지 연일 정체성 정치를 비판하는 기사·기고문을 싣고 있다. 런던에서 발간되는 마르크스주의 잡지인 「역사 유물론」 또한 정체성 정치를 검토·비판하는 글들로 계간지 한 호를 가득 채웠다. 최근 미국에서 한 마르크스주의자가 정체성 정치를 비판하는 「어긋난 정체성: 트럼프 시대의 인종과 계급」이라는 책을 발간하기도 했다.

146) Nancy Praser, "Feminism, Captialism and the Cunning of the History", *New Left Review* no.56 (March-April), 2009, 117. ; Nancy Praser, 「분배냐, 인정이냐?」 김원식·문성훈 역 (서울: 사월의 책, 2014).

었으며, 격렬한 갈등의 온상이 되어 왔다. PC 정치의 3대 쟁점은 ① 자유 : '소극적 자유'와 '적극적 자유'의 갈등, ② 위선 : '말과 행동의 괴리'로 인한 갈등, ③ 계급 : '정체성 정치'와 '계급 정치'의 갈등으로 요약할 수 있다.[147]

넷째, 인권을 위한 투쟁과 행동성이다. 이는 행동하지 않는 이론, 투쟁하지 않는 인권은 의미가 없다고 보는 것이다. 대표적인 이론가는 급진주의자로 공산주의자이면서 무신론자인 슬로보예 지젝(Slavoj Žižek)이다. 그는 현재의 인권 비판 담론에서 인권 이념이 이론적으로만 머물 수밖에 없다며, 적극적으로 정치화·행동화할 것을 주문한다. 그리고 사회적으로 가장 보호받지 못하는 자들은 특정한 국가 공동체에도 속하지 못하고 추상적 인간으로 머물러 있기를 강요당한 존재들이라고 언급하며 정치적 투쟁성을 강조한다.

지젝은 인권의 정치화를 강력하게 주문하면서 특히 행동화를 강조한다. 그는 "내가 인간 '일반'으로 환원됨으로써 나의 직업·성·시민권·종교·민족적 정체성 등과 무관하게 나한테 속하는 저 '보편적 인권들'의 이상적 담지자가 되는 바로 그 순간 역설적으로 나는 인권을 빼앗기는 것이다"[148]라고 주장한다. 그는 탈정치화된 인권 이념은 쓰레기에 불과한 것이며, 인권이야말로 제대로 된 정치의 공간이어야 한다고 보았다. 만약 인권이 정치화되지 않으면 특정한 정치적 목적을 은폐하는 도덕주의적인 정치적 수사학의 도구로 전락할 위험에 빠질 수밖에 없다고 주장하였다.[149]

이러한 정치적 투쟁은 사회권에 대해서는 더욱 그러하다고 보았다. 사회권은 단순히 기본권의 형식으로 선언하고 확인하는 것만으로는 제대로 실현될 수 없으며, 단순히 어떤 선의의 국가 주도 프로그램으로도 보장될 수 없다고 보았다. 사회권은 바로 그 권리의 주체들이 자신의 자유를 행사함으로써 그동안의 사회 과정에서 경험한 무시와 모욕, 존엄성의 훼손을 고발하고 자신의 존엄성을 보호할 수 있는 사회적 조치를 요구하는 과정이라고 주장하면서 실제적이고

147) 자세한 내용은 홍지수, 『트럼프를 당선시킨 PC의 정체』, 106-365. ; 강준만, "정치적 올바름'의 소통을 위하여", 「사회과학연구」 57/2, 2018, 227-57 참조.
148) Slavoj Zizek, "반인권론", 「창작과 비평」 여름호, 2006, 399.
149) Slavoj Zizek, "반인권론", 400.

구체적인 비판과 행동화할 것을 주문하고 있다.[150]

다섯째, 사회권의 인권화와 복지의 혼동이다. 일반 국민은 사회권을 인권으로 내세워 합리화하고 이것이 정당화되면 그 자체로 엄청난 부담을 안고 갈 수밖에 없다. 예를 들어, 자신의 힘으로 생계를 유지할 수 없는 사람들은 원조를 받을 도덕적 권리가 있고, 우리는 그들을 적극적으로 지원할 도덕적 의무를 진다고 할 수 있다. 그런데 만약 도덕적 정당성에 기초한 적극적인 도덕적 의무를 모든 개인에게 법적으로 강제한다고 하면 어떻게 될 것인가? 이는 개인에게 지나친 도덕적 부담을 안기는 것이다. 즉 법은 개인의 외면적인 행위들만을 규제해야 하는데 내면적인 도덕성까지 강제로 관리하게 된다는 것이다.

꼭 해야 한다면 개인적으로 도덕적 부담을 면제하는 대신에 우리가 수립한 국가에 위임하여 한정한 범위 내에서 문제 상황에 개입하도록 해야 할 것이다. 그래야 사회권의 실현을 위한 많은 조세 부담도 정당화되는 것이다. 결국 사회권의 실현은 시민적 자유의 제한을 통해서만 이루어질 수 있다. 그래서 사회권의 정당성은 반쪽짜리일 수밖에 없으며, 결국 정치적인 이데올로기 대립과 갈등만 격화시킬 뿐이다.[151]

사회권의 정당성 문제는 다른 차원에 있다. 역사적으로 볼 때, 자유 민주주의에서 사회권의 실현은 자본주의적 시장 경제가 간과한 사회적 불평등 문제에 대한 민주주의적 교정이라는 맥락에서 이루어졌다. 이런 맥락에서 서유럽의 사회주의 복지 국가의 성립 과정은 자유의 실질적 향유를 위한 평등한 기회의 보장이라는 이념에 따라 도출된 것이다. 사회적으로 생산된 부의 정의로운 분배에 대한 요구가 사회적 기본권의 형식으로 확립되고 충족되어온 과정으로 이해할 수 있다는 것이다. 그러나 이런 복지 국가 패러다임을 인권의 실현이라는 관점에서 바라보고 내재적인 문제를 다른 방향에서 찾는 것이 문제라는 것이다.

2) 사회권 실현에서 나타난 불평등과 개인의 자유권 침해

사회권을 인권에 포함하여 복지 차원으로 진행한 결과, '복지국가적 간섭주

---

150) Slavoj Zizek, "반인권론", 400.

151) 장은주, "사회권의 이념과 인권의 정치", 204.

의'라는 의도하지 않은 부정적 결과를 가져왔다는 사실이다.[152] 자본주의적 경제 체계에서 법적으로 보장된 평등에도 불구하고 사회권을 접목하면 사회 구성원들 사이의 불평등이 심화되는 현상이 나타난다. 이를 다시 교정하는 과정에 복지 수혜자들의 개인 사생활의 자율성을 침해하는 결과를 초래한다는 것이다.

하버마스(Jürgen Habermas)는 페미니즘적 평등 정치를 예로 들고 있다.[153] 자유주의적 페미니즘은 일자리나 사회적 지위·명성·학력 등에서 남녀에 대한 균등한 기회의 보장을 추구했다. 이러한 기회는 과정의 평등으로 젠더(Gender) 중립적으로 보장될 수 있어야 한다는 것이다. 그런데 '형식적' 평등은 역설적으로 여성에 대한 '사실적인' 차별 대우를 해소할 수 없다고 보았다. 이런 맥락에서 복지국가적 패러다임이 등장했다고 보는 것이다.

임신이나 출산·이혼·직업 등에서 여성을 보호하기 위한 여러 법과 정책이 제시되었다. 유럽 국가는 그런 패러다임이 나름 성공적으로 관철되었다고 주장한다. 그런데 바로 그 성공이 새로운 문제를 가져왔다. 기업에 결과의 평등과 더불어 억지 논리까지 주장하였고, 이는 기업의 비용 한계로 나타났다. 그래서 새롭게 취업하려는 이들에게 제한을 준 것이다. 여성 보호 정책들이 오히려 여성에게 취업 부담을 안겨주거나 저임금 직종에 고착시키는 '빈곤의 여성화'가 광범위하게 진행된 것이다. 하버마스는 소위 '성(젠더)에 따른 불평등'은 매우 복합적인 원인과 맥락을 갖고 있기 때문에 세심한 접근이 필요함에도 다른 범주의 여성들을 희생시키면서 이미 특권을 누리고 있는 여성들에게만 혜택을 주는 방식으로 입법이 진행되고 관철되었다고 주장한다.

그러나 더 본질적인 것은 그러한 패러다임적 이해[154] 자체에 있다는 것이다. 여성 보호라는 명분으로 여성성의 기준을 정하고, 이를 '정상적'이고 '표준적'이라고 일반화하였다. 결국 여성의 삶을 그런 방향으로 규격화하게 될 것이고, 그

---

152) Jürgen Habermas, 『사실성과 타당성(Faktizität und Geltung)』 한상진·박영도 역 (서울: 나남출판, 2000), 489. ; 장은주, "사회권의 이념과 인권의 정치". 209 재인용.

153) Jürgen Habermas, 『사실성과 타당성(Faktizität und Geltung)』, 244. ; 장은주, "사회권의 이념과 인권의 정치". 209 재인용.

154) 장은주, "사회권의 이념과 인권의 정치". 210.

결과, 역설적으로 법적 규제가 '성(Gender) 정체성'을 고정화하는 결과를 가져왔다는 것이다. 그것은 자유의 보장이 아니라 자유의 박탈이었다. 패러다임의 문제는 정의를 단순히 분배 정의에 한정함으로써 진정한 인권인 개인의 자유를 놓치고 있다는 것이다. 복지 국가 패러다임은 사실적 불평등에 대한 국가의 개입으로 개인의 자유를 제약하는 부작용을 초래하고 간섭주의가 된다. 특히 복지를 빌미로 개인의 표현의 자유가 제한됨은 물론 개인과 기업의 사유재산권 보장은 철저히 배제되고 있다는 사실이다.

상대적 인권 담론 과정에서 나타나는 주요한 현상은 인간의 본질적인 문제를 다루면서 윤리나 도덕이 아닌 법에 지나치게 의존한다는 것이다. 또한 특정 소수자 집단 보호를 위해 차별금지, 평등, 다양성을 강조하지만, 이는 결국 기본권의 충돌로 나타날 수밖에 없다는 점이다. 아울러 유사한 이념적 집단 간에 국제 연대를 구성하여 지원받고 동조하면서 국제적 연대 구조를 이루지만 이는 한계가 있을 수 밖에 없다. 또한 인정성 투쟁을 통해 소수자 집단 및 특정 목적이나 유형에 따라 끊임없이 인권의 재분화가 나타난다는 것이다.

결국 이 논란은 정치 사상적으로 문화상대주의, 다원주의, 후기구조조의 이념 아래 소수자 인권과 평등으로 나타나고 있다. 그리고 외부적으로 도덕, 포용, 평등, 약자, 다양성, 정의를 주장하나 이 모든 것이 선택적 사항이기에 실상에서는 위선, 배척, 이중성, 불평등, 편향, 독선적 형태로 나타날 수밖에 없다는 사실이다.

제5장 자의적 인권

1. 자기결정권과 자의적 인권의 의미

'자의적 인권'이란 자신의 자유의지에 따라 선택하고 결정하며, 일정한 사적 사항에 대하여 스스로 결정할 수 있는 권리를 말한다. 오늘날 이를 '자기결정권(right to privacy)'이라고 한다. 이에 대하여 법적으로 '본인이 국가의 간섭 없이 일정한 사적 영역에 관하여 스스로 결정할 수 있는 권리'[155]이며, 이는 '인간이 자신의 삶을 스스로 결정하고, 그 결정에 대해 책임을 질 수 있다는 인간관을 전제'[156]로 한다고 보고 있다. 오늘날 대표적인 권리로 성적 자기결정권, 자기신체결정권, 성별 자기결정권 등이 추인을 받으며 논란이 되고 있다.

자의적 인권은 인간의 자유의지에서 시작된다. 인간의 자유의지는 '예수회' 사상과 신스콜라 철학의 핵심 기조였다.[157] 예수회 소속으로 민중신학을 이끈 수아레즈(Francisco Suárez)는 인간은 '자유의지'를 가지고 있는 존재로 정의하였다.[158] 인간은 무엇을 할 것인가 아닌가에 관하여 자유롭게 결정할 수 있다는 것이다. 또한 인간은 본능적으로 사회적 동물이기는 하나 자신을 존중받기 위해 개인주의를 지향하였다. 자기결정권의 사상적 뿌리는 18세기 계몽주의와 근대 인본주의 중심 철학에서 찾아볼 수 있다. 특히 칸트(I. Kant)는 '인간이 자신의 운명을 결정할 권리는 무조건적인 권리'[159]라고 주장하면서, 인간은 스스로가 목적이며, 결코 수단으로서 대우받을 수 없는 존재임을 강조하였다.

---

155) 헌재결 1990.09.10. 89헌마82.

156) 헌재결 1990.09.10. 89헌마82.

157) 예수회는 로마 가톨릭 소속으로 1534년 로욜라에 의해 설립되었으며 기독교의 종교개혁의 물결로부터 가톨릭교회를 지키고, 내적 쇄신을 이루는데 중요한 역할을 하게 해주었다. 후에 기독교에 대한 반대이론과 해방신학의 모태가 된다.

158) 전선영, 『수아레즈(Francisco Suárez)의 정치사상에서 재산, 공동체, 법의 관계에 대한 연구』 (이화여자대학원, 2019). ; A. Brett, Liberty, *Right and Nature: Individual Rights in Later Scholastic Thought* (Cambridge University Press, 1997). ; Suárez, De Libertate Volultitas divianae, A. Klug, *Die Rechts-und Staatslehre des Francisco Suárez*, 1590.

159) John Frame, 『서양철학과 신학의 역사』, 386.

자기결정권의 본격적 논의는 영국 사상가인 존 스튜어트 밀(J.S.Mill)의 자유론(On Liberty)에서 찾을 수 있다.[160] 그는 "개인의 자유는 타인에게 해를 끼치지 않는 한 절대적으로 보장되어야 하며, 국가 권력이나 일반적인 도덕적 판단으로 제한할 수 없다"[161] 라고 보았다. 인류가 개인적이건 집단적이건, 그 일원의 행동의 자유에 대한 간섭이 인정되는 유일한 목적은 자기 보존이라는 것이다. 문명화된 사회에서 개인의 자유에 반하는 권력 행사가 정당화되는 유일한 목적은 타인에게 해를 끼치는 경우뿐이다. 또한 "물질적이건 정신적이건 그 자신의 행복을 위한 것은 권력 행사가 될 수 없다. 그에게 어떠한 행위를 하는 것이 더 좋기 때문에 내지는 그를 행복하게 하기 때문이라고 하여 어떠한 행위를 하거나 하지 않게 하는 것을 강제하는 것은 정당화될 수 없다"[162] 라고 한다. 그러나 이 논리에 의하면 자유와 방종의 구분조차 하기 힘들다.

자기결정권이 구체적으로 무엇이고, 무엇을 포함하는지에 대해서는 의견이 분분하다. 하이파는 법학전문대학원의 논문에서 '자기결정권 정의'에 대하여 자음과 같이 제시하였다.[163] 자기결정권은 포괄적인 권리로써 행복추구권을 기초로 하며, 그 범위는 자기의 생명, 신체의 처분에 관련한 치료 거부권, 안락사, 자살 등이 있다. 세대의 재생산에 관련해서는 출산·불출산의 자유, 피임, 낙태, 양육, 교육의 자유 등이고, 가족의 형성 유지에 관련한 결혼, 이혼, 그 밖에 복장, 옷차림, 외관, 성적 자유, 흡연, 음주, 스포츠 등 다양하게 관련되어 있다고 보았다.

한편, 자기결정권은 ① 자기의 사적인 일에 관해 자유롭게 결정할 수 있는 권리, ② 피임, 중절 등의 아이를 낳을지 아닐지에 관한 사항, ③ 연명 거부, 존엄사, 장기 이식 등 생명의 처분에 관한 사항, ④ 머리 모양, 복장, 등산, 수영,

---

160) 이근식, "자유론 출간 150주년-밀의 자유론 출간의 의미" (대우재단: 지식의 지평, 2009), 240-53.

161) 이근식, 『자유론 출간 150주년-밀의 자유론 출간의 의미』, 245.

162) 이근식, 『자유론 출간 150주년-밀의 자유론 출간의 의미』, 243.

163) The Haifa center, *The Haifa center of Law and Technology Publication Series* (Publication No.7. Privacy in the Digital Enviromemnt, 2005), 12. https://books.google.co.kr/books?id=yeVRrrJw-zAC&lpg=PA1&dq=right%20to%20privacy%20tel%20aviv&pg=PA12#v=onepage&q&f=false 참조.

흡연, 음주 등 개인의 생활양식이나 취미, 스포츠에 관한 사항 등에 대해 개개인에게 자유로운 결정을 보장하는 것으로 정의되기도 한다.[164]

물론 자기결정권을 남용했을 때에는 처벌을 받겠지만, 자기결정권 자체는 인권으로서 인정하며 포괄적인 기본권 조항인 헌법 제10조[165]와 사생활의 비밀과 자유에 관한 헌법 제17조에 근거를 두고 있다. 헌법재판소에서 정의하는 자기결정권의 정의와 근거로는 헌법 제10조가 보장하고 있는 개인의 인격권과 행복추구권에 전제된 개인의 자기운명결정권이다. 자기운명결정권에 성적 자기결정권이 포함되어 있다고 판결[166]한 바 있다.

자의적 인권론자들은 자기결정권은 인권의 누림과 밀접하게 관련되어 있다고 주장한다. 그러나 사람은 누구나 자신의 인생관을 정립하고 독자적으로 삶의 목표를 향해 스스로 형성하는 것이지만, 자신의 결정에 따른 행동이 다른 사람의 권리를 침해하면서까지 행사할 수 없다는 점이다. 예를 들어, '성적 자기결정권'의 문제는 혼자만의 결정이 아닌 타인의 의사와 행동에 직접적인 영향을 미치기 때문에 신중하게 행사되어야 한다. 또한 자신의 성적 행위를 어떠한 기준과 원칙 없이 자기결정권이라고 그 범위를 무한정으로 인정하면 사회질서에 혼란이 오고, 양육강식의 시대가 될 것이다.

또 하나의 예를 들어, 합의에 의한 성관계는 무조건 허용되어야 한다고 하지만 합의의 기준을 누가, 언제, 어떤 환경과 조건에서 하느냐에 따라 달라지기 때문에 논란이 되기도 한다.

또한 자신의 성별을 스스로 결정하여 선택하는 '성별 자기결정권'을 인정한다면 언제부터 어느 조건에서 인정할 것인가에 논란이 발생할 수밖에 없다. 여성만이 참가하는 스포츠 경기나 여성만이 출입할 수 있는 시설에 남성이 스스로 선택한 성별로 참가한다면, 혼란 뿐 아니라 여성들에게 심각한 피해를 줄 것

---

164) 오혜경, 「사회복지 실천에서 자기결정권과 자기결정권의 제한, 인간 연구」 (가톨릭대학교 인간학연구소, 2006), 220-1.

165) 대한민국 헌법 제10조 : 모든 국민은 인간으로서의 존엄과 가치를 가지며, 행복을 추구할 권리를 가진다. 국가는 개인이 가지는 불가침의 기본적 인권을 확인하고 이를 보장할 의무를 진다.

166) 헌재결 1990.09.10. 89헌마82.

이다. 결국 자의적 인권은 자기 스스로 결정하는 권리로써 이를 인권으로 인정하는 여부에 많은 논란이 발생할 수 있는 형태라 할 수 있다.

2. 정체성과 자의적 인권

'나는 누구인가?'라는 정체성이 자의적 인권과 관계가 있다. 이에 자신을 알아가는 정체성과 자의적 인권의 관계를 알아본다. 정체성과 인권의 관계는 다양하고 복잡한 개념이다. 정체성 자체가 관점에 따라 전혀 다르게 나타나기 때문이다. 이에 정체성과 인권과의 관계는 최대공약수처럼 겹치는 부분도 있고, 전혀 이질적인 부분도 있다.[167] 특히 자의적 인권에서 정체성 부분은 중요하다. 자의적 인권의 주체가 사회 구조 속에 존재하는 바로 자신이기 때문이다. 천부적 인권은 천부, 보편적 인권은 인간, 상대적 인권은 소수자가 주체가 되지만 자의적 인권은 바로 자신이 인권의 주체로 인정받는 동력이 된다.

정체성 이론을 발전시킨 대표적인 인물은 미드(Gorge Herbert Mead)와 호네트(Axel Honneth)이다. 이들은 헤겔의 인정 이론–계급 투쟁 이론, 인정 투쟁 이론[168]의 영향을 받아 정체성 논리로 발전시켰다. 미드는 무신론자로 인간을 철저히 '사회적 산물'로서의 구조 속에 존재하는 정체성에 대하여 다루고 있다. 한 개인의 존재는 주체로서의 자아(I)와 객체로서의 자아(me)가 있다고 가정한다. 그리고 이를 설정하는 과정에서 정체성이 형성된다고 보았다. 오늘날 좌익 진영에서는 이 이론이 주디스 버틀러 이론이나 젠더 이데올로기, 21세기 페미니즘 운동의 핵심 키워드라고 보고 있다.[169]

---

167) 고봉진, "현대 인권론의 '정체성'의 의미", 233.

168) 헤겔 (G. W. F Hegel, 1770~1831)의 인정 투쟁 이론은 「정신현상학」에서 주인과 노예라는 개념으로 인정 투쟁을 설명하고 있다. 헤겔이 볼 때 인간존재는 인정받기 위하여 투쟁하는 주체다. 모든 인간은 기본적으로 자기로부터 인정받고, 타자로부터 인정받으며, 세상으로부터 인정받아야 한다. 헤겔은 주인과 노예의 관계를 계급과 연관하여 생각하지 않았지만 이를 계급투쟁이론으로 발전시켰다. 마르크스를 비롯한 좌익들은 인류 사회를 수탈과 지배의 모순으로 보고 인류의 역사는 그 모순을 타개하기 위한 계급투쟁의 역사라고 보았다.

169) 정일권, 「문화막시즘의 황혼」, 101.

호네트는 인권이 형성되는 과정을 다음과 같이 설명하고 있다. 인간이 본래 주체(I-identity)가 있으며, 이에 근거한 객체(me-identity)가 제대로 인정받지 못하면, 새로운 정체성(me-identity)을 위한 투쟁에 나선다. 이런 과정을 통해 새로운 인권이 탄생하며, '소수자 또는 자의적 인권'이 된다는 것이다. 이렇게 형성된 인권은 인정 이론이 필요하며, 새로운 정체성(me-identity)을 승인받기 위해 투쟁이 필요하다고 보았다. 호네트에 따르면 정체성이 상호 인정 투쟁의 핵심이며, 인류 역사 형성의 동력이라고 보았다.[170]

1) 정체성과 투쟁 논리

정체성 관점으로 투영해보면 인권은 자연적인 것이 아니라 생성되는 것이며, 한 개인의 정체성이든 집단의 정체성이든 본질적으로는 사회적 구조의 산물임을 전제하고 있다. 즉 사회가 존재하기 이전에는 결코 자기의 정체성을 가지지 않는다는 것이다. 이것은 인권이 자연적으로 형성된 존재가 아니라 사회 구조 속에서 자신이 누구인지를 발견한다고 보는 것이다.[171]

정체성 형성에 개인의 요소는 분명히 중요한 역할을 한다. 하지만 이들이 주장하는 정체성은 사회적 산물로만 다뤄진다는 점이다. 만약 그렇지 않으면 개인의 정체성을 인권에서 가지는 의미로 도출해내기 어렵기 때문이다. 정체성을 사회적 구조의 산물로 보는 미드 이론은 객체로서의 정체성(me-identity)과 주체로서의 정체성(I-identity)을 구성하기 위해 정체성은 주어지는 것(given)이 아니라 만들어지는 것(made)이라고 주장하였다.[172] 이러한 논리에 따라 인간의 정체성은 사회에서 만들어지는 산물로 보고 있다.

미드는 인간의 정신이나 의식조차도 독자적으로 존재하는 것으로 생각하지 않고, 사회적 행위를 통하여 설명하고자 하였다. 정신과 의식도 사회 속에서 다른 사람들과 상호 작용하면서 형성되기 때문에 이 과정을 알아야 본질을 이해할 수 있다는 논리이다. 그는 '사람의 의식이 사회적·경제적 여건의 전제조건이

---

170) 고봉진, "현대 인권론의 '정체성'의 의미", 234 참조.

171) John Rawls, 『정치적 자유주의』 장동진 역 (파주: 동명사, 2009), 51.

172) 고봉진, "현대 인권론의 '정체성'의 의미", 235.

아니라 사회적 행위가 의식의 전제 조건이다. 따라서 그 행위 안에 분리된 요소로써 의식의 개념을 끌어들이지 않고 사회적 경제 메커니즘을 추적할 수 있다. 사회적 행위는 의식 없이 또는 의식과는 별개로 단계 또는 형태로 존재할 수 있다'[173] 라며, 개인의 의식보다 사회적 문제에 초점을 맞추고 있다. 정체성 논리에서 왜 투쟁이 중요한지 살펴본다.

개인은 주체 정체성(I-identity)과 객체 정체성(me-identity)의 격차로 인해 새로운 객체 정체성(me-identity)이 생기며, 이 정체성이 인권으로 인정받기 위해 투쟁을 전개한다는 것이다. 투쟁의 동력은 두 가지로 나누어 설명할 수 있다. 먼저 자신과 자신이 속한 사회 구조 속에서 인정을 위해 개인에 대한 자기결정권을 인정받는 것과 소수자 집단 인권으로 인정받는 것이다. 전자는 '자의적 인권'이, 후자는 '소수자 인권'이 되는 것이다.

인간은 자신을 도덕적 인격체임과 동시에 사회적으로 기여하고 있다는 것을 인정받고 싶은 욕구와 기대 속에 살아간다. 그러나 기대와 달리 자신이 정당하게 받을 만하다고 여기는 인정을 거부당할 때 불의의 감정을 가지게 된다. 호네트는 이를 '사회적 무시의 감정'[174] 이라고 규정하고 있다. 즉 인간은 사회가 자신을 바라보는 객체 정체성(me-identity)과 자신이 가지는 주체 정체성(I-identity) 사이에서 갈등을 겪으며, 자신을 객체 정체성(me-identity)으로 바꾸기 위해 정체성 투쟁을 한다는 것이다. 이때 가장 큰 동력이 사회에서 당하는 인정의 거부, 사회적 무시라는 논리이다. 그리고 자신과 유사한 사람들과 부정적 경험은 자신의 정체성을 발전시키는데 필요한 조건이기 때문에 연대한다고 한다. 그러나 무엇보다 자신의 정체성이 사회적으로 거부당하고 무시당하면 필연적으로 인격의 상실을 가져오고 위협을 느끼며 심리적 충격을 받게 된다는 것이다.[175]

2) 정체성과 혐오 프레임

---

173) Gorge Herbert Mead, 『정신·자아·실현』 나은영 역 (파주: 한길사, 2010), 9.

174) Axel Honneth, 『정의의 타자』, 123.

175) Axel Honneth, 『정의의 타자』, 228. ; 고봉진, "현대 인권론의 '정체성'의 의미", 239.

　이들은 인권이라는 용어를 고통이라는 의미와 함께 읽어야 한다고 주장한다. 인권은 본래 자연법이라는 추상적 차원이 아니라 고통이라는 구체적 차원에서 시작되었고, 또한 고정 불변하는 것이 아니라 역사적 투쟁 차원에서 발전되었다고 보기 때문이다. 이때 '고통'은 '사회적 무시'의 다른 표현이라는 것이다. 고통은 동정을 유발하고, 무시는 분노를 불러오기 위한 하나의 수법으로 보인다. 그리고 사회적 약자를 이용하여 소수자 정체성 운동이 필요하며, 자신의 정체성 인정에 더 큰 동력을 위해 자신을 부정하거나 무시당하는 것. 즉 공격하는 가해가 필요하다고 주장한다. 강력한 정체성 운동을 하려면 강력한 부정의 반작용이 있어야 나올 수 있다는 논리이다. 스스로 동력을 얻기보다는 강력한 무시나 고통이라는 부정적인 경험이 정체성 운동의 원동력으로 작용한다는 것이다. 또한 사회적으로 소외 또는 배제되는 것은 지배 계급(사상)의 정체성에서 비롯되며, 약자 또는 소수자의 정체성은 지배 계급(사상)의 사회적 소외나 배제에서 비롯된다고 보는 것이다.[176] 그리고 자칭 사회적 약자 무시, 가해자의 논리를 만들기 위해 '혐오 표현'이라는 용어를 도입하였다. 다음은 2016년 서울대학교 인권센터 주관으로 시행된 혐오 표현에 관한 내용이다.[177]

　성소수자 운동의 경우에 혐오를 무시하거나 회피 할 수 없으며, 그에 맞서 행동함으로써 자신감을 유지하고 연대를 확대할 수 있다는 것을 배웠다. 2014년 서울시청 무지개 농성의 경험이 대표적이다. 이런 과정에서 인권 진영과 시민사회에 경각심이 높아지고 혐오에 대응하기 위한 논의가 발전해 왔다. 이제는 소수 집단만이 아니라 인권, 사회, 정치 운동이 폭넓게 동참하는 혐오 반대운동을 만들어내야 한다. 소수집단이 각자의 정체성을 찾는 것이 아니라 함께 행동함으로써 사회적 대안을 함께 고민해야 한다는 것이다.
　예를 들어, '동성애자가 에이즈 주범이다', '이주노동자는 범죄자이다'라고 주장하는 논리를 배우고 혐오 문제에 공통적 기반을 확인하는 과정이 있어야 한다. 한 부분의 문제로 풀어서는 절대로 혐오를 약화시킬 수 없다. 저들이 목적하는 것은 분열과 고립이기 때문이다. 유럽 국가들의 극우 운동에 맞선 운

---

176) 조효제, 『인권의 문법』, 243. ; 고봉진, "현대 인권론의 '정체성'의 의미", 239.

177) 서울대학교 인권센터, 2016.01.28. '혐오 표현의 실태와 대책의 토론회' 자료에서 발췌된 내용이다.

동들의 경험을 살펴보면 광범위한 사회 운동 진영이 나선 대중 운동의 형태였다. 영국에서는 1970년대에 대중적인 반나치 운동이 있었다. 그 운동의 일환으로 'Love Music Hate Racism'이라는 인종주의 반대 행사가 있었고, 2000년대에는 'Love Music Hate Homophobia' 행사가 열리기도 했다. 지금은 노동조합, 진보정당, 무슬림 단체 등이 광범위하게 참여하는 UNITE라는 연대체가 운동을 벌이고 있다. 이들은 극우단체들의 논리를 반박할 뿐만 아니라 극우 정당과 연계를 폭로하고, 또한 극우단체들이 위력 시위를 할 때, 대항 시위를 통해 대안적인 목소리를 내는 등의 운동을 벌이고 있다. 최근 독일에서 성장하고 있는 페기다(서구의 이슬람화에 반대하는 애국자 운동)의 대항 운동도 혐오에 맞선 대항 운동이다.

이들의 주요 접근 논리는 연대 및 프레임 전략이다. 내부적으로는 단결을 위해, 외부적으로는 반대자들에 대하여 '극우', '혐오' 프레임 전략을 구사하고 있다.

3. 자의적 인권의 유형과 한계

자신의 정체성에 의해 결정되는 자기결정권은 이 권리를 누군가 보장해야하기 때문에 인권 향유에서 더욱 뚜렷하게 나타난다. 먼저 전제할 것은 자신이 권리를 행사할 때 다른 사람의 권리를 침해하면서까지 행사하는 건 보장되지 않는다는 점이다. 그럼 최근 논란이 되고 있는 성적 자기결정권, 자기신체결정권, 성별 자기결정권 등에 대하여 살펴본다.

1) 성적 자기결정권

성적 자기결정권에 대하여 헌법재판소에서 "자기 운명결정권에 성행위 여부 및 그 상대방을 결정할 수 있는 권리"[178] 라고 판결하였다. 페미니즘 단체에서는 "성적 가치관을 형성할 권리, 상대방을 선택할 권리, 의사에 반한 성적 행위를

---

178) 헌재결 1990.09.10. 89헌마82.

강요당하지 않을 자유, 성적 수치심을 감내하지 않을 자유, 성생활의 가능성을 국가와 사회에 요구할 수 있는 권리"[179] 등이라고 언급하고 있다. 음선필 교수는 "성적 자기결정의 자유는 성관계의 형성 및 유지의 자유, 성관계의 상대를 선택하는 자유 등을 내용으로 한다. 이를 강조하는 입장에서는 근친상간이나 심지어 수간도 허용되어야 한다"[180] 라고 주장한다.

우리나라에서 성적 자기결정권이 문제가 된 사례는 ① 낙태죄를 처벌하는 형법 제269조 제1항, ② 혼인빙자간음죄를 처벌하는 형법 제304조, ③ 간통죄를 처벌하는 형법 제241조,[181] ④ 성매매를 규제하는 법률54조 등이다. 이에 대해 헌법재판소는 개인의 성적 자기결정권, 사생활의 비밀과 자유, 성판매자의 입장에서 직업 선택의 자유도 제한하고 있다고 판결한 바 있다. 그리고 '성매매 합법화(비범죄화)' 논란은 계속 진행 중이다.[182] 특히 논란이 되는 부분이 성적 자기결정권의 동성 간 성행위 적용 여부와 미성년·청소년의 적용 범위, 또한 도덕적으로 비난받을 수 있는 수간 등 인간 외의 성행위 등이다.

우리나라 헌법재판소와 대법원은 동성애자들을 인간의 기본권 보호 대상으로 보지 않는다. 군대 내 동성 간 성행위를 금지한 군형법 조항의 해석을 두고 2002년부터 2016년까지 4번에 걸쳐 "동성 간 성행위는 비정상적인 성적 교섭행위로서, 객관적으로 일반인에게 혐오감을 일으키게 하고 선량한 성적 도덕관념에 반하는 성적 만족 행위"[183]로 판결 및 결정하였다. 그런데도 동성애를 찬성하는 측의 논리는 헌법 제10조에서 추출한 자기결정권 중 '성적 자기결정권'을 그 근거로 제시한다. 즉 동성애는 '일반적 행동 자유권'이나 '성적 자기결정권' 내지 '사생활의 자유' 등에 따른 것이라는 것이다. 행복 추구권에서 일반적 행동 자유권이 파생하며, 일반적 행동 자유권으로부터 '자기결정권'이 나온다고 보는

---

179) 홍성수, "여성의 자기결정권과 인권", 「인권과 호흡하기」 (2013.12.30). ; https://amnesty.or.kr/14998

180) 음선필, "동성애와 차별금지", 『왜곡된 혐오차별과 인권기본법의 문제점과 폐해』 (서울: 밝은생각, 2020), 13.

181) 간통죄 등은 비로소 위헌 결정에 이르게 되었다. 이후 간통죄는 형법 제정(1953.09.18.)시부터 처벌되어 오다가, 2015.02.02. 헌법재판소의 위헌결정으로 '비범죄화(非犯罪化)'로 되었다.

182) 안귀옥, "판례로 본 성적 자기결정권의 변천", 「한국심리학회 학술대회 자료집」, 2015, 117-8.

183) 대법원 2008.05.29. 선고 2008도2222 판결, 헌법재판소 2002.06.27. 선고 2001 헌바70. 결정 ; 헌법재판소 2011.03.31. 선고 2008헌가 21결정 ; 헌법재판소 2016.07.28. 선고 2012헌바258결정.

관점이다. 그리고 지금까지 대법원과 헌법재판소의 판결은 구태이며 언제든지 바뀔 수 있다고 보고 있다.

한편, 유럽 인권재판소에서는 동성애에 관한 법적 문제에 대해 적극적인 판결을 내리고 있고, 동성애자들의 자기결정권이 인정되고 있다. 그러나 그들의 성생활이 제3자에 대해 해롭거나 위험한 활동일 경우에는 '이 권리의 행사에 대하여는 무질서와 범죄의 방지, 보건 및 도덕의 보호 또는 타인의 권리 및 자유를 보호하기 위하여' 일정한 제한이 가해질 수 있다는 것이다.[184] 즉 성적 자기결정권의 행사가 무한정으로 허용되는 것은 아니고, 타인의 권리를 침해하거나 사회 질서에 반할 때는 분명히 제한이 가능하다는 것이다. 그러나 '타인의 권리를 침해'한다는 것은 명확한 해석이 가능하지만, '사회 질서에 반하는 행위' 중 '사회 질서' 개념은 광범위하게 해석될 수 있어 상당한 논란이 발생할 수 있다. 사회 질서의 범위를 두고 논쟁이 있는 것을 고려할 때, 동성애자들이 성소수자라는 이름으로 성적 자기결정권[185]을 주장하는 것은 지속적으로 논란이 될 수밖에 없다.

대법원과 헌법재판소에서 분명하게 판시하고 있음에도 국가인권위원회와 인권단체들은 성적 자기결정권과 평등권을 근거로 군형법 폐지를 요구하고 있다. 인천지방법원의 이연진 판사 등이 지난 2017년 4월, "군인 간의 합의된 성행위를 금지하는 것은 개인의 성적 자기결정권을 침해한다"[186]라며, 군형법 제92조 6의 위헌 심판을 제청한 바 있다. 또한 군형법 92조 6의 폐지를 위해 2017년 7월, 민변 공익인권변론센터 등이 대규모 위헌 소송단을 구성하고, 이석태

---

184) 채형복, 「유럽 인권 협약 제8조의 '사생활을 존중할 권리'에 의거한 동성애자들의 '자기결정권' : 유럽인권재판소의 판례를 통한 법해석의 문제」, 홍익법학 15/4, 2014, 191-214.

185) 성적 자기결정의 자유는 성관계의 형성 및 유지의 자유, 성관계의 상대를 선택하는 자유 등을 내용으로 한다. 이를 강조하는 입장에서는 근친상간이나 심지어 수간도 허용되어야 한다고 주장한다. 음선필, "동성애와 차별금지", 『왜곡된 혐오차별과 인권기본법의 문제점과 폐해』, 13.

186) 2017년 4월 인천지법 이연진 판사는 "군형법의 적용을 받는 사람의 항문성교 및 그 밖의 성적 행위를 처벌하는 것은 과잉금지원칙에 반해 성적 자기결정권, 사생활의 비밀과 자유, 신체의 자유를 침해한다"라며 위헌법률심판을 제청했고, 17년 2월 서울북부지법 양상윤 판사는 "이 조항을 상대방 군인의 의사에 반하지 않는 (합의된) 항문성교 등을 금지하고 징역형으로 처벌하는 것으로 해석하는 것은 군인의 성적 자기결정권, 사생활의 비밀과 자유를 침해하는 헌법에 위배되는 결정"이라고 판시했다.

변호사를 대리인 단장으로 선출하였다. 2018년 9월에는 문재인 정부가 이석태 단장을 공청회도 없이 헌법재판관에 임명하였다. 정년 임기(70세)를 고려했을 때, 6년 임기를 채울 수 없는데도 강행하였다는 점이다. 앞으로 소위 진보 재판관의 구성과 정부 정책으로 보아 향후 군형법 92조의 판결이 주목된다. 사실 더욱 문제가 될 수 있는 것은 성소수자라는 이름으로 동성애자들의 성적 자기결정권이 법적으로 인정될 경우, 동성애뿐만 아니라 소아성애, 근친상간, 기계간, 수간 등도 인정받기를 요구할 것이고,[187] 그러면 지속해서 논란이 될 수밖에 없다는 것이다.

동성애를 성적 자기결정권의 자의적 인권으로 볼 수 없다는 구체적인 논거는 분명하고 다양하다. 먼저 인간의 존재론적 판단에 따라 '창조 질서에 반한다는 신앙고백에 의하여, 도덕 가치 질서 및 자연법 질서에 반한다는 양심 및 이성의 판단에 의하여, 동성애는 그 자체로써 인권으로 인정할 수 없다'[188]는 것이다. 또한 인간의 목적론적 판단에 따르면, '동성애는 인간의 존엄성 존중에 전혀 도움이 되지 않고, 에이즈와 각종 성병에 노출 등[189] 육체뿐 아니라 정신 건강에도 해로운 것이다. 또한 인간의 문화 지속을 위한 생식 및 종족 번식에 전혀 도움이 되지 않으며, 오히려 의료보험료의 과도한 증액으로 인해 국민보험료가 증가하여 타인에게 부담을 준다는 사실' 등을 들면서, 인권으로서 보호할 가치나 명분이 없다고 본다.[190]

다음으로 청소년의 성적 자기결정권 문제이다. 청소년의 성적 자기결정권을 인정한다고 해도 과연 몇 세부터, 어느 범위까지 인정하느냐는 것이다. 우리나라 형사법은 성적 자기결정권의 주체가 될 수 있는 연령을 13세로 보고 있다. 민법에서는 법률 행위를 독자적으로 할 수 있는 연령을 19세로 인정하면서 성

---

187) 안창호, "포괄적 차별금지법과 교회", 「포괄적 차별금지법 실체 바로알기」 세미나 (2020.08.14), 8.

188) 음선필, "성매매, 다자성애, 동성애를 인권이라 할 수 있나?", 「한동대와 숭실대에 대한 국가인권위의 자의적 결정에 대한 비판」, 학술포럼 (2019.01.28.), 19.

189) 자세한 내용은 길원평 외 5인, 「동성애 과연 타고 나는 것일까?」 (서울: 라온누리, 2014). ; 김지연, 「덮으려는 자 펼치려는 자」 (서울: 사람, 2019). ; 백상현, 「동성애 is」 (서울: 미래사, 2015). 등에 동성애의 의학 보건적 문제점에 대하여 자세히 설명하고 있음.

190) 이수정, 이은진, 김범준, 공미혜, 김명식, 하혜숙, "건강한 사회를 위한 성적 자기결정권", 「2015년 한국심리학회 연차학술대회」, 2015, 212.

적 자기결정권을 13세로 인정하는 것은 분명 지나치다고 할 수 있다. 서구 사회에서도 연령 기준은 다양하다. 영국이나 미국은 만 16세를 기준으로 하고 있으며, 이 또한 논란이 되고 있다. 우리나라의 13세 기준은 학교에서 수업을 받는 연령인 데다 각종 규제 조항에서 일관성이 없이 논쟁을 부추기는 면도 있다. 현재 중학교 모든 교과서 내에 성적 자기결정권을 다룬다든지, 학생인권조례에서 명시하는 임신·출산의 문제, 동성애 문제 등이 논란의 대상이다.

우리나라 현행 청소년 보호법은 음란물 등에서 청소년 유해 매체를 규제하고 있지만, 인터넷의 발달과 함께 유해 매체가 확산하면서 정확한 실태 파악과 대처가 필요하다. 특히 2003년 국가인권위원회에서 청소년 유해 매체물에 동성애 부분을 삭제할 것을 권고하였고, 정보통신윤리위원회가 받아들임으로[191] 유해 매체물의 원칙과 기준이 심각한 논란이 되기도 하였다. 청소년에게 미치는 유해성 개념이 환경에 따라 상대적으로 변하기 때문에 혼란을 초래하고 있다는 것이다. 현재 청소년 유해성 개념을 개인에 따라, 시대에 따라, 장소에 따라 달리 적용한다면 이는 혼란을 초래할 수밖에 없을 것이다.[192] 더욱 문제가 되는 것은 학생인권조례에서 '성적 자기결정권'을 명시하고 있다는 것이다. 서울·경기·광주·전북·충남 학생인권조례에서는 학생 인권 보호라는 명분으로 휴대폰이나 각종 전자 기기를 교실에 가지고 들어와 언제든지 관련된 자료를 보도록 허용함은 물론, '임신·출산, 성적(性的)지향, 성별 정체성 등으로 차별해선 안 된다'라는 조항을 포함하여[193] 학생들의 '성적 자기결정권'과 '성별 자기결정권'을 인정하고 있다.

그럼 성적 자기결정권의 배경은 어디에 있는가? 성적 자기결정권은 동성애자들의 주된 논리이기도 하지만 기본적으로 여성주의, 즉 페미니즘이 만들어 낸 산물이다. 성적 자기결정권은 페미니즘을 통해 '동성동본 금혼 철폐' 및 '성

---

191) 2003년 3월 30일 발효되는 청소년 보호시행령상 청소년 유해 매체물 심의기준에서 동성애 조항이 삭제됐다. 이는 2000년 8월 엑스존 사이트가 정보통신윤리위원회로부터 청소년유해매체로 고시처분 된 4년 만의 일로 청소년보호위원회가 2003년 4월 내려진 국가인권위원회의 삭제권고를 받아들인 것이다.

192) 주승희, 「청소년 유해매체 규제상 청소년 유해성 개념의 상대성과 청소년의 자기결정권 보호」 (서울: 한국형사정책연구원, 2011), 31-65.

193) 이승희, "서울시 학생인권조례_집회임신출산의 자유 논란 속 통과", 「월간 공공정책」, 2012, 74, ; 80-1.

희롱의 불법성'을 이끌어내는 이론적 기초로 작용했으며, 성폭력 반대 운동의 일관된 주제이기도 하다. 그리고 성적 자기결정권으로 성매매의 합법성을 주장하고, 동성애 합법화의 정당성 근거로 활용되어 다분히 파편적·상업적 또는 비도덕성의 논란이 되고 있다. 이는 성적 자기결정권을 개인적 소유와 상품, 본인 중심의 사고의 틀을 사회 구조 속에 억지로 찾으려 하고 있으며, 근본적으로는 자신의 내밀한 성적 행위를 법적인 권리로 해석하여 법의 테두리로 보호받으려는 그 자체가 한계가 있음을 알아야 할 것이다.[194]

더 문제가 되는 것은 성적 자기결정권은 '성해방 사상'으로 윤리관의 해체로 나타나고 있다는 것이다. 간통죄 폐지는 건강한 가정 해체와 성 문란에도 영향을 미치고 있다. 어떤 형태이든지 모든 성행위가 자기가 결정할 수 있다는 자체는 바로 '나'에 대한 쾌락(본능)주의 추구가 된다. 최근 우리나라뿐 아니라 전 세계에서 성적 자기결정권을 인정함으로써, 유아 시절부터 성행위(Free sex)를 가르치는 현상이 증가하고 있다. 일부 학교에서는 실제로 안전한 성을 위한 준비물 준비하기와 콘돔을 사용하는 연습도 시킨다. 성적 자기결정권은 자신이 필요한 것만 요구하는 이기적인 태도라고 할 수 있다. 이런 사고는 상대방 또는 사회 전체의 이익이나 요구와 충돌한다.

성 윤리는 전통적으로 인간 경험이 누적되어 역사와 교육을 통해 전승된 것이다. 그래서 대부분의 건강한 사회나 전통적 종교에서는 개인보다 초개인적인 (transpersonal) '욕망의 통제'라는 가치관을 권하고 있다. 그러나 인권 담론을 따라 '나'라는 개인적인 성적 자기결정권 개념이 발달하면서, 인간은 '쾌락(본능)을 추구할 권리'가 있다는 것으로 전개된 것이다.[195] 청소년들이 전통적인 개념을 가진 부모 또는 부모 세대에게 '이유 없는 반항'을 하는 것이 결코 우연이 아닐 것이다.

---

194) 오정진, "그토록 취약한 성적 자기결정권", 「한국심리학회 학술대회 자료집」 (2015), 119

195) 성적 자기결정권이 자신이 결정하는 것인가 하는 심리학적 논쟁도 있다. 의식적으로 생각하는 자신의 신념은 무의식적인 진심과 다를 수 있다. "간통은 나의 자유다"라고 말할 때 개인의 무의식에서는 양심과 이상(ideal), 죄의식 등이 반대하는 것이다. 즉 무의식에 있는 성 관련 반항심이나 분노, 죄의식이 반동 형성(reaction formation)이라는 방어기제를 통해 의식적으로 성 개방을 주장하게 만들 수 있다는 것이다. 따라서 자신의 현재 신념이나 결정이 자신의 '내면'의 진심을 속이는 것이 아닌가 생각해 보아야 한다. 민성길, 「최신 정신의학」 (서울: 일조각, 2006), 25-7. ; https://www.christiantoday.co.kr/news/327686 참고

[그림 5]
(출처 : Affinity Magazine)

이를 성애화(Sexalization)[196] 과정 또는 성 인권 교육이라고 한다. 유치원에서는 자위행위를, 청소년 시기에는 피임을 위한 방법 등을 노골적으로 언급하고 있다. 그로 인해 성은 생명과 무관한 행복이나 쾌락의 도구로 인식되면서 생명을 경시하고, 가족과 부모의 권위에서 벗어나는 자아 해방이라고 유도하고 있다. 이것은 전통적인 가정의 소중함을 경시하는 것은 기본이요, 자신의 정신적 건강에도 치명상이 되고 있다.

최근 의학계에서 연령별 성관계를 조사한 결과를 발표하였다. 민성길 교수에 의하면 1955년 미국은 질병통제예방센터(CDC)의 후원으로 15~44세, 1만여 명의 여성을 대상으로 조사를 진행하였다. 그 결과, 20세 초반에 성관계를 시작한 여성들은 평생 평균 2.7명의 섹스 파트너를 두었다. 반면 13~14세에 성관계를 시작한 소녀들은 평균 13명 이상의 혼외 섹스 파트너를 두고, 그 파트너들도 짧은 시간 내에 자주 바뀌었다고 한다.[197] 또 13세 이전에 성관계를 시작한 경우는 21세 이후에 성교를 시작한 여성보다 성병 감염이 2배, 원치 않은 임신과 출산은 4배, 혼자 아이를 키우는 경우가 3배, 결혼의 불안정성 2배, 가난 2.5배, 낙태·유산 경험 3배, 불행(우울증)은 2배나 많은 것으로 나타났다.

2) 자기 신체결정권

인간이 자기 신체에 대하여 자신이 어떤 선택을 할지 결정할 수 있는 권리이다. 자기 신체결정권의 문제는 '낙태권' 또는 '임신 중단 결정권'이 근간이 되어 논쟁이 되고 있다. 즉 여성의 임신 중절권을 자기 신체결정권의 한 형태로 보는 것이다. 여성의 자기결정권과 관련하여 2012년 8월, 헌법재판소에서 낙태죄의 위헌 여부를 판결하면서 '태아의 생존권이 여성의 자기결정권보다 우선한다'

---

196) G. kuby, 『글로벌 성혁명』, 348.

197) 민성길,『최신 정신의학』; 민성길, "젠더의 정신의학", 「생명과 성 II」 (밝은생각, 2020), 참조.

라는 합헌 결정이 4대 4로 겨우 이루어졌다. 그 이유는 '임신 초기(임신 1주~ 12
주)의 낙태'를 금지하는 것은 여성의 자기결정권을 심각하게 침해하며, 낙태의
96%가 12주 미만의 태아에 이루어지기 때문에 여성의 자기결정권을 존중해주
어야 한다고 판결하였기 때문이다. 이러한 판결은 2019년 5월, 7대 2의 압도적
차이로 낙태죄는 헌법불합치 결정으로 이어졌다.[198] 태아의 생존권보다 여성의
자기결정권이 우선한다는 것이었으며,[199] 이 판결은 1953년 형법이 제정된 이
후 66년 만에 여성의 낙태죄는 사라지게 되었다.

낙태죄가 합헌인 이유에 대해 '태아는 인간으로서 형성되어 가는 단계의 생
명으로서 인간의 내재적 가치를 지니고 있다. 인간의 존엄성 정도나 생명 보호
의 필요성과 관련해 태아와 출생한 사람 사이에 근본적인 차이가 있다고 보기
어렵다'라고 하였다. 또한 '다수 의견이 제시하는 사회적·경제적 사유는 그 개
념과 범위가 매우 모호하고, 그 사유의 충족 여부를 객관적으로 확인하기도 어
렵다'라며 사회적·경제적 사유에 따른 낙태의 허용은 결국 임신한 여성의 편의
에 따라 낙태를 허용하자는 것이다. 그러나 이를 허용할 경우, 현실적으로 낙태
전면 허용과 동일한 결과를 초래해 일반적인 생명 경시 풍조를 유발할 우려가
있다고 판결한 것이다.

우리나라의 출산율은 최저를 기록하면서 낙태율이 OECD 국가 중 부동의
1위이다. 2017년 1월, 국회 한 토론회에서 "대한산부인과의사회 발표에 따르
면 낙태는 하루 3,000건, 즉 연간 약 110만 건"이라는 주장이 나왔다. 하루에
3,000여 명의 태아가 세상의 빛도 보지 못한 채, 엄마의 뱃속에서 죽어가고 있
다는 말이다. 전체 낙태 여성 중 20대가 58%, 30대가 37%를 차지한다. 낙태 사

---

198) 낙태죄 헌법 불합치 판결은 부산의 한 산부인과 의사가 2013년 11월 1일경부터 2015년 7월 3일경까지 69
회에 걸쳐 낙태를 행한 것이 범죄 사실로 기소되면서 시작됐다. 의사는 형법 제269조 제1항, 제270조 제1항
이 헌법에 위반된다고 주장하면서 위헌법률심판제청신청을 하였고 그 신청이 기각되자, 2017년 2월 8일 헌
법소원심판을 청구했다. 그러나 2012년 합헌 판결과 달리 7 대 2라는 압도적인 차이로 낙태에 대한 처벌 조
항인 형법 269조 1항과 270조 1항에 대하여 위헌 결정을 했다. [2019 법무뉴스], 「헌법재판소 '낙태죄, 임
산부의 자기결정권 침해…헌법불합치'」 (고시계, 2019), 64/5, 262-5.
199) 9명의 재판관 중 유남석, 서기석, 이선애, 이영진 재판관이 헌법불합치 결정 의견을 냈고, 이석태, 이은애, 김
기영 재판관은 헌법불합치 의견의 취지에 동의하면서도 나아가 '단순 위헌'으로 낙태죄가 즉시 실효성을 잃
게 하는 게 낫다는 의견을 냈다. 조용호, 이종석 재판관은 낙태죄가 합헌이라는 '반대 의견'을 냈다.

유로는 97%가 경제적 어려움, 직장생활의 불이익, 미혼 상태, 불륜 등을 들었다.[200]

이제 우리나라에서는 헌법재판소의 판결과 관계없이 낙태가 전반적으로 자유롭게 이루어질 것으로 보인다. 그러나 낙태는 생명을 죽이는 행위이기에 허용된 범주를 벗어난 낙태 행위에 대해서는 생명을 죽인 범죄로 엄중한 처벌 기준을 만들고 시행해야 할 것이다. 전 세계적으로 보아도 형사 처벌 없이 전면 낙태를 허용하고 있는 나라는 거의 없다. 대부분 매우 제한적으로 낙태를 허용하고 있다. 또한 제한적으로 낙태를 허용하더라도 낙태에 대한 상담을 꼭 해야 하고, 상담 후 1주일 이내의 숙려 기간을 반드시 거쳐야만 한다.[201]

1973년 미국의 로 대 웨이드 판결[202] (여성의 낙태 선택권을 인정한 판결) 이후, 미국에서 낙태된 수가 약 5,800만 건이라고 한다. 이 판결 이후 급속한 성 윤리 타락 현상과 낙태율이 증가한 것이다. 이로 인해 미국 교계를 중심으로 낙태를 금지하는 법안들이 각 주에서 발의되고 또 제정되고 있다.

법적인 논리를 떠나 자기 신체결정권이라는 자의적 인권은 천부적이거나 보편적 인권이 추구한 '생명 중시'에서 '생명 경시'로 흘러가고 있다. 인간의 생명 중시 사상은 여러 문화와 종교를 통해 전해져 왔다. 그러나 시대적 흐름에 따라 인권은 상대적으로 변질하여 인간의 이념과 욕망과 호기심은 생명 윤리를 위협하는 사조를 받아들이기 시작했다. 이로 인해 인간 생명의 존엄함과 소중함이 훼손되는 지경에 이른 것이다. 본래 천부적 인권이 추구한 인간의 존엄성과 생명 중시라는 절대 가치와 기준이 사라지고, 인간의 행복 추구라는 포스트모더니즘의 사조에 빠지게 된 것이다. 보편적 인권의 명분도 사라지고 있다. 상대적 인권의 기류 속에 인간이 지켜온 생명의 가치와 성 윤리가 무너지게 되는 것이다.

생명 경시로 흘러가는 자기 신체결정권은 스스로 목숨을 버리는 자살에

---

200) http://news.kmib.co.kr/article/view.asp?arcid=0924157049&code=23111111.

201) 이명진, 『이명진 원장의 의료와 윤리 II』 (서울: 광연재, 2019).
http://www.kscoramdeo.com/news/articleView.html?idxno=15749

202) 로 대 웨이드 사건(Roe v. Wade, 410 U.S. 113, 1973년)은 헌법에 기초한 사생활의 권리가 낙태의 권리를 포함하는지에 관한 미국 대법원의 가장 중요한 판례이다. 미국 연방 대법원은 여성은 임신 후 6개월까지 임신 중절을 선택할 헌법상의 권리를 가진다고 판결하였다.

도 영향을 미친다. 'OECD Health Data 2014'에 따르면 우리나라는 2003년부터 2012년까지 OECD 국가 중 가장 높은 자살률을 기록하고 있다. 2019년에 1일 평균 38명이 자살하고 있으며, 이는 OECD 기준 연령 표준화 자살률 24.6명이라는 수치보다 높다. 그리고 OECD 평균 11.3명보다 2.2배가 높으며, 인구 10만 명 기준 26.9명으로 분석되었다.[203] 우리나라는 2020년에도 OECD 국가 중 자살률 1위라는 오명은 계속되고 있다. 2011년 〈자살 예방 및 생명 존중 문화 조성을 위한 법률〉을 제정하여 법 제정 이전에 혼재되어 있던 자살 예방 정책을 정비하고, 국가와 지방자치 단체, 민간의 책임을 명문화하였지만 자살률은 감소하지 않았고, 여러 문제점만 지적되고 있다.

　우리나라에서 정치인의 자살을 미화하고 정당화하는 사례가 더욱 영향을 미친다고 할 수 있다. 그러나 자살은 유가족에게 큰 슬픔을 안겨주는 것은 물론이고, 유명인 자살은 모방·추종 자살이 늘어날 수 있어 심각한 사회 문제로 번질 수 있다. 특히 우리나라는 개인적 자살이 '정치적 타살'로 포장되면서 생명 경시 현상을 부추기고 있다는 것을 심각하게 유념해야 할 것이다.

　이들은 자살을 사회 구조 탓으로 돌리기도 한다. 대표적으로 무신론자인 두르케임(Emile Durkeim)은 자살을 '이기적 자살', '이타적 자살', '아노미적 자살' 등 세 가지로 분류하고, 하나의 사회적 현상으로 다룬다. 여러 사회 집단에서 자살률이 다른 것은 사회의 상이함과 개인과 사회의 관계가 가지는 다양성의 결과라며, 사회적 통합(integration)과 사회적 조정(regulation)의 차원에서 설명하였다.

　사회적 통합이란 사회의 구성원이 사회적인 네트워크 안에 어느 정도 결속되어 있는가를 의미하며, 그 정도가 낮으면 이기적인 자살이 증가하고, 높으면 이타적인 자살이 유발된다. 사회적 조정은 사회 구성원의 욕구와 행동이 사회

---

203) 2019년 기준 성별로 보면 남성이 9730명, 여성이 4069명으로 남성이 2.4배나 많았다. 자살률도 남자(38.0명)가 여자(15.8명)의 2.4배에 이르렀다. 다만 남성의 경우 전년 대비 자살률이 1.4% 하락한 반면 여성의 자살률은 6.7% 높아졌다. 연령별로 보면 80세 이상의 자살률이 67.4명으로 가장 높았고, 70대가 46.2명이었다. 이어 60대 33.7명, 50대 33.3명, 40대 31명, 30대 26.9명, 20대 19.2명, 10대 5.9명 순으로 나이가 많을수록 자살률이 높은 것으로 나타났다. 다만 나머지 연령대의 자살률은 대부분 감소한 반면 10대와 20대의 자살률만 전년에 비해 각각 2.7%, 9.6% 늘었다. 통계청 2020.09.22일자 '2019년 사망 통계 원인' 자료 참고.

적 가치와 규범에 어느 정도로 통제받는가를 의미하는데, 그 조정이 낮으면 집단 무질서적 자살이, 높으면 운명론적 자살이 유발된다고 보았다.[204] 그런데 사회 구조에서 자살의 원인을 찾는 것은 전형적인 마르크스주의의 형태이다.

자살은 개인의 불행을 넘어, 그가 속한 가정의 파괴와 주변에 심각한 후유증을 가져온다. 그렇기에 종교적 차원으로 대비하고 가르쳐야 한다. 최근 우리나라의 자살률이 증가하자 종교계에서는 신학적으로 환경과 여건에 따라 자살을 받아주어야 한다는 주장도 일부 제기되지만, '자살은 영원한 생명이 아니라 지옥이다'라는 절대 원칙과 기준은 변치 말아야 할 것이다. 호주의 자살 예방 대책 슬로건은 'LIFE : Living is for Everyone'이다.

자살을 방지하기 위해서는 생명을 존중하고, 삶을 이어가는 것이 단지 개인의 선택에 관한 문제라는 인식의 변화가 필요하다. 자살 예방 대책을 검토하면서 법적·제도적 개선 방향을 제시하였다. 그러나 이를 시행하기 위해 반드시 고려해야 할 것은 자살은 개인의 문제이기도 하지만, 생명 경시를 심어주는 자의적 인권이 아니라 생명 존중의 전반적인 인식을 확고히 해야 한다는 것이다.

앞에서도 언급하였듯이, 우리나라는 OECD 국가 중 최고 수준의 낙태율과 자살률을 기록하고 있다. 참으로 생명 경시의 대표적인 증거이다. 그런데 안타까운 점은 생명 경시 풍조 속에 '살아 있을 만한 가치가 없어' 보이는 노약자들에게는 안락사를 법적으로 허용하고 있다는 점이다. 무엇보다 정당도 아닌 국가 기관인 국가인권위원회와 여성가족부에서 남성과 여성이라는 성별을 폐지하는 것은 하나님의 선하신 창조 질서를 멸시하고, 도전하고, 위협하는 또 하나의 악행으로 볼 수 있다.

3) 성별 자기결정권

자신의 성별을 스스로 결정할 수 있다는 '성별 자기결정권'이다. 생물학적 관점에서 성별은 유전적으로 결정된다. 성염색체가 XY면 남성, XX이면 여성이

---

204) 한국자살예방협회, 『자살의 이해와 예방』 (학지사, 2007), 96. ; 최윤영·최승원, "자살예방 및 생명존중문화 조성을 위한 법률의 법적 쟁점과 과제", 「행정법연구」 40, 2014, 182.

다. 수정 시 유전자 구조가 확정되면, 이 구조는 영구적으로 유지된다. 다만 유전적 변이와 이상에 의하여 XY염색체에 X염색제가 추가되거나(클라인멘트 증후군), XX염색체에 Y염색체가 추가되어(터너증후군) 이상이 발생할 수 있으나, 이런 경우에도 생물학적으로 바뀌는 일이 없고, 성별이 유지된 상태에서 치료한다.[205] 성전환 수술을 한다 해도 변함없는 사실이다. 이처럼 의학적으로 분명한 사실을 인권의 이름으로 바꾸겠다고 하는 것이다.

성별 자기결정권은 '젠더(Gender)'라는 개념에서 출발한다. 존 머니(John Money)의 위험한 실험[206]에서 시작해 시몬 드 보봐르(Simone de Beauvoir)의 '여자는 태어나는 것이 아니라 여자로 만들어지는 것이다'[207]라는 주장으로 여성 인권이 거론되며, 여성의 유전적 원인을 정치적으로 부정하였다. 1985년 나이로비에서 개최된 제3차 유엔-세계 여성 대회에서 첫 토론이 있었고, 1995년 베이징에서 개최된 제4차 유엔-세계 여성 대회에서 진전되었다. 결국 국제연합(UN) 결의서로 채택되었으며, 4년 후인 1999년, 유럽연합(EU) 암스테르담 조약에서 성차별 교육 폐지가 확정되었다. 이후 많은 유럽 대학에서 '젠더학(Gender-Studien)'을 새로운 학문으로 도입하였고, 그로 인해 남자와 여자의 성 정체성에 대해 의문을 제기하는 것을 배워야 했다.[208]

'젠더학'은 미국 버클리대학교의 교수이자 언어학자인 주디스 버틀러가 1990년에 출간했던『젠더 갈등(Gender Trouble: Feminism and the Subversion of Identity)』의 제목을『성의 불쾌감(Das Unbehagen der Geschlechter)』이라 붙이면서 본격화되었고, 제목에서부터 이미 남성과 여성으로서의 정체성 전복과 파괴에 관해서 다루고 있다.[209] 버틀러는 '남자와 여자, 부부와 가족, 아버지와 어머니가

205) 민성길, "젠더의 정신의학", 59.
206) 존 머니(John Money, 1921-2008)는 유아들을 대상으로 극도로 위험한 실험을 하였는데, 그 실험 결과를 토대로 성별 역할을 특정 지우는 결정적인 것은 생물학적인 천성이 아니라, 양육과 교육이라고 주장하였다. Peter Beyerhaus,『젠더 이데올로기에 대한 대항』, 2.
207) Peter Beyerhaus,『젠더 이데올로기에 대한 대항』, 3.
208) Peter Beyerhaus,『젠더 이데올로기에 대한 대항』, 2-3.
209) Peter Beyerhaus,『젠더 이데올로기에 대한 대항』, 3.

본래 생물학적 성별에 따른 천성적인 의무가 없다'라고 한다. 더 나아가 생물학적 성별에 기초한 모든 의무는 남성 우월주의에 근거했다는 전제하에 성에 기초한 모든 구별을 근절시키고, 성별은 스스로 결정할 수 있다는 권리를 주장하게 된 것이다.[210]

2016년 로마 가톨릭 프란치스코 교황은 성별 자기결정권은 소위 '성정체성 이론(gender theory)'에서 나온 것이며, "결혼에 대한 커다란 적이자 위협이다"라고 강하게 비판한 바 있다. 또한 "성별 자기결정권은 오늘날 성정체성 이론의 세뇌에서 기인하는 사악함이다"라고 했다. 특히 최근 학교에서 성별의 자기 결정을 하나의 권리로 가르치는 것으로 아이들이 자신의 성별을 무분별하게 바꾸는 것은 '이념적 식민화(ideological colonization)' 때문이라고 언급한 바 있다.[211]

[그림 6] 2013년 방한하여 한국복음주의협의회에서 강의하는 피터바이어하우스 (출처 : 크리스천투데이)

튜빙겐대학교 교수였던 피터 바이어하우스(Peter Beyerhaus)는 포스트모더니즘의 마지막 투쟁 대상은 '젠더 이데올로기(Gender Ideology)'이며, 성별 자기결정권은 '제3의 혁명' 물결이라고 언급하였다. 그는 "제1차 혁명으로 1789년의 정치적 신분제를 전복한 '프랑스 혁명', 제2차 혁명으로 1917년의 경제적 계급제를 전복시킨 '볼셰비키 혁명', 제3차 혁명은 1968년의 세계사적·문화인류학적 '성문화 혁명'으로 이는 하나님의 창조 질서와 하나님 주권에 대적하여 일어나고 있다"라고 하였다. 특히 오늘날 '젠더 주류화(Gender Main streaming)' 운동은 남성과 여성의 구분 자체를 없애버리는 '남녀 성구별 폐지론'을 불러온 것이다.[212] 이 운동은 남성과 여성 사이에 존재하는 또

---

210) G. kuby, 『글로벌 성혁명』, 70-9.

211) http://www.jknews.kr/view/20161007002583.

212) Peter Beyerhaus, 『젠더 이데올로기에 대한 대항』, 1-5.

다른 성을 인간이 만들어 창조의 상반성으로 이루어지는 형태이다. 이는 이성애와 가정의 문화를 제거하고, 남성과 남성, 여성과 여성이라는 동성애 문화로 바꾸어 갈 뿐 아니라 한 가정 안에서 부모로서 갖는 위치를 법과 제도, 문화를 통해 완전히 폐지·무효화시키는 것이라고 주장하였다.

20세기 초·중반 이전의 다른 현대적 이데올로기 운동들, 즉 마르크스주의, 마오주의, 스탈린주의, 파시즘, 나치주의와 군국주의 등 전체주의(totalitarianism), 빌헬름 라이히(Wilhelm Reich)에 의해 제안된 프로이드-마르크스주의는 총체적으로 '적 그리스도'의 길을 예비해 주는 것이다. 특히 '성별 자기결정권 같은 젠더 주류화 운동은 젠더 이데올로기(Gender Ideology)로 전통적 규범을 총체적으로 거부하고, 가치와 규범의 혼돈과 혼란을 초래하는 무질서(Anomie) 상태를 말한다'[213]고 하였다.

그러나 이에 대하여 반론을 제기하는 이도 있다. 21세기에 대두된 제3의 문화혁명인 젠더 이데올로기는 성별 자기결정권과 제3의 성 이론을 개인의 선택 문제라고 주장하는 건 편견이라는 것이다. 현실적으로 존재하는 것을 무시하는 것은 오히려 '차별과 혐오'라고 주장한다. 성별 자기결정권에 대한 부정적인 인식은 창조 계획을 인정하거나 부정하는 문제가 아니라 사회·문화적 보수성에 기인한 '혐오' 때문이라는 것이다. 그래서 성별 자기결정권은 포스트모더니즘 사고이며, 선택의 문제로 취급하는 발언을 보면서 침묵하는 것도 가해라고 주장한다.[214]

이러한 주장은 모든 원인을 사회 구조 탓으로 돌리는 이념적 사고에서 비롯된 것이다. 분명한 것은 인간의 본질상 맞지 않는다는 것이다. 존스홉킨스대학교 맥휴(McHugh) 교수의 논문에 의하면 "의학적으로 성별은 타고나는 것이며, 인간의 정해진 특성이다. 생물학적 성에 의존하지 않는다는 가설, 즉 사람은 여성의 육신에 갇힌 남성이 될 수 있고 또는 남성의 육신에 갇힌 여성이 될 수 있다는 주장은 전혀 과학적 근거가 없다"[215]라고 분명히 하고 있다.

---

213) https://www.christiantoday.co.kr/news/328388

214) https://gmoon.tistory.com/282.

215) Mayer, L. S. and P. R. McHugh, "Sexuality and Gender Finding from the Biological, Psyclogical, and Social Sciences", *The New Atlantics* 50, 2016, 10-143.

법원에서 판단하는 성별 자기결정권의 기준에 대하여 살펴본다.[216]

첫째, 성염색체 결정설이다. 성염색체가 사람의 성별을 결정하는 종국적인 기준이 되어야 한다는 것이다. 즉 성염색체는 수정 당시에 결정되어 변하지 않는다. 제1차 구별이 되는 생식기관은 성염색체의 작용에 의해 분화·발전하며, 제2차 구별은 생식기관이 분비하는 성호르몬에 의해 진행되는 것이다. 결국 사람의 성별은 근본적으로 성염색체에 의해 결정되는 것이며, 다른 생물학적 결정 요소들은 모두 성염색체에 의해 이미 결정된 성별을 대변하는 것일 뿐이라는 것이다.

둘째, 심리적 성 결정설이다. 사람의 사회적 성 역할은 사회적 교섭 과정에서 결정되는 것으로 성은 사회적·역사적 힘의 산물이며, 성별은 단순히 생물학적 요소들에 의해 결정되는 것이 아니라 사회화 과정에서 획득한 심리적 성에 의해 결정된다는 것이다. 즉 sex는 gender를 따라야 한다는 주장이다. 결국 법원에서는 심리적 기준을 도입하지 않을 수 없으며, 성전환자는 수술 여부와 관계없이 심리적 성에 따라 자신이 속한다고 느끼는 성에 귀속할 수 있으며, 법은 이를 승인하지 않을 수 없을 것이라고 말한다.

셋째, 종합적 고려설이다. 인간의 성은 생물학적 요소와 심리적 요소가 일치하여 결정되는바, 법적으로 성을 결정하는 데는 종합적으로 고려하여 사회 통념에 따라 판단하여야 한다는 것이다. 인간의 성 결정에 있어 생물학적 요인이 그 기초가 됨은 무시할 수 없으나, 법 제도 안에서 성은 인간의 사회생활을 규율하는 도구로 사용되는 이상, 생물학적 성과 심리적 성에 대하여 사회 통념이 인식하는 면을 중시해야 한다는 것이다.

우리나라 대법원의 판결을 보면 종전에는 사람의 성을 성염색체와 이에 따른 성기 등 생물학적인 요소에 따라 결정하여 왔으나, 최근에는 생물학적인 요소뿐 아니라 정신적·사회적 요소들 역시 사람의 성을 결정하는 요소 중의 하나로 인정받게 되었다고 종합적 고려설을 중심으로 판시[217]하고 있다. 이로 인해 점차 이념에 치우친 심각한 판결이 예상됨으로 유념해야 할 것이다.

---

216) 박기주, "성전환자의 성별기준에 관한 입법적 과제", 「입법과 정책」 5/2 (국회입법조사처, 2013.12), 150.

217) 대법원 2011.09.02일자, 2009스117, 전원합의체 결정

한편, 여성가족부에서는 2017년부터 성(性, sex) 대신에 젠더(如性, Gender)라는 용어로 변경하면서 양성평등에서 젠더(gender) 평등 정책으로 변화되었고, 성별 자기결정권을 온전히 인정하고 있다.[218] 여성가족부의 정책과 양성평등기본법의 주요 목적은 '성 주류화 정책'이다. 즉 성별의 기준을 성염색체와 생식기 등 생물학적 요소를 배제하고, 오로지 심리적 요소만을 기준으로 하여 자신이 속한다고 느끼는 성을 법과 정책을 통해 승인하는 '성 주류화 정책'을 시행하는 것을 목표[219]로 하고 있다는 것이다. 이 정책은 성평등 정책을 내세워 심리적 성 결정 기준을 정책으로 시행하겠다는 것이고, 이에 따라 성전환자는 수술 여부와 관계없이 자신의 성을 선택하는 성별 자기결정권을 충분히 인정하겠다는 논리이다.

성별 자기결정권의 원조는 마르크스주의라고 할 수 있다. 마르크스주의는 생물학 성별이 자신의 운명을 결정한다는 생각을 거부한다. 역사유물론은 생물학적 요인과 사회적 요인의 상호작용을 포착할 수 있도록 해준다. 따라서 트랜스젠더가 왜 존재하는지 묻는 것이 아니라 트랜스젠더의 성별 자기결정권을 무조건 지지해야 한다.[220] 생물학적으로 성별이 무엇이든, 사회적 요인이 미치는 영향력은 심대하다는 것이다. 출생증명서에 남자아이 또는 여자아이라고 적히는 순간 온갖 사회적 요소가 개입하기 시작한다고 본다. 부모는 아기의 성별을 알고 모든 물건을 분홍색 또는 파란색으로 산다. 그러나 아이가 걸음마를 배우면, 즉 사회와 의미 있는 상호작용을 시작하면 그런 노력은 의미가 없다는 것이다. 그래서 이들은 정해진 성별 정체성의 존재를 부정하고 사회적으로 구성된 젠더라는 개념만을 받아들인다. 또한 페미니스트는 다양한 젠더 표현을 단순히 성별 고정관념에 거부하는 것을 자연스러움이라 본다. 어린아이가 성 역할을 거스르는 행동, 즉 성별 자기결정권을 행사하는 경우에 사회주의자라면 누구나 장려한다고 주장하고 있다.[221]

---

218) 배은경, 「젠더 관점과 여성정책 패러다임」, 한국여성학 32/1, 2016, 1-45.

219) 여성가족부, 「제2차 양성평등 기본 계획(2018-2022)」, 6-1, 성주류화 정책 추진기반 정비. ; 길원평, "성(젠더) 정책의 문제점", 「생명과 성 I」 (서울: 킹덤북스, 2019), 154-71.

220) 수콜드웰, "마르크스주의, 페미니즘, 트랜스젠더 정치", 「마르크스21」 24, 2018, 23.

221) 수콜드웰, "마르크스주의, 페미니즘, 트랜스젠더 정치", 26-7.

그래서 성별 자기결정권을 반대하는 이들은 근본적으로 '가부장제 이론'에 기초한 '여성차별주의자'라는 것이다. 남성은 여성 차별을 통해서 득을 보고, 남근을 달고 태어나는 남성은 여성을 차별하는 집단의 일부이며, 여성을 잠재적으로 위협하는 존재라는 것이다. 남성이 여성을 차별하는 이유는 현대 자본주의 사회가 그 필요를 위해 가족에 의존하기 때문이 아니라 재생산 과정에서 여성이 하는 역할 자체 때문이라는 것이다. 생물학이 차별에 대한 모든 사회적·역사적 설명을 능가하고, 남성은 여성 차별에서 득을 보거나 특권을 누리므로 여성 차별을 해야만 이해관계가 성립한다'[222] 라는 논리를 펴고 있다.

이러한 논리는 이미 2004년 영국에서 '성별인정법'을 통해 성별 전환 수술을 하지 않아도 성전환이 가능하도록 하고 있다. 이에 따라 수술을 받지 않은 사람도 의료적 진단을 받아 자신이 선택한 성별로 2년을 살면 출생증명서에 성별을 바꿀 수 있도록 하였다. 그리고 '트랜스섹슈얼, 트랜스젠더, 젠더에 대해 순응하지 못하는 것은 질병이 아니라 다양성에 관한 사안'[223] 이라고 주장하였다. 또한 영국 정부는 2015년 아일랜드의 성별인정법을 고려하여 성별 이분법을 벗어나 또 다른 '제3의 성' 항목을 추가로 검토해야 한다고 주장하였다. 2017년 영국 교원노동조합은 대의원대회에서 압도적인 차이로 성별 자기결정권을 지지하였으며, 사회주의자는 이런 결정을 훼손하려는 시도에 단호하게 맞서야 한다고 결의하였다. 트랜스젠더를 혐오하고 괴롭히는 것에 반대한다고 말하는 것으로는 부족하고 행동화해야 한다고 주장하였다.[224]

제3혁명으로까지 불리는 성별 자기결정권은 인권의 남용이자 오만함으로 전통신학에서는 매우 위중하게 바라보고 있다. 하나님의 창조 질서와 하나님 주권에 정면으로 대항하기 때문이다. 젠더주의(Genderismus)는 무신론적이며 사탄적인 근원을 가지고 있다고 본다. 가톨릭에서도 이에 대하여 경고하고 있다. 2012년 12월 21일, 로마 교황 베네딕트 16세는 추기경단 전체 모임에서 젠더

---

222) www.troubleandstrife.org/new-articles/talking-about-gender. ; 수콜드웰, "마르크스주의, 페미니즘, 트랜스젠더 정치", 49.

223) Morgan, Jules, "Trans* Health: 'Diversity, not Pathology'", Lancet, vol.2, 2015, 2.

224) 수콜드웰, "마르크스주의, 페미니즘, 트랜스젠더 정치", 73.

이데올로기 안에 깊이 숨겨져 있는 비진리성과 그 사상의 근간을 이루고 있는 '인류학적인 혁명'을 경고하였다. 그는 "가정을 유지하기 위한 투쟁은 인간 자신을 위한 것이다. 하나님이 부인되는 그곳에는 인간의 존엄성과 가치도 무너져 버린다는 것을 보게 될 것이다"라고 언급하였다.[225]

독일 카셀대학교 진화생물학자인 울리히 쿠체라(Ulirich Kutschera)는 '생물학 자체를 부정하는 젠더는 학문과 과학이 아니라 급진평등주의적 이데올로기에 불과하다'[226]라고 하였다. 그리고 현재 독일과 오스트리아의 많은 국회의원도 생물학을 부정하는 젠더 연구는 학문이 아니라 문화막시즘이 만들어 낸 정치 이데올로기에 불과하다며 예산 삭감을 주장하고 있다. 젠더 이데올로기에 가장 앞선 북유럽의 노르웨이도 정부 예산이 대폭 삭감되었다.[227]

프랑크푸르트학파의 아드로느 전공자로 알려진 독일 하이델베르크대학교 노베르트 볼츠(Norbert Bolz) 교수는 광적 페미니즘이 남녀의 사회적 역학을 성역할로 바꾸고 있다고 비판하며, '남성과 여성이라는 것은 결코 사회적 구성물이 아니다'[228]라고 주장한다. 그리고 페미니즘이 생물학적 성을 젠더라는 개념으로 몰아내는 언어 정치를 시도하고 있다고 보고, 젠더 연구가 활발해지면서 남녀의 생물학적 차이를 말하는 '진화생물학에 반대하는 선전포고'가 나타나고 있다고 분석하였다.

피터 바이어하우스 박사는 젠더주의가 '시대의 마지막 징후'라고 경고하였다. 젠더주의는 근본적으로 하나님이 세운 창조 질서에 대항하는 이데올로기로, 종말적인 관점에서는 앞으로 다가올 'anomia(불법)' 시대에 난무할 대표적인 사상으로 성경의 예언을 성취하고 있는 것으로 보인다. 예수님은 마태복음 24장 12절에서 "불법(희랍어로 anomia)이 성하므로 많은 사람의 사랑이 식어지리라"라고 말씀하셨는데, 이것은 젠더주의자들을 향한 경고와 더불어 오늘날 이 시대를 향한 외침으로 받아들여야 할 것이다.

225) Peter Beyerhaus,『젠더 이데올로기에 대한 대항』, 4-5. ; G. kuby, 『글로벌 성혁명』, 70-9.

226) Ulirich Kutschera, *Das Gender-Paradoxon. Mann und Frau als evolvierte Menscbentypen* (Science and Religion.13, LIT, Berlin, 2016).

227) 정일권,『문화막시즘의 황혼』, 168.

228) Nobeett Bolz, *Diskurs Uber die Ungleicbbeit: Ein Anti-Rousseau* (Fink, 2009), 52-3.

제 5 부

인권 정책 관련법(조례)의
한계와 문제점

제 5 부

인권 정책 관련법(조례)의 한계와 문제점

국내 인권 담론의 본격화는 2001년 김대중 정부 시절 조직된 국가인권위원회가 등장하면서부터이다. 혹자는 인권 운동을 1980년대의 민주화 운동, 반독재 운동, 민중 운동까지 연결하고 있다. 이러한 운동을 인권 탄압과 연결하고, 접목하였기 때문이다. 또한 1990년대 들어 여성 운동, 장애인 운동, 동성애 이른바 성소수자 운동까지 연결되면서 이 또한 인권 운동으로 접목하고 있다. 상대적 인권론자들은 이러한 운동을 인권 운동으로 보지만, 보편적이고 본질적 측면에서 인권 운동이라고 보기에는 제한이 있다고 본다.

현재까지 국가인권위원회는 이념화 논란 속에, 우리 사회에 긍정적인 측면보다 부정적인 측면으로 훨씬 더 영향을 미쳤다. 사회적 합의는 고사하고 소수자 인권이라는 명분으로 억지 주장하거나 진정 인권을 주장해야 할 사항에는 침묵하는 경우가 태반이었다. 여성의 강제적 유린 행위에 대하여 일본군 위안부 문제는 왜곡해서라도 철저히 인권 논리로 접근하지만, 중국에서 발생하는 북한 여성들의 인신매매에 대해서는 외면하거나 침묵한다는 것이다. 이중적이고 위선적인 인권임에도 2017년 국가인권위원회의 설치 근거를 헌법 기관으로 격상해야 한다는 주장까지 제기되어 정치권과 학계에서 논란이 되었다. 더욱이 포괄적 차별금지법, 평등법, 나아가 인권기본법(조례)의 구제기관으로 국가인권위원회를 지목하고 있어, 이 문제와 더불어 살펴보고자 한다.

제1장 국가인권위원회법과 인권기본법(조례)

1. 국가인권위원회의 권한과 한계

국가인권위원회의 설치 배경은 우리나라가 1993년 6월 10일 비엔나에서 열린 세계 인권 대회에 '민간단체 공동대책위원회'가 참가하면서 시작되었다. 이후 민간단체들은 인권 기구 설립을 지속해서 요청하였다.

1997년 11월, 김대중 대통령 후보가 인권법 제정 및 국민인권위원회 설립을 공약으로 내세웠다. 그리고 1998년 김대중 정부가 출범한 뒤, 국가인권위원회 설치 계획을 발표하였고, 법무부가 설치 관련 법안을 제출하였다. 하지만 인권 단체들은 법무부 소관으로 인권 기구를 설치하는 것을 강력히 반대하였고, 2001년 5월 24일 독립된 위원회의 지위를 가지는 국가인권위원회법이 제정[1] 되었으며, 그해 11월 25일, 정식 출범하였다. 이후 현재까지 우리나라 국가인권위원회는 모든 국가 기관에 독립 기관으로 많은 영향을 미치고 있지만, 일본과 미국 등 자유를 중시하는 선진 국가에는 국가인권위원회 같은 조직은 없다. 사회주의 국가인 중국도 국가인권위원회 같은 조직이 구성되어 있지 않다.

국가인권위원회는 국제적·지역적 차원에서 시행됐던 국제인권법 체계를 국내 차원에서 운영하고자 하였다. 각국 인권의 특수성을 반영하여 효과적으로 인권을 보장하고, 국제기구나 지역 기구에 비하여 개인에게 실제 쉬운 인권 보장 제도를 제공하며, 국제인권법의 효과적인 국내 적용을 확보하는 것을 목적으로 하였던 것이다.[2] 비록 이념화된 인권이지만 국가인권위원회의 본질적인 목적[3]도 국제인권법과 국제적 인권 기준을 국내에 적용하고, 국가의 작용이 이

1) 대표 발의자는 이미경 의원, 정대철 의원(이상 새천년민주당), 이인기 의원(한나라당)이다.

2) 홍성필, "한국형 국가인권기구 설립을 위한 연구", 「법학논집」 3/1-2 (이화여자대학교법학연구소, 1996), 161.

3) 국가인권위원회법 제1조에서 조직의 목적으로 "이 법은 국가인권위원회를 설립하여 모든 개인이 가지는 불가침의 기본적 인권을 보호하고 그 수준을 향상시킴으로써 인간으로서의 존엄과 가치를 실현하고 민주적기본질서의 확립에 이바지함을 목적으로 한다." 제2조 제1호에서 인권에 대한 정의를 "대한민국헌법 및 법률에서 보장하거나 대한민국이 가입·비준한 국제인권조약 및 국제관습법에서 인정하는 인간으로서의 존엄과 가치 및 자유와 권

러한 기준에 적합하도록 법률이나 행정적 관행을 정비 및 개선하는데 두었다.

그러나 현재는 본래 기능과 역할을 넘어 논란의 중심이 되고 있다. 무엇보다 1970년대를 지나면서 국제적으로도 천부적·보편적 인권이 아닌 상대적·자의적 인권으로 변화되어 사회주의의 대체 이념으로 인권이 이용되면서, 인권의 정당성에 의문이 제기되었기 때문이다. 소수자 인권을 주장하지만 이는 특정 집단만을 위한 인권임을 일반 국민도 점차 알아갔다. 이념적이고, 이중적인 인권의 실체를 인식하게 된 것이다. 무엇보다 우려스러운 것은 인권이 권력화로 변질되면서 국가인권위원회가 권력 기관이 되는 것이다. 동시에 국가 기관임에도 불구하고 국가인권위원회는 민주적 정당성(democratic legitimacy)까지 훼손하고 있다는 점이다.

자유 민주주의 헌법 국가에서 모든 국가 기관 자체가 보편적 인권의 실현을 위한 기구이다. 그래서 반인권적 기관은 정당화될 수도 없다. 또한 국민 주권의 본질을 구현하고, 권력의 독점화 및 과잉 방지를 위해 삼권분립 제도를 실행하여 상호 견제하도록 하고 있다. 즉 국가 기관은 민주적 정당성[4]을 필수적으로 가져야 한다는 것이다.

헌법 제1조 제2항에서 국가 권력의 원천은 국민에게 있다고 명시하고 있다. 모든 국가 권력은 국민으로 소급되고, 국민은 국가 권력의 주체라는 국민 주권 이론이다. 따라서 국민은 국가 안에서 권력의 최후 원천이다. 민주적 국가 구성은 정당성의 근거를 오로지 국민에게서 찾아야 한다. 국가 권력과 국가 공동체는 결코 먼저 존재하는 것이 아니라 국민적 정당성이라는 기반 위에서 형성되고 유지된다. 헌법으로 요구되는 민주적 정당성은 국민에게 국가 기관이나 기관 담당자에게 이르는 끊어지지 않는 정당성의 사슬을 요청하고 있다. 국민은 선거를 통해 국가 권력을 행사할 직접 입법기관인 국회의원을 선출하고, 이를 통해 행정기관과 사법기관을 감시하며 견제하는 것이다. 또한 국민이 대통령을 선출하면, 이에 따라 행정부를 구성하는 것이다.

리를 말한다"라고 하여 국가인권 기구가 실현하려는 기본적 인권에 헌법상 기본권과 함께 국제인권조약 및 국제 관습법상의 자유와 권리가 포함됨을 명시하고 있다.

4) 허완중, "민주적 정당성", 「저스티스」 (한국법학원, 2012), 133-4.

우리나라 국가인권위원회법의 특징과 한계점이다. 총 6장 63개조의 국가인권위원회법은 법률 제6481호(2001.05.24)로 제정되었으며, 여러 차례 개정을 거쳐 법률 제1250호로(2014.03.18) 시행되고 있다. 본래 조직에 관한 법이었으나 강력한 권력기관으로 영향력을 행사하고 있다.

1) 국가인권위원회의 법률적 측면에서 특징과 한계

① 법의 적용 범위 문제(제4조)이다. 이 법을 국민뿐만 아니라 대한민국의 영역내에 있는 외국인에 대하여 적용을 확대하고 있다. 우리나라 헌법상 근로의 권리에 기초한 고용에 관한 권리, 국가 등의 토지 및 주거시설 등을 공급받을 권리 등은 전형적·기본권으로써 국민에게만 인정된 권리이다.

② 평등권 침해의 차별 행위 규정(제2조 제3호)이다. 평등권 차원에서 19개 요소를 정하였다. 이중 논란이 되는 대표적인 요소로 '성적지향'에 따른 차별을 금지함으로써 동성애자, 양성애자, 범성애자 등을 평등권 침해의 차별 행위에서 보호하도록 규정하고 있다. 헌법 제17조에 사생활의 비밀과 자유 규정에 따라 성적지향의 자유는 사실상 보장되고 있으므로 성적지향을 별도로 규정할 필요는 없다.

그런데도 LGBT[5]만을 보호한다는 것은 탈동성애자 등 다른 성적 소수자를 차별하게 되는 결과를 가져온다는 점이다. 이로 인해 또한 국방부 훈령 등을 통하여 동성애자를 다른 병사보다 우대하고, 학생인권조례에서는 동성애자가 정상적으로 인정됨으로 선량한 성도덕에 반하도록 하고 있다. 본래 '성적지향'이라는 용어는 '국민적 기망'으로 포함되었다는 점이다. 실제 당시에 참여한 국회의원들은 이 용어에 대하여 잘 알지 못했고, '성적지향' 문구 자체도 제30조 제2항에 포함되었기에 유심히 보지 않으면 알 수 없을 정도였다.[6][7] 또한 제3호 단

---

5) 성소수자로 90년대 LGBT가 되었다. 21세기에는 퀘스쳐너(Questioner)와 간성(Intersex), 무성애자(Asexual), 범성애자(pansexual)를 포함하여 LGBTQIAP라고까지 확대되고 있다.

6) 조영길, 「국가인권위법상 차별금지 사유에서 '성적지향' 삭제 개정의 필요성」, 2016, 16-8.

7) 학력에 따른 차별 금지조항은 학력에 따른 고용에 있어서 모집, 채용, 교육, 배치 승진, 임금 등과 관련하여 우대, 배제, 구별하거나 불리하게 대우하는 행위를 차별로 보고 있으며, 병력(病歷)에 따른 차별을 금지함으로써 특정한 병력이나 건강을 고용의 조건, 주거의 제한 등을 하는 경우를 차별로 보게 되는 것이다. 만약 에이즈 양성 보

서 조항에서 현존하는 차별을 없애기 위하여 특정한 사람을 잠정적으로 우대하는 행위와 이를 내용으로 하는 법령의 제정, 개정 및 정책의 수립, 집행만을 평등권 침해의 차별 행위로 보지 아니한다고 규정하였다. 이것은 특정 집단과 개인을 위한 편향적 법과 정책을 노골적으로 추진하겠다는 것이다.

③ 인권위의 조직 및 구성, 그리고 독립성(제3조, 제5조, 제8조)에 관한 규정이다. 인권위는 그 권한에 속하는 업무를 독립하여 수행한다고 규정한다. 그런데 현재 인권위가 수행하는 업무를 고려할 때, 민주적 정당성 위반이 될 수 있기에 조직을 폐지하고 법무부 인권국으로 통합되면 충분하다는 것이다. 특히 현재 인권위가 비법률 전문가를 통한 조사 활동 및 인권 침해의 평가는 신뢰성이 떨어질 수밖에 없다. 또한 위원의 신분 보장으로 전체 위원 2/3 이상이 찬성하는 의결이 있어야만 퇴직할 수 있게 했다는 것이다. 이는 직무 불가능한 위원을 강제로 직무 시키는 결과를 초래하는 문제를 일으킬 수 있다. 무엇보다 인권위의 업무를 인권에 관한 법령 등의 조사 연구, 권고 또는 의견 표명, 인권 침해 행위에 대한 조사 및 구제 등으로 규정하고 있으나 이는 법무부 인권국의 업무 내용과 많은 부분에서 중복된다는 것이다.

④ 청문회(제23조) 규정이다. 인권위에 업무 조사를 수행하는 목적으로 관계 기관 등에 출석을 요구하여 사실 또는 의견의 진술을 들을 수 있는 청문회를 개최할 권한을 부여하고 있다. 그러나 청문회에 출석하는 것은 '강제 행위'가 되기 때문에 극히 제한적으로 실시해야 한다. 특히 관련법(국회법 제65조, 제65조의 2 등)에 규정하고 있고, 공청회와 청문회를 구별하지 않고 청문회에 포함하고 있다.

⑤ 시설에 대한 방문 조사(제24조)이다. 필요하다고 인정하는 경우, 그 의결로써 구금, 보호시설을 방문하여 조사할 수 있도록 규정하고 있다. 이는 법무부 인권국과 인권위의 조사를 동시에 받게 되어 업무의 중복과 비전문가로 인한

균자를 병원고용에서 배제하는 경우 차별이며, 이는 그 병원을 찾는 모든 환자들은 에이즈감염 위험에 노출되는 국민보건상의 위험도 초래할 수 있다.

의 문제가 발생할 수 있다.

⑥ 정책과 관행의 개선 또는 시정 권고(25조)이다. 관계 기관 정책과 관행의 개선 또는 시정을 권고하거나 의견 표명할 권리를 인권위에 부여하고 있다. 명칭은 개선 또는 시정을 권고에 대하여 규정하고 있으나, 제3항에서 권고를 받은 기관은 권고사항의 이행 계획을 인권위에 통지할 의무를 규정함으로써 실질적인 이행 명령이라고 할 수 있다. 삼권분립에 기초하여 국회나 법원이 내릴 수 없는 이행 명령을 인권위에 인정하는 것으로 초헌법적 기관으로 규정한 것이다.

⑦ 인권 침해 및 차별 행위의 조사와 구제(제30조) 규정이다. 인권위의 진정이 없어도 인권 침해나 차별 행위가 있다고 판단할 경우, '직권 조사권'을 규정하고 있다. 그러나 꼭 해야 한다면 일반적인 사항만 보조적으로 인정하는 정도여야 할 것이다.

⑧ 구제 조치 등의 권고(제44조) 규정이다. 인권위는 기관이 내용을 이행하지 않을 경우, 그 이유를 통지하여야 할 의무를 규정하고 있다. 피진정인 등이 인권위의 판단에 대하여 다툴 수 있는 구제 절차는 인정하지 않고, 일방적으로 이행 명령을 내리는 것과 동일한 효력을 인정하는 것은 삼권분립 원칙에 어긋나며 월권행위다.

⑨ 고발 및 징계 권고(제45조) 규정이다. 조사 결과, 범죄 행위에 해당하여 형사 처벌이 필요하다고 인정한 경우, 검찰총장 또는 참모총장 또는 국방부 장관에게 고발할 수 있고, 고발을 당한 검찰총장 등은 3개월 내에 그 결과를 인권위에 통지할 의무를 규정하고 있다. 검찰총장은 검찰청법 제8조에 따라 구체적 사건에 대하여 법무부 장관의 지휘·감독을 받게 되며, 군사법원법 제38조에 따라 참모총장은 국방부 장관의 지휘·감독을 받게 된다. 그러나 위 규정에 따르면 구체적 사건에 대하여 인권위가 검찰총장 및 참모총장의 수사권까지 침해할 우려가 있다.

⑩ 긴급 구제 조치 등(제48조)의 규정이다. 인권위에 신청이나 직권으로 피진정인 등에게 긴급 구제 조치를 권고할 수 있도록 규정하고 이를 방해하는 경우에는 1년 이하의 징역 또는 500만 원 이하의 벌금에 처하도록 규정하고 있다. 이는 피진정인이나 기관에 대하여 다투거나 이의를 할 수 있는 절차적 참여권을 보장하지 않고 있다.

⑪ 벌칙 등(제56조) 규정이다. 인권 옹호 업무를 수행하는 위원 또는 직원의 업무를 방해하는 경우, 5년 이하의 징역 또는 3천만 원 이하의 벌금을 부과하고 있다. 또한 진정을 허가하지 아니하거나 방해한 사람에게 3년 이하의 징역 또는 3천만 원 이하의 벌금에 처할 수 있도록 규정하고 있다. 이는 국회의 회의를 방해하는 국회 회의 방해죄의 경우에도 국회법 제166조에 따라 5년 이하의 징역 또는 1천만 원 이하의 벌금으로 하고 있어 과잉 금지의 원칙에 반한다고 볼 수 있다.

2) 정책적 측면에서 특징과 한계

국가인권위원회 인권 정책은 상대적, 자의적 인권 이념에 따라 추진됐다. 이 중 자유권 행사와 형평성에 제한이 될 수 있는 대표적인 사례만 소개한다.

① 양심적 병역 거부 옹호이다. 국가인권위원회에서 인정한 양심은 일반적 양심이 아니라 소수 종교라는 이유로 '특정 종교'에 한정된 것이었다. 2015년에 최초 관련 성명을 발표한 이후, 2016년 11월과 2018년 8월 등 3번에 걸쳐 지속적으로 권고하였다.[8]

② 난민의 무조건 수용 주장이다. 난민은 당연히 보호해야 한다. 하지만 불법이나 자국의 안전을 위협하는 부분에 대한 제한과 조건은 있어야 한다. 국가인권위원회는 이러한 고려사항 없이 난민을 수용하라고 하고 있다.

---

8) 국가인권위원회는 성명을 3번(2005.12.26, 2016.11.28, 2018.08.08.) 발표하였다. "양심적 병역거부권은 헌법 제19조, 세계 인권 선언 제18조 및 유엔의 시민적 및 정치적 권리에 관한 국제규약 제18조 등에서 보호하는 양심의 자유에 해당하므로, 양심적 병역거부권과 국방의 의무가 조화롭게 공존할 수 있는 대체 복무 제도가 도입되어야 한다", "양심에 따른 병역 거부자에게 대체 복무의 기회를 제공하지 않고 병역법 제88조 제1항에 의하여 형사 처벌하는 것은 보편적 인권인 양심의 자유를 침해하는 것임을 확인한다."

③ 낙태죄 폐지 주장이다. 이는 생명권과 여성의 자기결정권 문제이다. 천부적·보편적 인권에서는 당연히 생명권이 우선임에도 국가인권위원회는 2019년 3월, 여성의 권리를 우선하는 성명을 발표하고 정책을 추진하고 있다.[9]

④ 이외 국가 기관으로 국내 최초 공문서에 '제3의 성'을 인정하는 것이다. 2019년 3월, 국가인권위원회(위원장 최영애)가 남성과 여성 외에 '지정되지 않은 성별'인 '제3의 성'을 기재할 수 있도록 진정서 양식을 바꾸기로 했다. 공공기관 공문서에 지정되지 않은 성별 기입란을 만드는 것은 국가인권위원회가 처음이다. 이 밖에 주요 정책은 다음과 같다.

---

9) 헌법재판소에 낙태죄 조항 위헌 취지 의견제출 (2019.03.18.) "(전략) 낙태한 여성을 「형법」 제269조 제1항에 따라 처벌하는 것은 여성의 자기결정권, 건강권과 생명권, 재생산권 등을 침해한다는 의견을 헌법재판소에 제출했다." 또한 성명서(2019.04.11.)를 통해 "오늘 헌법재판소가 선고한 '형법 제269조 제1항 등 위헌소원' 사건에서, 낙태한 여성 등을 처벌하는 위 조항이 헌법상 기본권을 침해한 것임을 인정한 데 대하여 환영합니다. 이번 결정은 그동안 임신한 여성의 자기결정권을 인정하지 않았던 태도를 바꾸어 여성의 자기결정권을 인정했다는 데 의의가 있습니다."

[국가인권위원회 주요 권고 성명]

- 교과서 및 국어사전에서 남녀관련 용어 변경 권고 (2002.11.11.)
  * 교과서 검토 및 권고 (의무 분야 삭제, 가정의 개념 변경)
- 청소년 유해 매체에서 동성애 조항 삭제 권고 (2003.4.2.)[10]
- 군대 내 성소수자 보호를 위한 교육 (2006.6.28)
- 인권친화적 학교 문화 조성을 위한 지침서 (2007.12.14)
- 청소년 노동 인권 보장 및 증진 조례 권고 (2010.2.4)
- 군 형법 92조 6 폐지 권고 (2010.10.27~지속)
- 인권 보도 준칙으로 동성애 유해성 관련 보도 금지 (2011.7.29)
- 지자체에 인권 보장 및 증진 조례 (2012.4.12)
- 인권 경영 가이드라인 (2014.9.25)
- 대학 인권 장전 (2016.11.4)
- 양심적 병역 거부 인정 권고 (2016.12.4)[11]
- 종교의 자유보다 성소수자 권리가 우선 (2017.6.8)
- 퀴어 축제 행사 공식적 참가 (2017.6.24)
- 혐오 차별 대응 기획단 설치 및 운영 (2019.1.3)
- 낙태죄 폐지 (태아 살인) 공식화 (2019.3.17)
- 남녀 성별 외 제 3의 성 공식화 (2019.3.30)
- 기독교 대학 생활관 새벽예배는 차별 행위 (2019.5.17)

---

10) 국가인권위원회 조사 결과, 청소년보호법시행령 제7조의 별표1 개별 심의 기준은 '수간을 묘사하거나 혼음, 근친상간, 동성애, 가학·피학성 음란증 등 변태 성행위, 매춘 행위 기타 사회통념상 허용되지 아니하는 성관계를 조장하는 것' 등을 청소년 유해 매체물로 규정하고 있습니다. 그러나 헌법 제10조(행복추구권) 제11조(평등권) 제21조(표현의 자유) 등을 침해한 행위라고 판단하고 청소년보호위원장에게 청소년보호법시행령 제7조 '개별 심의기준' 중 '동성애'를 삭제할 것을 권고했습니다.(2003.4.2일자)

11) 국가인권위원회는 3번(2005.12.26, 2016.11.28, 2018.8.8)에 걸쳐 발표하였다. 보편적 양심이 아니라 소수 종교라는 이유로 '특정 종교'에 한정하고 있다. "양심적 병역거부권은 헌법 제19조, 세계 인권 선언 제18조 및 유엔의 시민적 및 정치적 권리에 관한 국제규약 제18조 등에서 보호하는 양심의 자유에 해당하므로, 양심적 병역거부권과 국방의 의무가 조화롭게 공존할 수 있는 대체복무제도가 도입되어야 한다", "양심에 따른 병역 거부자에게 대체복무의 기회를 제공하지 않고 병역법 제88조 제1항에 의하여 형사 처벌하는 것은 보편적 인권인 양심의 자유를 침해하는 것임을 확인한다."

2. 인권 관련 주요 정책 논란

'인권은 권력이다'라는 말이 유행하고 있다. '진보'를 주장하는 단체와 집단들이 이미지 제고를 위해 인권을 활용하고, 이를 정치화 하면서 나타난 현상이다. 앞에서 살펴본 것처럼 미국의 민주당 정책이 그러하였다. 본래 우리나라 국가인권위원회는 정치적 색채를 배제하고 보편적 인권을 위한 권고 기능만을 수행하도록 설치되었다. 그러나 정부 성향이 보수냐 진보냐에 따라 국가 주요 정책에 많은 영향을 미치고 있다. 가장 대표적인 사례가 북한 주민에 대한 태도와 소수자에 대한 국가인권위원회의 편향적 시각이다. 이것은 마르크스가 주창한 사회 구조 속에 존재하는 인권, 즉 소수자 중심의 인권 정책이기에 당연한 결과일지도 모른다. 인권의 이념화로 인해 헌법상에 주어진 자유권이 훼손되고 침해되는 사례를 살펴본다.

1) 인권 보도 준칙과 언론의 자유, 국민의 알 권리의 충돌

첫째, 국가인권위원회가 추진한 인권 보도 준칙으로 헌법상의 언론, 표현의 자유 및 국민의 알 권리가 심각하게 훼손되고 있다. 인권 보도 준칙[12]은 2011년 7월 국가인권위원회와 한국 기자협회가 8개 분야별로 언론의 보도 기준을 정립하기 위해 만든 준칙이다. 이 준칙이 가지는 효력은 상호 준칙을 맺은 기관 내부사정에 관한 구속력이다. 그러나 국가인권위원회라는 국가 기관과 국민의 알 권리와 표현의 자유를 담당하는 기자 협회라는 두 단체가 일정한 준칙을 정했다는 것은 부적절하다고 할 수 있다.

언론의 역할과 기능은 얼마나 객관적이고 정확한 보도를 하고 있는가에 주목해야 한다. 물론 한 개인의 인격권—명예권, 프라이버시권, 초상권, 음성권, 성명권 등에 대한 보도는 자제되어야 하나, 사실적이고 객관적인 보도는 국민의 알 권리 차원[13]에서 당연히 전달되어야 한다. 언론 매체는 민주적 여론을 형

---

12) 국가인권위원회 정책교육국 홍보협력과, 「인권보도준칙제정을 위한 세미나」, 국가인권위원회 발간 자료, 2013. ; 국가인권위원회 용역보고서, "주요 언론의 인권보도준칙 실태 조사", 한국여성민우회 미디어운동본부, 2013.

13) 이찬희, "인격권과 언론의 자유, 무엇을 우선할 것인가–피의사실 공표죄와 언론보도 준칙의 비교형량", 「관훈저널」 61/4, 2019, 34-40.

성하고 국가 권력을 통제하는 제4의 권력으로써 중요한 역할을 담당하고 있기 때문이다.[14] 그런데 인권 보도 준칙으로 국가인권위원회가 각 언론사를 통제한다면 자유민주적 기본 질서를 훼손하고 여론의 심각한 왜곡을 만드는 것이다. 언론의 자유가 여타의 자유와 비교해서 우월적 지위에 있다고 보는 것은 어떤 특권적 지위로서 권리가 아니라 국민의 알 권리 차원에서 정확한 보도를 하는 지위이기 때문이다.

국민의 '알 권리'는 언론 기관만의 특권이 아닌 국민 개개인 모두의 권리이다. 모든 정보원으로부터 국민 개개인이 자유롭게 정보를 입수할 수 있는 기본적 권리라고 하여 '정보의 자유'라고도 한다.[15] 구체적으로 알 권리는 정치, 경제, 사회, 문화 등 모든 생활영역에 걸치며, 단순히 읽고, 보고, 듣는 자유를 방해받지 않는 것에 그치지 않고 정보원에게 적극적으로 접근할 수 있는 권리, 즉 액세스권을 포함하고 있다.

이에 대하여 위긴스(J. R. Wiggins)는 『자유와 비밀』이라는 저서에서 다음과 같이 정의한다.[16] ① 정보를 입수하는 권리, ② 사전 억제 없이 인쇄할 수 있는 권리, ③ 부당한 보복의 위험 없이 인쇄할 수 있는 권리, ④ 커뮤니케이션을 위해 필요한 시설이나 자료에 접근하는 권리, ⑤ 법을 악용하는 정부 또는 법을 무시한 시민에 의하여 방해받지 않고 정보를 전달하는 권리 등이다.

헌법재판소 판결을 보면 알 권리의 핵심은 정부가 보유하고 있는 정보에 대한 국민의 알 권리이며, 정부에 대한 일반적 정보 공개를 구할 권리(청구권적 기본권), 또한 자유 민주주의 기본 질서를 천명하고 있는 헌법 전문, 제1조 및 제4조의 해석상 당연한 기본권[17]이라 하고 있다.

따라서 국민의 기본권인 알 권리 차원에서 인권 보도 준칙은 한계가 있다고 본다. 유독 소수자 인권을 이유로 국민의 알 권리 뿐 아니라 건강권, 생명권 등 기본권이 침해당할 수 있기 때문이다. 예를 들어, 인권 보도 준칙 중 제8장의 성소수자 보도 준칙 사항은 국민의 알 권리뿐만 아니라 국민의 건강권과도 밀

---

14) 이진국, "언론의 범죄보도와 형사법적 문제점", 「한국형사정책연구원 연구총서」, 2002, 서문.

15) 김병국, "표현의 자유와 알 권리", 「관훈저널」 97, 2005, 151.

16) 김병국, "표현의 자유와 알 권리", 150.

17) 헌재 1989.09.04. 선고 88헌마 22 결정.

접하게 관련되어 있다. 특히 남성 동성애자와 상관관계가 밀접한 AIDS의 급속한 증가는[18] 개인의 건강과 가정의 행복, 사회적 비용 증가까지 심각한 문제로 이어진다. 청소년과 동성애자들의 미래를 생각한다면 인권 보도 준칙에 대하여 깊이 고려해야 할 것이다.

2) 국가인권위원회의 정체성 정치

국가인권위원회가 상대적 인권의 소수자 우선 정책을 펼침으로 기본권의 충돌이 일어나고, 특권층을 발생시키고 있다. 특정 소수자 집단과 개인의 인권을 명분으로 권리를 부여할 때, 공동체에서는 권리에 대한 의무이행으로 자유권이 침해받고 소수자에 대한 특권이 발생한다. 오늘날은 다문화주의로 각 사람의 개성과 문화가 존중하는 방향으로 가고 있다. 이는 개인의 자유와 사상, 양심을 최대한 존중해주어야 한다는 전제가 내포되어 있다. 그런데 국가가 정책과 법으로 소수자를 우선하는 정책을 추진하면 개인의 표현 및 종교, 양심의 자유권을 훼손하는 결과를 가져올 수 있다.

앞에서 언급했지만, 소수자 개념은 시·공간에 따라 언제든지 바뀔 수 있고, 소수자가 항상 약자는 아니라는 것이다.[19] 소수자 인권은 어떤 세계관으로 보는지에 따라 달라지는 상대적 개념이다. 소위 진보 정치인의 성향에 따라 소수자 인권 정책이 추진되고 있다. 이런 한계성 때문에 소수자 정치보다 다양성을 추구하는 정체성 정치(Identity Politics), 정치적 정당성 정치(Political Correctness)로 진행된다고 할 수 있다.

최근 인권 정책은 기본권의 충돌과 헌법의 자유권이 무시되거나 침해되는 결과를 가져왔다. 기본권의 충돌은 전체 국민의 이익을 대표하는 국가가 헌법상 의무 이행을 강요할 경우와 공동체 사이에서도 발생할 수 있다. 즉 기본권의 상충관계는 결국 헌법상 가치의 충돌 문제라는 것이다. 이러한 경우에 쌍방이 주장하는 기본권의 내용과 효력을 비교·형량하여 충분히 존중되는 합리적인 해

---

18) 보건복지부의 제4차 국민건강증진종합계획(2016~2020). 2015.12, "남성 동성애자 간 성 접촉이 주요 전파 경로일 것으로 판단되며 생존하는 에이즈 환자의 91.7%가 남자이며, 에이즈는 99%가 성 접촉을 통해 감염되므로, 남성 동성애는 에이즈 감염의 주요 확산 경로입니다" 등 공식 발표 자료 외에 김지연, 「덮으려는 자 펼치려는 자」, 제7장에 자세히 언급되어 있음.

19) 장미경, "한국 사회 소수자와 시민권의 정치", 159-82.

결책을 찾아내야 한다. 둘 이상의 기본권의 법익을 비교하여 우열을 결정하고, 더 우위에 있는 기본권을 우선 보호해주는 방법이다. 우열을 판단하는 기준으로 생명권·인격권 우선의 원칙, 생존권 우선의 원칙, 자유권 우선의 원칙 등을 들 수 있다. 또 다른 방법으로는 이익 형량에 의해 어느 하나의 기본권만을 우선시키지 않고, 헌법상 통일성을 유지하기 위해 충돌하는 기본권 모두를 최대한으로 보장하는 조화의 방법도 있다.[20]

2018년 5월, 저자는 국가 인권 정책(National Action Plan: NAP)을 추진하는 법무부 인권국장을 만나 NAP의 법적 근거에 대하여 논할 기회가 있었다. 당시 인권국장은 성소수자 등에 대하여 헌법이나 법률상의 근거는 없지만 '인권이기 때문에 가능하다'라는 주장을 펼쳤다. 물론 인권의 한 특성인 추상성으로 그렇게 판단할 수도 있지만, 극히 이념적이고 비합법적이었다. 인권이라는 미명으로 법적 근거가 미흡한 정책을 국가 기관이 추진한다면 이는 폭력이며, 억압과 독재가 되는 것이다. 한 국가의 소수자 인권 정책이 가져오는 결과는 인간 존중이라는 기본적 가치가 흔들리면서 개인에 대한 자유권의 침해와 사회 공동체 질서가 무너지며, 독재화가 된다. 이는 소수자 중심의 국가 인권 정책 추진이 이념적으로 몰릴 수밖에 없으며, 결국 국가인권위원회의 존재 가치는 점차 외면 받게 될 수밖에 없을 것이다.

3. 상대적 인권(소수자 중심)에 따른 인권의 혼란

성별이나 사회적 신분이라는 몇 가지 요소들이 지배적으로 작동하였던 과거와 달리, 현대 사회는 출신 지역, 출신 국가, 출신 민족, 용모 등 신체조건, 혼인 여부, 가족 상황, 인종, 피부색, 사상 또는 정치적 의견 등 갖가지 범주와 요소들로 구성되어 있다. 이렇게 복합적이고 다층적인 구조 속에 다양한 사람들이 혼란과 갈등 속에 경쟁하며 살아간다. 이럴 때일수록 원칙과 기준은 더욱 중요하다.

---

20) 김명수, "기본권 충돌의 관점에서 본 낙태죄", 「공공사회연구」 9/3 (2019), 118.

상대적 인권 논리에 따른 폐해는 인간의 기본권인 종교, 양심과 사상 표현의 자유 침해로 나타난다. 특정 세력이 자신들의 이념이 도덕과 윤리보다 우위에 있다고 판단하여 이를 법으로 보호받기 위해 평등법, 인권정책기본법, 차별금지법, 혐오표현방지법을 제정하게 되면 개인의 종교, 양심, 표현의 자유를 침해하게 된다는 것이다. 본래 세계 인권 선언의 제18조 종교적 자유는 '모두의' 권리로서 정의한다. 남녀노소, 국민과 외부인에게 동등하게 주어진 자유이며, 심지어 긴급 상황이나 전쟁 중일지라도 제한될 수 없다. 시민적·정치적 권리에 관한 국제 규약(ICCPR)[21] 제18조에 명시되어 있는 개인의 종교적 자유에 대한 목록은 국제적으로 승인된 최소한의 표준을 언명하고 있다.[22] 또한 울산대학교 이정훈 교수는 "헌법상에 명시된 종교의 자유는 선교의 자유, 타종교를 비판할 자유, 자기 종교의 우월성과 탁월성을 전할 자유가 명시되어 있다"라며, "이를 제한하는 것은 종교의 자유를 명시한 헌법에 반하는 것"[23] 이라고 언급하고 있다.

1) 성소수자 범위의 확대 및 다수의 권리 침해

성소수자 권리의 등장으로 표현, 학문 및 종교의 자유 등이 침해받는 사례가 나타나고 있다. 성소수자 용어 자체가 상대적 인권의 용어로 불명확하고 비합법적이다. 성소수자의 범위도 처음에는 LGBT였으나 점차 확대되고 있다[24]고 주장하며, 통상 20여 형태의 성적 행위를 하는 자들로 해석하고 있다. 인권단체는 유엔자유권규약위원회에서 이를 인정했다고 주장하고 있지만 사실이

---

21) 시민적 및 정치적 권리에 관한 국제 규약(International Covenant on Civil and Political Rights)

22) 종교의 자유는 생각의 자유와 양심의 자유 그리고 종교나 믿음을 선택하고 바꿀 자유는 무조건적으로 보호된다. 그 어떤 사람도 자신의 생각을 밝히도록 강제되거나 종교 혹은 믿음을 박탈당해서는 안 된다고 보고 있다. 이에는 예배와 종교적 행사를 위한 집회와 연대의 자유, 개인의 믿음을 선언할 자유, 개인의 종교를 바꾸거나 거부할 권리, 아이들에게 "가장 좋은" 종교적 교육에 대한 권리 등이 있다.
출처 : United Nations, 1996, Art, 18 of the International Covenant on Civil and Political Rights.

23) 2018.08.07. 동성애 동성혼 개헌 반대 전국교수연합과 조배숙 의원실 주최로 '공적 영역에서의 종교의 자유'를 주제로 개최된 국제학술포럼 대회 발제문.

24) 성소수자(Sexual minority)라는 단어는 1960년대 스웨덴 정신의학자인 랄스 울레르스탐의 저서 『The Erotic Minorities: A Swedish View』에서 사용한 성애소수자(Erotic minority)에서 유래한다. 90년대 이후 트랜스젠더도 포함된 LGBT가 되었다. 21세기 들어서 퀘스처너(Questioner)와 간성(Intersex), 무성애자(Asexual), 범성애자(pansexual)를 포함하여 LGBTQIAP라고 부르고 있다. 인도 등 동남아시아에서는 히즈라를 H로 표기하여 포함하기도 한다. 일부에서는 1970년도부터 BDSM성향을 가지고 있는 사람들을 성소수자로 인정해 kink를 K로 표기해 포함하기도 한다. 위키백과 참조.

아니다. 유엔자유권규약위원회는 권고 기능만 있는 조직으로 조문을 해석할 수 있는 단체가 아니다. 그리고 욕야카르타 선언 외에는 유엔 인권 선언이나 어떤 규약에서도 성적지향, 성정체성을 명시한 조항은 없다.

국가인권위원회는 '성적지향과 성정체성은 기본적 인권'이라는 성명서[25]를 발표하여 기본권에 대한 정의를 재해석하였다. 한동대학교와 숭실대학교에서 거론된 성소수자 세미나 및 영화 상영 대관을 불허한 것에 대하여 집회의 자유와 평등권 침해라는 성명[26]을 발표하여 성소수자 권리 및 성정체성이 종교, 집회, 표현의 자유보다 우선한다는 권고를 의결하기도 하였다.

또한 군대 내 '종교 행위 권면은 인권 침해'[27]라고 자유권을 확대 해석을 하는 등 현대 인권의 발원이자 근간이 되는 종교의 자유권을 훼손하였다. 무엇보다 국가인권위원회에 조사 권한을 가지게 하여 사법적 권한을 지닌 헌법재판소와 대법원의 기능을 수행하게 하려는 시도가 나타나고 있다. 이외에도 인권조례를 근거로 종교 기관이 운영하는 시설에 도서관을 설치 할 때, 인권 교육 참석을 강요하였다. 초등학교 인권 교육 자료에 '종교 권면' 자체를 인권 침해로 기술하고, 학교에서 모든 종교적 행위, 즉 기도나 종교 권면 등을 인권 침해로 간주하고 징계한 사례가 발생하고 있다.

또한 국가가 특정 종교 집단에 개입하여 정상적 군 복무자와 형평성 문제 및 헌법상 명시된 권리와 충돌하는 때도 있다. 소수 종교인 '여호와의 증인'이 양심이라는 이유를 들어 군 복무를 거부할 때, 대체 복무라는 혜택이 주어졌다.[28] 그리고 대법원에서 여호와의 증인만 무죄라는 판결을 내린 것은 헌법 20조의

---

25) 국가인권위원회 성명서 (2017.06.08일자), 「성소수자 차별금지 포함 이유로 인권조례 폐지는 바람직하지 않아-성적지향·성별정체성을 이유로 차별받지 않을 권리는 기본적인 인권에 해당」라고 하였음.

26) 국가인권위원회 성명서 (2019.01.07일자), 「건학 이념을 이유로 대학 내 성소수자 강연회·대관 불허는 집회자유·평등권 침해」라고 하였음.

27) 국가인권위원회는 군대 내에서 기독교, 천주교, 불교 중에서 종교를 선택할 것을 강요하고, 무교를 인정하지 않으며, 종교행사에 참여할 것을 강요(권면)한 사건에 대해 종교의 자유 침해라고 판단하였다 (인권위 2010.07.23. 10진정0049700).

28) 이와 관련한 자세한 사항은 조국, 『양심과 사상의 자유를 위하여』, 참조.

정교분리 원칙 위반이라는 논란이 있었다. 이것은 소수자 인권에 대한 편향적 시각으로 볼 수 있다.

2) 불법 난민과 북한 주민에 대한 이중적 태도

상대적 인권론자의 이중적인 태도는 이슬람을 대하는 시각에서도 나타나고 있다. 국가인권위원회가 주관한 제11차 인권 교육 포럼[29]에서 한양대학교 이희수 교수는 '이슬람 운동권의 극히 일부가 서구의 끊임없는 경제적 착취와 이슬람 가치체계에 대한 흠집 내기에 극단적으로 반응하면서 과격주의와 폭력주의가 생겨났다. 이슬람 테러의 일차적 책임은 서구의 비열한 분열주의와 이중 정책, 수단과 방법을 가리지 않고 자신의 이익 보전에만 급급해하는 서구 자신이다'라고 주장한다. 그리고 '서구의 가치와 이익만이 지고선이라 생각하는 독선과 패권주의가 바로 이슬람 급진주의의 최대 후원자'로 언급하는 등 이슬람 극단주의의 폭력성까지 미화하였다.[30] 이것이 상대적 인권의 이중적 사고이고, 모순적인 태도이자 관점이다.

상대적 인권의 이중적 태도는 외부 난민이나 북한 주민에 대해 더욱 극명하게 나타난다. 난민 문제는 일반 국민과의 형평성 문제와 무슬림 IS로 인해 국민의 안전권에 위협이 될 수 있다. 유럽에서 난민 문제로 여성 및 어린이의 안전권이 위협받는 것으로 알려져 있다. 이에 2018년 '제주도 불법 난민 신청 문제에 따른 청와대 국민 청원'에서 닷새 만에 20만 명이 참여하고, 최종 71만 명이 동참하는 등 많은 관심을 나타냈다. 난민 문제는 그들의 생존과 관련되기에 해당 국가가 여건만 된다면 받아들일 수 있지만, 거창한 종교적 이념이나 정치적 문제도 있기에 신중하게 선별해야 한다. 실제로 중동 및 북아프리카 지역의 불안정으로 촉발된 거대한 난민 유입이 유럽의 기존 사회 질서를 침해하고, 국민의 생존권을 위협하는 현상도 나타나고 있기 때문이다.

---

29) 국가인권위원회 인권교육포럼, 「종교와 인권-이슬람과 인권, 기독교와 인권」, 2010.06.29.

30) 이희수 교수의 이러한 주장은 Slavoj Zizek, 『신을 불쾌하게 만드는 생각들』 배성민 역 (서울: 글항아리, 2017) 에서 동일하게 설명하고 있다. 예를 들어, 911 테러에서 이슬람극단주의 테러범이 나쁜 것이 아니라 미국의 패권주의가 이슬람인을 노하게 하였기 때문이라는 주장이다.

그런데도 국가인권위원회는 국민 청원을 '난민에 대한 이해 부족, 난민 발생 지역의 국가 상황과 다른 문화 및 종교에 대한 정확한 정보 부족 등으로 근거가 없다며 일부 세력에 의해 왜곡·과장되었다'라고 일축하였다. 오히려 71만 명의 국민 서명을 사회의 편견과 혐오 표현으로 몰아갔다. 국가인권위원장이 성명서를 통해 '특정 국가, 특정 민족, 특정 종교라는 이유만으로 난민 여부를 예단하거나, 근거 없는 주장이나 왜곡·과장된 일부 의견을 사실로 간주하여 폄훼하거나 편견과 선입견을 고착화하는 것은 경계해야 한다'[31] 라고 주장한 것이다. 난민 우선적인 태도는 제주 시민이나 탈북 주민을 외면하는 태도로 나타났다. 특히 북한 주민의 어려운 상황을 외면하는 자세로 일관하여 국민적인 비난을 받고 있다.

급진주의자 슬라보예 지젝도 '난민과 테러 문제의 기본적 바탕은 바로 계급투쟁과 빈부격차로 보면서 난민 정책을 철저히 바꾸지 않으면 머지않아 유럽에서는 아프리카 난민에 이어 다른 국가의 난민들이 그 뒤를 이을 것'[32] 이라고 주장하며, 난민 문제를 인권 문제로 접근하면 향후 더 심각한 위협이 될 수 있음을 경고하고 있다. 우리나라에서 대량 난민과 이슬람주의를 반대하면 상대적인 비난과 처벌을 감수해야 한다. 타 종교에 대한 편협함이 아니라 정치적 시각으로 보고 있기에, '기독교에 대하여 공개적 비난은 가능하다. 그러나 이슬람은 문화적 인종이기 때문에 비난하면 인종의 차별이 된다'라는 태도를 취하고 있기 때문이다. 즉 이슬람에 대한 비판은 종교적 편협함이 되지만 기독교에 대한 비판은 허용되는 상대적 인권의 이중적 잣대가 작용한 것이다.

3) 노동 인권에 대한 편향

'노동 인권'에 대한 편향적 관점이다. 2010년 3월, 노동 인권의 최저지대에 놓인 청소년에 대한 보호가 필요하다면서 노동부 장관 및 교육과학기술부 장관에게 법령 및 정책 개선을 권고[33] 하였고, 각 지방 자치 단체에 '청소년 노동인

---

31) 국가인권위원회 성명서 (2018.08.07일자), 「난민법 관련 청와대 국민청원 답변에 대한 국가인권위원장 성명」

32) 자세한 내용은 이만종, '인권과 안보…난민을 바라보는 서로 다른 시각' 자료 2018.06.21일자 참조.
   https://opinion.mk.co.kr/view.php?sc=30500110&year=2018&no=392893.

33) 국가인권위원회 성명서 (2010.03.22일자). 「노동 인권의 최저지대에 놓인 청소년에 대한 보호」

권조례'를 제정하도록 하였다. 이것은 대법원의 판결과 헌법적·기본적 권리를 위반하는 것이다. '노동 인권'은 근로기준법, 국제관습법 등 어디에도 없는 노동계에서 전략적으로 사용되는 용어이다. 대법원 판결에서도 노동권보다 경영권이 우선[34]한다고 명시되어 있다. 또한 현재 청소년의 근로권은 법적·제도적으로 보장받을 수 있게 되어 있다. 예를 들어, 근로기준법 101조에 따라 근로감독관의 권한으로 감독 기능이 있다. 청소년 근로권익센터, 고용복지플러스센터, 청소년 근로보호센터 등 여러 군데가 있다. 그러함에도 조례를 제정하려는 것은 자신들의 일자리 보전을 위한 자리 만들기일 뿐이다.

청소년이 아르바이트하는 곳은 대개 생계형 마트, 식당 등이다. 대기업이 아닌 바로 내 이웃의 아버지요 어머니가 사장이다. 그런데 마치 사업주가 의도적으로 임금을 체불하는 악덕 기업이라는 전제하에서 교육한다. 우리나라 자영업자들의 한 달 수입은 평균 150만 원에 지나지 않는다. 그런데 이웃을 악덕 기업주라는 의식을 심어주며 국가나 기존 사회 질서에 불평불만을 갖게 하는 사상을 심어주게 되는 것이다.

청소년을 학습자로 보아야 하는데, 이 조례안은 노동자로 규정하고 있다. 조례안이 통과되면 청소년을 노동자로 보려는 시각이 고착될 것이다. 청소년들이 아르바이트하지 않고, 공부하는 학습자가 되도록 예산을 투입해야 한다. 그러나 조례안이 통과되면 각 업소에 가서 인권이라는 명분으로 교육하고 조사를 하게 된다. 조례안 자체로는 인권 위반의 기준이 없다. 결국 국가인권위원회법을 근거로 위반 여부를 결정하게 된다.[35]

4) 양성평등과 성평등의 용어 혼란
여성(젠더)가족부의 '여성 인권'만을 위한 젠더 평등 등 페미니즘 치중 현상

이다. 여성의 보호는 약자의 관점에서 당연히 이루어져야 하는 기본적인 것이다. 그러나 남성을 상대적으로 비판하고 혐오 집단으로 이분법화 하면서 극성 페미니즘이 나타나고 있고, 이로 인해 최근 우리 사회는 또 다른 갈등 구조가 급격하게 증가하고 있다. 헌법재판소에서 낙태와 관련하여 태아의 생명권보다 여성의 신체자기결정권을 우선시하는 판결을 두고 논란이 되는 것도 여기에 있다. 양성평등(sexual equality)과 성평등(gender equality)이라는 용어 사용을 두고도 혼란 속에 있다. 양성평등 대신 성평등 용어가 자연스럽게 등장한 것은 2001년 여성가족부의 명칭에서 젠더(gender)를 사용하면서라고 할 수 있다.[36]

양성의 출발은 본래 '양성화'의 꽃에서 출발하였다. 대부분의 꽃은 그 안에 암술과 수술이 동시에 있어 양성화로 불린다. 이 양성화 개념을 인간에게 적용한 것이 양성 개념이다. 즉 한 사람 안에 남성적 특성과 여성적 특성이 공존해 있다는 것이다. 그래서 사람에 따라 남성성이 강하면 남자답다, 여성성이 강하면 여성답다고 표현하는 것이다. 그런데 페미니스트들은 남성성과 여성성 둘 다 강한 양성적인 사람을 바람직한 형태라고 유포하여 혼란을 초래하였다. 특히 남성의 성 역할을 약화함으로 전통적 가정에서 남성의 역할을 사라지게 하고 대신 국가에 의존하게 하는 것이다.[37]

초기에 성평등이라는 용어 사용은 제3의 성(性)이나 동성애자 등 성소수자를 포괄하지 않는 차원이었으나, 기만이었다는 것이 확인되고 있다. 현재 관련 법률이나 정책에서는 성평등 용어를 사용하고 있기 때문이다. 그러나 우리 사회는 갈등 구조를 애써 회피하고 있다. 양성평등과 성평등의 혼란 사례를 들자면, 페미니스트들이 여성이 장교나 부사관 임용 문제에서는 성평등을 주장하지만, 병사로서의 병역 의무에서는 성평등이 아닌 남녀 구분을 주장한다는 것이다. 또한 대기업이나 연구직 등의 일자리에서는 성평등을 주장하지만, 공사판 일자리의 성평등은 주장하지 않는다. 이는 결과적 평등을 적용한 대표적인 사례로 신체적인 능력이 필요한 것과 그렇지 못한 환경적 요인에 있음을 무시하

---

36) 양성평등은 남자와 여자의 생물학적인 차이를 차별하지 말자는 의미이고, 성평등은 소위 '사회적 성(gender)'의 평등을 추구하는 페미니즘 이론이다. 2001년 여성가족부가 출범할 때, 영어 명칭에서 woman 대신에 gender를 사용한 것은 남녀평등보다 성정치를 추진할 의도가 있었다고 볼 수 있다.

37) Ronald Ernest "Ron" Pau 등 5인, 『문화 막시즘-미국의 타락』, 79.

고 이념과 용어에서 논리를 만들기 때문이다.

상대적 인권론자가 주장하는 인권 비판 이론이다. '인권은 늘 두 얼굴을 가지고 인류의 역사를 만들어왔다고 주장한다. 가진 자의 인권과 빼앗긴 자의 인권이다. 가진 자의 인권은 정의와 자유로 포장되어 있지만, 빼앗긴 자의 인권은 생존에 가려져 있다. 강탈당한 영토를 되찾고 포기하지 않겠다는 빼앗긴 자의 절박한 요구'[38] 라고 주장하며, 인권이 권력 구조에 존재하는 것과 피해 의식 속에 인권의 투쟁성과 이중성을 분명히 하고 있다.

4. 인권 정책 기본법(조례) 제정과 문제점

국가인권위원회는 2012년부터 인권 기본법 제정을 지속적으로 추진하였다.[39] 배경은 먼저 국가인권위원회의 권한 강화를 통해 인권 정책을 보다 강력히 추진하는 것이고, 두 번째는 현재 각 지자체에 시행 중인 인권조례의 법적 근거를 마련하는 것이다.

이에 2013년 추미애 의원은 인권 기본법(안)을 준비하고, 그해 9월과 2014년에 공청회를 개최하였다. 2017년 7월에는 문재인 정부 100개 국정 과제에 포함하는 시도를 했다. 이후 2021년 6월말에 법무부에서는 인권정책기본법 제정을 시도했다. 인권 기본법안 시도는 포괄적 차별금지법이 무산되거나 평등법에 대한 시도가 여의치 않을 경우 언제든 시도될 것이다.

현재 진행중인 인권정책기본법안의 핵심 사항은 현재의 권고 기관인 국가인권위원회가 사실상 핵심 부서로서 인권정책 수립, 추진실태 점검, 국가보고서 제출, 인권교육 실시 등 전 영역을 총괄하는 역할을 강력하게 수행하도록 하고 있다는 점이다. 보다 구체적으로 국가의 인권 정책을 총괄하는 '인권정책위원회' 같은 범조직 기구를 만들어 국가인권정책기본계획을 시행토록 하고 있다는 것이다.

---

38) 이희수, "이슬람과 인권", 「국가인권위원회 인권교육 포럼」 자료집 (2010), 12.

39) 유남영 전인권위 상임위원, "인권기본법 제정을 위하여", 「저스티스」 129 (2012), 59-78.

그런데 여기에서 일반적으로 정부가 인권 정책을 추진함에 반대할 명분을 찾기 어렵다는 사실이다. 해답은 이들이 추구하는 인권 유형이 보편적 인권이 아닌 상대적 또는 자의적 인권이며, 이에 따른 정책을 추진한다는 것이다. 분명 어떤 형태의 인권 유형인지, 그리고 이러한 인권정책을 수행하는 위원회를 어디에 두느냐에 따라 충돌할 수밖에 없을 것이다.

또 한편으로 인권정책기본법 추진의 배경은 각 지자체에서 제정한 인권조례 법률적 근거를 위한 것이다

국가인권위원회는 2011년 지방 자치단체별로 인권조례 제정을 위해 전남대학교 공익인권법센터에 '표준 기본 인권조례 개발 연구용역'을 주문하였고, 11월에는 연구 용역 보고서를 제출받았다.[40] 이후 국가인권위원회 상임위원회 결정문으로 2012년 4월 12일, 국가인권위원회법 제25조 제1항의 규정에 의거 행정자치부 장관과 지방 자치 단체장에게 인권조례 제·개정을 권고하였다. 이후 17개 광역 단체를 비롯하여 지자체 인권조례는 111개 지역, 학생인권조례는 6개 지역, 청소년 노동 인권조례는 40개 지역 등에서 지속적으로 진행되고 있다. 불가침의 보편적 인권이 아닌 상대적 또는 자의적 인권 개념을 시행하려는 인권조례의 몇 가지 문제점은 다음과 같다.

첫째, 조례의 법적 근거가 되는 상위법의 법률적 위임이 부족하다. 지방 자치 단체는 조례 제정을 위해 법률적 근거가 있어야 한다. 지방 자치 단체는 법령의 범위 안에서 그 사무에 관하여 조례를 제정할 수 있지만, 그 사무는 자치 사무와 단체 위임 사무에 한정되며, 주민의 권리 제한 또는 의무 부과나 벌칙을 정할 때는 반드시 법률의 위임이 있어야 함을 명시하고 있다. (헌법 제117조 제1항, 지방자치법 제22조)[41] 이로 인해 인권 기본법 제정을 추진하고 있다. 또한 인권은 국가 전반적 업무이지 일부 지자체가 특정 업무로 다룰 수 있는 사무가 아니다. 헌법 제10조 후단에 '국가는 개인이 가지는 불가침의 기본적 인권을 확

---

40) 조상균 외 2인, 「포괄적 기본인권조례 표준안 개발 연구용역」 (전남대학교 공익인권법센터, 2011).

41) 지방자치법 22조 '지방자치단체는 법령의 범위 안에서 그 사무에 관하여 조례를 제정할 수 있다. 다만, 주민의 권리 제한 또는 의무 부과에 관한 사항이나 벌칙을 정할 때에는 법률의 위임이 있어야 한다.' 특히 자치사무에 관하여 조례를 제정하는 경우에도 주민의 권리 제한 또는 의무 부과에 관한 사항이나 벌칙을 정할 때에는 법률의 위임이 있어야 한다는 것이다.

인하고, 이를 보장할 의무를 진다'라고 하며, 불가침의 인권을 확인하고 보장할 의무는 국가에 있음을 분명히 하고 있다. 따라서 '사법(司法)제도' 등 인권 보장을 위한 '이행 체계를 마련'하는 것은 국가에 관한 사무이다. 또한 권리와 의무에 관한 업무는 전국적으로 통일하여 규율할 필요가 있기에 지방 자치 단체에서 처리하기에는 한계가 있다.

이와 같은 사항은 국가인권위원회 연구보고서에서도 '주민의 인권을 증진한다는 목적 하에 제정되는 조례라 하더라도 ① 법률적 위임이 없이 인권에 관한 조례를 제정할 수 있는가의 여부, ② 인권이 조례의 소관 사항인지 여부 등에 관하여 분명하게 해명하지 못하면 인권조례는 제정할 수 없다고 해야 한다'[42] 라고 명시되어 있다. 무엇보다 각 인권조례는 각 지자체장에게 행정업무 외에 재정적인 부담까지 지게 함으로써 지역 주민의 세금 부담을 가중하고 있다. 오히려 불가침의 인권 업무가 아니라 복지 지원 업무라고 명명하여 주민들의 오해가 없도록 해야 할 것이다.

둘째, 조례를 통해 이념적 인권 교육과 정책 시행의 근거를 마련한다. 인권조례 안의 가장 핵심 조항은 인권 교육이다. 임마누엘 칸트(Immanuel Kant)[43] 는 '교육이 인간을 인간답게 만드는 일을 하며, 인간은 교육을 통해서만 인간이 될 수 있다'라고 한다. 즉 교육을 통해 개인의 정신, 성격, 능력의 형성에 많은 영향을 미칠 수 있기 때문이다.

사실상 인권조례를 통하여 인권 교육을 할 법적 근거는 부족하다. 혹자는 유엔 인권 교육 및 훈련에 관한 선언[44] 을 주장하기도 한다. 이것은 '인권 선언의 기준과 원칙을 준수한 가운데 인권 교육이 되어야 한다'라는 선언적 의미로,

---

42) 조상균 외 2인, 「포괄적 기본인권조례 표준안 개발 연구 용역」 3/4, 16.

43) 임마누엘 칸트(Immanuel Kant), 근대 계몽주의의 핵심인물로 독일 관념철학의 기초를 놓은 프로이센의 철학자로 평가받고 있다. 칸트는 21세기의 철학에 까지 영향을 주었고 특히 자연권 분야를 인권의 분야로 연결시킨 인물로 평가받고 있다. 그는 이름조차 임마누엘 (성경에서 '하나님이 우리와 함께 계신다' 의 의미)을 통해 가장 중요한 것은 신의 존재를 인정한 가운데 자연권을 관념화 하였지만 후세에는 그의 주장을 일부분만 받아들었다.

44) 2011.12.19. 유엔 총회 제66차 회의에서 채택된 선언이다. 이 선언문의 첫 문장에 '성별, 언어, 종교 등의 사항을 구분하지 않고 모든 사람을 위한 모든 영역의 인권과 기본적 자유 존중과 증진 및 개선에 대한 유엔 헌장(the Charter of the United Nations)의 본 취지와 원칙을 재천명하며, 모든 개인과 사회 조직은 인권과 기본적 자유의 존중을 증진시키고자 학습과 교육에 노력을 기울일 것' 으로 되어 있다.

법적 근거는 될 수 없다. 무엇보다 이 선언은 보편적 인권 교육을 말하는 것이지 상대적 인권 교육이 아니다. 그래서 국가인권위원회는 2005년부터 인권 교육의 법제화를 위한 T/F를 구성하였고, 인권 교육에 대한 개념 정립, 인권 교육에 관한 법률(안)을 확정하기도 하였다. 이후 17대 국회에서부터 20대 국회에 이르기까지 인권 교육에 관한 법률안을 지속해서 제정하려고 하였으나 인권의 이념화 우려 때문에 실제 제정되지는 못하였다.

2015년 12월에 제안된 '인권 교육 지원 법안'을 두고 법무부에서 평가한 내용이다. 이 법률안은 '국가인권위원회가 종합 계획을 수립하고 이를 권고하면 중앙 행정기관과 지방 자치 단체가 그 권고에 따라 시행 계획을 수립·시행하도록 규정하고 있다(법률안 제8조, 제9조). 국가 차원에서 인권 교육의 목표와 추진 방향을 결정한 종합 계획을 수립할 수는 있으나, 실질적으로 집행력 있는 계획은 중앙 행정기관과 지방 자치 단체가 수립하는 시행계획이어야 한다는 것이다. 이는 권고 기관인 국가인권위원회가 종합 계획을 수립하도록 지시한 것으로 근본적으로 내재적 모순이 있다고 보았다'[45]

인권 단체나 국가인권위원회는 '인권 감수성에 대해 교육을 받는 것 자체가 인권이라며, 인권 교육을 받지 못하는 것 자체가 권리 침해'[46] 라고 할 정도로 인권 교육을 매우 중시하며, 집착한다. 또한 '증오와 혁신이 필요한 곳에 반드시 인권 교육이 필요하다. 편향적이고 혐오적인 사고방식을 바꾸고 차별금지법을 제정하기 위한 것이다'[47] 라고 언급하며 차별금지법 제한에 따른 우회적 전략임을 내비치기도 하였다.

셋째, 인권 실현을 위한 별도의 기구를 설치한다. 인간의 기본적 권리는 국가에서 보장하고 있다. 그리고 헌법 37조 2항에 의해 기본권은 반드시 법률에 따라서만 제한되도록 하고 있다. 인권 침해가 발생할 수 있는 가능성을 차단하기 위해서이다. 그러나 인권조례를 제정한 지방 자치 단체는 인권 실현을 위한 별도의 기구를 만들도록 하고 있다. 대표적인 것이 인권센터, 인권보장위원회

---

45) 오세희 외 3인, 「인권교육의 실태와 질적 발전을 위한 제도적 개선 방안」 (법무부, 2015.12), 24.

46) 충남 인권 포럼, 「인권 감수성 교육에 대하여」, 오마이뉴스 2017.10.13 보도.

47) 「시사in」 제495호, 2017.03.11, 75.

등이다. 인권센터의 핵심 기능은 인권 교육을 담당하는 것도 있지만 상대적 인권에 대한 실태 조사뿐 아니라 자의에 의해 침해 사건이라고 판단되면 준사법권인 조사권까지 부여하고 있다. 이 부분은 학생인권조례가 미치는 영향에서 구체적으로 정리하였다.

인권조례를 두고 논란이 발생하면서 지역에서는 인권조례가 아니라 주민 갈등 조례로 불린다. 이는 조례를 추진하는 정당이나 단체가 특정화된다는 것이다. 진보 정당과 관련이 있거나 좌익 또는 자칭 진보적 이념에 충실한 단체들이 조례 제정을 적극적으로 추진하고 있다는 사실은 무지 때문이거나 이념적 성향으로 주목해 볼 필요가 있다.

5. 학생인권조례가 청소년에 미치는 영향

학생인권조례는 우리나라에서 유일하게 제정되었다.[48] 학생인권조례의 시작은 2009년 경기도 교육감 선거에 출마한 김상곤 후보의 공약이었고, 이듬해인 2010년 9월 16일, 경기도 의회를 통과하면서 문제점이 나타났다. 이후 2012년 광주와 서울, 2013년에 전북 지역에서, 2020년에는 충남 학생인권조례로 제정하여 시행 중이다.

학생인권조례는 '학생 인권'이라는 용어에서 보듯이 상대적 인권 개념에 따라 제정된 조례이다. '학생 인권'이라는 용어 의미는 '학생이 학교에서 가지는 기본적 권리'라고 할 수 있다. 그러나 학생 인권이 있으면 교사 인권도 있어야한다. 학생인권조례 근거로 주장하는 유엔 아동 권리 협약[49]도 '아동 권리'에 관한 협약이며, 미국 뉴욕시 교육청에서는 학생의 권리에 관하여 '학생의 중대 및 훈육 규정과 학생의 권리와 책임 장전'을 제정하고 있다. 따라서 '학생 권리조례'가 정확한 명칭이며, 쉽게 인지된다. 학생인권조례라는 명칭은 상대적 인권

---

48) 현재 4개 광역시 경기도: 2010년 10월 공포, 2011년 3월 1일 시행, 서울특별시: 2012년 1월 26일 공포·시행, 광주광역시: 2012년 1월 1일 공포·시행, 전라북도: 2013년 7월 12일 공포·시행중이다.

49) 1924년 아동권리에 관한 제네바 선언, 1959년 11월20일 유엔 총회에서 채택된 아동권리선언, 1989년 11월 20일 유엔총회에서 유엔 아동권리 협약(CRC: Convention on the Rights of the Child) 등이 있다.

에 따라 제정된 대표적 형태라고 할 수 있다.

학생인권조례 초안은 국가인권위원회가 성공회대학교 인권평화센터[50]에 용역을 주어 2007년 12월에 보고한 '인권 친화적 학교 문화 조성을 위한 지침서'에서 시작되었다. 연구자 중에는 학생을 노동자로 보고 2000년 초반부터 10대의 노동에 대해 활동한 연구자도 있다.

학생인권조례의 문제점으로 각 지방 자치 단체의 조례 제정이 부진해지자 2018년 1월, 국가인권위원회는 각 교육청에 인권조례를 제정할 것을 권고하였다. 주요 내용으로 '학생 인권에 대하여 국제 인권 준칙을 적용해야 한다'라는 '유엔 아동 권리 협약'을 근거로 제시하였다. 그런데 완전한 적용이 아닌 아동권리 부분만을 언급하고 있다. 또한 인권 존중의 학교 문화 10가지에서 첫 번째가 '학생을 권리의 존엄한 주체'로 표현하고 있다. 이는 68혁명에서 주창된 것과 동일하게 학생을 완전한 주체로 여기는 것과 동일하다.

1) 학생인권조례의 쟁점 사항

학생인권조례란 '학생이 중심'이 되게 하는 권리를 나열하고 있는 조례라고 할 수 있다. 어느 집단이나 개인에게 권리로 부여하게 되면 이를 보호해야 하므로 타인에게 의무적 피해를 줄 수 있다. '권리에는 의무가 수반되고 자유에는 책임이 따른다'라는 것이다. 유엔 아동 권리 협약 전문에도 '18세 미만의 아동은 신체적, 정신적 미성숙으로 인하여 출생 전후를 막론하고 적절한 법적 보호를 포함한 특별한 보호와 배려가 필요하다는 점에 유념한다'라고 명시한다. 즉 18세 미만의 아동은 미성숙하여 부모와 교사의 보호를 받아야 한다고 강조하고 있다. 그러나 한국의 학생인권조례는 정반대로 학생의 권리 나열과 학교와 교사의 의무 위주로 제정되어 있다. 또한 학생인권조례의 시행 책임 기관은 교육청으로, 학교 규칙의 상위법으로 영향을 미치고 학교의 관리자인 교장과 교직원 및 교사에게도 영향을 미친다.

① 학생인권조례는 추상적 선언 – 대법원 판례 및 헌법재판소 결정

---

50) 연구책임자는 성공회대 진영종 교수를 비롯하여 류은숙(인권 연구소, '창' 연구 활동가), 고은채(인권운동사랑방 상임활동가), 배경내(인권운동사랑방 상임활동가), 영원(인권운동사랑방 상임활동가), 임은주(인권운동사랑방 상임활동가), 서영표(성공회대학교 인권평화센터 연구원), 조효제(성공회대학교 NGO대학원 교수) 등이다.

우리나라 대법원에서는 학생인권조례가 추상적 선언이라며, 그 법적 효력을 인정하지 않는다. 학생인권조례는 선언적 의미의 '헌장'이 아니다. 설립자, 경영자, 학교장 및 교직원, 보호자에게 각종 의무를 부과하고, 초·중등교육법에 규정된 학교장의 권리를 제한하며, 각종 협의회와 위원회, 인권센터 구성 등을 조직하고 과업을 명시하고 있다. 따라서 반드시 법률의 위임이 있어야 한다. 실제 전북 학생인권조례와 서울 학생인권조례의 법적 근거를 두고 논란이 있었다.

2015년 대법원에서는 '전북 학생인권조례는 강제성이 없는 추상적이고 선언적 의미에 불과하다며, 초·중등 교육 법령 등 관계 법령 규정에 일치하거나 범위 내 있다'라고 판결한 바 있다. 그리고 '체벌 금지 부분과 학생의 권리에 규정은 학교생활에 관한 학칙과 일치한다'[51] 라며 '법률 우위 원칙에 위배되지 않는다'라고 판결하고 있다. 그런데 이러한 판결은 근본적으로 조례 자체가 추상적인 선언에 불가하다고 하여 조례의 법적 효력을 인정하지 않고 있다는 점에서 또 다른 논란이 되고 있다. 또한 헌법재판소에서는 서울 학생인권조례의 제5조 제3항[52] 등 일부 조항의 헌법소원청구에 대하여 기각 또는 각하 처리하였다.[53] 이 판결에서도 학생인권조례는 추상적 선언 규정에 불과하고, 조례 규정 중에 차별금지 조항은 어떤 차별이나 혐오 표현이 다른 사람의 인권을 침해하지 못하도록 규정한 것이며, 헌법이 지방 자치 단체에 포괄적인 자치권을 보장하고 있기 때문에 구체적으로 범위를 정할 필요가 없다고 그 기각 이유를 제시하였다. 비록 이 청구권에 대하여 행정 절차 부족 등으로 각하 처리되었지만 여러 조항에서 위법적 요소가 분명히 존재한다.

② 학생인권조례의 실질적 권한

대법원에서는 학생인권조례가 추상적 선언이라고 법적 효력을 인정하고 있

---

51) 대법원 2015.05.14. 선고 2013추98 전북 학생인권조례

52) ③ 학교의 설립자·경영자, 학교의 장과 교직원, 그리고 학생은 제1항에서 예시한 사유를 이유로 차별적 언사나 행동, 혐오적 표현 등을 통해 다른 사람의 인권을 침해하여서는 아니 된다. 〈신설 2017.09.21〉

53) 헌법재판소 2019.11.28. 선고 2017헌마1356 서울특별시 학생인권조례 제5조 제3항 등에 대한 헌법소원심판 청구 결과 : 학교 구성원은 성별 등의 사유를 이유로 차별적 언사나 행동, 혐오적 표현 등을 통해 다른 사람의 인권을 침해하여서는 아니 된다는 점을 규정한 '서울특별시 학생인권조례' 제5조 제3항에 대한 심판청구를 기각하고, 나머지 심판청구를 모두 각하한다는 결정을 선고하였다.

지 않음에도 현장에서는 조례에 근거하여 조직과 정책을 시행하고 있다. 이에 대하여 살펴본다.

첫째, 조례를 통해 인권위와 학생 참여단 및 학생 인권 센터 등을 조직하여 지방 재정을 위법하게 사용하도록 하고 있다.[54] 분명 수권 규정이 없음에도 불구하고 헌법과 지방자치법, 자치교육법, 고등교육법이나 교육법 어디에도 인정되지 않는 학생 인권 보장 협의회와 위원회, 학생 인권 센터 및 학생 인권 옹호관, 청소년 인권 의회 등을 두고 교육감이 행정 및 재정적으로 지원하게 하는 등 지방 재정을 투입하도록 강제하고 있다.

둘째, 학생들이 정치적 목적에 이용된다. 학생인권조례 추진의 일등 공신은 전국 교직원 노동조합(이하 '전교조')이다. 학생들을 정치화로 유도하는 형태는 헌법과 교육기본법의 정치적 중립성에도 반한다고 할 수 있다. 현 교육감 선거 제도에서 정당의 추천을 배제하고 있는 점도 교육의 정치적 중립 의무를 반영하기 위함이다.

셋째, 무엇보다 심각한 것은 교권의 침해가 우려된다. 이 부분은 후반부에서 다시 살펴보겠다. 최근 교권 침해 문제는 심각하다. 이러한 시점에서 학생의 권한을 강화한 인권조례를 제정한다면 학생들에 의한 교권 침해는 더욱 급증하게 될 것이다.

넷째, 학교 교육에서 성적에 따른 차별을 금지한다. 그런데 이것은 교육의 기회균등이 아닌 결과의 평등을 강제하는 것으로 평등의 기본 원칙과 자유민주적 기본 질서를 위반한다고 할 수 있다. 성적 결과를 두고 평등하게 처우한다면 왜 시험을 봐야 하며, 상급 학교 진학은 무엇으로 할 것인지 의문이 생긴다. 또한 학교에서 정규 교육 과정 이외에 정당한 보충수업이나 자율학습을 통하여 학력 수준 미달자에 대한 추가 교육이나 성적에 따른 장학금의 지급은 차별행위가 될 수 있다.

③ 교사와 학생의 갈등 구조

학생인권조례는 이분법적 구조로 교사와 학생의 갈등을 유발할 수 있다. 학

---

54) 지방자치법 제17조 제1항에 의하면, "지방자치단체는 그 소관에 속하는 사무와 관련하여" 공금 지출을 할 수 있다. 같은 항 제4호에 따른 지출은 해당 사업에의 지출근거가 조례에 직접 규정되어 있는 경우로 한정하고 있다.

생인권조례는 학생들이 모임이나 단체 결성권 등 집단적 권리도 명시하고 있지만 학생 개인의 권한도 30여 개 이상으로 규정하고 있다. 이에 대하여 인권조례 찬성자들은 '학생의 인권을 다루기 때문에 학생의 권리만 나열하는 것이다'라고 할 수 있지만, 이는 지나친 권리부여로 방종이 될 수 있다.

2018년 7월, 서울시 교육청 직무 연수에서 인권의 개념을 다음과 같이 제시하고 있다. '인권이란 시민사회 구성원의 권리로 인간과 공동체에서 분리된 이기적 인간의 권리를 말하며, 이는 국가 이전부터 갖는 천부인권이 아니다. 인간이기에 당연히 갖는 권리도 아니다. 인권은 자연법으로 말할 수 있는 것이 아니라 역사적으로 규정된 전체적 구조에서만 존재한다'라고 말이다. 이것은 레닌이 정의한 인권 내용이다. 사회 계급구조로 부르주아와 프롤레타리아, 남성과 여성, 원주민과 이주민, 성다수자와 성소수자, 부모와 자녀, 교사와 학생을 구분한다. 그리고 약자는 인권으로 보호해야 한다는 주장이다. 결국 학교 권력 구조 속에서 교사는 강자 또는 가해자이고, 학생은 약자로 존재한다는 논리이다. 전교조의 학생 인권국장이 지은 『세상을 바꾸는 힘』에서도 학교를 7단계의 권력 관계 피라미드로 구분하여 교사와 학생을 대결 구도로 하여 교사를 투쟁의 대상으로[55] 바라보도록 하고 있다.

④ **편향적 인권 교육과 인권 정책 수립**
학생인권조례안의 가장 핵심은 인권 교육이다.[56] 인권 교육은 국가인권위원회의 협조를 받아 연간 최소 4시간 이상 실시하도록 하고 있다. 학생들에게 교육은 바른 역사를 통한 정확한 지식의 전달이기에 누가 교육하는지 또 어떤 내용인지 매우 중요하다. 그런데 교육의 주체가 편향적이고 이념적인 특정 집단이 실시한다면 이는 문제가 된다. 인권 단체나 국가인권위원회는 '인권 감수성에 대해 교육을 받는 것 자체가 인권이라며, 인권 교육을 받지 못하는 것 자체가 권리 침해'라고 할 정도로 인권 교육을 매우 중시한다. 또한 '증오와 혁신이 필요한 것에 반드시 인권 교육이 필요하다'라고 언급하는 등 편향적이고 혐오

55) 조영선 외 5인, 『세상을 바꾸는 힘』 (서울: 궁리, 2015), 26-35.
56) 인권 교육의 편향성에 대하여는 앞부분의 인권조례 문제점에 대하여 추가 참조.

적인 사고방식을 주장[57]하고 있다. '인권 교육의 목적은 인권 개념을 공교육에 포함하여 사회적 약자에 대한 차별과 혐오 확산을 방지하고 나아가 차별금지법을 제정하는 것'[58]이라고 한 언급과 맥을 같이하고 있음을 알 수 있다.

인권 교육에 '성 인권 교육'이 있다. 성 인권은 자유주의와 상대주의의 물결에 휩쓸리며 쇠락하는 과정에서 등장한 것으로 '성애화(Sexualization)'라고 정의된다.[59] 유럽에서의 성 인권 교육은 유치원부터 12학년까지 아이들을 대상으로 진행한다. 4~6세에 자위행위를 통해 성적인 즐거움을 처음 맛보도록 해야 한다거나 9~12세에는 자의적 인권인 스스로 성 경험을 할 수 있는 성적 자기결정권이 있다고 가르치고 있다. 조기 성교육으로 유아기에 일찍 성행위의 즐거움을 가르치는 것으로 인간은 성적 충동과 권리를 가질 수 있다고 보는 것이다. 다음은 2018년 민주 시민 교육 교사 컨퍼런스의 자료이다.

> 성교육은 가장 중요한 정치 교육이다. 민주주의의 적은 약한 자아이다. 자아를 강화하는 방법은 성교육이다. 자아는 성이다. 그래서 대학, 문학 같은 데서 많이 다룬다. 세상이 다 악이라고 하는 것이 내 안에 있다. 성을 억압하니까. 독일에 경우도 성에 대한 기독교적 윤리에 근거한 억압이 심했다. 사회적인 윤리가 다 억압하면 즉 죄의식이 되는 것이다. 성을 억압하면 억압할수록 에고는 약해진다. 죄의식을 끊임없이 내면화하기 때문이다. 이것이 인간이 권위 앞에 저항할 이유를 못 갖는다는 것이 된다. 이를 권위주의성격이론이라고 한다. 이런 맥락에서 성교육은 중요하다. 독일 성교육의 첫 번째 원리는 절대로 성에 대해서 윤리적인 비판을 가하면 안 된다. 왜냐하면 윤리적인 비판을 가하는 순간 아이들이 죄의식을 갖게 된다는 것이다. 절대 죄의식을 내면하는 인간으로 키워서는 안 된다. 그런 아이들은 굴종적인 인간들이 된다.

청소년들은 자의적 인권에 따라 '나의 몸은 나의 권리', '성적 자기결정권'을 인지하며, 무분별한 성행위 현상이 나타나고 있다. 이로 인해 최근 10년간 청소

---

57) http://www.ohmynews.com/NWS_Web/View/at_pg.aspx?CNTN_CD=A0002367601. 충남 인권포럼, 인권감수성 교육에 대하여, 오마이뉴스, 2017.10.13일자 보도자료 참고.

58) 「시사in」 제495호, 2017.03.11일자 https://www.sisain.co.kr/cover/coverView.html?idxno=481

59) G. kuby, 「글로벌 성혁명」, 301.

년의 성범죄는 10대를 기준으로 200% 급증하고 있으며, 특히 또래에 대한 성범죄는 1,300% 증가한 것으로 나타났다.[60] 2013년, 10대 섹슈얼리티 인권 모임은 '청소년 성적 권리 선언문'을 통해 "청소년일지라도 합의 하에 갖는 성관계는 권리이며, 본인이 원한다면 임신과 출산도 권리이다"라고 선언했고, '나는 처녀가 아니다'라는 캠페인을 벌이기도 하였다. 2010년, 청소년 인권 행동 아수나로는 '사랑은 19금이 아니야!'라는 '청소년 연애 탄압 조사 발표'를 통해 '학생 성행위를 처벌 대상으로 보는 학칙은 반인권적이다'라고 주장하였다. 이러한 행동과 주장은 청소년들이 자의적 인권인 성적 자기결정권을 인정받기 위한 투쟁과 저항운동이다.

⑤ 인권 센터 등에 사법권인 준조사권 부여

학생인권조례는 인권위원회와 인권 센터, 인권 옹호관 등을 두도록 하고 있다. 인권 센터의 핵심 기능은 인권 교육 담당과 학생 인권과 권리에 대한 실태 조사뿐 아니라 자의에 의해 인권 침해 사건이라고 판단되면 조사권을 발동하도록 하고 있다. 조사 권한은 피조사자 내지 가해자에 대한 권리 제한 또는 의무 부과에 해당하기 때문에 법률의 위임이 필요하다. 그런데 위임 없이 인권담당관들이 학생 인권을 보호하는 명목으로 조사권을 부여한 것은 '인권 경찰'이 되는 것이다.

인권센터의 역기능과 문제점은 전북 학생 인권센터의 일방적 조사로 인해 한 명의 교사(송경진)가 사망하는 사례에서 나타난다. 한 중학교 여학생 성추행 사태를 두고, 2017년 4월 21일 전북 지방 경찰청에서는 수사를 통해 '송경진 교사는 성추행한 것이 아니라 교육적 차원에서 한 행동이며, 학생들도 수사 진행이나 처벌을 원하지 않고, 송경진 교사는 학교에 복귀하기를 희망한다'라며 문제점이 없다고 판단했다. 담당 검사도 이를 인정하고 2017년 5월 2일 내사 종결하였다. 그러나 전북 학생 인권센터에서는 5월 2일부터 5월 30일까지 송경진

---

60) 대법원 법원행정처가 발간한 [2013 사법연감]에 따르면 지난해 소년보호재판을 받은 10세 이상 19세 미만의 아동·청소년은 5만 3,536명으로 10년 전인 2002년 2만 6,811명에 비해 2배 가까이 늘었다. 범죄를 저질러 소년보호재판을 받은 10세 이상 19세 미만의 아동·청소년이 10년 전에 비해 2배 이상 증가한 것으로 조사됐다. 특히 또래를 대상으로 성범죄를 저질러 재판을 받은 청소년은 13배 이상 급증해 아동·청소년의 범죄 증가가 심각한 수준으로 나타나고 있다.
http://m.hankooki.com/app/paper/pdfView.php?pdfKey=hk20131014A12&num=1

교사를 상대로 2회에 걸쳐 조사, 00중학교 남학생 면담 조사, 여학생 부모 상대 면담 조사 등을 진행했고, 2017년 6월 12일 '직권조사 17-직권-00001사건'으로 접수하였다.

이후 7월 3일, 전북 학생 인권 심의위원회에서는 '송경진 교사가 학생들의 자유로운 권리와 인격권을 침해하였고, 성적 수치심과 모욕감을 주어 성적 자기결정권을 침해하였다'라며 의결, 징계를 권고하였다. 이에 따라 2017년 7월 24일, 전북 부안 교육청 교육지원 과장 고00은 송경진 교사를 면담하고, 동 교사로부터 긴급 정보 동의서를 제출받았다. 그리고 2017년 8월 5일, 송경진 교사는 성폭력 가해자라는 수치심과 압박을 견디지 못하고 스스로 세상을 떠났다. 학생 인권 센터의 대표적 폐단 사례이다. ① 인권 센터, 인권 옹호관이 어떠한 결심을 하느냐에 따라 모든 것이 결정된다는 것이고, ② 학생 인권 센터는 인권 옹호관의 보좌 기능으로 전락해버렸으며, ③ 직권 조사라는 사법기관을 뛰어넘은 제어되지 않는 권한을 행사하였다는 것이다.

⑥ 학생의 정치 이념화 우려와 갈등 초래

지금까지 학생인권조례를 추진하는 단체와 조직을 보면 특징이 있다. 인권의 이름으로 정치적으로 이념화된 단체와 개인들이다. 소위 진보 교육감 또는 전교조 출신 교육감들이 적극적으로 추진하고 있으며, 지금 진행하고 있는 단체도 마찬가지이다.[61] 우리나라 헌법은 교육에서의 정치적 중립을 강조하고 있고,[62] 교육감 선거에서도 정당의 추천을 하지 않고 있다.[63] 이는 자라나는 청소년들에게 교육에서만큼은 정치적 오염을과 이념적 요소를 철저히 배제하기 위함이다.

2016년 11월, 경기도 교육청에서는 학생 인권조례 제16조 의사 표현의 자

---

61) 2018.09.19. 경남 학생인권조례 제정과 추진을 위해 '촛불시민연대'가 출범한바 있다.
   https://www.yna.co.kr/view/AKR20180919137000052
   http://www.idomin.com/?mod=news&act=articleView&idxno=576861

62) 헌법 제31조 ① 모든 국민은 능력에 따라 균등하게 교육을 받을 권리를 가진다. ④ 교육의 자주성·전문성·정치적 중립성 및 대학의 자율성은 법률이 정하는 바에 의하여 보장된다.

63) 지방자치법률 46조에 정당은 교육감 선거에 후보자를 추천할 수 없으며 지지·반대하는 등 선거에 영향을 미치게 하기 위하여 선거에 관여하는 행위를 할 수 없다.

유[64]를 근거로 '학생 시국 선언 관련 의사 표현 및 단체 행동에 관한 협조' 공문을 발송하여 학생들을 실질적으로 촛불 집회에 참여하도록 독려했다. 2017년 4월에는 전교조와 교육부가 세월호 416 교과서 계기 수업을 두고 갈등을 빚었으며, 교육부에서는 416 교과서가 교육의 중립성을 위반했다고 보고 사용 금지를 지시한 바 있다.[65]

앞서 언급했듯이 현재 각 교육 현장에서는 상대적 인권 이념에 편승한 현상들이 실제 나타나고 있는 것은 교육기본법 제6조[66]를 위반하는 것이다. 교사는 특정한 정당이나 정강을 지지·반대하기 위해 학생을 선동해서는 안 된다는 사실을 간과하고 있다. 이로 인하여 학생인권조례 찬반을 두고 갈등이 증폭되며, 많은 논란이 발생하고 있다. 학생인권조례를 추진하는 인권 관련 단체나 전교조는 '인권은 투쟁을 통해서 얻는 것'이라는 논리를 가지고 있기 때문에 갈등을 유발하면서도 이를 적극적으로 시도하고 있다. 결국 그 폐해는 학생들과 학부모, 교사에게 돌아갈 수밖에 없을 것이다.

2) 현재 학생인권조례의 시행 결과 – 사례 위주
① 상대적 인권 의식으로 갈등과 방종 초래

종교의 권면과 강요의 차이는 해석의 차이로 알고 있지만, 상대적 인권 의식의 발로라고 볼 수 있다. 2015년, 어린이집 교사가 식사 기도를 하여 인권이 침해됐다는 사례가 있다. 보호자가 종교 행위를 강요하는 것은 아동복지법의 정서적 학대에 해당하는 것으로 본 것이다.[67] 2016년 5월, 서울에서 한 학생은 교회에 가라는 어머니와 이모의 권면을 경찰에 고발하였다. 학교 상담관의 권

---

64) 경기도 학생인권조례 제16조(의사 표현의 자유) ① 학생은 자신에게 영향을 미치는 문제에 대하여 자유롭게 의사를 표현할 수 있는 권리를 가진다. ② 학교는 학생이 표현의 자유를 행사하는 경우 부당하고 자의적인 간섭이나 제한을 하여서는 아니 된다. ③ 학교는 교지 등 학생 언론 활동, 인터넷 홈페이지 운영 등에서 표현의 자유를 최대한 보장하고, 필요한 시설 및 행·재정적 지원을 하도록 노력하여야 한다.

65) https://news.joins.com/article/21439736

66) 교육기본법 제6조 교육은 교육 본래의 목적에 따라 운영되어야 하며, 어떠한 정치적 파당적 또는 개인적 편견의 전파를 위한 방편으로 이용되어서는 안 된다. 국가공무원법 제65조 공무원은 정당이나 그 밖의 정치단체의 결성에 관여하거나 가입할 수 없다.

67) http://news.sbs.co.kr/news/endPage.do?news_id=N1002814392. 2015년 1월 31일 경기도 의정부 지역에서 일어난 사건이다.

고에 따른 것이다. 이에 부모가 5시간 동안 조사를 받기도 하였다.[68] 또한 강원 지역에서는 학생을 위해 기도해주는 교사를 인권 침해로 규정하여 징계위원회에 회부한 사건도 있었다.

학생의 휴대폰 휴대와 관련한 정보 접근권이다. 국가인권위원회는 2017년 11월, 학교에서 학생의 휴대폰 사용을 금지하는 것은 인권 침해라고 권고하였다. 그러나 2013년, 초·중·고 교원 3,147명을 대상으로 설문 조사를 진행한 결과, 54%가 휴대폰 휴대는 수업 분위기를 해친다고 하였다. 그리고 2018년 1월, 교사 96.9%는 휴대폰 휴대(자유)화에 반대하는데, 국가인권위원회의 권고 이후 상황은 더 심해지고 있다는 한국교총의 설문 조사 결과가 나왔다.[69] 교실 내 휴대폰 휴대에 반대하는 이유는 수업 분위기 훼손과 몰카 등 미디어 범죄 때문이다. 프랑스에서는 2018년 7월, 대통령 명령과 의회 법령을 통해 '수업 시간 뿐 아니라 학교 일과시간 전체 휴대폰 전면 금지'를 제정하였다. 스마트폰 따돌림(SNS 왕따)과 학생 간 인성 보충 차원이었는데, 그 영향을 받은 뉴질랜드, 영국, 미국에서도 휴대폰 사용을 금지하는 방안이 추진되고 있다.

② **교권 침해와 교육 환경 악화**
학생들에게 과도하게 권리를 주고, 교사의 훈육을 금지함으로써 학생들의 통제가 어려워졌고, 교권 침해가 급증하여 교사들의 의욕을 꺾어 사명감을 잃게 만든다는 것이다. 2012년 명예퇴직한 교사 3,271명의 퇴직 원인 조사에 따르면[70] 71%의 교사들이 학생인권조례 제정으로 인한 교권 하락에 따른 학생 지도의 어려움 때문으로 답했다.

조훈현 의원이 교육부에서 제출받은 자료에 따르면, 경기도 교육청에 접수된 교권 침해 사례가 학생인권조례 시행 전인 2010년에는 130건에 불과했지만, 시행 후인 2012년에는 1,691건으로 급증했다. 전북 지역에서는 김승환 교육감

68) http://news.kmib.co.kr/article/view.asp?arcid=0923040618.

69) http://news1.kr/articles/?3203734.

70) https://www.hankookilbo.com/News/Read/201301071756066877.

이 취임하기 전인 2009년에는 교권 침해 사례가 24건에 불과했으나 2015년에는 150건으로 무려 6배 이상으로 증가하였다고 발표하였다.[71] 그리고 경남 지역에서 학생인권조례안 추진을 두고 설문조사를 실시한 결과, 2016년 학생에 의해 폭행·폭언·욕설·협박·성희롱·의도적 수업 방해·지도 불응 등 교권 침해를 당한 경험이 있는 교사는 41.6%에 이르렀다. 그중 3.3%는 병원 치료를 받았고, 2.8%는 병가·휴직을 한 것으로 나타났다. 하지만 교권 침해를 당하고도 64.5%는 가해 학생과 상담하는 것으로 마무리했고, 30.1%는 아무런 조치를 하지 않고 그냥 넘겼다고 답했다.[72]

③ 기초 학력 저하 현상

학생인권조례 시행 기간을 고려하여, 기초 학력 저하와 직접적인 상관관계가 있다고 단정하기에는 한계가 있다. 따라서 현재까지 소위 진보(좌)계열의 교육감이 추진하는 혁신학교와 학생인권조례가 통과된 지역을 중심으로 살펴보았다. 혁신학교는 김상곤 장관이 경기도 교육감으로 재임하던 시절인 2009년에 최초로 만들었고, 2010년 10월 학생인권조례가 최초로 통과되었다. 이후 10년 동안 경기도 학생의 학력 수준은 전국 최저이다. 또한 2020년 1월 기준, 혁신학교는 진보 교육감이 재임하는 지역을 중심으로 전국 1,177곳(초등학교 691개교, 중학교 353개교, 고등학교 120개교, 기타 13개교)에 있다. 각 시도 교육청은 혁신학교에 연평균 1억 원 안팎의 예산을 지원해가며 확산을 장려하고 있다. 그런데 혁신학교의 학업 성취 수준은 심각한 것으로 나타났다.

2017년 곽상도 의원이 공개한 자료에서 혁신학교의 '기초 학력 미달'[73] 비율이 전국 고등학교 평균보다 3배 이상 높은 것으로 나타났다고 발표하였다. 혁신학교에서 기초 학력 미달에 해당하는 고교생은 11.9%에 달했다. 전국 고교 평균이 4.5%에 비하면 학력 저하 현상이 매우 뚜렷했던 셈이다. 2015년 혁신학

---

71) http://www.pennmike.com/news/articleView.html?idxno=74.

72) http://www.hani.co.kr/arti/society/area/794738.html#csidx18ecdfa69d90822a7982f98eec8fbb0

73) 기초학력미달은 학업성취도평가에서 100점 만점에 20점 미만을 나타내는 것으로 사실상 수업을 전혀 이해하지 못하거나 학업을 포기한 인원으로 분류된다. 국가수준 학업성취도평가는 학업 성취 수준을 파악하기 위해 해마다 중3과 고2를 대상으로 실시하는 시험이다. 한국교육과정평가원은 성적에 따라 '보통학력'(100점 만점에 50점 이상 수준) '기초학력'(20~50점) '기초학력미달'(20점 미만)로 구분한다.

교의 기초 학력 미달 비율은 7.9%, 전국 평균은 4.2%였던 것을 보면 격차가 더 심화되었다는 것을 확인할 수 있다.

3) 학생인권조례의 배경

학생인권조례의 배경은 '68혁명'에서 찾을 수 있다. 왜 많은 문제점을 안고 국민적 갈등을 유발하는 학생인권조례 제정을 시도하는 것일까? 이는 '인권의 이념화가 만들어 낸 환상'에 있다. 인권 이상론자들은 인권이라는 이상적 언어를 사용하여 미래의 이상주의 사회를 건설하고자 한다. 이러한 사회변혁의 주체는 학생들이 되어야 한다는 것이다.

슬라보예 지젝은 68혁명과 학생 운동에 대하여 다음과 같이 설명하고 있다.

"오늘날의 지배적인 집단 기억 속에는 '저들'의 68혁명과 '우리'의 68혁명이 있다. 68혁명이 학생 운동과 노동자 파업의 연결고리라는 우리의 기본적인 생각은 이제 잊혔다. 68혁명이 남긴 진정한 유산은 이 사건이 자유주의적 자본주의 체제를 거부했다는 데 있으며, 이는 '현실주의자가 되자. 불가능한 것을 요구하자!'라고 언급하고 있다."[74]

2018년 4월 8일 자, 서울대학교 대학신문은 68혁명을 '세계를 흔든 신좌파 사상', '어른들에 대항하다', '성적 억압에 대항하다' 등으로 분석하였다.[75]

"1968년 5월 프랑스 파리에서 일어난 68혁명은 강압적인 기존 질서에 질문을 던졌고, 그 물음표는 마침내 사회 전반에 자리 잡고 있던 견고한 틀을 깨부쉈다. 68혁명을 이끈 젊은 층의 신좌파 세력은 사회를 장악하고 있던 전체성과 권위에 도전하며 사회 주변부의 소외된 삶에 가치를 부여했다. 이를 통해 그들은 자신이 살아갈 사회가 다양성을 담을 수 있어야 한다"

---

74) http://www.hani.co.kr/arti/opinion/column/834254.html#csidx0f1db037b0a8fdd9000f7db790fe3e5

75) http://www.snunews.com/news/articleView.html?idxno=18087

이러한 논조는 전교조 학생 인권국장의 저서『세상을 바꾸는 힘』에서 잘 나타난다. 학교는 권력 관계에 의해 폭력이 일어날 수 있는 곳으로 학생을 흑인 노예에 비유하며 정부를 권력을 가진 집단으로 묘사한다.[76] 그리고 국가 기관에 대한 반항과 시위는 정당하다고 선동한다. '염색하면 꼴통인가?', '왜 학생과 교사와 학교는 두발 자유에 집착하는가?', '평범한 사람이 잔인해질까?' 등으로 문제를 제기하였으며 용산 참사 사건, 세월호 사건 등을 통해 정부를 대항하는 의식을 심어주었다.

---

76) 조영선 외 5인, 『세상을 바꾸는 힘』, 26-9.

제2장 평등과 차별금지법

1. 평등과 차별, 그리고 혐오

우리나라 헌법에서 제11조 제1항의 평등 개념은 형식적인 법적 평등을 말하며, 모든 사람이 동등한 대우를 받아야 한다는 '실질적 평등'이나 '결과적 평등'이 아니라 '자의금지 원칙(본질이 같은 것은 같게, 다른 것은 다르게)'과 '비례성 심사의 원칙'이 적용되는 '법적 기회의 평등'을 말하고 있다.[77]

상대적 인권에 따른 이분법적 구조에 따라 사회를 구분하고, 절대적 평등의 논리로 접근하면서 나타나는 문제점을 살펴본다. 예를 들어, 방송인 김제동이 주장한 '목수의 망치와 판사의 망치가 평등'해야 한다거나 '군대 안에서 장군과 이등병이 평등해야 한다'라면, 그 사회는 대혼란에 빠질 것이다. 즉 기회의 균등이 아닌 결과의 평등까지 주장하는 것은 사회 질서와 조직을 외면하거나 경쟁이 전혀 없는 유토피아적 환상일 뿐이다. 그는 또한 만 원도 받지 못하는 아르바이트생 일부 사례를 들어 전체를 대변하듯이 설명하고 있다. 이는 헬조선 등 온갖 혐오 표현을 동원하며 청소년들에게 자괴감을 심어주고 있다. 최저임금의 시기는 누구나 한 번쯤 겪을 수도 있지만 평생 하지는 않는다. 임금의 하한선은 국가가 정하지만 상한선은 자신이 정하는 것이다. 이들의 강연에서 국가가 마치 비상식적으로 국민의 노동력을 착취하고 있는 것처럼 표현한다. 그러나 이는 사실이 아니다. 경제가 발전되면 자연스럽게 최저임금은 오른다. 임금의 상승은 특수한 자격과 시간을 더 투자하면 자연스럽게 올라간다.

페미니즘처럼 남성과 여성이 평등하다거나 젠더평등을 주장하며 이중 잣대를 적용한다면 상대의 남성은 불만을 느끼게 될 것이다. 이는 대결 구도를 가져와 상대적 갈등과 분열이 난무할 수밖에 없다. 동성애자나 이성애자나 평등해야 한다며 소수자 인권을 성역시하고 평등법으로 보호한다면 이는 독재적 발상일 뿐이다.

---

77) 안창호, 「포괄적 차별금지법 실체알기」, 7.

　차별의 법적 의미는 '분리, 구별, 배제하거나 불리하게 대우하는 것'을 말하며, 부당한 차별과 정당한 차별로 나눌 수 있다. 부당한 차별은 불합리한 차별과 조롱, 모욕 등을 말하며, 정당한 차별은 도덕, 양심, 종교, 사실 등에 근거한 합리적 비판을 말한다고 할 수 있다. 따라서 우리나라는 모든 사람에 대한 부당한 차별이 현행 헌법과 법률에 의해 금지되고 있다. 범죄자, 알코올 중독자뿐 아니라 논란이 되는 동성애자나 어떠한 사람도 존중되고 보호되어야 한다는 것이다. 다만 누구든지 그 행위에 대하여 공동체에 대한 책임과 타인에 대하여 피해를 주어서는 안 된다는 것이다.

　현재 국가인권위원회법은 19개 요소에 대하여 평등권을 주장하며 차별금지를 권고하고 있는데, 문제는 규정과 해석을 달리 적용한다는 것이다. 19개 요소에 평등권을 적용하여 차별 금지를 규정하고, 사회 구성원들을 상대적 소수자 또는 약자로 구분한 다음, 그 약자에 대해서 보편적 인권 논리로 변칙 적용한다. 사회 구조와 이념에 따라 구분된 소수자만 차별받고 혐오를 당하고 있기에 이들을 보호하기 위해 평등법을 제정해야 한다는 것이다. 이들의 논리는 명확한 기준과 원칙 없이 절대적 평등권만 내세운다. '소수자' 및 '약자'는 인간으로서 불평등하므로 국가에서 공권력으로 보호해야 한다고 한다. 그런데 소수자로 분류된 특정 집단에 대해서는 어떤 기준에 의해서 왜 약자인지 또는 소수자인지 설명은 없다. 사회적 합의 없이 자신의 이념과 기준에 의해 차별 금지 요소를 정하고, 이에 대하여 객관적 기준을 제시하라고 하거나 틀렸다고 말하면 '차별주의자'라거나 사랑이 없는 '혐오주의자'로 프레임을 몰아간다. 이는 상대방에 대한 모욕이자 인격권의 침해이다.

　한편, 우리 사회는 상대적 인권과 자기결정권을 무시하거나 반대하면 혐오 세력으로 치부된다. 동성애는 성적 자기결정권으로, 낙태는 여성의 임신 중단이나 신체자기결정권으로, 젠더는 성별 자기결정권으로, 비리와 잘못을 하여 스스로 죽음을 선택하여도 자기결정권으로 포장되고 정치적으로 미화된다. 유독 상대주의 인권론자들과 좌파 학자나 단체들이 상대 진영을 향하여 이 용어를 사용하고 있다. 그런데 논란이 되는 부분은 혐오 표현의 대상자, 증명 방법, 가해자 등의 기준이 일정하지 않고 이중적이고, 주관적이며, 불명확하다. 즉 혐오라는 기준을 필요에 따라 가져오는 선택적 용어로 사용하고 모호한 기준으로 적용함으로써 혼란을 가져온다는 것이다.

첫째, '혐오'와 '혐오 표현'은 다르다. 적용 대상은 모두가 아닌 소수자에게만 한정되어 적용한다. 보통 혐오의 의미는 '누군가 또는 무엇인가를 사무치게 미워한다는 강한 뜻'을 갖고 있다. 그러나 홍성수 교수는 '혐오 표현에서의 혐오는 사뭇 다르게 사용하고 적용해야 한다'라고 주장하다. 또한 그는 혐오의 개념을 '소수자를 차별하거나 그들에 대한 차별을 조장하는 발언 또는 행동'으로 정의하였다. 즉 혐오 표현의 조건으로 대상이 반드시 소수자여야 한다는 것과 그 표현이 실제로 소수자에 대한 차별과 피해를 강화할 수 있어야 한다는 소수자 혐오 논리를 주장하고 있다.[78]

둘째, 혐오 표현인지 아닌지의 증명이 객관적이 아니라 주관적이다. 홍성수 교수는 '자신이 소수자임을 인식하는 것이 혐오 표현을 정의하는 데 매우 중요하다'라며, 혐오 표현은 그 내용이 아니라 표현을 받는 대상이 소수자임을 증명하는 것이라고 하였다. 즉 소수자가 어떻게 느끼느냐에 따라 혐오 표현이 된다는 극히 주관적인 태도를 보인다. 또한 '소수자 자신이 직접 당하지 않더라도 자신을 같은 집단으로 인식하는 소수자에게 불쾌감을 주면 혐오 표현'이라고 하여 특정 단체에 의한 주관적 해석도 가능하다고 하고 있다.

셋째, 혐오를 가하는 주체의 기준이 불명확하다. 이들은 물리적 폭력과 언어적 폭력으로 구분하면서 물리적 폭력은 모든 사람에게 동일하게 적용할 수 있지만, 언어적 폭력은 모두에게 똑같이 적용할 수 없다고 한다. 즉 혐오 표현은 어떻게 구분하는지 그 기준을 달리 적용해야 한다는 것이다. 예를 들어, 프랑스의 유명 여배우가 '모로코인들과 공존하는 것은 모두를 불행하게 만들고, 그들이 모로코로 돌아갔으면 좋겠다'라고 발언을 하면 증오 선동으로 처벌을 받지만, 다른 프랑스인이 똑같이 이 말을 해도 처벌받지 않는다는 것이다. 즉

---

78) 홍성수, 『말이 칼이 될 때』, 서문. ; 서울대학교 정치사상 워크숍 학술행사, 「정치사상 워크숍: 북 세미나」, 『말이 칼이 될 때』 유관 연구. ; 홍성수. "혐오표현의 규제: 표현의 자유와 소수자 보호를 위한 규제대안의 모색", 「법과사회」, 2015, 287-336. ; http://www.snunews.com.

사회적으로 영향력이 있는 유명 인사의 발언만 선별적으로 처벌받는다는 입장이다.[79] 이 주장에 의하면 표현 내용이 중요한 것이 아니라 유명 인사인지 아닌지가 혐오 표현의 처벌 대상이 된다는 논리이다.

이처럼 이중적이고 주관적인 주장으로 인해 혐오 표현의 규제에 대해서는 결코 합의될 수 없다. 대표적인 좌파 철학자이자 젠더 이론을 주창한 주디스 버틀러조차도 이러한 혐오 표현 규제에 강하게 반대하기도 했다. 소수자들이 혐오 표현을 역으로 비틀어 다수에 저항하는 수단으로 사용할 수 있다[80]는 것이다. 그는 젠더 이론가로써 구조를 구분하는 것 자체를 거부하며, 언제든지 소수자가 다수자가 될 수 있기에 이러한 주장을 한 것으로 보인다.

2. 평등법(일명 포괄적 차별금지법)이란?

더불어 민주당 이상민의원 등 24명이 지난 6월 16일 '평등에 관한 법률안'을 발의하는 등 제21대 국회에서는 '평등 및 차별금지에 관한 법률' 또는 '포괄적 차별금지법률' 제정을 추진하면서 논란이 되고 있다.[81] 이상민의원 법안이라고 할 수 있는 이번 '평등법'은 기존에 비해 몇 가지 특징이 있다. 먼저 최초로 차별의 용어 대신 사람들에게 더 좋은 이미지를 부각하기 위해 평등의 이름으로 발의하였다는 점이다. 둘째, 최초 법안에는 종교적 예외조항을 두었으나 상대적 인권 관련 단체로부터 비판을 받으면서 최종 발의시에는 이 예외조항을 포함하지 않았다. 셋째, 위헌적인 삼권분립의 훼손으로 기존의 차별금지법률안과 달리 행정부 뿐 아니라 사법부, 입법부까지 통제하고 있다는 점이다. 넷째, 법안이 미칠 영역이 고용, 재화, 용역, 교육, 공공서비스 이용 등 모든 영역으로 확대하였다는 점이 있다.

---

79) 홍성수, "혐오표현의 규제: 표현의 자유와 소수자 보호를 위한 규제대안의 모색", 참조.

80) Judith butler, 『젠더 트러블-페미니즘과 정체성 전복』, 108-13.
   http://www.snunews.com/news/articleView.html?idxno=17871.

81) 포괄적 차별금지에 관한 법률안 (장혜영 의원 등 10인. 2020.06.29.), 국가인권위원회 (위원장 최영애), 평등 및 차별금지에 관한 법률안 (2020.06.30.)

　　이 법률안의 핵심 용어는 '인권', '평등', '차별'이다. 그 시작은 2006년 7월 24일, 국가인권위원회가 차별금지법안을 국무총리에게 권고하였고, 노무현 정부의 법무부는 논의를 거쳐 수정안 차별금지법안(법무부 법안)[82]을 2007년 12월 12일 국회에 발의하였다.

　　그 이후에는 의원 입법의 형태로 2008년에 1회 노회찬 의원 법안[83], 2011년에 2회 박은수 의원 법안 및 권영길 의원 법안[84], 2012년에 1회 김재연 의원 법안[85], 2013년에 2회 김한길 의원 법안, 최원식 의원 법안[86]이 제안되었다. 이 법안 중 박은수 의원 법안만 '차별금지기본법안'이라 칭해졌고, 나머지는 모두 '차별금지법안'으로 불리었다. 지금까지 7회의 모든 법안이 회기 만료로 자동 폐기되었다.

　　평등법 일명 차별금지법의 핵심 용어는 '인권', '평등', '차별'이다. 차별금지법의 최초 시행은 볼셰비키 혁명(1917년) 후, 지주와 교회의 재산을 합법적으로 몰수하기 위한 측면에서였다. 포롤레타리아 혁명을 위해 바로 사유 재산의 부정과 교회의 핍박으로 나타났다. 당시 알렌사드라 콜론타이(1872~1952)는 러시아 혁명 후, 제노텔(여성부)를 설치하고 여성 평등을 주장하였다. 콜론타이는 '가족 관계는 노동력 재생산을 위한 부르주아적 관계이다'라며, 정상적 가족 제도를 부정하는 운동을 전개하였다. 그녀는 오늘날 페미니즘에서 주장하는 '모성 해방', '무상보육', '일부일처제 모순' 등의 구호를 통해 '가족은 혁명적 사회 구조 안에서 완전히 해체되어야 한다'라고 주장하였다.

　　본래 차별금지법은 성별, 종교, 사회적 신분 등을 이유로 정치적·경제적·사회적·문화적 생활의 모든 영역에 있어서 합리적인 이유 없는 차별을 금지하는

---

82) 의안번호 8002 차별금지법안, 2007.12.12.

83) 의안번호 8162 차별금지법 (노회찬 의원 대표발의), 2008.01.28

84) 의안번호 13221 차별금지기본법안 (박은수 의원 대표발의), 2011.09.15와 의안번호 14001, 차별금지법안 (권영길 의원 대표발의), 2011.12.02.

85) 의안번호 2463 차별금지법안 (김재연 의원 대표발의), 2012.11.06

86) 의안번호 3693, 차별금지법원 (김한길 의원 대표발의), 2013.02.12와 의안번호3793, 차별금지법안 (최원식 의원 대표발의), 2013.02.20.

것을 내용으로 하는 법률을 말한다.[87] 이러한 의미의 법률은 독자적으로 존재하기도 하고, 인권법(Human Rights Act) 또는 민권법(Civil Rights Act)의 일부로 존재하기도 한다. 또한 차별 사유 즉 차별 대상의 범위에 따라, 인종·성별·장애 등 특정 차별 사유만을 다루는 '개별적 차별금지법'과 모든 종류의 차별 사유를 다루는 '포괄적 차별금지법'으로 나뉜다.

개별적 차별금지법은 차별 대상에 따라 다양하게 존재한다. 성차별금지법, 인종차별금지법, 장애인차별금지법, 연령차별금지법, 고용차별금지법, 고용평등법, 가정지위차별금지법, 상품·용역 및 휴양·공공장소 출입의 차별금지법, 임금평등법, 공정고용 및 주거법, 유전자정보차별금지법, 임신차별금지법 등이다. 이처럼 국가마다 역사적·사회적 상황에서 부각되는 차별대상에 상응한 개별적 차별금지법을 마련하고 있다.

우리나라도 개인의 구별되는 인적 속성을 이유로 하는 개별적 차별금지법이 다양하게 통과되어 있다. 1987년에 제정된 '연령에 대해서 남녀고용 평등과 일·기장 양립 지원에 관한 법률(남녀고용평등법)', '고용상 연령차별 금지 및 고용자 고용 촉진에 관한 법률(고용상 연령차별금지법)', '장애인 차별 금지 및 권리 구제 등에 관한 법률(장애인차별금지법)', 기간제 및 단시간 근로자보호 등에 관한 법률, 외국인근로자의 고용 등에 관한 법률, 고용 정책 기본법 및 근로기준법, 교육기본법, 사회보장기본법, 문화다양성의 보호와 증진에 관한 법률(약칭: 문화다양성법), 형의 실효등에 관한 법률 및 형의 집행 및 수용자의 처우에 관한 법률(약칭:형집행법), 후천성면역결핍증 예방법(약칭: 에이즈예방법), 청소년 보호법 등 20여개 이상의 법이 제정되어 있다.. 이 밖에 논의가 진행 중인 법안은 정보소외 계층 차별금지법안[88], 성차별·성희롱 금지법안[89], 학력 차별금지법안[90],

---

87) 음선필, "성매매, 다자성애, 동성애를 인권이라 할 수 있나?", 3-5.

88) 정보소외계층 차별금지에 관한 법률안 (이철우 의원 등 10인, 2017.08.30, 발의).

89) 성차별·성희롱금지 및 권리구제 등에 관한 법률안 (김상희 의원 등 19인, 2013.11.20, 발의, 임기만료폐기) 성차별·성희롱 금지 및 권리구제 등에 관한 법률안 (유승희 의원 등 45인, 2015.04.10, 발의, 임기만료폐기); 성차별·성희롱의 금지와 권리구제 등에 관한 법률안 (김상희 의원 등 12인, 2018.03.26, 발의); 성별에 의한 차별·성희롱 금지 및 권리구제 등에 관한 법률안 (남인순 의원 등 10인 발의, 2018.03.13)

90) 학력·출신학교 차별금지 및 권리구제 등에 관한 법률안 (오영훈 의원 등 18인, 2016.09.02, 발의), 학력차

인권기본법안[91], 혐오죄 법안[92], 지역 차별 금지법안[93] 등이 있다.

포괄적 차별금지법은 개별적 차별금지법의 차별 대상을 포함해서 그 밖에 상정 가능한 모든 대상을 총괄하고 있다. 특히 입법 기술적으로, 차별 금지 사유를 "… 등"의 문구로 포괄적으로 표현하고 있다.[94] 이에 포괄적 차별금지법은 해당하는 대상 요소와 차별의 영역을 명시하는 것이 핵심이다. 차별 범위를 명확히 해야 개별적 차별금지법에서 이를 활용하여 차별 범위를 확정하기 때문이다. 또한 어떤 행위와 경우에 차별이라고 할 것인지에 관한 문제이기 때문이다. 따라서 '차별의 정의', '차별의 유형', '차별의 개념', '차별의 종류', '차별의 형태', '차별의 구제' 등에 대하여 구체적으로 명시하고 있다.

그런데 문제는 차별 범위를 기존의 법안처럼 직접 차별, 복합 차별, 간접 차별, 괴롭힘, 차별 지시, 차별 광고[95] 등으로 두고, 차별 금지 사유는 직접 차별 조항에서만 규율하는 것으로 할 것인지, 아니면 간접적 차별까지 포함할 것인지 규정을 두는 것도 그 법의 성격에 따라 약간 차이가 있다. 영국 평등법처럼 보호되는 속성(protected characteristics)과 금지되는 행위(prohibited conduct)[96] 로 나뉘

별금지 및 직무능력중심 고용촉진에 관한 법률안 (강길부 의원 등 25인, 2017.02.10, 발의), 학력차별금지 및 권리구제 등에 관한 법률안 (나경원 의원 등 10인, 2016.11.28, 발의), 공공기관의 학력차별금지 및 기회균등보장에 관한 법률안 (김해영 의원 등 24인, 2016.09.02, 발의), 고용상 학력차별금지 및 기회 균등 보장에 관한 법률안 (김기현 의원 등 11인, 2013.04.18, 발의, 임기만료폐기), 학력차별금지에 관한 법률안 (김한길 의원 등 34인, 2012.10.25, 발의, 임기만료폐기), 학력차별금지 및 권리구제 등에 관한 법률안 (김기현 의원 등 10인, 2012.06.26, 발의, 철회), 고용상 학력차별금지 및 권리구제 등에 관한 법률안 (홍영표 의원 등 10인, 2011.11.23, 발의, 임기만료폐기), 학력차별금지 및 권리구제 등에 관한 법률안 (김기현 의원 등 14인, 2010.05.14, 발의, 임기만료폐기).

91) 19대 국회에서 국가인권위원회, 법무부, 추미애 의원실 등에서 준비되다가 발의하지 않음.

92) 형법 일부개정법률안 (안효대 의원 등 50인, 2013.06.20, 발의, 임기만료폐기)은 제출되었다가 임기만료폐기.

93) 출신지역 차별인사금지 특별법안 (유성엽 의원 등 121인, 2017.09.27, 발의).

94) 통상적으로 포괄적 차별금지법은 기존에 제정된 개별적 차별금지법을 흡수·통합하는 방식으로 제정된다. 그래서 경우에 따라 포괄적 차별금지법을 제정하려는 목적으로 먼저 개별적 차별금지법을 순차적으로 제정하는 입법전략을 구사하기도 한다.

95) 장혜영 안의 등 우리나라에 발의된 사항에 괴롭힘, 차별 광고 등이 포함되었으나 이를 직접 차별과 동등한 위치에 두는 것은 문제가 있다고 보는 이도 있다. 홍성수, "포괄적 차별금지법의 필요성", 『이화젠더법학』 10/3, 2018, 21.

96) 영국 평등법에서 보호되는 속성으로 연령, 장애, 성전환, 혼인 및 동성결혼, 임신 및 모성, 인종, 종교 또는 신념, 성별, 성적 지향 등이 있고 금지되는 행위로써 차별(직접차별, 복합차별, 간접차별)과 장애인을 위한 정당한 편의제공, 기타 금지되는 행위: 괴롭힘, 불이익조치(보복) 등이 있다.

어 다양하게 전개될 수 있기 때문이다. 이러한 점 때문에 포괄적 차별금지법에 해당하는 법률의 공식 명칭은 국가별로 다양하다.[97]

한편, 상대적 인권론자들은 차별이나 혐오가 주는 부정적 뉘앙스 때문에 차별금지법보다는 '평등법' 또는 '인권법'이라는 명칭이 법의 목적과 취지에 적합하다고 생각하고 있다.[98] 따라서 차별금지법 대신에 '평등기본법', '평등에 관한 법률' 또는 '평등과 차별금지에 관한 기본법', '혐오표현금지법' 등이며, 이도 국민적 저항을 받게 되면 '인권 기본법'으로 추진하려 하고 있다.

평등법 또는 포괄적 차별금지법을 추진하는 입장의 주요 논리다. ① 개별적 법령들은 너무 많고, 세부 조항들도 복잡한 구조를 취하고 있어 단순화가 필요하다.[99] ② 현재 많은 나라가 만들고 있고 세계적 추세이다. ③ 성소수자는 인권으로 이들에 대하여 차별을 금지하는 것이지 이들을 옹호하는 것이 아니다. ④ 성적지향과 성정체성 등은 선천적이며 바꿀 수 없다. ⑤ 모든 개인은 평등권과 행복추구권이 있기에 성소수자들에게 상처를 주지 말아야 한다. 특정 집단과 개인을 보호하는 상대적 인권과 자의적 인권을 인정하면서 이를 인정하지 않으면 강제성을 부여하여 이들을 특권화하겠다는 것이다.

평등법 (일명 포괄적 차별금지법안)은 다음의 특징이 있다.
① 특정 집단 및 소수자의 보호로 특권화가 된다. 특히 성소수자 및 소수 외국인 등이 보호 대상이다. ② 구제기관이 국가인권위원회이다. 국가인권위원회

---

97) 보통 차별금지법(anti-discrimination act)이라는 명칭을 사용하나, 나라에 따라서는 「인종차별 및 모든 형태의 차별금지법」(Law against Racism and All Forms of Discrimination: 볼리비아), 「일반평등대우법」(General Equal Treatment Act, Allgemeines Gleichbehandlungsgesetz: 독일), 「평등증진 및 불공정 차별방지법」(Promotion of Equality and Prevention of Unfair Discrimination Act: 남아프리카공화국), 「평등법」(Equality Act: 영국), 「차별예방 및 폐지법」(Federal Law to Prevent and Eliminate Discrimination: 멕시코) 등으로 불리기도 한다.

98) 홍성수, 「포괄적 차별금지법의 필요성」, 1-38 참조.

99) 예를 들어, 성차별금지법과 인종차별금지법과는 달리 장애차별금지법은 간접차별의 개념을 포함하고 있지 않았다. 또한 같은 남녀평등을 다루는 법에서 임금 등 계약사항을 다루는 남녀동일임금법과 임금 이외의 나머지 영역을 다루는 성차별금지법으로 분리되어 있을 뿐만 아니라, 조항 자체도 많은 차이가 있어 해석상의 어려움이 많으며, 차별의 예외로 두는 사항도 각 사유의 차별금지법마다 상이하다는 것이다. 심재진, "일반적 차별금지법으로서의 영국의 2010년 평등법 제정의 의미와 시사점", 「강원대학교 비교법학연구소」 50/2 (2017), 50.

가 권고 기관을 넘어 다른 기관을 강제하며 강제 집행기관이 된다. ③ 최상위 법으로 명시하여 헌법과 타 법률과 충돌된다. 예를 들어, 주민등록법, 병역법, 양성평등기본법 등과 충돌한다. ④ 소수자 집단에 속하면 개인의 주관적 인식도 법에서 보호한다. ⑤ 진정 또는 고발에 대한 책임은 본인이 아니라 그 책임을 상대방에게 지운다.[100] ⑥ 금전 및 인신 구속의 강제성이 수반된다. 이행 강제금, 징벌적 손해배상, 형사 처벌 등의 벌칙이 있다. ⑦ 모든 중앙 및 지방 공공기관, 모든 학교 기관, 사업장 및 시설, 행정서비스에도 적용된다. 교회도 시설에 해당하며, SNS 활동에도 당연히 적용될 수 있다. ⑧ 행정부외에 사법부와 입법부 까지 장악 함으로써 헌법에서 명백하게 구분하고 있는 삼권분립을 위반하고 있다.

이러한 문제점에도 불구하고 평등법을 찬성한다. 심지어 기독교계 내부에서도 성경적 교리를 부정하며 찬성하는 이들도 있다. 왜 그럴까? 인권의 담론 측면에서의 살펴본다.

첫째, 천부적·보편적 인권이 부정되고 있다. 천부적·보편적 인권의 제1순위는 자유권 보장이다. 모든 인간의 존엄성과 존재 가치의 이유는 인간의 자유이며, 이에 따라 종교, 표현, 학문, 사상의 자유 등이 보장되고 보호되는 것이다. 그러나 상대적·자의적 인권 측면에서는 특정 집단이나 개인만의 자유를 보장하는 것이다. 그러면 당연히 그 집단에 소속되지 않는 사람의 자유는 보장되지 않는다. 소수만을 위한 자유는 특권이 될 수 있고 방종 조장이 될 수 있다. 그래서 포괄적 차별금지법을 제정할 수 없고, 다만 개별적 차별금지법에서 내부적으로 예외 조장을 명시하는 경우도 있다. 종교를 이유로 차별 대우를 인정하는 독일 일반평등대우법의 경우이다. 이 법에서는 근로관계에서 '특정 종교·세계관이 자기결정권과 관련한 각 종교 단체 또는 결사의 자기 이해를 고려할 때, 정당화될 수 있는 직업상 필연성이 인정되는 경우'에 종교·세계관에 의한 차별 대우를

---

100) 입증책임 전환은 입증책임의 완화를 넘어 입증책임을 상대방에게 완전 전환시켜 버리자는 주장이다. 이는 공평의 원칙에도 어긋나며, 법리적으로 현행 과실책임주의 원칙에도 위반된다. 이는 무조건적 책임전가로 자연적 정의의 원칙에도 위배된다. 이러한 것은 법관의 합리적인 판단 하에 입증책임을 경감하거나 완화는 할 수 있어도 입증책임 전환이나 입증책임 분배를 법제화시켜 명시할 수는 없다. 입증책임 전환론은 의사와 환자사이의 분쟁 관련하여 처음으로 주장한 독일에서도 귀책사유인 고의와 과실 및 인과관계 양자 모두에 대해 입증책임을 전환하자는 견해는 아직까지도 없다.

허용하고 있다.[101] 미국에서도 주에 따라 종교와 관련하여 예외 조항을 두어 종교 면제 조항(religious exemption)을 두기도 한다. 사적 거래 관계에서도 종교·세계관과 관련하여 종교 단체, 법 형식과 무관하게 그 종교 단체에 부속된 기관 및 자기 이해를 고려할 때, 종교·세계관에 관한 공동체의 사무를 그 과제로 하는 결사가 종교의 자유와 세계관의 자유 및 자기결정권을 행사하는 것과 관련하여 이루어지는 경우에 차별 대우를 허용하고 있다.

또한 '유럽 연합 이사회 고용 평등 지침'에서도 '교회나 종교나 신념에 근거한 공·사 조직 안에서의 직업적 활동의 사안에 있어서 이러한 활동이나 수행되는 정황의 본질을 이유로 조직의 기풍을 고려할 때, 한 개인의 종교나 신념이 실질적이고 합법적이며, 정당화된 직업 조건을 구성할 경우'에 차별금지의 예외가 허용되고 있다. 그런데 이 예외 규정조차도 한계가 있다. 종교의 자유에는 종교 단체 외에 그 소속 기관 즉 부설 병원, 복지 시설, 교육 시설 등 어느 정도까지 인정할 것인가를 두고 논란이 발생할 수 있기 때문이다.

둘째, 상대적·자의적 인권을 보호하기 위해 별도의 국가기관이 동원된다. 국가기관은 보편적 인권을 위해 존재한다. 검찰이나 경찰은 모든 사람의 인권 침해에 대하여 특히 빈부귀천을 떠나 최소 약자의 입장에서 공정한 법 집행이 되도록 하는 기관이다. 그러나 특정 개인이나 소수만을 위한 보호는 개인의 사설 기관에 불과하다. 그런데 이 법은 조사 및 구제기관, 집행기관을 국가인권위원회로 하고 있다. 우리나라 국가인권위원회법은 국가인권위원회의 설립과 구성을 위한 조직법이다. 국가인권위원회의 출발은 보편적 인권을 전제로 모든 개인의 기본적 인권 보호 및 향상을 위한 것이었다. 이런 차원에서 삼권분립의 원칙과는 별개로 독립적인 준 사법 기구로, 종합적인 인권 전담 기구로 시작되었다. 그러나 현재 국가인권위원회는 보편적 인권이 아니라 상대적·자의적 인권 보호만을 위한 기구로 전락해버렸다.

---

101) 박신욱, "차별금지에 관한 일반법 도입을 위한 허용되는 차별대우 연구", 「비교사법」 22/3, (한국비교사법학회, 2015), 1181. ; 김명수, "소수자보호와 차별금지법", 「홍익법학」 15/3, (홍익대학교 법학연구소, 2014), 189 참조.

더 문제는 현재의 국가인권위원회법의 법적 강제력이 약하기 때문에 이행 강제금, 징벌적 손해배상, 형사 처벌 등 강력한 법적 강제력을 부여하기 위해 이 법을 추진한다고 공공연히 언급하고 있다는 것이다. 법적 제재를 회피하기 위해 이를 증명하려면 '입증 전환 책임'에 따라 상대방이 아니라 가해 당사자로 지목된 사람이 하도록 하고 있다. 또한 국가인권위원회는 모든 국가기관과 지방 자치 단체까지 인권 관련 정책과 교육을 먼저 시행하도록 총감독의 권한까지 부여하고 있다.

셋째, 상대적·자의적 인권 추종은 도덕·윤리적 기준과도 충돌한다. 헌법이나 법률에서 차별금지 원칙을 규정하는 것은 궁극적으로 차별 사유에 대한 사회 구성원의 도덕적 합의에 기초하거나, 해당 차별 사유를 아예 도덕적 판단의 대상으로 보지 않는다는 사회적 합의에 근거를 두고 있다. 도덕·윤리적으로 논란의 대상이 되는 것을 차별금지 사유로 삼아서는 안 된다.[102] 현행 헌법상 명시된 차별금지 사유가 도덕적 논란의 대상이 되어서는 안 된다는 것이다. 성별과 사회적 신분은 도덕적으로 무관하며(amoral, nonmoral), '종교'는 도덕적 논란의 대상이 아니다. 차별금지 사유 조항은 개인이 선택할 수 없는 상태, 즉 자의적 인권이 아닌 '주어진 것(所與, das Gegebene)'이거나, 개인의 귀책(歸責)으로 돌릴 수 없는 사유 또는 다른 선택을 요구할 수 없는 사유이다. 그러므로 이러한 사유로 차별하는 것은 개인의 책임 범위를 벗어나는 까닭에 부당하다고 볼 수밖에 없다.[103]

반면, 도덕적 판단은 도덕적 행위의 선택 가능성을 전제하므로 선택 여부를 결정할 수 있는 행위에 대하여 도덕적 판단이 가능하다고 본다. 성적지향이 선천적이라면, 이에 대하여 선악의 기준으로 판단하는 것은 부당하며 당연히 차별해서도 안 된다. 그러나 오늘날 동성애가 부득이한 선천적 소인(素因)의 결과

---

102) 자유 민주주의 체제에서 입법은 다수 국민의 의사를 존중하여야 한다. 따라서 입법의 내용은 사회도덕의 지지를 바탕으로 형성되어야 한다. 이처럼 사회도덕의 합의가 입법에 선행(先行)하기 때문에, 그렇지 않은 입법은 소수 엘리트의 자기 확신을 반영하는 것이거나 소수세력의 억압을 나타낼 따름이다.

103) 음선필·전윤성, 『차별금지법 무엇이 문제인가』 (서울: 크레도스, 2020), 97.

로서 치유 불가능한 것이라고 보는 견해는 타당성을 잃고 있다.[104] 동성애 행위자들의 행태를 그대로 드러낸 연구서[105]에 따르면, 동성애 등의 성적지향이 자발적인 선택의 대상임을 확인할 수 있다.

　천부적 보편적 인권이 부정되고 상대적 자의적 인권이 보호되면서 나타나는 현상은 자유권 등의 위축을 가져올 수밖에 없다는 점이다. 즉 특정집단과 소수의 개인만을 보호함으로써 나타나는 현상이다. 예를 들어 학력을 평등의 이름으로 차별하지 말라고 하면 공공기관 뿐 아니라 기업에서는 대학이나 학력을 기준으로 인력을 채용할 수 없게 되어 자연스럽게 좋은 인재를 영입하기 위한 활동은 위축된다. 또한 앞에서도 설명하였듯이 표현, 학문, 사상, 양심, 종교의 자유가 위축되면서 일반 대학에서는 교육내용과 대학운영의 자유가 제한되거나 위축될 것이며, 종교적 성격을 지닌 신학대학이나 종교적 신념으로 세워진 한동대 등과 같은 경우 더욱 심화될 수 있다는 점이다.

　또한 종교기관에서 설교자의 설교와 전도행위도 자연스럽게 위축될 수 밖에 없다. 예를 들어 지난 21대 총선 전 평화나무에서는 주요 대형교회의 설교자를 집중적으로 감시하여 고발함으로써 서울 부산시장 재보궐선거에서는 실제 목회자들이 위축되어 스스로 침묵하는 결과를 가져왔다고 분석되기도 한다.

　무엇보다 혐오표현에 대한 규제이다. 표현에서 혐오에 대한 기준이 주관적일 수 밖에 없는 상태에서 이를 두고 법적 규제를 한다면 이는 전체주의적 사회로 갈 수밖에 없다. 개인적 성향에 따라 침묵하거나 동조하지 않는 것조차도 이를 악용할 수 있기 때문이다.

---

104) 성적 지향에 관해 최근까지 연구한 존스홉킨스 대학 연구팀은, 성적 지향이 타고난 것이며 생물학적으로 고정된 특성이라는 것을 뒷받침할 과학적 근거가 없다고 결론지었다. L. S. Mayer and P. R. McHugh, Executive Summary, Sexuality and Gender Finding from the Biological, Psychological, and Social Sciences, *The New Atlantis 50* (2016), 8. ; 길원평 외 5인, 『동성애 과연 타고 나는 것일까?』 (서울: 라온누리, 2014) 등이 있다. 이 자료에서 전환치료(conversion therapy) 또는 회복치료(reparative therapy)에 의하여 동성애의 치료가 가능하다는 주장이다. 1973년 미국정신의학회가 동성애를 『정신장애 진단분류』에서 제외시킬 때 주도적인 역할을 하였던 Spitzer도 전환/회복치료로써 남자 동성애자의 64%, 여자 동성애자의 43%가 이성애자로 전환하였다는 논문을 발표한 바 있다. R. L. Spitzer, Can Some Gay Men and Lesbians Change Their Orientation?, *Archives of Sexual Behavior* 32 (2003), 403 17.

105) 백상현, 『가짜 인권, 가짜 혐오, 가짜 소수자』 (서울: 밝은생각, 2017), 116-211.

해외에서 차별금지법 또는 평등법으로 인간의 자유가 침해당하고 있는 사례를 알고 있다.[106] 영국의 2010년 평등법은 차별금지법의 공통사항을 일괄적으로 규정하고 있다는 점에서 일반적 차별금지법이지만, 단일의 평등법으로서 또한 공통으로 규율되고 있지 않은 사유별 차별금지의 고유한 세부내용도 함께 포함되어 있어 개별적 차별금지법의 고유한 내용까지 포함하고 있다. 2010년 평등법에서 금지되는 차별 사유는 연령, 장애, 성전환, 혼인 및 동성결혼, 인종, 종교 또는 신념, 성별, 성적 지향, 임신과 모성 등으로 확대되었다. 그 사유별로 예외가 있지만, 사회 전 분야를 적용 대상으로 하면서 공공기관에 적극적인 평등 실현 의무를 부과하고 있어 많은 부작용과 기본권의 충돌로 나타났다. 당시 영국에서는 이 법안의 문제점을 알고 반대를 하였고 또한 뒤늦은 후회를 하고 있지만 인권으로 포장된 용어에 현혹되어 분별하지 못하였다는 것을 교훈으로 알아야 할 것이다.

천부 인권 측면에서 사람은 하나님의 형상이기에 결코 차별해서는 안 된다. 그렇다고 평등법을 제정하여 강제로 규제하면 분명 폐해가 발생하기 때문에 다른 합의가 필요하다. 양심이나 윤리·도덕적으로, 무엇보다 종교적으로도 차별하면 안 된다는 것은 분명하다. 그러나 법은 강제성과 이를 지원하는 이념적인 주체가 있고 인간의 자유를 제한하여 다수의 피해자가 반드시 발생할 수 있기에 제정되어서는 안 된다.

프랑스 사르코지 대통령 취임 후, 인권 관련 정책을 추진하면서 이러한 문제를 제기한 바 있다. "68혁명 이후 사람들은 '도덕'에 대해 더는 말하지 않게 됐다. 프랑스의 정치에서 '도덕'이란 용어도 사라졌다. 당시 혁명의 지도자들은

106) 해외 차별금지법 사례로 뉴질랜드 1997년 인권법 (Human Rights Act)·독일 2006년 일반평등대우법 (Allgemeines Gleichbehandlungsgesetz)·멕시코 2013년 (Federal Law to Prevent and Eliminate Discrimination)·미국 1866년 시민권리법 (Civil Rights Act)·1972년 교육수정법 제9장 (Title IX of Education Amendments)·1975년 연령차별법 (Age Discrimination Act)·1990년 장애인법 (Americans with Disabilities Act), 영국 1965년 인종관계법 (Race Relations Act)·1975년 성차별법 (Sex Discrimination Act)·1995년 장애인차별법 (Disability Discrimination Act)·2006년(2010년 전면개정) 평등법 (Equality Act)·오스트레일리아 1975년 인종차별법 (Racial Discrimination Act)·1977년 차별금지법 (Anti-Discrimination Act)·1992년 장애인차별법 (Disability Discrimination Act)·오스트리아 1979년 균등대우연방법 (Bundesgesetz über die Gleichbehandlung)·이스라엘 2000년 Prohibition of Discrimination in Products, Services and Entry into Places of Entertainment and Public Places Law 등이 있다.

도덕적 상대주의를 만연시켰다. '68의 후예'들이 윤리·도덕적 지표들을 공격한 결과, 자본주의적 미덕은 약화하였다. 차별이 사라진 사회, 나아가 성적 억압으로부터 해방된 사회를 요구했다. 그리고 프랑스는 68세대가 정치·경제 사회의 주인공이 된 이후 끝없이 추락해왔다"라며 도덕적 기준과 원칙이 사라진 프랑스 사회의 모순점을 언급한 바 있다.[107]

또한 '평등과 연대의 이면에서 노동과 학교와 공권력의 가치가 심각한 훼손을 겪었다. 68혁명 당시 무질서와 사회 기강의 이완을 낳았고 사회 전체의 경쟁력이 약화됐다'라며 상대적 인권론자들을 강하게 비판한 바 있다. 무엇보다 후회하는 것은 가정의 파괴였다. 한 통계에 의하면[108] 젊은 층이 결혼을 기피할 뿐 아니라 유럽 10개국에서 혼외 출산율이 프랑스 59.7%, 아이슬란드 69.9%를 넘는 등 전통적 결혼 제도의 붕괴를 가져왔다.

3. 평등법과 기본권, 기존 법령과 충돌 사례

포괄적 차별금지법은 개인의 자유·권리 및 평등을 내세워 자의적 권리인 동성애, 이슬람, 여성 등 소수자 권리에 대하여 어떤 객관적이고 분명한 사실도 비판할 수 없게 하는 법이다. 헌법상의 종교·표현·양심·사상의 자유 등 기본권이 충돌하고 있다. 개인의 자유가 심각하게 제한되는 것은 물론이고, 성별의 기준이 모호하기 때문에 가장 먼저 남성과 여성으로 구분된 병역법과 주민등록법이 바뀌어야 할 것이다. 더욱 심각하게 받아들이는 것은 성경에서 말하는 남성과 여성의 구별은 성정체성 차별금지에 해당할 수 있는 것이다. 동성애자들은 입양(자녀 양육)·대리출산·연금·상속·건강 보험 등과 관련한 권리를 확보하는 동시에 동성결혼의 합법화와 성별 자기결정권으로 성별 구분 없이 화장실이나 탈

---

107) 2008년 사르코지 대통령의 도전글에서 참조하였음. 동아일보 2008.01.01일자 신문.
http://www.donga.com/news/article/all/20080101/8528796/1.

108) 유럽연합(EU) 공식 통계기구인 유로스타트(Euro stat)에 따르면 2016년 한 해 동안 EU 28개국에선 510만 명의 아이가 태어났으며 혼외 출산율이 절반이 넘었다.
https://www.yna.co.kr/view/AKR20180417181900098

의실을 자유롭게 이용할 것을 요구하였다.[109]

성별 자기결정권을 가진 트랜스젠더는 법적 지위의 인정(성별 및 성명의 변경)을 원하고, 병역의 의무 면제를 요구할 것이다. 동시에 군대에서는 남성 군인이 성별 자기결정권을 행사하여 여성 군인으로 계속적 군 복무를 요구하고, 군대 내의 '동성 간 합의된 성행위를 인정하라'라고 할 것이다.

기독교 학교에서 동성애 관련 강연회나 영화 상영제를 개최하는 것을 허용하라는 학문과 종교의 자유가 위협받고 있다. 또한 이슬람의 일부다처제, 히잡, 조혼 제도, 샤리아 등의 문제점을 제기하면 다문화로 인정해야 하기에 혐오 표현으로 다루고 있다. 또한 사상의 차별금지는 김일성의 주체사상을 신봉하거나 극단적이고 이념적인 사상은 물론 이단의 사상을 주입하는 구원파와 같은 존재도 인정해야 할 것이다. 이처럼 생활에 많은 변화가 예상된다. 헌법 37조 제2항에 의하면 공공복리, 질서 유지, 안정 보장을 위해 법률로써 제한이 가능함을 전제로 다음같이 정리하였다.

1) 자의적 인권도 법적 보호대상이 되며 도덕적·윤리적 기준을 파기한다.

자의적 인권론의 표본인 '성적지향'이나 '성정체성'은 성적 자기결정권과 성별 자기결정권으로 분류할 수 있다. 자의적 인권은 주관적 해석과 자의적(恣意的) 집행을 가져오기 때문에 법치주의의 원칙상 바람직하지 않다.

젠더 퀴어의 입장을 대변하는 2006년 욕야카르타 원칙에서 '성적지향'의 개념 정의가 최초로 이루어졌다. 성적지향은 '다른 젠더, 동일한 젠더 혹은 복수의 젠더를 가진 사람에 대해 깊은 감정적·애정적·성적 끌림(attraction)을 느낄 수 있고, 친밀한 성관계를 가질 수 있는 개인의 능력(capacity)'으로 자의적 인권임을 분명히 설명하고 있다. 이에 따르면 동성애, 양성애뿐만 아니라 심지어 소아성애, 근친상간, 일부다처, 일처다부, 집단 성행위조차도 성적지향에 해당한다

---

109) 2013년 미국 콜로라도에서 초등학교 1학년 트랜스젠더 학생이 생물학적 성이 아닌 젠더 정체성에 따른 화장실 사용을 주장하며 학교를 상대로 소송을 제기하여 승소한 바 있다. 이는 미국에서 트랜스젠더 학생이 승소한 첫 사건이다. 2016년 오바마 대통령은 트랜스젠더 학생들이 자신의 젠더 정체성에 따라 화장실을 이용할 수 있게 하였다. 그러나 2017년 2월 트럼프 대통령은 이러한 지침을 폐기하였다. 이처럼 트랜스젠더들의 화장실 사용에 관하여는 오랫동안 논쟁이 이뤄졌다. 전윤성, "젠더에 따른 화장실 사용을 허용한 휴스턴시 평등권조례", 「크레도」 1 (2018), 118-23.

고 볼 수 있다.[110] 현행 국가인권위원회법은 성적지향에 관한 해설 규정을 두고 있지 않다. 그러나 많은 부분을 욕야카르타 원칙을 따르고 있다. 즉 성적 지향의 내용으로 성적 취향(선호)뿐 아니라 성행위를 포함하기도 한다. 인권위원회는 더 나아가 성적 지향을 성적 취향뿐 아니라 젠더 정체성까지 포함하는 개념으로 실무상 이해하고 있다.[111]

또한 논란이 되는 '성정체성'과 관련한 '성별'에 대한 개념이다. 평등법에서 정의하고, 국가인권위원회법 해설집에서 주장하고 있는 '성별'에는 생물학적인 성(sex), 사회·문화적인 성(gender), 성적인 성(sexuality)이 있다. 그리고 '남녀동등권'으로 '남성 또는 여성이 성과 관련하여 차별과 폭력, 소외를 당하지 않고 인간으로서의 존엄과 권리 및 자유를 동등하게 누릴 수 있는 인권'으로 설명하고 있으며, '성차별'은 '성별에 의한 차별로서 남성 또는 여성에 대하여 성(sex, gender, sexuality)과 관련하여 합리적 이유 없이 남녀평등권을 침해하여 불이익을 주는 행위'로 설명하고 있다.[112]

그런데 중요한 사실은 자의적 인권이 현실적으로 차별을 받고 있지 않는다는 것이다. 우리나라는 군형법[113]을 제외하고 역사적으로 동성애자를 차별하는 법적 처벌 규정은 없었다.[114] 비록 도덕적·윤리적·종교적 차원에서 동성애에 대한 부정적 인식은 존재하였더라도, 이로 인하여 곧장 법적 제재를 가한 것은 아

---

110) 음선필, 전윤성, 『차별금지법 무엇이 문제인가』, 16.

111) 이상현, "성적지향을 포함한 차별금지법안에 대한 비판적 접근: 영미법제 연구를 중심으로", 『법학논총』 39 (숭실대학교 법학연구소, 2017), 164-8.

112) 정인섭 외 13인, 『국가인권위원회법 해설집』 (국가인권위원회법 해설집 발간위원회, 2005), 12. ; 277-8.

113) 군형법의 92조의 역사는 1946년 미군정기에 제정된 『조선경비법』 미육군전시군법전을 거의 번역한 수준이며 여기에 동성애 행위 '계간'을 금지하였다. 이후 1962년 제정된 군형법에서도 이를 수용하였으며, 2013년 '계간'이 '항문성교'로 개정되었다. 이와 같이 일반 형법에서는 동성애 행위가 처벌대상이 아니었다. 다만 해방 이후 군형법에서만 동성애 행위를 범죄로 규정하고 있을 뿐이다. 정성조, "한국 군대 내 동성애 문제의 탄생", 『한국사회학회 사회학대회 논문집』 (2018), 449-67.

114) 조선시대 대명률 하에서 처벌대상이었던 동성애 행위에 대하여는 1905년 대한제국의 『형법대전』에까지 관습형법 위반죄로 그 규제가 이어졌다. 1912년 『조선형사령』에 의하여 형법대전이 일본 형법전으로 대체됨에 따라 일본 형법이 강제로 이식되었다. 1880년 개정된 일본형법은 동성애행위를 비범죄화 하였으며, 이에 따라 조선에서 동성애행위의 처벌은 사라지게 되었다. 해방 후 1953년 제정된 형법은 '자연스럽게' 동성애 행위를 범죄로 규정하지 않았다. 유기천, 『형법학-각론강의 하』 (서울: 일조각, 1982), 84.

니라는 것이다. 즉 동성애 성행위를 일반적으로 처벌하며 심지어 동성애자를 거세(去勢)하여 수용하고 처형하였던 것에 대한 반발로 동성애자의 평등권을 인정하려 했던 외국과는 전혀 다른 역사적 배경을 가지고 있다.

현재 우리나라에서 동성애자들이 실생활에서 차별을 받았다는 근거도 부족하다. 국가인권위원회의 「2016년 12월 기준 차별 행위 접수 사건처리 현황」[115]에 따르면, 지난 15년 동안 성적지향에 따른 차별 행위로 접수된 진정 사건은 총 81건이었다. 이는 성별·임신·인종·종교 등을 이유로 제기된 전체 차별 행위 진정 사건 총 23,407건 중 0.3%에 불과한 수치이다. 총 81건 중 절반 이상인 44건은 차별 행위에 해당하지 않기에 각하되었고, 18건은 기각됐다. 정작 차별 행위에 해당한 11건에 대해서는 모두 권고 결정이 내려졌다. 더욱 명확한 차별 행위가 발생했을 때 인권위원회가 내리는 수사 의뢰나 조정, 고발 및 징계 권고 결정은 단 1건도 없었다.

2017년 국가인권위원회 통계[116]에 의하면, 성적지향을 이유로 차별 행위로 진정 접수된 사건이 259건이었으며,[117] 이 중 12건이 해당 사유였으나 실제 차별 행위로 인용되지 않고 5건은 각하, 7건은 기각되었다. 2018년 국가인권위원회 통계[118]에 의하면, 차별 행위로 진정 접수된 사건이 710건이었으며, 이중 해당 사건은 251건이었다. 247건은 인용에 해당하는 권고 결정이었으며, 4건은 각하되었다. 역시 명확한 차별 행위로 판단되는 수사 의뢰나 조정, 고발 및 징계 권고 결정은 단 1건도 없었다. 이러한 통계 자료는 한국에서 성적지향에 기인한 차별이 실제로 발생하고 있지 않음을 잘 보여준다.[119]

---

115) https://www.humanrights.go.kr/site/program/board/basicboard/view?menuid=001003004&pagesize=10& boardtypeid=20&boardid=617177

116) 국가인권위원회, 2017년 국가인권위원회 통계, 63. ; 99.

117) 2017년 성적 지향을 사유로 한 차별행위 진정사건이 무려 259건이었다. 이는 2001년부터 2017년까지 전체 342건 중 약 76%에 해당하는 건수로서, 매년 평균적으로 10건 이하였던 것에 비하여 가히 폭발적이라 할 수 있다. 도대체 무슨 연유로 이러한 상황이 나타났는지는 매우 기이하다고 할 것이다. 당시 2017년은 개헌논의와 관련하여 성적 지향이 차별금지사유로서 실효성이 없다는 비판이 한참 가해지던 시기였다. 개헌논의가 그친 그 다음해 2018년에는 겨우 10건의 차별행위 진정사건이 접수되었을 뿐이다.

118) 국가인권위원회, 2017년 국가인권위원회 통계, 101. ; 154.

119) 사유별 차별행위를 정리한 국가인권위원회 통계의 역대 자료에 따르면, 성적 지향보다 더 적은 수의 진정사

2) 동성애 행위 차별금지는 개인과 국민의 건강을 위협한다.

국가인권위원회는 2003년, 한국 여성 성 소수자 인권 운동 모임인 '끼리끼리'의 대표 김 모 씨와 동성애자 인권 연대 대표 정 모 씨가 2002년 10월과 12월 "청소년 보호법 시행령에 '동성애'가 청소년 유해 매체물 개별 심의 기준으로 규정된 것은 성적지향에 의한 인권 침해"라며 청소년 보호 위원회 위원장을 상대로 낸 진정 사건을 통해, 동성애를 차별적으로 명시한 것은 헌법 제10조(행복추구권) 제11조(평등권) 제21조(표현의 자유) 등을 침해한 행위라고 판단하고 청소년보호위원장에게 청소년 보호법 시행령 제7조 '개별 심의 기준' 중 '동성애'를 삭제할 것을 권고[120] 했다.

이후 동성애 관련 자료가 청소년 유해 매체물 심의 기준에서 제외되었고, 청소년 에이즈 환자가 급증했다. 이는 밀접한 관계가 있음을 주목하여야 한다. 한국 질병관리본부의 「2017 HIV/AIDS 신고 현황」에서 내국인 남성 에이즈(HIV) 신규 감염자를 연령별로 보면, 10대(15~19세)와 20대 감염자 수가 급격히 증가하고 있다. 특히 20대 증가율보다 10대 증가율이 더 높으며, 그 시점이 2005년부터 나타나고 있다.

또한 동성애와 에이즈에 관한 보도를 사실상 제한하는 인권 보도 준칙으로 말미암아 정확한 정보의 전달이 제약되고 있음을 알아야 한다. 2006년, 군대 내 동성애자 보호를 위해 국가인권위원회[121] 에서는 국방부 부대 관리 훈련[122] 으로 동성애자 병사의 복무와 성소수자 인권 보호 교육을 하도록 하였다. 최근 육군의 현역 군의관 대위 등 다수의 장병이 무더기로 SNS에 항문 간 성행위 영상을 올리고 전입 당일부터 군 숙소에서 성행위를 한 사실이 드러나기도 하

건이 접수되는 사유로는 출신 민족, 인종, 피부색이 있다. 이러한 사유에 따른 차별행위 진정사건이 적은 것은 최근에야 비로소 다른 민족과 인종이 유입되기 시작한 한국 인구구조의 특징을 생각하면 충분히 이해할 수 있다. 그러므로 이들에 비하여 성적 지향에 따른 차별행위 진정사건 수가 다소 많음을 근거로 성적 지향이 차별금지사유로 타당함을 주장하는 것은 설득력이 부족하다고 하겠다.

120) 국가인권위원회, "동성애 사이트는 청소년유해매체 아니다" 권고문 (2003.04.02.)

121) 국가인권위원회, "동성애자 사병에 대한 차별과 인권, 프라이버시권 침해에 대하여 인권 교육" 등 권고 (2006.06.28.)

122) 국방부 부대관리 훈령 2273호 제7장 동성애자 병사의 복무 (2019.04.25. 일부개정).

였다.[123] 군대 내 매독 발생이 2013년에는 38건이었으나 2017년에는 201건으로
증가했고, 에이즈 신규 감염도 매년 30~50명 정도인 것으로 보고[124] 되고 있다.
청소년과 군인의 성병과 에이즈 증가 현상은 국민의 건강에 적신호가 될 수 있
다는 점을 유념해야 한다.

3) '문화적 인종'은 국민의 생명 및 안전권을 위협할 수 있다.

정상적 난민은 인정해야 한다. 그런데 이슬람이 종교의 영역이 아닌 '문화적
인종'[125] 으로 평가받으며, 인종 차별금지법에 포함됨으로써 국민의 생명과 안전
권이 위협받을 수 있다. 유럽이나 캐나다 등에서는 무슬림을 문화적 인종으로
규정하고 있으며, 인종 차별금지법에 따라 무슬림에게 부정적으로 말하면 '이
슬람 포비아'[126] 로 몰아간다. 실제 무슬림 문화권 내에서 여성에 대한 비하와 천
부적 인권의 유린 사례가 있었다.[127]

오늘날 전 세계 인구의 15%에 달하는 10억 명 정도가 국제 이주자 혹은 자
국 내 이주민일 정도로 이민 문제는 21세기 메가트렌드가 되었다. 유엔 난민기
구에 의하면 2015년 말 기준 전 세계 강제 이주자는 6,531만 명이며, 공식적 협
약 난민은 2,130만 명으로 제2차 세계대전 이후 최대의 난민 위기를 맞이하고
있다.[128] 그리고 내국인과 이주민의 갈등으로 사회 불안정을 나타내고 있으며,
이주의 빈도와 규모뿐 아니라 유동성, 복합성, 비정규성이 커지면서 이주민 관
리나 난민 대처 문제가 국내뿐 아니라 외교 문제로까지 비화하고 있다.

2010년 이후, 유럽에서는 경제난과 실업률 증가로 이주민에 대한 반감이 나
타나 영국은 브렉시트(Brexit, 유럽 연합 탈퇴)를 선언하였고, 프랑스, 스페인 등

---

123) http://www.donga.com/news/article/all/20170919/86390705/1.

124) 국회국방위원회 김병기 국회의원 보고자료. 최근 5년간 법정 감염병 발생현황. 2018.10.11. 참조.

125) 음선필, "외국인 기본권 확대 개헌에 대한 기대와 우려", 「국회 개헌포럼자료집」, 2017, 7.

126) 음선필, "외국인 기본권 확대 개헌에 대한 기대와 우려", 36.

127) 소윤정, "이슬람 여성 인권 침해의 구조적 원인 : 이슬람교의 여성관과 결혼관", 「국회 개헌포럼자료집」 (2017), 64-84 참조.

128) 김상배, 「신흥안보와 미래전략」 (서울대학교 국제문제연구소, 2016), 241.

에서도 이민 정책에 반대하고 있다. 더욱이 시리아 사태 이후 중동 및 아프리카로부터 유럽으로 향하는 난민들이 급증하고 있고, 특히 최근 무슬림에 의한 연쇄적 테러가 증가하면서 더욱 심각해지고 있다. 2010년 튀니지 재스민 혁명 이후 아랍과 북아프리카 국가로부터 지중해를 거쳐 서구 유럽으로 이주하려는 사람들이 증가하였다. 이 과정에서 안전한 행로를 안내 받지 못하여 익사한 난민이나 이주자들로 인해 많은 이들이 생명의 위협을 받고 지중해 전체가 심각한 위기에 직면하였다. 또한 기존의 이주민 문화 특히 이슬람 문화와 기존 공동체 문화의 적응 실패로 사회적 불안이 증대함으로 인해 각국의 정상들은 다문화 정책의 실패를 자인[129]한 바 있다.

유럽연합(EU) 정상들은 2015년 6월과 2016년 3월에 릴레이 회의, 비공식 정상회의 등을 개최하였다. 그러나 국가별 상황이나 이견 및 정책의 우선순위로 인해 합의안을 마련하지 못했다. 이후 최근 유럽의 연이은 테러와 실업률 상승의 원인이 이민과 무슬림 문제로 나타나면서 반이민 정책이 강화되고 있다.[130] 유럽을 비롯한 세계 도처의 테러로 인해 인종 차별, 혐오 범죄, 특히 무슬림(IS)에 대한 반감이 늘면서 외국인 이민자들에 대한 두려움이 커지고 있다. 전체 인구의 5%를 무슬림이 차지하고 있는 영국은 무슬림(IS) 테러에 의한 개인의 안전과 사회 안전권에 대한 위협이 상당한 것으로 평가되고 있다. 영국이 많은 경제적 손실을 알면서도 브렉시트를 감행한 것은 무슬림에 대하여 경계를 넘어 사회 전체에 불안감이 있기 때문이다. 이제 경제난이나 테러 위협, 사회 혼란 상황이 지속할 경우, 이주민들을 강제 추방하거나 새로운 이민을 원천 반대하는 움직임이 커지고 있다.[131]

---

129) 다문화 사회의 갈등이 고조되고 있는 가운데 유럽 각국의 지도층 인사들의 다문화주의에 대한 비판 발언도 연이어 나오고 있다. 2010년 8월, 독일 분데스방크 이사를 역임했던 틸로 사라진(Thilo Sarrazin)이 이민자들은 독일의 복지예산을 삭감하는 것이며 2010년 10월에는 메르켈 독일 총리가 "독일식 다문화주의는 철저하게 실패했으며, 이질적인 문화가 평화롭게 공존하기는 어렵다"는 견해를 밝혔다. 이어서 2011년 2월에는 영국의 캐머런 수상이 "다문화주의 정책은 접을 때"가 됐으며 "영국이 필요로 하는 것은 문화적 차이의 수동적 관용이 아닌 자유주의의 적극적 실천"임을 선언했고, 사르코지 프랑스 대통령도 공중파 채널인 TF1에 출연해 "프랑스에서 다문화주의 정책은 실패"했다는 입장을 밝혔다.

130) 김영길, "이주민 및 난민증가와 인간안보 : 이슬람 유입 등 인구이동이 안보에 미치는 영향", 「국회 개헌포럼 자료집」 (2017), 110.

131) 김영길, "이주민 및 난민증가와 인간안보 : 이슬람 유입 등 인구이동이 안보에 미치는 영향", 100.

'똘레랑스(관용)'의 나라 프랑스는 지난 2012년 이후 260명의 무고한 시민이 무슬림 테러로 희생당했다. 2015년 1월, 언론사 샤를리 에브도의 17명이 무슬림 IS의 테러로 희생당한 이후, 유럽에서 테러를 비판하는 시위나 주장들이 봇물 터지듯 터져 나왔다. 비판과 분노는 단지 테러리즘에 국한되지 않았고, 점차 이민 정책과 소수자 인권을 둘러싼 문제를 지적한 우파적 논평이 지지를 받기 시작했다. 급기야 프랑스라는 공화국의 정체성을 우파적 관점에서 고민하는 논조들이 급부상하였다. 2020년 10월에 체첸 출신 무슬림에 의해 한 중학교 교사가, 2020년 11월에는 21세의 튀니지 출신 무슬림 청년에 의해 3명의 무고한 시민이 무참히 살해당했다. 이에 1974년부터 대통령으로 재임한 발레리 지스카르 데스탱 대통령은 '자신의 재임 중 최고의 실수로 무슬림 이민 노동자가 가족을 데려올 수 있도록 한 조치였다'[132] 라고 자서전에 기록하고 있다.

독일에서는 2015년 1월, 메르켈 독일 총리가 직접 친이슬람 집회에 참석하는 등 다문화 이민정책을 추진하였으나 이에 반대하는 독일을 위한 대안 정당 (AFD)이 68년 만에 제3당이 되는 등 제2차 세계대전 이후 금기시됐던 특정 종교와 특정 인종에 대한 반감을 노골적으로 드러내는 반이슬람주의·반이민 운동 조직이 확산하고 있다.

미국이나 캐나다처럼 다문화·다민족으로 형성된 국가조차도 이민 문제와 무슬림에 대하여 회의적인 시각이다. 미국은 2015년 기준 인구의 13.3%인 4,210만 명이 이민자이며, 이 중 1,100만 명 정도가 불법 체류자인 것으로 나타났다. 2010년 애리조나주에서는 사회적 문제로 인해 국경 통제 및 불법 이민자 축출 법안이 제정되었으며, 2009년~2015년 오바마 정부 시절, 무슬림 유입이 증가하면서 250만 명의 불법 이주자들은 강제 추방하였다.[133] 그 후 트럼프 정부가 중·하류층 백인들에서 양질의 일자리를 제공하는 문제와 무슬림과 불법 이민자

---

132) "그때는 가족이 같이 살 수 있게 하는 게 인도적이고 정의에 부합하는 일이라고 여겼어요. 프랑스식 핵가족을 생각하고 허용한 조치였는데 막상 도착한 무슬림의 가족은 핵가족이 아니었어요. 이후 예상하지 못했던 방향으로 흘러가기 시작했습니다."(조선일보 2020.11.04일자) https://www.chosun.com/opinion/correspondent_column/2020/11/04/FDCDAGJUIJE77DM6OUKP6FLZHE/ 참조.

133) 전임자 조지 W. 부시 집권 시보다 23% 증가한 수치이다. 김상배, 『신흥안보와 미래전략』, 259 참조.

의 사회 불안 문제로 강력한 정책을 펴는 것도 이러한 기류가 있기 때문이다.

　세계적인 이민 러시 상황에서 코리안 드림을 꿈꾸며 한국으로 들어오고자 하는 외국인이 증가하고 있다.[134] 여기에 노동 인력이 부족한 산업 현장과 지속 개발을 위해 이민자가 필요하다는 의견과 자국민의 일자리 감소와 경제적 손실은 물론 심각한 사회 불안을 일으킬 것이라는 반대 의견이 있다.[135] 문제는 국내에 약 20만 명 이상의 무슬림이 있고, 불법 체류자까지 거주하고 있다는 것이다. 와그너[136]는 무슬림들이 전 세계를 이슬람화하기 위해 유럽의 전진기지로 영국을, 아시아의 전진기지로 한국을 삼았으며,[137] 특히 한국을 장기적으로 이슬람화(化)하겠다는 목표를 세우고 전략적으로 선교 활동을 펼치고 있다고 언급하였다. 더 심각한 문제는 극단주의 무장단체 이슬람 국가(IS)는 2015년 9월에 한국을 포함하여 62개국을 십자군 동맹국으로 지정한 가운데, 이들 국가의 시민들을 살해해야 한다는 위협적 성명을 발표하였다.[138] 이에 국가정보원은 2016년 6월 19일, '이슬람 극단주의 테러 단체인 ISIL(이라크·레반트 이슬람국가·IS의 다른 이름)이 국내 미국 공군 시설 및 우리 국민을 테러 대상으로 지목하고 시설 좌표와 신상정보를 메신저로 공개하면서 테러를 선동한 것으로 확인되었다'라고 보고한 바 있다.[139]

---

134) 세계적인 이민러시 상황에서 코리안 드림을 꿈꾸며 한국으로 들어오고자 하는 외국인이 증가하고 있다. 1990년 5만 명 정도였던 외국인 수는 2018년 말 기준 국내 체류외국인은 2,367,607명으로 증가하였다. 이는 2014년 3.50%에서 2018년 4.57%로 매년 증가하고 있다. 법무부, 체류 외국인 연도 및 국적 지역별 현황 자료(2019.04.30 기준). 특히 중국은 외국인 거주 1위 국가이며 매년 난민신청자도 1위이다. 이는 중국이 신이민 프로젝트의 대일본 및 한반도 전략적 차원에서 추진하고 있기 때문이다. 이에 우리 정부는 제주도에 5억 원 이상 투자하면 영주권을 주고 있다.

135) Talyor J. Edward, "The New Economics of Labour Migration and the Role of Remittances in the Migration Process", *International Migration* 37/1, 1999. ; 김상배, 『신흥안보와 미래전략』, 256 재인용.

136) 30년 이상 유럽, 중동, 아프리카 등 이슬람 선교현장에서 미국 남침례교 해외선교위원회 소속 선교사로 사역했으며 이 기간 동안 유럽침례교연합의 무슬림사역위원회 의장을 10년간 지내기도 한 이슬람 전문가다. 미국 골든게이트침례신학교 선교학 교수, 남침례교 부총회장을 역임하였다.

137) 국내에 체류하는 해외이주 무슬림은 14년 기준하여 14만 3,500명으로, 전체 외국인 10명 중 1명 정도이다. 불법 체류 무슬림은 2만 1,000여명과 한국인 무슬림 3만 5,000명을 포함하면 국내 무슬림은 모두 20만 명에 달한다. 문화부가 이슬람교를 아직 '기타종교'로 분류할 만큼 타종교에 비해서는 적은 숫자이다. 그러나 한국이슬람교중앙연합회가 조직된 1965년 3,700명에서 50년 만에 54배 이상 늘어난 수치다. 외국인 밀집 지역인 안산이 있는 경기에 가장 많은 3만 3,300여명(30.5%)이 거주하고, 경남(14.4%) 서울(8.9%) 인천(6.6%) 등 공단을 중심으로 퍼져 있다.
http://www.hankookilbo.com/v/bf454401a3574bfdbb59e4602cb6aef8, 한국일보. 2015.01.26일자

138) 2015.11.26. YTN 보도 등 출처 다수.

139) 2016.06.19. 연합신문 등 다수.

국가인권위원회 前 상임위원 문경란 서울시 인권위원장은 '소수자 판단 기준'으로 ① 흑인(피부색, 인종), ② 신체의 상태(장애), ③ '히잡'이나 '차도르'를 쓰는 무슬림(문화적 소수자)이라고 하여 무슬림을 소수자로 제시한 바 있다.[140] 또한 법원 판결로 이슬람 운동 단체 무슬림형제단의 중간 지도자급으로 활동했던 이집트인을 '난민'으로 인정하였다. 이집트로 돌아가면 정치적 박해를 당할 수 있다고 판단한 것이다. 실제 이집트 정부는 무슬림형제단을 테러 조직으로 지정하였고, 이 조직에 회원으로 가입만 해도 처벌된다.[141] 그런데 무슬림 테러 집단 출신을 한국 국적에 준하는 사회 보장 및 취업 혜택까지 준 것이다. 이는 자국민의 안전보다 테러 전력의 난민을 우선시한 판결이다.

2015년 1월, 파리의 언론사 '샤를리 에브도'에 무슬림 IS의 테러 이후, 유럽에서 테러를 비판하는 시위나 주장들이 봇물 터지듯 터져 나왔다. 비판과 분노는 단지 테러리즘에 국한되지 않았고, 점차 이민 정책과 소수자 인권을 둘러싼 문제를 지적한 우파적 논평이 지지를 받기 시작했다. 급기야 프랑스라는 공화국의 정체성을 우파적 관점에서 고민하는 논조들이 급부상하였다. 대표적인 책으로 에릭 제무르의 『프랑스의 자살』이 있다.[142] 그런데 샤를리 에브도 테러 사건 후, 한국 사회의 반응은 매우 흥미롭다. 한국의 진보 언론은 샤를리 에브도를 겨냥해 '강자가 약자를 조롱하는 것은 표현의 자유가 될 수 없다'라는 제목의 기사를 썼다. 독해하기에 따라서는 샤를리 에브도의 표현이 지나쳤기 때문에 테러는 "인과응보"라며, 지나친 표현이나 바르지 못한 표현은 '표현의 자유'로 보호받을 수 없다는 논평을 했다. 이는 슬라보예 지젝의 『신을 불쾌하게 만드는 생각들』[143]과 같은 논리이다.

---

140) http://www.newswinkorea.com/news/article_print.html?no=1224. ; 김영길, "이주민 및 난민증가와 인간안보 : 이슬람 유입 등 인구이동이 안보에 미치는 영향", 116.

141) http://news.khan.co.kr/kh_news/khan_art_view.html?art_id=201911050600025 2019.11.05. 서울행정법원 행정2단독 남기용 판사는 무슬림 형제단 출신인 이집트인을 ㄱ씨가 서울출입국·외국인청장을 상대로 낸 난민 불인정결정 취소소송에서 최근 ㄱ씨 승소로 판결했다. ㄱ씨가 한국에 입국한 지 4년, 소송을 낸 지 2년 만에 나온 판결이다. 난민은 인종·종교·정치적 의견 등을 이유로 생명·자유가 위협받을 우려가 있는 사람들을 말한다.

142) Eric Zemmour. *LeSuicide Français* (French and European Publications Inc. 2014).

143) Slavoj Zizek, 『신을 불쾌하게 만드는 생각들』 배성민 역 (서울: 글항아리, 2015).

4) '종교' 차별은 또 다른 종교의 탄압 수단이 된다.

종교의 자유는 절대자에 대한 귀의 또는 신과 피안에 대한 내적인 확신의 자유이기 때문에 역사상 가장 오래된 기본권에 해당한다. 우리나라 헌법 제20조 제1항이 보장하는 종교의 자유에는 종교 선전(포교)의 자유, 종교 교육의 자유, 종교적 집회·결사의 자유가 포함된다.[144] 종교 선전(포교)의 자유란 자기가 신봉하는 종교를 선전하고 새로운 신자를 규합하기 위한 선교의 자유이며, 선교의 자유에는 다른 종교를 비판하거나 다른 종교의 신자에 대해 개종을 권고하는 자유도 포함된다.[145] 종교 교육의 자유는 특정 종교 단체가 그 종교의 지도자와 교리자를 자체적으로 교육할 수 있는 자유이다.[146] 종교적 집회·결사의 자유는 같은 신앙을 가진 사람끼리 종교적 목적의 단체를 조직하고 종교 행사를 위해서 모임을 할 수 있는 자유이다. 그런데 차별금지법의 '종교' 차별금지 규정은 종교 단체, 종립학교까지 종교 차별금지 의무를 부과함으로써 선교의 자유, 종교 교육의 자유, 종교적 집회·결사의 자유를 실질적으로 침해하고 억압한다.

선교는 자신의 신앙에 대한 동조자를 규합하기 위한 적극적인 신앙의 실천 행위이다. 그런데 차별금지법이 제정되면, 선교의 자유에 의해 보장되던 사회에서의 종교 선전(포교) 행위는 차별금지법 위반 행위가 되어 금지된다. 선교는 '순수한 방법으로' 행해져야 하기 때문에 불공정한 종교 선전까지 보호하는 것은 아니다. 그러나 종교(무신론 포함)를 이유로 한 괴롭힘과 혐오 표현을 금지하는 차별금지법은 직장과 학교 등 사회에서 타 종교에 대한 비판, 자신의 종교에 대한 선전, 종교적 교리의 전파 행위를 금지하고 처벌하기 때문에 선교의 자유를 실질적으로 제한한다. 처벌과 불이익을 감수하지 않고서는 사회에서 타인에게 종교 선전(포교)을 할 수 없도록 만든다.

또한 종교의 자유에는 가정과 학교에서 종교 교리에 입각한 교육을 하고, 특정 종교 단체가 그 종교의 지도자와 교리자를 자체적으로 교육할 수 있는 종교 교육의 자유가 포함된다. 불교, 천주교, 기독교 등 각 종교는 종교적 교리와

---

144) 이정훈, "민주 헌정의 자유와 자치의 보장을 위한 정교분리와 종교의 자유에 대한 헌법 해석", 「국회 개헌 반대 포럼 자료집」, 2018, 5-7.

145) 대법원 2007.02.08. 선고 2006도4486 판결.

146) 헌재 2000.03.30. 99헌바14

신념에 근거한 종립학교를 설립하여 교육하고 있다. 그러나 포괄적 차별금지법에 종교 항목이 제정될 경우, 종교 교육의 자유에 대한 실질적인 제한이 발생하고, 결과적으로 종교 교육은 위축될 수밖에 없게 된다. 예를 들어, 종립학교의 학생 선발권을 과도히 제한하는 것은 종립학교의 종교 교육의 자유에 대한 침해 행위이다. 종립학교가 설립이념을 구현하고, 종교 교육을 효과적으로 실시할 수 있도록 학생 선발권의 실질적 보장이 필요하다.

종교를 이유로 한 채용 차별금지는 정당한 것으로 여겨질 수도 있으나, 사용주에게는 전혀 예상치 못한 경영 부담이 발생할 수 있다. 특히 종립학교, 종교 기관, 종립 기업 등 종교적 목적을 위해 설립된 단체의 경우, 설립 이념에 부합하지 않는 교사, 교수나 임직원을 강제로 채용하게 함으로 설립 목적 달성에 장애가 일어날 뿐만 아니라 구성원 간의 갈등이 야기된다.

종교적 교리를 근거로 설립된 기업, 종교 언론사, 종립학교, 종교 단체의 임직원의 자질은 설립 목적을 달성하는 데 필수 불가결한 요소이다. 그러나 종립학교의 교수나 교사가 종교를 가지지 않은 무신론자이거나 타 종교인일 경우, 그가 설립 목적에 따른 종교 교육을 제대로 할 수 있을 것으로 기대하기 어려울 것이다. 차별금지법은 종교 단체가 종교적 교리에 반하는 채용을 하도록 강요함으로써, 종교 활동을 하는데 장애를 일으키고, 더 나아가 '선교'라는 설립 목적 달성을 저해시킨다.

이제까지 국내에서 발의된 차별금지법안의 문제점 중의 하나는 차별금지의 예외 조항이 거의 설정되지 않았다는 것이다. 사찰, 성당, 교회 등과 같은 종교 단체나 신학대학, 종립대학 같은 선교 목적의 종교 교육 기관이 '종교'를 채용 요건으로 할 수 있는 근거가 전혀 준비되어 있지 않다. 그래서 채용 거부 행위에 대하여 피해자가 청구하면 법원은 차별의 중지 등 그 시정을 위한 적극적 조치 및 손해배상 등의 판결을 할 수 있고, 차별 행위가 악의적이면 재산상 손해액 외에 손해액의 2배 이상~5배 이하에 이르는 징벌적 손해배상까지도 명할 수 있도록 하였다는 것이다.

종교적 결사의 자유는 신앙을 가진 사람끼리 종교 목적의 단체를 조직하고 종교 행사를 위해서 모임을 할 수 있도록 보장되어야 하나 포괄적 차별금지법은 이를 억압한다. 대학의 종교 동아리가 특정 종교적 교리에 동의하는 자로 가입 조건을 제한하거나 타 종교인의 입회를 제한할 경우, 차별금지법의 종교 차별금지 조항에 위반 될 수 있다. 결론적으로 차별금지법은 종교 단체, 종립학교, 종립 기업 등과 신실한 종교적 신념을 가진 신앙인에 대해서까지도 종교 차별금지를 강요함으로써 또 다른 종교를 탄압하는 수단이 된다는 사실이다.

5) 자유 민주주의의 표현 및 학문의 자유를 억압한다.

포괄적 차별금지법은 차별, 증오, 멸시, 모욕하는 행위와 수치심, 모욕감, 두려움 등 정신적 고통을 주는 행위를 금지하기 때문에 표현의 자유를 억압한다고 할 수 있다. 표현의 자유는 자유롭고 열린 토론 보장을 위한 실질적인 안전장치로 기능할 때에야 비로소 우리의 자유 민주주의 사회가 지속할 수 있다. 그러나 상대적·자의적 인권에 의한 차별금지법은 자유 민주주의의 존속을 심각하게 위협한다. 어떤 의견 자체가 일부 듣는 이들에게 불쾌감을 일으킨다는 이유만으로 그러한 의견에 대한 대중적 표현을 금지하는 법은 소수 의견과 반대 의견을 금지할 수 있으므로 결국 모두에게 해를 주게 된다.

미국 연방 대법원은 오랫동안 표현의 자유 보장을 근거로 의견의 자유 시장 이론(Macket place of Ideas)을 발전 시켜 왔다.[147] 법이 관점의 중립을 강제할 경우 반대 의견을 침묵하게 만들고, 의견의 자유시장을 왜곡시킨다는 것이다. 이른바 '혐오 표현'이라도 정부가 규제할 수 없다는 점에서 진보와 보수를 떠나 모든 대법관이 표현의 자유 보호 중요성에 대한 일치된 견해를 가지고 있다.[148] 미국 연방대법원과 영국 대법원은 '표현하지 않을 자유(right not to speak)' 혹은 '강요된 표현으로부터의 자유(freedom from compelled expression)'를 인정하고 있다. 이는 표현하는 주체가 표현 내용에 대하여 자율적으로 구성하고 결정할 권리도 표현의 자유에 해당한다는 것이다. 동성결혼 축하 케이크 제작을 해주지 않은 제과점을 차별금지법 위반으로 처벌하는 것은 바로 '강요된 표현으로부터의 자유를 침해하는 것'이라는 판결이 이어지고 있다.

---

147) https://m.lawtimes.co.kr/Content/Opinion?serial=43204. 임지봉, "상업적 표현과 표현의 자유", 「미국헌법판례 열람」, 2008, 참조.

148) Elly Goettelman, Joseph Matal v, Tam 137 S. Ct, 2017, 1744.

우리나라 국가인권위원회는 숭실대학교가 비인가 학생 모임이 2019년 2월 28일 신입생 입학식에 앞서 성소수자 현수막 설치[149]에 대하여 기독교 건학 이념에 반하는 것으로 보아 불허하자 이를 시정하라는 결정을 내렸다.[150]

성경에서 가장 지혜로운 왕이 솔로몬이다. 하나님은 전에도 없었고 후에도 없을 지혜의 왕으로 축복하였다. 그가 지혜로운 왕으로 인정된 사건이 평등을 분별한 재판사건이다. 두 여인이 솔로몬에게 찾아와서 살아있는 아이가 서로 자기의 아들이며 분별해 달라고 요청하였다. 이에 솔로몬은 아이를 죽여서라도 공평하게 나누어 주자는 여인의 잘못된 주장을 하나님이 주신 지혜로 해결하였다. 포괄적 차별금지법에 찬성하는 이들은 상대적 인권의 한 특징으로 갈등과 투쟁을 통해 획득하여야 한다는 의식 속에, 법을 통하여 합법적으로 이상을 지배하겠다는 이념적 사고 때문이다. 이를 추진하는 이들은 존재론적 인간을 근거로 내세우며 특정 이념에 편향되거나 함몰되어 있을 수 있다.

---

149) 현수막 내용은 '숭실에 오신 성소수자·비성소수자 모두를 환영합니다!', '숭실대학교 성소수자 모임 이방인〈이방인은 SSU LGBT의 새로운 이름입니다〉' 등이다.

150) 국가인권위 권고문 (2019.04.20.), '성소수자 모임에 대해 성적 지향을 이유로 한 게시물 게재 불허를 중지하고 표현의 자유 침해가 발생하지 않도록 교내 게시물 관련 규정을 개정하라'고 결정문을 권고하였다.

제 6 부

현대 인권과
기독교 가치관의 충돌

제 6 부

현대 인권과 기독교 가치관의 충돌

제1장 자유주의 신학의 인권론

자유주의 신학(自由主義神學, liberal theology, liberal christianity)은 근대의 지식, 과학, 윤리학을 통해 기독교를 해석하고 개혁하고자 하는 신학을 의미한다. 18세기 계몽주의, 경건주의, 낭만주의 등의 영향을 받아 등장하였다. 처음에는 무신론적 합리주의에 대한 대안이었으나, 성경과 전승 등 권위에 기반한 정통신학에 대한 대안으로 받아들여졌다.

이 신학은 성경을 인간의 이성, 감정, 경험으로 이해하였고, 또한 도덕적이며, 역사적이며, 문화적인 관점에서 신학을 이해하였다. 진보주의, 역사주의, 인본주의를 강조하며, 성경에 나오는 기적들을 이성과 자연의 원리, 과학, 심리학 등으로 해석하려고 하였다. 19세기 말에서 20세기 초에는 다원주의와 성서비평학, 사회복음주의를 수용한 신학으로 널리 알려졌다.

자유주의 신학은 독일의 슐라이어마허(1768~1834)에 의해서 시작되었으며, 그의 신학을 '주관주의 신학방법론'[1] 이라고 부른다. 20세기에서는 루돌프 볼트

---

1) 슐라이어마허 자유주의 신학의 원조로 불린다. 신앙주의적인 정통적 접근 방법은 권위적 신학이 되게 한다고 하

만(1884~1976)이 성경에 '양식비평'[2] 등의 방법을 적용하며 크게 영향을 미쳤다. 양식비평(Form Criticism)은 '확실한 증거가 없는 한 성경을 신뢰할 수 없다'는 성경 해석관을 전제하고 있다. 불트만은 동료인 하이데거의 실존주의 방법 등을 사용하여 '성경의 비신화화'를 시도하였다. 1941년, 『신약성경과 신화』라는 논문을 발표하였고, 이는 오늘날 신학의 과정에 상당한 영향력을 행사하였다. 이들은 더 강력한 영향력을 확보하기 위해 교회에서 일반적으로 사용하는 신학적 언어와 형태를 이용해야 한다고 보았다.

대표적인 학자로는 1930년대에 칼 바르트의 주도 하에 에밀브룬너, 루돌프 불트만, 폴 틸리히, 에두아르트 트루나이젠 등 신정통주의와, 헤겔과 마르크스의 영향을 받은 위르겐 몰트만 등이 있다. 무엇보다 개인의 자유와 이성의 능력을 무한히 신뢰하고 강조한 것이 특징이었다.

한 사례로 예수 부활의 역사성을 두고 칼 바르트와 불트만이 논쟁을 벌였다. 불트만은 "부활이 시간과 공간속에서 일어났다면 전문적인 역사가들의 판단 기준을 따라야 한다고 주장하였다. 그래서 부활은 기적이기 때문에 그런 판단 기준을 충족시킬 수 없다. 따라서 부활은 일어날 수 없다"라는 식이다. 그러나 바르트는 "역사와 과학의 검증이 없으면 시간과 공간 속에서 아무것도 일어날 수 없다고 전제하는 것은 독단이다. 하나님의 말씀은 시간과 공간 안에서 일어난다. 따라서 부활은 전문적인 역사가들의 말과는 상관없이 실제로 일어난다"라는 것이다.[3]

자유주의 신학의 특징은 다음과 같다.

여 이는 인간의 창의력을 질식시키고 하나님에 대한 교회의 교의와 하나님을 혼동케 했다고 주장하였다. 그의 이러한 주장은 칸트와 헤겔이 언급한 인간의 감정과 직관을 종교적인 기능으로 간주한 것과 마찬가지로 일방적인 것이다. 즉 종교적인 감정과 감각적 감정을 명확하게 구분 짓지 않고 있으며, 이는 인간의 개별적 직관과 감정을 강조함으로써 주관주의로 흐르고 말았다.

2) '양식비평'은 현대신학에서 성경분석에 사용하는 기법의 하나로 사용하고 있다. 이 외에도 '자료비평'은 성경의 배후에 있는 문서나 집필 자료를 찾는 것을 말하고, '편집비평'은 성경의 원자료를 처음 편집한 사람들의 사고방식과 동기를 파악하려는 것을 말한다.

3) John Frame, 『서양철학과 신학의 역사』, 551.

① 성경을 중시하지만 성경은 인간이 기록한 책이므로 많은 오류가 있다고 본다. 성경비평을 통해 구체화되어 나타난다.

② 인간의 이성을 중시하여 성경의 기록일지라도 이성에 맞지 않은 것들은 거부한다. 이성 중심적 신학은 두 가지 흐름, 즉 '슐라이어마허 자유주의'와 '헤겔 자유주의'이다.[4]

③ 인간 예수를 강조하고, 본질적으로 삼위일체론을 거부하기 때문에 예수가 하나님의 아들이라는 주장에 부정적이다.[5]

④ 자유주의의 핵심은 예수 그리스도의 인격을 닮는 것으로서 예수의 인격은 위로는 하나님을 사랑하고 아래로는 이웃을 사랑하는 것을 내세우며, 십자가의 대속을 거부하지만 특히 이웃 사랑을 강조한다.

⑤ 헤겔과 마르크스의 영향을 받았으며, 헤겔이 주장하는 역사의 진보 논리를 추종한다. 인간은 하나님의 형상으로 이성과 양심을 가지고 하나님의 나라를 발전시키는 것이 가능하며, 마침내 유토피아, 즉 인간이 만드는 하나님의 나라가 도래할 것이라고 믿는 것이다.

자유주의 신학의 주요 유형으로 '해방신학'을 비롯하여 '민중신학', '여성신학'(Feminist theology), '흑인신학', '퀴어신학', '젠더신학' 등 여러 형태로 나타난다. 이 자유주의 신학의 핵심과 저변에는 마르크스의 인권론과 '현대 인권론'이 접목되어 있다.

1. 인본주의에 따른 인권 본질의 왜곡

지금까지 살펴본 인권 담론에서 변화의 기조는 '인간 권리의 주체가 어디인가'라는 질문에 있다. 최초 자연권은 하나님 중심, 즉 신본주의에서 출발하였다. 그러나 점차 사람 중심의 인본주의에 초점을 맞추면서 인간 중심, 그리고

---

4) 슐라이어마허 자유주의 종교의 본질이 인간의 내적 본성에 있다고 보고 인간 마음 깊은 곳에는 신과 교류하는 어떤 장소가 있다고 생각한다. 이는 신에 대한 이념보다 더 가치 있다고 본다. 헤겔 자유주의는 인간의 이성을 통해서 하나님께서 하나님의 나라를 이루어갈 수 있다고 생각한다.

5) 예수는 신성이 충만한 사람으로 모범적인 최초의 그리스도인이었다. 예수가 하나님의 아들이라는 성경의 표현은 예수께서 하나님의 뜻을 너무나도 정확하게 받들었기 때문에 하나님께서 예수를 당신의 아들로 삼으셨다는 것이다. 이것이 자유주의적 양자론이다.

나 중심으로 변화되어 왔다.

오늘날 인권에 대한 관점, 즉 규범적 관점(말씀), 상황적 관점(사건), 실존적 관점(현실)으로 균형 있게 바라보아야 한다. 가장 먼저 규범적 관점이다. 어떤 상황을 바르게 이해하려면 하나님의 존재를 분명히 인식해야 한다. 우리의 지식은 하나님의 통제와 권위와 임재를 고려해야 한다는 것이다. 자연과 역사에 대한 하나님의 통제를 고려하면 우리의 전체 상황이 그분의 예정과 섭리에 의해 지배를 받는다는 것을 분명히 알 수 있다. 개인적 상황이든 자연과 역사의 전 과정이든 상황적 관점에서 바라보아야 할 것이다. 규범적 관점에서 인간의 현실에서 나타나는 사건과 상황에 대해 정확히 인식해야 한다. 하나님과 나의 관계를 명확히 이해하려면 인간을 창조하신 환경(상황)의 일부와 하나님의 말씀 아래 살도록 하신 언약을 이해하여야 한다는 것이다. 인간이 사실에 근거한 주장을 하려면 하나님의 계시(규범)와 생각(감정)을 통해 그런 사실을 재해석해야 한다는 것이다.

오늘날 많은 학자가 기독교 세계관과 성경적 세계관을 구분하면서도, 그 차이를 엄밀히 말하면 구별하지 못하는 점도 있다. 성경은 너무나 분명하고 명확한 세계관을 가르친다. 성경(로마서 1장 18~32절)을 통해 창조주와 피조물이 엄격하게 구별되고, 하나님은 절대적 신성의 세 위격으로 존재하신다. 그리고 세상과 관련해 분명히 신적 주재권을 행사하신다. 그런데 성령 하나님에 의해 인도하는 성경적 세계관이라기보다 인간의 이성에만 의존하여 인본주의 사고로 기독교 세계관이란 이름으로 성경을 훼손하고 있다. 성경은 그 이유를 인간이 마음에 하나님 두기를 싫어하기 때문이라고 가르치고 있다.

1) 인권은 누구로부터 나오는가?

최초의 인권 담론은 '천부적 인권', 즉 하나님으로부터 받은 권리에서 출발하고 있다. 이후 하나님의 존재를 없애는 '보편적 인권', 즉 인간이 중심이 되는 권리로 바뀌었다. 그러나 모든 인간이 아닌 동일한 이념으로 뭉친 사람들 중심으로 '상대적 인권', 즉 소수자의 미명으로 선택적 인간이 선택적으로 만든 권리를 주창하고 있다. 이제는 소수자·약자 집단도 아닌 철저한 개인 중심의 '자의적 인권', 즉 자신이 스스로 정하는 권리까지 전개되고 있다. 이러한 논리 전개

구 분	주 체
천부적 인권	하나님
보편적 인권	인간
상대적 인권	소수자
자의적 인권	나

인권의 유형과 주체

의 중심에는 하나님의 존재를 없애고 인간이 하나님을 대신하여 옳고 그름을 판단하겠다는 것이다.

현대 인권에서 인권과 인간 존엄성의 관계를 너무 쉽게 판단하지만, 실제로 하나님을 빼놓고는 인권을 주장할 근거를 쉽게 찾을 수 없다. 인간이 왜 존귀한가를 설명하는 데 한계가 있기 때문이다. 원숭이에서 인간으로 진화하였다는 진화론적 입장에 보면 절대 인간은 존귀할 수 없다. 그러나 성경은 인간이 하나님의 형상대로 창조되었기 때문에 모든 사람이 평등하고 존귀하다고 명시하고 있다. 동물과 달리 인간은 창조주 하나님의 형상에 따라 창조됐기에 존귀하고, 창조주에게서 위임받은 천부적 인권이 존재하는 것이다.

보편적 인권을 주장하면서 정당성 기준으로 도덕성을 내세우지만, 시·공간에 따라 차이가 있으며 기준과 원칙도 애매하고 불명확하다. 이로 인해 천부적 인권을 제외하면 아무리 설명해도 오류와 논란만 가중될 뿐이며, 끝없는 평행선만 계속된다. 무신론적 세계관으로 인간 이성, 지식과 경험으로만 행동을 판단하기 때문이다. 즉 무신론적 세계관은 유물론적 관점에서 바라보면 도덕의 절대적 기준이나 잣대를 부인하기 때문에 인권의 명확한 근거를 제시하지 못한다. 오히려 무신론적 세계관은 객관적인 도덕적 가치를 부정하고 도덕적 상대주의를 지향한다.

도덕적 상대주의는 어떠한 절대 도덕의 가치도 부정하고, 어떠한 기준에도 얽매이지 않는다. 도덕적 가치도 사회·문화적으로 각기 다르다고 주장한다. 이러한 도덕적 상대주의에 '가축은 식용을 위해 도살해도 되지만 인간은 그렇게 하면 안 된다'라는 인권의 근거를 제시하지 못한다. 다시 말해 절대 도덕의 기준이 되는 하나님의 존재를 부정하는 무신론적 세계관과 도덕적 상대주의는 인간의 권리나 존엄성의 근거를 제시할 수 없다는 것이다.

현대 인권에는 자기중심적 사고와 인식을 바탕으로 한 자의적 인권이 등장하고 있다. 자의적 인권론의 핵심은 내가 하나님 되겠다는 개념이다. 이를 천부적 인권 담론의 주체인 하나님의 입장에서 보면 주체와 객체가 뒤바뀐 것이다. 본래 '나의 권리의 주인은 하나님이었으나 이제는 내가 하나님 되겠다'라는 것이다. 인간이 자신에게 주어진 권리와 삶의 기준이 어디서부터 왔는지, 어떻게 행사해야 하는지 인간의 이성에만 의존하여 판단해서는 안될 것이다.

2) 영적 전쟁

성경에서 사탄으로 명명되는 루시퍼는 천사장이었다. 루시퍼는 가브리엘과 미가엘처럼 하나님 앞에 가장 아름다운 피조물이었고, 매우 지혜로웠으며, 자발적으로 경배하였다. 그는 하나님께 접근해 천사의 영역에서 특별한 위치와 임무를 차지하고 있었다.[6] 그러나 '내가 하늘에 올라 하나님의 뭇 별(천사) 위에 내 자리를 높이리라 내가 북극 집회의 산 위에 앉으리라 가장 높은 구름에 올라가 지극히 높은 이와 같아지리라'[7]라면서 스스로 하나님 같이 되려다가 추방당하는 모습이 그려지고 있다.[8] 계시록 12장 7절에서 바로 사탄은 큰 용 옛뱀, 곧 마귀였다. 마귀는 이 세상으로 쫓기며, 이 세상의 임금과 주관자가 되었다.[9] 그리고 원래 예수께서 가지고 있던 세상의 모든 권위와 그 영광을 지배하면서 인간들을 지배하고 있다.[10] 하나님으로부터 버림받는 최고의 반역이 바로 '하나님 같이 되려는 마음'임을 잘 나타내고 있다. 즉 내가 하나님 되겠다는 마음이 최고의 반역죄인 것이다.

인권의 자기결정권이란 자신의 입장에서 보면 사생활(자유)의 보호인 '자기결정권을 중시'하며, 타인의 입장에서는 '다양성 차원에서 존중'해 주어야 한다

---

6) "너는 완전한 도장이었고, 지혜가 충족하며, 온전히 아름다웠도다. 너는 기름부음을 받고 지키는 그룹임이여 내가 너를 세울 때 네가 하나님의 성산에 있어서…" (에스겔 28장 12~14절)

7) 루시퍼도 하나님이 지었으며 그는 하나님의 분노를 사서 이 세상을 어두움으로 지배하는 사탄이 되었다. '만물이 그에게서 창조되되 하늘과 땅에서 보이는 것들과 보이지 않는 것들과 혹은 왕권들이나 주권들이나 통치자들이나 권세들이나 만물이 다 그로 말미암고 그를 위하여 창조되었고' (골로새서 1장 16절), 그는 하나님 같이 되려는 마음을 품게 된다. (이사야 14장 13~14절)

8) 내가 하늘에 올라 하나님의 뭇 별(천사) 위에 내 자리를 높이리라 내가 북극 집회의 산 위에 앉으리라 가장 높은 구름에 올라가 지극히 높은 이와 같아지리라 하는도다. (이사야 14장 13~14절)

9) 요한복음 12장 31절 ; 요한복음 14장 30절.

10) 이 세상의 모든 권위와 그 영광을 네게 주리라 이것은 내게 넘겨준 것… (누가복음 4장 6절)

는 논리를 주장한다. 이것은 인본주의와 다원주의가 근간을 이루고 있다. 이제 자기결정권의 실체는 성적 자기결정권, 신체자기결정권, 성별 자기결정권 등으로 나타나고 있다. 즉 내가 모든 것을 결정할 수 있다는 제왕적 선택권까지 가질 수 있게 된 것이다. 물론 인간은 당연히 자신의 삶에 대해 스스로 결정할 수 있는 권리와 욕구가 있다. 이 부분은 '자유의지'[11]를 통해 자신의 선택권으로 설명하지만 결국 내가 하나님 되겠다는 것은 마찬가지이다. 특히 성별 자기결정권에 대하여 피터 바이어하우스 박사는 '시대의 마지막 징후'라며, 이는 '인간이 하나님이 되겠다'라는 인본주의 사상의 극치[12]라고 하였다. 자의적 인권론의 핵심은 교만함의 극치인 '내가 하나님 되는 것'이라고 할 수 있다.

우리는 사람에 대하여 전쟁을 하는 것이 아니다. '우리의 싸움은 혈과 육을 상대하는 것이 아니요, 통치자들과 권세들과 이 어둠의 세상 주관자들과 하늘에 있는 악의 영들을 상대함이라(에베소서 6장 2절)'이라고 말씀하고 있다. 이제 우리의 생각을 공격하는 영적 실체를 아는 것이 중요하다. 눈에 보이지 않는 영적 전쟁을 치르는 것이다.

2. 퀴어신학과 젠더신학의 등장

오늘날 동성애를 성소수자 인권 문제로 접근하면서 기독교계에도 논란이 되고 있다. 특히 문화를 통해 청소년과 대중에게 감성적으로 접근하면서, 기독교

---

11) 자유의지(free will)는 자신의 행동과 결정을 스스로 조절하고 통제할 수 있는 힘 또는 능력이다. 인간이 자유의지를 전적으로 가지는지 부분적으로 가지는지 혹은 전혀 가지고 있지 못하는지에 대한 논란이 있다. 자유의지와 관련해 양립 가능론(compatibilism), 양립 불가론(incompatibilism)으로 나뉜다. 전자는 기본적으로 자유의지와 결정론이 동시에 성립될 수 있다는 입장이고, 양립불가론은 자유의지와 결정론 중에 어느 한 가지만이 성립된다는 입장이다. 양립 불가론은 다시 결정론(determinism), 비결정론(indeterminism)으로 나뉜다. 양립 불가론적 결정론자는 이 세계는 애초에 모든 것이 결정됐고, 인간에게 자유선택의 여지는 없다고 주장하는 입장이다. 자유의지에 관한 문제는 종교적, 윤리적, 과학적 함의를 품는다. 예를 들면, 종교 영역에서 자유의지를 주장하는 것은 전지전능한 신이 인간에게 영향력을 행사할 수 없음을 의미한다. 윤리 영역에서 자유의지는 행위에 책임을 지우는 근거가 될 수 있다. 과학 영역에서 자유의지를 인정하는 것은 물리적 인과 관계가 인간의 행위와 정신을 전적으로 결정할 수 없다는 것이 된다. 이에 대한 자세한 자료는 최용철, "자유의지 논쟁의 최근 동향과 그 과제", 「범한철학」 21 (2000), 407-32 참조.

12) Peter Beyerhaus, 『젠더 이데올로기에 대한 대항』, 4.

계에는 '퀴어신학'의 필요성까지 등장하고 있다. 동성애자와 동성애 행위를 분명히 구별해야 함에도 죄가 아닌 사랑으로, 비정상적인 것을 정상으로 둔갑시키고 있다. 거짓말, 도둑질, 살인, 마약 등 잘못된 행위에 대하여 죄라고 하지 아름다운 것으로 교육하지 않는다. 그러나 유독 동성애와 젠더는 아름답다고 표현하며 정상적이라고 교육한다. 그리고 동성애를 '성적지향'과 '성적 자기결정권'으로, 성정체성을 '젠더'와 성별 자기결정권으로 인정하고 있다. 소수자 인권과 평등의 존재를 넘어 이제는 강제적인 법을 통해 이 행위가 잘못이라고 말하면 법적 제재를 가하려는 지경까지 이르고 있다.

동성애 문화와 젠더주의는 신학계에도 영향을 미치고 있다. 바로 '퀴어신학 (Queer theology)'의 등장이다. 퀴어신학은 미셸 푸코(Michel Foucault), 게일 루빈 (Gayle Rubin), 이브 세지윅(Eve Kosofsky Sedgwick), 주디스 버틀러(Judith Butler) 등이 퀴어 이론에 철학적 접근을 통해서 전개한 신학을 말한다.[13] 성경을 포함한 인류 역사에서 성(gender) 부적응과 게이와 레즈비언적 욕구가 항상 존재해왔다는 전제로 게이신학과 레즈비언신학으로 출발하였으나 나중에 합쳐져서 포괄적인 퀴어신학이 되었다. 참고로 통합, 백석 등 주요 교단은 '퀴어신학(Queer theology)'을 이단으로 규정[14]하고 있다.

1) 퀴어신학의 기원과 전개 과정

퀴어신학은 모든 만물이 유전(流轉)한다고 주장하는 후기 현대적 생성의 철학에 근거하여 인간의 성(性)도 남성이나 여성으로 고정되지 않고, 양성이 자유롭게 유동(流動)한다는 사상의 기반 아래 해체주의적 세계관·인간관이 가세하여 만들어낸 신학 사조이다.[15] 낯설고 이상함을 뜻하는 '퀴어(queer)'를 전면에 내세움으로써 정통 신학에서 낯설고 이상한 것, 괴기하고 비정상적인 것으로 배제되어 변두리로 밀려났던 테마를 신학의 중심에 내세우고, 이를 억압에서 해방

---

13) Cheng, Patrick, *Rainbow Theology: Bridging Race, Sexuality, and Spirit* (New York: Seabury Books, 2013), 4.

14) http://new.pck.or.kr/bbs/board.php?bo_table=SM04_06&wr_id=139. 대한 예수교 장로회 통합측 이단대책위원회 보고자료 참고.

15) 이상원, "퀴어신학에 대한 분석과 비판", 「기독교 동성애 대책 아카데미」(1st, 2018), 263.

하기 위한 인간 해방의 신학적 근거를 마련하는 데 있다. 결국 퀴어신학은 생소하고 괴이한 대상인 동성애 행위를 신학적으로 정당화하고, 비정상적인 동성결혼을 정상화하는 데 목적이 있다고 말할 수 있다.

퀴어신학은 1967년 자유주의 신학자인 몬테피오레(Hugh Montefiore) 목사가 발표한 'Conference of Modern Church men'에서 시작되었다. 그는 예수의 초기 생애에 대하여 논쟁이 될 해석을 내놓았다. '예수는 서른 살이 될 때까지 메시아로 부름을 받았다는 사실을 몰랐다'라는 것이다. 그 근거로 '예수가 독신으로 살았음을 설명할 수 없다. 에세네파와 달리 당시 유대인들에게 독신은 일반적이지 않았다'라고 주장한다. 그리고 '예수가 독신인 이유는 종교가 아닌 다른 설명을 찾아야 한다'라고 말한다.[16] 모든 공관복음은 예수가 '외부인(outsiders)'과 '미움 받는 자(the unloved)'와 밀접한 관계가 있다고 말한다. 예수의 제자와 친구들이 세리와 죄인, 창기 등 범죄자들이라고 보는 것이다. 예수가 선천적으로 동성애자이기에 기득권 및 사회적 관습을 가진 자들에게는 받아들여 질 수 없었으며, 이러한 행적이 하나님의 자기 정체성에 대한 증거라고 주장하였다.[17]

여성으로는 마르셀라 알트하우스 리드(Marcella Althaus-Reid)가 퀴어신학의 선구자이다. 그녀는 라틴 아메리카 해방신학에 근거하여 성경을 여성, 퀴어인들, 젠더에 대해 긍정적으로 보는 방식으로 해석했다.[18] 그리고 가난하고 퀴어적인 사람들을 포함한 소외된 사람들을 중심으로 하는 신학을 주장했다. 신학이 육체와 연결되어 경험으로 살아야 한다는 기조에 퀴어신학에서 주요 주제는 강하고 활기찬 신앙생활과 성욕의 교차점과 본질적인 모순을 탐구하면서 동성애 클럽의 신성함을 주장하기도 하였다.[19]

---

16) H. W. Montefiore. *"Jesus, the Revelation of God"*, in Christ for Us Today: Papers read at the Conference of Modern Churchmen, Somerville College (Oxford, July 1967), edited by Norman Pittenger, (London: SCM Press, 1968), 109. 남성들은 대개 세 가지 이유에서 결혼하지 않는다. 결혼할 여력이 없거나 결혼할 여성이 없거나(어느 것도 예수가 결혼하는 데 지장이 되진 않았다) 부름 상 결혼이 바람직하지 않거나(이건 예수 인생의 '숨겨진 날들' 중에서 이미 제외했다) 선천적으로 동성애자라서 여자에게 끌리지 않기 때문이다. 이 동성애적 설명을 무시할 수 없다.

17) H. W. Montefiore, *"Jesus, the Revelation of God"*, 110.

18) Marcella Althaus-Reid, Indecent Theology (Routledge, 2002), 200.

19) Marcella Althaus-Reid, *The Queer God* (Routledge, 2006), 13. '음란한 성적 신학은 우리의 맥락에서

1980년대 존 맥네일(John J. McNeil)은 게이 예수회 신부이자 성악가이다. 그는 문화와 음악을 통해 게이, 레즈비언 기독교인을 포함하는 새로운 기독교 구조를 추진하는 데 초점을 맞추고 있다. 저들을 수용하는 것이 아니라 게이, 레즈비언 기독교인들의 정신적·도덕적 융성을 허용하는 공동체를 제공하는 것이 교회의 역할이라고 주장하였다. 또 동성애와 가톨릭 전통 사이의 관계에 대한 역사, 재구성된 전통적 도덕 신학에서 동성애가 어디에 속하는지 발견하는 것, 동성애를 허락할 현대 기독교 부처에서 필요한 변화를 언급하였다.[20]

오늘날 퀴어신학의 대부이자 로마 가톨릭 신부요, 철학자이자 심리학자인 다니엘 헬미니악(D. A. Helminiak)은 성서가 동성애자들의 도덕성이나 윤리성에 대해 아무런 직접적 견해를 밝히지 않음으로써 동성애에 관한 한 중립적 견해를 취한다고 책의 서두에서부터 시종일관 강변한다.[21] 시카고 신학교의 퀴어신학자 테오도르 제닝스(T. W. Jennings) 또한 동성애에 대한 기독교의 전통적 관점이 잘못된 동시에 왜곡되었다는 견해를 피력한다. 그러면서 그는 다수의 성서 텍스트들이 동성애 관계와 행위를 긍정함은 물론 찬양한다고까지 주장하면서 동성애라는 것이 저주도 아니고 범죄도 아니며, 오히려 하나님이 주신 놀라운 선물이라고 결론짓고 있다.[22]

2) 퀴어 및 젠더 신학자 논리

퀴어신학의 흐름에 결정적인 역할을 한 사람이 미국 장로교회 총회장을 지낸 신학자이며 목사인 잭 로저스(Jack Rogers)이다. 그는 2006년 3월, 『예수 성경 동성애』라는 책을 출간하였다. 출간 후 2년 동안 142번의 강연을 통해 미국 장

지나친 자의 부활과 신학적이고 정치적인 사상의 성욕적인 전횡을 조직하려는 열정을 나타내는 한 효과적일 수 있다. 음식에 대한 우리의 굶주림, 다른 육체의 손길에 대한 갈망, 사랑과 신에 대한 갈망… 서로 종속되지 않고 함께 경제적이고 성적인 정의의 세계에 대한 갈망 속에서만 신과의 조우가 일어날 수 있다. 그러나 이것은 욕망의 갈림길에서 발견될 수 있는 만남으로, 감히 이성애적 만연 규범이라는 이념적 질서를 떠나려 할 때가 있다'라고 주장하였다.

20) Younge, Richard G, 'Review: The Church and the Homosexual by John J, McNeill'. *Historical Magazine of the Protestant Episcopal Church* (1980), 49-97.

21) D. A. Helminiak, 『성서가 말하는 동성애』 김강일 역 (해울, 2003), 20-30.

22) T. W. Jennings, "성서는 동성애를 '긍정' 한다", 제3시대그리스도교연구소, 퀴어신학자 테드 제닝스 강연회 연설 내용 http://m.ildaro.com/5328 인용 ; T. W. Jennings, 『예수가 사랑한 남자』 (동연, 2011), 436.

로교회가 친동성애로 바뀌는데 결정적 영향을 미쳤다. 이 책은 동성애 문제에 대해 성경적이며 교리적인 기초를 확고하게 제시하고, 2014년 미국 장로교회 총회에서 결혼에 대한 정의를 '남녀의 결합'에서 '두 사람의 결합'으로 변경하는 과정에 크게 공헌한 것으로 평가받고 있다. 이는 결국 2015년 6월 26일, 미국 연방 법원의 동성결혼 합법화에까지 결정적인 영향을 주었다. 2015년 12월, 한국기독교연구소에서 번역되어 한국에서도 출간되었다.[23] 퀴어신학은 향후 한국의 동성결혼 합법화를 주장하는 목사들과 신학 교수들의 논리로 사용되고 있으며, 동시에 해방신학과 민중신학에도 큰 영향을 주고 있다.[24]

미국 기독 개혁 교단(CRC: Christian Reformed Church) 소속으로 기독 철학자인 니콜라스 월터스토프(Nicholas Wolterstorff)도 동성애와 동성결혼을 지지하고 나섰다. 그는 동성결혼이 위대하고 선한 시민적, 교회적 결혼이라는 성경적 정의(Biblical justice)에 부합한다고 하였다. 그리고 동성애가 창조에 부합하지 않는 질서 위반(disorder)이나 타락(fallenness)의 표지가 아니라 오히려 창조의 다양성(creational variance)이라고 주장하였다. 동시에 "동성애 행위가 사랑의 계명을 위반하는 것이 아니다. 동성애 행위가 도덕적으로 비난받을 만하지 않고 창조질서 위반이 아니며, 교회의 구성원들이 그들을 있는 그대로 수용한다면, 동성애를 하는 사람들이 사랑 곧 성행위와 언약 관계 곧 결혼을 갈망하는 것은 잘못이 아니다"[25]라고 주장하였다.

월터스토프는 창세기 1장 26~27절의 '하나님의 형상으로 남자와 여자를 창조하였다'는 것에 대하여 칼 바르트(Karl Barth)가 내놓은 해석에 결함이 있다고 지적한다.[26] 그는 하나님의 형상을 기존의 'in his image'보다 'as his image'로 해석하면서 인간의 형상을 성격으로도 보고 있다. 즉 해석 과정에 형상(image)도

23) Jack Rogers, *Jesus, the Bible, and Homosexuality: Explode the Myths, Heal the Church* (Westminster John Knox Press, 2009).

24) 섬돌향린교회 임보라 목사는 이 책의 초판 서평을 통해 동성결혼 합법화의 당위성을 공개적으로 언급하고 있다.

25) "Wolterstorff: Biblical Justice and Same-Sex Marriage" (2016.10.18) http://www.reformanda.co.kr/theoJournal/98541

26) Nicholas Wolterstorff, *Justice: Rights and Wrongs*, 344.

있지만 모습(likeness)도 있다는 것이다. 26절의 '우리의 형상(in our image)'이 있지만 '우리의 모습(according to our likeness)'을 언급하며 그는 인간의 창조, 즉 남자와 여자의 창조를 하나님과 인간과의 관계적 사항을 고려하여 젠더적 측면으로도(gendered) 존재가 가능함을 주장한다.[27]

시카고 신학대학교 교수인 켄 스톤(Ken Stone)은 창세기 1~3장에 대하여 기존의 해석 외에 다른 형태의 연구를 주장한다. 먼저 성경 본문에 있는 불안정성과 모호성에 초점을 두고, 이성애 규범만을 주장할 수 없다는 것이다.[28] 스톤은 모니크 위틱(Monique Wittig)이 '이성애 계약(heterosexual contract)'을 제시했다고 주장한다. 하나님은 여자의 불순종에 대해 벌을 내리시며 여자의 욕망이 남편을 향할 것이라고 하신 것(창세기 3장 16절)은 이성애 계약의 불안정성과 모호성이라는 것이다.[29]

퀴어신학 추종자들은 그들의 메시지, 성경 가르침, 미사와 같은 모든 예배 분야에서 '포괄적인 언어'를 도입하고자 애를 쓰고 있고, 성경에도 스스럼이 없다. 여성 인권 운동주의자들의 주도로『공정한 언어로 쓰여진 성경』이라는 제목의 현대적·중성적 번역판이 발간되었다. 심지어 원문에 기록되어 있음에도 불구하고, 번역판에서는 남성적인 칭호를 사용하는 것을 안간힘을 다해 피하고 있다.

예를 들어, 남성 제자들과 여성 제자들, 여성 추종자들과 남성 추종자들이라고 풀어서 언급하고 있다. 기도에서 빈번하게 나타나는 하나님에 대한 남성적인 호칭들, '주여(Herr)', '아버지(Vater)', '선생님(Meister)'을 기피하거나 다르게 표현하려고 한다. 고린도전서 14장 34~35절을 두고 바울을 '여혐주의자'로 몰아간다거나 '후대 편집론'을 주장하여[30] 논란이 되었다. 또한 창세기 3장 16절

---

27) 자세한 사항은 Nicholas Wolterstorff, *Justice: Rights and Wrongs,* 343-4 참조.

28) Ken Stone, "The Garden of Eden and the Heterosexual Contract", *in Take Back the Word: A Queer Reading of the Bible*(ed) (Robert Goss and Mona West, Cleveland, OH: Pilgrim Press, 2000).

29) 위틱은 장 자크 루소의 사회 계약 이라는 말을 따서 이분법적 성구분에 의존하는 가정과 제도 체제를 이성애 계약 이라고 부른다. Monique Wittig, The Straight Mind and Other Essays (Boston: Beacon Press, 1992), 32. ; Stone, "The Garden of Eden and the Heterosexual Contract", 58.

30) 김세윤 교수(미국 풀러신학교 신약학 교수)는 2004년 7월 5일 강남교회(송태근 목사)에서 총신대 신대원 여동문회(동문회장 채옥희 전도사)가 주최한 '성경에 나타난 여성의 역할' 이라는 주제의 세미나에서 '고린도전

'남편을 원하고 남편은 너를 다스릴 것이니라' 등 많은 부분을 고쳐야 한다고 주장하며, 부부와 가정의 성경적인 질서가 소위 케케묵은 가부장적 전통에 묶인 것으로 취급한다. 성경은 남녀관계나 부부관계, 가정의 질서에 대하여 기록하고 있음을 간과한 것이다. 또한 이러한 가치를 의문시하면서 가정적 생활 공동체의 다양성을 인정받으려고 선전하고 있다.

지난 2020년 7월 27일, 한국 구약학회(배정훈 회장)에서는 '구약성서와 젠더'라는 주제로 세미나를 개최하였다. 주제 발표에서 '퀴어'와 '젠더'에 관한 발표가 있었다.[31] 감신대학교 유 모 교수는 '창세기 1~3장 퀴어링 하기'라는 주제로 세미나에 참가하였다. "창세기 1~3장은 하나님이 인간을 남자와 여자로 만들었다는 이분법(dichotomy), 남자는 남자로 여자는 여자로 태어났다는 본질주의 (essentialism), 남녀의 결혼과 출산이 창조의 원리로 주장하는 데 쓰인다. 그러나 창세기 1~3장은 이성애 규범성, 남녀이분법 교리를 불안정하게 만드는 방식으로 읽는 것이다. 본문이 섹슈얼리티, 성관계, 결혼, 출산과 같은 주제에 대해 이성애 규범적이지 않다는 것으로 관찰하고 고정된 해석을 유동적으로 해야 한다"라고 주장하였다. 그리고 창세기 2장을 '흙이 흙사람으로, 흙사람이 여자와 남자로, 둘이 다시 하나가 되는 트랜스 이야기'라는 항목을 통해 트랜스의 정상화를 대변하기도 하였다.[32]

유 모 교수는 자신의 관점 및 방법론은 퀴어링 또는 퀴어 비평의 해석 방법을 적용한다고 언급하고 있다.[33] 구체적으로 주디스 버틀러의 '퀴어 및 젠더가 반복적으로 수행되는 행위요, 구성되는 것'이라는 주장을 받아들인다. 또한 켄 스톤(Ken Stone)[34]의 퀴어 비평 6가지 특징[35]을 그대로 적용하고 있다. 퀴어링과

서 14장 편집론'을 제기한 바 있다.

31) 한국구약학회, '구약성서와 젠더', 제113차 한국구약학회 춘계학술대회(20.07.27) 참고.

32) 한국구약학회, '구약성서와 젠더', 1-2 ; 10-5. ; 18.

33) 한국구약학회, '구약성서와 젠더, 2

34) Ken Stone, "Queer Criticism", *in New Meanings for Ancient Texts*(ed) (Steven McKenzie and John Kaitner, Westminster John Knox Press, 2013), 156-7.

35) ① 문화 사회 본문의 의미와 실천을 해석하는 핵심 현장으로서 성적인 실천과 젠더에 주의를 기울인다. ② 섹스, 젠더, 친족관계는 문화와 역사에 따라서 그리고 한 문화 안에서도 의미와 실천이 상당히 다르므로 그 의미와 실천의 안정화를 문제시한다. ③ 퀴어 이론을 배경에 두고서 남자와 여자 남성적인 것과 여성적인 것 이성

퀴어 비평에 대한 이해를 이것에 바탕을 두고, 창세기 1~3장을 재해석한다. 예를 들어, 트랜스(trans)는 '넘어서, 통하여, 변하는'이라는 뜻을 트랜스젠더의 줄임말로 보고, 본래의 가치와 젠더가 고정적이지 않다는 상징적 의미라고 주장한다.

그리하여 창세기 1~3장을 커다란 변화 태초와 에덴에서 현실로 이어지는 퀴어한 트랜스로 보는 시각이다. '창세기 1장은 혼돈 상태가 질서와 천지창조로 트랜스 하는 과정에서 하나가 둘이고 둘이 모두인 첫 인간을, 창세기 2장은 흙덩이에서 흙사람으로, 흙사람에서 여자와 남자로 그리고 다시 두 사람이 하나로 트랜스 되는 것을, 창세기 3장은 성적으로 분화되지 않은 첫 인간 여자와 남자의 욕망 인정, 결혼과 전통의 해체를 말하며 여러 변화 특히 젠더의 트랜스가 두드러져서 고정된 것이나 안정된 것이 없다'라고 해석하면서 '유토피아에서 디스토피아로 트랜스 되었다. 그래서 섹슈얼리티의 축하가 패러디되고 젠더 관계와 역할의 트랜스가 유머 속에 벌어지고 있다'[36]라고 주장한다.[37]

한신대학교 이 모 교수는 '구약성서 속의 젠더 해체하기(퀴어링)'라는 주제였다. 그는 젠더 연구와 퀴어 이론의 등장으로 생물학적 성(sex)과 사회적 성(gender) 역할의 구분 자체가 잘못되었다면서 다층적인 범주로 젠더를 이해해야 한다는 것이다. 그리고 '이제는 여성신학과 퀴어 이론은 정체성의 차별화가 아

애와 동성애와 같은 고정된 이분법을 가진 성과 젠더의 의미를 의심한다. 대신에 젠더 성적인 욕망 성적인 실천의 유동성과 예측 불가능성 및 이분법의 불안정성을 강조한다. ④ 성적 실천, 젠더 역할 가족 구조에 대한 현대 서구의 규범을 이성애 규범적으로 여기고 비평적으로 분석한다. ⑤ 이성애 규범성을 따르지 않는 문화적 현상 실천 개인의 예에 초점을 둔다. 반대로 주요 등장인물이 이성애 규범적 전제에 완전히 맞지 않는 경우도 다룬다. ⑥ 섹스, 젠더, 친족관계에 대한 규범과 실천이 국가 민족 인종 종교와 같은 다른 종류의 규범과 실천과 함께 엮인 방식들을 탐구한다. 퀴어비평은 성서 본문을 해석할 때 다른 방법론들, 즉 역사 비평·문학 비평·페미니스트 비평·사회학 및 인류학 비평·이데올로기 비평·해체 비평 등을 활용하고 겹치기도 한다. 유연희, "창세기 1-3장을 퀴어링하기", 제113차 한국구약학회 춘계학술대회(2020.07.27), 2020, 6-7.

36) 유연희, "창세기 1-3장을 퀴어링하기", 7-8.

37) 이에 대한 문제점에 대하여 호서대 안근조교수는 유연희, "창세기 1-3장을 퀴어링하기", 26-27의 논찬을 통해 지적하고 있다. ① 1장 27절의 인간 창조의 과정에서 단수와 복수를 해석하면서 두 종류의 인간을 만든 것이라고 제안하는 부분이다. ② 인간 창조에서 하나님이 "우리가 만들자"라고 복수형으로 지칭한 것을 안드로진의 가능성이 등장한 것으로 해석하는 것은 문제가 있다. ③ 저녁과 아침의 메리즘으로부터 남자와 여자의 젠더 정체성의 다양한 스펙트럼을 설명하는 부분은 주석적 결함이 있다. ④ 본문 간 읽기를 진행하면서 웃음과 유머를 주고 있다고 해석하면서 퀴어적 읽기를 시도하였다. 특히 장과 장으로 이어지는 성경적 맥락을 간과하고 있다. 예로 제3장은 인간 세계를 교정하는 이야기가 아니라 인간세계의 타락에 관한 말씀이다. 유연희, "창세기 1-3장을 퀴어링하기", 21.

니라 이성애적·이분법적 성 본질주의에 의한 젠더 위계질서를 해체하는 것을 공동의 목적으로 젠더에 대한 신학적 담론에서 성 범주를 확장하여 이해할 필요가 있다'라고 주장하였다.

그러면서 "여성의 경험이 이성애적·이분법적 젠더 이해에 기반을 두었던 한계를 인정하면서 구약성서 속에 나타난 젠더의 다양성을 드러내고 새로운 패러다임을 성서 속 인물의 젠더 정체성을 해체함으로 성 본질주의적 젠더 이해를 비판한다"라고 하면서 "인간의 젠더를 양성으로 고정하지 않고 스펙트럼으로 파악할 때, 여성과 남성뿐 아니라 간성과 트랜스젠더 등 젠더를 이분법적으로 확정지을 수 없는 젠더의 존재가 있다"라고 하였다.[38] 예를 들어, 구약성서에는 다양한 젠더, 즉 여성·남성·간성이 있다고 보며, 기존의 성별 구분은 잘못되었다는 것이다. 그래서 '이성애적·이분법적 젠더 위계질서로서의 정상적인 남성과 여성의 구분을 고착화하는 성 본질주의의 허구를 지적하고, 이를 해체하는 해석학적 틀로써 퀴어 해석의 의미를 내세우고 있다.

그들은 구약성서의 다양한 안드로진 존재(간성) 사례로 창세기 1장 27절, 창세기 2장 7절, 잠언 19장 15절을 내세운다. 그리고 집합적 젠더 정체성을 가진 관계로 리브가와 이삭의 관계, 야곱과 요셉을 들고 있다. 이들의 집합적 젠더 정체성에 대한 퀴어 해석은 이분법적 성 범주에 기초한 가부장적 젠더 개념이다. 남성성의 젠더 범주에서 벗어날 뿐 아니라 이분법적 젠더 정체성의 경계선 자체를 해체하게 되는 것으로 본다. 또한 퀴어 해석은 이성애적·가부장적 규범에서 바라볼 때, 이상하고 기존의 규범을 거스르며 나아가 경계를 해체하는 해석이라는 것이다. 이와 같은 젠더 정체성의 해체는 이분법적 성 범주 구분의 취약점을 드러내고 인간의 정체성을 유동적이고 포괄적인 성 범주로 이해해야 한다'[39]라고 강변한다.

퀴어신학자들은 동성애가 죄악이 아니라는 것을 입증하기 위해 성경의 한 구절에 집중하면서 인위적으로 해석한다. 특히 예수님이 동성애에 대해 한 번

---

38) 유연희, "창세기 1-3장을 퀴어링하기", 28-35.

39) 유연희, "창세기 1-3장을 퀴어링하기", 29.

도 명시적으로 비난하거나 정죄하지 않았기 때문에 동성애가 죄악이 아니라고
강변한다.[40] 퀴어신학의 교과서라고 불리는 다니엘 헬미니악의『성서가 말하는
동성애』[41]에서 다윗과 요나단(사무엘상 18장 1절, 사무엘상 20장 20절, 사무엘하 1장
26절)의 애정관계를 위시하여 다윗과 사울(사무엘상 16장 21절)의 관계 역시 연인
관계로 묘사되어 있다(요나단-다윗-사울의 삼각관계). 또한 룻과 나오미(룻기 4
장 16절)의 관계를 문학 작품에 최초로 등장한 레즈비언 로맨스로 추정하고, 다
니엘과 환관장도 동성애 관계였을 가능성을 언급하며, 예수께 병든 하인을 고
쳐달라고 청원했던 백부장과 종(마태복음 8정 5~13절)의 관계 또한 게이 관계라
고 주장한다.[42] 듀크대학교 신학과의 리처드 헤이스(R. B. Hays) 교수는 마리아
와 마르다가 혈연적 자매라기보다는 레즈비언 관계였을 것이라는 가능성도 주
장한다.

퀴어 및 젠더신학자들은 성경의 인물 대부분이 우리의 상상을 초월하여 훨
씬 더 많이 동성애에 개방적이었을 거라는 무모한 주장도 제기한다.[43] 테오도
르 제닝스는 예수와 어떤 '사랑받던 제자(나사로·부자청년·안드레·요한 등으로 추
정)' 사이가 동성애 관계였을 개연성을 제기하면서 소위 '게이적 성서 읽기'를
시도한다. '사랑받던 제자'가 예수의 가슴에 누워있는 육체적 친밀함에서 평범
한 사제 간이 아니라, 동성 간에 육체관계를 나누는 모습이 엿보인다는 것이다
(요한복음 13장 21~26절).[44] 또한 예수께서 최후의 만찬에서 제자들의 발을 씻어
주실 때 옷을 벗은 상태였고 제자들은 그의 무릎에 눕거나 가슴에 닿을 정도로
바짝 기대었다고 말하면서, 이것은 동성애적 사랑의 관계를 나타냄은 물론 제

---

40) 이에 대하여 조직 신학자 곽혜원 박사는 다음과 같이 지적하고 있다. 곽교수는 예수님이 동성애에 대해 논쟁
하지 않으신 것이 아니라, ① 구약의 동성애 정죄에 대한 율법적 교리에 논란의 여지가 있을 수 없기 때문에 아
무 말씀도 하지 않은 것이고, ② 이방 문화와 달리 성에 관해 매우 보수적이고 일찍이 동성애에 대해 엄격한 교
육이 이뤄졌던 팔레스타인의 유대 문화에서 동성애가 큰 사회문제로 드러난 적이 없기 때문에 복음서에서 동
성애를 언급하지 않은 것이며, ③ 남성 중심의 가부장적인 고대 유대인 사회가 성에 대해 드러내놓고 말하기를
꺼리는 폐쇄적 사회이기 때문에 예수께서 동성애와 같은 패역한 행위에 대해 직접적 언급을 피했다고 말할 수
있다. 곽혜원,『여성 신학자가 바라본 퀴어신학의 이단성 문제』, 2019, 29-30.

41) D. A. Helminiak,『성서가 말하는 동성애』, 20-30. ; 181-8.

42) D. A. Helminiak,『성서가 말하는 동성애』, 191-5

43) D. A. Helminiak,『성서가 말하는 동성애』, 190.

44) T. W. Jennings,『예수가 사랑한 남자』, 43-72.

자들의 발을 씻겨주신 것은 예수가 여자의 역할을 한 것이라고 해석하기도 한다.[45]

이들은 예수님의 탄생에서도 희한한 논리를 주장하고 있다. 이는 곧 동정녀(童貞女) 마리아가 낳은 아기 예수가 남성으로부터 물질적 요소(남성성)를 전혀 물려받지 않고 여성인 마리아로부터만 자양분을 받았으므로, 예수의 몸이 '자웅동체(雌雄同體)'라는 주장이다. 이에 예수께서 상황에 따라 남성도 되었다가 여성도 되었다가 유동적으로 바뀌는데, 십자가상에서 창으로 옆구리가 찔린 상처에 대한 해석이 망령되기 이를 데 없다. 그들은 예수의 옆구리 상처를 여성의 몸으로 변화된 자궁으로 해석하면서, 외부 상처는 여성 성기의 외음부이고, 피와 물은 여성 성기에서 나오는 애액이라는 것이다.[46] 또한 로마 가톨릭에서 행해지는 예수의 상처에 수녀들이 입 맞추는 의식은 여성화되신 그리스도의 몸과 동성애적으로 구강성교 의식이라는 것이다.[47] 무엇보다도 예수가 성매매 여성의 아들 혹은 사생아라거나, 하나님이 남근(男根)을 지닌 남신(男神)으로서 신자들과 성애(性愛)를 나누는 신이라는 신성 모독적 주장도 서슴지 않는다.[48]

퀴어신학의 특징은 사랑, 우정, 동성애의 구분이 모호하고, 모든 친밀한 관계는 다 동성애 관계로 간주하며, 무엇보다 음란한 시각으로 성경을 해석한다. 동시에 동성애를 죄악 된 행위로 규정한 성경 말씀이 왜곡된 해석이라고 주장한다. 예를 들어, 구약과 신약에는 동성애를 직접적으로 명시한 구절(레위기 18장 22절, 레위기 20장 13절, 신명기 23장 17절, 열왕기상 14장 24절, 열왕기상 15장 12절, 열왕기상 22장 46절, 열왕기하 23장 7절, 로마서 1장 24~27절, 고린도전서 6장 9~10절, 디모데전서 1장 10절)과 문맥상 동성애와 관련된 구절(창세기 19장 1~11절, 사사기 19장 16~30절, 에스겔 16장 48 ~50절, 유다서 1장 7절)이 있다. 이는 보수주의 성서학자들이 잘못 해석하면서 이성애를 하나님의 창조 질서와 젠더적으로 바라보고(이성애 중심적) 동성애를 죄악으로 정죄해 왔다고 비판하고 있다.

---

45) T. W. Jennings, 『예수가 사랑한 남자』, 67-72. ; 291-8.

46) E. Stuart, "Sacramental Flesh", in: *Queer Theology* (MA: Blackwell, 2007), 66.

47) A. Hollywood, "Queering the Beguines: Mechthild of Magdeburg, Hadewijch of Anvers", in: *Queer Theology,* 163.

48) G. Laughlin, "Omphalos", in: *Queer Theology* (MA: Blackwell, 2007), 125f.

3) 퀴어와 젠더 신학의 성경적 문제점

이들은 '성경'을 '성서'라고 하며, 각 성경 구절에 대한 해석은 비논리적인 억지 주장에 가깝다. 성경은 전체 문맥을 따라 읽으면 상식적으로 이해할 수 있음에도 불구하고 왜곡시키는 오류를 범하는 것이다. 예를 들어, 소돔과 고모라 사건(창세기 19장 1~11절)이 분명하게 동성애와 연관되어 있음에도 불구하고 이를 부정하고, 이웃을 돌보지 않은 죄악 때문이라고 해석한다.[49] 또한 연약한 나그네 이방인들을 대상으로 집단적 강간을 저지르려는 불법을 지적한 것일 뿐만 아니라, 동성애자들에 대한 범죄를 정당화하는 데 악용되어 왔다고 역공격하여 본질을 벗어나 논점을 흐리게 한다. 즉 예전에는 동성애자들이 자연적 순리에 위배되는 자신들의 부끄러운 행동을 은폐하기에 급급했지만, 오늘날엔 이미 공공연하게 드러난 동성애자들의 비윤리적 행태보다 이성애자들의 혐오가 훨씬 더 심각하다면서 비난의 화살을 오히려 이성애자들에게 돌리는 것이다.

황선우 구약학 교수는 구약성경은 동성애에 관하여 일관되게 부정적인 견해를 견지하고 있다고 주장한다.[50] 레위기 18장과 22장에서 동성애는 하나님 앞에 가증한 죄이고 죄의 경중을 따지자면 매우 무거운 죄로써 이스라엘 백성 중에서 끊어지고 반드시 죽어야 하는 죄로 기록되어 있다. 창세기 19장의 소돔의 죄와 관련하여 퀴어신학에서는 소돔 사람들과 같은 강제적인 성폭력이 아닌 동의하에 이뤄지는 동성애는 죄라고 단정할 수 없다고 하지만 창세기 19장의 소돔의 죄를 해설하는 에스겔 16장 50절과 유다서 1장 7절을 고려할 때 소돔의 죄는 하나님 보시기에 가증한 죄라는 것이다. 또한 퀴어신학에서 구약의 동성애 금지 명령이 구약시대 이스라엘 백성에게만 적용되는 법이라고 주장하지만, 신약에서도 분명히 동성애를 부끄러운 죄로 규정하기 때문에 이 주장은 맞지 않는다고 주장한다.

퀴어신학에서는 동성애 금지 명령이 남자에게 주어진 것이고 여자 동성애에

---

49) D. S. Bailey, *Homosexuality and the Western Christian Tradition* (London: Longmans, Green&Co, 1955), 5 ; D. A. Helminiak, 『성서가 말하는 동성애』, 41-9 ; T. W. Jennings, 『예수가 사랑한 남자』, 437.

50) 황선우, "구약성경에 나타난 동성애-퀴어신학의 구약 해석 비판", 젠더이데올로기 발표 논문 (제37회 기독교 학문연구회 연차 학술대회, 2020.10.31.), (사)기독교 세계관 학술동역회, 2020, 176-8.

관하여 침묵하고 있다고 말하지만 이는 여자 동성애자에게 면죄부를 주는 것이 아니다. 고대 이스라엘 문화와 문학에서 일반적으로 남자가 대표성을 갖기 때문에 동성애 금지 명령을 남자에게만 해당하는 것으로 읽는 것은 오독에 불과하다. 구약에서 남색 하는 자의 존재를 허락하지 않고 개혁적인 왕들이 이들을 쫓아낸 것에서도 찾을 수 있다.

남창 혹은 남색 하는 자라는 뜻으로 번역되는 히브리어 '카데쉬'는 성전과 우상 신전의 개혁 대상이었다. 퀴어신학자 켄 스톤은 '카데쉬' 혹은 복수형 '케데쉼', 여성형 단수 '케데샤', 여성형 복수 '케데쇼트'가 열왕기서에서 부정적으로 묘사되기는 했지만, 이들이 성적으로 관련되어 있음을 부인하고 있다. 그러나 신명기 23장 17~18절 '케데샤'를 '조나(히, 창녀)'로 지칭함으로써 '케데샤'가 성적으로 관련성이 있는 단어임을 분명히 보여준다. 또 아사와 여호사밧, 요시야와 같은 왕들은 남색 하는 자들을 '케데쉼'으로 이스라엘 땅에서 쫓아내는 개혁을 단행하였다고 기록되어 있다. 이렇게 가증스러운 개혁의 대상이었던 남색 하는 자(카데쉬)를 욥기 36장 13~14절에서 엘리후는 저주의 상징으로 경건하지 못한 자들이 남색 하는 자와 함께 있게 될 저주를 말한다.

퀴어신학에서는 다윗과 요나단의 우정이 동성애일 것이라 주장하며 동성애의 성경적 토대를 마련하려 하지만 다윗과 요나단의 기사에서는 다윗과 요나단이 동성애 관계임을 말해주는 근거를 전혀 찾을 수 없다. 다윗과 요나단을 동성애자로 보는 사무엘하 1장 26절 "내 형 요나단이여 내가 그대를 애통함은 그대는 내게 심히 아름다움이라 그대가 나를 사랑함이 기이하여 여인의 사랑보다 더하였도다"라는 구절은 요나단이 길보아산에서 죽었다는 소식을 들은 다윗이 슬픔 가운데 한 말이다. 이 구절에서 사랑은 히브리어로 '아하바'로서 한글의 사랑 영어의 love와 같이 포괄적인 의미가 있는 단어이다.

한글과 영어에서 동성애와 전혀 상관없는 동성의 아버지와 아들의 관계를 표현할 때 사랑(love)을 사용하듯이, 히브리어에서도 동성애와 전혀 상관없는 동성 간의 사랑(love)을 나타낼 때 '아하바'를 사용한다. 만약 다윗과 요나단이 동성애를 나누는 성적 관계였다면 히브리어 성경에는 성적 관계를 나타내는 '야

다'가 사용되었을 것이다. 그러나 구약에서 '야다'라는 단어는 찾을 수 없다.[51]

퀴어와 젠더 신학자들은 동성애 행위의 문제점보다 더 강한 형태로 반대자들을 이성애주의자로 주장하며 대립각을 세우고 있다. 특히 성애와 출산과 관련시키는 이성애 중심주의가 전통 기독교적 성 윤리라는 괴물을 만들었다면서 이것이 동성애 혐오의 뿌리라고 주장한다.[52] 무엇보다 동성애를 옹호하는 만큼 이성애에 기반한 전통 결혼과 가족제도에 적대감을 드러냄으로써 결혼과 가족적 가치에 근본적 의문을 제기하기도 한다.[53]

특히 제닝스는 복음서에 나타난 역사적인 예수가 명백히 성적인 비규정성에 크게 문제가 없었던 사람, 성적으로 부정한 행위에 전혀 충격을 받지 않고 책망도 하지 않았으며, 오히려 관대한 태도를 보였던 사람이라면서 성 일탈에 개의치 않았다고 보고 있다는 것이다.[54] 결혼 및 가족적 가치를 폄하하고 성 규범을 괘념치 않는 비윤리적인 방종은 성서에 기반한 기독교적 윤리관에 전적으로 배치된다고 할 수 있다. 성경에서 말하는 그리스도인의 삶은 가족 중심의 성 윤리를 지키는 성결한 삶을 철저히 요구하고 있기 때문이다.

한국 퀴어신학주의자들은 2006년 영국에서 발행된 『퀴어 성서 주(Queer Bible

---

51) 백석대학교 유선명 교수는 퀴어와 젠더 신학에 대하여 다음과 같이 지적하고 있다. ① 창세기 9장의 소돔에서 벌어진 사태의 본질을 동성애가 아닌 무산된 성폭력 시도로 보는 퀴어 해석은 석의적 오류이다. 롯을 찾아온 손님들을 범하려는 소돔 남성들의 의도는 명백히 동성애적이다. ② 퀴어 해석은 폭력성이 없는 상호합의에 의한 동성애는 죄가 아니라 주장하지만 에스겔 16장 49~50절에서 소돔의 멸망을 부른 죄목에 포함된 '토에바'(가증한 일)는 동성애를 지칭한다는 사실이다.(레 18장 22절; 20장 13절; 왕상 14장 24절). ③ 레위기 18장 22절은 '남자와 함께 동침하는 행위를 금한다'라고 하는 것은 보편적이고 절대적인 금기사항으로 레위기 20장 13절은 반드시 사형에 처해야 하는 중대범죄 목록에 동성애가 포함되어 있음을 보여준다. ④ 퀴어 신학은 동성애를 금하는 구약성경의 명령은 신약시대에는 적용되지 않는다고 단언한다고 하는 것과 여성 동성애는 허용한다는 주장은 도덕적으로 볼 때도 히브리어와 구약을 곡해하는 억지이다. 특히 로마서 1장 26~27절에서 여성 간의 동성애 역시 엄격히 금하고 있다. ⑤ 사사기 19장 16~30절의 사건은 창세기 19장 1~11절과 흡사한 패턴으로 사사시대의 타락상을 고발하고 있다. 동성애와 관련된 이 두 서사는 동성애 행위로 인해 소돔과 베냐민 지파가 궤멸적 심판을 받은 것을 증언하고 있다. ⑥ 구약에서 성전과 관련해 성매매 행위에 종사했던 카데쉬는 남창 혹은 남색하는 자는 이 가증한 행동인 '토에바'를 여러 왕들이 척결하려 애썼다. ⑦ 다윗과 요나단의 우정을 동성애로 보아야 할 어떤 근거도 없다. 히브리어 '아합 아하바'는 사랑의 포괄적인 의미를 갖는다. 황선우, "구약성경에 나타난 동성애-퀴어신학의 구약 해석 비판", 179-80.

52) T. W. Jennings, 『예수가 사랑한 남자』, 392.

53) T. W. Jennings, 『예수가 사랑한 남자』, 312. ; 322. ; 324-5. ; 339. ; 343-4. ; 352-3. ; 361. ; 365. ; 370. ; 434. ; 447.

54) T. W. Jennings, 『예수가 사랑한 남자』, 128. ; 181-182. ; 255. ; 258. ; 446.

Commentary: QBC)』의 한국어 번역본을 출판하였다. 이 주석은 성서 66권을 모두 동성애와 젠더적 관점으로 재해석함으로써 성경의 본질을 훼손하고 있다고 본다. 퀴어 주석 한글판이 보급되면 성경적 윤리관에 대한 강한 충돌과 혼란으로 이어질 위험성이 농후하다. 그리고 성경적 가치관을 지키고자 하는 교회와 성도들이 사회적·문화적·제도적으로 공격당할 수도 있다. 그동안 퀴어신학에 대한 학문적 논의가 지지부진했지만, 엄중한 문제의식을 느끼고 퀴어신학에 대한 분명한 대책 마련을 해야 할 것이다.

더욱 안타까운 것은 동성애와 젠더 현상을 성소수자 인권으로 보면서 대부분의 크리스천 청년이 시대 조류에 함몰되어가는 상황에 있다는 것이다. 또한 이들을 지도하고 한국 교회를 책임져야 할 신학생들의 분별력에 의문이 있다는 것이다. 예를 들어, 모 교회 목사의 성범죄 사건을 동성애와 연결하면서 한 개인의 목사가 죄를 짓고 있으니 동성애도 덮고 넘어가려고 한다. 동성애 행위는 분명히 잘못된 것이며, 그 목사의 죄는 그의 죄의 문제이다. 목사의 행위를 그렇게 정죄를 하면서 청소년 사이에 만연하는 동성애 행위에 대해서는 관대할 수 있는가이다. 만약 내 자녀가 동성애 행위를 한다면 어떻게 할 것인가? 분명한 사실은 내 자녀가 동성애 행위를 하는 것은 잘못된 행위이다. 그리고 아들을 진정으로 사랑한다면 동성애의 죄를 모른척하기보다는 그 죄에서 빨리 벗어나도록 해야 할 것이다.

분당의 한 대형교회 목사가 동성애에 선천성이 있음을 주장한 바 있다. 이는 목회자가 세상의 잘못된 학문에 함몰된 것도 부족하여 하나님의 실수를 인정하는 형태로 보인다. 우리는 다 같은 죄인으로 누구를 정죄하고 비난하는 것은 아니다. 다만 하나님의 자녀로서 동성애 행위는 분명 잘못된 것이고 하나님 나라를 유업으로 받을 수 없기에 이를 외치는 것일 뿐이다. 죄의 성품을 가지고 태어났으니 죄를 정죄하면 안 되는가? 살인한 사람한테 그 살인은 죄라고 말해주면 잘못인가? 그것이 정죄인가? 설사 태어날 때부터 그런 성향을 지녔다고 하더라도, 역시 잘못된 행위는 잘못된 행위이다.

퀴어신학과 젠더신학의 성경적 문제점을 요약하면 다음과 같다.

① 성경 말씀을 훼손하며 하나님을 무시하고 있다. 창세기 1장 26절에 '하나님은 하나님의 형상 곧 남자와 여자를 창조하시고'라고 말씀하고 있다. 성경 말씀을 훼손할 뿐 아니라 하나님의 창조 질서를 법으로 무시하는 것이다. 로마서 1장 26절 등 성경은[55] 동성애를 죄악으로 말씀하고 있다. 성경은 '생육하고 번성하라'라는 하나님의 문화 명령과 가정으로 결합한 부부만 성적 자기결정권을 허용하고 있다.

이러한 현상을 '성혁명(sexual revolution)'이라고 부른다. 그 시작은 빌헤름 라이히(Wilhelm Reich)가 주창한 것으로 알려져 있다. 마르크스주의와 프로이드의 심리학을 결합하여 만든 이론으로 '인간의 행복은 억눌린 성의 욕망을 분출할 때'라고 보며, 13세를 기준으로 '성해방' 논리를 주장하였다. 그는 자유로운 성관계를 반대하는 세력, 즉 가정과 교회 등은 해체되어야 한다고 보았다.

② 하나님의 형상을 파괴하며, 하나님을 대적하고 있다. 인간은 하나님의 형상(Image)으로 지음 받은 고귀한 존재이다. 그런데 퀴어와 젠더를 통해 하나님을 대적하며 스스로를 파괴하려고 한다. 본래 하나님의 형상에 대한 의미는 인간 아담이 죄를 범하기 전에 모든 인간에게 적용되는 본래의 모습을 기준으로 세 가지 정도로 요약할 수 있을 것이다.

첫째, 하나님은 거룩하시다(시편 99편 3절). 성경 전체를 통하여 하나님은 거룩하심을 말씀하시고,[56] 타락한 인간에게도 거룩하라고 말씀하신다. 인간들에게 하나님은 기본적으로 양심과 종교심을 주셨다. 이 양심에 사탄이 들어가면 사탄의 종이 되는 것이고, 성령이 함께하실 때 하나님의 자녀가 되는 권세를 주신다(요한복음 1장 12절 등). 인간의 욕망은 끝이 없다. 그러나 최소한 인간의 기본적 양심을 통해 억제하고 자제하도록 한다. 또한 그리스도인들에게도 기본적

---

55) 1. 결혼은 남녀가 하는 것이며, 사람은 생육하고 번성할 의무가 있음 (창세기 1장 27~28절, 창세기 2장 24절), 2. 소돔과 고모라와 그 이웃도시들의 죄와 멸망 (창세기 13장 13절, 창세기 19장 5절, 창세기 19장 24~25절, 유다서 1장 7절), 3. 동성애는 가증한 죄임 (레위기 18장 22절, 레위기 20절 13절), 4. 기브아 사람들 이야기로 동성애가 만연한 기브아에 큰 전쟁이 일어남 (이사야 19장), 5. 이스라엘과 유다의 악한 왕들은 끊임없이 동성애자들을 여호와의 종교로 끌어들임 (열왕기상 14장 22~24절), 의로운 왕 (아사, 여호사밧, 요시아)들은 끊임없이 그들을 쫓아냄 (열왕기상 15장 12절, 열왕기상 22장 46절, 열왕기하 23장 7절), 6. 동성애의 죄악됨과 그들의 행위에 상당한 보응 (로마서 1장 26~27절), 7. 하나님 나라와 양립할 수 없는 추악한 죄목 (고린도전서 6장 9~10절), 8. 율법이나 복음과 양립할 수 없는 추한 죄의 목록 (디모데전서 1장 9~10절)

56) 구약성경에는 하나님이 거룩하심을 850여 회 말씀하고 계신다.

양심과 하나님의 말씀에 따라 성령의 도우심으로 죄악을 돌이키며 바르게 살려고 한다.

둘째, 하나님은 스스로 계신 분이다(출애굽기 3장 14절). 하나님은 스스로 판단하시고 결정하시는 분으로, 그분이 가지신 속성인 자유를 우리에게 주셨다. 하나님은 죄의 종이었던 인간에게 또다시 자유를 주시기 위해 하나님의 아들 예수를 보내주시고 다시는 종의 멍에를 메지 말라고 하신다.[57] 그러나 인간은 하나님이 주신 자유를 남용하여 방종하고 타락하는 데 활용하고 있다.

셋째, 하나님은 말씀 그 자체이시다(요한복음 1장 1절). 태초에 하나님이 말씀으로 천지를 창조하셨다(창세기 1장 1절, 시편 19편 1절). 예수님도 말씀으로 하나님과 함께 계시고(요한복음 1장 1절), 말씀이 육신이 되어 이 땅에 오셨다(요한복음 1장 14절). 기독교는 말씀이 곧 능력이며 힘이다. 그리고 하나님은 이 말씀의 속성에 따라 인간에게 언어를 주셨다. 아담에게는 이 언어를 통해 각종 동물과 생물들의 이름을 짓도록 하셨다(창세기 1장 19절).

4) 언어를 통해 정상적 사회가치와 말씀의 파괴

퀴어와 젠더신학은 근본적 기저에 포스트모더니즘, 후기구조주의, 그리고 자크 데리다의 해체주의, 프랑크푸르트학파의 비판이론이 자리 잡고 있다[58]는 사실을 간과해서는 안 된다. 데리다는 자신의 저서 『마르크스의 유령들』에서 "해체주의 사상은 마르크스주의의 급진화"[59]라고 주장하였다. 하나님이 창조하신 남자와 여자의 성별 해체로부터 전통적 가정, 도덕적 질서의 파괴로 나타난다는 것이다. 따라서 문화 막시즘으로 불리는 이들의 사상은 '새로운 영지주의'로 불리기도 한다. 쉽게 말해 "진화생물학에서 말하는 퓌시스(자연)에 대한 반대 개념으로 자연의 선함을 부정하고 '젠더'라는 새로운 그노시스(gnosis, 영지)를 만들어 낸 것"이다. 본래 고대 영지주의는 신화를 바탕으로 전통적 문화를 파괴하지만, 현대 영지주의는 프랑크푸르트학파의 비판이론, 퀴어 이론, 후기구조주의 사상으로 역사적 상황에서 존재하는 자연적인 것과 주어진 질서를 해체하

---

57) 갈라디아서 5장 1절 "그리스도께서 우리로 자유케 하려고 자유를 주셨으니 그러므로 굳세게 서서 다시는 종의 멍에를 메지 말라"

58) 정일권, 『문화막시즘의 황혼』, 39.

59) 자크 데리다, 『마르크스의 유령들』 진태원 역, 2007, 5.

는 것[60] 이라는 것이다.

대표적인 해체 방법은 언어를 통하여 사람들을 혼란스럽게 하는 것이다. 이렇게 사회 구조를 해체하는 사상을 '후기구조주의'라고 한다. 이 사조는 언어, 즉 말씀의 절대성에 기반을 둔 기독교 사상과 정면으로 대립한다. 성경에서 언어, 즉 '로고스(말씀)'는 태초에 혼돈 질서를 부여한 인간의 사고 체계를 뛰어넘은 절대적인 진리이다. 그러나 후기구조주의는 인간의 지식 체계가 불안정한 인간의 사고 체계를 넘는 언어 구조에서 나왔다고 주장하며, 기독교를 기반으로 하는 서구 전통 사상을 전면으로 부인한다. 서구 기독교적 논리는 이분법적 사고를 바탕으로 하고 있다고 보기 때문이다. 예를 들어, 선과 악, 흑과 백, 진리와 거짓, 남자와 여자 등이다. 이러한 이항 대립구조는 지배의 개념이기 때문에, 이항 대립구조에 대한 탈피이다. 후기구조주의의 문제점과 위험성은 이사야 5장을 통해 경고하고 있다.[61]

후기구조주의의 대표적인 인물은 언어의 불변성과 기원을 전면 부정하고 해체(deconstruct)를 주장한 자크 데리다(Jacque Derida)[62], 담론을 설명하면서 언어의 근본적인 의미를 전면 부정한 동성애자이자 소아성애자였던 미셸 푸코(Michel Foucault), 언어를 창조하며 이에 대한 절대 권력을 가지고 있던 저자이자 '신의 죽음'을 선포한 롤랑 바르트(Roland Barthes)[63] 등이 있다. 그리고 젠더와 퀴어를 학문적인 이론으로 만든 이는 스스로 '남성도 여성도 아닌 X성'을 주장한 주디스 버틀러이다. 그녀는 후기구조주의, 막시즘, 현대 심리학을 바탕으로 자신의

---

60) Ihab Hassan, "New Gnosticism: Speculations on Aspect of the Postmodernism Mind", *Boundary 2 Spring*, 1973, 547-59.

61) '악을 선하다 하며 선을 악하다 하며 흑암으로 광명을 삼으며, 광명으로 흑암을 삼으며, 쓴 것으로 단 것을 삼으며, 단 것으로 쓴 것은 삼는 자들은 화가 있을 것이다' (이사야 5장 20~21절)

62) Derida Jacques, *The History of Sexuality: An Introduction* (New York: Vintage Books), 190.

63) 롤랑 바르트는 근대의 등장으로 인간은 신이 차지하고 있던 전지전능한 자리를 인간의 '이성(理性)'이라는 무기로 탈취하였다고 주장하였다. 그리고 인간은 그렇게 신의 자리를 탈취한 것에 만족하지 않고, 그 권능을 행사한다는 주장하였다. 여기에 앞장선 계층이 이른바 '부르주아'라고 하였다. 그는 「저자의 죽음 (The Death of the Author)」을 통해 하나님의 죽음을 선포했다. 그는 에이즈로 죽은 미셸푸코와 연인관계로 동성애자였으며, 64세에 고통사고로 사망하였다. Barthes, Roland, "The Death of the Author", Image-Music-Text Trans, *Stephen Heath* (New York: Hil and Wang), 97. ; 142-8. ; 현숙경, 「젠더 이데올로기와 후기구조주의 이론」, 국회세미나 자료 참조.

젠더와 퀴어 이론을 구축하였다.

하나님 형상을 닮은 인간이지만 죄성을 가진 상태로 하나님이 주신 언어와 이성을 통해 만든 이론이나 철학은 인간의 약점과 시대에 따라 수시로 변한다. 그 본질은 "마음에 하나님 두기를 싫어하는(로마서 1장 28절)" 인간의 죄악성이다. 오늘날 인간의 이성과 언어의 바벨탑을 쌓아 올리며 하나님 말씀에 정면으로 대항하고 있다. 젠더 이데올로기는 현재 삶의 모든 영역에서 실제로 적용되고, 영향력을 미치고 있어서 심각성이 있다. 각 사람이 가지고 있는 수치감을 파괴할 뿐만 아니라 건강한 이성과 사람의 마음에 새겨진 자연법과 성경에서 계시된 하나님의 창조 질서와 극단적으로 충돌하고 있다. 자신의 사상에 대한 수용성과 관용성을 요구하지만, 스스로는 지극히 배타적이고, 모든 반박 세력에 대해서는 자신의 추종자들에게 열광적 대항을 선동하고 있다.

유럽에서 젠더주의의 위험성을 직접 목도한 피터 바이어하우스 교수는 제3의 혁명이라고 일컬었다. 그리고 이것은 하나님의 주권에 정면으로 도전하는 반신론적·무신론적 이데올로기로 총체적으로 적그리스도의 길을 예비해야 한다고 강력히 경고한 사항을 명심해야 할 것이다.

젠더주의의 성 혁명은 전통적 결혼 및 가족제도, 특히 한 남성과 한 여성의 신성한 결합인 일부일처제를 심각하게 위협한다. 건강한 가정공동체 구축과 다음세대에 대한 전승의 당위성은 가정을 지키는 것이 바로 인간 자신을 지키는 일이면서 더 나아가 사회와 국가와 문명 자체를 지키는 일이다. 가정은 단순히 자연적·사회적 구성단위가 아니라, 남녀 간의 관계와 세대 간의 관계를 끊으려야 끊을 수 없게 이어주는 생명줄, 인류가 후손에게 대대로 전수하고 길이 보존해야 할 하나님이 직접 만드신 제도이다.

제2장 현대 인권과 복음

오늘날의 인권 담론은 기독교적 가치관에 엄청난 영향을 미치고 있다. 이유는 인권, 특히 자의적 인권이 직접적인 영향으로 '내가 하나님, 즉 주인 되도록' 만들기 때문이다. 물론 보편적 인권에서 종교적 색채라며 하나님의 존재를 제외하는 순간부터 인간의 권리와 기독교 가치관은 멀어지게 된다. 그런데 점차 상대적 인권과 자의적 인권이 등장하면서 더욱 인간이 신과 멀어지게 하거나 신을 부정하게 만들기 때문에 악영향을 미친다는 것이다. 이를 종교적 해방 또는 인간해방의 관점에서 살펴본다.

1. 상대적, 자의적 인권과 구원

현대 인권론에 많은 영향을 미치고 있고, 상대적 인권의 출발점이 되는 마르크스주의 인권론과 연관이 있다. 이 인권론의 핵심 주제는 '인간 해방'이었다. 이는 기독교에서 말하는 '영혼 구원'과 일맥 유사하지만, 역설적이게도 정반대의 개념이기도 하다. 인간 해방은 인간의 이성과 노력으로 세상의 한계, 즉 자본주의의 모순적 환경에서 벗어나 모두가 평등하게 잘사는 이상주의이다. 특히 기독교로부터 해방, 신으로부터 해방이 포함되었다. 현대 인권론도 이와 같은 사상으로 우리 현실 사회의 구조적 모순을 극복하고 정치 평등, 경제 평등, 사회 평등, 문화 평등을 이루어 유토피아적 삶을 목표로 하고 있다. 그러나 영혼 구원은 오늘의 현실뿐 아니라 내세의 문제까지 포함하여 영원히 행복한 세계를 목적으로 하고 있다.

오늘날의 자의적 인권, 특히 자기결정권이 성경에서 말하는 구원과 어떤 관계가 있는지 살펴본다. 자의적 인권은 자유의지를 통해 결정하고 판단하는 것이 합리적이라고 인정받는 추인 과정이다. 즉 자기 자신에 대한 정체성을 인정받는 것이다. 인간은 예수를 주(Lord)로 고백하는 것에 자신의 정체성이 흔들리고 약간의 무기력과 불안감을 느낄 수 있다. 왜냐하면 나의 주인은 예수이고 나는 예수의 종이 된다는 마음의 고백이기 때문이다. 그런데 구원은 바로 자신을 낮추고, 내가 죄인임을 고백하는 것에서 출발하고 있다. 그래서 나의 생명, 시간, 재산 등 모든 것이 주님의 것이라고 진정으로 고백하는 것이다. 이 고백은 예수를 주로 믿지 않으면 불가능하기에 바로 구원의 핵심이라고 할 수 있다. 현대 인권 담론, 특히 자의적 인권론은 '내가 주인 되고 내가 하나님 되겠다'라는 논리이기 때문에 구원과는 정반대의 명제라고 할 수 있다. 물론 주 예수를 믿음으로 구원받는다는 명제는 분명하다. 또한 인간이 구원받은 자와 받지 못한 자를 구별한다는 것 자체가 어불성설일 수 있다. 다만 구원론에서 말하는 예수를 어떻게 마음속에 인식하느냐의 문제를 살펴보는 것이다.

기독교인들에게 예수를 어떻게 인식하느냐의 문제는 구원과 직결된다. 자유주의론자들과 이를 따르는 사람들은 예수를 구세주(Savior)정도만 인식하고 있다. 그러나 성경에는 '예수를 주(Lord)로 믿어야 구원을 받는다'라고 기록되어 있다. 그리고 우리는 그 사실을 알고 있다. 예수를 구세주로 믿으면 구원받는다는 성경 구절은 없다고 하는 이들도 있지만, 성경에는 '주 예수를 믿어라'[64], '네가 만일 네 입으로 예수를 주로 시인하며…'[65] 라고 분명히 기록되어 있다.

즉 나에게 예수님이 구세주(Savior)인가 주님(Lord)이신가의 문제이다. 예수가 세상을 구원하는 구세주인 것은 분명하다. 더 나아가 예수님 그분이 바로 하나님과 동격으로 하나님의 아들로 나의 전부인 주인이시자 왕이신 분이다. 성경에는 예수님을 지칭할 때 구세주로 표현한 것은 24회, 주님으로 표현된 것은 433회이다.[66] 그런데 구세주와 주님이라는 의미는 엄청난 차이가 있다.

그럼 구세주(Savior)와 주(Lord)의 차이점은 무엇일까?
위키피디아 등 백과사전[67]에서 기독교 '메시아닉주' 또는 '예수 그리스도', 유대교 '메시아',[68] 힌두교 '칼키', 불교 '미륵보살', 이슬람교 '마흐디'라는 용어

---

64) 사도행전 16장 31절.

65) 로마서 10장 9절.

66) 박영철, 『구멍 난 복음을 기워라』 (규장, 2018), 21.

67) https://ko.wikipedia.org/wiki/%EA%B5%AC%EC%84%B8%EC%A3%BC.

68) 유대교에서는 아직 메시아는 도래하지 않는 것으로 생각한다.
 https://www.youtube.com/watch?v=Zuqbe99OMa4.

가 구세주의 의미로 사용된다고 설명하고 있다. 반면 주(Lord)는 기독교에서만 사용되는 하나님의 칭호이다. 주(主, 히브리어: אֲדֹנָי (아도나이), 고대 그리스어: Κύριος (퀴리오스), 라틴어: Dominus, 영어: Lord)는 야훼에 대한 일반적인 호칭으로, 삼위일체에 따라 예수나 성령을 '주'로 표현한다. 구약에서는 창조주 하나님을 '주'라고 불렀고,[69] 히브리 사람들은 하나님의 이름 '야훼'를 감히 부르지 못하고 '아도나이(주)'라 불렀으며, 그리스어역 성서에서도 야훼를 '퀴리오스(주)'라고 번역하였다. 신약에서는 예수 그리스도에 대한 신앙고백으로 "예수는 주님이시다"[70] 라 하고 예수가 하나님, 신앙의 대상, 예배의 대상이라는 확신에서 '주'라는 말로 표현한다.[71]

성경에서 예수님의 호칭이 언제부터 '구세주'였으며, 언제부터 '주'로 고백했는지, 그 시점을 살펴보면 더욱 명확해진다. 바로 예수가 십자가에 죽으시고 3일 만에 부활하신 이후에 '주'로 불렸다. 예수에 대하여 최초로 주로 불린 시점은 베드로의 고백에서 나온다. 베드로는 "너희는 나를 누구라고 하느냐"라는 예수의 질문에 "주는 그리스도시오, 살아계신 하나님의 아들이시나이다"[72] 라고 고백하였다. 이 고백을 들은 예수께서는 "처음으로 부활 사건에 대하여 말씀하셨다"라고 기록[73] 되어 있다. 그리고 베드로가 예수를 '주(Lord)'로 분명하게 고백을 하자, 예수께서는 이 반석(바위)위에 '교회'를 세울 것이라고 분부하는 장면이 있다. 베드로는 예수께서 십자가에 못 박히실 때는 도망갔다. 그러나 십자가에서 만신창이로 죽었으나 초과학적으로 3일 만에 부활하신 예수님을 직접 만난 후 변화되었다.

무엇보다 교회의 시작 또한 예수님을 주로 고백하면서 시작되었다. 베드로는 첫 설교에서 주(Lord)의 개념을 명확히 전파하고 있다. '너희들이 십자가에

---

69) 창세기 15장 2절, 신명기 3장 24절, 신명기 9장 26절, 시편 69편 6절 등 다수.
70) 고린도전서 12장 3절 누구든지 성령으로 아니하고는 예수를 주로 고백할 수 없다.
71) https://ko.wikipedia.org/wiki/%EC%A3%BC_(%EA%B8%B0%EB%8F%85%EA%B5%90).
72) 마태복음 26장 16절.
73) 마태복음 16장 21절.

죽인 이 예수를 하나님이 살리심으로 주와 그리스도가 되게 하였다'[74] 라고 선포한 것이다. 의심은 있었지만 합리적이고 정의로운 사도로 불리는 도마는 부활하신 예수님 만나고 '나의 주 나의 하나님(My Lord, My God)'[75] 으로 굴복하며 고백하고 있다. 또한 예수의 동생이자 형제인 야고보와 유다, 누이들은 한때는 '예수를 미쳤다'[76] 라고까지 하였다. 그러나 부활하신 후에는 형으로 부르지 않고, 성경에 기록된 대로 우리 '주 예수 그리스도'라고 호칭하고 있다. 즉 예수의 정체성이 주로 호칭되고 주님으로 분명하게 고백 받을 수 있게 된 시점은 예수님이 부활하신 이후이다.

그렇다면 교회의 정의는 무엇인가? 교회는 히브리어로 카할(ק.ה.ל, 불러내다)이며, 헬라어는 에클레시아(ἐκκλησία, 밖으로부터 부른다)이다. 교회는 건물이나 조직이 아니라 '예수를 주로 고백하는 사람들의 공동체'라는 것이다. 즉 본질적으로 교회는 사람이고, 교회당은 건물이므로 다르다. 교회의 기원은 예수를 주로 고백하면서 시작되었다. 베드로의 최초 설교를 통해 예수를 주로 고백한 사람들이 모임[77] 에서 찾을 수 있다.[78] 바울은 "고린도에 있는 하나님의 교회, 곧 그리스도 예수 안에서 거룩하여지고 성도라 부르심을 받은 자들과 또 각처에서 우리의 주 곧 그들과 우리의 주되신 예수 그리스도의 이름을 부르는 모든 자"[79] 라고 분명하게 기록하고 있다.

초대 예루살렘 교회와 시리아의 안디옥 교회가 중심이었던 초기 기독교는 사도 바울에 의해 터키와 유럽으로 복음이 확산하였다. 로마 시대의 박해를 거쳐 AD 313년 콘스탄티누스가 밀라노 칙령을 통해 기독교를 공인하였다. 그리고 330년 자신의 이름을 딴 새 도시 콘스탄티노플(비잔티움, 이스탄불)을 건설하여 로마 제국의 수도로 삼고 기독교의 중심 도시로 만들었다. AD 347년 데오도시우스 1세에 의해 국교로까지 인정되었으나 아이러니하게도 이때부터 교회의

---

74) 사도행전 2장 27절.
75) 요한복음 20장 24~29절.
76) 마가복음 3장 21절.
77) 사도행전 2장 37~47절.
78) 오정무, 『모이는 교회, 흩어지는 교회』 (영성네트워크, 2013), 41-9.
79) 고린도전서 1장 2절.

타락이 시작되었다. AD 395년 데오도시우스는 방대한 지역을 분할 통치하기 위하여 동로마와 서로마로 분리하였다. 시간이 가면서 교황의 수위권대립, 교직자의 독신과 부활절 날짜 등의 충돌로 결국 콘스탄티노플을 중심으로 한 동방교회(Orthodox church)와 로마를 중심으로 한 서방교회(가톨릭교회, 한국에서는 천주교회 Catholic Church)로 분리되었다.

이후 AD 500년~1500년, 가톨릭교회는 교황 제도, 토지 소유, 권력자들과의 결탁으로 막강한 부와 권력을 갖게 되었으며, 이것은 곧 교회의 타락으로 나타났다. 윤리적 타락보다 더 심각한 것은 신학적·성경적 타락과 이탈이었다. 신인 협력 구원설, 교황 무오설, 마리아 중보설, 성인숭배, 면죄부 판매, 고해성사, 공로사상, 연옥설은 대표적인 사례이다.

14세기 영국 옥스퍼드대학교 교수 존 위클리프(John Wycliffe)와 체코 프라하대학교 학장 얀 후스(Jan Hus)가 '교회의 머리는 그리스도이지 교황이 아니다'라며 교황을 비판하고, 성만찬의 화체설을 부정하였다가 무덤이 파헤쳐지고 화형을 당하기도 하였다. 1517년 10월 31일, 독일의 비텐베르크대학교 교수이자 신부였던 마틴 루터(1483~1546)가 대학 게시판에 95개 조항의 토론 주제를 붙였다. 이날을 종교 개혁일이라고 부르며,[80] '초대교회로 돌아가자', '성경으로 돌아가자'라는 운동이었다. 루터는 '오직 믿음으로 구원받는다'라는 교리를 주장하였다. 이 개혁의 불길은 독일뿐만 아니라 유럽 전역으로 번지게 되었으며, 교회 개혁자들이 곳곳에서 개인의 양심을 속박하지 말 것을 주장하는 항의문을 제출하였다. 'protestants(항의자)'라는 명칭은 이로부터 생겨났다. 개혁자들은 반항이 아니라 교회의 개혁을 위하여 일어났다. 그 후 개혁교회(Reformed church)라 부르게 되었다.

기독교는 지금까지 한 번도 권력과 강자의 위치에 서본 적이 없다. 가톨릭은 정치와 밀접하게 관련되어 있었지만, 기독교는 출발에서부터 억압과 핍박과 박해의 역사를 가지고 있다. 위그노, 청교도 등이 대표적이며, 오늘날 최악의

---

80) 임경근, 『세계 교회사 걷기』 (두란노, 2019), 참조

기독교 핍박국은 북한, 중국 등 사회주의 국가 체제에서 분명하게 나타나고 있다.

2. 자기결정권과 복음

기독교에서 중시하는 핵심가치는 '자유'라고 할 수 있다. 기독교인의 신앙의 핵심도 이 자유를 지키기 위해 순교까지 불사한다. 그리스도인들은 율법의 정죄와 죄에서부터 자유를 주시기 위해[81] 오신 예수 그리스도를 믿고 그 분만을 주인(님)으로 섬기고 따르는 것이다.

본래 창조주 하나님은 우리 인간에게 최고의 선물로 자유를 주셨다. 이 자유는 일부 논란이 되고 있지만 '자유의지(free will)'라고도 한다.[82] 하나님은 본래 스스로 계신 분(출애굽기 3장 14절)으로 자신의 형상을 따라 창조하시고 그 유사성(likeness)에 따라 인간에게 자유를 주신 것이다. 즉 우리 인간에게 자신의 행동을 결정하고 선택할 수 있는 자율권을 주셨다. 인간이 인간의 최초 타락도 사탄의 유혹을 받았지만 결국은 인간이 자신이 선악을 분별하겠다는 자신의 의지와 결정에 의해 시작되었다. 오늘날 인권의 논리가 작동되면서 이를 '자기결정권'이라고 한다. 하나님이 주신 자유 즉 자기결정권을 하나님 없는 것처럼 행동하면 엄청난 자기파기의 길로 갈 수 밖에 없다.

따라서 오늘날 인권 담론은 기독교 가치관에 엄청난 영향을 미치고 있다. 하나님 없는 자기결정권, 즉 인권을 주장하고 실행하면 이는 방종과 타락으로 연결될 수밖에 없을 것이다. 상대적이고 자의적 인권은 결국 내가 옳고(선하고) 그름(악하고)을 판단하는 즉 내가 선악의 기준을 판단하고 결정하는 하나님이 되는 것이기 때문이다. 물론 보편적 인권에서도 종교적 색채를 나타내지 않기

---

81) 갈라디아서 5장 1절 그리스도께서 우리로 자유케 하려고 자유를 주셨으니 그러므로 굳세게 서서 다시는 종의 멍에를 메지 말라

82) 인간의 자신이 행동과 결정을 스스로 조절·통제할 수 있는 힘·능력이다. 이 문제는 인과 관계에서 인간 자유와 자연 법칙의 비중을 얼마로 볼 것인가와 관련돼 있으며, 양립 가능론(compatibilism), 양립 불가론 (incompatibilism)으로 나뉜다. 전자는 의지와 결정론이 동시에 성립하는 입장이고, 후자는 성립하지 않는 입장이다. 이는 인간의 이성적 주장이며, 신학적으로는 인간의 타락 이전과 이후로 구분하여 정립할 수 있다.

위해 하나님의 존재를 제외하는 순간부터 기독교 가치관과는 멀어졌다. 그런데 상대적 인권과 자의적 인권이 등장하면서 더 하나님과 멀어지게 하거나 하나님의 존재 자체를 부정하거나 대항하게 만들기 때문에 악영향을 끼친다는 것이다.

인간의 자의적 자기결정권이 기독교의 복음에 어떻게 영향을 미치는지 살펴본다. 복음의 핵심 요소는 죄(The Sins), 십자가(Cross), 부활(Resurrection), 회개(Repentance), 영접(Receiving)이며, 이를 기준하여 정리하였다.

1) 죄의 본질
복음의 시작은 죄에 대한 명확한 인식에서 출발한다. 로마서 3장에 '모든 사람이 죄를 범하였으매 하나님의 영광에 이르지 못하더니…', '한 사람도 예외 없이 죄를 범한 죄인'[83] 임을 밝히고 있으나 인권론은 죄에 대하여 정확히 설명하지 못하게 한다. 분명 동성애는 죄이고 젠더 자체도 죄이다. 이것이 틀린 말은 아니나 더 본질적인 문제를 놓치고 있다. 동성애자뿐만 아니라 우리 모두 죄인이기 때문이다. 로마서 1장에 동성연애부터 불의, 추악, 탐욕 등 23가지 형태의 죄의 속성을 나열하고 이는 사형에 해당한다고 하고 있다.[84] 그 이유는 '그 마음에 하나님 두기를 싫어하기 때문'이라는 것이다. 즉 자기가 자신의 주인이 되어 자기 마음대로 살아가는 근원적인 죄를 지니고 있다는 것이다. 근원적인 죄는 자신의 마음에 하나님을 거부하고, 그분을 무시한 채 자신이 우주의 하나님, 즉 주인 되어 살아가는 것이다. 이것이 내가 하나님 되려는 마음에 선악과를 먹었던 아담의 상태와 동일한 상태이다.

---

83) 로마서 3장 23절.

84) 이 때문에 하나님께서 그들을 부끄러운 욕심에 내버려 두셨으니 곧 그들의 여자들도 순리대로 쓸 것을 바꾸어 역리로 쓰며 그와 같이 남자들도 순리대로 여자 쓰기를 버리고 서로 향하여 음욕이 불 일듯 하매 남자가 남자와 더불어 부끄러운 일을 행하여 그들의 그릇됨에 상당한 보응을 그들 자신이 받았느니라 또한 그들이 마음에 하나님 두기를 싫어하매 하나님께서 그들을 그 상실한 마음대로 내버려 두사 합당하지 못한 일을 하게 하셨으니 곧 모든 불의, 추악, 탐욕, 악의가 가득한 자요 시기, 살인, 분쟁, 사기, 악독이 가득한 자요 수군수군하는 자요 비방하는 자요 하나님께서 미워하시는 자요 능욕하는 자요 교만한 자요 자랑하는 자요 악을 도모하는 자요 부모를 거역하는 자요 우매한 자요 배약하는 자요 무정한 자요 무자비한 자라 그들이 이 같은 일을 행하는 자는 사형에 해당한다고 하나님께서 정하심을 알고도 자기들만 행할 뿐 아니라 또한 그런 일을 행하는 자들을 옳다 하느니라. (로마서 1장 26~32절)

오늘날 인권 담론은 천부적 인권에서 출발하여 신의 존재를 제외하고 인권의 정당성 기준으로 삼고자 했던 윤리와 도덕의 기준과 원칙이 다 무너졌다. 그래서 자칭 자유주의 신학자, 퀴어신학, 해방신학, 민중신학자들은 동성애나 젠더도 '도덕·윤리적으로 접근하면서 죄가 아닐 수 있다'라고 주장한다. 이에 대한 본질은 그 마음에 하나님 두기를 싫어할 뿐이다.

성경에서 말하는 본질적인 죄(The Sin)는 윤리·도덕적인 죄를 따지는 것이 아니라 '내가 하나님(주인) 되겠다는 마음'을 가지느냐의 문제이다. 요한복음 16장 9절에 '죄에 대하여라 함은 예수를 믿지 아니함이다'라고 한다. 이 말씀은 예수가 부활하신 후 승천하시고 성령하나님이 오셔서 죄, 의, 심판에 대하여 확인하시면서 나온 구절이다. 바로 '내가 하나님 되는 것'이 본질적이고 근원적인 죄라는 것이다. 이는 나의 마음에 내가 주인 되어 하나님 두기를 싫어하는 마음이 '예수를 나의 마음의 주인으로 믿지 않는다'라는 분명한 말씀이다. 따라서 죄는 자기 자신을 하나님 위치에 올려놓고 살아가는 근원적인 죄(The Sin)와 마음에 하나님 두기를 싫어함으로 나타나는 인간들 사이에 각종 죄악(sins)으로 구분하여 설명할 수 있다.[85]

무디 성경학교의 초대 교장으로, 19세기 웨일즈 부흥에 직접적인 영향을 미쳤던 토레이(Reuben Archer Torrey)목사[86]도 죄에 대하여 분명히 하고 있다. "죄에 대하여라 함은 저희가 나를 믿지 아니함이요(요한복음 16장 9절)"의 말씀으로 설명한다. 그는 성령께서 책망하는 죄는 '예수 그리스도를 믿지 않는 죄'이고, 술에 취하거나 도둑질하거나 간음하거나 살인하거나 어떤 부도덕한 행위를 하는 것은 죄가 아니다. 오직 하나님의 아들 예수 그리스도를 믿지 않는 것을 책망하

---

85) 박영철, 『구멍 난 복음을 기워라』, 49.

86) 토레이 목사는 20세기 초에 활동한 유명한 전도자요 성경신학자로, 그의 성령에 대한 가르침은 20세기 초 전 세계에 걸친 부흥운동에 기반이 되었다. 그는 쉽고 단순하지만 가장 핵심적인 성경의 진리를 전하기로 알려져 있다. 미국 뉴저지에서 출생해 예일대학교와 예일대학교 신학부를 졸업했고, 독일 대학에서 공부하였다. 1878년 회중교회 목사 안수를 받고, 오랫동안 무디와 동역하였으며 무디성서대학 학장과 무디기념교회 담임목사를 역임했다. 그는 구원받은 은혜에 만족하여 안일하게 지낼 것이 아니라 '성령침례'를 받아 능력 있게 복음을 증거하며 믿음의 사역에 힘써야 할 것을 역설했다. 믿는 자라면 성령침례는 선택사항이 아니라 필수적인 의무임을 강조한 것이다.

시는 것이다. 이 죄가 오순절 성령께서 3천 명을 깨워 주신 죄이다.[87] 사도행전 2장 36절에 "그런즉 이스라엘 온 집이 정녕 알지니 너희가 십자가에 못 박은 이 예수를 하나님이 주와 그리스도가 되게 하셨느니라"라고 베드로가 외칠 때에 "저희가 이 말을 듣고 마음에 찔려 베드로와 다른 사도들에게 물어 가로되 형제들아 우리가 어찌할꼬"라며 회개하는 장면이 나온다. 이는 바로 성령께서 일깨워 주시는 죄는 '하나님께서 주와 그리스도로 삼으신 예수를 믿지 않은 것이다' 라는 것을 분명히 하고 있다.

성령은 예수를 주로 믿지 않는 죄는 가장 악하고 결정적인 죄이며, 견주지 못할 저주받을 죄라는 것을 분명히 깨닫게 한다. 가장 무서운 죄는 하나님이 보내신 아드님을 배척하였다는 사실을 깨닫게 되는 것이다. 인간관계에서 범한 죄가 아무리 크다 할지라도, 죽은 자 가운데 살리셔서 하나님의 영원한 아들이심을 분명히 나타내셨고, 하늘의 모든 영광을 버리고 이 땅에 오셔서 우리의 죄를 친히 지시고 십자가 위에서 그렇게 고통스럽고 비참하게 수치와 모욕을 당하신 예수를 배반한 죄와 비교할 수 없다는 사실을 알게 된다. 이는 오직 성령만이 할 수 있다. 고린도전서 12장 3절에 "성령이 아니고는 예수를 주로 시인할 수 없다"라고 말씀하고 있기 때문이다.

현대 인권은 내가 주인 된 것을 가르친다. 토레이 목사는 인간의 하나님 되고자 하는 인본주의 신앙에 진정한 그리스도인이 무엇인지 알리고자 하였다. 그는 지금도 자유주의 신앙의 차가운 이성주의(理性主義)와 죽은 정통의 무기력하고 나른한 신앙에 빠진 20세기 초의 신자들에게 큰 도전을 준 것이 바로 죄의 문제라는 것을 정확히 지적하고 있다.

2) 예수의 죽으심과 부활 : 예수의 주되심
예수님은 무엇을 위해 고난과 고통, 굴욕을 당하시고 그 비참한 십자가에 못 박히며 죽음을 받아들이셨을까? 대부분의 그리스도인들은 '나의 죄를 위해서'라고 생각하고 대답한다. 당연히 맞는 말이다. 절대 틀린 말이 아니다. 그런데 우리가 놓치는 부분이 있다. 바로 예수님이 십자가에서 죽으신 이유는 우리

---

87) R. A. 토레이, 『성령론』 (서울: 대한기독교서회, 1989), 50-1.

가 지금까지 자기 자신을 위해 살았지만, 이제는 오직 예수만을 위해 살아가라는 것이다. 즉 예수님을 온전히 주인으로 섬기며 살아가라는 강력한 메시지이다. 고린도전서 15장 5절에 "예수님이 모든 사람을 대신하여 죽으심은 살아 있는 자들로 하여금 다시는 그들 자신을 위하여 살지 않고 오직 그들을 대신하여 죽었다가 다시 살아나신 이를 위하여 살게 하려 함이라"라고 하여 십자가에 죽으신 목적에 대하여 분명하게 기록하고 있다. 그리고 이를 분명하게 하기 위해 '죽었다가 다시 살아난 이', 즉 부활하신 예수님을 지목하고 있다는 것이다.

그러나 현대 인권은 예수의 '주되심'을 멀리하게 한다. 오늘날 인권 담론은 종교해방과 인간해방을 내세워 종교를 멀리하고, 결국 하나님으로부터 점차 멀어지게 한다. 기독교에 대하여 '프레임 전략'을 통해 교회의 기능과 교인의 역할을 침소봉대하여 부정적 이미지를 대중들에게 심어주게 하는 현상과 연결되도록 한다. 이는 우리 인간을 내가 하나님 되어 살아가게 함으로써 예수가 주되심이 되지 못하도록 강제하고 간섭한다는 것이다.

인류 역사에서 결코 부정할 수 없고, 또 어떤 세상의 과학으로 결코 증명할 수 없는 사건이 하나 있다. 바로 예수의 부활 사건이다. 예수는 살아생전에 과학과 상식으로 설명할 수 없는 수많은 이적과 표적을 행하였다. 이를 보고 수많은 사람이 예수를 믿고 따랐으나, 창조주 하나님이신 예수께서 이 세상에 인간의 모습으로 오셨다는 것을 알아보는 사람은 없었다. 나사렛 예수, 세상을 구원하는 구원자 정도로 예수 그리스도를 인지하였다. 예수님은 '자신이 하나님'이라고 아무리 말해도 듣지 않았고, 심지어 돌로 쳐 죽이려고까지 했으며, 결국 유대 종교지도자들은 하나님을 모욕하였다고 하여 '신성모독죄'를 적용하여 십자가에 죽인 것이다.

마태복음 12~20장에서 예수께서는 6번[88]에 걸쳐 자신이 십자가에 죽임을 당하고, 3일 만에 부활하실 것을 강조하여 말씀하였다. 그런데 제자들조차도

---

88) 마태복음 12장 39~40절, 마태복음 16장 4절, 마태복음 16장 21절, 마태복음 17장 9절, 마태복음 17장 22~23절, 마태복음 20장 18~19절.

그 예수가 하나님이라는 사실을 인지하지 못하고, 지금까지 알고 믿고 싶었던 이스라엘의 구세주 정도로 믿었다. 당시 사람들이 수많은 이적과 표적을 보고도 믿지 않고, 하나님의 아들임을 증명하라고 할 때, 예수께서는 "악하고 음란한 세대가 표적을 구하나 선지자 '요나의 표적 밖에' 없다"라고 하였다. 예수가 하나님의 아들임을 증명할 수 있는 유일한 방법은 부활의 표적 밖에 없다는 것이다. 주목할만한 점은 인간의 속성을 '악하다'라고 지적한 것은 바로 하나님보고 하나님이심을 증명하라는 인간들의 자기중심과 교만함에 찌든 '자신이 하나님 됨'을 표현하신 것이며, '음란하다'라고 지적한 것은 성적 자기결정권 및 성별 자기결정권으로 살아가는 오늘날의 인권 만능주의자 세태를 향한 말씀으로 여겨진다.

바울은 예수의 부활 사건을 가리켜 '모든 사람이 믿을 만한 증거'[89]라고 한다. 부활은 인류 역사에서 아무도 부정할 수 없는 과학적이고 역사적인 사실이다. 플레이보이 창시자인 휴 해프너에게 예수의 부활을 증거하였다[90]고 알려진 리 스트로벨(Lee Strobel)은 무신론자이자 회의론자였다. 그러나 그는 21개월 동안 2,200여 편의 자료를 통해 '예수 부활의 5가지 증거'[91]를 제시하면서 인식이 바뀌었다. 예수가 십자가에 죽은 후 왜 부활하셨을까? 우리의 죄만 사하신다고 했다면 십자가에 죽으면 된다. 그런데 부활까지 하신 것은 바로 나의 주(Lord)가 되기 위함이었다. 로마서 14장에 '이를 위해 그리스도께서 죽었다가 다시 살아나셨으니 곧 죽은 자와 산 자의 주가 되려 하심이다'라고 기록한 의미는 십자가에 죽으신 것은 우리의 죄를 위해 죽으셨지만 다시 살아나신 이유는 나의 주가 되시기 위함이라는 것이다.

기독교의 본질이자 근원인 예수의 호칭도 변화되었음을 알 수 있다. 예수의 유아 시절에는 '나사렛 예수', '다윗의 후손' 등 지명이나 가문에 따라 불렸고,

---

89) 사도행전 17장 31절.

90) https://www.christiantoday.co.kr/news/304647. 성혁명의 실천자인 휴 해프너는 1948년 킨제이 보고서를 통해 성혁명을 시작했으며, 1960년대 폭발적으로 성장시켰으며 2017년 9월 29일 사망했다. 그의 죽음에 대해 마이클 브라운 목사는 그의 죽음으로 성혁명이 비참하게 종결되었다라고 언급한 바 있다.

91) 리 스트로벨, 『부활의 증거』 윤종석 역 (두란노, 2012).

공생애 기간에는 '예수 그리스도'였다가 부활하신 이후에는 명확히 '주 예수 그리스도'라고 기록되어 있다.[92] 예수의 동생이자 형제인 야고보와 유다 그리고 누이들도 한때는 미쳤다고까지 하였다. 그러나 이제 형으로 부르지 않고 성경에 기록된 대로 '주 예수 그리스도'라고 부른다. 우리는 예수가 주가 되지 않으면 구원받지 못한다는 사실을 분명히 알 수 있는 대목이다.

인권이라는 개념 자체가 인간이 중심이 되고 내가 주체가 되는 것이다. 보편적 인권은 인류가 주체였고, 점차 상대적으로 소수자 약자로 주체가 변경되어 여성, 청소년, 노동자, 학생, 특정 인종 등으로 나타났다. 여기에 자의적 인권론으로 자기 자신이 주체가 되는 것이다. 특히 학생 인권 교육에서 인권의 주체를 지도하면서 인권은 내가 주인 되는 것이라고 교육하고 있다.[93]

3) 회개와 영접 : 하나님 자녀의 권세

회개는 무엇일까? 인간은 자신의 행위와 행동에 대하여 반성하고 또 수없이 회개와 참회를 반복한다. 이러한 반복적 행동으로 어느 날은 이를 귀찮아하거나 매너리즘에 빠지기도 하며 죄에 대하여 언제부턴가 무감각해지기도 한다. 진정한 회개는 '자기 자신의 마음의 주인을 바꾸는' 것이다. 지금까지 내가 주인된 죄에서 돌이켜 예수가 주인이 되도록 하는 것이다. 그런데 우리는 근원적인 죄 보다는 행위적인 것에 초점을 두고 회개를 한다. 그리고 예수만 믿으면 우리 인간은 하나님의 형상이요 당신은 하나님의 자녀이고 사랑받는 존재라고 인식하거나 인식시켜 버린다. 이는 핵심적인 회개의 부분이 누락되거나 약화되었다는 것이다. 그래서 이를 '구멍 난 복음'[94] 이라고 주장하기도 한다.

자유주의 신학에서 주장하는 인권론은 하나님 자녀의 권세를 간과하고, 인권의 특징에서 요구하는 금지성 내지 조건성을 경시한다. 권세라는 말은 헬라어로 '엑수시아(ξουσία)'로, 특권이라고 번역할 수도 있고 권위, 능력이라고 번

---

92) 예수의 호칭에 관한 연구 자료는 문세화, "呼稱 그리스도論", 「신학전망」 45, 1979, 14-38 참조.

93) 류은숙, "산문/다시 버려진 아이들-아이들의 인권을 주인에게", 「당대비평」 11, 2000, 361-73.

94) 박영철, 「구멍 난 복음을 기워라」, 1-5.

역할 수도 있다. 영어로는 권리(right) 또는 권세 또는 권력(power)으로 쓰이기도
한다.

본래 인권의 시작은 천부 인권이다. 창조주로부터 위임받은 권리로 사람이
면 누구나 가지는 권리이다. 그러나 점차 신을 배제하고 인권의 과정이 진행되
면서 인간 중심의 권리만을 논하게 되었다. 그리고 현대 인권 담론에서 자연스
럽게 신의 존재는 거부하거나 오히려 통제하는 수단으로 인식하게 되면서 신
을 배제하고자 한다. 이는 바로 구원의 특권으로 나타나는 하나님 자녀의 권세
를 상대적으로 멀어지게 한다. 또한 인권의 특성에서 기술하였듯이 사람의 권
리는 반드시 제한하거나 조건성이 있다. 절대적 기준과 진리가 없는 현대 인권
담론에서 조건이나 제한성은 사실상 무의미하다. 이러한 무제한성은 결국 자의
적 인권까지 가능하게 된 것이다. 성경에서 말하는 하나님의 자녀가 되는 권세
를 무조건 받을 수는 없다.

요한복음 1장 12절에 '영접하는 자 곧 그 이름을 믿는 자에게는'이라는 조건
이 있다. 따라서 교회만 나오면 하나님의 자녀가 된다는 말은 맞지 않는다. 영
접이라는 용어는 '누군가를 마음에 받아들인다'라는 뜻으로 예수님이 하나님이
심을 알고, 그분을 나의 마음속에 인생의 주인으로 모셔야 한다는 의미이다. 바
울은 '나의 주인은 예수님'이라는 의미로 "그리스도 예수 안에서"라고 표현하였
으며, 서신서에 무려 135회 이상을 사용하고 있다.

제 7 부

"인권과 평등"
시대를 분별하자

제 7 부

"인권과 평등" 시대를 분별하자

'인권', 즉 '사람의 권리'란 용어를 접하고 연구하면서 가장 필요하면서도 가장 멀리해야 할 단어로 여겨졌다. 무엇보다 '인권 침해'라는 말이 거슬리면서 상호 충돌이 발생하였다. 이쪽에서 보면 인권 침해이지만 다른 한편에서는 자유권 행사이기 때문이다. 오늘날 트렌드는 '인권'이지만, 언제부턴가 인권은 권력이 되었으며, 점차 혼란스러워지고 있다. 인권 담론 과정은 대우 다양하다. 대부분 인권론자는 인권의 역사는 투쟁의 역사라고 하기도 하고 비판의 역사라고도 한다. 이를 1·2·3세대별로 구분하기도 하고, 사회 권역별로 분류하기도 한다. 하지만 인권 담론만큼 바라보는 세계관에 따라 다르게 바라보며, 학문적으로도 다양하게 접목되어 있기에 한정된 논리라고 할 수 있다.

인권의 연구는 가변적인 개념과 상반되는 견해들로 가득 찬 지뢰밭에 들어가는 것과 같았다. 본 저서는 인권의 가장 본질적인 면에서 기준과 원칙, 유형을 제시하여, 인간의 가장 소중한 부분을 되찾기 위한 작은 관점에서 논리를 전개하고자 하였다. 그리고 인권 담론의 역사와 전개 과정에 초점을 맞추었다.

자연법의 논리에 따라 자연권에서 시작된 근대 인간의 권리 담론은 사회계약론과 유사했지만, 전혀 다른 결과를 가져왔다. 홉스와 로크의 자연권과 루소의 자연권은 각각 자유 민주주의와 전체주의의 기원이 되었다. 오늘날 똑같은 단어의 '인권'이지만 그 성격과 특징, 결과는 전혀 다르다는 점과 유사하다고 할 수 있다.

또한 현대 인권의 시작은 인권론자들이 말하는 역사의 투쟁에서 얻어진 것이 아니라 사람들의 필요에 의하여 등장하였다. 전체주의와 제2차 세계대전의 후유증에서 시작된 생명권 논의가 '종교의 자유' 보장을 위한 미국 기독교를 중심으로 국제 인권 선언문으로 나타났다. 그리고 냉전 속에서 새로운 이념이자 마지막 유토피아로 등장한 인권 담론, 68혁명과 신마르크스주의에 따른 문화상대주의가 인권으로 주목받는 과정, 인권의 구체적 실현으로 등장한 국제 사회의 인권 관련 기구와 위원회의 활동을 구체적으로 살펴보았다.

무엇보다 오늘날 가장 혼란스러운 인권 개념의 기준과 원칙에 따라 특징을 기술하였다. 인권을 네 가지 형태-천부적 인권, 보편적 인권, 상대적 인권, 자의적 인권 등으로 분류하였고, 이에 따른 특징과 사례를 구체적으로 소개하였다. 인권에 대한 비판 이론으로 마르크스의 사회주의 이론, 여성의 권리와 페미니즘, 문화 상대주의와 다문화주의의 등장 배경과 과정을 살펴보았다. 특히 우리 생활환경과 밀접한 문화 상대주의에 대한 의미와 문제점에 대하여 기술하였다. 마지막으로 인권법과 정책이 사회 공동체에 미치는 영향에 대하여 정리하였다. 먼저 국가인권위원회법과 각종 인권조례에 논란이 되는 부분을 살펴보고, 이러한 인권조례와 정책이 가정과 교회 공동체에 미치는 영향에 대하여 기술하였다. 그리고 법으로 제정되어 우리 생활환경에 영향을 미칠 뿐 아니라 인권의 기초인 기본권의 충돌 사례를 정리하였다.

현대 인권 담론의 특징은 다음의 몇 가지로 나타난다. ① 인권의 기준이 모호해지면서 인권이 다변화되고, 법과 원칙이 무너지고 있다. ② 좌파·진보 진영의 특징인 평등주의가 강조되고 있다. 인권의 개념과 실현보다 평등의 개념과 실현은 더욱 복잡하고 논란이 된다. ③ 인권의 패러다임이 변화되고 있다. 국가 중심에서 웰빙 패러다임으로 변화되고, 경제 불평등 논리가 적용되면서 다시 국가주의로 흘러간다. ④ 인권이 이념화되고 있다. 인권과 사회주의가 밀접한 관계를 유지하고 있다. ⑤ 인권의 주체와 객체가 모호하고 논란이 된다. 인권을 유엔이 주는가? 국가인권위원회가 주는가? 개인의 숟가락 모양까지 개입하는 실태가 되었다. ⑥ 집단주의와 이에 따른 권리 개념이 등장하고 있다. 집단 이기주의와 더불어 연대 권리 개념이 등장하고 있다. ⑦ 국제적으로 확산하고 있다. 인권으로 연대하지만 냉엄한 국제사회의 이념과 이익에 따라 움직인다. ⑧ 자의적 인권 논리에 따라 보편주의가 무너지고 상대주의가 나타나 새로운 갈등이 전개되고 있다.

저자는 현재 진행되고 있는 인권을 본질과 특징에 따라 네 가지로 구분하였다. '인간의 권리가 어디에서 오는가?'라는 본질적 측면에서 천부적 인권, 보편적 인권, 상대적 인권, 자의적 인권 등이다.

천부적 인권은 창조주로부터 부여된 인권으로 인간의 존엄성 측면을 중심으로 하였고, 보편적 인권은 하나님 없이 인간이 주체가 되어 공동의 선으로 도덕과 윤리가 중시된 인권 담론이었다. 상대적 인권은 마르크스의 인권 비판 이론이 근간이 된 일정한 이념에 따라 특정 집단 중심의 인권이며, 이에 따라 인간이 스스로 인권이라고 선택 결정하는 자의적 인권으로 분류하였다. 알아야 한다. 그것도 학문적으로, 논리적으로, 이성적으로, 합리적으로 알아야 한다. 인간의 지식은 완전할 수 없다. 오히려 불완전하다는 말이 더욱 타당하다. 저자가 분류한 인권의 분류는 단지 편의상 분류했을 뿐이다.

인위적인 사회 구조 속에 인권의 시작은 1844년 마르크스에 의해서였다. 마르크스의 인권 담론은 세 가지 방향으로 전개되었다. 먼저 사회주의의 형태로 노동자의 인권과 평등의 기조로 공산주의 근간이 되었고, 여성의 권리와 접목되면서 페미니즘에 영향을 주었다. 그리고 프랑크푸르트학파로 연결되어 신마르크스 주의를 형성하고 문화 상대주의에 영향을 주었다. 공산권이 붕괴한 1970년대를 거치면서 새로운 이념으로 인권과 접목되면서 상대주의 인권론이 등장하였다. 인권의 분화와 더불어 인권의 기준과 원칙이 의미가 없어지고 오직 사회구조에 따라 인권이 등장하였다.

오늘날 인권 담론은 갈등 구조 속에 있다. 문화 상대주의와 페미니즘은 정치적으로 상호 연대하면서도 구조상 대결 관계에 있는 것처럼 말이다. 페미니즘은 자신의 구체성을 강조하는 반면, 상대주의는 상대방의 구체성을 배격한다. 또한 페미니즘은 '여성'의 울타리를 만들고, 상대주의는 '유색 인종' 또는 소수자 집단 울타리에 맞추고 있다. 그리고 페미니즘은 보편적 인권의 개념에 맞추기 위해 '젠더'라는 개념을 도입하였고, 상대주의는 '문화 다양성'이라는 개념을 도입한 것이다. 결국 이러한 개념을 인권이라는 이유로 젠더와 이질적 문화까지도 수용할 것을 추구한다. 즉 페미니즘은 보편적 인권에 '왜 여성을 제외하였는가?'라는 공세적 전략이며, 상대주의는 '왜 타문화가 자국 문화와 다르다는 이유로 부정하는가?'라는 방어적 전략으로 접근하고 있다.

특히 문화 상대주의의 등장은 혼돈과 음란 속에서 무질서와 도덕과 가치관의 대혼란을 가져왔다. 이를 주창하는 이들은 '새로운 세계 질서'로 명명하지만 질서의 파괴였으며, '불확실성의 연속'이라고 할 수 있다. 즉 문화 다양성 이라는 개념으로 도덕이나 윤리, 종교의 포용성을 주장하지만, 기존 가치의 혼돈으로 나타난다는 것이다. '문화'라는 이름으로, '다양성 존중'이라는 미명으로 정상적 가치의 파기 현상이 나타나고 있다. 가장 대표적으로 가정과 전통 기독교 파기 현상이다.

보편적 인권과 상대적 인권은 상호 비판의 여지가 많다. 예를 들어, 이슬람권 여성 인권 침해나 아프리카 여성의 할례 행위는 여성의 권리적 측면에서 침해가 되지만, 문화 상대주의자는 문화 또는 민족이라는 이름으로 여성과 약자의 권리를 억압하는 정당한 기재로 사용한다는 것이다. 최근 문화 상대주의를 통해 나타나는 인격권 침해 상황을 직접 목격하면서 상대주의의 한계점을 알아가고 있다. 북한의 인권 문제점을 지적하면 상대주의자들은 북한에 내정간섭이 되고, 자기 성찰을 통해 개선할 수 있다고 주장한다. 그런데 그대로 두면 독재정권의 정당화가 된다.

현대 인권 담론 및 논리에 가장 큰 영향을 미친 것은 다윈의 진화론과 마르크스의 인권론으로 보인다. '다윈의 진화론'은 자연과학에서 신의 죽음을 가져오게 하였고, '마르크스의 인권론'은 사회과학에서 자본주의를 살해했다고 할 수 있다. 또한 인권 확대 핵심은 인권의 단순화(미니멀리즘, minimalism)와 이상화

(유토피아, Utopia)가 크게 작용한 것으로 평가할 수 있다.

인권 담론이 우리 가정과 사회, 교회 공동체에 미치는 영향은 지대하다. 특히 인간의 존재 자체를 가능케 한 혈연관계 중심의 가정이 허물어지고, 대신 이원적인 가정 개념을 재설정하는 현상이 발생하고 있다. 인간은 절대 혼자서 살아갈 수 없다. 가장 필요하고 생활에 영향을 미치는 가정과 우리가 생활하는 법치주의 사회에 일정한 원칙과 기준이 있다. 그런데 이 원칙이 인권이라는 미명으로 무너지고 있다. 특히 법과 조례를 통하여 직·간접적으로 간섭하고 있다. 오늘날 청소년에게 현대 인권이 미치는 영향은 가늠할 수 없다. 흔히 사용하는 용어가 '인권 감수성'이다. 이런 감수성은 객관적으로 수치화할 수 없다. 누가 어떤 기준으로 하느냐에 따라 달라진다. 이를 자의적으로 해석하고, 결정하는 시대가 되었다.

그럼 성경적 관점에서 인권을 어떻게 보아야 할 것인가? 두 가지 측면에서 살펴볼 수 있다. 먼저 '인권의 유형적 측면'이다. 인권의 출발점이 되는 천부적 인권은 성경 창세기의 말씀에 근간을 두고 있기에 순응해야 할 뿐 아니라 적극적으로 실천을 해야 할 것이다. 보편적 인권은 하나님의 형상인 모든 인간에게 적용되는 권리이기에 원칙과 기준에 따라 수용하며 실천해야 할 것이다. 다만 보편적 인권의 하나의 기준이 되는 도덕성과 관련하여 절대적 기준이 아니기에 상황에 따라 적용할 수밖에 없다는 것이다. 그러나 상대적 인권은 인간 전체가 아닌 약자 또는 소수자를 명분으로 이들에게만 권리를 부여하는 형태이기 때문에 분별력이 필요하다. 일부 학자들은 성경에서 예수님이 고아와 과부, 장애인과 같은 약자의 편에 있었기 때문에 소수자 및 약자의 인권 보호는 당연하다고 주장한다. 이는 인권에 대한 개념을 정확히 이해하지 못한 측면이 있기에 인권의 유형과 개념에 대한 이해가 필요하다는 것이다.

예수님께서는 고아와 과부를 돌보며, 고통 받고 질병 있는 자를 치유하고 같이 하였다. 교회 공동체와 이에 속한 지체는 연약한 자를 돌아보는 것이 당연하며 반드시 실천해야 할 덕목이요 사명이다. 그런데 연약한 자를 돌보는 것을 인권으로 해석하면 이는 다른 논란이 발생할 수 있다. 천부적 인권은 '하나님이 주신 모든 사람의 권리'이며, 보편적 인권의 개념은 '모든 사람이 가지는 권리' 개념이기 때문이다. 즉 연약한 자나 연약하지 않는 자나 장애인이나 비장애인이 모두 존중받고 인정받아야 할 존재이다. 다만 우리는 이들을 연약한 자이기 때문에 인격체로서 배려하고 사랑으로 섬기는 것이다. 따라서 교회 공동체가 이러한 사람에게 관심을 가지고 돌보아야 한다. 이러한 모습은 초대교회의 모습에서도 그대로 실천되었다.

그러나 상대적 또는 자의적 인권의 경우, 특정 집단에 한정하여 적용하기 때문에 인권의 기준과 원칙이 상황에 따라 차이가 날 뿐 아니라 성경에서 금하고 있는 행위까지 포함하기도 한다. 예를 들어, 소위 성소수자로 불리는 특정 집단에 한정하여 적용한다. 이를 자의적 인권으로 주장·해석하기 위하여 '성적 자기결정권'이나 성별을 젠더라고 하여 자신이 성별을 결정하는 '성별 자기결정권' 등이다. 이들의 잘못된 행위에 대하여 교리적일 뿐만 아니라 도덕적·윤리적으로 문제가 있기에 이에 대하여 정확히 교육하며 알려주어야 할 것이다. 즉 하나님의 형상을 닮은 인간을 미워하고 반대하는 것이 아니다. 그것이 자기파기 행위이기에 이에 대하여 분별하고 교육하는 것이다. 따라서 저자는 동성애 행위는 분명 멀리하고 죄악으로 구분해야 한다고 본다. 다만 동성애자도 하나님의 형상을 닮은 인간이기에 미워하기보다는 권면하여 돌이킬 수 있도록 해야 할 것이다.

현대 인권 담론을 한마디로 표현한다면 '세속적 자유주의' 또는 '상대주의적 자유주의'라고 하고 싶다. 이와 유사하게 국제 인권 선언문 초안자이자 가톨릭 철학자인 자크 마리탱도 '신이 없는 인권은 매우 위험한 시도'라고 강조하였다. 새뮤얼 모인은 인권을 '마지막 유토피아'라고 정의한 바 있다. 저자는 마리탱이 역설적으로 표현한 '자유 공산주의'라는 표현이 인상에 남는다.

오늘날의 인권은 자신이 인권으로 자유롭고 싶은 만큼, 자신이 하기 싫은 통제를 받아야 할 권리이며 이는 점차 올가미와 같아서 자신을 얽매기 때문이다. 자유 공산주의는 이념적이면서 환상적이어서 허상을 찾아가는 실현 불가능한 것이다. 따라서 양날의 칼처럼 인권을 가까이 두지만 가까이할수록 결국은 자신에게 독이 된다. 이에 인권을 분별하여 적용해야 하지만 구분하여 멀리해야 한다.

'기독교는 종교가 아니다' 대신 '기독교는 역사다'라는 말을 한다. 종교는 '초자연적인 절대자의 힘에 의존하여 인간 생활의 고뇌를 해결하고 삶의 궁극적 의미를 추구하는 문화 체계'라고 정의한다. 그러나 기독교는 '예수라는 사람이 이 세상에 와서 하나님의 아들이라고 분명하게 선포하고 십자가에 죽었으나 3일 만에 살아난 부활의 표적을 직접 보여줌으로써 절대자 하나님의 아들이심을 증명'하신 사실에 바탕을 두고 있고, 타 종교는 교리를 믿지만 기독교는 역사 속에 존재하는 '예수님을 믿는 믿음'에 바탕을 두고 있기 때문이다.

예수님이 2번에 걸쳐서 직접 하신 말씀(마태복음 12장 39절, 마태복음 16장 1~4절)이 있다. "너희가 날씨는 분별할 줄 알면서 시대의 표적은 분별할 수 없느냐 악하고 음란한 세대가 표적을 구하나 선지자 요나의 표적밖에 없다"라고 말이다.

[참고 문헌]

1. 국문 서적 및 논문, 간행물

강준만,『힐러리 클린튼-페미니즘과 문화전쟁』, 서울: 인물과 사상사, 2016.
───── , "정치적 '올바름'의 소통을 위하여",『사회과학연구』57/2 (2018): 227-57.
고봉진, "현대 인권론의 '정체성'의 의미",『권리와 인권의 법철학』법철학연구 총서 2, 서울: 세창출판사, 2013.
권요한 외 12명,『생명과 성 I』, 서울: 킹덤북스, 2020.
권혜령, "인권개념의 세대적 접근에 대한 비판적 고찰",『법학연구』56 (2018): 87-113.
김경희,『양성평등과 적극적 조치』, 서울: 푸른사상, 2004.
김근식 외,『사회주의 체제전환에 대한 법제도적 비교연구』, 서울: 한울아카데미, 2008.
김남두,『재산권 사상의 흐름』, 서울: 천지, 1993.
김덕수, "시민권과 로마정치-키케로, 시인 아르키아스 변론을 중심으로",『수사학』36 (2019): 31-59.
김명수, "기본권 충돌의 관점에서 본 낙태죄",『공공사회연구』9(3), (2019): 117-42.
김범수, "인권과 공동체주의: 공동체주의의 인권개념 해석을 중심으로",「인권과 정치사상」, 국회 연구용역과제 연구보고서, 2008.
김비환 외 8인,『인권의 정치사상: 현대 인권 담론의 쟁점과 전망』, 서울: 이학사, 2010.
김승대,『러시아 헌법론-자유민주주의에로의 체제전환에 관한 헌법적 연구』, 서울: 법문사, 1998.
김엘림·오정진,『외국인 여성노동자의 인권보장 연구』, 서울: 한국여성개발원, 2002.
김영한 외 35인,『동성애, 21세기 문화 충돌』, 서울: 킹덤북스, 2016.
김은실,『여성의 몸, 몸의 문화정치학』, 서울: 또 하나의 문화, 2001.
김지연,『덮으려는 자 펼치려는 자』, 서울: 사람, 2019.

김지혜, "프랑스 68혁명과 예술운동", 「마르크스주의 연구」 5/2 (2008): 76-98.

김정민, 이호, 『공산주의 바이러스』, 서울: 자유인의 숲, 2020.

김철수, 『憲法學新論』 第18 全訂版, 서울: 박영사, 2008.

－－－－－, "인권사상의 전개에 관한 고찰－서구이론을 중심으로", 「학술원논문집 인 문·사회과학편」56/2 (2017): 127-327.

김현철, 『권리와 인권의 법철학』, 서울: 세창출판사, 2013.

김희강, "미국 독립선언문의 사상적 기원과 제퍼슨 공화주의", 「국제정치논총」46/2 (2006): 121-44.

길원평, "성(젠더) 정책의 문제점", 『생명과 성 I 』, 서울: 킹덤북스, 2019.

길원평 외 5인, 『동성애 과연 타고 나는 것일까?』, 서울: 라온누리, 2014.

류은숙, "산문/다시 버려진 아이들－아이들의 인권을 주인에게", 「당대비평」11 (2000): 361-373.

명재진 외 7인, 『포괄적 차별금지법 찬성할 것인가 반대할 것인가?』, 서울: 밝은생 각, 2020.

민성길, 『최신 정신의학』, 서울: 일조각, 2006.

박경태, 『소수자와 한국사회』, 서울: 후마니타스, 2008.

박준석, "조셉 라즈(Joseph Raz)의 권위론에 대한 비판적 고찰", 「법철학연구」10/1 (2007): 315-40.

배은경, "젠더 관점과 여성정책 패러다임", 「한국여성학」32/1 (2016): 1-45.

백미연, "인권의 정당화 논쟁－초국적 성찰적 인권접근법을 중심으로", 「민주주의 와 인권」15/2 (2015): 157-90.

백상현, 『가짜 인권, 가짜 혐오, 가짜 소수자』, 서울: 밝은생각, 2017.

－－－－－, 『동성애 is』, 서울: 미래사, 2015.

서남동, 『민중신학의 탐구』, 서울: 한길사, 1983.

설동훈, "외국인 노동자와 인권 : 국가의 주권과 국민의 기본적 및 인간의 기본권 상충요소 검토", 「민주주의와 인권」5/2 (2005): 39-77.

소윤정, "이슬람 여성 인권침해의 구조적 원인 : 이슬람교의 여성관과 결혼관", 「국 회 개헌포럼 자료집」(2017): 26-57.

심경수, "蘇聯憲法의 原形 : 1918年 러시아 社會主義聯邦소비에트 共和國憲法에 관한 考察", 「법학연구」1/1 (1990): 285-302.

심영희, "여성의 인권: 성적 자기결정권을 중심으로", 『현대사회와 인권』, 서울: 나 남출판, 1998.

양해림, "마르크스의 인권관", 「동서철학연구」88 (2018): 267-292.

안귀옥, "판례로 본 성적자기결정권의 변천", 『한국심리학회 학술대회 자료집』
　　(2015): 117-8.

양천수, 『권리와 인권의 법철학』, 서울: 세창출판사, 2013.

양현아, 『낙태죄에서 재생산권으로』, 서울: 사람생각, 2005.

오영달, "인권과 민주주의에 대한 로크와 루소 사상의 비교와 북한 인권", 『인권의
　　정치사상』, 서울: 이학사, 2010.

오수웅, "루소에 있어서 인권사상: 자연권과 자연법을 중심으로", 『한국정치학회
　　보』 41/4 (2007): 91-114.

오시진, "국제인권법 역사에 대한 재고찰 : 국제권리장전 형성시기 비서구권의 이
　　질적 인권이해를 중심으로", 『법학논고』 57 (2017): 199-224.

오혜경, 『사회복지실천에서 자기결정권과 자기결정권의 제한, 인간연구』, 카톨릭대
　　학교 인간학연구소, 2006.

유기천, 『형법학-각론강의 하』, 서울: 일조각, 1982.

은우근, "인권 거버넌스의 실현으로서 인권 도시", 『민주주의와 인권』 9/1 (2009):
　　121-47.

육종수, "현대 인권제도와 자연법사상", 『헌법학연구(한국헌법학회)』 1/1 (1995):
　　1-57.

윤수종, "인권과 소수자, 그리고 욕망의 정치", 『진보평론』 42 (2009): 140-162.

유홍림, "현대 자유주의와 인권의 보편성", 『인권의 정치사상 : 현대 인권 담론의
　　쟁점과 전망』, 서울: 이학사, 2011.

음선필, "동성애와 차별금지", 『왜곡된 혐오차별과 인권기본법의 문제점과 폐해』,
　　서울: 밝은생각, 2020.

―――――, "외국인 기본권 확대 개헌에 대한 기대와 우려", 『국회 개헌포럼자료집』
　　(2017): 25-45.

―――――, "한국에서 동성애 법제화 논의와 욕야카르타 원칙", 『진평연 세미나 자료
　　집』(2019): 1-25.

음선필·전윤성, 『차별금지법 무엇이 문제인가』, 서울: 크레도스, 2020.

이근식, "자유론 출간 150주년 – 밀의 자유론출간의 의미", 대우재단: 지식의 지평
　　(2009): 240-53.

이명진, 『이명진 원장의 의료와 윤리 II』, 서울: 광연재, 2019.

이재승, "법의 시각에서 본 인권의 역사", 『역사비평』 5 (2013): 38-60.

이상돈, 『인권법』, 서울: 세창출판사, 2005.

―――――, 『공익소송론』, 서울: 세창출판사, 2006.

이성화, "정체성의 정치", 「한국동양정치사상사연구」2/1 (2003): 177-206.

이준일, 『인권법 - 사회적 이슈와 인권』, 수원: 홍문사, 2017.

이혜미·유승호, "문화콘텐츠의 인정 효과: 성소수자에 대한 인식변화를 중심으로 (1920-2017)", 「한국콘텐츠학회 논문지」18/7 (2018): 85-93.

이정훈, 『교회 해체와 젠더 이데올로기』, 서울: 킹덤북스, 2018.

이현재, 『여성의 정체성-어떻게 여성이 될 것인가?』, 서울: 책세상, 2007.

임기영, "러시아의 체제전환에 따른 헌법의 변화", 『헌법이론과 실무』, 헌법재판 연구원, 2015.

장미경, "한국사회 소수자와 시민권의 정치", 「한국사회학」39/6 (2005): 159-82.

장은주, "사회권의 이념과 인권의 정치", 「사회와 철학 연구회 논문집 : 사회와 철 학」12 (2006): 187-216.

정소영·이연임, 『고전이 알려주는 생각의 기원』, 서울: 도서출판 렉스, 2020.

정윤석, "로크 통치론", 『정치사상』, 서울대학교 정치사상연구소 16 2/4 (2003): 1-140.

조효제, 『인권의 문법』, 서울: 후마니타스, 2015.

조국, 『사상과 양심의 자유를 위하여』, 서울: 책세상, 2001.

조영길, 『국가인권위원회법상 차별금지사유 '성적지향' 삭제 개정의 정당성』, 서울: 미래사, 2016.

조영선 외 5인, 『세상을 바꾸는 힘』, 서울: 궁리, 2015.

조우석, 『좌파 문화 권력 3인방-백낙청·리영희·조정래』, 서울: 백년동안, 2020.

전경옥 외 2인, 『여성의 정치적 권리인식과 정치참여』, 서울: 집문당, 1999.

전윤성, "젠더에 따른 화장실 사용을 허용한 휴스턴시 평등권조례", 「크레도」1 (2018): 118-23.

정성훈, "보편적 인권 정당화의 위기와 인권도시의 과제", 「민주주의와 인권」12/3 (2012): 381-406.

정성조, "한국 군대 내 동성애 문제의 탄생", 『한국사회학회 사회학대회 논문집』 (2018): 449-67.

조은 외 2인, 『성해방과 성정치』, 서울대학교 출판부, 2002.

주승희, 『청소년유해매체 규제상 청소년 유해성 개념의 상대성과 청소년의 자기결 정권 보호』, 서울: 한국형사정책연구원, 2011.

지영준, "교회와 인권의 역사", 「월드뷰」8 (2019): 31-59.

최현, 『인권』, 서울: 책세상, 2018.

피터 바이어하우스 외 8인, 『젠더 이데올로기 심층연구』, 서울: 밝은생각, 2020.

한국철학사상연구회, 『인간을 이해하는 아홉 가지 단어』, 파주: 동녘 출판, 2013.

한정숙, "레닌의 사상적 변천", 『마르크스주의 연구』2/1, 경상대학교 사회과학 연구원, (2005): 8–64.

한승준, "문화민주주의와 프랑스의 문화예술 지원정책", 『프랑스문화예술연구』 59 (2017): 317–47.

허고광, "성경적 경제정의 연구", 박사학위논문, 백석대학교 기독전문대학원, 2019.

허성우, "지구화와 지역 여성운동 정치학의 재구성", 『한국여성학』 22/3 (2006): 169–98.

함재봉, 『한국 사람 만들기 Ⅲ』, 서울: 프레스, 2021.

홍성방, 『헌법요론(제4판)』, 파주: 신영사, 2004.

홍성수, "포괄적 차별금지법의 필요성: 평등기본법을 위하여", 「이화젠더법학」 10/3 (2018): 1–38.

홍지수, 『프럼프를 당선시킨 PC의 정체』, 파주: 북앤피플, 2017.

2. 번역 서적

A. C. MacIntyre, 『덕의 상실』, 이진우 역, 서울: 문예출판사, 1997.

A. W. Miller, "칸트와 윤리학 : 선의지에서 선하다는 것은 무엇인가?–공리주의와 덕 윤리에 비추어 본 임마누엘 칸트의 도덕 철학", 김수배 역, 「칸트연구」2/0 (1996): 157–78.

Axel Honneth, 『정의의 타자』, 문성훈 등 4인 역, 파주: 나남, 2009.

Chris Harman, 『민중의 세계사』, 천경록 역, 서울: 책갈피, 2004.

Christiane Saint Jean Paulin, 『히피와 반문화』, 성기완 역, 서울: 문학과 지성사, 2015.

Jack Donnelly, 『인권과 국제정치: 국제인권의 현실과 가능성 및 한계』, 박정원 역, 서울: 도서출판 오름, 2002.

Gorge Herbert Mead, 『정신·자아·실현』, 나은영 역, 파주: 한길사, 2010.

G. Kuby, 『글로벌 성혁명』, 정소영 역, 서울: 밝은생각, 2018.

Jack Rogers, 『예수 성경 동성애』, 조경희 역, 서울: 한국기독교연구소, 2015.

John Locke, 『통치론』, 강정인·문지영 역, 서울: 까치, 1996.

John Frame, 『서양철학과 신학의 역사』, 조계광 역, 서울: 생명의 말씀사, 2018.

John Rawls, 『정의론』, 황경식 역, 서울: 이학사, 2003.
Judith Butler, 『젠더 트러블−페미니즘과 정체성 전복』, 조현준 역, 문학동네, 2008.
Jürgen Habermas, 『사실성과 타당성(Faktizität und Geltung)』, 한상진·박영도 역, 서울: 나남출판, 2000.
Karl (Heinrich) Marx, 『유대인 문제에 관하여』, 김현 역, 서울: 책세상, 2015.
Lynn Hunt, 『프랑스 혁명의 가족 로망스』, 조한욱 역, 서울: 새물결, 2000.
Micheline Ishay, 『세계 인권 사상사』, 조효제 역, 서울: 도서출판 길, 2008.
Michael L, Brown, 『성공할 수 없는 동성애 혁명』, 자유와인권연구소 역, 서울: 쿰란출판사, 2017.
Michael J, Sandel, 『정의란 무엇인가』, 이창신 역, 서울: 김영사, 2009.
Nicholas Wolterstorff, 『하나님의 정의』, 배덕만 역, 서울: 복있는 사람, 2017.
Peter Beyerhaus, 『젠더 이데올로기에 대한 대항』, 패터장 역, 2014.
John Rawls, 『정치적 자유주의』, 장동진 역, 파주: 동명사, 2009.
R, A, 토레이, 『성령론』, 서울: 대한기독교서회, 1989.
Richard Amesbury, George M, Newlands, 『신앙과 인권』, 곽호철 역, 서울: 대한기독교서회, 2014.
Roger Scruton, 『우리를 속인 세기의 철학자들』, 박연수 역, 대전: 도움북스, 2019.
Ronald Dworkin, 『자유주의적 평등』, 염수균 역, 서울: 한길사, 2005.
Ronald Ernest "Ron" Pau 등 5인, 『문화 막시즘−미국의 타락』, 김승규 오태용 역, 서울: 이든북스, 2020.
Stanley J, Grenz, Roger E, Olson, 『20세기 신학』, 신재구 역, 고양: IVP, 1997.
William K, Franken, 『윤리학』, 황경식 역, 서울: 철학과 현실사, 2003.
Samuel Moyn, 『인권이란 무엇인가』, 공민희 역, 파주: 21세기북스, 2011.
Slavoj Zizek, "반인권론", 김영희 역, 『창작과 비평』132 (2006): 379−404.
─────, 『신을 불쾌하게 만드는 생각들』, 배성민 역, 서울: 글항아리, 2015.
Thomas Paine, 『상식, 인권』, 박홍규 역, 서울: 필맥, 2004.

3. 영문 서적 및 간행물

Ball, Olivia and Paul Gready, *The No-Nonsense Guide to Human Rights,* Oxford: New Internationalist Publications, 2006.
Beitz, Charles R, "Justice and International Relations", *Philosophy and Public Affairs* 4/4

(1975): 360−89.

Benhabib, Seyla, *The Rights of Others: Aliens, Residents, and Citizens*, Cambridge: Cambridge University Press, 2004.

Bloch Ernst, "Man and citizen according to Marx", In: Erich Fromm (ed.), *Socialist Humanism: An International Symposium*, Garden City, NY: Anchor Books, 1965.

Binion, Gayle, "Human Rights: A Feminist Perspective", *Human Rights Quarterly* 17/3 (1995): 509−26.

Brian Tierney, *Rights, Laws and Infallibility in Medieval Thought*, Aldershot, UK: Variorum, 1997.

Burke, Edmund, *Reflections on the Revolution in France*, Introduction by Russell Kirk, Chicago, Illinois: Henry Regnery Company, 1955, 1790.

Campbell, Tom, Rights: *A Critical Introduction*, London: Routledge, 2004.

Carter, April, *Direct Action and the Democracy Today*, Cambridge: Policy, 2005.

Cohen, Jean L, "Pethinking Human Rights, Democracy, and Sovereignty in the Age of Globalization", *Political Theory* 36/4, 2008: 578−606.

Conaghan, Joanne and Susan Millns, "Special issue: Gender, sexuality and human rights", *Feminist Legal Studies* 13 (2005): 1−14.

Cheng, Patrick, Rainbow Theology: *Bridging Race, Sexuality, and Spirit*, New York: Seabury Books, 2013.

Chomsky, Noam, Neoliberalism and Global Order, Seven Stories Press, 1999.

—————, *The Political Economy of Human Rights*, South End Press, 1979.

Cranston, M, *What are Human Rights?* 2nd ed, London, 1973.

Dagger, Richard, "Rights, Boundaries, and the Bonds of Community: A Qualified Defense of Moral Parochialism," *American Political Science Review* 79/2 (1985): 436−37.

Donnelly Jack, *Universal Human Rights in Theory and Practice*, Cornell University Press, 2013.

Dworkin Ronald, *Taking Right Seriously*, London: Duckworth, 1977.

Engler, Mark, "Toward the 'Rights of the Poor': Human rights in Liberation theology", *Journal of Religious Ethics* 28/3 (2000): 339−365.

Evans, Tony (ed.), *Human Rights Fifty Years on: A Reappraisal*, Manchester: Manchester University Press, 1998.

─────, *The Politics of Human Rights: A Global Perspective*, London: Pluto Press, 2005.

Fellmeth, Aron Xavier, "Feminism and international law: Theory, methology, and substantive reform", *Human Rights Quarterly* 22/3 (2000): 658–733.

Freeman, Michael, *Human Rights*, Cambridge: Polity, 2002.

Fukuyama, Francis, "Identity, Immigration, and Liberal Democracy", *Journal of Democracy* 17(2), (2006): 5–20.

Goodhart, Michael, "Original and university in the human right debates: Cultural essentialism and challenge of globalization", *Human Rights Quarterly* 25/4 (2003): 925–64.

Jeremy Waldron, *Theories of Rights*, Oxford Readings in Philosophy, 1984.

Jeri Laber, *The Courage of Strangers: Coming of Age with the Human Rights Movements*, New York, 2002.

J, Feinberger, *Social Philosophy*, Prentice Hall Ins. 1973.

Johannes Morsink, T*he Universal Declaration of Human Rights: Origins, Drafting & Intent*, Philadelphia: University of Pennsylvania Press, 1999.

John Dunn, *The Political Thought of John Locke*, Cambridge Univ. Press, 1969.

John Austin, *Lectures on Jurisprudence*, London, 1880.

John Rawls, *Die Idee des politischen Liberalismus*, Frankfrut/M, 1992

Heilbroner, Robert L, *Marxist: For and Against*, New York: W, W, Norton and Company, 1980.

Held, David, "Democracy and Globalization," in Daniele Archibugi, David Held and Martin Koehler eds, *Re-imagining Political Community: Studies in Cosmopolitan Democracy*, Stanford: Stanford University Press, 1998.

Henkin, Louis, *The Age of Rights*, New York: Columbia University Press, 1990.

Hersch Lauterpacht, An International Bill of the Rights of Man, Oxford, 1945.

Heuer, Uwe–Jens and Gregor Schimer, "Human Rights Imperialism", Monthly Review March, 1998.

Hobbes, Thomas, *The English Works of Thomas Hobbes 12 Volumes*, (ed,), W, Molesworth, Routledge Thoemmes Press, 1992.

Hooks, Bell, *Feminist Theory : From Margin to Center*, 2nd Edition Licence, Cambridge MA: South End Press, 2000.

Hohfeld, Wesley, "Some Fundamental Legal Conceptions as Applied in Legal Reasoning," *Yale Law Journal* 23/1 (1913): 16–59.

Hoffman, John, "Defining Feminism", *Politics* 21/3 (2001): 193–99

Garling, Marguerite, *Enhancing Access to Human Rights*, Versoix, Switzerland: International Council on Human Rights Policy, 2004.

Gewirth, Alan, *Human Rights: Essays on Justification and Application*, Chicago: University of Chicago Press, 1982.

Levine, Andrew, *Liberal Democracy: A Critique of Its Theory*, New York: Columbia University Press, 1981.

Locke, John, *Two Treatises of Government*, ed, Peter Laslett, Cambridge University Press, 1960.

Louis Henkin, "Religion, Religions, and Human Rights", *Journal of Religious Ethics* 26/2 (1998): 229–239.

MacKinnon, Catharine A, *Toward a Feminist Theory of the State*, Cambridge, MA: Harvard University Press, 1989.

Alasdair. MacIntyre, *After Virtue: A Study in Moral Theory*, 3rd Ed, Indiana, 2007.

Makau W, Mutua, *Human Rights: A Political and Cultural Critique*, University of Pennsylvania Press, 2008.

Matthew Craven, *The International Covenant on Economic, Social and Cultural Rights: A perspective on its Development*, Oxford: Clarendon Press, 1998.

Mayer, L,S, and P, R, McHugh, "Sexuality and Gender Finding from the Biological, Psyclogical, and Social Sciences", *The New Atlantics* 50 (2016): 10–143.

McDonald, Michael, "Should Communities Have Rights?: Reflections on Liberal Individualism", *The Canadian Journal of Law and Jurisprudence* 4 (1991): 217–37.

Mclellan, David, *Marx Before Marxism*, New York, Harper & Row, 1970.

Melzer, Arthur M, "Rousseau and The Problem of Bourgeois Society," *American Political Science Review* 74/4 (1980): 1018–33.

Micheline R, Ishay, The History of Human Rights: *From Ancient Times to the Globalization Era*, Berkeley and Los Angeles, 2008.

Miller, David, *On Nationality*, Oxford: Clarendon Press, 1995.

–––––, "The Ethical Significance of Nationality", *Ethics* 98/4 (1988): 647–62.

Miller, Richard W, "Cosmopolitan Respect and Patriotic Concern", *Philosophy and Public Affairs* 27/3 (1998): 202–24.

Miliband, Ralph, *Marxism and Politics*, Oxford: Oxford University Press, 1977.

Mill, John Stuart, *On Liberty and other Essays*, New York: Oxford University Press, 1991.

Nash, Kate, "Human Rights for woman: An argument for 'deconstructive' equality", *Economy and Society* 31/3 (2002): 413–33.

Nicholas Wolterstorff, *Justice: Rights and Wrongs*, Princeton University Press, 2008.

O'Hare, Ursula A, "Realizing Human Rights for Women", *Human Rights Quarterly* 21/2 (1999): 364–402.

Panikkar, P, "Is the notion of human rights a western concept?", *Dioenes* 30 (1982): 75–102.

Paine, Thomas, *Right of Man: Part one*, Edited by Ronald Herder, Media NY: Dover Publication, 1999.

Pogge, "World Poverty and Human Rights," *Ethics and International Affairs* 19/1 (2005): 1–7.

Raz, Joseph, "On the Nature of Rights," *Mind* 93/ 370 (1984): 194–214.

Sabine, George H, and Thomas L, Thorson, *A History of Political Theory*, Hinsdale, Illinois: Dryden Press, 1973.

Samantha Power, Graham, *Realizing Human Rights : Moving From Inspiration to Impact*, New York, 2000.

Sargent, Lyman Tower, *Contemporary Political Ideologies: A Comparative Analysis*, Belmont, CA: Thompson Wadworth, 2006.

Shue, Henry, *Basic Rights: Subsistence, Affluence, and US Foreign Policy*, Princeton: Princeton University Press, 1980.

Singer, Peter, "Famine, Affluence, and Morality," *Philosophy and Public Affairs* 1/3 (1972): 229–43.

Strom, Sharon Hartman, *Woman's Rights, Westport*, CT: Green wood Press, 2003.

Strfan–Ludwig Hoffmann, *A History of Human Rights in the Twentieth Century*, Cambridge, 2010.

Temma Kaplan, "Social Movements of Women and the Public Good," in Cristina Borderias and Merce Renom, eds, *Dones en movement*(s), Barcelona: Icaria, (2008): 19–47.

Valery Chalidze, Tom Buchanan, *To Defend these Rights : Human Rights in Soviet Union*, New York, 1974.

Vincent, John, *Human Rights and International Relations*, Cambridge: Cambridge

University Press, 1995.

Van Dyke, Vernon, "Collective Entities and Moral Rights: Problems in Liberal Democratic Thought," *Journal of Politics* 44/1 (1982): 21–40.

Walzer, Michael, *Spheres of Justice: A Defense of Pluralism and Equality*, New York: Basic Books, 1983.

Waldron, Jeremy (ed), *Nonsense upon Stilt':Bentham, Burke and Marx on the Rights of Man*, London: Methuen, 1987.

Walby, Sylvia, "Feminisn in a gloval era", *Economy and Society* 31/4 (2002): 533–57.

Weatherley, Robert, *The Discourse of Human Rights in China*, London: Macmillan, 1999.

Wellman, Christopher H, "Liberalism, Communitarianism, and Group Rights," in *Law and Philosophy* 18/1 (1999): 13–40.

Wollstonecraft, Mary, *Vindication of the Rights of Woman*, New York: Penguin Books, 1985.

William B, Jiff, *The Gentleman Talk of Peace*, New York, 1944.

인권의 딜레마

초판 1쇄 발행일 2021년 12월 13일

지은이 김영길
펴낸이 김샛별
교정·교열 한경진, 정현채
디자인 샛별 디자인
인　쇄 영진문원
총　판 하늘유통

펴낸곳 도서출판 보담
등　록 제 2020-000009호
주　소 서울시 도봉구 노해로 42길 66
이메일 bodam8291@gmail.com
인스타그램 instagram.com/bodam8291
페이스북 facebook.com/bodam8291

책　값 뒤표지에 있습니다.
ISBN 979-11-970730-1-4 93100

도서
출판 **보담**

'보담'은 '보배를 담다'의 줄임말로, 한자는 보배 보(寶), 말씀 담(談)을 씁니다.
보배로운 말씀 또는 보석같은 말씀이라는 뜻이 되지요.

도서출판 보담은 질그릇 안에 보배로 오신 예수님과 동행하며 보배로운 말씀으로 다음 세대를 깨우고,
예수님만을 기쁘게 해드리는 곳이 되길 원합니다.

고린도후서 4:7
우리가 이 보배를 질그릇에 가졌으니 이는 능력의 심히 큰 것이 하나님께 있고 우리에게 있지 아니함을 알게 하려 함이라